böhlau

Peint par J. Tronsarelli. Imp. Lith. Fonrouge & C.ie Lith. par Peyre.

J. B. VIOTTI.

Giovanni Battista Viotti (1755–1824)

Die europäische Karriere des großen Geigers und Komponisten

von

Ulrike Brenning

BÖHLAU VERLAG WIEN KÖLN WEIMAR

Bibliografische Information der Deutschen Nationalbibliothek:
Die Deutsche Nationalbibliothek verzeichnet diese Publikation in der Deutschen Nationalbibliografie; detaillierte bibliografische Daten sind im Internet über http://portal.dnb.de abrufbar.

Umschlagabbildung:
Giovanni Battista Viotti, Lithographie um 1820 von Antoine Maurin
© akg-images

Korrektorat: Katharina Krones, Wien
Gesamtherstellung: Hubert & Co., Göttingen
Gedruckt auf chlor- und säurefreiem Papier

Vandenhoeck & Ruprecht Verlage | www.vandenhoeck-ruprecht-verlage.com

ISBN 978-3-412-51074-9

Inhalt

Für Frauja und Otfried

0264
VIA
VIOTTI

Einleitung

Wege zu Viotti

Die Entstehungsgeschichte dieses Buches ist auch eine Liebesgeschichte – oder besser: die Geschichte einer Liebe, die nun schon über mehr als dreißig Jahre währt.

Es war ein heißer Tag im Juli 1986, als ich in einer Musikalienhandlung in Siena ein Buch abholte, das ich eine Woche zuvor bestellt hatte – Remo Giazotto: „Giovan Battista Viotti"; die Schreibweise des Vornamens beruht übrigens auf einer Abkürzungspraxis, wie sie in Italien für den Namen Giovanni üblich ist. Ich sprach damals nur wenig Italienisch, und so war bereits die Vorbestellung eine aufregende Sache gewesen. Das Buch in der Erstauflage von 1956 dann in den Händen zu halten, leinengebunden und 385 Seiten stark, machte mich stolz und glücklich. Stolz, weil es mir gelungen war, im Heimatland Viottis die damals einzige publizierte Biografie über ihn zu kaufen – und glücklich, weil ich ihm durch das Buch näherkommen konnte.

Zu jenem Zeitpunkt gab es nur sehr wenige Veröffentlichungen über Viotti auf Italienisch und in englischer Sprache: „Viotti and his Violin Concertos" (1957) von Chappell White und eben die große Biografie von Remo Giazotto, die ich in den Händen hielt. Ich spürte, dass es meine Aufgabe sein würde, eine Biografie auf Deutsch über diesen großen, zukunftsweisenden Violinisten des 18. Jahrhunderts und hervorragenden Komponisten zu schreiben, damit ihn auch außerhalb Italiens eine musikinteressierte Öffentlichkeit kennenlernen könnte.

Giovanni Battista Viotti hat das moderne Violinspiel entscheidend geprägt. Seine öffentlichen Konzerte und Auftritte in den bedeutendsten Salons Europas müssen Sternstunden gewesen sein: Eine derartige Vollendung auf diesem Instrument hatte man bis dahin nicht gehört. Der moderne Violinbogen geht auf die Zusammenarbeit Viottis mit dem französischen Bogenbauer François Tourte zurück. Viotti prägte den Satz: « Le violon, c'est l'archêt » – „Die Violine, das ist der Bogen". Er meinte damit, dass die Ausbildung der rechten Hand und des rechten Arms, also des Armes, der den Bogen führt, besonders wichtig für den Klang ist.

Zu Viottis Zeit war es üblich, dass Virtuosen für ihr Instrument komponierten, oft mit komplettem Orchesterpart. Die insgesamt neunundzwanzig Violinkonzerte, die Viotti schrieb, zeugen von einem zutiefst inspirierten Komponisten, der nicht nur zeigen wollte, dass er auf seinem Instrument höchst versiert war; er bindet das Orchester als Partner ein, Solo und Tutti treten miteinander in Zwiegespräche, und die Qualität seiner Kompositionen begeisterte sogar Johannes Brahms, der im Juni 1878 an Clara Schumann schrieb:

> Das a-moll-Konzert von Viotti ist meine ganz besondere Schwärmerei. [...] Es ist ein Prachtstück, von einer merkwürdigen Freiheit in der Erfindung; als ob er phantasiere, klingt es, und alles ist meisterhaft gedacht und gemacht.

Zahlreiche Duos für zwei Violinen, Trios für zwei Violinen und Violoncello, Duos für zwei Violoncelli, Kompositionen für Harfe und Gesang, zwei konzertante Sinfonien – das Œuvre Viottis ist umfangreich und vielfältig. Dass er neben Violinkonzerten auch kammermusikalisch komponierte, davon zeugen mehrere Streichquartette. Zwei davon sind auf einer CD diesem Buch beigefügt. Dank der großzügigen Förderung der Stiftung Niedersachsen konnte die CD mit Studierenden der Meisterklasse Kammermusik an der Hochschule für Musik, Theater und Medien Hannover produziert werden. Rafael Harten und Sonja Bürmann von der Projektleitung und dem Management des Ensembles Concerto Foscari e. V. (Hannover) haben sich mit großem Interesse für Viotti engagiert und damit den Förderantrag an die Stiftung Niedersachsen ermöglicht.

Ich danke Professor Oliver Wille für die Einstudierung und inspirierende Betreuung der Proben und der Aufnahmen, ebenso dem Tonmeister Oliver Rogalla von Heyden für die professionelle Organisation und Durchführung der Tonaufnahmen. Die beiden Streichquartette, das Quartetto Indaco (Mailand/Hannover) und das Amelior Quartett (Polen/Hannover), haben mit Begeisterung und großem Einsatz die beiden Kompositionen einstudiert und in ihr Repertoire aufgenommen; es handelt sich um Viottis Streichquartette in F-Dur (wII:13) und B-Dur (wII:14).

Das ist das Beste, was Viottis verstummter Musik nach so vielen Jahren passieren kann: dass sie wieder aufgeführt wird!

Anfang der 1980er Jahre studierte ich Musik für Lehramt mit dem Hauptfach Violine und lernte im Unterricht Viottis Violinkonzert Nr. 22 in a-Moll kennen – eines der wenigen von seinen neunundzwanzig Violinkonzerten, die bis heute zumindest einem kleinen Kreis von Geigern und Kennern der Violin-Literatur bekannt sind. Ich war sofort von der Musik fasziniert und versuchte daher, etwas über den Komponisten in Erfahrung zu bringen, von dem ich bis dahin nie etwas gehört hatte. Doch leider gab es außer kleinen Lexikonartikeln nichts in deutscher Sprache.

Doch war 1957 in Princeton die Dissertation „Giovanni Battista Viotti and his Violin Concertos“ erschienen; der Autor Chappell White (1920–2004) hat sich um die Grundlagenforschung zu Viotti verdient gemacht wie kein Zweiter. Leider ist es noch heute schwierig, dieses Werk zu lesen, denn es ist nur in wenigen Bibliotheken vorhanden. 1985 legte Chappell White einen thematischen Katalog der Werke Viottis vor; dieses umfangreiche Werkverzeichnis zeigt, wie immens produktiv Viotti als Komponist war – und wie wenig wir heute von ihm noch kennen.

Mehr war auch an englischsprachiger Literatur über Viotti bis Mitte der 1980er Jahre nicht erschienen, und der italienische Autor Remo Giazotto (1910–1998) hatte ja rund dreißig Jahre eher die bereits erwähnte Biografie veröffentlicht, ebenfalls mit einem Werkverzeichnis. Es war diese Situation, die in mir den Entschluss reifen ließ, eine deutschsprachige Biografie über Viotti zu schreiben und ihn damit auch nördlich der Alpen wieder bekannt zu machen. Das vorliegende Buch ist die erste umfassende Publikation zu Viotti in deutscher Sprache.

2006 veröffentlichte Mariateresa Dellabora eine Biografie in italienischer Sprache über ihn, und im Jahr 2009 legte Warwick Lister sein umfangreiches Werk „Amico – The Life of Giovanni Battista Viotti" vor. Dieses Buch ist eine großartige Rechercheleistung, und es stellt Viottis Leben in einen historischen und gesellschaftlichen Kontext, wie es zuvor in keiner Publikation erreicht wurde. Warwick Lister ist als Autor auch vertreten in dem Kongressband „Giovanni Battista Viotti – A Composer between Two Revolutions" (2006, hrsg. von Massimiliano Sala); diese Tagung fand als Konferenzsektion anlässlich von Viottis 250. Geburtstag im Jahr 2005 im Rahmen der „Fifth International Conference on Music in Nineteenth-Century Britain" vom 7.–10. Juli 2005 in Nottingham statt.

Bis ich tatsächlich begann, mich meinem Buchprojekt konkret zu widmen, vergingen viele Jahre, die gefüllt waren mit zwei Studienabschlüssen, einer musikwissenschaftlichen Doktorarbeit und mit beruflichen Aufgaben als Journalistin, die weitab vom 18. Jahrhundert lagen – doch die Jahre blieben für Viotti nicht ungenutzt. Ich lernte Italienisch, um erstens das Buch von Remo Giazotto lesen zu können und zweitens eines Tages in der Lage zu sein, in Italien zu recherchieren. An dieser Stelle möchte ich meiner Italienischlehrerin Patrizia Togni (Hannover/Rubiera, Reggio-Emiglia) dafür danken, dass sie mich mit großem Interesse für mein spezielles Anliegen sehr individuell unterrichtete. Patrizia Togni verdanke ich auch etliche Empfehlungsschreiben für meinen Rechercheaufenthalt in Italien im Sommer 2011. In dieser Zeit habe ich intensiv in Fontanetto Po (Provinz Vercelli), dem Geburtsort Viottis, und in Turin geforscht, wo er seine Ausbildung zum Violinisten bei Gaetano Pugnani erhielt. Im März 1776 wurde Viotti Mitglied der Turiner Hofkapelle des Königs von Sardinien-Piemont, Vittorio Amedeo III.

In Fontanetto Po wurde ich sehr herzlich aufgenommen von den Mitgliedern der dortigen Associazione Giovan Battista Viotti, namentlich von ihren Gründern Osvaldo und Claudia Laurini, Antonella Deangeli, von Sara und Romolo

Zoboli, vom damaligen Bürgermeister Riccardo Vallino, vom Pfarrer Don Guido Mazza, der mir die relevanten Kirchenbücher aus dem 18. Jahrhundert zugänglich machte, sowie vom Dorfchronisten Romeo Busnengo. Alle trugen dazu bei, dass ich die Landschaft und regionalen Besonderheiten kennenlernen konnte, die Viottis Kindheit prägten. Ich danke allen für ihre Gastfreundschaft, ihr Interesse und ihre Hilfsbereitschaft.

Im Archivio di Stato di Torino erforschte ich Hofakten aus den Jahren 1775–1783. In Biella konnte ich im dortigen Archivio di Stato Einsicht in die Akten der Adelsfamilie Dal Pozzo della Cisterna nehmen; in dieser Familie wuchs Viotti ab seinem 12. Lebensjahr auf. Sie ermöglichte ihm die hervorragende geigerische Ausbildung bei Gaetano Pugnani.

Mein dreimonatiger Aufenthalt in Italien wäre nicht möglich gewesen ohne die Unterstützung zahlreicher Menschen, die mir und meinem Forschungsthema nahestehen. Namentlich Eva Uhlemann (Karlsruhe, 1931–2013) und ihre Töchter Dr. Silvia Uhlemann (Darmstadt) und Sibylle Botz (Pforzheim) haben mich darin unterstützt, drei Monate in Turin zu leben. Ihnen gilt mein großer Dank für diese besondere Zeit.

Patricia Werner (Berlin) danke ich für die vielen inspirierenden Ermutigungen, mein Herzensprojekt endlich in die Tat umzusetzen. Ihre liebevolle Freundschaft zu mir und gewissermaßen auch zu Viotti (denn ich war über einige Jahre nicht ohne ihn denkbar), ihre aufmerksame Lektüre der ersten Kapitel und ihre große Hilfsbereitschaft haben mir sehr geholfen.

Ich glaube nicht an Zufälle, sondern eher daran, dass Menschen mit gemeinsamen Interessen irgendwann zueinander finden. Die Gastfreundschaft, die ich in Fontanetto Po, in Turin und auch in Paris erfuhr, bestätigt mich darin. Meine Recherchen in Paris wurden freundschaftlich unterstützt von der Komponistin Annette Mengel (Sète/Paris). Ich danke ihr für ihre Hilfe in der Bibliothèque nationale de France und in den Archives nationales de France sowie für ein stets gastliches Haus. Die Hörfunkautorin Antonia Morin (München) kontaktierte mich im Februar 2016 mit ihrem Anliegen, ein Feature über Giovanni Battista Viotti machen zu wollen – ohne dass bis dahin eine Veröffentlichung von mir über Viotti vorlag, hatte sie mich ausfindig gemacht. Die Gespräche mit Antonia Morin waren sehr anregend; ihr Feature „Mein Nachbar Giovanni Battista Viotti" wurde am 11. März 2016 auf BR-Klassik gesendet. In diesem Feature kommt auch die italienische Musikwissenschaftlerin Romana Raina zu Wort, deren regionalgeschichtliche Arbeit über Viotti von großem Wert ist.

Einen wesentlichen Teil meiner Recherchen habe ich an der Herzog August Bibliothek Wolfenbüttel betrieben. In diesem Bücherparadies gibt es eine Vielzahl an Reiseberichten aus dem 18. Jahrhundert. Mithilfe dieser Lektüre war es mir möglich, dem wichtigen Lebensabschnitt Viottis, in dem er von 1781 bis 1782 auf Europatournee ging, zeitgenössisches Kolorit über die Art und Weise des Reisens hinzuzufügen. Überdies gab mir die Herzog August Bibliothek über mehrere Forschungsaufenthalte die Ruhe für konzentriertes Schreiben; der überwiegende Teil dieses Buches ist in Wolfenbüttel entstanden. Dafür möchte ich allen danken, die dazu beigetragen haben, namentlich Dr. Gillian Bepler.

Während das Buch entstand, hatte ich in der Musikwissenschaftlerin Dr. habil. Dorothea Schröder (Cuxhaven) eine fachkundige und akribische Lektorin. In vielen Arbeitsgesprächen hat sie mich angeregt, den Menschen und Musiker Giovanni Battista Viotti in seinen vielen Facetten immer weiter zu ergründen. Ihr gebührt großer Dank.

Viotti selbst hat kaum etwas Schriftliches über sein Leben hinterlassen. Es ist der australischen Wissenschaftlerin Dr. Denise Yim (Department of French Studies, Sydney) zu verdanken, dass der Briefwechsel der Familie Chinnery mit Giovanni Battista Viotti erforscht und ediert ist. Ihre Publikation „Viotti and the Chinnerys – A Relationship Charted through Letters“ (2004) gibt wesentliche alltagsnahe Einblicke in Viottis Leben ab dem Jahr 1793, als er in London Freundschaft mit der Familie Chinnery schloss – eine Freundschaft, die bis zu seinem Lebensende währte.

Das einzige längere Dokument, das Viotti selbst über sein Leben verfasste, stammt von 1798 und ist eine Beschreibung seiner bisherigen Lebensstationen: „Précis de la vie de J. B. Viotti“. Hintergrund dieser Abhandlung ist seine Ausweisung aus England – ohne die er diesen Text nie geschrieben hätte. Ich danke Ulrike Parschau (Teterow) für die einfühlsame Übersetzung dieses Textes aus dem Französischen; er befindet sich im Anhang. Ebenso hat Ulrike Parschau den letzten Brief von Viottis Lehrer Gaetano Pugnani an seinen berühmten Schüler übersetzt; er ist ein Dokument der liebevollen Zuneigung und Verehrung, die Pugnani für Viotti zum Ausdruck bringt.

Für die Lebensbeschreibung Viottis einen geeigneten Verlag zu finden, war nicht leicht. Ich danke dem Böhlau Verlag für sein Interesse an dem in Vergessenheit geratenen – und doch so bedeutenden – Musiker und Komponisten, für die professionelle, gleichwohl persönliche Betreuung des Manuskripts und für die Bereitschaft, den Namen Giovanni Battista Viotti wieder in die Welt zu tragen.

Bei der Suche nach einem Verlag waren mir folgende Kolleginnen, Wegbegleiterinnen und Freundinnen behilflich: Elisabeth Raabe (Hamburg), Katrin Mercker (Hamburg), Prof. Dr. Melanie Unseld (Wien), Prof. Dr. Annette Kreutziger-Herr (Berlin), Prof. Dr. Susanne Rode-Breymann (Hannover) sowie Prof. Dr. Gabriela Jaskulla (Berlin/Hannover) und Dr. Konstanze Streese (Frankfurt am Main).

Walter F. Gelinski (Hannover) hat in Italien für dieses Buch fotografiert. Ihm danke ich für seine Bilder, die er großzügig zur Verfügung stellte.

Es gäbe dieses Buch nicht ohne die langjährige Unterstützung von meiner ehemaligen Musiklehrerin Frauja Seewald und ihrem Ehemann Prof. Dr. Otfried Seewald (Passau). Sie standen mir in jeder Phase des Entstehungsprozesses mit Ermutigungen und Ideen zur Seite. Frauja und Prof. Dr. Otfried Seewald haben immer an die Fertigstellung dieses Buches geglaubt – manchmal wohl sogar fester als ich – und sie haben bis in die entscheidende Schlussphase hinein dafür gesorgt, dass das Projekt Wirklichkeit werden konnte. Dafür danke ich ihnen von Herzen und widme ihnen dieses Buch.

Ulrike Brenning
Hannover, im Sommer 2018

Das Dorf im Piemont

Fontanetto Po

Schnurgerade durchzieht eine eingleisige Bahnstrecke die Landschaft, links und rechts dehnen sich die Reisfelder der Poebene aus, so weit das Auge reicht. Im April und Mai sind sie geflutet. Die Einheimischen sprechen dann stolz von den „mare a quadretti", den quadratischen Meeren, in denen die jungen Reispflanzen heranwachsen. Ab Juni leuchtet helles Grün, das im leichten Wind changiert. Fischreiher stolzieren durch die Felder, erheben sich aus dem wogenden Grün, und der Zug fährt so langsam, dass man Zeit hat, diesen Anblick zu genießen. Der Reiz dieser Landschaft liegt in ihrer Gleichförmigkeit, in der nichts den Blick fesselt, sondern ihm unendlich viel Raum gibt. Im Dunst, der über der weiten Ebene hängt, zeichnet sich ein Kirchturm ab. Es ist der Campanile, der romanische Glockenturm der Pfarrkirche San Martino von Fontanetto Po.

Bis auf die Eisenbahn sah es hier kaum anders aus, als Giovanni Battista Viotti 1755 in Fontanetto Po geboren wurde. Er verbrachte hier seine ersten Lebensjahre; dieser Ort und diese Landschaft haben seine Kindheit geprägt, und so beginnt die Suche nach ihm hier, in einem Weiler zwischen Reisfeldern und Wassergräben.

Die kleine Gemeinde Fontanetto Po liegt direkt an dieser Bahnstrecke, die 1887 eingeweiht wurde. Sie brachte der fruchtbaren Gegend einen Aufschwung, weil sie seither besser zu erreichen ist. Aus seiner langsamen Fahrt kommt der Zug in Fontanetto Po zum Halten. Ich bin der einzige Fahrgast, der hier aussteigen möchte. Es ist kurz vor zwei Uhr am Nachmittag, und es herrscht eine gleißende Junihitze. Im Warteraum hängt ein kleiner Stadtplan. Eine aufmerksame Geste in einem Bahnhof, der so wirkt, als käme hier selten ein Fremder an.

Um diese Zeit hört man in der Ortsmitte nichts außer den aufgeregten schrillen Schreien der Mauersegler. Viele haben ihr Sommerquartier in den kleinen und großen Rundbogen des ehrwürdigen Glockenturms, andere nisten in den Arkaden der Via Viotti. Sie sind etwas schief und unregelmäßig, doch sie zeigen mit einer gewissen Stattlichkeit, dass diese Straße die Hauptstraße des Ortes ist. Die Straße trägt den Namen Via Viotti, weil einer der bedeutendsten Geiger Europas hier am 12. Mai 1755 zur Welt kam – in welchem Haus, darüber sind die Meinungen geteilt. Darum gibt es nicht nur eine, sondern zwei Gedenktafeln, eine hängt über dem Torbogen des Hauses Nummer 23, die andere schmückt ein Eckhaus, das rund zweihundert Meter entfernt steht. Der Text der Gedenktafel am Haus Nummer 23 lautet: „In diesem Haus wurde am 12. Mai 1755 Giovanni Battista Viotti geboren – Geiger / Der Arbeiterverein brachte dies am 21. Juni 1891 an."[1]

Die Arkaden der Via Viotti sind nicht vornehm. Hier flaniert man nicht wie in den großen Städten Turin, Mailand oder Bologna. Sie wirken eher wie ein Schutzwall vor allzu viel Sonne. Ich setze mich auf den recht hohen Bordstein in den Schatten der Arkaden und schaue in die Hofeinfahrt des Hauses Nummer 23. Mein Blick bleibt an hoch aufgestapelten Obstkisten mit verblasster Schrift hängen. Ihre stabile Unordnung macht den Eindruck, als stünden sie dort schon lange so. Dieser Innenhof war der Ort seiner Kindheit. Hier ist Giovanni Battista Viotti aufgewachsen – vorausgesetzt, dieses Haus ist das richtige. Hier hat er seine ersten Schritte gemacht und ein paar Jahre später die ersten Töne auf der Geige gespielt.

Die Gemeinde Fontanetto Po pflegt das Andenken an Viotti, wo und wie sie nur kann. Es gibt eine Viotti-Gesellschaft, die „Associazione Viotti", ein kleines Theater, das seinen Namen trägt, und ein Denkmal aus den 70er Jahren des vergangenen Jahrhunderts. Doch Dokumente aus seiner frühen Jugendzeit in diesem Ort sind rar. Das Archiv der Pfarrkirche San Martino ist eine der wichtigen Adressen für die Spurensuche.

Es ist noch die Zeit der Mittagsruhe, als die Haushälterin von Pfarrer Don Guido Mazza die Tür öffnet. Wir sind für halb drei verabredet. Sie ist eine kleine, resolute alte Dame und bittet mich hinein: „Kommen Sie, Pfarrer Mazza ist schon in seinem Amtszimmer." Sie weist mit einer Handbewegung den Weg durch den engen Flur. Der Gemeindepfarrer ist einer der besten Kenner Viottis in Fontanetto Po, und auch er engagiert sich dafür, dass der einst so bedeutende Sohn des Ortes nicht in Vergessenheit gerät.

Don Guido Mazza steht hinter seinem Schreibtisch, er trägt ein tadellos gebügeltes weißes Hemd mit geschlossenem Stehkragen und deutet einladend mit beiden Händen auf die beiden dicken Bücher, die vor ihm auf dem Schreibtisch liegen. Es sind Taufregister und Sterberegister der Gemeinde Fontanetto Po aus der Mitte des 18. Jahrhunderts und damit die wichtigsten Belege, dass hier Giovanni Battista Viotti geboren wurde. Außerdem geben sie Aufschluss über die Familie Viotti.[2]

1 "In questa casa il di 12 maggio 1755 nacque Giovanni Battista Viotti – Violinista / La società operaia addì 21 giugno 1891 pose."

2 Liber baptizatorum San Martino, Fontanetto Po 1755: "VIOTTO Johannes Baptista Vilielmus Dominicus heri hora 8 filius legitimus et naturalis Felicis Viotti et Magdalenae Milano jugalium. Baptizatus fuit a me Johanne Domenico Rosmo praeposito die decimatertia maii 1755, tenents Joseph Milano quondam Guilielmi et Johanna Margarita filia quondam Antonii Barberis."

Der 12. Mai 1755 ist der Geburtstag von Giovanni Battista Viotti, einen Tag später wird er in der Kirche San Martino von Pfarrer Giovanni Domenico Rosmo getauft. Er ist das sechste von neun Kindern. Bereits 1753 hatte seine Mutter, ebenfalls im Mai, einen Sohn zur Welt gebracht, der auf den Namen Giovanni Battista getauft worden war. Das Kind starb am 10. Juli 1754. Weil die Eltern dem danach geborenen Sohn denselben Namen gaben, hat es immer wieder Verwechslungen gegeben. Daher tritt an mancher Stelle in der Literatur oder auch auf Straßenschildern noch immer ein falsches Geburtsjahr für Giovanni Battista auf, eben 1753 – das Geburtsjahr seines verstorbenen älteren Bruders. Sein vollständiger Taufname nun lautet Giovanni Battista Guglielmo Domenico; der Name Guglielmo steht für den Paten und der Name Domenico wurde wahrscheinlich zu Ehren des Pfarrers Rosmo gewählt.

Die Sitten und Gebräuche der Namensgebung sind heute andere. Umso wichtiger sind die Kirchenregister, wie sie auch im Pfarrbüro von San Martino bewahrt werden. Und eine weitere wichtige Quelle, die aus der damaligen Zeit stammt, ist die Lebensbeschreibung Viottis, die aus der Feder eines Dottore Negri stammt, der stellvertretender Bürgermeister in Fontanetto Po war. Dieser Mann schrieb 1810 mit der warmherzigen Begeisterung eines Zeitgenossen. Wenn aus so mancher Zeile ein gewisser Stolz spricht, dann eben auch deshalb, weil er zu den Honoratioren von Fontanetto Po gehörte. Als er 1810 den Bericht über Viotti schrieb, konnte sich Dottore Negri auf Zeitzeugen berufen, die entweder mit Viotti aufgewachsen waren oder seine Eltern kannten. Er beschreibt die Eltern als bescheidene und freundliche Menschen, mit denen man gern den Umgang pflegte. Der Vater, Felice Viotti, war der Hufschmied des Ortes.

Fontanetto Po hatte in jener Zeit mehr als doppelt so viele Einwohner wie heute, rund 2800 Menschen lebten dort. Die meisten arbeiteten in der Landwirtschaft, vor allem auf den Reisfeldern und in den Reismühlen. Und so gab es natürlich viele Pferde für den Transport von Lasten und Waren, die Felice Viotti beschlagen musste. Seine gut besuchte Werkstatt kann man sich, so wie Negri sie beschreibt, als Mittelpunkt des Dorfes vorstellen. Hier traf man sich nicht nur zum Beschlagen der Pferdehufen, sondern auch auf einen ausgedehnten Plausch. Felice Viotti war mehr als ein Handwerker – er war auch ein Mann mit Sinn fürs „Höhere“, für Konversation und Künste. Diese Interessen sind nicht gerade typisch für einen Hufschmied, und so ist es wohl auch zu erklären, dass Felice Viotti eine Frau heiratete, die eigentlich über seinem Stand war: Maddalena Milano, 1725 in Fontanetto geboren, entstammte einer bürgerlichen Familie und war wahrscheinlich die Enkelin von Ludovico Milano, einem Verwaltungsbeamten am königlichen Hof in Turin.

> Sein Vater übte das Handwerk eines Hufschmieds aus, gleichwohl war er ein Mann von Geist und schätzte den Umgang mit gebildeten und kultivierten Leuten, und da er äußerst geistreich und humorvoll war, schätzten ihn die Menschen der Umgebung. Geistliche und Weltliche hatten Freude daran, sich vor seiner Werkstatt zu treffen, um ein wenig mit ihm zu plaudern, und zu vorgerückter Stunde begab man sich auch in sein Haus, um gemeinsam zu musizieren; alle waren mehr oder weniger Dilettanten auf ihren Instrumenten. Es gab nur wenige Abende, an denen man sich nicht in Viottis Haus versammelte, um eine Runde Musik zu machen.[3]

Der kleine Giovanni Battista Viotti hört tagsüber die hellen Hammerschläge aus der Schmiede seines Vaters, er rennt mit seinen Spielkameraden durch den kleinen Ort und heckt Streiche aus, und er schläft abends bei der Musik ein, die sein Vater und dessen Freunde machen. Eine glückliche Kindheit in Fontanetto Po, die Viotti etwas mitgibt, das ihn in seinem Leben immer wieder auszeichnen wird: ein freundliches, aufgeschlossenes Wesen. In diesen ersten Lebensjahren erfährt er beständig Geborgenheit, Harmonie und eine gute Dorfgemeinschaft.

Der Name Fontanetto erinnert an die vielen Brunnen („fontana"), die es in diesem Ort gab. Sie sind heute nicht mehr da, aber noch immer durchziehen viele kleine Kanäle wie Adern den Ort. Sie wurden einst als Bewässerungssystem für die Reisfelder angelegt. Die Via Viotti hieß damals „La Contrada di Mezzo" (die Straße der Mitte) und teilte Fontanetto dementsprechend in zwei große Hälften, in denen es insgesamt sechs Ortsteile gab, sogenannte „Cantone". In den Ortsteilen war das Land wiederum in kleine und große Parzellen gegliedert. Familie Viotti hatte Besitz im Ortsteil Paradore, die Mutter Maria Maddalena stammte aus dem Ortsteil Chiusia.

Wenn man heute durch die Via Viotti und die kleinen Straßen des Ortes geht, dann spürt man noch etwas von diesen alten Strukturen. Verwinkelt stehen die Häuser zueinander, nach hinten schließen sich ohne erkennbare Ordnung die Höfe in unterschiedlicher Größe an. Selbst für kleine Entfernungen nimmt man gern das Fahrrad und fährt sehr langsam, man grüßt vom Rad nach links und rechts und hält fast im Stand ein Schwätzchen – die Einheimischen haben es

---

3 Dr. Negri, Maire Aggiunto di Fontanetto Po: Biografia di Giovan Battista Viotti, 1810. Zitiert nach Remo Giazotto: Giovan Battista Viotti, Mailand 1956, S. 232: "Detto suo padre benchè esercitasse il mestiere di fabbro ferraio, unico suo appannaggio, pare essere uomo di genio e amante delle persone bennate e colte; e siccome egli era sommamente lepido e faceto così era da tutti ben voluto e li signori del paese, preti e seculari, si compiacevano trattenersi davanti sua bottega per conversare con lui e a ora debita si introducevano anche in casa sua a far partita, anzi alquanti di essi essendo dilettanti chi d'un instrumento musicale che di un altro. Passavano rare le sere che non si adunassero a casa del Viotti per far concerto."

nicht eilig. Und noch immer spielt die Musik eine große Rolle. Erstaunliche viele Menschen in Fontanetto Po beherrschen mindestens ein Instrument, singen im Chor oder spielen in einer Band, wie auch der Vorsitzende der Viotti-Gesellschaft, der „Associazone Viotti". Das örtliche Laienorchester ist die „Società filarmonica". Diese Musiziergemeinschaft ist in Italien weit verbreitet: Man trifft sich in einer Besetzung, die gerade zur Verfügung steht, und probt für Anlässe wie Feste der Schutzpatrone, Volksfeste und andere Feierlichkeiten, seien sie kirchlich oder weltlich. Die „Società filarmonica" in Fontanetto Po gab es schon zu Viottis Zeiten.

Felice Viotti selbst spielte Jagdhorn, und Dottore Negri berichtet, dass er es recht ordentlich beherrschte.[4] Der stellvertretende Bürgermeister Negri hat eine große Begeisterung für die Musik in seiner Gemeinde. Aber auch Ortsfremden widmet er sein Interesse, wie es sich für einen guten Chronisten gehört. So erfährt man aus seinem Bericht, dass in den frühen 1760er Jahren ein junger Mann, ein gewisser Signor Giovanni, nach Fontanetto Po kam und Aufmerksamkeit erregte, weil er sehr gut Laute spielte, außerdem war er in Musiktheorie gebildet. Für den kleinen Giovanni Battista Viotti sollte dieser junge Mann, der zudem eine Art Namensvetter war, eine entscheidende Bedeutung haben.[5]

Signor Giovanni findet schnell große Anerkennung in Fontanetto Po. Die Musikliebhaber des Ortes, die sich in der „società filarmonica" zusammengeschlossen haben, bieten ihm, dem Vagabunden, einen Vertrag an: Er soll ein Jahr in Fontanetto bleiben und den Kindern und Jugendlichen des Ortes Musikunterricht geben. Signor Giovanni nimmt das Angebot an und bleibt etwas länger als ein Jahr.

Viel weiß man nicht über ihn, doch es ist ziemlich sicher, dass dieser Musiker für den sieben- bis achtjährigen Giovanni Battista Viotti eine prägende Rolle spielte. Er hat die große Begabung des Jungen entdeckt, hat ihn angeregt und in ihm wahrscheinlich auch einen wissbegierigen Zuhörer gehabt. Und in Fontanetto Po merkten die Menschen, dass hier ein besonderes Kind heranwuchs, denn „Viotti, mehr als alle anderen von den Lehrstunden profitierend, begann schnelle

4 Giazotto, S. 232: "Mastro Felice suonava pure passabilmente il corno da caccia".

5 Giazotto, S. 232: "Per buona sorte era capitato in Fontanetto un venturiere italiano chiamato per nome Signor Giovanni (ed il cognome si ignora), che era molto bravo suonatore di liuto, e non suonando solamente per pratica ma di più era ben fondato e versato nella musica." – Dt. Übersetzung: „Das Schicksal wollte es, dass in Fontanetto ein italienischer Vagabund eingetroffen war, der Signor Giovanni hieß (den Nachnamen kennt man nicht) und sehr gut Laute spielte. Er war nicht nur in der Praxis der Musik bewandert, sondern hatte auch ein fundiertes Wissen über sie."

Fortschritte in der Kunst zu machen, gab Proben seiner großen Begabung für die Musik und in der Folge auch des guten Gelingens".[6]

Der kleine Giovanni Battista hat demnach mehr als die anderen Schüler in den Musikstunden von Signor Giovanni gelernt. Wahrscheinlich war er es auch, der dem Jungen die Grundlagen des Geigenspiels beibrachte, denn Signor Giovanni war auf mehreren Instrumenten bewandert. Für einen Violinpädagogen unserer Tage ist es natürlich eine haarsträubende Vorstellung, dass ein Dilettant Unterricht für Anfänger erteilt. Denn wie viele Fehler können sich gerade in dieser Phase einschleichen, sei es in der Haltung des Instruments und des Bogens, sei es bei der Bogenführung oder beim Aufsetzen der Finger der linken Hand. Doch man kann im Fall von Viotti annehmen, dass sich hier ein ungeheures Talent Bahn gebrochen hat – egal, wie der Unterricht war. Froh zu wissen, wie man ungefähr den Bogen hält, glücklich über jeden schönen Ton, den er der Geige entlocken kann, was zu Beginn auch eher selten ist, und stolz, Melodien nachzuspielen und zu erfinden – so ungefähr muss man sich das Gefühl des Jungen wohl vorstellen. Spielerisch beginnt er, die Geheimnisse der Violine zu ergründen.

Der Musiklehrer ist noch aus einem anderen Grund ein wichtiger Mensch für Giovanni Battista, denn während der Zeit, in der Signor Giovanni in Fontanetto Po unterrichtet, stirbt Viottis Mutter. Er wird für den Jungen zu einem Vertrauten, zu einer Art großem Bruder. Als Maddalena Viotti am 22. April 1763 im Alter von nur 38 Jahren stirbt, ist ihr jüngstes Kind gerade erst drei Monate alt. Insgesamt hat sie neun Kinder geboren, von denen eventuell fünf, sicher aber drei am Leben sind;[7] nämlich Anna Catterina (geboren 16. August 1748), Giovanni Battista (geboren 12. Mai 1755) und Giuseppe Antonio, den sie am 16. Januar 1763 zur Welt bringt. Maddalena erliegt wahrscheinlich einer Krankheit, die aber im zeitgenössischen Bericht von Dottore Negri nicht erwähnt wird, und auch das Sterberegister gibt keinen weiteren Aufschluss.[8]

6 Giazotto, S. 232: "Viotti, profitando più di tutti gli altri delle lezioni, cominciò farsi avanti nell'arte, dar prova del suo gran genio per la musica, e in conseguenza della buona riuscita che avrebbe fatto."

7 Das Taufregister der Gemeinde Fontanetto Po gibt Auskunft darüber, dass vier der neun Kinder im Kindesalter gestorben sind, nämlich in den Jahren 1748, 1751, 1752 und 1754; bei zwei Kindern ist das Sterbejahr unbekannt, so bleiben drei Kinder, die das Erwachsenenalter erreicht haben, unter ihnen eben auch Giovanni Battista.

8 Sterberegister der Gemeinde Fontanetto Po: "1763 die vigesima seconda aprilis – obiit Maria Magdalena Milano uxor Felicis Viotti anno rum 38 circiter sacramentis Paenit. Et. Extr. Unction. Munita et die seq. Sepolta est(s) in eccle. Societ. Angelorum – Jon. Dominis Rosmus praep." Die Autorin Enrica Magnani Bosio schreibt von einem tödlichen Krankheitsverlauf, gibt aber keine Quelle dafür an: "Maria Maddalena, stroncata a soli trentotto anni da una malattia fulminante." – Dt. Übersetzung: „Maria Maddalena,

Der erste große Schmerz im Leben des knapp Achtjährigen. Seine verwundete Seele findet, dank seiner Begabung und der Unterstützung von Signor Giovanni, Trost in der Musik. Diese Erfahrung wird Viotti fortan begleiten: dass Musik ihm hilft, zu überleben.

Der Junge spielt nun unablässig auf seiner einfachen Geige, die ihm sein Vater auf dem Jahrmarkt von Crescentino, unweit von Fontanetto Po, gekauft hat. Das berichtet der Historiker Gaspare De Gregori über Viotti in seinem umfangreichen Personenlexikon, das 1824 erschienen ist. Die Nachbarn seien entnervt von den unablässig sprudelnden Tonkaskaden gewesen, die der Junge dem Instrument entlockte. Das kann man sich gut vorstellen: In den engen Gassen des Ortes hört man jedes Räuspern, jeden Schritt – und nicht jederzeit sind Geigentöne willkommen, selbst wenn ein Hochbegabter sie erzeugt.[9]

De Gregori, Zeitgenosse von Dottore Negri, bezieht sich in seinem Lexikonartikel über Viotti in vielen Punkten auf Negri. Beide berichten, dass 1764 der Musiklehrer Signor Giovanni Fontanetto Po nach einem guten Jahr verlässt, da er ein Angebot des Orchesters an der Kathedrale von Ivrea bekommen hat. Für den kleinen Viotti ist es ein weiterer schmerzhafter Abschied. Signor Giovanni lässt seinen Schüler mit Bedauern zurück.[10] Er hat dem Jungen in diesem Jahr den Glauben an sein Talent und die Kraftquelle der Musik gegeben.[11]

Das Trauerjahr ist noch nicht vorbei. Doch Felice Viotti hat bereits eine neue Frau an seiner Seite. Man mag das bewerten, wie man will – Tatsache ist, dass Felice Viotti nach dem Tod seiner Frau einen Säugling zu versorgen hat. Er heiratet Teresa Musetti, die aus dem Nachbarort Trino stammt; wann genau, darüber gibt es keine Aufzeichnungen, es muss Ende 1763 oder Anfang 1764 gewesen sein. Bereits am 24. August 1764 kommt das erste gemeinsame Kind von Felice Viotti

---

im Alter von nur achtunddreißig Jahren niedergeworfen von einer tödlichen Krankheit." Vgl. Enrica Magnani Bosio: Io sono Giovanni Battista Viotti, Vercelli 2005, S. 17.

9 Gaspare De Gregori: Istoria della Vercellese letterura ed Arti, Parte Quarta, S. 409, Tipografia Chirio e Mina, Torino 1824: "Puossi dire che il piccolo Giambattista si allevò in mezzo alla musica, sichè all'età di otto anni già teneva un cattivo violino, che il padre suo accomperò alla fiera di Crescentino, ed andava tutto il giorno disturbando il vicinato con suoni acuti e frizzanti."

10 "Lasciò con rincrescimento il nostro Viottino [...]" – Dt. Übersetzung: „Er ließ unseren kleinen Viotti mit Bedauern zurück [...]". Zitiert nach De Gregori, S. 409.

11 "Sig. Giovanni dopo essersi fermato un anno e più in Fontanetto fu richiesto di passare alla cappella della cattedrale di Ivrea, avendo lasciato il Viottino in istato di potersi produrre anche lodevolmente." – Dt. Übersetzung: „Nachdem sich Signor Giovanni mehr als ein Jahr in Fontanetto aufgehalten hatte, wurde er von der Kapelle der Kathedrale von Ivrea angefordert, den kleinen Viotti zurücklassend, auf einem Stand seines Könnens, dass er sich bereits lobenswert hören lassen konnte." Vgl. auch De Gregori, S. 409.

und Teresa zur Welt, ein Mädchen mit dem Namen Francesca Maddalena. Aus dieser Ehe werden insgesamt zehn Kinder hervorgehen; über die Geburtsdaten gibt das Taufregister der Gemeinde Fontanetto Po Aufschluss, aber nur vereinzelt über Sterbedaten. Insgesamt hat Felice Viotti in seinen zwei Ehen neunzehn Kinder gezeugt – neun mit Maddalena Milano und zehn mit Teresa Musetti.

Der Biograf Remo Giazotto vermerkt lapidar, dass Felice Viotti schnell wieder heiratet, vor allem, weil er sich der Aufgabe nicht gewachsen fühlt, sich um zwei Söhne unter zehn Jahren zu kümmern – den Aspekt, dass Teresa Musetti eine Amme gewesen sein könnte, erwähnt er nicht.[12] Die älteste Tochter Anna Catterina ist im Sterbejahr der Mutter bereits fünfzehn und kann viele Aufgaben im Haushalt übernehmen. Auch wenn es in früheren Zeiten üblich war, sich aus angeblich praktischen Erfordernissen nach dem Tod der Ehefrau schnell wieder zu verheiraten, so war und ist es doch für das Seelenleben eines heranwachsenden Kindes eine doppelte Krise: der Verlust der Mutter und die neue Frau des Vaters. Nicht von ungefähr kommen die Geschichten der „bösen Stiefmutter", die meistens gar nicht so böse ist, aber im Erleben des Kindes eine Bedrohung darstellt.

Giovanni Battista trauert um seine Mutter, wird konfrontiert mit einer neuen Frau seines Vaters, die an ihre Stelle tritt und sogleich ein Kind erwartet. So verwundert es nicht, dass der Junge die Nachbarschaft in Fontanetto Po mit einem beständig sprudelnden Quell von hohen – und sicher nicht immer richtigen und schönen – Tönen malträtiert. Seine Begabung gibt ihm die innere Freiheit, es so und nicht anders zu tun. Es ist der Ausdruck seiner trauernden Kinderseele. Er bäumt sich gegen das Unfassbare auf, dass die Mutter nicht mehr da ist, drückt seinen Zorn darüber aus, dass eine neue Frau an ihre Stelle getreten ist, und wirbt um die Gunst des Vaters, die unter den veränderten Bedingungen gefährdet scheint.

Was gibt ihm Halt? Auf der Geige ist er bereits so weit fortgeschritten, dass er als Mitglied in der örtlichen „Società filarmonica" spielt. In dieser zwanglosen und heiteren Musikerrunde kann er sich gut weiterentwickeln und ist aufgrund seines Talents anerkannt, obwohl er sicher der Jüngste ist. Seine Mitgliedschaft in der „Società filarmonica" bringt ihn in eine Situation, die ein schicksalhafter Glücksfall ist und eine Weichenstellung seines Lebens herbeiführt.

Dieses Ereignis hat, so berichten die frühen Biografen Viottis und allen voran Dottore Negri, im Jahr 1766 stattgefunden. Die näheren Umstände seien kurz erwähnt: Giovanni Pavia, ebenfalls Mitglied der „Società filarmonica", ist im Mai 1766 eingeladen, bei einem Kirchenfest in Strambino zu spielen. Nur mit Mühe gelingt es ihm, Viottis Vater die Erlaubnis abzuringen, dass ihn der mittlerweile

12 Giazotto, S. 17: "Felice Viotti si risposò poco tempo dopo, nella impossibilità di badare a due figli maschi non ancora decenni."

elfjährige Giovanni Battista mitsamt seiner Geige nach Strambino begleiten darf. Der Ort ist von Fontanetto Po circa 30 Kilometer entfernt; nach den Aufzeichnungen von De Gregori haben die beiden die Reise zu Fuß gemacht.[13]

Dottore Negri hält sich mit der Schilderung näherer Einzelheiten des Kirchenfestes zurück. Viel wichtiger ist die Tatsache, dass ein hoher Kirchenmann anwesend war, Monsignore Francesco Marchese di Rorà, der Bischof von Ivrea war und wenig später zum Erzbischof von Turin ernannt wurde. Nach dem offiziellen Teil des Festes, bei dem musiziert wird, sind alle Musiker zum Essen im Haus Monsignore di Rorà eingeladen.[14] Munteres Klappern der Teller, Gläserklingen, ausgelassene Fröhlichkeit, vielleicht noch das eine oder andere musikalische Ständchen – Italiener essen gern in großem Kreis und lieben die Musik, und so wird es sicher eine sehr gesellige Runde gewesen sein. Mittendrin: der kleine Viotti. Er fällt natürlich auf unter seinen Musikerkollegen, den erwachsenen Männern, in deren Gesichtern bereits das Leben seine Spuren hinterlassen hat. Sie sind geprägt und gezeichnet von harter Landarbeit, Sorgen, Wind und Wetter der Poebene. Die schöne Gestalt des Jungen, seine Bescheidenheit und seine herausragende Art, Geige zu spielen, erregen die Aufmerksamkeit des Monsignore Francesco Marchese di Rorà.[15]

In wenigen Worten soll der Geistliche dem Jungen eine glänzende Zukunft vorausgesagt haben: Er selbst werde dafür sorgen, dass Viotti sein Glück machen

13 Negri, zitiert nach Giazotto, S. 232: "Vi volle della pena a far contentare il padre di giovane Viotti per fare questo viaggio, ma finalmente vi acconsentì, persuaso che non gli sarebbe costato nulla di spesa e che conveniva provare e far conoscere il figlio." – Dt. Übersetzung: „Es war schwer, den Vater des jungen Viotti zu überzeugen, dass er ihm diese Reise erlauben solle. Aber endlich stimmte er zu, überzeugt, dass sie ihn nichts an Spesen kosten würde und dass es gut sei, wenn sich sein Junge bekannt machen könne." Vgl. auch: De Gregori, S. 409.

14 Negri, zitiert nach Giazotto, S. 232: "Comunque sia è cosa certa che a quella festa si trovò il vescovo di Ivrea che era allora Monsignor Francesco Rorà, passato in seguito all'arcivescovado di Torino, ed è cosa certissima che dopo la funzione in chiesa tutta l'orchestra, e con essa i Viottino, recaronsi a fare una levata di tavola a Monsignor Vescovo." – Dt. Übersetzung: „Wie auch immer, sicher ist, dass sich auf diesem Fest der Bischof von Ivrea befand, Monsignor Francesco Rorà, der dann in der Folgezeit Erzbischof von Turin wurde, und eine sehr sichere Sache ist auch, dass nach dem Gottesdienst das gesamte Orchester und damit auch der kleine Viotti, bei Monsignore, dem Bischof, zum Essen eingeladen waren."

15 Negri, zitiert nach Giazotto, S. 232: "Imperciocchè quel degnissimo prelato, restato sorpreso delle buona grazia con cui il medesimo faceva la sua parte ed invaghitosi della somma modestia di quel giovane e della sua bella fisonomia [...]"

könne. In einem großen Adelshaus in Turin suche gerade ein junger Prinz Gesellschaft beim Erlernen des Geigenspiels.[16]

Unterwegs nach Turin

Negri nimmt an, dass Viottis Vater den Sohn auf diesem ersten großen Ausflug zum Kirchenfest nach Strambino begleitete. Schließlich war der Junge erst elf, auch wenn die Qualität seines Geigenspiels ein anderes Alter nahelegte. Man kann sich vorstellen, was in den ersten Stunden nach dem Fest in Felice Viotti vorging. Der hohe kirchliche Würdenträger hatte einerseits den verlockenden Vorschlag gemacht, dass er den Jungen in Turin empfehlen wolle – andererseits bedeutete das, sollte es zu einer Verwirklichung dieses Plans kommen, eine so grundlegende Veränderung der Lebenssituation der Familie in Fontanetto Po. Bestimmt war Felice Viotti auch ein Mann der Tat, der sich handfeste Gedanken machte: Ein Esser weniger im Haus, aber auch eine Hilfe weniger, und seine Nachfolge in der Schmiede würde Giovanni Battista auf keinen Fall mehr antreten. Denn so unwirklich, ja märchenhaft, wie die Situation schien, so unausweichlich lag es auf der Hand, dass sein Sohn dann einen Weg einschlagen würde, der ganz anders war als sein eigener. Es wäre allzu egoistisch gewesen, dem Jungen diese ungeahnte Lebensperspektive zu verwehren, wenn er auch anderes für ihn vorgesehen hatte. Viotti hat es viele Jahre später in einer kurzen Selbstbetrachtung auch erwähnt:

> Ich wurde in eine rechtschaffende Familie hineingeboren, die für mich ein anderes Handwerk vorgesehen hatte. Doch entgegen ihren Vorstellungen wählte ich den Musikerberuf.[17]

Ausgestattet mit einem Empfehlungsschreiben und einer kostbaren Reliquie, die ihnen Monsignore Rorà als Geschenk für die Adelsfamilie in Turin mitgab, machten sich Vater und Sohn auf den Weg.

Man brauchte damals eine Tagesreise für die rund 50 Kilometer lange Strecke von Strambino nach Turin. Die Lohnkutscher, Vetturini genannt, die über

---

16 Negri, zitiert nach Giazotto, S. 232: "Gli disse in poche parole che voleva fargli la sua fortuna, qualora egli fosse stato contento di passare a Torino in una gran casa, dove un giovane cavaliere desiderava un compagno per esercitarsi seco a suonare il violino."

17 "Nato da una famiglia onesta che mi aveva destinato a un altro mestiere, io scelsi loro malgrado la professione musicale." Zitiert nach Magnani Bosio, S. 21. Im Original ist dieser Text in französischer Sprache unter dem Titel „Précis de la vie de J. B. Viotti depuis son entrée dans le monde jusqu' au 6 mars 1798“ abgefasst: « Né d'une famille honnête, qui me destinoit à un autre ètat, je choisis malgré elle la profession musicale. »

eigene Pferde und eine Sedie[18] verfügten, legten pro Tag ungefähr 30 italienische Meilen[19] zurück, was rund 55 Kilometer sind – so berichtet es der zeitgenössische Reiseschriftsteller Johann Jacob Volkmann[20], der mit Italien sehr vertraut war und 1770 einen umfangreichen Reiseführer über das Land veröffentlicht hatte; dieses Buch begleitete u. a. Goethe und Lessing auf ihren Italienreisen.

Eine Tagesreise: Genügend Zeit zu zweifeln, ob der eingeschlagene Weg der richtige sein würde. Genügend Zeit für den Vater, seinen elfjährigen Sohn immer wieder vorsichtig von der Seite anzuschauen, während sie in einer ruckelnden Kutsche, der sogenannten Sedie, auf Turin zufuhren. Er mag sich gefragt haben, was er dem Kind mit dieser Reise aufbürden oder ermöglichen würde, sollte der Junge Aufmerksamkeit erregen und in Turin bleiben. Aber vielleicht zogen Vater und Sohn auch unbeschwert und abenteuerlustig in die große Stadt, in der sie vorher noch nie gewesen waren – in die Stadt, wo die Savoyer seit der Mitte des 16. Jahrhunderts eine prachtvolle Residenz aufgebaut hatten und die viele hervorragende Künstler, Musiker und Handwerker anzog. In Turin wohnten mehr als 70.000 Menschen, und es galt als eine der schönsten Städte Italiens.[21] Mit der Verwirklichung des noblen Baustils waren Dynastien von Architekten beschäftigt. Vater und Sohn Viotti hatten so viel Stein auf einmal noch nie gesehen. Vor dem herrschaftlichen Portal des Palazzo Dal Pozzo in der Via Maria Vittoria blieben sie stehen. Es war das Turiner Anwesen der Adelsfamilie Dal Pozzo della Cisterna[22], eine der einflussreichsten Familien Savoyens.[23] An sie war das Empfehlungsschreiben des Monsignore di Rorà gerichtet.

---

18 Eine Sedie ist „eine Chaise mit halbem Verdecke und zwey Rädern." Siehe Johann Jacob Volkmann: Historisch-kritische Nachrichten von Italien, Band 1, 2. Auflage, Leipzig 1777, S. 87.

19 „Italienische Meile, der 60. Theil eines Äquatorgrades, entspricht 0,25 deutscher (geographischer) Meile = 1,851 Kilometre." Zitiert nach Pierer's Universal-Lexikon, Band 9, Altenburg 1860, S. 138. 30 italienische Meilen sind demnach 55,53 Kilometer.

20 Volkmann, Band 1, S. 87.

21 Volkmann, Band 1, S. 173–174.

22 In der Literatur tauchen zwei verschiedene Schreibweisen des Namens des Adelsgeschlechts auf: Dal Pozzo und Del Pozzo. Ich folge der Schreibweise, wie sie in den Originalquellen geführt wird. Diese befinden sich im Archivio di Stato di Biella (Piemont, Italien).

23 So geht der Straßenname Via Maria Vittoria auf die 1847 geborene Tochter des Hauses Dal Pozzo zurück, die von 1870–1873 Königin von Spanien war.

Die Ankunft

Die Dame des Hauses, Enrichetta Dal Pozzo della Cisterna, Marchesa di Voghera[24], war entsetzt. Da stand ein elfjähriges Kind vor ihr, ländlich gekleidet, daneben der Vater, von Statur und Habitus ein Handwerker, dem Dialekt nach aus der Poebene, wenngleich er sich um ein verständliches Italienisch bemühte. Felice Viotti stellte seinen Sohn und sich vor und übergab das Empfehlungsschreiben. Die Marchesa hatte Mühe, ihre Verstimmung zu verbergen. Sie hatte Monsignore di Rorà gebeten, nach einem Gefährten für ihren achtzehnjährigen Sohn, Prinz Alfonso, Ausschau zu halten, und sie war davon ausgegangen, dass er verstanden habe, was sie im Sinn gehabt hatte: keinesfalls einen elfjährigen Jungen vom Land, sondern einen Jüngling, der zu ihrem Sohn im Alter passte und von Stand und Bildung ebenbürtig war.[25]

Schon war sie im Begriff, den Jungen mit einem kleinen einfachen Geschenk abzufertigen und ihn mit seinem Vater nach Hause zu schicken, da meldete ein Diener den Geiger Antonio Celionati, aus der berühmten Turiner Musikerfamilie stammend und Mitglied der Hofkapelle. Er kam, um den Jungen auf seiner Geige zu hören – mit Sicherheit kein Zufall, sondern dem Geschick von Monsignore di Rorà zu verdanken, der im Hintergrund die Fäden in der Hand hielt und einigen Mitgliedern der Hofkapelle die Ankunft des jungen Viotti mitgeteilt hatte.

Nachdem Celionati eingetreten war, bat er Viotti, eine Sonate von Alessandro Besozzi zu spielen, die er ihm vorlegte. Viotti spielte das Stück vom Blatt und verblüffte die Anwesenden damit sehr – und noch mehr mit seiner Art, wie er die Komplimente entgegennahm. Der französische Musikhistoriker François-Joseph Fétis berichtet, Viotti habe im Dialekt geantwortet: „Ben, par susi a le niente!" – was so viel heißt wie: „Gut, für den Anfang ist das nichts!" Die Erwachsenen waren erstaunt und beeindruckt zugleich: Da hatte ein Elfjähriger eine atemberaubende Begabung und dazu noch ein erstaunliches natürliches Selbstbewusstsein. Genau deshalb legte ihm Celionati noch eine weitere schwere Sonate von Domenico Ferrari vor, die der Junge ebenfalls mit Bravour vom Blatt spielte. Selbst der Marchesa waren jetzt die Zweifel genommen, und Celionati war dermaßen begeistert, dass er den Jungen fragte, ob er das Königliche Turiner Theater kenne. Viotti kannte womöglich nicht einmal das Wort „Theater" und

24 Anna Gabriella Enrichetta Caresana (1723–1802) war verheiratet mit Giuseppe Amedeo Tommaso Dal Pozzo principe della Cisterna, Marchese di Voghera. Aus dieser Ehe gingen drei Töchter und ein Sohn hervor, Giuseppe Alfonso (1748–1819).

25 Vgl. François-Joseph Fétis: Biographie universelle des musiciens, deuxième édition, Paris 1867, Band 8, S. 360.

verneinte. Noch am selben Tag, so berichtet Fétis[26], habe Celionati den Jungen zum Teatro Regio di Torino gebracht. Der Junge wurde mit seiner Geige in den Orchestergraben gesetzt und spielte mit – so exakt, als habe er die schwierigsten Stellen mit größter Sorgfalt studiert.

Der Ablauf dieses schicksalhaften Tages, wie er von den frühen Biografen geschildert wird, hat etwas Märchenhaftes. Zieht man ein wenig Legendenbildung ab, für die sowohl Negri als auch Fétis gesorgt haben könnten, so bleibt doch der Fakt, dass Viotti fortan im Hause der Marchesa lebte und erzogen wurde wie ein leibliches Mitglied der adligen Familie.[27] Dem jungen Prinzen Alfonso war der Junge sofort sympathisch. Er kümmerte sich wie ein großer Bruder um ihn, und er wurde sein Mäzen.

> Die Ausbildung Viottis hat mich mehr als 20.000 Francs gekostet – sei es, wie Gott will, ich beweine mein Geld nicht. Die Existenz eines so einzigartigen Talents kann nie genug bezahlt sein.[28]

Dieses Zitat des Prinzen Alfonso zeigt, wie sehr er vom ersten Moment an von der Begabung des jungen Gefährten überzeugt war, und er sorgte sofort für guten Unterricht. Zunächst hatten er und Viotti einen gemeinsamen Lehrer, nämlich Antonio Celionati, der den Jungen gleich nach seiner Ankunft auf den Prüfstand gestellt hatte. Durch den Unterricht bei ihm kam Viotti sicher schnell in Kontakt mit den wichtigsten Musikern in Turin, denn Celionati gehörte schließlich einer der berühmtesten Musikerfamilien der Stadt an. So wuchs der junge Geiger in einer geschützten Situation auf, die ihn sowohl gesellschaftlich als auch musikalisch bildete. Man würde heute sagen: Er war an den ersten Adressen. Hier lief alles so, wie man es sich für ein junges Talent wünscht, ohne Umwege, mit den besten Lehrern und den einflussreichsten Fürsprechern. Wir wissen nicht, ob Viotti sich wohlfühlte in diesen prägenden Jahren, oder ob er manchmal Heimweh hatte und sich wie in einem goldenen Käfig vorkam. Wie fremd mögen ihm die einfachen Lebensbedingungen in seinem Heimatort geworden sein? Eine Beschreibung gibt er selbst erst als Dreiundvierzigjähriger in einer kurzen

---

26 Fétis, 1867, Band 8, S. 360, siehe Magnani Bosio, S. 20.

27 Magnani Bosio, S. 20: "La marchesa subito provvide a equipaggiare decentemente Giovanni Battista al quale assegnò lo stesso precettore del figlio perché fosse istruito nelle umane lettere, e principalmente nella religione." – Dt. Übersetzung: „Die Marchesa sorgte sofort dafür, dass Giovanni Battista vom selben Erzieher wie ihr Sohn in den Geisteswissenschaften und in Religion unterrichtet wurde."

28 « L'éducation de Viotti m'a coûté plus de vingt mille francs ; mais à Dieu ne plaise que je regrette mon argent ! L'existence d'un artiste semblable ne saurait être trop payée. » Zitiert nach Fétis, 1867, Band 8, S. 360.

Abhandlung mit dem Titel „Précis de la vie" im Jahr 1798. Und da heißt es sehr knapp über die Jahre in Turin:

> Unter dem Schutz des Prinzen della Cisterna, bei dem ich wohnte, verbrachte ich die Jahre meiner Kindheit zwischen mancher Flatterhaftigkeit und unendlichen Studien.[29]

Viotti äußert sich in seiner kurzen Lebensbeschreibung „Précis de la vie" kaum über sein Gefühlsleben. Umso mehr fällt auf, dass er seine Jugendjahre in Turin mit Flatterhaftigkeit verbindet. Sind die ganz normalen Stimmungsschwankungen eines heranwachsenden jungen Menschen gemeint? Oder die Unsicherheiten eines quasi „aus dem Nest gefallenen" jungen Viotti? Ein Nest, das zwar ärmlich war, jedoch Wärme bot? All das sind nur Mutmaßungen, denn weiteren Aufschluss geben die Quellen leider nicht. Vielleicht ist die Flatterhaftigkeit, die Viotti sich selbst attestiert, ein Ausdruck der Verwirrung über die Situation, in die er so plötzlich geraten war. Er war ein Heranwachsender, der seine frühe Kindheit auf dem Land unter sehr einfachen Bedingungen verbracht hatte, im Alter von acht Jahren den Tod der Mutter verkraften und sich und sein Talent drei Jahre später plötzlich in einer ganz anderen Welt beweisen musste.

Während der ersten drei Jahre in Turin unterrichtete, wie bereits erwähnt, der Geiger Antonio Celionati den jungen Viotti. Nahezu das gesamte 18. Jahrhundert über prägten Mitglieder dieser Familie das Musikleben am Hof der Savoyer sowie in den Theatern „Teatro Regio" und „Teatro Carignano" in Turin. Allein in der Hofkapelle spielten zwei Brüder und ein Cousin Celionatis gleichzeitig: Antonio, Lorenzo und Ignazio Celionati. Antonio und Lorenzo Celionati waren überdies bekannte Lehrer mit vielen begabten Schülern – heute würde man sagen, dass der junge Viotti in eine gut vernetzte Situation eingebunden wurde. Sein Lehrer Antonio Celionati stand in engem Kontakt zum Geiger Gaetano Pugnani, der seit 1752 als Konzertmeister der Hofkapelle vorstand, aber in jenen Jahren 1767–1769 in London war, wo er am King's Theatre wirkte. Pugnani galt als herausragender Geiger seiner Zeit. In kurzen Briefen an Pugnani schilderte Celionati die Fortschritte des jungen Talents.[30]

Als Pugnani im Winter 1769 dann nach Turin zurückkehrte, übernahm er selbst die weitere Ausbildung Viottis und trieb die Perfektionierung des jungen Geigers voran. Pugnani konnte ihm neben einer brillanten Violintechnik auch Einblicke in das europäische Musikleben jener Epoche vermitteln, denn er hatte

---

29 Giazotto, S. 229: « Sous la protection du Prince de la Cisterna chez qui je logerai, je passai la vie de l'enfance entre quelques étourderies et infiniment d'études. »

30 Rosy Moffa: Vo triste tacito – Le peregrinazioni di Giovanni Battista Viotti. Le Chevalier Errant, Studi sulla musica degli Antichi Stati Sabaudi e del Piemonte, Band 4, Lucca 2005, S. 7.

einen großen Namen im internationalen Konzertbetrieb. Sein Wissen auf diesem Gebiet sollte eine Art Lebensversicherung für den jungen Viotti werden. Sicher waren die Jahre unter dem Schutz des Prinzen Alfonso und der Marchesa in vielerlei Hinsicht angenehm – aber sie werden es wahrscheinlich nicht vermocht haben, dem jungen Geiger das praktische Rüstzeug für ein Leben als reisender Virtuose mitzugeben.

Etwas stimmt nachdenklich: Viotti schreibt in seiner Lebensbetrachtung „Précis de la vie", dass er in Turin „unendliche Studien" auf der Violine betrieben habe. Meint er damit regelmäßiges, langes Üben – was für einen Musiker durchaus selbstverständlich ist? Oder bezieht er es auf den Zeitraum, den er seit seiner Ankunft in Turin bis zur ersten Anstellung als Violinist in der Hofkapelle übend verbracht hat? Zwischen dem Zeitpunkt, da er als Elfjähriger im Palazzo Dal Pozzo auf sich aufmerksam machte, und dem Datum, an dem er als ordentliches Mitglied der Hofkapelle bestätigt werden wird, liegen fast zehn Jahre. Für ein solches Ausnahmetalent, wie es Viotti war, sind zehn Jahre ein sehr langer Abschnitt der Ausbildung und Vorbereitung. Mit Sicherheit hätte er bereits nach fünf Jahren den Dienst in der Hofkapelle souverän versehen können – wie sein Lehrer Pugnani, der als Sechzehnjähriger in dieses Orchester aufgenommen wurde. Der Biograf Remo Giazotto mutmaßt, dass man den jungen Geiger möglichst lange in einem geschützten Umfeld lassen wollte und dass vor allem sein Mäzen und Gönner Prinz Alfonso Dal Pozzo seinen Einfluss geltend gemacht habe.

> Wir können in diesem Punkt mutmaßen, dass er mit beachtlichem Gewicht, streng, aber leidenschaftlich, von der Rolle seines Vormunds, der Familie Dal Pozzo, beeinflusst war. [...] Die freigebigen Fürsprecher werden sicher gedacht haben, dass es weitaus besser für die Geschicke des Geigers Viotti sein würde, dem Künstler so lange wie möglich die Heiterkeit, die Entspannung, die Sicherheit und den Wohlstand, Vertrautheit und Intimität ihres Hauses zu erhalten. Allesamt Voraussetzungen für die ebenso heitere, entspannte und sichere Ausübung einer Arbeit. In diesem Sinne war der späte Eintritt Viottis in die Hofkapelle nur zu seinem Besten.[31]

Es wäre durchaus verständlich, wenn die Familie Dal Pozzo den jungen Geiger noch aus einem anderen Grund so lange wie möglich bei sich behalten wollte, eben weil er etwas so Besonderes war – Kostbarkeiten gibt man ungern her. Viel-

31 Giazotto, Remo, S. 28: "Possiamo arguire, su questo punto, che abbia influito con notevole peso la funzione di tutori, severi ma affettuosi, dei Del Pozzo. [...] I munifici protettori avranno certo pensato che assai meglio sarebbe stato, per i destini del violinista Viotti, mantenere all'artista quanto più possibile la serenità, la distensione, la sicurezza e il benessere della loro casa, della loro intimità: presupposti tutti per l'esplicazione di un lavoro altrettanto sereno disteso e sicuro. In tal senso per Viotti il tardivo ingresso tra i musici di Casa Reale, fu davvero un bene."

leicht lag darin auch ein wenig Eigennützigkeit der wohlhabenden Familie, für die es überhaupt kein Problem war, den jungen Viotti zu ernähren, zu bilden und ihm ein angemessenes Umfeld zu bieten. Man wird sich an seinen Fortschritten und an seiner persönlichen Entwicklung täglich erfreut haben, vor allem Prinz Alfonso. Warum also sollte er ihn zeitig „hinaus ins Leben" schicken? Diesen Rohdiamanten, dessen Schliff er sich zur persönlichen Aufgabe gemacht hatte?

Giovanni Battista Viotti lebte in seinen Jugendjahren in einem Spannungsfeld, das man nicht unterschätzen sollte. Obwohl er sich seiner Begabung durchaus bewusst war, wird er auch den Druck der Erwartungen, der auf ihm lag, gespürt haben. Hinzu kamen die plötzlichen Veränderungen der Umgebung und der Lebensumstände: das Dorf Fontanetto Po mit seiner ländlichen Schlichtheit, die Stadt Turin mit ihrer großen Geste, die aus aristokratischer Architektur, prachtvollen Straßen und Plätzen herrührt. Fontanettos Bewohner, bei denen der Junge zwar vielleicht als kleiner Sonderling, doch sicher überall als zugehörig angenommen war, Turins gehobene Gesellschaft, in die man nur hineinkam, wenn man die Schlüssel zu den entsprechenden Verhaltensformen besaß. Statt munterer Kinderschar und manchem Drunter und Drüber ein Hauslehrer und bis auf das Geigenspiel eine kontrollierte Ruhe. Und über allem irgendwann wahrscheinlich die Frage, die sich der Heranwachsende stellte: Wozu das Ganze? Wann geht es los? Und vor allem: Was geht los?

Wahrscheinlich war Viotti ab und zu einsam in Turin, vielleicht sogar verzweifelt über seine Lebenssituation. Wer eine so große Entwurzelung wie er durchmacht, wer mit elf Jahren schlagartig vom Hinterhof einer Schmiedewerkstatt in einen hochherrschaftlichen Adelssitz geschickt wird, um dort für die nächsten zehn Jahre bleiben zu dürfen, wacht irgendwann aus diesem Märchen auf und hat Heimweh.

Der Junge wird wahrscheinlich nur wenige vertraute Menschen gehabt haben, denen er sich mitteilen konnte, denn in Adelskreisen des mittleren 18. Jahrhunderts war es nicht üblich, offen über die eigene seelische Verfassung zu sprechen. Vielleicht hatten seine Lehrer Celionati und Pugnani ein offenes Ohr. Und vielleicht haben sie ihm sogar einen Rat gegeben, an wen er sich uneingeschränkt wenden könnte. Denn er hatte die Möglichkeit, seine Stimmungen auf der Geige auszudrücken. Sie war seine engste Vertraute. Sie hatte ihm bereits im Alter von acht Jahren nach dem Verlust der Mutter geholfen, den Schicksalsschlag zu überwinden. Einsamkeit und Musik gehörten für Giovanni Battista Viotti fortan eng zusammen.

Neben den „unendlichen Studien" auf der Violine, von denen Viotti berichtet, bleibt viel Zeit für Bildung im umfassenden Sinne. Nicht nur die Erziehung durch einen Privatlehrer, sondern auch die tägliche Erziehung in der adligen Gesellschaft prägt ihn. Er lernt Französisch, die wichtigste Sprache an den europäischen Höfen und neben Italienisch zweite Amtssprache der Savoyer; der Privatlehrer unterrichtet ihn in Philosophie, Theologie und Literatur. Zwar wird Giovanni Battista den Stand des Handwerkers nie verleugnen und immer in sich tragen, doch er wächst in einer anderen Gesellschaft heran, die vornehm, zurückhaltend und in ihren Gefühlsäußerungen oft indirekt ist.

Steht man in dem kleinen Park, der an der Rückseite des Palazzo Dal Pozzo angelegt ist, kann man sich mit etwas Fantasie gut in jene Zeit versetzen, in der Giovanni Battista Viotti dort unermüdlich übte. Tonleitern, Arpeggien, Doppelgriffe und gut phrasierte gesangliche Melodien vermischen sich mit dem leisen Plätschern eines Springbrunnens, die hohen alten Bäumen spenden Schatten, ein Fensterflügel ist geöffnet, die Gardine wird leicht vom Wind bewegt.

Giovanni Battista wächst in einer eleganten Stadt auf: Turin ist zu jener Zeit das Zentrum des Hauses Savoyen, und Bauwerke hervorragender Architekten prägen das Stadtbild. Die überaus geraden, rechtwinkligen Straßenzüge zeugen von Ordnungssinn und klarer Ästhetik. Immer wieder wird der Blick entlang der geraden Straßen auf einen der vielen Plätze gelenkt, seien sie stattlich und repräsentativ oder eher beschaulich, einladend, dort zu verweilen. Der Reiseschriftsteller Johann Jacob Volkmann berichtet 1777 von insgesamt 145 Plätzen, die auch Inseln (isole) genannt werden.[32] Vom Palazzo Dal Pozzo della Cisterna ist es nicht weit zur Piazza San Carlo, die zu Viottis Zeiten schon existierte und damals Piazza reale hieß. Vieles im Innenstadtbereich sieht noch heute so aus, wie es wahrscheinlich auch Giovanni Battista auf seinen Wegen durch die Stadt wahrgenommen hat.

Sein Zuhause in Turin, der Palazzo Dal Pozzo della Cisterna in der Via Maria Vittoria 12, ist ein prächtiger Bau, in dem heute die Verwaltung der Provinz Turin residiert. Der Verkehr schiebt sich in der Einbahnstraße wie durch ein Nadelöhr an dem Gebäude vorbei. Es ist eng und laut, obwohl Turin nicht zu den Städten Italiens gehört, denen man ein Verkehrschaos nachsagen kann. An der Außenmauer rechts vom Eingangsportal hängen zwei Gedenktafeln: Sie erinnern an die Jahre des Risorgimento, in denen sich in der Mitte des 19. Jahrhunderts die eigenständigen Fürstentümer und Regionen zum vereinten Königreich Italien zusammenschlossen. Dieser Palazzo war in jenen Jahren repräsentativer Sitz von

32 „Turin ist in 145 Inseln, oder große bebaute Plätze, die meistentheils durch die Gassen nach rechten Winkeln abgeschnitten werden, abgetheilt. […] Solche regelmäßige Eintheilung der Stadt, und die geraden Straßen tragen ein großes zur Schönheit von Turin bei." Zitiert nach Volkmann, Band 1, S. 178.

Diplomaten aus Europa und der ganzen Welt.[33] Über dem großen Eingangsportal wehen heute die Flaggen von Italien, Europa, des Piemont und der Provinz Turin. Die großen schweren Türflügel, durch die Viotti jeden Tag schritt, sind geöffnet, sodass ein Blick in den Innenhof möglich ist. In der Mitte befindet sich ein Rondell, gerahmt von An- und Abfahrtswegen – einst für Kutschen, heute für Limousinen. Hinter einem Torbogen mündet der Innenhof in den parkähnlichen Garten. Vom Palazzo Dal Pozzo aus ging Viotti in die Stadt, zum Geigenunterricht, als Jugendlicher dann vielleicht auch, um außer Haus einen Kaffee zu trinken, um als Aushilfe im Teatro Regio und im Teatro Carignano zu musizieren, oder auch, um dort im Publikum zu sitzen. Der Weg dorthin führte ihn über die Piazza San Carlo.

Dieser Platz strahlt durch seine Größe eine würdevolle Ruhe aus. Die Menschen, die sich dort bewegen, wirken alle recht klein. Links und rechts wird die Piazza durch Arkaden begrenzt – doch anders als in Viottis Heimatort Fontanetto Po sind diese Arkaden elegant. Sie ruhen, so Volkmann, auf „gekuppelten toscanischen Säulen“[34] und umschließen in einer klaren Rhythmik den Platz. In seinen mächtigen, doch ausgewogenen Proportionen bietet er dem Auge Raum – den Gedanken und der Fantasie ebenfalls, und es fällt nicht schwer, sich vorzustellen, wie hier die Menschen vor 250 Jahren promenierten und wie statt der wenigen Autos, die eine Sondergenehmigung haben müssen, Kutschen und Fuhrwerke den Platz querten. Die Architekten haben alle Kunst darauf verwendet, dass die Säulenordnungen, Bögen und Kapitelle wie bei einem Schloss anmuten, das es ja auch gibt. Höfischer Glanz für die gesamte Innenstadt: Das wünschten sich die Herrscher des Hauses Savoyen.

An der südlichen Achse der Piazza San Carlo stehen zwei Kirchen. Sie sehen sich so ähnlich, dass sie auch „Zwillingskirchen“ genannt werden: Chiesa di San Carlo von 1619 und Chiesa di Santa Christina, erbaut 1639. Der Turm der Chiesa San Carlo wurde erst 1779 errichtet – die Bauarbeiten hat Viotti demnach gesehen, wenn er auf dem Weg durch die Stadt zum Schloss oder zum Theater war. Gegenüber den beiden Kirchen, auf der Nordseite, führt eine Blickachse direkt auf das Schloss. Sie mündet zunächst in den Schlossplatz, in die Piazza Castello, wo sich heute ein belebter Verkehrsknotenpunkt mit Straßenbahn- und Bus-

33 Die Inschrift der Schautafel, die vor dem Palazzo in der Via Maria Vittoria 12 steht, lautet: “Palazzo dal Pozzo della Cisterna, sede della Provincia di Torino, è stato negli anni del risorgimento dell'unità d'Italia luogo di rappresentanza diplomatiche di stati d'Europa e del mondo.” – Dt. Übersetzung: „Palazzo dal Pozzo della Cisterna, Sitz der Provinz Turin, war in den Jahren der Einigung Italiens repräsentativer Sitz von Diplomaten aus Europa und der ganzen Welt.“

34 Volkmann, Band 1, S. 178.

haltestellen befindet. Dahinter erhebt sich würdevoll in einiger Entfernung das elegante Schloss.

Mehrere Architektengenerationen haben diese Barockanlage ab 1646 geformt. Der klar gegliederte Bau schließt direkt an den Dom San Giovanni mit seiner terrassenförmigen Kuppel an; er ist der einzige Sakralbau der Renaissance in Turin. Seine Ursprünge reichen bis zum Jahr 1491 zurück, doch die auffällige Kuppel wurde erst 1694 fertiggestellt. Strenggenommen gehört diese Kuppel nicht zum Dom, sondern zur Cappella della Sacra Sindone (Kapelle des heiligen Grabtuchs), die in den Dom integriert ist. Diese „Kirche in der Kirche" war ein Auftragswerk des Herzogs Carlo Emanuele I. an den Architekten Carlo di Castellamonte und wurde von Guarino Guarini vollendet, der die beeindruckende Kuppel entwarf.[35] Die Cappella della Sacra Sindone war vom Palast aus erreichbar – hier wurden Messen für die königliche Familie abgehalten. In diesen Messen musizierte die Hofkapelle, in die Viotti Ende 1775 berufen wurde. Die Musiker der Hofkapelle spielten dort an einem der wichtigsten Orte des katholischen Glaubens, denn die Cappella della Sacra Sindone wurde errichtet, um das Turiner Grabtuch zu beherbergen, das sich seit 1578 im Dom befand. Es wird bis auf den heutigen Tag von vielen Gläubigen als das Tuch verehrt, in dem Jesus von Nazareth nach der Kreuzigung begraben wurde.[36]

Die Hofkapelle musizierte nicht nur bei den Messen im Dom. Im Stadtschloss und in den Jagdschlössern Stupinigi und Venaria Reale, die vor den Toren der Stadt liegen, fanden die großen Bälle statt. Für die Musik war ebenfalls die Hofkapelle zuständig, und oft wurden noch zusätzliche Musiker engagiert. Turin, das seit 1560 die Hauptstadt Savoyens war, erfuhr durch das Hofleben mit seinen gehobenen Ansprüchen einen wirtschaftlichen Aufschwung. Handwerker, Kunstmaler, Gärtner, Lebensmittellieferanten aller Art waren eng mit dem Haus Savoyen verbunden: Ein Mikrokosmos entstand, in den man noch heute eintauchen kann,

---

35 Weitere Architekten, die an dem Bau der Cappella della Sacra Sindone beteiligt waren, sind Amedeo di Castellamonte (Sohn von Carlo di Castellamonte) und Bernardino Quadri. Alle Architekten waren eng verbunden mit dem Haus Savoyen und haben zahlreiche Bauwerke in Turin errichtet.

36 Im Juli 1997 schädigte ein Brand die Kuppel der Cappella della Sacra Sindone stark, und das Turiner Grabtuch wurde nur gerettet, weil der Feuerwehrmann Mario Trematore geistesgegenwärtig die Panzerglasvitrine zerschlug, in der das Tuch lag, und es in Sicherheit brachte. Das Grabtuch wurde 2002 aufwendig restauriert und wird jetzt in einem Spezialcontainer in der Cappella della Sacra Sindone aufbewahrt. Das Grabtuch Christi wird erst im Heiligen Jahr 2025 wieder öffentlich ausgestellt. Bis dahin muss man mit einem Duplikat und einem sehr informativen Museum in Turin, dem Museo della Sindone, vorliebnehmen.

wenn man die Rechnungsbücher des Hofes studiert. Wer bei Hofe etwas zu tun hatte, jede Tätigkeit, jede Aufgabe und jede Ausgabe sind genau notiert.[37]

Die Hofkapelle

In den Königlichen Patentbüchern und den Rechnungsbüchern des Hofes, die sich heute im Staatsarchiv in Turin befinden, lässt sich auch der Weg Viottis in die Hofkapelle genau nachvollziehen. Am 23. Dezember 1775 wird in den Berichten der Hofämter über politische Angelegenheiten und Zeremonien vermerkt:

> Seine Majestät stimmt zu, dass Gio. Batta. Viotti zusätzlicher Geiger in Seiner Königlichen Kapelle wird, und befiehlt, dass er in dieser Fähigkeit patentiert wird.
> Turin, 23. Dezember 1775, Il Conte di Malines[38]

Wenige Tage später, am 27. Dezember 1775, folgt ein Eintrag in den Provvedimenti sovrani, den Verzeichnissen der Vorkehrungen und Maßnahmen am Hofe. Mit dieser Notiz wird die Ernennung Viottis bestätigt:

> Der Rat unseres Hauses. Beruhend auf den Informationen über die Fähigkeit von Giovanni Battista Viotti geruhen wir, ihn als zusätzlichen Spieler der Violinen in unserer Hofkapelle einzusetzen. Deswegen wird er so bezeichnet und in Übereinstimmung damit im Etat geführt.[39]

Die Hofkapelle besteht aus rund vierzig Mitgliedern, die in „Musici" und „Suonatori" aufgeteilt sind. Zur Abteilung der „Musici" gehören neben dem Direktor der Hofkapelle und dem Organisten die Solosänger: ein Sopranist, ein Kontra-Alt, drei Tenöre und vier Bässe. Die Hofkapelle spielt bei sämtlichen offiziellen Anlässen, bei Festen und Bällen sowie bei den Gottesdiensten im Duomo San Giovanni.

Die Abteilung der „Suonatori" umfasst rund dreißig Instrumentalisten: sieben erste Violinen, wobei Viotti an siebenter Stelle geführt wird, neun zweite Vio-

---

37 Die Rechnungsbücher (Tesoreria Reale Casa) werden im Archivio di Stato di Torino, Sezioni Riunite, verwahrt.

38 Archivio di Stato di Torino, Prima sezione, Materie politiche per rapporto all'Interno, Cerimoniali, Cariche di Corte, Mazzo 5: "S. M. accetta per suonatore di violino sovranumerario nella Sua Reale Cappella e Camera Gio. Batta. Viotti, e comanda che in tal capacità venga patentato. Torino 23 xmbre 1775. Il Conte di Malines"

39 Archivio di Stato di Torino, Prima sezione, Materie politiche per rapporto all'Interno, Provvedimenti sovrani, Cariche, vol. 11, S. 709: "Consiglio della nostra Casa. Sulle informazioni avute dell' abilità di Giovanni Battista Viotti, ci siamo compiacciuti di stabilirlo per Suonatore die Violino sovranumerario della nostra capella, e Camera; Vi diciamo pertanto di descriverlo in tale conformità sul bilancio."

linen, davon eine mit Verpflichtung zur Bratsche, drei Violoncelli, ein Bass und drei Kontrabässe, vier Oboen und fünf Jagdhörner.

Seit zehn Jahren wird Viotti von den besten Lehrern unterrichtet, die Musikerdynastien Turins sind sich darüber einig, dass er ein ganz großes Talent besitzt. Er hat Fürsprecher und einen Mäzen, der dem Himmel dankt, dass er über genügend Geld verfügt, Viotti ausbilden zu lassen: Da rühmt sich Prinz Alfonso, mehr als 20.000 Francs in die Ausbildung Viottis investiert zu haben[40], und nun sitzt der begabte junge Mann nach zehn Jahren unermüdlicher Studien auf der „Ersatzbank" als Aushilfsgeiger. Man möchte sagen: „Geduld, das wird schon noch werden" – nur leider sprechen die Fakten dagegen. Zwar wird Viotti bereits Ende Februar 1776 zum ordentlichen Mitglied der Hofkapelle ernannt, da ein anderer Geiger um Entlassung gebeten hatte, nur ändert das nichts an der geradezu beschämend niedrigen Bezahlung.

> Gehalt für den Geiger Viotti
> Da sich Seine Majestät herablässt, dem Entlassungsgesuch des Geigers Gio' Giuseppe Toso aus Seiner Königlichen Kapelle zuzustimmen, ist er ebenso geneigt, an Stelle von Toso den Geiger Gio' Battista Viotti zu ernennen, der bereits zusätzlicher Geiger der Königlichen Kapelle ist, für das Gehalt von 200 Lire, das auch der erwähnte Toso genoss.
> Dem Staatssekretariat wird somit zur Überprüfung der Beleg zum angebrachten genannten Regio biglietto überreicht.
> Il Conte di Malines[41]

200 Lire beträgt sein Jahresgehalt, die Rechnungsbücher geben die Gehälter pro Quartal an; Viottis wird dort mit 50 Lire genannt. Das ist sehr wenig, vor allem auch im Verhältnis zu seinen Kollegen. Viottis Lehrer Pugnani erhält 375 Lire ab Januar 1776 allein im Quartal für seinen Dienst in der Hofkapelle[42]; Pugnani ist hier Chef der Instrumentalisten und mit zahlreichen Sonderaufgaben betraut, die zusätzlich honoriert werden: So organisiert er beispielsweise die Musikdarbietungen bei Bällen und hat die Freiheit, dafür zusätzliche Mu-

---

40 Vgl. das bereits erwähnte Zitat von Prinz Alfonso bei Fétis, Band 8, S. 360.

41 Archivio di Stato di Torino, Prima sezione, Materie politiche per rapporto all'Interno, Cerimoniali, Cariche di Corte, Mazzo 5: "Stipendio al Suonatore di Violino Viotti / Essendosi S. M. degnata d'accordare al suonatore da violino nella Sua Reale Cappella Gio' Giuseppe Toso l'addomandata dismissione, si è puro degnata di nominare in Sua vece il Gio' Battista Viotti già suonatore da violino sovra numerario allo stipendio di L 200 che godeva il detto Toso. / Se ne porge per tanto il riscontro alla Segreteria di Stato per gli affari interni per l'opportuno detto Regio Biglietto. / Torino, li 29 febb. 1776, / Il Conte di Malines".

42 Archivio di Stato di Torino, Prima sezione, Materie politiche per rapporto all'Interno, Cerimoniali, Cariche di Corte, Mazzo 5. Regio Biglietto vom 22. Dezember 1775.

siker zu engagieren.[43] Darüber hinaus ist Pugnani erster Geiger und Direktor des Orchesters am Königlichen Theater. Er kommt 1776 in den Genuss einer kräftigen Gehaltserhöhung und wird ab 1780 in den Büchern als „Direttore generale della musica" geführt. Mit anderen Worten: Er hat ausgesorgt. Der Durchschnittsverdienst der Geiger in ersten Violine liegt bei 100 Lire pro Quartal, wobei nicht die Spitzenverdiener wie Pugnani (375 Lire) mitgerechnet sind, bei den zweiten Violinen liegt das durchschnittliche Einkommen bei 75 Lire pro Quartal; auch hier sind Spitzenhonorare wie das von Paolo Canavasso (287,10 Lire) nicht mitgerechnet.

Der Maestro di Capella, Franco Giay, verdient 400 Lire im Quartal. Auf die gleiche Verdiensthöhe kommt nur noch der Tenor Gaetano Pompeo (Musici) mit ebenfalls 400 Lire pro Quartal. Der Sopranist Franco Casariello erhält 325 Lire, ein weiterer Tenor, Antonio Pini, bekommt 250 Lire und der Tenor Giovanni Aresso erhält 137,10 Lire. Der Spitzenverdiener der Hofkapelle ist bemerkenswerterweise ein Oboist, Alessandro Besozzi. Er wird als „Primo virtuoso di camera" bezeichnet und erhält 525 Lire pro Quartal.

Demnach liegt das Jahresgehalt von Viotti im Vergleich mit den Gehältern seiner Kollegen deutlich unter dem, was diese im Quartal bekommen. Am 5. März 1776 wird in den Verzeichnissen der Vorkehrungen und Maßnahmen am Hofe ausführlich berichtet, dass Viotti ordentliches Mitglied der Hofkapelle wird:

43 Archivio di Stato di Torino, Sezioni Riunite, Terzo Conto Camerale del 1778 – Tesoreria Reale Casa, Articolo 217, Vol. No. 227, Cap. 3, No. 20: "Al Suonatore Pugnani, quali sono per corrispondere a diversi suonatori straordinari, che hanno suonato al ballo datisi in corte nel carnevale scorso ordinato 9. Marzo 1778." – Dt. Übersetzung: „An den Instrumentalisten Pugnani, um die diversen außerordentlichen Instrumentalisten, die beim datierten Hofball zum vergangenen Karneval spielten, zu bezahlen, angeordnet am 9. März 1778." Terzo Conto Camerale del 1782 – Tesoreria Reale Casa, Articolo 217, Vol. No. 231, Ca. 3, No. 169–171: "Al suonatore Pugnani per corrispondere a suonatori straordinari intervenuti a balli datisi in Corte, ordinato 20. Febbraio 537 Lire." – Dt. Übersetzung: „An den Instrumentalisten Pugnani, um die außerordentlichen Instrumentalisten, die bei den datierten Hofbällen anwesend waren, zu bezahlen, angeordnet 20. Februar 537 Lire."; "Al medesimo come suonava intervenuti ai concerti datisi in occasione delli Sig. ri Conte e Contessa del Nord, ordinato 22. Maggio 208 Lire." – Dt. Übersetzung: „An den Nämlichen für das Spielen, anwesend bei Konzerten datiert aus Anlass des Conte und der Contessa del Nord [d. i. Großherzog Paul, Sohn der Zarin Katharina der Großen, und seine Gemahlin Prinzessin Sophie Dorothee], angeordnet am 22. Mai 208 Lire."; "Al medesimo come suonava per il ballo datosi alla Venaria Reale, ordinato 3. giugno 38 Lire." – Dt. Übersetzung: „An den Nämlichen für das Spielen beim datierten Ball im Schloss Venaria Reale, angeordnet am 3. Juni 38 Lire."

> Auf den Rat des Hauses / Seine Majestät setzt Giovanni Battista Viotti als reguläres Mitglied der Hofkapelle ein.
> Turin, 5. März 1776
> Rat unseres Hauses. Indem wir dem Entlassungsgesuch des Violinspielers unserer Hofkapelle Giovanni Giuseppe Toso zugestimmt haben, sind wir gönnerhaft gefällig, Giovanni Battista Viotti als reguläres Mitglied der Hofkapelle einzusetzen aufgrund der erhaltenen Informationen über die Proben der besonderen Befähigung in der oben genannten Profession, die Giovanni Battista Viotti, bereits zusätzlicher Spieler in den Violinen unserer Kapelle, kontinuierlich beweist. Daher werden wir ihn in dieser Weise fortan im Etat so bezeichnen und ihn in den Genuss des genannten Gehalts bringen, das quartalsweise fällig wird, das wir beginnend mit dem heutigen Datum und zukünftig fortlaufend während seines Dienstes verteilen. [...][44]

Als Giovanni Battista Viotti im März des Jahres 1776 als ordentliches Mitglied in die Hofkapelle von Vittorio Amedeo III. berufen wird, ist er fast 21 Jahre alt. Knapp die Hälfte seines jungen Lebens hat er im Hause seines Gönners und Mäzens Prinz Alfonso Dal Pozzo verbracht.

Im Kassenbuch des Hofes von 1776 wird Viottis Einkommen ab dem ersten Quartal des Jahres erwähnt:

> Giovanni Battista Viotti neu mit Lire 200 durch Königliche Mitteilung vom 5. März, vom selben Tag an für alle Monate.[45]

Im Folgejahr 1777 wird Viotti unter den ersten Violinen an siebenter Stelle genannt, mit derselben Verdiensthöhe. Beides ändert sich nicht bis zum Jahr 1782. Im Jahr 1783 tritt an seine Stelle ein Geiger namens Valotto. Zu jenem Zeitpunkt ist Viotti bereits seit einem Jahr in Paris. Es verwundert, dass er in den königlichen Kassenbüchern noch das gesamte Jahr 1782 geführt wird, ebenso in den vorangegangenen Jahren 1781 und 1780, denn Anfang Januar 1780 geht Viotti

44 Archivio di stato di Torino, Prima sezione, Materie politiche per rapporto all'Interno, Provvedimenti sovrani, Cariche, vol. 12, S. 46: "Al Consiglio della Casa / S. M. stabilisce Giobatta Viotti Suonatore effettivo di violino nella Regia Capella, e Camera / Torino, li 5. Marzo 1776 / Consiglio della nostra Casa. Nell avere accordata al Suonatore da Violino nella nostra Capella, e Camera Gio: Gius.e Toso la dismissione, di cui ci ha supplicati, Ci siamo benignamente compiacciuti sulle informazioni avute delle prove di particolare abilità in d.a professione, che continua a dare Gio. Batta Viotti già suonatore di violino sovranumerario nella nostra Capella, e Camera, di stabilirlo Suonatore effettivo al Luogo di d.o Toso, ed accordagli l'annuo stipendio di lire duecento; Epperò vi diciamo di descriverlo in tale qualità sul bilancio, e farlo godere di d.o stipendio ripartiamo a quartieri maturati, cominciando dalla data del presente, e continuando in avvenire durante la sua servizi. [...]".

45 Archivio di Stato Torino, Sezioni Riunite, Terzo Conto Camerale del 1776 – Tesoreria Reale Case, Articolo 217, Vol. No. 225, Cap. 3, No. 317: "Giovanni Battista Viotti nuovo con L 200 per R.Big. 5. Marzo da esso giorno a tutto di mese."

mit Pugnani auf Konzertreise durch Europa; Pugnani wird ebenso weiter durchgehend in den Kassenbüchern des Hofes geführt.

Doch einmal zurück zu Viottis sehr geringem Verdienst: Auffällig ist, dass selbst alle Laufburschen (Garzoni di Camera) mehr bekommen, nämlich 120 Lire pro Quartal,[46] und ein mittelklassiger Chocolatier wird ähnlich entlohnt wie ein ausgezeichneter Violinspieler.

Trompeter im nahen Umfeld des Königs und selbst Jagdhornbläser verdienen deutlich mehr als der junge Mann, eben Viotti, der sich zehn Jahre lang auf diese Arbeit vorbereitet hat und mit ziemlicher Sicherheit der beste Geiger der gesamten Hofkapelle ist.[47] Der Biograf Remo Giazotto[48] erklärt das niedrige Einkommen damit, dass es eigentlich eine Sache der Ehre für Viotti gewesen sei, in der Hofkapelle zu spielen. Normalerweise, so Giazotto, habe man in der Hofkapelle nur eine Stelle durch ein Wettbewerbsspiel (Probespiel) bekommen, nicht aber auf Empfehlung, wie es wohl in Viottis Fall gewesen sein mag. Dem möchte ich widersprechen. Zwar kann es durchaus sein, dass eine Empfehlung Pugnanis zur Aufnahme in die Hofkapelle als „Ersatzgeiger" geführt hat. Aber spätestens ab dem Zeitpunkt, da Viotti die Stelle des entlassenen Kollegen Toso übernimmt, ist es keine besondere Gnade mehr, in diesem Orchester spielen zu dürfen, sondern es ist sein Beruf. Dass es über mehrere Jahre zu keiner noch so kleinen Gehaltserhöhung gekommen ist, legt mehrere Vermutungen nahe: Kann Viotti nicht verhandeln, sich nicht genügend ins Gespräch bringen, wenn es um seine eigenen Interessen geht? Hat der König seine Begabung nicht erkannt? Viotti ist ein bescheidener Mensch, das wird sich immer wieder zeigen. Den größten, unbezahlbaren Schatz trägt er ohnehin in sich: die Liebe zur Musik und ein großes Talent.

In den folgenden vier Jahren sammelt er am letzten Pult der ersten Violinen Erfahrungen in der Hofkapelle. Sein Lehrer Pugnani beobachtet ihn aufmerksam und ahnt wohl, dass Viotti mehr will als nur im Tutti spielen. Er wird Europas Musikwelt wenige Jahre später so sehr beeindrucken, dass man von ihm als dem größten lebenden Geiger sprechen wird.

46 Archivio di Stato di Torino, Sezioni Riunite, vgl. Terzo Conto Camerale del 1778 – Tesoreria Reale Casa, Articolo 217, Vol. No. 227, Cap. 3, No. 341. Im Terzo Conto Camerale del 1779, Cap. 3, No. 317 findet sich der Eintrag „Uffizio del Cioccolato" – auch dort verdient man teilweise mehr (oder immerhin gleichviel) als Viotti, nämlich 75, 50 oder ganz unten 25 Lire pro Quartal.

47 Trombetti della Persona erhalten 375 Lire, Jagdhornbläser (Corni di caccia della Persona) verdienen mit 200 Lire pro Quartal deutlich mehr. (Vgl. Terzo Conto Camerale del 1780 – Tesoreria Reale Case, Articolo 217, Vol. 229, Cap. 3, No. 216.) Terzo Conto Camerale del 1776 – Tesoreria Reale Case, Articolo 217, Vol. No. 225, Cap. 3, No. 317.

48 Giazotto, S. 30.

Die große Reise von Turin nach St. Petersburg

„... in der Absicht, mein Können nach und nach zu vervollkommnen."

Es ist Herbst in Turin. Die drückende Hitze des Sommers ist einer angenehmen Wärme gewichen. Das Licht ist nun weich und taucht die barocke Schlossanlage in sanfte Farben. Der Savoyer Hofstaat kehrt von seinen Sommerresidenzen zurück. Die Menschen freuen sich auf den Beginn der Theatersaison, auf die Bälle und die Konzerte. Überall pulsiert Geschäftigkeit. Die Räume im Schloss müssen hergerichtet, Herbst- und Winterkleidung angeschafft oder ausgebessert werden. Es werden Vorräte angelegt und die Weinkeller aufgefüllt. Das Piemont ist besonders im Herbst eine Schatzkammer der leiblichen Genüsse. Trüffel und Trauben für beste Weine, Wildspezialitäten, Käse und Schokoladenkreationen. Überhaupt Schokolade: Turin ist die Hauptstadt der Chocolatiers, und ein Hofchocolatier verdient mehr als Viotti im Orchester des Königs von Sardinien-Piemont und Herzogs von Savoyen, Vittorio Amedeo III.

In jenen Wochen des Jahres 1779 reift in Viotti der Entschluss, gemeinsam mit seinem Lehrer Pugnani auf Konzertreise zu gehen. Er hat den Wunsch, mehr von der Welt zu sehen als nur den Königshof der Savoyer und andere Lebensformen kennenzulernen als die eines Dauergastes in der bedeutenden Adelsfamilie Dal Pozzo. Sie hat ihm alles ermöglicht, um sein Talent zu entfalten. Er besitzt gute Umgangsformen und weiß sich in adligen Kreisen zu bewegen. Doch er lebt unter einer Glasglocke: Als Protegé des Prinzen Alfonso Dal Pozzo würde sich sein Dasein in den nächsten Jahren auf den Dienst in der Hofkapelle beschränken, am letzten Pult der ersten Geigen, für einen bescheidenen Lohn. Viotti möchte jetzt endlich sein Können auf den Prüfstand stellen. Er spürt, dass es Zeit wird. Er ist 24 Jahre alt und lebt zu jenem Zeitpunkt seit 13 Jahren in Turin.

> Als ich ein Alter erreicht hatte, in dem ich meine Fähigkeiten einschätzen konnte, verließ ich die Stadt Turin, in der Absicht, zu reisen und mein Können nach und nach zu vervollkommnen.[1]

Eine große Reise zu unternehmen, um den letzten Schliff zu erwerben, ist zu Viottis Zeit nicht mehr ein Privileg des Adels. Auf der sogenannten Grand Tour hatten die jungen Herren seit der Renaissance die Kulturen und Sitten fremder Länder kennengelernt. Doch Viottis Wunsch entspricht dem Bildungsstreben des Künstlers und des Bürgers seiner Zeit. Bereits Descartes misst in seinem „Discours

---

1 « Arrivé à l'époque ou je crus d'avoir quelque chose, je quittai cette Villa [Turin] dans l'intention de voyager et former de plus en plus mon talent. » Vgl. Giazotto, S. 229. Giazotto transkribiert irrtümlicherweise „Villa" statt „Ville".

de la méthode“ von 1637 dem Reisen dieselbe Bedeutung wie guter wissenschaftlicher Literatur zu.[2] Und wer als Künstler Erfolg haben will, muss sich an den Höfen Europas bekannt machen; das Gleiche gilt für Handwerker. Auch Viottis Lehrer Pugnani war in seinen jungen Jahren viel gereist und unternimmt, als er bereits Konzertmeister am Turiner Hof ist, noch manche lange Konzertreise.

Pugnani hat daher gute Kontakte, und Viotti kann sich auf ihn in jeder Hinsicht verlassen. Sein Lehrer wird auf dieser Reise mehrere Aufgaben haben: die des Beschützers, die des Türöffners – und zunehmend wird er die Rolle des erfahrenen Kollegen übernehmen. Zunächst einmal muss er am Hof entscheidende Leute von der Idee dieser Tournee überzeugen. Bei einem erfahrenen Musiker wie Pugnani akzeptiert man einen Reiseantrag eher als bei einem Debütanten. Die beiden müssen sich von ihrem Dienst in der Hofkapelle offiziell befreien lassen, und sie benötigen darüber hinaus einen Empfehlungsbrief, ohne den einer Konzerttournee an die wichtigsten europäischen Höfe kein Erfolg beschieden ist.

Einem solchen Brief kommt im 18. Jahrhundert eine enorme Bedeutung zu; vor allem bei Reisen an unbekannte Orte ist er unerlässlich. Er richtet sich an vertrauenswürdige und einflussreiche Personen, die an den Orten wohnen, die als Stationen vorgesehen sind. Meist wird um einen gewissen Schutz für den Fremden gebeten, um die Beschaffung einer standesgemäßen Unterkunft und um Unterstützung im Alltag am fremden Ort. Das ist vor allem dann wichtig, wenn der Aufenthalt länger dauern soll. Im Ausland richtet sich der Empfehlungsbrief meistens auch an Vertreter des Heimatlandes wie Botschafter und Gesandte.[3]

Am 5. Dezember 1779 erhält Pugnani das wichtige Schreiben. Der Außenminister von Sardinien-Piemont und Savoyen in Turin, Graf de Perron, hat es an den Botschafter seines Landes in Preußen, Graf Fontana, gerichtet:

> Signor Pugnani, erster Violinist in der Königlichen Kapelle, wünscht auf einer Konzertreise einige Höfe in Deutschland zu besuchen sowie weiter nach Russland zu reisen, begleitet von Signor Viotti, ebenfalls Violinist der Kapelle. Seine Majestät hat ihnen gnädig die Abwesenheit von anderthalb Jahren bewilligt.

---

2 René Descartes: Abhandlung über die Methode (Discours de la méthode, Leiden 1637), hrsg. von Artur Buchenau, 4. Auflage, Hamburg 1957, S. 8, Nr. 15: „So war der größte Nutzen, den ich daraus zog [aus den Reisen], der, daß ich sah, wie manche Zustände, die uns zwar recht übertrieben und lächerlich erscheinen, trotzdem gemeinhin von andern großen Völkern angenommen und gebilligt werden, und so lernte, nichts von dem allzu fest zu glauben, wozu man mich durch Beispiel und Gewohnheit überredet hatte.“

3 Gert Robel: Reisen und Kulturbeziehungen im Zeitalter der Aufklärung, in: Reisen und Reisebeschreibungen im 18. und 19. Jahrhundert als Quellen der Kulturbeziehungsforschung, Kongressbericht Salzburg 1978, hrsg. von Boris I. Krasnobaev, Gert Robel und Herbert Zeman, Berlin 1980, S. 15.

Signor Pugnani hat bereits Teile Deutschlands bereist, und seine musikalischen Fähigkeiten sind bekannt genug, dass er Beifall genießen wird, so wie er auch diejenigen befriedigen wird, die wie er, sich durch Können auszeichnen.
Da es sich um zwei Personen handelt, die im Dienste Seiner Majestät stehen, hat S. M. mir erlaubt, diesen Brief den beiden Musikern mitzugeben, um die Ehre zu erlangen, bei Ihnen vorstellig werden und sich unter Ihren Schutz stellen zu dürfen.
Ich hoffe, dass Sie ihnen gnädig gewähren, was angemessen und passend ist, und dass Sie ihnen helfen werden, den Nutzen aus dieser Reise zu ziehen, den sie erwarten, so weit es in Ihrer Macht steht. Selbstverständlich werden sich die beiden Herren in einer Weise betragen, die Ihre Güte verdient, dass Sie die beiden unterbringen, und die Sie in die Lage versetzen wird, gut von ihnen zu berichten.“[4]

Für den reiseerfahrenen 48-jährigen Pugnani ist dieser Brief nicht mehr als ein notwendiges Dokument, für Viotti ist er der Schlüssel zu einer neuen Welt. Die Reisevorbereitungen können endlich getroffen werden. Wenige Wochen später, zu Beginn des Jahres 1780, macht er sich mit seinem Lehrer Pugnani auf den Weg. Genf wird ihre erste Station sein.

Genf
„… einer der besten Violinisten, die ich je gehört habe.“

Von Turin nach Genf sind es rund 250 Kilometer. Zu Pferd, zu Fuß und mit der Kutsche sind Viotti und Pugnani mindestens fünf Tage unterwegs. Der Weg führt sie innerhalb einer Stunde über eine gut ausgebaute, mit Ulmen gesäumte Allee zur Kartause zu Colegno, nach weiteren zwei Stunden erreichen sie Rivoli mit

4 Empfehlungsbrief für Pugnani und Viotti, geschrieben von Graf de Perron an Graf Fontana. Archivio di Stato di Torino, Prima Sezione, Lettere Ministri, Prussia, Mazzo 4, 5. Dezember 1779 : « Mr. Le Comte de Perron à Mr. Le Comte Fontana / Le 5 Xbre [Dicembre] / Lettre remise le même jour au Sr. Pugnani / Le Sr. Pugnani, premier violon de la Chapelle du Roi ayant désiré d'aller faire une tournée dans divers Etats d'Allemagne, et même de passer en Russie, accompagné du Sr. Viot, aussi Violon de la Chapelle, S. M. a bien voulu leur accorder un congé d'un an et demi pour faire ce voyage. / Le Sr. Pugnan a déjà parcouru une partie de ces mêmes Pays, et ses Talents pour la Musique y sont assez connus pour l'y faire jouir des agréments qui peuvent satisfaire ceux qui s'y distinguent, comme lui. Toutefois s'agissant de deux personnes attachées au service de S. M., elle m'a permis de les accompagner de cette lettre pour leur procurer l'honneur de se présenter à vous, et les mettre sous votre protection. / J'espère que vous voudrez bien la leur accorder en ce qui sera juste et convenable, et les aider en ce qui pourra. Dépendre de vous à retirer de leur voyage les avantages qu'ils s'en promettent. Bien entendu qu'ils se conduiront, comme je n'en doute pas, de manière à mériter les bontés que vous aurez pour eux, et à vous mettre dans le cas d'en donner de bonnes informations. »

dem gleichnamigen Schloss, über die kleine Stadt Veillane kommen sie nach Saint Ambroise mit der Benediktiner-Abtei Saint Michel de la Cluse und nach fünf weiteren Stunden ist die Stadt Susa erreicht; sie ist auf dem Weg von Süden nach Norden die letzte große Ortschaft im Piemont.[5] Die beiden Musiker treten ihre Reise mitten im Winter an, die Landschaft ist verschneit. Im Norden erhebt sich das mächtige Gebirge der französischen Alpen. Wer von Süden aus nach Genf will, nimmt den Monte Cenisio-Pass. Dieser Pass vereint das Susa-Tal in der Provinz Turin mit der Region der Haute Maurienne im französischen Teil von Savoyen. Genf liegt zu jener Zeit in der äußersten nordwestlichen Ecke des Königreichs Sardinien-Piemont; die kulturellen Beziehungen zwischen Genf und Turin sind eng, und Reisende müssen nicht das Territorium des Königreichs verlassen. Der Musikschriftsteller Charles Burney hatte zehn Jahre zuvor die Reise von Genf kommend in die entgegengesetzte Richtung unternommen und berichtet von einer speziellen Beförderungsart. Vier Männer trugen ihn auf einem einfachen Sessel aus geflochtenem Stroh, der mit einem Fußbrett und einer kleinen Rückenlehne versehen und an seiner linken und rechten Seite jeweils mit einer langen Tragestange verbunden war, über den Pass.[6] Diese Art Sänfte, von der man meinen könnte, sie sei für den Reisenden bequem, hinterließ bei Burney nur schlechte Erinnerungen, vor allem an den Abstieg:

> Es ist zehnmal schlimmer als der Aufstieg, da man beständig die Gefahr sieht, und davon abgesehen ist es abwärts viel weiter als aufwärts. Es ist ein schrecklich mühsames Geschäft für die armen Männer: Sie waren gezwungen, fünf- bis sechsmal auszuruhen, ehe wir Novelese erreichten. Kurz gesagt: Dieser Abstieg ist fürchterlich und ermüdend zugleich.[7]

Burney reiste im Juli, Viotti und Pugnani hingegen sind mitten im Winter unterwegs, wenn die Alpen auch für erfahrene Bergführer unberechenbar sind. Sie sitzen, eingehüllt in ihre wärmsten Mäntel, in diesen Sänften, und versuchen mit jedem Zipfel Stoff nicht nur sich selbst, sondern auch die Instrumentenkästen vor der Kälte zu schützen. Derweil werden sie von den trittsicheren, geübten Trägern über den Pass transportiert. „Die Uebung macht ihnen die Arbeit leicht, und ihre Schritte an den gefährlichsten Stellen sehr gewiß. Zu mehrerer Vorsicht pflegen sie ihre Sohlen mit Harz oder Wachse zu bestreichen“[8], berichtet der

5 Volkmann, Band 1, S. 167–173.

6 Volkmann, Band 1, S. 160.

7 “This is 10 times worse than ascending as you constantly see your danger, and besides it is much farther down than up – This a dreadfully laborious trade for the poor men: they were obliged to rest 5 or 6 times ere we reached Novelese. In short this descent is both terrific and fatiguing.” Charles Burney: Music, Men and Manners in France and Italy 1770, hrsg. von E. H. Poole, London, 1974, S. 39.

8 Volkmann, Band 1, S. 159.

Reiseschriftsteller Johann Jacob Volkmann. Der Monte Cenisio ist eine Art Verkehrsknotenpunkt mit Wirtshäusern, wo Pferde und Träger gewechselt werden. Ist der Aufstieg geschafft, so kann man im Winter eine höchst vergnügliche Form des Abstiegs wählen. Am Wirtshaus a la Ramasse steigt man

> auf einen kleinen Schlitten von zwo Personen, und fährt mit einer Geschwindigkeit, daß man kaum Odem holen kann, in sieben bis acht Minuten hinab, da man sonst mit Trägern eine Stunde braucht. Jeder Reisende bekommt einen Schlitten mit einem vorne sitzenden Führer, welcher solchen mit einem Stocke regiert, und auf jeder Seite mit einer eisernen Kette versehen ist, deren er sich benöthigten Falls statt der Anker bedienen kann, um den Schlitten aufzuhalten. Man nennt diese Fahrt aller à ramasse; sie gefällt einigen Reisenden so wohl, daß sie sich wieder hinaufbringen lassen, um sie zu wiederholen. [...][9]

Ob Pugnani und Viotti wohl diese rasante Abfahrtsmöglichkeit genutzt haben oder aus Vorsichtsgründen und mit Rücksicht auf ihre Instrumente sich wieder den trittsicheren Trägern anvertrauten? Der erste Ort im französischen Teil von Savoyen, den sie bergab dann erreichten, war Lanebourg; er schmiegt sich so eng an den Berg, dass die Einwohner von Anfang November bis zum 17. Januar keine Sonne erblicken.[10] In genau jenem Zeitraum, Anfang Januar 1780, passierten Viotti und Pugnani die düstere Berglandschaft. Der Reiseschriftsteller Volkmann empfiehlt in Lanebourg das Gasthaus La grande Croix, wo es hervorragende Forellen gibt, die in einem Bergsee geangelt werden.[11] Ab Lanebourg können die Reisenden wieder etwas bequemer mit den Lohnkutschern, den Vetturini, und ihren Sedien vorankommen. So werden Viotti und Pugnani wahrscheinlich einen Vetturino bevorzugt haben, der nicht nur für den Transport zuständig ist, sondern auch in organisatorischen Dingen wie der Beschaffung von Nachtquartieren und in Preisverhandlungen mit Einheimischen Erfahrung hat.[12]

In Genf nimmt man die beiden Musiker aus Turin gleich nach ihrer Ankunft ins Musikleben der Stadt auf: „Genf war der erste Ort, an dem ich mich hören lassen konnte", berichtet Viotti in seiner Lebensbeschreibung, dem „Précis de la vie".[13] Mit Sicherheit zeigen sich bereits die ersten Früchte einer guten Vorarbeit, da sie sogleich eine Auftrittsmöglichkeit bekommen. Bereits am 10. Januar 1780 berichtet ein musikliebender englischer Geistlicher in einem ausführlichen Brief über Viotti und Pugnani. Er heißt Thomas Brand und ist ein fähiger Amateurgeiger und Kammermusiker. Seiner guten Beobachtungsgabe entgeht nicht, dass sich in diesem Konzert ein ganz außergewöhnlicher junger Geiger vorstellt. Da

9 Volkmann, Band 1, S. 160.
10 Volkmann, Band 1, S. 158.
11 Volkmann, Band 1, S. 161.
12 Volkmann, Band 1, S. 159.
13 Giazotto, S. 229: « Genève fut le premier lieux ou je me fis entendre. »

Viottis Name zu jenem Zeitpunkt noch vollkommen unbekannt ist, kann sich Brand sein Urteil unvoreingenommen aus den Eindrücken des Konzerts bilden. Er schreibt an seinen Freund Reverend Robert Wharton in Durham:

> Ich will Ihnen zunächst das Musikleben von Genf schildern. Die wöchentlichen Konzerte haben begonnen, und wir haben beide abonniert. Es sind exakt dieselben Konzerte, mit dem Unterschied, dass das Rathaus einen besseren Saal und ein besseres Publikum besitzt als der Veranstaltungsort in der Rue Basse. Es wird folgendermaßen plakatiert: Akt I. Symphonie, Gesang Madame Fallotico. Violinkonzert eine Woche Viotti, die andere Woche Imbault. […] Zunächst zu Herrn Viotti. Er ist ein Schüler von Pugnani, und ich denke, einer der besten Violinisten, die ich je gehört habe. Sein Ton und sein Vortrag sind gleichermaßen großartig, und er ist überdies ein gut gebauter, ansehnlicher Mann und spielt mit einer wunderbaren Leichtigkeit und Anmut. Es ist sein erster Auftritt in diesem Winter zu Beginn des Konzerts. Ich prophezeie, dass er London besuchen wird, wenn nicht dieser diabolische Krieg [d. i. der Amerikanische Unabhängigkeitskrieg] das Thermometer der englischen Großzügigkeit so sehr unter den Gefrierpunkt absenkt wie Réaumur, das im Moment, da ich dies schreibe, bei minus 10 liegt [-12,5 Celsius]. […] Morgen und am nächsten Montag kommt die größte aller menschlichen Nasen, die es in der Welt gibt, an die Spitze des Orchesters. Muss ich erwähnen, wem sie gehört? Sie müssen Pugnani gesehen haben. Dienstag morgen hörte ich ihn. Das gesamte Konzert war von seiner Musik bestimmt. Viotti ist der bessere Violinist von beiden.[14]

14 "I will first give you an account of the state of Music in Geneva. […] The weekly concerts are begun and we subscribe both. They are exactly the same except that the Maison de Ville has a better room and better company than the Rue Basse. The bill is as follows. Act I. Symphonie. Song Madame Fallotico. Concerto on the violin one week Viotty [sic!] the other Imbaud [i. e., Imbault] […]. First this for Mr. Viotty. He is a scholar of Pugnani and I think one of the best players I ever heard. His tone and execution are equally great and he is besides a well made handsome man and plays with wonderful ease and grace. This winter is his first appearance at the head of the concert. I prophesy he will visit London if this diabolical war does not sink the Thermometer of English *Generosity* as much below the freezing point as Réaumur is at this present writing at Geneva, that is 10 degrees. […] / Tomorrow and the Monday following comes forward in the front of the orchestra the largest of all the human noses that have appeared in the world. […] Need I mention which body belongs to it. You must have seen Pugnani. Tuesday morn. I have heard Pugnani. The whole Concert was of his own music. Viotti is the best player of the two." Zitiert nach Warwick Lister: Amico – The Life of Giovanni Battista Viotti, Oxford/New York 2009, S. 41/42 und Warwick Lister: New Light on the Early Career of G. B. Viotti, in: Music and Letters, 83/3, Oxford 2002, S. 419. Lister bezieht sich auf folgende Originalquelle: Durham University Library, Wharton Papers, Nr. 529 und 530. Diese Korrespondenz zwischen Brand und Wharton bietet authentische Eindrücke des europäischen Konzertlebens im späten 18. Jahrhundert, da der musikbegeisterte Brand in den 1780er und 1790er Jahren durch Europa reiste und seine Erlebnisse kenntnisreich und detailliert schilderte.

Pugnani hatte wegen seiner auffällig großen Nase den Spitznamen „Il naso“. Darauf spielt Reverend Thomas Brand an, und wie durch ein Brennglas blickt er auf die Musikereignisse in Genf zu Beginn des Jahres 1780 und bündelt seine Eindrücke: wie das Konzertwesen organisiert ist, welche Künstler auftreten und welches Repertoire zu hören ist und vor allem, dass Giovanni Battista Viotti bereits zu Beginn der Tournee besser spielt als sein Lehrer. Pugnani wird das nicht entgangen sein. Er, der Endvierziger, muss akzeptieren, dass sein Schüler ihn überholt hat. Viotti ist halb so alt und mit allem gesegnet, was sich ein junger Mensch wünschen kann: Begabung, eine hervorragende Ausbildung, Geschmack und eine schöne äußere Erscheinung. Bei allem Stolz auf einen begabten Schüler ist es für einen Lehrer auch ein schmerzlicher Prozess, zu akzeptieren, dass die Konkurrenz mit Können und blühendem Leben direkt neben einem in den Startlöchern steht. Bei einer Reise, die anderthalb Jahre dauern soll, sind das belastende Gefühle. Die beiden werden sich nicht aus dem Weg gehen können, weder beruflich noch privat, von der Nähe in den beengten Beförderungsmitteln einmal ganz zu schweigen.

Zwar ist Pugnani noch immer der Chef, aber Viotti ist nur noch formal der Schüler. Er beeindruckt mit geigerischem Können, Charme und gutem Aussehen. Und es scheint, als gebe ihm die Reise noch einen zusätzlichen Entwicklungsschub. Der Gelehrte und Musikkenner Edme-François Miel, einer der ersten Viotti-Biografen zu Beginn des 19. Jahrhunderts, beschreibt ihn als einen „der Männer, die von der Natur besonders begünstigt waren. Sein Kopf war von einer außergewöhnlichen Form und Größe. Seine Gesichtszüge waren gefällig, der Ausdruck offen und von einer nahezu unerschöpflichen Fröhlichkeit. Sein Benehmen war natürlich, sein Körper gut gebaut. In allem war seine Erscheinung sehr vornehm. Der Geist sprühte aus seinen Augen, die von langen Wimpern umrahmt waren. Die kahle und hervorstehende Stirn kündete vom Genius.“[15] Mehr kann ein Mann wohl kaum über das Aussehen eines anderen Mannes ins Schwärmen geraten. Kurzum, Giovanni Battista Viotti genießt bereits zu Beginn seiner ersten großen Tournee alle erdenklichen Sympathien. Er hat diese ersten Konzerte auf der Reise in seiner Lebensbeschreibung erwähnt, mit den ihm eigenen knappen Worten:

15 « Viotti fut un des hommes les plus favorisés par la nature. Sa tête était d'une forme et d'un volume extraordinaires. Sa figure, plus caractérisée que régulière, était aimable; sa physionomie ouverte, expressive et presque toujours riante ; sa taille dégagée et bien proportionnée ; son air en tout très-distingué. L'esprit jaillissait de ses yeux ombragés par de long cils; son front chauve et saillant annonçait le génie. » Edme-François Miel: Viotti, in: Joseph-François Michaud: Biographie universelle ancienne et modern, Band 49, Paris 1827, S. 191.

> Durch die Ermutigung, die mir dort [d. h. in Genf] zuteilwurde, entschloss ich mich, meinen Weg fortzusetzen.[16]

Mit welchen Musikstücken hat Viotti das Publikum in Genf begeistert? Man kann weitgehend nur vermuten, was Viotti und Pugnani auf dieser Konzertreise, so auch in Genf, spielten. Doch liegt es nahe, dass Pugnanis fünf Violinkonzerte erklangen, denn es war üblich, dass sich Virtuosen mit eigenen Kompositionen präsentierten. Einen weiteren Hinweis liefert der aufmerksame Musikkenner Reverend Thomas Brand, der am 20. Januar 1780 wiederum an seinen Freund Wharton schreibt:

> Ich komme gerade von einem Konzert der „Amateurs & Amatrices" [d. i.: „Liebhaber und Liebhaberinnen"] mit Pugnani, Viotti und Triquelir [d. i.: ein Cellist] an der Spitze beim Bürgermeister Turretin. Ich hörte dort Son regina sehr gut gesungen und das erste Quintett von Boccherini, ebenfalls sehr gut gespielt bis auf das Cello. Glaub' nicht, dass ich bescheiden bin, es nicht zu spielen.[17]

Durch diese Nachricht wissen wir, dass Luigi Boccherinis Musik aufgeführt wurde. Er war zu jener Zeit einer der bekanntesten Komponisten für Musik für Streichinstrumente und stand als Kammerkomponist in den Diensten des spanischen Infanten Don Luís Antonio. Boccherini schrieb als erster Komponist Stücke für die Besetzung eines Streichquintetts und gilt daher als Begründer dieser Gattung. Er selbst war ein hervorragender Cellist und spielte am spanischen Hof in bereits vorhandenen Streichquartettbesetzungen als fünfter Musiker mit.

Es stellt sich natürlich die Frage, ob auch Viotti bereits eigene Kompositionen in Genf spielte. Der wohl beste Kenner von Viottis Musik, Chappell White, hat sich in diesem Zusammenhang mit der Frage beschäftigt, welche und wie viele Violinkonzerte Viotti zu diesem frühen Zeitpunkt bereits komponiert hatte.[18] Wie wahrscheinlich ist es, dass das Publikum nicht nur Eindrücke von seinem

---

16 « L'encouragement, que j'y reçu, me fit résoudre à poursuivre ma route. » Siehe Giazotto, S. 229.

17 "I am just come from a Concert of Amateurs & Amatrices with Pugnani, Viotti und Triquelir [i. e. cellist] at their head, chez Mons. Le Syndic [the Mayor] Turretin. There I heard the Son regina very well sung & the 1st Quintett of Boccherini very well play'd except the tenor. Don't fancy that I am modest I did not play it." Zitiert nach Lister, 2009, S. 43.

18 Chappell White: Toward a More Accurate Chronology of Viotti's Concertos, in: Fontes artis musicae 20, Madison/Middleton/Kassel 1973, S. 111–124. Einen umfassenden Überblick über die Chronologie der Werke Viottis und die Gattungen geben das hervorragende Werkverzeichnis, das White erstellte – Chappell White: Giovanni Battista Viotti (1755–1824): A Thematic Catalogue of his Works, New York 1985 – sowie Whites Artikel zu Viotti im New Grove Dictionary of Music and Musicians, hrsg. von Stanley Sadie, London 2001, Band 26, S. 766–771.

geigerischen Talent, sondern bereits auch von Viottis Begabung als Komponist gewinnen konnte?

Chappell White vermutet, dass Viotti das Konzert Nr. 3 in A-Dur (nach heutiger Zählung) bereits in Turin für die bevorstehende Tournee komponierte und er es daher in Genf auch spielte.[19] Sicherlich, so White, waren auch die Konzerte Nr. 2, 4 und 5 im Reisegepäck oder sind unterwegs entstanden, denn von ihm wurde als Solist ein Repertoire mit mehr als nur einem einzigen Konzert erwartet. Die Konzerte Nr. 2, 4 und 5 wurden erst später veröffentlicht, nachdem Viotti bereits in Paris debütiert hatte, doch sie teilen mit dem Konzert Nr. 3 eine große Ähnlichkeit in stilistischen Merkmalen: So verbindet die Konzerte Nr. 2 und 5, dass ihr jeweiliges Eröffnungsthema auch für ein zweites Tutti genutzt wird; den Konzerten Nr. 1 und 2 ist eine ähnliche Behandlung der Durchführung gemeinsam; die Reprise behandelt er bereits in allen frühen Konzerten Nr. 1 bis 5 sehr unterschiedlich.[20] Seine Begabung als Komponist zeigt sich aber vor allem in den langsamen Sätzen. Viottis Einfallsreichtum für Melodien und sein intuitives Wissen um die Möglichkeiten, auf der Geige zu „singen“, bringen bereits in den Konzerten Nr. 1, 2 und 3 sehr individuelle Ergebnisse, obwohl sie in der formalen Anlage der konventionellen Arietta-Form (Nr. 1 und 2) oder gar monothematisch sind (Nr. 3) – White nennt sie sogar „a little old-fashioned“.[21]

Es gibt noch eine weitere Gattung, in der Viotti sehr früh komponierte, nämlich das Streichtrio. Möglicherweise, so Chappell White, erklangen einige Trios bereits in Genf. Sie wurden später in Paris als op. 2 veröffentlicht. In ihrer Stilistik sind sie den frühen Violinkonzerten ähnlich, und für das Musizieren unterwegs mit wechselnden Kollegen sind sie außerordentlich praktisch konzipiert: Die erste Violine ist solistisch, virtuos, die zweite Violine und das Cello haben eine eher dienende Aufgabe. Einer muss die erste Violine beherrschen, in diesem Fall ist es Viotti selbst, die anderen beiden können ihre Stimmen prima vista, also vom Blatt, spielen, und dennoch gibt es ein wohlgefälliges Ganzes.

---

19 Es wurde ein Jahr später am 8. März 1781 in Berlin zur Veröffentlichung angekündigt. Siehe White, 2001, S. 114. Die erste Veröffentlichung, die Hummel in Berlin unter dem Titel „Libro I“ herausgab, wurde wenig später in Paris ignoriert und erschien dort wieder unter Nr. 3, der bis heute geläufigen Zählung.

20 Das Konzert Nr. 1 spielte Viotti sehr wahrscheinlich bei seinem Debüt in Paris im März 1782. Es ist in der Anlage technisch noch anspruchsvoller als die weiteren Konzerte der frühen Phase, vermutlich wollte Viotti das anspruchsvolle Publikum in Paris besonders beeindrucken. Vgl. Chappell White: From Vivaldi to Viotti. A History of the Early Classical Violin Concerto, New York 1992, S. 340.

21 Die detaillierte, analytische Betrachtung findet sich bei White, 1992, S. 336 ff.

Die Reise nach Genf und weiter durch die Schweiz beeinflusst Viotti auch musikalisch, denn er hört die Musik in seiner neuen Umgebung, wie sie auf der Straße und in Gasthäusern erklingt. Reizvoll, sich vorzustellen: der elegante junge Mann, der in einer Sänfte über die Alpen getragen wird, wie ihm dann in der Schweiz die volkstümlichen Melodien zu Ohren kommen, die auf der Straße gepfiffen und in Gasthäusern gesungen werden. Und eine dieser Melodien findet ihren Weg auf ein Notenblatt, wird verarbeitet und gibt Impulse zu etwas Neuem. Der zweite Satz des Konzerts Nr. 5 in seiner schlichten Liedform lässt solche Bilder entstehen – daran ändert auch nichts, dass die Solovioline gespickt ist mit technischen Schwierigkeiten wie Trillerketten, Doppelgriffen und virtuosen Passagen in sehr hohe Lagen. Der Ursprung dieser Melodie liegt in einem Schweizer Berglied, das später noch einmal von dem Pianisten Daniel Gottlieb Steibelt (1765–1823) als „Berglied mit Variationen" für Klavier arrangiert wurde (White, catalogue wVIa:29). Warwick Lister erwähnt außerdem eine melodische Verwandtschaft zwischen diesem Satz im Violinkonzert Nr. 5 und dem dritten Satz des dritten Trios (White, catalogue wIII:3, iii).[22]

Der Aufenthalt in Genf ist das Sprungbrett für eine erfolgreiche Tournee. Giovanni Battista Viotti hat Feuer gefangen, fühlt sich in seinem Drängen bestätigt, aus Turin in die Welt hinaus zu müssen, um sein Können unter Beweis zu stellen und um sich und die eigenen Grenzen kennenzulernen. Er reist mit Pugnani aus der Schweiz ab, nun sehr sicher, als Geiger auf einer Reise bis nach Russland bestehen zu können. Dresden wird die nächste Station sein, wo ein längerer Aufenthalt geplant ist. Zunächst aber muss die Reise durch die teure und wenig gastfreundliche Schweiz mit ihren schlechten Kutschen gemeistert werden, denn der Reiseweg geht weiter über Bern. Ein vielreisender Zeitgenosse, der Schriftsteller Carl Ignaz Geiger, beklagt, „daß ohngeachtet der vielen Reisenden in der Schweiz noch wenig dafür gesorgt worden ist, es ihnen gut und bequem zu machen."[23] In Bern jedoch erwartet die beiden Musiker ein herzlicher Empfang, über den Viotti begeistert und mit Stolz berichtet:

> Eingeführt als kleine Berühmtheit, bewegte ich mich weiter nach Bern. Ich zögerte kaum, dorthin zu gehen. Dort empfing ich so viel Wohlwollen, wie ich es mir nur wünschen konnte, und der Geschmack am Reisen drückte sich zunehmend stärker aus.[24]

---

22 Siehe Lister, 2009, S. 44.

23 Carl Ignaz Geiger: Reise eines Engelländers durch einen Theil von Schwaben und einige der unbekanntesten Gegenden der Schweiz. Herausgegeben von seinem teutschen Freunde L. A. F. von B., Drei Bände, Amsterdam 1789, Band 1, S. 52.

24 Giazotto, S. 229 : « Déjà une petite célébrité me précédoit à Berne ; je ne tardai guere à al suivre. La je fus reçu avec toute la bienveillance que j'avois pû desirer, et le goût de voyager s'imprima de plus en plus dans moi. »

Dresden

Wie anders ist der Frühling nördlich der Alpen. Oft weht ein scharfer, kalter Wind, den Viotti überhaupt nicht mag. Doch seine Begeisterung fürs Reisen lässt ihn manch widrige Umstände besser ertragen. Und schließlich ist er jung, hat Erfolg, und endlich ist er frei. Er staunt über die fremden Landschaften, die immer karger und kälter werden. Viotti und Pugnani reisen weiter nach Norden, wo sich nur zaghaft die ersten Knospen hervorwagen und es Ende März manchmal noch so kalt ist, dass man meint, es sei Winter. Aus ihren dicken Mänteln kommen die beiden Musiker vorerst nicht heraus; sie wundern sich, dass die Menschen, die ihnen begegnen, nicht frieren. Warm, dafür aber stickig, ist es allenfalls in den engen Kutschen, die an Komfort abnehmen, je nördlicher sie kommen. Ebenso werden die Wege schlechter; die Strecken in Sachsen und Thüringen sind für ihren mangelhaften Ausbau bekannt.[25] Doch sie haben keine andere Wahl, um ihre nächste Station Dresden zu erreichen.

Viotti und Pugnani treffen Ende März 1780 in der Musikmetropole an der Elbe ein. Sie finden eine Stadt vor, die rund 60.000 Einwohner hat und noch deutliche Spuren des Siebenjährigen Krieges trägt, der seit 17 Jahren beendet ist. Er hat Dresden viel von seinem Glanz genommen, in dem man sich einst so gern sonnte: Der sächsische Hof konnte sich in der Mitte des 18. Jahrhunderts unter Kurfürst Friedrich Christian (1722–1763) rühmen, das wohl bedeutendste Musikzentrum in ganz Europa zu sein, und war in jener Zeit eine Stadt mit ganz besonderer Anziehungskraft. Aber Kriegsführung und Verteidigung erforderten alle Kräfte, und für die Pflege der schönen Künste hatte man ab 1756 weder Zeit noch Geld. Einen besonders schweren Schlag erlitt Dresden 1760, als die Truppen Friedrichs des Großen die Stadt mit einem starken Bombardement angriffen. Dresden erholte sich wirtschaftlich nur sehr langsam. Es sollte sechzig Jahre dauern, ehe die Bevölkerungszahl wieder auf dem Stand vor Ausbruch des Siebenjährigen Krieges

25 Heinrich Storch: Skizzen, Szenen und Bemerkungen auf einer Reise durch Frankreich gesammelt, Heidelberg 1787, S. 346: „Was man in Deutschland vortreffliche Wege nennt, das sind in Frankreich nur mittelmässige. Ich rede nicht von den sächsischen oder thüringischen Wegen, denn so erbärmlich sind hier nicht einmal die Dorfsteige, sondern von den besten Heerstraßen im Reich und in Hannover. Diese bestehen durchgehends nur aus zusammengestossenen Kieseln und andern kleinen Steinen, die oft nur auf die Straße hingeworfen werden, und die Pferde und Wagen ruinieren und den Reisenden verzögern."

war.[26] Der Musikgelehrte Charles Burney, der acht Jahre vor Viotti und Pugnani Dresden besucht hatte, berichtet von den schweren Zerstörungen:

> Die Stadt selbst aber hat im vorigen Kriege so sehr gelitten, daß ein Fremder kaum die berühmte Hauptstadt von Sachsen zu sehen glaubt, selbst wenn er sie von der vortheilhaftesten Seite auf einer nahgelegenen Anhöhe betrachtet. Ihre meisten himmelansteigende Thürme sind umgestürzt, und nur ein Paar von den prächtigen Gebäuden, welche die Stadt verschönerten, sind stehen geblieben, daher hier sowohl als in Prag, die Einwohner damit beschäftigt sind, das Beschädigte wieder herzustellen.[27]

Unter der Regierung des Kurfürsten Friedrich August III. (1750–1827), der seit 1768 die Geschicke Sachsens lenkt, erblüht die Kunststadt Dresden trotz der schwierigen Lage allmählich wieder. Der Kurfürst ist ein Musikkenner und versierter Pianist, der sogar das Partiturspiel beherrscht.[28] Er verpflichtet hervorragende Musiker an seinen Hof, so Johann Gottlieb Naumann als Kapellmeister, den Geiger Bartolomeo Campagnoli und den Oboisten Carlo Besozzi, der aus einer Musikerdynastie in Turin stammt.[29] So gibt es für Pugnani und Viotti auch in der Fremde enge Verbindungen zur Heimat. Für das Entrée am sächsischen Hof ist die Beziehung zu Besozzi sicher hilfreich gewesen. Viotti berichtet knapp in seinen Aufzeichnungen:

> Ich hatte die Ehre, dem Kurfürsten vorgestellt zu werden, und er hatte die Güte, meinem Talent Beifall zu bekunden.[30]

Leider gibt es keine Auskunft in den Büchern des Hofes, wann und bei welcher Gelegenheit Viotti dem Kurfürsten vorgestellt wurde. Wahrscheinlich war es bei einer der üblichen Visiten, die zum täglichen Ablauf im Stadtschloss gehörten. Sie fanden im Visitenzimmer statt, das eine „Aussicht auf die steinerne Elbbrücke“[31] hatte und mit „kostbaren Gemälden von den berühmtesten Meistern,

26 Johann Christian Hasche: Umständliche Beschreibung Dresdens mit allen seinen äußern und innern Merkwürdigkeiten, Band 1, Leipzig 1781, S. 777 ff.

27 Charles Burney: Tagebuch einer musikalischen Reise 1772–1773, Band 3, Hamburg 1773, S. 12/13; Reprint Kassel 1959.

28 Gerhard Poppe: Artikel „Friedrich August III.“, in: Die Musik in Geschichte und Gegenwart, hrsg. von Ludwig Finscher, Kassel 2002, Band 7, Spalte 144–146.

29 Die Familie Besozzi spielte im Turiner Musikleben eine wichtige Rolle: Der Großonkel von Carlo war Alessandro Besozzi, Komponist und hochbezahlter Oboist im Hoforchester mit dem Titel „primo virtuoso di camera“.

30 « J’eu l’honneur d’être presenter à l’Electeur et il eut la bonté d’applaudir à mon talent. » Siehe Giazotto, S. 229.

31 Johann Christian Hasche: Umständliche Beschreibung Dresdens mit allen seinen äußern und innern Merkwürdigkeiten, Band 2, Leipzig 1783, S. 28.

buntgeblumten Tapeten von Atlaß oder Turinischen Tapeten"[32] eingerichtet war; so berichtet es Johann Christian Hasche in seiner Abhandlung über Dresden.[33] Lediglich in einer kleinen Notiz vom 3. April 1780 ist vermerkt, dass einige Virtuosen in einer Soirée vor der Kurfürstin Maria Amalie spielten; weder die Namen der Virtuosen noch die Anwesenheit des Kurfürsten sind diesem Eintrag zu entnehmen.[34] Doch es ist vorstellbar, dass an jenem Abend Viotti und Pugnani unter den Virtuosen waren; entweder ist es die Vorstellung beim Kurfürsten, die Viotti in seinen biografischen Skizzen erwähnt, oder aber er und Pugnani spielten einige Tage später noch einmal – sozusagen auf Empfehlung des Kurfürsten.

Doch nicht nur am Hof finden in Dresden Konzerte statt. Die beiden Musiker pflegen Kontakte, denn in zahlreichen privaten Zirkeln, seien sie adlig oder bürgerlich, wird auf hohem Niveau musiziert. Seit 1776 ist Johann Gottlieb Naumann Hofkapellmeister bei Kurfürst Friedrich August III., und Naumann hat – neben seinem Renommee am Hof – großen Einfluss auf das städtische Musikleben. Viotti und Pugnani lernen ihn am Hof kennen und werden von dem vielseitigen Musiker zu seinen Hauskonzerten eingeladen, wo sich Dresdens musikliebende bürgerliche Gesellschaft trifft, aber auch Hans Moritz Graf von Brühl und seine Frau Christina verkehren. Das adlige Paar ist musikalisch sehr interessiert, verfügt über praktische Kenntnisse im Gesang und auf der Laute und komponiert.[35] Durchaus denkbar, dass Viotti und Pugnani bei einer dieser beliebten Veranstaltungen im Hause Naumann zugegen sind. Naumann hatte von 1759 bis 1763 in Italien gelebt und sich dort musikalisch weitergebildet. Seine Vorliebe für das Land drückt sich in zahlreichen italienischen Opern aus, die in Dresden zur Aufführung kommen. Während des Aufenthalts von Viotti und Pugnani wird Naumanns Oper „Cora" in einer konzertanten Aufführung gegeben und zwar im Hotel de Pologne. Dieses Hotel ist neben seinem Komfort auch als Veranstaltungsort für Konzerte und Bälle über die Stadtgrenzen hinaus berühmt. Es liegt an der Ecke Schlossgasse/Brüdergasse, hat große, geschmackvoll möblierte Zimmer für Reisende aller Stände sowie schöne Säle, die mit Kronleuchtern geschmückt sind.

32 Turinische Tapeten sind aus Seide gefertigt. Im frühen 18. Jahrhundert wurde der Anbau von Maulbeerbäumen vorangetrieben, um die Seidenproduktion zu erhöhen. Siehe Volkmann, Band 1, S. 241 und S. 248/249.

33 Hasche, Band 2, 1783, S. 28.

34 Sächsisches Hauptstaatsarchiv Dresden, 10006 Oberhofmarschallamt, O IV, Nr. 177. Siehe auch Lister, S. 46 und dortige FN 26.

35 Romy Petrick: Dresdens bürgerliches Musik- und Theaterleben im 18. Jahrhundert, Marburg 2011, S. 308.

Für reisende Virtuosen ist das Hotel de Pologne eine begehrte Adresse, um die Übernachtung mit einem Konzert abzurunden.[36]

Als Mitglied der Dresdner Freimaurerloge „Zu den drei Schwertern und wahren Freunden" hat Naumann ausgezeichnete Beziehungen. Sein Logenbruder, der Schriftsteller Johann Leopold Neumann, ist verheiratet mit der Tochter des Hofküchenmeisters Johann Georg Adolph Basemann, Dorothea Natalia. Sie wiederum ist Dresdens Vorzeigepianistin, Enkel-Schülerin von Johann Sebastian Bach.[37] Und über Stadtgrenzen hinaus wird ihr Name gerühmt. Johann Friedrich Reichardt, der Kapellmeister Friedrich des Großen, lobt ihr Können und ihre Theoriekenntnisse[38], und in seiner Funktion als musikalischer Berater Goethes empfiehlt er dem Schriftsteller, die junge Dame zu hören.[39]

Dorothea Natalias Mann hatte kürzlich, 1779, eine musikalische Akademie gegründet. Diese ist keine Ausbildungsstätte, sondern ein Treffpunkt für Musiker, Komponisten und gebildetes Publikum:

> Seine Absicht war, in seiner Vaterstadt den erhabenen und reinen Geschmack in der Musik, so wie Hasse ihn dort begründet und Naumann bisher gepflegt hatte, noch eine Freystadt mehr gegen die epidemischen Frivolitäten des Zeitgeschmacks zu verschaffen; der wohlthätigsten der Künste da noch einen Tempel zu erbauen, wo sie so viele Priester hatte und ich täglich mehr ächte Anbeter gewonnen werden konnten, zu dem die ausländischen Virtuosen wallfahrten, in welchem die vaterländischen Künstler einen Wirkungskreis mehr für ihre Talente finden und worinnen alle neu hervor gehenden Werke der größten lebenden Tonkünstler ertönen sollten.[40]

---

36 Carl Wilhelm Daßdorf: Beschreibung der vorzüglichsten Merkwürdigkeiten der Churfürstlichen Residenzstadt Dresden und einiger umliegenden Gegenden, Dresden 1782, S. 54.

37 Petrick: S. 298/299. Der Klavierlehrer von Dorothea Natalia Basemann war Christoph Transchel (1721–1800), der ab 1742 in Leipzig Klavierunterricht bei Johann Sebastian Bach erhalten hatte. Transchel studierte in Leipzig Theologie und Philosophie, arbeitete nach seinem Studium jedoch vor allem als Klavierlehrer und Komponist in Leipzig und Dresden.

38 Johann Friedrich Reichardt: Briefe eines aufmerksam Reisenden die Musik betreffend, Band II., Frankfurt und Leipzig 1774, Frankfurt und Breslau 1776, Reprint Hildesheim 1977, S. 121.

39 Goethe hörte Dorothea Natalia Neumann am 26. Dezember 1782 in Leipzig und schrieb an Charlotte von Stein: „[…] Bei Bausen spielten Frauens und Mädchens schön Klavier, besonders Mad. Neumann aus Dresden und Bausens älteste Tochter, die besonders schön ist." Zitiert nach Petrick S. 299, FN 1205.

40 Johann Gottlieb August Kläbe: Neuestes gelehrtes Dresden oder Nachrichten von jetzt lebenden Dresdner Gelehrten, Schriftstellern, Künstlern, Bibliotheken- und Kunstsammlern, Leipzig 1796, S. 107.

Da zu dieser gerade ins Leben gerufenen Akademie angeblich die „ausländischen Virtuosen wallfahrten“, kann es durchaus sein, dass auch Viotti und Pugnani sich dort hören lassen. Hervorgegangen ist die Akademie aus den Hauskonzerten der Familie Basemann, die als Basemannsche Konzerte einen festen Platz im Dresdner Musikleben haben.[41] Das Privathaus des Hofküchenmeisters Basemann, in dem die Konzerte stattfinden, ist eine weitere gute Adresse, die Viotti und Pugnani sicherlich vom Hofkapellmeister Naumann empfohlen wird, und wahrscheinlich führt er die beiden persönlich dort ein. Viele Mitglieder aus dem Hoforchester kommen bei Familie Basemann zusammen, um unter Naumanns Leitung gemeinsam zu musizieren.

> Der patriotische Antheil, den unser so verdienstvoller Herr Kapellmeister Naumann, theils durch die Auswahl der Musikalien, theils durch die von ihm selbst dabey geführte Musikbegleitung, bisher mit so allgemeinen Beyfall daran genommen, und das herrliche so wohl mit einander eingespielte Orchester, hat diesem Konzert denjenigen Ruhm verschafft, den es von allen durchreisenden Kennern der Musik so eindeutig erhalten hat. Nicht nur unsere, sondern auch auswärtige durchreisende Virtuosen haben sich hier hören lassen.[42]

So berichtet es der zeitgenössische Reiseschriftsteller Carl Wilhelm Daßdorf. Bemerkenswert ist auch, was er über das Naturell der Dresdner Bevölkerung schreibt:

> Die natürliche Geselligkeit der hiesigen Einwohner ist endlich eine reiche und unversiegbare Quelle von Unterhaltung und Vergnügungen für Fremde und Einheimische. Alle Fremden, welche die Gesellschaft lieben, werden wenige Städte in Deutschland finden, in welchen ein so heiterer geselliger Ton herrscht, und wo man so leicht als hier in guten Häusern Zutritt haben kann. Man beeifert sich hier, mit einer zuvorkommenden Gefälligkeit Bekanntschaften zu machen, und alle Fremden von einiger Cultur und geselligen Wesen, an den hiesigen mannichfaltigen Vergnügungen Antheil nehmen zu lassen. Der Geist der Gesellschaft und einer gewissen heitern Geselligkeit herrscht überhaupt sehr in Dresden, und selten wird man einen Fremden über die Schwierigkeiten, hier Bekanntschaften zu machen, klagen hören.[43]

Modern gesprochen: Das Netzwerk in Dresden ist außerordentlich dicht, hinzukommt die Begeisterung, die man in Sachsen für Italien, seine Kunst und seine Musik hegt. Das kleine Opernhaus, im Vorzwinger gelegen, bietet deutsche und französische Komödien sowie komische italienische Opern. Wenn auch Charles

41 Daßdorf, S. 727: „Unter diesen Privat-Konzerten, deren es mehrere giebt, und bey welchen auch bloße Dilettanten spielen, ist ohnstreitig das Basemannische Konzert das berühmteste, welches daher den Namen hat, weil es den Winter hindurch in des Herrn Hofküchenmeister Basemanns Haus, dem Schlosse gegen über, gehalten.“

42 Daßdorf, S. 728.

43 Daßdorf, S. 732.

Burney[44] während seines Aufenthalts in Dresden 1772 nicht allzu begeistert von den Darbietungen war, so ist dieses Opernhaus bei den Dresdnern und Besuchern der Stadt sehr beliebt; in der Karnevalszeit wird es auch als Ballsaal genutzt[45], und Johann Christian Hasche lobt:

> Mit einem Worte, es ist ein artig Gebäude, dessen gute Einrichtung seinem Erbauer Ehre macht, 60 Ellen lang, 30 Ellen breit. [...] Schade, daß das Haus für Dresden etwas zu klein ist: denn oft kann es bey allem Drange die Schauspielliebhaber nicht alle fassen. Doch ist der Dresdner Geschmack im Ganzen mehr für die Komödie als Tragödie.[46]

Hasche berichtet, dass die deutsche Komödie und italienische Oper einander abwechseln, und lobt die Qualität der Kammerkapelle, „deren herrliches Spiel ganz Europa bekannt ist."[47] Bei diesem Angebot haben es Viotti und Pugnani sicher nicht versäumt, die eine oder andere Vorstellung zu besuchen. Insgesamt sind sie rund drei Wochen in der Elbmetropole und treten am 18. oder 19. April 1780 ihre Weiterreise an. Das Ziel ist der Hof Friedrichs des Großen.

Berlin und Potsdam

Von Dresden nach Berlin sind es zwanzig „teutsche Meilen" (rund 150 Kilometer), zwei Tagesreisen.[48] Am Hof Friedrichs des Großen bewährt sich einmal mehr das Empfehlungsschreiben aus Turin, das Graf de Perron im Dezember 1779 für die beiden Musiker ausgestellt hat. Es kommt bei ihrer Ankunft am Preußischen Hof zum vollen Einsatz. Carlo Graf Fontana, der als Botschafter den Savoyer Hof in Berlin und Potsdam vertritt, meldet am 22. April 1780 an den Außenminister Graf de Perron in Turin, dass am Tag zuvor Pugnani und sein Schüler eingetroffen sind.[49] Und er kommt der Bitte von Graf de Perron nach, die beiden Musiker freundlich aufzunehmen:

---

44 Burney, 1773, Band 3, S. 12 ff.

45 Hasche, Band 2, 1783, S. 332.

46 Hasche, Band 2, 1783, S. 333.

47 Hasche, Band 2, 1783, S. 333.

48 Daßdorf, Abschnitt „Einige Nachrichten zu Bequemlichkeit für Reisende", S. 798/799. Viotti und Pugnani sind nach dieser Entfernungstabelle inzwischen 129 „teutsche Meilen" von Turin entfernt.

49 Turin, Archivio di Stato, Prima sezione, Lettere Ministri, Prussia, Mazzo 5 (1780): « Le Sieur Pugnan, arrivé hier en cette Ville avec le Sr. Viot, m'a remis la lettre, que Vôtre Excellence lui a donné le 5. Décembre. Me ne doit point douter de l'empressement, que je mettrai à leur utile d'après la recommandation, dont elle a bien voulû les honorer. Comme le Sr. Pugnan m'est connû particulièrement depuis long-tems, et qu'il s'agît au

Sieur Pugnani, gestern hier eingetroffen mit Sieur Viotti, hat mir den Brief eingereicht, den Ihre Exzellenz ihm am 5. Dezember gegeben hat. Ohne jeden Zweifel werde ich meine Bereitwilligkeit zeigen, ihnen nach dieser Empfehlung, die sie sehr ehrt, nützlich zu sein. Da Sieur Pugnani mir seit langem bekannt ist, und da es sich im Übrigen um zwei Landsleute handelt, die so vornehm wie ihre Talente in der Musik sind, hoffe ich, dass meine Bemühungen, ihnen die Vorteile zu verschaffen, die sie wünschen können, den Erfolg haben, um die Erwartung vollkommen einzulösen. [...] Der ergebene und gehorsame Diener Ihrer Exzellenz, Fontana / Berlin, 22. April 1780.

Pugnani und Graf Fontana sind demnach seit vielen Jahren miteinander bekannt. Außerdem pflegt Graf Fontana eine freundschaftliche Verbindung zum Prinzen Alfonso Dal Pozzo in Turin, kurzum: Man kennt sich und seine Kreise. Die höfliche Gastfreundschaft, die Graf Fontana den beiden Musikern aus Turin entgegenbringt, beeindruckt Viotti, und er schreibt in seinen Aufzeichnungen:

Graf Fontana, damals Botschafter des Königs von Sardinien am Preußischen Hof, hatte die Güte, mich in seinem Haus als Logiergast aufzunehmen. Das verschaffte mir auch den Vorteil, in die hoch geachteten Häuser dieser Hauptstadt Eingang zu finden.[50]

Viotti und Pugnani sind willkommen, und Graf Fontana hilft, wo immer er kann. Das ist umso wichtiger, als der Hof selber, an dessen Spitze der alternde Friedrich der Große steht, in Sachen Musik nur wenig aufgeschlossen ist, um es freundlich auszudrücken. Die Bedeutung seines Hofes für die Musik, die Friedrich der Große Komponisten und Musikern wie Johann Joachim Quantz, Carl Philipp Emanuel Bach, Karl Heinrich Graun und Franz Benda verdankt, gehört vergangenen Tagen an. Quantz und Graun leben nicht mehr, Carl Philipp Emanuel Bach ist seit 1768 in Hamburg. Nur Franz Benda ist geblieben – eine treue Seele, denn er steht seit 1733 in Diensten von Friedrich dem Großen. Die Leitung der Königlichen Kapelle hat seit 1775 Johann Friedrich Reichardt inne:

Die Königl. Kapelle und Königl. Schauspiele stehen unter der Aufsicht des Königl. Generaldirektors der Schauspiele, des Herrn Geheimenraths und Kammerherrn von Arnim.

---

reste de deux Compatristes aussi distingués, qu'eux, par leurs talens [sic!] dans la Musique, j'espère, que si mes soins pour leur procurer les avantages, qu'ils peuvent souhaiter, ont le succès, que je désire, leur attente sera parfaitement accomplie. Mes vœux le seront aussi, s'il me réussira de donner à V. E. dans cette occasion, ainsi que dans toutes celles, que je la prie de me fournir, des preuves incontestables de l'attachement aussi respechieux, que sincère, avec le quel j'ai l'honneur d'être. / De Vôtre Excellence Très humble très obéissant Serviteur Fontana / Berlin le 22. Avril 1780. »

50 « Monsieur le Comte Fontana alors Ambassadeur du Roi de Sardaigne à la Cour de Prusse, eut la bonté de me recevoir et me loger chez lui. Il n'en fallû pas d'avantage pour avoir l'entrée des maisons respéctables de cette Capitale. » Siehe Giazotto, S. 229.

> Bey der Königl. Kapelle stehen: Der Kapellmeister, (jetzt Hr. J. F. Reichard,) der Koncertmeister (jetzt Herr Franz Benda der ältere), zwölf Violinspieler, sechs Violoncellspieler, drey Violonspieler, zwey Klavierspieler, Ein Harfenspieler, vier Bratschenspieler, vier Flötenspieler, drei Hoboespieler, vier Fagotspieler, zwey Waldhornspieler. Desgleichen Ein Kapelldiener.[51]

Benda ist 1780 ein betagter Herr von 72 Jahren, hat den König mehr als 10.000 Mal bei den abendlichen Flötenkonzerten begleitet und ist ein enger Vertrauter. Zwei alte Menschen, die über Standesgrenzen hinweg durch die Musik einen sehr engen Kontakt haben: Friedrich der Große vertraut Benda seine körperlichen Leiden und auch seine Traurigkeit darüber an. Denn mit seinen von Gicht geplagten Fingern kann er nicht mehr gut Flöte spielen, außerdem hatte er im Sommer 1778 einen vorderen Zahn verloren, was das Flötenspiel zusätzlich erschwert. Der Kapellmeister Johann Friedrich Reichardt berichtet, dass der König seine Flöten[52] und Musikalien verpacken ließ – er zog so auf seine Weise einen Schlussstrich. Er gestand seinem Vertrauten, dem Geiger Benda, zu Beginn des Jahres 1779: „Mein lieber Benda, ich habe meinen besten Freund verloren."[53]

Fortan ist das Interesse des großen Preußenkönigs daran erloschen, was sich auf dem Gebiet der Musik in Europa tut. Sein musikalischer Geschmack ist in der Zeit des mittleren 18. Jahrhunderts stehengeblieben. Diese konservative und lähmende Atmosphäre empfängt die beiden Musiker aus Italien. Er ist nicht mehr der stolze Friedrich, der er einst war und der den Zeitgenossen als Inbegriff eines Königs beschrieben wurde, wie beispielsweise von Johann Caspar Lavater, einem Hauptvertreter der Physiognomik. Dieser befand, dass Friedrichs Gesicht wie kein anderes zum Königsgesicht geschaffen sei und selbst „alle Antiphysiognomisten müssen beym Anblicke dieses Mannes, wo nicht sagen, doch empfinden ‚Ein großer Mann!'"[54] Lavaters Beschreibung geht auf das Jahr 1764 zurück, doch geht diese Ausstrahlung nicht mehr von Friedrich dem Großen aus, als Viotti und Pugnani Ende April 1780 in Berlin eintreffen.

---

51 Friedrich Nicolai: Beschreibung der Königlichen Residenzstädte Berlin und Potsdam und aller daselbst befindlicher Merkwürdigkeiten, Band 1, Berlin 1779, S. 210. Nicolai berichtet an dieser Stelle auch über die Besetzung der „großen italiänischen Oper" und nennt den Namen der Sopranistin Elisabeth Mara, geborene Schmeling. Sie ist die Frau des Cellisten Giovanni Mara und wird einige Jahre später Viottis Wege in Paris und in London kreuzen.

52 Im Musikinstrumenten-Museum, Staatliches Institut für Musikforschung Berlin, SPK (MIM Katalog-Nr. 5076) befindet sich die Flöte, die Johann Joachim Quantz für den König baute.

53 Johann Friedrich Reichardt: Musikalisches Kunstmagazin, Band 2, Berlin 1791, S. 40.

54 Johann Caspar Lavater: Physiognomische Fragmente, zur Beförderung der Menschenkenntniß und Menschenliebe, Dritter Versuch, Leipzig und Winterthur 1777, S. 348.

Bereits drei Jahre vor ihrem Besuch hatte Friedrich der Große im Januar 1777 an die Kurfürstin Maria Antonia von Sachsen[55], eine hervorragende Musikerin und Komponistin, geschrieben: „Neue Musik ist zu lauter Lärm verkommen, der das Ohr prügelt statt es zu liebkosen, und der edle Gesang ist nicht mehr unter den Zeitgenossen bekannt. Um ihn wiederzufinden, muss man zu Vinci, Hasse und Graun zurückkehren [...]."[56]

Obwohl am Hof ein musikalischer Stillstand herrscht, fällt die Beschreibung, die Viotti über diese Zeit gibt, nicht negativ aus:

> Friedrich der Große gab sich die Ehre, mich zu hören, und ich hatte die Ehre, oft mit dem inzwischen verstorbenen König [d. i. Friedrich II.] zu musizieren.[57]

Immerhin bleiben Viotti und sein Lehrer Pugnani vier Monate in Berlin und Potsdam. Doch Friedrich der Große allein kann es nicht gewesen sein, der die beiden Musiker zu einem so langen Aufenthalt veranlasste. Weitaus musikbegeisterter und interessierter sind der Neffe des Königs, Prinz Friedrich Wilhelm (später Friedrich Wilhelm II. von Preußen), der überwiegend in Potsdam lebt, da er als Truppenkommandant die Garnisonsstadt nur mit der Genehmigung des Königs verlassen darf, und sein jüngerer Bruder, Prinz Heinrich, der im Prinzenpalais Unter den Linden 6 residiert; heute ist es das Hauptgebäude der Humboldt-Universität zu Berlin. Hinzu kommen die vielen Kontakte, die Graf Fontana den beiden Virtuosen verschafft. Denn außerhalb des Hofes wird in vielen Häusern musiziert und debattiert: Berlin gilt in der zweiten Hälfte des 18. Jahrhunderts als die Hochburg des Musikschrifttums. Ein aufgeschlossener Geist weht durch die Salons, man diskutiert selbstbewusst über den Vorrang der italienischen oder der französischen Musik, wägt ihren jeweiligen Einfluss auf die deutsche Tonkunst ab, erörtert den guten Geschmack und seine Funktion für eine neue Ästhetik.[58]

---

55 Maria Antonia von Sachsen studierte Komposition bei Nicola Porpora und Johann Adolf Hasse. 1747 wurde sie im Alter von 23 Jahren in die Accademie dell'Arcadia in Rom aufgenommen, die sich für die Reform der Oper einsetzte.

56 Zitiert nach Alan Yorke-Long: Music at Court, London 1954, S. 147: « [...] la nouvelle musique est dégénérée en un charivari, qui blesse les oreilles au lieu des les flatter, et le chant noble n'est plus connu des contemporains. Pour le retrouver, il faut recourir à Vinci, Hasse et Graun [...]. »

57 Giazotto, S. 229: « Frederic le Grand me fit l'honneur de m'entendre et j'eu celui de faire souvent de la musique avec le dernier Roi défunt. »

58 Bereits 1750 meldete sich in Berlin Friedrich Wilhelm Marpurg mit seinen Abhandlungen „Des critischen Musicus an der Spree" zu diesem Thema zu Wort und beeinflusste die Debatte, ob der italienischen oder französischen Musik der Vorrang gelte – oder ob es endlich an der Zeit sei, die Qualität der deutschen Komponisten und Musiker zu entdecken und hervorzuheben: „Das Vorurtheil ist doch allmählich bey uns verschwun-

In diesem geistigen Klima ein paar Monate zu verbringen und bei gesellschaftlichen Zusammenkünften das eigene Können zu zeigen, war mit Sicherheit anregender, als an den starren Musizierstunden des Königs mitzuwirken. Viotti hebt in seinen Lebensbeschreibungen einen Namen hervor:

> Ich hatte das Glück, Mr Liston zu treffen, jetzt einer von den Diplomaten Seiner Königlichen Hoheit von Britannien, der immer ein ernsthaftes Interesse an mir bekundete.[59]

Obwohl Viotti nur einen Namen nennt, wird er mit großer Sicherheit auf viele Menschen getroffen sein, die ihn ermutigt und ihm für seine Karriere Unterstützung zugesprochen haben. Musikkenner und -liebhaber gibt es in Potsdam und Berlin in großer Zahl, und wie Dresden bietet auch Berlin ein reges, öffentliches Konzertleben außerhalb des Hofes. Viotti und Pugnani haben sicher daran teilgenommen, sei es als Zuhörer oder auch als aktive Musiker.

Zum Glück gibt, was die Musik betrifft, nicht mehr allein Friedrich der Große am Hof den Ton an. Viel wichtiger ist für Viotti und Pugnani die Gesellschaft der jüngeren Zuhörer und aufgeschlossenen Gesprächspartner, so zum Beispiel Prinz Heinrich. Der jüngere Bruder Friedrichs des Großen ist frankophil, intelligent und musikalisch sehr gebildet. Prinz Heinrich spielt Violine und hat ein eigenes Orchester mit vierzehn Musikern. Der Musikdirektor dieses Orchesters heißt Johann Peter Salomon und ist zehn Jahre älter als Viotti. Er stammt aus Bonn, wo er 1758 bereits als 13-Jähriger in die Kurfürstliche Bonner Hofkapelle aufgenommen wurde – dasselbe Orchester, in das 1784 der junge Ludwig van Beethoven ebenfalls mit 13 Jahren eintreten wird. Salomon wird in Viottis Leben noch eine entscheidende Rolle spielen, denn beide treffen sich zwölf Jahre später in London wieder, wo sich Salomon als Violinvirtuose, Orchesterleiter und Konzertunternehmer einen Namen machen wird. Und Viotti wird auch Prinz Heinrich wieder begegnen: Im Pariser Salon der Malerin Élisabeth Vigée Le Brun führen Viotti und Prinz Heinrich wenige Jahre später gemeinsam Streichquartette auf.

Die Kontakte, die Viotti und Pugnani am Hof knüpfen, werden genau beobachtet. Es geht nicht nur darum, mit den eigenen Violinkünsten zu beeindrucken. Aufschlussreich sind daher weiterhin die Depeschen, die Graf Fontana in

den, als ob die schöne Musick nur in Welschland zu Hause sey. Die Ehrfurcht gegen die erlauchten Namen in ini und elli verlieret sich, und die ehemals mit den schamhaften Mittelstimmen beschäftigten Deutschen haben sich bis zum ersten Platz in dem Orchestre der Fürsten erhoben." Friedrich Wilhelm Marpurg: Des critischen Musicus an der Spree erster Band, Berlin 1750, Reprint Hildesheim 1970, Erstes Stück, S. 1.

59 Giazotto, S. 229: « C'est là ou j'ai eu le bonheur de connoitre Ms. Liston actuellement l'un de ministres de S. M. Britannique, qui ma toujours temoigné depuis un interêt sincere. »

seiner Funktion als Botschafter regelmäßig nach Turin schreibt. Am 2. Mai 1780 berichtet er:

> Seine Königliche Hoheit und die Prinzessin von Preußen [d. i. Friederike Luise] haben mir ihre Zufriedenheit mitgeteilt, die sie bei den musikalischen Darbietungen der Herren Pugnani und Viotti empfanden. Die beiden Musiker waren auf ihren Befehl für acht Tage in Potsdam. Ich glaube, ihnen Recht sprechen zu müssen, das sie verdienen, indem ich Ihre Exzellenz davon informiere, dass sich ihr Benehmen in Sachsen bei Hofe sehr auszeichnete, wie es auch in diesem Land ordnungsgemäß ist und vollkommen der Erwartung gerecht wird.[60]

Seine Königliche Hoheit Friedrich Wilhelm spielt Cello und ist, ganz anders als sein Onkel Friedrich der Große, ein ausgesprochener Lebemann. Er pflegt Beziehungen zu zahlreichen Mätressen, feiert rauschende Feste, und er fördert die Künste und Künstler seiner Zeit. Berühmte Komponisten des späten 18. Jahrhunderts, keine Geringeren als Haydn, Mozart und Beethoven, schrieben Werke für ihn: Haydn und Mozart widmeten Friedrich Wilhelm ihre „Preußischen Quartette", und Beethoven stellte dem Cello spielenden Preußenkönig hohe Aufgaben mit den beiden Sonaten op. 5 für Cello und Klavier.

Viotti und Pugnani musizieren gemeinsam mit Prinz Friedrich Wilhelm in seiner Residenz, dem Kabinetthaus am Neuen Markt[61] in Potsdam, und wahrscheinlich haben sie die Begeisterung für Boccherinis Musik beim Thronfolger geweckt – mit Boccherinis Streichquintetten beeindruckten sie ja bereits in Genf das Publikum. In Potsdam wird es ähnlich gewesen sein. Hier gibt es neben Friedrich Wilhelm den französischen Cellisten Jean-Pierre Duport, erster Cellist in der Hofkapelle von Friedrich dem Großen und Lehrer von Friedrich Wilhelm. Die kompetente Doppelbesetzung des Cellos für Boccherinis Streichquintett ist dank Duport also gesichert. Das Interesse an Boccherinis Musik hatte einige Jahre später für den Komponisten erfreuliche Folgen. Als Friedrich Wilhelm 1786 König wurde, erhielt Boccherini von ihm den Auftrag, als „Compositeur de notre

60 Turin, Archivio di Stato, Prima Sezione, Lettere Ministri, Mazzo 5 (1780): « Son Majesté et Madame La Princesse de Prusse m'ont fait témoigner leur satisfaction d'avoir eu le plaisir d'entendre les S.rs Pugnani et Viot, les quels sont par leur ordre à Potsdam depuis huit jours. Je crois devoir leur rendre la justice, qu'ils méritent, en informant V. E. que leur conduite soit en Saxe, où ils sont été très fort distingués par la Cour, que dans ce Pays, est on ne peut plus régulière, et répond parfaitement à l'attente. »

61 Der Wohnsitz des Thronfolgers Friedrich Wilhelm war seit 1765, dem Zeitpunkt seiner ersten Eheschließung mit Elisabeth Christine Ulrike von Braunschweig-Wolfenbüttel, das Kabinetthaus am Neuen Markt in Potsdam. Siehe dazu Brigitte Meier: Friedrich Wilhelm II., König von Preußen – Ein Leben zwischen Rokoko und Revolution, Regensburg 2007, S. 86.

chambre" für ein jährliches Gehalt eine bestimmte Anzahl an Quartetten und Quintetten zu schreiben.[62]

Die Monate in Berlin haben bei Viotti einen starken Eindruck hinterlassen, denn er widmet seine sechs Streichquartette op. 1 Prinzessin Friederike Luise von Preußen, Friedrich Wilhelms Frau. Warwick Lister hat diese Widmung sehr differenziert gedeutet. Eigentlich werden Widmungen in Erwartung eines Vorteils ausgesprochen – oder aber als Dank für einen bereits erhaltenen Vorteil. Und da liegt es im Grunde nahe, diese Quartette Friedrich Wilhelm zu widmen und nicht seiner Frau, zumal der Prinz Cello spielt und über den musikalischen Geschmack der Prinzessin so gut wie nichts bekannt ist. Lister vermutet in der Widmung an die Prinzessin eine Solidaritätsbekundung Viottis, sozusagen zwischen den Zeilen: Als gläubiger und sehr geradliniger Mann konnte er wohl kaum den Lebenswandel des Thronfolgers gutheißen, der von Polygamie, öffentlichen Demütigungen seiner Frau und einem Hang zum Okkultismus geprägt war.[63] Diese Interpretation ist einleuchtend und einfühlsam zugleich, und sie gibt Aufschluss über das Alltagsleben des zukünftigen Regenten am Preußischen Hof und die nicht gerade harmonische Ehe mit Prinzessin Friederike Luise. Wenige Jahre später lebt sie getrennt von ihm im Berliner Schloss Monbijou. Der Eindruck, den Viotti von diesem Aufenthalt in Berlin und Potsdam mitnimmt, ist wohl zwiespältig. Prachtvolle Schlösser in Potsdam und Berlin, die gleichzeitig ja auch eine Machtdemonstration darstellen, können ihn sicherlich nicht darüber hinwegtäuschen, dass er es mit überwiegend einsamen, unglücklichen Hauptdarstellern zu tun hat.

Von Berlin nach Warschau

Die Tage in Berlin und Potsdam gehen nach gut vier Monaten zu Ende. Vermutlich steht die geplante Abreise Seiner Königlichen Hoheit Friedrich Wilhelm am 6. August 1780 nach St. Petersburg im Zusammenhang mit dem Aufbruch von Viotti und Pugnani, denn nahezu zeitgleich machen sie sich auf den Weg. Am 25. Juli 1780 schreibt Graf Richeri in Vertretung für Graf Fontana nach Turin, dass die beiden Musiker ihre Reise in Richtung Osten fortsetzen und die nächste Station für die beiden Musiker gut vorbereitet sei: der polnische Königshof in Warschau. Dort habe man Unterkünfte, Personal sowie verschiedene andere Dinge vorbereitet, die den Musikern ihren Aufenthalt angenehm gestalten mögen.[64]

62 Siehe Lister, 2009, S. 51.

63 Siehe Lister, 2009, S. 51.

64 Turin, Archivio di Stato, Prima sezione, Lettere Ministri, Prussia, Mazzo 5 (1780): « Monsigneur Zabloscky a été chargé par le Général de Komarzwesky de faire part à Mr.

Mitte August 1780 treffen Viotti und Pugnani in Warschau ein. Von Berlin haben sie rund 600 Kilometer in Kutschen zurückgelegt. Die Strapazen einer solchen Europareise lassen sich heute nur noch erahnen, doch umso mehr können wir nachvollziehen, wie wichtig es war, verlässliche Kontakte zu haben, die Gastfreundschaft und Fürsorge boten. Übertragen auf unsere Zeit würden am fremden Ort ein Appartement oder eine Hotelsuite, ein Mietwagen mit Chauffeur oder ein Taxi vorbestellt sein; hinzu kämen, wie damals, die ersten Einladungen zu einflussreichen Leuten.

Pugnani und Viotti eilt ein ausgezeichneter Ruf voraus, und sie können an jedem neuen Ort weitere Empfehlungsschreiben präsentieren. Viotti berichtet in seinen autobiografischen Skizzen, dass er sich „bewaffnet mit Empfehlungsschreiben“ nach Warschau wandte, wo er genauso zuvorkommend empfangen wurde, wie er es in Preußen erlebt hatte.[65] Diese wichtigen Dokumente waren vom hilfsbereiten Grafen Fontana verfasst worden, weitere Fürsprecher waren wahrscheinlich der britische Diplomat Robert Liston, den Viotti in einem der Berliner Salons kennengelernt hatte, und der Außenminister Graf de Perron in Turin, vielleicht sogar auch Prinz Friedrich Wilhelm selbst – leider gibt es außer den Depeschen von Graf Fontana keine weiteren sicheren Nachweise. Der Boden für ein gutes Entrée ist jedenfalls bereitet, als Pugnani und Viotti in Warschau eintreffen.

> Maestro Pugnani, der berühmteste Violinist der Welt, ist kürzlich aus Italien mit seinem Schüler eingetroffen, der ein noch größeres Vergnügen als er bereitet. Sie spielen in Adelshäusern, aber sie haben nicht den Wunsch, öffentlich aufzutreten, nicht einmal für Geld. Sie sagen, sie haben genug Geld, um ihren Aufenthalt zu finanzieren sowie ihren sozialen Status und ihre Lebensweise aufrecht zu erhalten.[66]

Wie sehr sich die Aussagen in Genf und Warschau ähneln: Zwar schwelgt der Schreiber dieser Zeitungsnotiz vom 18. August 1780 ohnehin in Superlativen,

---

Le Comte Fontana, que la Cour de Varsovie avait déjà fait préparer pour Mess. Pugnani, et Viotti le logement, équipage, et plusieurs autres choses, dont ils pourroient avoir besoin pour tous le tems, qu'ils voudroient bien y passer. » – Dt. Übersetzung: „Monsieur Zablocsky ist von General de Komarzwesky beautragt, Graf Fontana mitzuteilen, dass der Hof in Warschau alles für die Herren Pugnani und Viotti vorbereitet habe; die Unterkunft, das Personal und mehrere andere Dinge, die sie während der gesamten Zeit benötigen könnten, die sie hier gut verbringen mögen.“

65 Giazotto, S. 229: « Je quittai cette contrée et me rendis muni de lettres de recommandation à Varsovie ou je fus reçu comme je l'avois été en Prusse. »

66 Zitiert nach Lister, 2009, S. 53, FN 51. Lister zitiert diese Textstelle aus Alina Witkowska: Muzyka na dworze i teatrze Stanislawa Augusta, 1995, S. 87. Diese wiederum zitiert aus: „The Gazette of Wilna“, 1780.

aber doch wird einmal mehr deutlich, dass Pugnani seinen Zenit überschritten hat. Es muss ihn hart getroffen haben, dass sein Schüler „ein noch größeres Vergnügen als er" bereitet. Man braucht nicht allzu viel Einfühlungsvermögen, um zu erfassen, wie schmerzlich solche öffentlichen Äußerungen für ihn gewesen sein müssen, sollte er von ihnen Kenntnis bekommen haben. Aber braucht er diese Kenntnis überhaupt? Er spürt sie ja bestimmt mit jedem Atemzug und jedem Bogenstrich: die künstlerische Entwicklung, die sein Schüler Viotti auf dieser Reise vollzieht, wie er nahezu täglich durch wechselnde Zuhörer, verschiedene Räume und musikalische Herausforderungen an Sicherheit gewinnt. Einerseits eine schöne Erfahrung für einen Lehrer und Künstler, andererseits muss Pugnani akzeptieren, dass ihn sein Schüler auf dieser Reise endgültig überholt. Viotti hat in Preußen seinen fünfundzwanzigsten Geburtstag begangen, Pugnani wird auf dieser Reise neunundvierzig Jahre alt und erkennt, dass sich ein Generationswechsel anbahnt. Und neben dem Aspekt, dass Viotti inzwischen der bessere Violinspieler ist, kommt auch noch das Äußere hinzu. Die Beschreibungen, die uns heute noch zugänglich sind, schildern Viotti als sehr gut aussehend, die Porträts von ihm zeigen ein sensibles, fein geschnittenes Gesicht. Pugnani hingegen wird wegen seiner ausgeprägten langen Nase oft verspottet.

Der andere Punkt, der in der Zeitungsnotiz auffällt, ist der Wunsch, nicht öffentlich und nicht für Geld auftreten zu wollen. Wenn auch die finanzielle Absicherung durch das fortgezahlte Gehalt aus Turin gegeben ist und Viotti darüber hinaus weiterhin eine finanzielle Unterstützung durch Prinz Alfonso Dal Pozzo erhält, so fragt man sich, warum die beiden Musiker ausgerechnet in dieser kunstliebenden Stadt Warschau keine öffentlichen Konzerte geben wollen. Es könnte Rücksichtnahme sein, weil sie den polnischen König nicht verärgern wollen, denn es gibt im gastfreundlichen Polen die Gefahr des Missverständnisses. Auf keinen Fall darf der König befürchten, dass seine Gastfreundschaft nicht ausreichend sei und sich die beiden etwas dazuverdienen müssen. Außerdem schätzt der Adel die Exklusivität, und ein polnischer Fürst schenkt aus vollem Herzen.

Eines steht fest: Der polnische König Stanislaw August Poniatowski, der seit 1764 Polen regiert, ist ein sehr großzügiger Gastgeber, und er begegnet aufgeschlossen neuen Strömungen in Kunst, Theater und Musik. Er liebt die italienische Oper und das Ballett, fördert Künstler und Musiker. Während seiner Regentschaft erringt Warschau eine große kulturelle Bedeutung in Europa. Der polnische König steht der französischen Aufklärung nahe. Wie anders ist hier das geistige Klima als in Potsdam! Stanislaw August hat mehr als nur ein höfliches Interesse an den beiden italienischen Violinisten. Edme-François Miel berichtet, dass der König Viotti sogar auf Jagdgesellschaften mitgenommen habe und ihn an all seinen Vergnügungen teilhaben ließ.[67] Das bedeutet: Viotti ist als Künstler den Aristokraten gleichgestellt, und daher darf er gar nicht für Geld seine Künste auf der Violine hören lassen.

König Stanislaw August übernimmt für den rund fünf Monate langen Aufenthalt sämtliche Ausgaben und sorgt für Logis und Verpflegung, für Kerzen, Brennmaterial, Wäsche und begleicht die Kosten für die Kutsche – insgesamt lässt er sich diesen Aufenthalt 40 bis 80 Dukaten monatlich kosten. Warwick Lister hat das Hofregister sehr genau recherchiert.[68] Es gibt in seiner Genauigkeit sogar noch Auskunft darüber, dass Pugnani die Mahlzeiten mit vier weiteren Personen zu sich nahm; gemeinsam tranken sie regelmäßig zwei bis vier Flaschen Wein – auch den spendierte der Königshof und bezahlte sogar noch zerbrochene Gläser.[69] Man hat das eine oder andere Gelage vor Augen: kräftige polnische oder auch feine französische Speisen, üppige Rotweine und am Ende des Abends einige kaputte Gläser – eine bacchantische Stimmung, die den beiden Italienern sicher gefiel.

Neben einer guten Küche und gepflegten Getränken bietet der Hof noch weitere Annehmlichkeiten, denn Stanislaw August macht großzügige Geschenke und zahlt hohe Honorare. Lister berichtet, dass beide Musiker am 5. November 1780 Geschenke im Wert von je 180 Dukaten erhielten. Wenige Tage später, am 16. November 1780, wurde Pugnani noch ein Betrag von 300 Dukaten für Konzerte ausgezahlt. Außerdem bekam er 200 Dukaten für die Partituren zu seinem Ballett „Zémir e Azor“ und für seine Oper „Annette et Lubin“; beide Werke wurden 1780 in Warschau aufgeführt.[70]

Obwohl die gesamte Reise finanziell gut abgesichert ist und die beiden Musiker auch an anderen Höfen Honorare und Geschenke empfangen, ist der Aufenthalt in Warschau doch herausragend. Man ist hier nicht nur gönnerhaft, sondern warmherzig und ernsthaft interessiert. Vor allem Viotti, der im Alter von elf Jahren in die Adelsfamilie Dal Pozzo kam, doch im Herzen der Sohn eines Hufschmieds geblieben ist, wird diese persönliche Atmosphäre geschätzt haben. Und er vergisst nicht seine Wurzeln, die in dem kleinen Dorf Fontanetto Po liegen, wo ein Jahr zuvor, 1779, ein weiterer Halbbruder zur Welt gekommen war, Giovanni Maria – das achtzehnte von insgesamt 19 Kindern, die Viottis Vater in zwei Ehen zeugte. Der Historiker Gaspare De Gregori (1768–1846) berichtet, dass Viotti

67 Miel, S. 185: « A Varsovie, le roi de Pologne eut pour Viotti mille bontés recherchées ; il menait à ses parties de chasse et l'associait à tous ses plaisirs. »

68 Lister, 2009, S. 54 und dort FN 59. Witkowska 1995 gibt folgende Archivquellen an: AK III/884 I 913; ARP 413; AK III/884. (AK = Archiwum Kameralne, AGAD; ARP = Archivum Rodzinne Poniatowskich, AGAD; AGAD = Archivim Glowne Akt Dawynch).

69 Lister, 2009, S. 54.

70 Lister, 2009, S. 54.

von seiner ersten großen Konzerttournee regelmäßig Geld und Geschenke nach Fontanetto Po schickte:

> Es ist tröstlich, mich hören zu lassen, dass Viotti seinem Wohltäter gegenüber nie undankbar war und dass er Turin und die Königliche Kapelle, der er angehörte und sich dort mit Maestro Pugnani verband, um eine Reise in den Norden zu machen, verließ, nicht ohne regelmäßig dem Mäzen Nachricht zu geben. Auch schickte er Hilfssendungen an seine Familie: Geschenke und Geld, die er von den Souveränen Preußens und von anderen Herrschern aus Deutschland erhalten hatte, gefolgt von Poniatowski, König von Polen und Katharina der Großen von Russland.[71]

Dieses Zitat stammt aus einer Chronik, die Gaspare De Gregori verfasste; er gilt noch heute als bedeutender Historiker der Region Vercelli, in der Viottis Geburtsort Fontanetto Po liegt. Sein Werk „Istoria della vercellese letteratura ed arti" ist ein umfangsreiches Kompendium der Geistesgeschichte dieser Gegend. De Gregori konnte noch persönlich mit Prinz Alfonso Dal Pozzo, kurz vor dessen Tod im Jahre 1819, über seinen einstigen Schützling Viotti sprechen; auf dieses Gespräch bezieht sich De Gregori in dem Zitat.

Von Warschau nach St. Petersburg

Im Winter 1780/1781 entschließen sich Viotti und Pugnani weiterzureisen. Mitte Januar 1781 verlassen sie Warschau. Ihr Ziel ist der Zarenhof in Sankt Petersburg. Der am weitesten entfernte Ort ist zugleich der gesellschaftliche Höhepunkt ihrer Reise. Sie sind nun schon fast ein Jahr gemeinsam unterwegs. Wieder einmal prägen wechselnde Orte, Gasthöfe und fremde Sprachlaute die Tage. Das wird nicht immer leicht gewesen sein, und sicher gab es auch angespannte Momente. Sie reisen im Pferdeschlitten, dem schnellsten Verkehrsmittel – und in jenen Breiten im Winter ohnehin die einzige Möglichkeit, größere Strecken zurückzulegen. Die komfortableren Modelle sind geschlossene Kutschen auf Kufen; kleinere Schlitten, die neben der Post auch einige Passagiere transportieren können, haben ein halboffenes Verdeck.

---

71 "Consolante cosa fummi il sentire, che il Viotti non è mai stato ingrato al suo Benefattore, e che lasciato Torino e la cappella regia, alla quale era aggregato, per fare un viaggio nel Nord con maestro Pugnani, non dimenticò di dare spesso delle nuove al Mecenate, né di mandare soccorso alla sua famiglia, coi denari e regali ottenuti dai sovrani di Prussia, ed altri Principi di Germania, quindi dal Poniatowski re di Polonia, e dalla grande Catterina di Russia." Siehe: Gaspare De Gregori: Istoria della vercellese letteratura ed arti, Torino 1819–1824, S. 411.

Bei ihrer Ankunft in St. Petersburg werden die beiden Musiker von Fürst Gregor Alexandrowitsch Potemkin und Fürst Ivan Grigorievich Chernyshev in Empfang genommen. Potemkin ist Feldmarschall, Generalgouverneur, Vertrauter und Liebhaber der Zarin; Chernyshev, ebenfalls Feldmarschall und Generaladmiral, gibt ihnen großzügig Quartier: Sie wohnen in seinem Palais an der Blauen Brücke, nicht weit entfernt vom Winterpalast.[72] Mit Hilfe der beiden einflussreichen Adligen knüpfen Viotti und Pugnani die wichtigsten Verbindungen zum Hof.

Chernyshev ist Freimaurer und ein geachteter Mann der Stadt. Er bekleidet etliche Ehrenämter, kümmert sich um Waisenkinder, und er liebt die schönen Künste, besonders die Musik. Viotti und Pugnani genießen daher seinen besonderen Schutz und seine exzellenten Verbindungen. Sie treffen bedeutende Musikerkollegen, vor allem Geiger, die im Mittelpunkt des höfischen Musiklebens stehen: Antonio Lolli (1730–1802) beispielsweise lebt seit 1774 in der Stadt und wurde 1778 zum „Violinisten für die Konzerte Ihrer Majestät" ernannt. Der französische Geiger Louis-Henry Paisible (1748–1782), der bereits in Paris eine beachtliche Karriere gemacht hat, tritt oft in St. Petersburg auf, und der Italiener Carlo Canobbio (1741?–1822) ist seit 1779 erster Geiger im Hoforchester, Dirigent der Opernaufführungen am Hof und Komponist von Ballettmusiken.

Wie bereits in Warschau treten Pugnani und Viotti auch in St. Petersburg nicht öffentlich auf, sondern musizieren nur in privaten, adligen Kreisen; daher sind ihre Verbindungen zu den Hofmusikern enger als zu den Virtuosen, die im städtischen Musikleben einen Namen haben.[73] Der wohl berühmteste Musiker am Hof ist zu jener Zeit Giovanni Paisiello (1740–1816), den Katharina die Große 1776 zu ihrem Hofkapellmeister ernannte. Die Zarin muss ihn außerordentlich geschätzt haben, denn sein Gehalt war mehr als zweimal so hoch wie das eines Provinzgouverneurs.[74] Paisiello und Pugnani kennen sich bereits aus Turin, wo Paisiello rund zehn Jahre zuvor seine Oper „Annibale in Torino" am Teatro Regio dirigierte und Pugnani als Konzertmeister am ersten Pult des Opernorchesters saß.

Der 14. Februar 1781 ist für Viotti und Pugnani ein großer Tag in St. Petersburg: Sie werden am Hof von Katharina der Großen eingeführt. Viotti schreibt in seinem „Précis de la vie":

---

72 Das Palais wurde später abgerissen, um Platz zu schaffen für den Marienpalast, in dem heute die Stadtverwaltung von St. Petersburg ihren Sitz hat.

73 Die öffentlichen Konzerte werden in der Gazette de Saint-Pétersbourg oder in der Gazette de Moscou angekündigt. Siehe Lister 2009, S. 57: "We must conclude then, that whatever performing they did was in *truly* private concerts in noble houses, for which there would be no newspaper announcements."

74 Lister, 2009, S. 58.

> Prinz Potemkin stellte mich der Zarin vor. Sie geruhte, mich zu hören, und der jetzige Zar ehrte mich ebenfalls mit seinem Beifall.[75]

Im Journal des Hofes in St. Petersburg ist diese wichtige Begegnung glücklicherweise ausführlicher beschrieben. Wir erfahren einiges über die näheren Umstände und die Atmosphäre am Hof der Zarin; es sind diese Details, die ein Bild von ihrem Luxus und Lebensstil entstehen lassen:

> Gegen sechs Uhr abends kam Seine Kaiserliche Hoheit [Großherzog Paul] [d. i. der Sohn der Zarin] noch einmal zur Ihrer Kaiserlichen Majestät [die Zarin Katharina]. Wenig später gingen sie von den privaten Gemächern [der Zarin, im Winterpalast] in das Diamantzimmer, wo der Hofmarschall [Chamberlain] Prinz Fedor Sergevich Bariatinsky Ihrer Kaiserlichen Majestät zwei italienische Musiker vorstellte, Pugnani und seinen Schüler, die kürzlich von Italien kommend im Russischen Reich eingetroffen sind. Sie spielten Violine in Gegenwart Ihrer Kaiserlichen Majestät und Seiner Kaiserlichen Hoheit. Danach geruhte Ihre Kaiserliche Majestät sich in die privaten Gemächer zurückzuziehen, desgleichen Seine Kaiserliche Hoheit. Die Musiker folgten Ihren Kaiserlichen Hoheiten [dem Großherzog und seiner Gemahlin, Maria Fyodorovna, die vormalige Sophia von Württemberg] und spielten in den privaten Gemächern noch einmal für sie. Ihre Kaiserliche Majestät spielte in ihren Gemächern, wie üblich, mit ihren Generälen Karten bis gegen neun Uhr abends.[76]

Zarin Katharina die Große legte großen Wert auf eine prächtige Ausstattung der Räume; sie war zwar zu jenem Zeitpunkt fast taub, doch da sie Musik ebenso als Schmuck ansah wie Diamanten, Gemälde, prachtvolle Möbel und Feste war

75 « [...] le Prince Potemkin me presenta à l'Imperatrice, elle daigna m'entendre, et l'Empereur actuel m'honora aussi de ses suffrages. » Zitiert nach Giazotto, S. 229. Mit der Formulierung « l'Empereur actuel » weist Viotti auf den Großherzog Paul, den Sohn der Zarin, hin. Er wurde nach ihrem Tod 1796 Zar, und da Viotti seine Aufzeichnungen im Jahr 1798 machte, bezieht er sich auf diese Veränderung in der Regentschaft.

76 Zitiert nach Lister, 2009, S. 55, FN 63. Lister bezieht sich auf das Court Journal [Kamer-Furierskii Zhurnal]: St. Petersburg 1890, S. 65/66. Primärquelle: Fond 758, Trustee Council of the Institutions of the Empress Maria, S. 506, 540, 541: "At about 6 p. m., His Imperial Highness [the Grand Duke Paul] came once again to Her Imperial Majesty [the empress]. Shortly afterwards, [they] went out from the inner apartments [of the empress, in the Winter Palace] into the room with diamond objects, where the Hofmarschall [Chamberlain] Prince Fedor Sergevich Bariatinsky presented two Italian musicians, Pugniani and his pupil, recently arrived in Russia from Italy, to Her Imperial Majesty. They played the violin in the presence of Her Imperial Majesty and His Imperial Highness. Then Her Imperial Majesty deigned to retire in her inner apartments, and His Imperial Highness to his apartments, after which the two musicians were convened by Their Imperial Highness [the grand duke and his wife, Maria Fyodorovna, formerly Sophia of Wurttemberg] to their apartments, and they played the violin again for them there. Her Imperial Majesty, as usual, played cards with her noble generals in her inner apartments until 9 p. m."

sie durchaus daran interessiert, die besten Musiker am Hof zu haben. Katharinas Sohn, der Großherzog Paul, und seine Gemahlin werden darüber hinaus sicher auch einen musikalischen Genuss erlebt haben. Einen weiteren Einblick in den Lebensstil am Hof gewährt uns ein Brief von Gertrude Harris. Sie war die Schwester des englischen Botschafters James Harris am Hof in St. Petersburg und besuchte die Stadt drei Jahre vor Viotti und Pugnani, im Januar 1778. In ihrem Brief schildert sie ihre Eindrücke so begeistert, als sei sie gerade aus einem Märchenschloss gekommen:

> 19. Januar. Wir wurden gestern vorgestellt. Ich kann mir nichts Prächtigeres, Herrlicheres vorstellen als diesen Hof. Die Gemächer sind groß und hell, die Kleider so reich geschmückt wie in einem arabischen Märchen. Der Zarin voran gehen alle hohen Beamten des Staates, die eine nicht zu verachtende Prozession formen [...]. Wir wurden im Außenraum vorgestellt, dem üblichen Ort. Wir küssten ihre Hand, und sie grüßte uns und setzte ihren Einzug in den großen Saal fort – sofort erklang Musik, und die Menuette begannen [...]; sie schritt weiter zum unteren Teil des Saales, begleitet von Handküssen der Staatsbeamten, die sie befördert hatte, der auswärtigen Minister und anderer Ausländer. Nach rund einer halben Stunde ging sie zum Kartenspiel in einen Nebenraum, wo sie entweder Whist oder Macao spielte. Es wurde weiterhin getanzt, Menuette, Polonaisen und englische Volkstänze, aber viel langsamer, als wir sie tanzen, und ich war beinah abgeworfen, bevor ich meine Bewegungen dem Zeitmaß anpassen konnte [...]. Diese Unterhaltung dauerte bis nach neun Uhr, als das Souper angekündigt wurde.[77]

Verständlicherweise bedauert Warwick Lister nach diesem Zitat: „Was hätten wir darum gegeben, eine Gertrude Harris dabei zu haben, als unsere beiden italienischen Geiger für die Zarin spielten!"[78] – Wir hätten doch gern gewusst, ob

77 Zitiert nach Lister, 2009, S. 55/56. Lister bezieht sich auf den Briefwechsel von Gertrude und Elizabeth Harris, in: Donald Burrows und Rosemary Dunhill: Music and Theatre in Handel's World. The Family Papers of John Harris 1732–1780, Oxford 2002, S. 967: "19th January. We were presented yesterday. I cannot conceive any thing more splendid or magnificent than this Court. The apartment is vast & and well lighted, and the dresses rich & brilliant even to an Arabian tale. The Empress is preceded by all the officers of the state, which form no contemptible procession [...]. We were presented in the outward room, the usual place [presumably the "room with diamond objects"]; we kissed her hand & and she saluted us, & continued her march into the grand room – Music immediately struck & minuets began [...]; she continued to the lower of the room having her hand kissed by the officers she had promoted, foreign ministers & other foreigners. In about half an hour she goes to cards in an adjoining room & plays either whist or macao. The dancing continues, minuets, polonaises, & English country dances, but much slower than we dance them, & I was almost thrown before I could adjust my motions to the time [...]. This sport lasted till after nine when the supper was announced."

78 "What would we not give to have had a Gertrude Harris present when our two Italian violinists played for the Empress!" Siehe Lister, 2009, S. 56.

auch Viotti die Hand der Zarin küsste, ob getanzt und was gegessen wurde – und, nicht zu vergessen: welche Stücke Viotti und Pugnani auf der Geige vortrugen. Diese Details müssen wir nun der Fantasie überlassen, da leider keine Zeitzeugin wie Gertrude Harris bei der Vorstellung von Viotti und Pugnani anwesend war.

Ein Netzwerk, wie es heute in aller Munde ist, war zu Viottis Zeiten mindestens ebenso wichtig, wollte man an einem fremden Ort seine Ziele erreichen. Prinz Potemkin und Fürst Chernyshev können ihren Gästen Pugnani und Viotti über die Grenzen von St. Petersburg hinaus wichtige Kontakte bieten. So arrangiert Chernyshev Ende März 1781 einen Besuch in Moskau, weil die beiden Musiker eines der Waisenhäuser der Stadt besichtigen wollen. Dort erhalten die Kinder eine intensive musikalische Ausbildung, vergleichbar mit der Tradition in italienischen Waisenhäusern, beispielsweise dem Ospedale della pietà in Venedig, wo Antonio Vivaldi als Lehrer für Violine, Violoncello und Viola d'amore wirkte. Dem Waisenhaus in Moskau ist ein Theaterbau angegliedert, in dem die Schützlinge an Aufführungen mitwirken können.[79]

Es wird Herbst in Russland. Bevor die kalten Tage hereinbrechen, machen sich Viotti und Pugnani auf die Rückreise in Richtung Westen. Die Stationen sind, wie immer, gut vorbereitet und teilweise vom Hinweg bereits bekannt: Warschau und Berlin. In Warschau spielen sie zu Ehren von König Stanislaw, der am 7. September 1781 den siebzehnten Jahrestag seiner Thronbesteigung feiert. Einmal mehr von ihm reich beschenkt – die Rechnungsbücher des Hofes geben darüber Auskunft[80] – und mit Bedauern verabschiedet, verlassen sie am 15. September Warschau, um vor den Toren der Stadt auf dem Landsitz von Fürst Tomatis zu konzertieren. Tomatis ist der künstlerische Berater des Königs und organisiert die Feste des Hofes, gleichzeitig ist er ein Mann der Intrige und Kuppelei, und sein Landsitz gilt als gehobenes Bordell. Nach diesem delikaten Intermezzo sehen Viotti und Pugnani König Stanislaw noch einmal wieder und zwar anlässlich seiner Reise an die russische Grenze nach Wisniowiec. Dort veranstaltet er ein großes Begrüßungsfest für Großherzog Paul, den Sohn der Zarin, und dessen Frau, die am Anfang einer ausgedehnten Europareise stehen. Pugnani und Viotti sind Mitglieder der Entourage: Sie verstärken das mitreisende Hoforchester bei sechzehn

79 Lister hat das Inventarbuch (1774) der Musikbibliothek des Waisenhauses recherchiert und dabei festgestellt, welche Kammermusik die Kinder und Jugendlichen spielten: Es sind Kompositionen von C. P. E. Bach, Carl Friedrich Abel, Felice Giardini, Johann Baptist Wanhal und auch von Gaetano Pugnani. Lister stellt daher die Vermutung an, dass einige Schüler des Waisenhauses als Akt besonderer Höflichkeit Pugnanis Quartette und Quintette spielten, als er das Waisenhaus besuchte.

80 Lister, 2009, S. 61. Er zitiert Witkowska, 1995, S. 88 und 324.

Konzerten und fünf Bällen – es ist ein rauschender Abschied von Polen, bevor es zurück in die preußische Metropole geht.[81]

Am 8. Dezember 1781 meldet der Botschafter der Savoyer am preußischen Hof, Graf Fontana, nach Turin:

> Pugnani und Viotti sind seit einigen Tagen zurück. Sie sind ein weiteres Mal sehr freundlich vom Prinzen und der Prinzessin von Preußen empfangen worden, und auf Grund ihres Verhaltens haben sie die Wohlmeinung des gesamten Hofes von St. Petersburg und des Königs von Polen erlangt, der sie sogar engagierte, ihn nach Wisniowiec zu begleiten, was ihre Reise etwas verlängerte.[82]

Apropos Verlängerung: Viotti und Pugnani dehnen ihre Abwesenheit vom Turiner Hof über den geplanten Zeitraum aus und überziehen ihn insgesamt nun sechs Monate.[83] Graf Fontana berichtet in knappen Worten an den Hof in Turin, dass Pugnani beabsichtige, nach Turin zurückzukehren, sobald er der Herzogin von Sachsen seine Aufwartung gemacht habe. Viotti hingegen plane, für sechs Monate nach Paris zu gehen.[84]

Der Abschied naht – und zwar nicht nur das Ende dieser langen Reise, sondern auch der Abschied von Schüler und Lehrer. Viotti war fünfzehn, als Pugnani ihn als Schüler aufnahm. Er hat von seinem berühmten Lehrer unendlich viel über das Geigenspiel, über Musik und über das Leben gelernt. Eine außerordentlich enge Bindung, die in den letzten zwei Jahren zusätzlich von räumlicher Nähe geprägt war, löst sich: Sie teilten den Platz in engen Kutschen, auf zugigen Pferdeschlitten

81 Lister, 2009, S. 62. Er bezieht sich auf Witkowska, 1995, S. 60 und auf Jadwiga Szwedowska: Muzyka w czasopismach polskich XVIII wieku Okres stanislawowski (1764–1780). Bibliografia i antologia, Krakow, Polskie Wydawnictwo Muzyczne. Szwedowska zitiert die Gazeta Warszawska, Nr. 89 vom 7. November 1781, wo berichtet wird, dass in Wisniowiec „abends um sieben Uhr ein Konzert unter der Mitwirkung von Pugnani und Viotti stattgefunden hat, anschließend gab es Feuerwerk."

82 Turin, Archivio di Stato, Prima sezione, Lettere Ministri, Prussia, Mazzo 6: « Les Srs. Pugnani et Viotti sont de retour ici depuis quelques jours. Ils ont été de renouveau très bien accueillir par SMP. et Madame la Princesse de Prusse. J'ai appris qu'ils ont aussi reçu s'attirer pour leur conduites les bontés de toutes la Cour de Petersbourg et du Roi de Pologne aui les a mêmes engagés à l'accompagner jusqu'à Wisniowiec ce qui a un peu prolongé leur voyage. »

83 Lister, 2009, S. 64 und dortige FN 109. Lister hat versucht, in den Dokumenten des Turiner Hofes mehr über diese Verlängerung zu erfahren; leider fand er keinen weiteren Hinweis, beispielsweise ein Gesuch um Verlängerung oder die Kopie einer offiziellen Erlaubnis. Auch meine Recherchen brachten kein genaueres Ergebnis.

84 Turin, Archivio di Stato, Prima sezione, Lettere Ministri, Prussia, Mazzo 6: « Le premier se propose de se rendre d'abord à Turin après qu'il aura en l'honneur de se mettre aux pieds de Madame la Duchesse de Saxe. Le Sr. Viotti ira passer six mois à Paris. »

und schaukelnden Sänften, sie übernachteten gemeinsam in einfachen Gasthöfen und vornehmen Adelshäusern. Und sie musizierten gemeinsam – was letztendlich ein beständiges Abschiednehmen war. Pugnani musste auf dieser Reise erkennen, dass der Zeitpunkt gekommen war, seinen Schüler in die Welt zu entlassen.

Wir wissen nicht, ob sich Viotti und Pugnani jemals wiedersahen. Es ist ein einziger Brief von Pugnani an Viotti erhalten, den er im Jahr 1793 schrieb, fünf Jahre vor seinem Tod. In väterlichem Ton gehalten, voller Bewunderung für seinen einstigen Schüler, der nun weltbekannt ist.[85]

85 Gaetano Pugnani an Giovanni Battista Viotti, 16. Oktober 1793, US-NYpJOB 97–52, item 1. Transkribiert und übersetzt siehe Anhang, S. 373 ff. Siehe dazu auch: Denise Yim: Viotti and the Chinnerys, Aldershot 2004, S. 271–273.

Paris, die Schicksalsstadt 1782–1792

Debüt

Er war vom Tuilerienpark gekommen, den Palast immer vor Augen. Dann hatte er kurz innegehalten: Dort, in dem riesigen Prachtbau, in einem der vielen Säle, würde sich an diesem Abend seine Zukunft entscheiden, die nicht allein von seinem Geigenspiel abhing. Das wusste er. Und nahm mit entschlossenem Schritt seinen Weg in Richtung Palast wieder auf. Schnell nahm er die Stufen, die unter dem südwärts gewandten großen Balkon lagen – von dort hatte sich neun Jahre zuvor Marie Antoinette erstmals ihrem Volk gezeigt und war mit Begeisterungsstürmen empfangen worden. Unter dem Balkon lag etwas versteckt der Eingang für die Musiker, wenn im Palast ein Konzert gegeben wurde. Vorn auf der Place du Carrousel fuhren die Kutschen vor, aus denen elegant gekleidete Menschen stiegen und eilig in Richtung des großen Portals schritten.

Es ist noch kalt an diesem 17. März, und in den späten Nachmittagsstunden steht die Sonne bereits zu tief, um den Platz zu erwärmen. Man zieht es daher vor, schnell das Vestibül zu erreichen. Munteres Stimmengewirr mischt sich mit dem Klappern der Pferdehufe. Die Kutschen fahren vor und machen zügig Platz für neu ankommende Gefährte, und in der Eingangshalle sammeln sich immer mehr Konzertbesucher. Giovanni Battista Viotti betrachtet den Menschenstrom durch ein Fenster in der oberen Etage. Mit den anderen Musikern, die an diesem Abend auftreten, teilt er sich die Künstlergarderobe, die in der Salle des Gardes eingerichtet ist, in dem Raum, wo sich üblicherweise die königliche Garde bereithält. Viotti lehnt scheinbar ruhig am Fensterrahmen, doch er ist angespannt. Denn heute ist sein großer Tag in dieser Stadt. Von seinem Debüt im Concert spirituel hängt ab, ob ihm das Pariser Publikum eine Chance geben wird oder nicht. Und da dieses Publikum in ganz Europa für seine notorischen Launen und Kritteleien bekannt ist, ist das Wichtigste für ihn, dass er auf der absoluten Höhe seines Könnens spielen wird. Alles andere ist ein unberechenbarer Faktor. Das Menschengewimmel auf der Place du Carrousel verschwimmt vor seinen Augen zu einer unscharfen Masse.

Seine Musikerkollegen spielen sich bereits ein. Jean-Baptiste Bréval wiederholt unermüdlich die schwierigsten Stellen seines Cellokonzerts, das er gleich aufführen wird. Joseph Legros, der künstlerische Leiter, ist heute selbst unter den Künstlern. Seine Altstimme wird in einem Oratorium von Gossec erklingen. Für einen so versierten Sänger wie ihn ist die Partie eigentlich eine leichte Aufgabe, aber als Chef der Konzertreihe hat Legros eine besondere Verpflichtung, wenn es um die eigene Qualität geht – und etwas eitel ist er auch. So schreitet er Tonleitern summend auf und ab, getrieben von einem Grad der Nervosität, die er weder sich noch anderen eingestehen möchte. Viotti wendet seinen Blick in den großen Raum und sieht in einer Ecke, wie der Hornist Giovanni Punto langsam und bedächtig sein Horn auspackt. Den Böhmen mit dem italienischen Künstlernamen bringt so schnell nichts aus der Ruhe, und wahrscheinlich hat er zudem auch schon ein paar Gläser Bier getrunken. Viotti ist der kleine gedrungene Mann sympathisch. Er heißt eigentlich Jan Wenzel Stich und ist wie Viotti im vergangenen Jahr nach Paris gekommen, spielt auch gut Violine, doch seine eigentliche Domäne ist die Stopftechnik beim Horn. Er wird, wie Bréval, ebenfalls ein eigenes Konzert spielen. So sind sie zu dritt, drei hervorragende Musiker, die an diesem Abend ihr Können mit eigenen Kompositionen unter Beweis stellen – Bréval, Punto und Viotti.[1]

Der Abend beginnt mit einer Sinfonie von Antonio Rosetti, wie der Hornist Johann Wenzel Stich ist auch er ein Böhme mit italienischem Künstlernamen.[2] Die Musiker des Orchesters gehen jetzt durch die große Flügeltür in den Konzertsaal, in die Salle des Cent-Suisses. Viotti folgt ihnen und kann für einen kurzen Moment das Publikum erblicken: Der Saal ist voll besetzt, und er weiß, dass man vor allem auf ihn neugierig ist, denn seit ungefähr einer Woche hat man sich in den musikinteressierten Kreisen einiges über ihn zugeraunt.

> Monsieur Viotti, ein fremder Geiger, der bislang hier nicht aufgetreten ist und der sich durch Zufall hier das erste Mal in einem kleinen, privaten Konzert bekannt gemacht hat, mit einer seltenen Bescheidenheit, und den Bogen aus den Händen aller unserer großen Meister fallen ließ, soll innerhalb der nächsten vierzehn Tage im Concert spirituel debütieren: Es gibt Kunstliebhaber, die ihn über alles setzen, was wir bislang gehört haben.[3]

---

1 Das Programm vom 17. März 1782 war eine typische Abfolge von Vokal- und Instrumentalmusik, alle Stücke waren in den vergangenen Jahren geschrieben. Vgl. Lister, 2009, S. 77.

2 Anton Rösler, er kam Ende 1781 nach Paris. Johann Wenzel Stich ging ebenfalls 1781 nach Paris; die Italienisierung seines Namens hatte jedoch noch einen anderen Grund als nur den, sich einem allgemeinen Trend anzupassen. Stich hatte als Leibeigener in den Diensten von Johann Joseph Graf von Thun gestanden und war 1768 unter dem Namen Bomba geflohen. In Augsburg wurde er entdeckt, floh abermals und legte sich den Künstlernamen Giovanni Punto zu.

3 Mémoires secrets pour servir à l'histoire de la République des lettres en France, depuis MDCCLXII jusqu'à nos jours, 13. März 1782, Band 20, S. 122: « M. Viotti, violon étranger, qui n'a point encore paru ici, qui s'est fait connoître par hasard pour la premiere fois dans un petit concert particulier avec une modestie rare, & fit tomber l'archet des mains de tous nos grands maître, doit débuter au concert spirituel durant la quinzaine :

Mit diesen euphorischen Worten lobt ihn die Zeitschrift „Mémoires secrets", ein Journal mit täglichen Notizen über Kunst, Kultur und Gesellschaft. Es ist die erste öffentliche Nachricht über Viotti nach seiner Ankunft in Paris. Das erwähnte kleine private Konzert fand in einem der zahlreichen aristokratischen Salons statt, die für junge Virtuosen wichtige Türöffner sind – es ist unerlässlich, sich dort hören zu lassen, will man es in dieser Stadt zu etwas bringen. Wahrscheinlich handelt es sich um den Salon von Charles Ernest Baron de Bagge; er lädt im Winterhalbjahr regelmäßig freitags in sein Palais in die Rue de Feuillade ein. In den „Mémoires secrets" erschien nämlich einen knappen Monat zuvor, am 20. Februar, die Notiz, dass de Bagge, ein extravaganter Amateurgeiger, den Ehrgeiz besitze, möglichst viele Violinvirtuosen, die nach Paris kommen, einzuladen und sie in einem Privatkonzert zu präsentieren, bevor sie im Concert spirituel auftreten.[4] Für den Virtuosen ist es ein guter Testlauf und für Baron de Bagge willkommene Imagepflege.

Joseph Legros, der künstlerische Leiter der Concerts sprituels, muss Viotti dort gehört haben. Er gilt einerseits als kritisch, hat aber andererseits den Ruf, Talente aufspüren zu können wie kaum ein zweiter. Wer bei Legros Aufmerksamkeit erregt, hat schon viel geschafft.

Giovanni Battista Viotti spürt, wie seine Aufregung wächst. Nach zwei Jahren der Wanderschaft durch ganz Europa, in denen er sich an zahlreichen Fürstenhöfen und Königshäusern vorgestellt hat, erscheint es ihm so, als hätten sich alle Mühen und Strapazen dieser langen Reise gelohnt: Er kann viel gewinnen – und hat nichts zu verlieren, denn er ist sich seines Könnens sicher. Er nimmt die Geige aus dem Kasten und spielt zunächst langsam, dann in schnellerem Tempo, Tonleitern und Arpeggien in A-Dur. In dieser Tonart steht das Konzert, das er noch vor der Reise komponiert hat und das gleich erklingen wird.

Im Konzertsaal singt jetzt die Sopranistin Mademoiselle Buret ein „Air italien". Viotti geht langsam, aber mit Entschlossenheit in Richtung der großen Flügeltür, durch die die Musiker auf- und abtreten. Er ist der nächste Künstler des Programms. Der Schlussapplaus brandet auf, zweimal muss sich Mademoiselle

---

il est des amateurs qui le mettent au dessus de tout ce que nous avons entendu jusqu'à présent. »

4 Mémoires secrets pour servir à l'histoire de la République des lettres en France, depuis MDCCLXII jusqu'à nos jours, 20. Februar 1782, Band 20, S. 83: « Il ne vient point de virtuose à Paris qu'il ne veuille voir & entendre, a quelque prix que ce soit. C'est ordinairement chez lui qu'on débute avant de paraître au concert spirituel. » – Dt. Übersetzung: „Es kommt kein Virtuose nach Paris, den er nicht sehen und hören will, zu welchem Preis auch immer. Es ist üblich, dass man bei ihm debütiert, bevor man im Concert spirituel auftritt."

Buret noch dem Publikum zeigen. Dann legt sich eine erwartungsvolle Stille über den Saal; man ist gespannt auf den jungen Mann, der es vermocht hat, Legros so sehr zu beeindrucken und derartige Vorschusslorbeeren in den „Mémoires secrets“ zu bekommen. Legros steht im Türrahmen und nickt Viotti aufmunternd zu. Viotti stimmt kurz seine Geige noch einmal ein, und dann beginnt das Orchester mit dem ersten Satz seines Konzerts Nr. 3 in A-Dur. In zarter, fast zurückhaltender Weise spielen die Streicher die Achtelgruppen, über denen die Bläser das Thema entwickeln, dann wechseln sie sich in der Rollenverteilung ab. Der runde Streicherklang breitet sich wie ein dicker Teppich für den Solisten aus. Noch eine Schlussformel in Dreiklängen zwischen Bläsern und Streichern – und dann ist der große Moment da: Viotti setzt zupackend ein, eine Quinte a-e auf der E-Saite, dann eine melodische Verzierung, bevor das Solothema in Fluss gerät. Er entlockt seiner Geige einen strahlenden Ton nach dem anderen, das Publikum lauscht und staunt: Eine so kühne Bogentechnik hat man hier bislang noch nicht erlebt. Dazu eine lupenreine Intonation der Doppelgriffe auf der A- und E-Saite. Wenn das Orchester zurücktritt, um dem Solisten Raum zu geben, verdichtet sich im Saal die erwartungsvolle Spannung. Dieser junge Mann spielt mit einer begnadeten Leichtigkeit, er singt auf seinem Instrument, hat eine natürliche Ausstrahlung und ist beseelt – die Menschen spüren, dass sich gerade etwas ganz Besonderes ereignet.

Erfolgsmeldungen

In den folgenden Tagen überbieten sich die Musikkritiker in ihrem Lob. Viotti ist quasi über Nacht zum Star geworden. Am 23. März 1782 berichtet das „Journal de Paris“:

> Monsieur Viotti hat am Sonntag in seinem Violinkonzert den hohen Erwartungen entsprochen, die er sich schon so schnell in diesem Land erworben hat. Eine richtige Ausführung, eine kostbare Vollendung und eine bewundernswerte Tonqualität im Adagio heben diesen Künstler auf den Rang der größten Meister. Man behauptet, dass seit dem sagenhaften Lolli kein Geiger seiner Ausdruckskraft erschienen ist.[5]

5 Zitiert nach Giazotto, S. 52: « M. Viotti a soutenu dimanche, dans son concerto de violon la haute réputation qu'il s'étoit déjà si promptement acquise dans ce pays-ci. Une exécution vraie, un fini précieux et une qualité de son admirable dans l'Adagio font placer cet artiste au rang de plus grands maîtres. On prétend que depuis le fameux Lolli, il n'a pas paru de violon de sa force. »

Die Fachwelt von Paris stellt also Vergleiche mit anderen Geigern wie Antonio Lolli (1725–1802) an, die zugunsten Viottis ausfallen. Nur der „Mercure de France" bemerkt etwas kritisch:

> Einige Kenner behaupten, dass Viottis Violinspiel zeitweise etwas schroff und rau sei, und dass er oft den Ausdruck und den Geist der Musik dem Versuch opfere, seinem Instrument ungewöhnliche Klänge zu entlocken und schließlich, dass sein Kompositionsstil hinter dem von Jarnowick und anderen bekannten Virtuosen zurückbleibe.[6]

Doch dieser Einwand kann Viottis Triumph nichts anhaben, zumal der Rezensent ihn sehr lobt und die Meinung vertritt, dass er einer der größten Violinisten sei, die in den vergangenen zwanzig Jahren im Concert spirituel zu hören waren. Eine Woche später spielt Viotti wieder im Concert spirituel, und in den folgenden zwei Monaten tritt er insgesamt neun Mal dort auf, zuletzt am 30. Mai 1782. Bei jedem Konzert erklingt ein Werk aus eigener Feder. Ein Bewunderer, der zu jener Zeit erst zehn Jahre alt ist, heißt Pierre Baillot. Er schreibt viele Jahre danach in seinen Erinnerungen an Viotti, dass ihn diese ersten Konzerte vor allem durch Brillanz und Virtuosität beeindruckten; erst später kam in Viottis Violinspiel eine anrührende Schlichtheit hinzu.[7] Baillot wird einige Jahre später einer der besten Schüler und engsten Freunde Viottis. Seine „Notice sur Viotti" ist ein Dokument großer Freundschaft und Verehrung, und auch auf fachlicher Ebene folgt Baillot den Einflüssen Viottis. 1803 und 1835 veröffentlichte er Violinschulen, die eindeutig von Viottis Geigentechnik geprägt sind.[8]

Giovanni Battista Viotti ist jetzt 27 Jahre alt. Er hat es geschafft, in der Kunstmetropole Paris die musikalische Welt für sich einzunehmen. Doch ein umjubeltes Virtuosenleben besteht nicht nur aus den Konzerten in festlichen Sälen – Viotti hat auch einen Alltag, und der findet in der Rue de Doyenné statt. In dieser kleinen Seitenstraße in der Nähe des Tuilerienpalastes wohnt er seit April 1782.[9] Die

6 « Des Connoisseurs prétendent que son jeu est quelquefois brusque & heurté, qu'il sacrifié souvent l'expression et l'esprit de son sujet au desir de tirer de son instrument des sons extraordinaires ; qu'enfin, son genre de composition est inférieur à celui de Jarnowick et de quelques autres Virtuoses connus. Quoi qu'il en soit, nous croyons que M. Viotti est un de plus grands violons qui se soient fait entendre au Concert Spirituel depuis vingt ans. » In: Mercure de France, April 1782, S. 130/131, online unter: https://books.google.fr/books?id=QvYWAAAAYAAJ&pg=PA132&hl=de&source=gbs_toc_r&cad=3#v=onepage&q&f=false, letzter Zugriff: 17.05.2018.

7 Pierre Baillot: Notice sur J.-B. Viotti, Paris 1825.

8 Pierre Baillot, Pierre Rode und Rodolphe Kreutzer: Méthode de violon, Paris 1803 sowie Pierre Baillot: L'art du violon. Nouvelle méthode, Paris 1835.

9 Angekündigt im Journal de Paris am 8. April 1782, S. 390, online unter: http://gallica.bnf.fr/ark:/12148/bpt6k1053881p/f2.item, letzter Zugriff: 17.05.2018.

Tage sind ausgefüllt mit Üben und allerhand Geschäftlichem, denn nach seinem Debüt und den folgenden Konzerten gilt es, die Aufmerksamkeit zu nutzen und die eigene Bekanntheit weiter zu vergrößern. Neben den Auftritten sind Veröffentlichungen die besten Visitenkarten; bereits eine Woche nach seinem Debütkonzert wird angekündigt, dass bei Jean-Georges Sieber das Konzert Nr. 1 in C-Dur von Viotti erscheinen wird. Sieber ist Hornist im Orchester des Concert spirituel und sehr geschäftstüchtig – neben seiner Tätigkeit als Musiker betreibt er einen Verlag, in dem er auch Werke von Mozart und Haydn veröffentlicht. Kurze Zeit später folgt eine weitere Ankündigung der Konzerte Nr. 2 bis 6. Mit großer Sicherheit handelt es sich um die Konzerte, die Viotti im Concert spirituel bis zur Sommerpause 1782 spielt; das Konzert Nr. 3 war 1781 bereits bei Hummel in Amsterdam erschienen.

Die unerlässliche Tour durch die Salons, um sich bekannt zu machen, wird um einiges leichter, wenn man eingeladen wird, statt die Klinken putzen zu müssen. Jetzt, da man Viotti überall hören möchte, stehen ihm auch die Türen der adligen Häuser weit offen. Sicherlich hat ihn Baron de Bagge an die besten Adressen empfohlen: Die Salons von Madame d'Étoiles, Madame de Richelieu und Comtesse de Polignac kommen in Frage.[10] Da diese Damen in engster Verbindung zum französischen Königshof stehen, sind sie nicht nur in künstlerischer, sondern auch in strategischer Hinsicht wichtig.

Denn neben den erfolgreichen Konzerten im Frühjahr 1782 gibt es noch ein großes Ereignis: Viotti spielt vor der Königin Marie Antoinette in Versailles. Anlass ist der Besuch des Großherzogs Paul und seiner Gemahlin Maria Fyodorovna (Sophie Dorothee von Württemberg) am französischen Hof. Das großherzogliche Paar aus St. Petersburg befand sich noch immer auf Europareise und hatte zuletzt Station in Wien und Turin gemacht. Sicher ist es kein Zufall, dass Viottis Name aus Anlass dieses Besuchs in den Rechnungsbüchern des Hofes erscheint. Der entscheidende Eintrag findet sich im Register des Maison du Roi am 13. 6. 1782. Hier wird die Summe von „600 Livres" genannt, die an Viotti bezahlt wurde.[11] Das bedeutet, dass Viotti bei einem Konzert in Versailles gespielt hat. Eine weitere Notiz bekräftigt diese Annahme: „An Sr Viotty, Musiker, die Summe von 600 Livre für Gesang [sic!] im Konzert im Spiegelsaal während der Ankunft des Großherzogs und der Großherzogin aus dem Norden."[12]

10 Zitiert nach Lister, 2009, S. 81.

11 F-Pan O1 2910, volume Mandement de l'Exercice, 1781–87: 1782, item 84 : « Sr Viotti, musicien, pour le concert dans la Gallerie. »

12 F-Pan O1 3061, carton, Pièces jusitificatives et Minutes des Dépenses de tout le département: extraits, copies, mémoires, compte de toute sorte, ordres de paiement. Quartier d'avril 1782. Comédies et Concerts, no. 167: « Au Sr. Viotty, musicien, la somme de 600

Familie und Freunde

Im Frühsommer 1782 sind sechzehn Jahre vergangen, seit Giovanni Battista Viotti gemeinsam mit seinem Vater das erste Mal vor dem Stadtpalais der Familie Dal Pozzo in Turin stand. Eine lange Zeit des Lernens brach damals an. Es war für den Vater eine schwere Entscheidung gewesen, den begabten Sohn in die Obhut dieser reichen Familie zu geben. Denn mit dieser Entscheidung war die Sorge verbunden, dass der Sohn, in einer anderen gesellschaftlichen Schicht aufwachsend, seine Herkunft womöglich vergessen oder gar verleugnen würde. Doch Giovanni Battista Viotti hält seiner Familie und seinem kleinen Heimatort Fontanetto Po die Treue, obwohl er glanzvolle Fürstenhöfe kennengelernt, Hoheiten mit seinem Können beeindruckt und europäische Kulturmetropolen zu Beifallsstürmen hingerissen hat.

Das Taufregister der Gemeinde Fontanetto Po verzeichnet für den 13. Dezember 1782: Teresa Margherita Domenica Viotti, einer der Taufpaten ist „Joannes Baptista Viotti".[13] Das Mädchen ist das neunzehnte und letzte Kind von Felice Viotti und das zehnte aus der Verbindung mit seiner zweiten Frau. Felice ist inzwischen siebenundsechzig Jahre, seine Frau Maria Teresa ist vierzig Jahre alt. Viotti ist also nach Fontanetto Po gereist, um die Patenschaft für seine Halbschwester anzutreten. Sein Abreisedatum in Paris ist nicht bekannt, doch ziemlich sicher hat er aus Witterungsgründen den Weg ins Piemont bereits in den Sommerwochen angetreten, die Taufe jedoch ist kurz vor Weihnachten. Was hat er seit mehr als einem halben Jahr in seiner Heimat gemacht?

Nehmen wir also an, dass er Ende Juni 1782 in Fontanetto Po eintraf. Die große Familie, die Freunde, der ganze Ort, alle sind stolz. Die meisten haben ihn seit mindestens zweieinhalb Jahren nicht mehr gesehen – man erinnert sich: Der junge Mann hatte sich vor seiner großen Europa-Tournee noch verabschiedet. Sie hatten ihm Glück gewünscht, dass sein vielsprechendes Talent auch außerhalb des Savoyer Hofes anerkannt werde. Und nun kehrt er als international gefeierter Virtuose zurück. Man schaut ihn staunend an, denn er ist eleganter gekleidet als auf dem Lande üblich. Er bewegt sich anders, denn er hat höfische Tänze gelernt, während seine Altersgenossen in Fontanetto schwere Feldarbeit verrichteten. Doch wenn er spricht, klingt sofort sein piemontesischer Akzent mit und nicht etwa das Französisch der Aristokratie, das er fließend beherrscht. Viotti ist mit

Livres, pour avoir chanté [sic!] au concert dans la Gallerie de Versailles lors de l'arrivée du Comte et de la Comtesse du Nord. »

13 Romana Raina: Nuovi documenti biografici su Giovan Battista Viotti, in: Nuova rivista musicale italiana, Jahrgang 28, Heft 2, 1994, S. 254.

seinem Herzen in Fontanetto geblieben, und er holt gern seine Geige hervor und spielt, wann immer man ihn darum bittet.

Seine große Familie ist glücklich, ihn wiederzusehen. Vor allem der Vater Felice Viotti ist bewegt. Er erinnert sich an die Zweifel, die ihn damals quälten, als er entscheiden musste, ob der Junge in Turin von der Familie Dal Pozzo erzogen werden sollte. Jetzt erlebt er einen eindrucksvollen erwachsenen Mann, der alles erreicht hat, was es als Virtuose zu erreichen gibt: Weltruhm. Dankbar spürt der Vater aber auch, dass sein Sohn dennoch nicht vergessen hat, wo seine Wurzeln liegen.

Giovanni Battista Viotti kauft in Fontanetto Po ein neues Haus für die Familie, richtet es stilvoll ein, und für den Vater erwirbt er Landbesitz und ein Bauernhaus in der Nähe des Städtchens Salussola, das rund 40 Kilometer nordwestlich von Fontanetto Po liegt. Von diesem Kauf berichtet De Gregori.[14] Für Viottis Vater ist der Landbesitz eine verlässliche Einkommensquelle, denn er kann das Land mit Wohnhaus verpachten. Seinem Beruf als Hufschmied wird er so lange nachgehen, wie die körperlichen Kräfte es zulassen. Noch immer ist Felice Viotti für das Familieneinkommen zuständig – ist doch das jüngste Kind gerade erst getauft.

Neben dem Chronisten De Gregori gibt es noch den Bürgermeister Negri, dessen biografische Skizze aus dem Jahr 1810 immerhin Anhaltspunkte liefert, was Viotti bei seinem Aufenthalt in Fontanetto Po getan hat. Auch er erwähnt den Landerwerb in Salussola, hat diese Information aber wahrscheinlich aus den Aufzeichnungen von De Gregori übernommen. Bei Negri[15] lesen wir, dass Viotti im Jahr 1783 seinen Heimatort besucht habe, doch die schon erwähnte Taufe der jüngsten Halbschwester war im Dezember 1782; dieses Ereignis belegt durch den Eintrag in den Kirchenbüchern, dass Viotti in Fontanetto Po anwesend war. Daher ist zu vermuten, dass Negri, als er seinen Bericht rund dreißig Jahre später schrieb, die Jahreszahl 1783 aus dem Artikel von De Gregori übernahm. Denn die vielen Aktivitäten wie Haus- und Landkauf, die Begegnungen mit zahlreichen Freunden und Verwandten sowie die nicht unerhebliche Reisezeit von Paris nach Fontanetto, Turin und zurück lassen eher den Schluss zu, dass Viotti die Reise nach Hause im Sommer 1782 gemacht hat, als er in keinem der Konzerte in Paris auftrat. Er konzertierte in Paris zwischen Ende Mai 1782 und April 1783 nicht ein einziges Mal, obwohl am 1. November, am 9., 24. und 25. Dezember 1782 sowie am 2. Februar und am 25. März 1783 Konzerte im Rahmen des Concert spirituel stattfanden. Nach seinem grandiosen Erfolg sprach eigentlich nichts dagegen,

14 De Gregori, S. 412. Warwick Lister hat versucht, diesen Landerwerb durch Recherchen zu belegen, was ihm bedauerlicherweise nicht gelungen ist. Vgl. Lister, 2009, S. 86 und 426, hier FN 62: “In a search of the relevant cadastral registers in the Salussola town archives, I was unable to find any trace of this transaction.”

15 Vgl. Giazotto, S. 233.

dass er umgehend die Konzerttätigkeit nach der Sommerpause wieder aufnehmen würde – es sei denn, er war überhaupt nicht in Paris.

Sei es 1782 oder 1783 gewesen: Der berühmt gewordene Sohn des Ortes Fontanetto hat sich um alle und alles gekümmert. Er hatte seine Freunde nicht vergessen, er zeigte Familiensinn, war gesellig, ließ sich nicht lange bitten, auf der Geige vorzuspielen, und am 31. August, dem Festtag des heiligen San Bononio, einem Schutzheiligen des Dorfes, empfing Viotti seine Freunde zu einem Tanzvergnügen und nahm an einigen Jagdpartien teil.[16]

Wenn es auch keine exakten Hinweise darauf gibt, so kann man aber annehmen, dass Viotti von Fontanetto Po auch nach Turin reiste. Dort gab es für ihn einiges zu erledigen, zu regeln – und ein Wiedersehen mit seinen wichtigsten Wegbegleitern wird ihm eine Herzensangelegenheit gewesen sein. Sein früherer Lehrer Pugnani war gerade von einer Konzertreise aus Neapel zurückgekehrt und begann mit den Proben zu einer Karneval-Oper am Teatro Regio,[17] und sein Gönner und Mentor Prinz Alfonso Dal Pozzo benötigte Beistand, da er im Mai 1782 Witwer geworden war; seine Frau Beatrice Barbiano di Belgioioso starb nach nur achtzehn Monaten Ehe.[18]

Pugnani hat inzwischen von den Erfolgen seines ehemaligen Schülers in Paris erfahren, so auch vom Auftritt vor dem russischen Großherzog Paul und seiner Gemahlin in Versailles im Mai 1782, und es wird ihm eine große Freude gewesen sein, dass Viotti inzwischen auch als Komponist erfolgreich verlegte. Sein Opus 2 hat er übrigens seinem verehrten Lehrer, „il célèbre Pugnani", gewidmet: sechs Trios für zwei Violinen und Violoncello.

Mit dem gerade verwitweten Prinz Alfonso gab es neben persönlichen Worten auch Geschäftliches zu besprechen. Noch immer erhielt Viotti finanzielle Unterstützung von Prinz Alfonso. Im Archiv der Familie Dal Pozzo (Biella) findet sich für 1784 eine sehr detaillierte Angabe „Spese per Terze persone" (Ausgaben für dritte Personen): „Viotti etc. L. 3281.0.6."[19] Das ist eine sehr große Summe, die das jährliche Einkommen von Viotti am Teatro Regio und in der Cappella regia um ein Achtfaches übersteigt. Vermutlich unterstützte Prinz Alfonso Viotti beim Kauf von mindestens einem der beiden Häuser. Diese großzügige Geste erinnert noch einmal an den Ausspruch des Prinzen dem Chronisten De Gregori gegenüber: „Die Ausbildung Viottis hat mich mehr als 20.000 Francs gekostet – sei es,

16 Vgl. Giazotto, S. 233: "Nel giorno della festa di S. Bononio, ricevette diversi suoi amici, diede alla sera una festa di ballo e fece alcune partite di caccia." Siehe auch De Gregori, S. 412.

17 Vgl. Lister, 2009, S. 90.

18 Vgl. Lister, 2009, S. 89.

19 Biella, Archivio di Stato, Beni diversi, mazzo 27, fasc. 12.

wie Gott will, ich beweine mein Geld nicht. Die Existenz eines so einzigartigen Talents kann nie genug bezahlt sein."[20]

Auch beim Savoyer Hof in Turin musste Viotti einiges regeln: Nach wie vor stand er auf der Gehaltsliste der Cappella regia, obwohl er seit Januar 1780 nicht mehr im Hoforchester spielte – zunächst war er ja, wie Pugnani, für die große Konzerttournee von höchster Stelle beurlaubt. Sie überzogen ihre genehmigte Abwesenheit um sechs Monate, und Viotti war danach nicht wie Pugnani nach Turin zurückgekehrt, sondern nach Paris gereist.

Beginnend mit dem ersten Quartal 1780 erhielt Viottis Vater Felice das vierteljährliche Honorar bar ausgezahlt, und zwar 1780, 1781 und in den ersten beiden Quartalen von 1782. Für jedes Quartal ist in den königlichen Rechnungsbüchern vermerkt, dass das Geld seinem Vater ausgezahlt wurde.[21] Der über 60-jährige Hufschmied nahm also einmal im Vierteljahr den Weg nach Turin auf sich, um in einem Vorraum des königlichen Finanzministers zu warten, eine Quittung zu unterschreiben und dann das Honorar seines ältesten Sohnes, bescheidene 50 Lire in bar, nach Fontanetto Po zu bringen. Er tat dies zum letzten Mal im Juli 1782, danach wird der Name von Felice Viotti nicht mehr in den Rechnungsbüchern geführt. War er zu alt, zu krank, um weiterhin diesem Auftrag nachzukommen? Viotti muss andere Arrangements getroffen haben, um das Geld abholen zu lassen. Darüber aber ist leider nichts bekannt.

Erst ab Juni 1786 gibt es in den Hofbüchern keine Einträge mehr zu Viottis Gehalt.[22] Es ist erstaunlich, dass die Entlohnung über fünf Jahre, wenngleich sie

20 De Gregori, S. 411.

21 "Gio. Battà Viotti, con quittanza del di lui padre Felice – 50". Registri Recapiti, 1780: 86, 314, 546, 718; 1781: 181, 405, 702, 953; 1782:151, 503. Der erste Eintrag, der diese Zahlungsweise erklärt, lautet: "Per esso a mani e con quittanza del di lui genitore Felice Viotti al quale S. M. per via della sud.ta lettera della Segre(teria) di Guerra ha ordinato venisse pagato (la) sud.a somma, ed anche in avvenire l'intiero stipendio." – Dt. Übersetzung: „Für ihn [Viotti] per Hand und mit Quittung an seinen Vater, den Seine Majestät durch den oben erwähnten Brief ermächtigt hat, dass ihm die oben genannte Summe ausbezahlt wird [d. h. Lire 50] und auch in Zukunft das gesamte Gehalt." Warwick Lister hat den Bezug zu dem im Zitat erwähnten Brief hergestellt: Es ist, so Lister, ein Brief vom 23. April 1780 gemeint, der in einer fast identischen Anmerkung die Zahlungsweise für Pugnani regelt, nämlich auch an dessen Vater. Das Kriegsministerium bzw. das Archiv des Kriegsministeriums (Segreteria di Guerra) hat keinen offensichtlichen Bezug zu dieser Angelegenheit. So tauchen z. B. auch einige Rechnungen dort auf, die das Gebäude des Teatro Regio betreffen. Vgl. Lister, 2009, S. 428, FN 82.

22 Die Hofbücher Terzo Conto Camerale del 1776 – Tesoreria Reale Case, Vol. No. 225 bis Terzo Conto Camerale del 1786 – Tesoreria Reale Case, Vol. No. 235 führen Viotti als Mitglied der Hofkapelle.

nur gering war, regelmäßig an einen Musiker bezahlt wurde, der überhaupt nicht anwesend war. Man fragt sich, ob die Verwaltung der Hofkapelle sich Hoffnungen machte, dass sie auf diese Weise Viotti zur Rückkehr nach Turin bewegen könnte – wollte man ihm einfach eine Tür offenhalten? Angesichts seines kometenhaften Aufstiegs in Paris wirkt es wie eine rührende, fast hilflose Geste. War es vielleicht sein ehemaliger Lehrer Pugnani, der diese Hoffnung über Jahre hegte? Verständlich wäre es: Pugnani ist Mitte fünfzig und muss allmählich darüber nachdenken, wie er sich aus manchen Verpflichtungen zurückziehen kann. Dass er bei seiner Nachfolge an seinen besten Schüler denkt, ist naheliegend – nicht zuletzt würde es ihn, den scheidenden Konzertmeister, schmücken, seinen inzwischen berühmten Ziehsohn als Nachfolger präsentieren zu können.

Irgendwann muss Viotti eine Entscheidung gegen Turin getroffen haben, wenn auch seine Situation in Paris nicht immer so sorglos war, wie sein glanzvolles Debüt es vermuten lässt. Es gibt kein Kündigungsschreiben und kein Entlassungsschreiben in den sonst so genau geführten Hofbüchern in Turin. Doch eine Notiz am Ende des zweiten Quartals 1786 in den Registri Recapiti[23] verweist darauf, dass Viotti im April und Mai noch Einkünfte zustehen und mit Ende des zweiten Quartals von Seiner Majestät Vittorio Amedeo III. entlassen wird. Am 20. Juni 1786, also einen knappen Monat nach Beendigung der Zahlungen an Viotti, wurde Pugnani für seinen „Eifer und treuen Einsatz in unseren Diensten" ausgezeichnet – Lister, der die Honorarzahlungen der Hofkapelle ausführlich recherchiert hat, kommentiert es treffend: „Ist diese Wortwahl eine verschleierte Anspielung auf Viottis weniger treue Dienste?"[24] Die Auszeichnung Pugnanis bestand in der Erhöhung seines Jahresgehalts um 300 Lire. Am selben Tag wird achtzehn weiteren Kollegen der Hofkapelle eine Gehaltserhöhung von 50 bis 300 Lire jährlich zugesagt.[25] Bedenkt man Viottis wirklich bescheidenes Salär über so viele Jahre,

23 "Gio. Batta. Viotti le spetta il suo stipendio dal primo Aprile a tutto maggio ultimo servizio per essere stato da S. M. dispensato dal servizio come rilascio da mia memoria in data detta [...] unita per copia autentica." – Dt. Übersetzung: „ Gio. Batta Viotti steht sein Gehalt vom 1. April an und für den gesamten Mai für seinen letzten Dienst zu. Danach ist er von Seiner Majestät aus dem Dienst entlassen, wie in meiner Erinnerung die Freilassung zum genannten Datum besteht [...] einheitlich für die beglaubigte Kopie." Vgl. Azienda Real Casa, Registri Recapiti, 1786, S. 379. Archivio di Stato di Torino, Sezione Riunite.

24 Lister, 2009, S. 90: "Is the choice of words a veiled reference to Viotti's less faithful service?"

25 Lister, S. 90 sowie die FN 79–81, S. 427/428. Lister verweist auf die Rechnungsbücher des Hofes. Pugnani betreffend findet sich dort folgender Eintrag: "Al Consiglio della Casa / Essendo pienamente soddisfatti della distinta abilità, e singolari talenti di Gaetano Pugnani, nostro primo virtuoso di Camera, primo violino, e direttore generale

so ist diese schlagartige Gehaltserhöhung nahezu der gesamten Hofkapelle eine schallende Ohrfeige. Sollte Viotti davon erfahren haben – wie mag es auf ihn gewirkt haben? Nach allem, was wir über sein freundliches Naturell wissen, hat er es seinen ehemaligen Kollegen vielleicht sogar gegönnt, dass sie aus seinem endgültigen Abschied einen finanziellen Vorteil ziehen konnten.

---

della musica istrumentale della nostra Capella, e Camera, non meno che del di lui zelo, e costante attaccamento al nostro servizio, ci siamo disposti a dargli una nuova dimostrazione del nostro gradimento con accordargli l'aumento di L. 300. annue allo stipendio, di cui già gode, onde egli venga ad avere gli stessi vantaggi, di cui godeva il fu Gio Batta Somis, primo violino della nostra capella, e Camera. Epperciò vi diciamo di descriverlo anche per Su(o) d.o aumento sul bilancio, e di farglielo corrispondere a quartieri maturati cominciando dal primo del prossimo Luglio, e continuando in avvenire durante la sua servitù, ed il nostro beneplacito." – Dt. Übersetzung: „Auf den Rat des Hauses, das vollkommen zufrieden ist mit der hervorragenden Fähigkeit und dem einzigartigen Talent von Gaetano Pugnani, unserem ersten Kammervirtuosen der ersten Violinen und Musikdirektor der Instrumentalmusik unserer Hofkapelle, nicht zu vergessen sein Eifer und seine treuen Dienste, sind wir angewiesen, ihm eine erneute Bekundung unserer Zufriedenheit zu gewähren, indem wir sein jährliches Gehalt um 300 Lire erhöhen, die ihm gesendet werden. Dieselben Vorteile kann Gio[vanni] Batt[ist]a Somis genießen, erster Violinist unserer Kapelle. Daher haben wir den Etat für einen nämlichen Betrag erhöht, der am Ende eines vollendeten Quartals angewiesen wird, beginnend mit dem nächsten Juli und fortlaufend während seines Dienstes und unserer Einwilligung." Archivio di Stato di Torino, Prima sezione, Materie politiche per rapporto all'Interno, Provvedimenti sovrani, Cariche, vol. 14, S. 436/437. Die Anhebung des Honorars der achtzehn Musiker betreffend findet sich folgender Eintrag: "Al Consiglio della Casa / Nella circostanza d'è persi venduti vacanti alcuni stipendi sul bilancio della nostra capella, e camera, abbiamo determinato di valercene par ricompensare l'attenta, e lo devole servità, che stanno prestando gli ingrascritti soggetti di detta Capella, con accordargli l'aumento di stipendio a cad uno di essi annotato, importante tra tutti la somma di L. 1850, cioè Calcina 200, Tile 100, Marc Aurelio Canavasso 100, Celoniatti 100, Chiabrano 100, Pepanio 50, Curco 50, Suardi 100, Vittorio Amadeo Canavasso 100, Carlo Spotorro 100, Paris 100, Camillo Spotorro 150, Carlo Canavasso 100, Andriolo 100, Tosi 100, Ghione 100, Allessandro Molino 100, Valentino Molino 100." – Dt. Übersetzung: „Auf den Rat des Hauses und dem Umstand folgend, dass wir einige Vakanzen im Etat unserer Hofkapelle haben, haben wir veranlasst, die eingeschriebenen Mitglieder unserer Hofkapelle mit einer jährlichen Erhöhung ihres Gehaltes zu belohnen, wesentlich für alle um die Gesamtsumme von 1850 Lire, das heißt für Calcina 200, Tile 100, Marc Aurelio Canavasso 100, Celoniatti 100, Chiabrano 100, Pepanio 50, Curco 50, Suardi 100, Vittorio Amadeo Canavasso 100, Carlo Spotorno 100, Paris 100, Camillo Spotorno 150, Carlo Canavasso 100, Andriolo 100, Tosi 100, Ghione 100, Allessandro Molino 100, Valentino Molino 100." Archivio di Stato di Torino, Prima sezione, Materie politiche per rapporto all'Interno, Provvedimenti sovrani, Cariche, vol. 14, S. 437/438.

Die „erste Violine“ der Königin

Im April 1783 hat die Metropole Paris ihren verehrten Geiger zurück. Ein gesichertes Datum, an dem er sich in der Stadt befindet, ist der 2. April 1783, ein Mittwoch. An diesem Tag wurde Viotti in die Freimaurerloge Saint-Jean Décosse aufgenommen. Das Register der Loge verzeichnet eine Aufnahmezeremonie in die Sektion der „Begabten Brüder – Frères à talent“ sowie die Information, dass Viotti bereits Freimaurer ist. Wann und wo er die Initiation erhielt, ist nicht bekannt. Vermutlich führte ihn sein Lehrer Pugnani, Mitglied in der Turiner Loge „La Mysterieuse“, in diese Kreise ein.

In der Sektion der „Begabten Brüder“ waren viele Mitglieder von Beruf Musiker. Damals wie heute galten Logen als Kontaktbörse: Man tauscht untereinander wertvolle Informationen aus, vermittelt Gesprächspartner und in diesem Fall auch Auftrittsmöglichkeiten. Da das Konzertleben in Paris neben den Concerts spirituels vor allem in den adligen Salons blüht, geht es immer auch darum, gut eingeführt zu werden; 1782 waren über 70 Prozent der Mitglieder der Loge Saint-Jean Décosse Angehörige des Adelsstandes. Viotti kam in der Sektion der „talentierten Brüder“ mit Bekannten zusammen, so dem künstlerischen Leiter des Concert spirituel, Joseph Legros, mit den Geigern Pierre La Houssaye, Jean-Jérôme Imbault und dem Cellisten Jean-Louis Duport. Wahrscheinlich waren sie es, die Viotti für diesen speziellen Kreis empfohlen haben.[26]

Viotti konnte diese wertvollen Kontakte gut gebrauchen, und er verstand es, sie zu nutzen. 1783 wurde für ihn und seine Virtuosenkarriere zu einem Schlüsseljahr. Nach einer erfolgreichen Rückkehr auf das Konzertpodium bricht Viotti am 8. September 1783 seine öffentliche Konzerttätigkeit jäh ab. Warum? Dieser Tag ist der letzte Konzerttermin im Concert spirituel, bei dem Viotti spielte – und das, nachdem ihn die Stadt und ihr überaus kritisches Publikum nach seiner Rückkehr im April so begeistert gefeiert hatten. Im „Journal de Paris“ hieß es euphorisch:

> Monsieur Viotti scheint den höchsten Grad der Perfektion auf der Violine erreicht zu haben. Er vereint in seiner Ausführung große Schwierigkeiten mit den schönsten Tönen und vielen Verzierungen. Sein Erfolg ist so brillant gewesen, wie er ihn sich nur wünschen konnte.[27]

---

26 Lister hat den Eintrag in das Register der Loge nachgewiesen, vgl. Lister, 2009, S. 91, FN 84. Er folgt darin Alberto Basso, der das Musikleben und die Kontakte der Musiker ausführlich beschrieben hat, vgl. Alberto Basso: L'Invenzione della Gioia und Storia del Teatro Regio, Mailand 1994, S. 525.

27 « M. Viotti paroît avoir acquis sur le violon le dernier degré de la perfection. Il réunit à l'exécution des grandes difficultés, des sons de la plus grande beauté & beaucoup d'agrément. Son succès a été aussi brillant qu'il pouvoit le désirer. » Journal de Paris, 8. April

Und auch der kritische „Mercure de France“ hält sich mit Lob nicht zurück. Hier erklärt man Viotti zum Publikumsliebling und bescheinigt ihm, dass er seine Fähigkeiten noch verbessert habe; seine Spielweise und sein Ton seien nun weicher, seine Kompositionen reifer. Ein Jahr zuvor noch hatte der „Mercure de France“ Viottis Kompositionsstil bemängelt – er bleibe hinter Jarnowick und anderen bekannten Virtuosen zurück, außerdem sei seine Ausführung rau und schroff, hieß es da.[28] Nun aber habe er die verdientesten Beförderungen erhalten, und der „Mercure de France“ lässt sich noch zu folgendem und bemerkenswerten Zugeständnis hinreißen: „Die Künstler vergeben ihm allmählich, dass er nicht in Frankreich geboren ist.“[29]

Dieser Lobgesang blieb nicht ohne Folgen. Die Zahl der Engagements stieg ab April 1783 deutlich an und war höher als im Jahr zuvor. Nach den Konzerten am 6. April und am Ostersonntag gab er ein Benefizkonzert im Mai; insgesamt trat er 1783 sechzehn Mal im Concert spirituel auf. In allen Konzerten spielte er eigene Kompositionen, wahrscheinlich die Violinkonzerte Nr. 7–10, die dann ab 1783 bis 1786 bei Sieber verlegt wurden.[30]

Es sieht also alles danach aus, als könne Viotti seinen grandiosen Erfolg von 1782 weiter ausbauen. Was kaum mehr steigerungsfähig war – er schafft es! Um dann aufzuhören? Nach dem 8. September 1783 gibt es keine Hinweise mehr auf öffentliche Auftritte im Concert spirituel oder an anderer Stelle. So sind wir auf Viottis autobiografische Skizzen „Précis de la vie“ angewiesen, um einen Anknüpfungspunkt für diese merkwürdige Entwicklung zu finden:

> Ich lebte seit zwei Jahren in dieser Stadt [Paris], als Ihre Majestät, die Königin, mich zu hören wünschte. Sie beehrte mich mit ihrem Beifall, und von diesem Zeitpunkt an entschied ich mich, nicht mehr in der Öffentlichkeit zu spielen und mich ganz dem Dienst dieser Königin zu widmen. Sie belohnte mich, indem sie für mich eine Pension von 150

1783, S. 409/410, online unter: http://gallica.bnf.fr/ark:/12148/bpt6k1051327j/f3.item, letzter Zugriff: 17.05.2018.

28 Vgl. FN 6.

29 « Un autre objet de l'amour de Public, & qui cette fois paroît sans concurrens, c'est M. Viotti. Son succès a été encore plus grand qui celui de l'année passée, & nous croyons que son talent est de même augmenté. On a trouvé que ses sons étoient attaqués avec plus de justesse & de sûreté ; sa manière encore plus moëlleuse & mieux fondue, sa composition même plus agréable. Il a été reçu avec les transports les plus mérités, & il semble que les Artistes commencent à lui pardonner de n'être pas né en France. » In: Mercure de France, 19. April 1783, S. 128/129, online unter: https://books.google.fr/books?id=fPQWAAAAYAAJ&printsec=frontcover&hl=de&source=gbs_ge_summary_r&cad=0#v=onepage&q=viotti&f=false, letzter Zugriff: 17.05.2018.

30 Vgl. White, 1973, S. 114–117. Siehe auch White, 1992, S. 332–334.

> Pfund Sterling erwirkte, in der Zeit, als Monsieur de Calonne Finanzminister war; leider konnte ich diese Pension nicht allzu lang genießen.[31]

Nimmt man Viotti beim Wort – und es spricht nichts dagegen –, dann bedeutet diese Aussage, dass er seine öffentliche Karriere aufgab, um seine Chancen für eine Stelle am Hof zu verbessern. Königin Marie Antoinette formte in jener Zeit ihre Vorstellungen von Versailles: Die Kultur des gehobenen Vergnügens trug ausschließlich ihre Handschrift, und so ist es durchaus möglich, dass Viotti sehr klug vorausschauend den Vorteil für sich sah, ausnahmslos in den Dienst der Königin zu treten. Vielleicht aber erlag auch er, wie viele Menschen, dem trügerischen Glanz, der in den mittleren 1780er Jahren von Versailles ausging. Stefan Zweig hat diese Atmosphäre in seiner Biografie über Marie Antoinette treffend beschrieben.

> Seit dem ersten Tage ihres Königinnentums schwebt Marie Antoinette in einer Weihrauchwolke maßloser Vergötterung. Was sie sagt, gilt als klug, was sie tut, als Gesetz, was sie wünscht, wird erfüllt. Sie hat eine Laune, und morgen schon ist sie Mode. Sie macht eine Torheit, und ein ganzer Hof ahmt sie begeistert nach. Ihre Nähe ist Sonne für diese eitle, ehrgeizige Schar, ihr Blick ein Geschenk, ihr Lächeln Beglückung, ihr Kommen ein Fest.[32]

Zweig entwirft ein Szenario, in dem die Königin alle Fäden in der Hand hält, und seien sie vergleichsweise noch so unbedeutend, gemessen am Weltgeschehen, um das sie sich als Königin eigentlich hätte kümmern müssen. Marie Antoinette aber war, so Zweig, vor allem damit beschäftigt, Langeweile zu vermeiden. Ihre Vorliebe für Feste aller Art war bekannt, und damit war sie auch – rein praktisch gesehen – eine gute Auftraggeberin.

Viotti und die Königin Marie Antoinette sind gleich alt, beide sind 1755 geboren. Da sie derselben Generation angehören, teilen sie, wenn auch über Standesgrenzen hinweg, das Lebensgefühl des Rokoko. Mehr noch: Die Königin gibt mit Festen, Bällen und Konzerten diesem Lebensgefühl ihren persönlichen Ausdruck – die Arbeit daran beschäftigt sie mehr als alles andere. Der Virtuose

---

31 Vgl. Giazotto, S. 229: « Il y en avoit deux (ans) que j'habitois cette ville lorsque S. M. la Reine de France a désiré m'entendre. Elle m'honora de son approbation, et dés lors je me déterminai à ne plus jouer en publique et à me consacrer entièrement au service de cette souveraine, qui pour me récompenser obtint pour moi, dans le temps que Mr. de Calonne étoit Ministre, une pension de 150 Sterling dont je n'ai pû jouir longtemps. » – Es ist bemerkenswert, dass Viotti in Bezug auf die Pension von 150 Pfund Sterling in einer fremden Währung schreibt. Er verfasste den Text ‚Précis de la vie' kurz nach seiner Ankunft im März 1798 in Hamburg, als er dort ins Exil ging. Das Schreiben ist eine Art Verteidigungsrede und ist u. a. an seine Widersacher in England gerichtet. Daher ist es naheliegend, dass er den Betrag in englischer Währung angibt.

32 Stefan Zweig: Marie Antoinette. Bildnis eines mittelmäßigen Charakters, Frankfurt 1951, S. 117.

und Komponist Viotti ist ein willkommener Dienstleister, der dem Vergnügen am Hof ein weiteres Glanzlicht aufsetzen kann. Doch war auch er der Königin so erlegen, wie Stefan Zweig die große Schar der Höflinge und Bediensteten beschreibt? Es gibt Gründe, die dagegen sprechen. Viottis Werdegang ist so sehr von Standesgegensätzen geprägt, die er bereits in jungen Jahren unmittelbar erlebte: Als einfacher Handwerkersohn in einer Familie des Hochadels aufgewachsen, wusste er, was Armut und bescheidenes Leben bedeuten, lernte aber schon als Heranwachsender die gehobenen Umgangsformen, den materiellen Wohlstand und die Feinheiten und Gemeinheiten des gesellschaftlichen Parketts kennen. Spätestens mit dem Eintritt in die Hofkapelle in Turin wird Viotti, knapp 21 Jahre alt, mit höfischen Gepflogenheiten und ihren Fallstricken vertraut gewesen sein. Wenn auch der Hof der Savoyer in Turin nicht mit Versailles zu vergleichen ist, so war Viotti dennoch gewappnet, diesem bisweilen trügerischen Glanz und seinen Verlockungen nicht vollständig zu erliegen.

Viotti bezieht sich in seiner autobiografischen Skizze auf eine Zeit, die rund zwei Jahre nach seiner Ankunft in Paris liegt. Er muss demnach Ende 1783 oder zu Beginn des Jahres 1784 das entscheidende Konzert vor Marie Antoinette gegeben haben, das er erwähnt. Es war nicht das erste Konzert vor der Königin, denn er musizierte ja bereits am 20. Mai 1782 aus Anlass des Besuchs von Großherzog Paul und seiner Gemahlin – und so hörte ihn sicher auch Marie Antoinette. Doch dieses Konzert war noch nicht der Beginn von Viottis Karriere am französischen Hof. In den Rechnungsbüchern findet sich zunächst kein weiterer Eintrag über Honorarzahlungen an Viotti, und das verwundert umso mehr, weil es durchaus Einträge für andere bekannte Musiker, Komponisten und Darsteller gibt.[33] Warwick Lister hat sie ausführlich recherchiert, und in der Tat liest sich das Rechnungsbuch wie ein „Who is Who“ der französischen Musikszene jener Zeit: « Sr Piccini pour des appointments de janvier et fevrier 1782–1000 livres » und « Sr Amantini, musicien de la Reine, pour son quartier d'Octobre 1782–750 livres », « Mme Mara cantatrice (plusieurs fois) », « Sr LeBrun cors de chasse – 240 livres » und « Sr Duport, violoncelle – 240 livres ». Doch selbst Listers akribische Quellenstudien haben keinen weiteren Buchungsvermerk zu Tage gefördert, in dem Viottis Name erwähnt wird. Lister kommentiert das Ergebnis so: „Darüber hinaus haben die relevanten Akten im labyrinthischen Nationalarchiv in Paris es unterlassen, Viottis Namen unter den königlichen Ruhegehaltsempfängern zu erwähnen oder auch andere Bezahlungen an ihn aufzunehmen, oder ihn wenigstens in irgendeinem Zusammenhang zu erwähnen – bis sein Name in der Tat im März 1789 in den Akten oft erscheint, im Zusammenhang mit der

33 Vgl. Lister, 2009, S. 93.

Auseinandersetzung über die Opéra.“[34] Diese aufwendigen Recherchen haben Lister zu dem Schluss veranlasst, dass Remo Giazotto in seiner 1956 erschienenen Biografie vieles ohne exakten Quellennachweis behauptet hat.[35]

Die Frage, warum sich Viotti so plötzlich, auf dem Zenit seines Ruhms, aus der Öffentlichkeit zurückzog, kann anhand der Quellen allein, insbesondere der Rechnungsbücher des Hofes, wohl nicht beantwortet werden. Wir sind auf die wenigen Zeugnisse von Freunden und Vertrauten angewiesen, die direkt oder indirekt zu diesem Thema etwas sagen. Lister nennt zwei Namen: Giacomo Ferrari, italienischer Komponist und Pianist, sowie den Schriftsteller Antonio Filistri.

Ferrari, der 1788 am Théâtre de Monsieur als Korrepetitor und Hauskomponist angestellt war, erwähnt in seinen Memoiren, dass Viotti, so wörtlich, „der erste Violinist der Königin“, ihm im Herbst 1787 einen Gefallen getan habe.[36] Dieser Gefallen bestand darin, dass Ferrari freien Eintritt in die Opéra bekam. Lister schließt detektivisch, dass Viotti, autorisiert durch die Königin, Ferrari dieses Angebot machen konnte, sozusagen als persönlicher Ansprechpartner in Sachen Oper. Das spricht für einen engen Kontakt zu Königin Marie Antoinette, und so ist die Charakterisierung „erster Violinist der Königin“ nicht aus der Luft gegriffen.

Ein weiteres aufschlussreiches Zeugnis ist ein Brief, in dem der Schriftsteller Antonio Filistri im März 1786 aus Paris an Viottis Gönner Alfonso Dal Pozzo schrieb:

> Es geht ihm sehr gut, und er sagte mir, dass er eine Anstellung erwarte, da er in der Gunst der Königin stehe. Bis dahin genieße er eine Pension von dreitausend französischen Lire pro Jahr. Dies sind seine Worte.[37]

Es ist eine merkwürdige Situation. Seit Beginn des Jahres 1784 stand Viotti in der Warteschlange, denn er beruft sich ja in seinen autobiografischen Skizzen auf

34 Vgl. Lister, 2009, S. 93: “Furthermore, the relevant files in the (admittedly vast and labyrinthine) national archives in Paris (Maison du roi, Maison de la reine, list of royal pensioners) have thus far failed to reveal Viotti’s name among the queen’s (or the king’s) pensioners, or the record of any other payments to him, or, indeed, any other mention of him whatsoever until his name begins to appear in March 1789 in connection with the Opéra.”

35 Vgl. Lister, 2009, S. 429, FN 94: “It is my melancholy duty to report that it is highly likely that these references are among the numerous ‘sources’, ‘documents’, ‘letters’, ‘newspaper announcements’, and ‘events’ in Giazotto’s book that are figments of his imagination.”

36 “Primo violino della regina …” Zitiert nach Lister, 2009, S. 94

37 Vgl. Lister, 2009, S. 429, FN 98: “Egli si trova benissimo, e mi disse che attende dal favor della Regina un impiego, e che frattanto, finchè questo li venga impartito, gode una pensione di tremila lire di Francia l’anno. Queste sono sue voci.” Biella, Archivio di Stato, Famiglia Dal Pozzo, Storie famiglie II, mazzo 11, fasc. 27.

einen Zeitraum, der ungefähr zwei Jahre nach seiner Ankunft in Paris lag, jenen Anlass, als die Königin wünschte, ihn auf seiner Violine zu hören. Und noch im Mai 1786, also weitere zwei Jahre später, hatte er nach wie vor keine Aufgaben oder Verpflichtungen, regelmäßig am Hof aufzutreten. Es ist schwer vorstellbar, dass sein Name sozusagen systematisch in den Rechnungsbüchern „vergessen" wurde. Die Pension, die Viotti in seiner Lebensbeschreibung, dem „Précis de la vie" erwähnt, war vermutlich eine temporäre Schenkung (Pfründe) und keine regelmäßige Zahlung des Hofes an ihn, wie sie in jener Zeit an Personen üblich war, die einem adligen Hof nahestanden.

Vielleicht wartete er auf die Altersgrenze, den Rücktritt oder gar den Tod eines vorhergehenden Pensionsempfängers, denn Filistri erwähnt in seinem Brief, dass Viotti ein Einkommen habe. Und Viotti selbst sagt in seinen Erinnerungen, dass er nicht lange diese Pension genoss.[38] Darüber hinaus waren es keine günstigen Zeiten für Anwärter oder Empfänger von Pensionen des Hofes, denn das Jahr 1787 war von starken Einsparungen im königlichen Haushalt betroffen.

Es gibt ein wichtiges Zeugnis darüber, dass die Königin Viottis Kunst sehr hoch einschätzte und er sogar in ihren privaten Gemächern musizierte. Dieses Zeugnis stammt von einer verlässlichen Augenzeugin, Marie-Louise Fürstin von Lamballe. Sie war die erste Hofdame der Königin Marie Antoinette und ihre engste Freundin. Wie Viotti kam sie aus dem Piemont und gehörte dem Hause Savoyen-Carignan an.

> Ihre Majestät war eine große Gönnerin des gefeierten Viotti, der mit den privaten musikalischen Feiern der Königin verbunden war. Bevor Viotti begann, seine Konzerte zu spielen, ging die Königin mit liebenswürdiger Herablassung durch das Musikzimmer und bat: „Meine Damen und Herren, ich bitte Sie, ruhig und sehr aufmerksam zu sein und sich nicht in Konversation zu begeben, während Monsieur Viotti spielt, da es ihn in der Ausführung seines hervorragenden Spiels unterbricht."[39]

---

38 « [...] une pension de 150 Sterling dont je n'ai pû jouir longtemps. » Zitiert nach Giazotto, S. 229.

39 « Sa majesté accorda aussi beaucoup de protection au célèbre Viotti, qui lui-même faisait partie de sa musique privée. Quand Viotti allait exécuter un concerto, la Reine faisait ordinairement le tour du salon, et disat avec l'accent de la plus aimable bonté : ‹ Mesdames et messieurs, je vous prie de faire silence, de prêter toute votre attention, de ne pas causer pendant que M. Viotti jouera ; cela pourrait l'interrompre et nuire à sa brillante exécution. › Mémoires relatifs à la famille royale de France, pendant la Révolution. Publiés pour la première fois d'après le journal, les lettres et les entretiens de la Princesse de Lamballe, par une dame de qualité. Catherine Hayde, Marquise Govion Broglio Solari, Paris 1826, Band 1, S. 195.

Viotti, ein Künstler, der Ende zwanzig ist, auf der Höhe seines Könnens und dem die öffentliche Musikwelt zu Füßen liegt, trat nicht mehr öffentlich auf, sondern begleitete auf der Geige Gesellschaftsabende der Königin – einzig, um am Hof in eine feste Stellung zu kommen? Es muss noch andere Gründe geben, warum Viotti sich aus dem öffentlichen Konzertleben zurückzog.

Zwei Aspekte sind besonders wichtig: die Einkommenssituation für freischaffende Musiker in Paris in jener Zeit und die Persönlichkeit Viottis. Er war ein bescheidener Mensch. In seinen Dienstjahren am Turiner Hof hatte er nicht eine einzige Honorarerhöhung bekommen – das Honorar blieb vom Anfang bis zum Ende seiner Tätigkeit gleich und betrug 50 Lire pro Quartal. Mit einer so kleinen Summe waren finanzielle Höhenflüge ausgeschlossen. So war er, trotz der Unterstützung durch Prinz Alfonso Dal Pozzo, Sparsamkeit gewohnt und konnte seine finanziellen Möglichkeiten gut einschätzen. In der Musikmetropole Paris wurde Viotti sehr schnell klar, dass er als Solist kein ausreichendes Einkommen erzielen konnte, obwohl er inzwischen zu den berühmtesten Geigern Europas gehörte, denn die Stadt war ein teures Pflaster, die Auftritte waren zu unregelmäßig und überdies auch nicht gerade üppig bezahlt. Wie seine Kollegen war er also darauf angewiesen, zusätzlich andere Aufgaben zu übernehmen, sei es eine Position in einem Orchester, sei es in Diensten eines Gönners oder an einem Hof, als Lehrer oder als reisender Virtuose. Letzteres wird Viotti, der gerade zwei Jahre lang auf Reisen gewesen war und nahezu an jedem bedeutenden Hof Europas konzertiert hatte, nicht unbedingt gelockt haben. Eine feste Anstellung in Versailles war für ihn durchaus eine Perspektive. Doch es gab kein Gebot, dass Musiker, die eine königliche Pension erhielten, verpflichtet waren, auf weitere professionelle Tätigkeiten außerhalb des Hofes zu verzichten. Viotti war in der Tat sehr beschäftigt, wusste er doch aus inzwischen langjähriger Erfahrung, dass die Kontaktpflege mindestens genauso wichtig war wie exzellentes Geigenspiel. Warwick Lister ist der Ansicht, dass Viottis rege Teilnahme an den privaten Salons der Musikstadt Paris sogar die öffentliche Konzerttätigkeit ersetzte.[40]

40 Lister hat den Versuch unternommen, eine vollständige Übersicht über die Salons zu geben, in denen Viotti aufgetreten ist. Er kommt zu dem Schluss, dass diese Auftritte häufiger und von größerer Bedeutung waren als bislang angenommen. Lister, 2009, S. 98. Die Übersicht der Salons, in den Viotti verkehrte: siehe Lister, 2009, S. 98–112.

Die Salons

Paris ist im 18. Jahrhundert die unangefochtene europäische Hauptstadt der Künste und der Salons. Viotti hatte vorher auf seiner Europareise bedeutende Städte kennengelernt und im persönlichen Umgang mit einflussreichen Gönnern der Künste unmittelbar erfahren, wie wichtig die halboffiziellen bis privaten Zusammenkünfte in den Salons sind. Für Virtuosen, die in den allermeisten Fällen nicht fest angestellt sind, bedeuten die Salons viel: Sie bieten Kontakte zu den oberen Gesellschaftsschichten, den Umgang mit Gleichgesinnten und sie sind ein Forum, die eigene Kunst darzubieten – sie sind lebenswichtig, und in Paris gilt das noch mehr als in anderen Städte. Es gibt den Montag bei Madame Geoffrin, den Dienstag bei Madame Helvétius, den Freitag bei Madame Necker; die Termine der Salons strukturieren die Wochen in der Stadt. Es sind Institutionen, bei denen sich die geistige Elite der Stadt trifft, hinzu kommen viele weitere musikalische Salons, die vor allem in der Winterzeit beliebt sind.

Einmal in der Woche, immer dienstags, ist Viotti bei Anne-Catherine de Ligniville Helvétius zu Gast; sie ist eine der führenden Salonnières von Paris, obwohl ihr Anwesen vor den Toren der Stadt im Dorf Auteuil liegt.[41] Doch den Gästen ist der Weg nicht zu weit. In ihrer „Societé d'Auteuil“ treffen sich berühmte Literaten, Philosophen, Wissenschaftler und Politiker, und auch Viotti zählt zu diesem Kreis.[42]

Die brillantesten Köpfe der Aufklärung kommen dort zusammen: Denis Diderot, Jean le Rond d'Alembert, Jean François Marmontel, Abbé André Morellet, André Chénier, Dominique-Joseph Garat und auch Benjamin Franklin schließen Bekanntschaft mit dem jungen Musiker, der bei weitem der Jüngste in der Runde ist. Das freigeistige Klima sorgt dafür, dass man ohne Ressentiments oder Berührungsängste miteinander umgeht. Was zählt, das sind die Gespräche und die gemeinsam entwickelten Gedanken. Die meisten Herren sind Freimaurer der Loge „Les Neufs Soeurs“, die Gastgeberin Madame Helvétius selbst ist Großmeisterin der sogenannten weiblichen Adoptionsloge von „Les Neuf soeurs“. Dieser Name ist eine Verneigung vor den neun Musen aus der griechischen Mythologie und drückt die Geisteshaltung der Loge aus, die als Versammlungsort der Philosophen gilt. Man ist weltoffen, und die Loge unterstützt in den 1780er Jahren die amerikanische Unabhängigkeitserklärung. Benjamin Franklin, einer der Gründerväter der Vereinigten Staaten, ist seit 1776 amerikanischer Diplomat in Paris und genießt große Beliebtheit, vor allem auch bei den Damen der Gesellschaft. Er ist

41 Auteuil wurde 1860 eingemeindet und ist im 16. Arrondissement von Paris gelegen.

42 Miel, S. 191: « Il était admis dans la societé d'Auteuil, chez Mme. Helvétius. »

fast überall der Älteste, und für die Frauen, die ihn verehren, spielt er vor allem als lebenserfahrener Mentor eine Rolle. Viele seiner deutlich jüngeren Briefpartnerinnen sprechen ihn mit « mon cher papa » oder "father" an.[43]

Franklin, der in den aufgeklärten Kreisen als Vordenker und Vorbild gilt, wird sich vielleicht auch Viottis in dieser väterlichen Haltung angenommen haben. Die beiden trennt ein Altersunterschied von neunundvierzig Jahren. Über welche Themen der Geiger aus dem Piemont, der Ende zwanzig ist, und der fast achtzigjährige Weise aus Philadelphia wohl diskutiert haben mögen? Da Franklin nicht nur Politiker und Diplomat, sondern auch ein geistreicher Erfinder ist, geht ihnen der Gesprächsstoff sicher nicht aus.[44]

Ein weiterer Gelehrter im Kreis von Madame Helvétius ist ein Anatom namens Sue. Er gibt gemeinsam mit Viotti eine Demonstration der Bewegung des Handgelenks beim Geigenspiel.

> Viotti spielte mehrere Male Stücke aller Genres, ausdrücklich, um Doktor Sue zu erlauben, die Bewegungen des Handgelenks zu beobachten, auf Wunsch des Anatomen anhaltend in jedem Moment und in jeder Position.[45]

Der Salon von Madame Helvétius ist eine Art Drehscheibe der Gesellschaft, denn von hier aus gibt es vielfältige Verzweigungen, wer sich mit wem sonst noch trifft. Das ist nicht nur für Viotti interessant, sondern für alle anderen Gäste auch. Bei Madame Helvétius lernt Viotti André Morellet kennen, der wiederum eng mit Benjamin Franklin befreundet ist. Morellet, ein Ökonom und Schriftsteller, verkörpert den aufgeklärten französischen Intellektuellen, den „philosophe“. Er veranstaltet wiederum einen eigenen Salon in der Rue Saint-Honoré, in dem vor allem Musiker verkehren. Der Gastgeber Morellet, der Cello spielt, ist für verschiedene Kammermusikbesetzungen ein wichtiger Partner. Und so sind Viotti, der Komponist Niccolò Piccinni und der Pianist Nicolas-Joseph Hüllmandel Stammgäste bei Morellets sonntäglichen Treffen. Man isst gemeinsam zu Mittag, pflegt Konversation, liest einander vor und musiziert. Viotti schätzt diese Gemeinschaft sehr und spielt begeistert gemeinsam mit André Morellet und Catherine Henriette Belz. Sie ist die Nichte von André Morellet und sehr begabt auf dem Cembalo, wie ihr Onkel voller Stolz in seinen Memoiren berichtet.

---

43 Jan Lewis: Sex and the Married Man. Benjamin Franklin's Families, in: Larry Tise, Benjamin Franklin and Women, University Park, Pa, 2000, S. 67–82, hier S. 81.

44 Benjamin Franklin gilt u. a. als Erfinder des Blitzableiters.

45 Miel, S. 191: « Nous avons entendu dire par le docteur Sue, que plusieurs fois Viotti avait joué devant lui des morceaux de tous genre, exprès pour lui permettre d'observer les mouvements de poignet, s'arrêttant á chaque instant dans toutes les positions, à la demande de l'anatomiste. »

> Sie spielte die schwersten Sonaten von Clementi mit einer Klarheit und Stärke, die ich niemals so erlebt habe wie bei ihr, und die sie nicht nur bewahrt, sondern auch perfektioniert hat. Sie erhielt Unterrichtsstunden und Ratschläge von Hüllmandel, Piccini und Viotti, die alle unaufhörlich bei mir waren. Viotti gefiel es vor allem, mit ihr seine Musik zu spielen, mitreißend und voller Anmut.[46]

Vermutlich hat Viotti für Morellets Salon die Trios op. 2 (wIII: 1–6), die er ursprünglich für zwei Violinen und Violoncello schrieb, auch für Violine, Cello und Klavier arrangiert.[47] Viele seiner Kompositionen wie Violinkonzerte, Quartette, Trios und Duos werden in weiteren Arrangements publiziert, denn es gibt im späten 18. Jahrhundert einen großen Markt für solche Bearbeitungen, da der Bedarf an guter spielbarer Musik bei den Amateurmusikern sehr hoch ist. Allein für die vielen Salons, in denen Viotti verkehrt und in denen musiziert wird, gilt es, neue Stücke zu schreiben oder Bewährtes für andere Besetzungen umzuarbeiten. Das hat gar nicht so sehr mit großer Kunst zu tun, sondern geschieht aus praktischen Gründen. Die eben erwähnten Trios op. 2 sind beispielsweise auch als Sonaten für Klavier mit Begleitung von Streichern veröffentlicht worden (wIVa:1–3, 4–6). Die ersten drei Streichquartette aus op. 1 (wII:1–3) erschienen auch als Trio für Cembalo oder Klavier, Violine und Cello (wIVa:31–33).[48]

Viotti nutzt die Gelegenheiten, die sich ihm in den privaten Salons bieten, um dort die Besetzungen auszuprobieren, bevor er die Bearbeitungen veröffentlicht. Eine weitere Adresse, die er regelmäßig aufsucht, ist das Haus von Giovanni Luigi de Ponte, Comte d'Albaret. Der ist wiederum mit Morellet gut befreundet: Die guten Beziehungen werden also weiter gepflegt. Zur gegenseitigen Sympathie trägt bei, dass de Ponte wie Viotti aus dem Piemont stammt. Er ist ein großer Musikliebhaber und hält sich sogar ein kleines Orchester. Mit all diesen interessierten Freunden und Kollegen baut sich Viotti das auf, was wir in unserer Zeit

46 André Morellet: Mémoires de l'abbé Morellet de l'Académie française sur le dix-huitième siècle et sur la Révolution, 1821. Réédition: Mercure de France, Paris 1988, S. 232: « Elle exécutait les plus difficiles sonates de Clémenti avec une netteté et une vigueur que je n'ai jamais vues qu'en elle, et qu'elle a non seulement conservées, mais perfectionnées depuis par les leçons et les conseils d'Hüllmandel, de Piccini, de Viotti qui étaient sans cesse chez moi. Viotti surtout plaisait à exécuter avec elle sa musique, plein de verve et de grâce. » Überhaupt spiegeln Morellets Memoiren die Stimmung und den Zeitgeist in einzigartiger Form wieder und sind ein Zeitdokument ersten Ranges.

47 Whites Werkverzeichnis: wVIa:1–2, 4–6.

48 Chappell White legte 1985 ein komplettes Werkverzeichnis von Viottis Kompositionen vor: Giovanni Battista Viotti (1755–1824). A Thematic Catalogue of His Works, New York 1985. Es ist dem Werkverzeichnis von Giazotto in Systematik und Vollständigkeit deutlich überlegen; gerade auch die Bearbeitungen sind im Werkverzeichnis von White in einer übersichtlicheren Form dargestellt.

ein Netzwerk nennen – damals wie heute für einen freischaffenden Künstler eine unbedingte Notwendigkeit, um überleben zu können. Doch welch ein dankbarer Freundeskreis auch, der Viotti bestätigt, bestärkt und sicher auch verehrt.

Es gibt Adressen, an denen treffen stets dieselben Menschen zusammen – das ist heute so und war zu Viottis Zeit nicht anders. Vor allem, wenn man gemeinsame Interessen pflegt, gibt es eine Konzentration auf bestimmte Orte und Ereignisse. Viele musikbegeisterte Bekannte und Freunde trifft Viotti daher auch im Salon von Madame de La Briche, die sonntags regelmäßig zu einer Abendgesellschaft in ihr Haus in der Rue de la Ville-Évêque einlädt: André Morrellet ist dort, weitere Bekannte aus dem Salon von Madame Helvétius, Musikerkollegen und der noch sehr junge Geiger Pierre Rode, der seit kurzem Meisterschüler von Viotti ist.[49] Zu Rode baut Viotti eine intensive Freundschaft auf, und ihre Lebenswege werden sich mehrfach kreuzen.[50]

Viotti und Madame de La Briche schließen über den gesellschaftlichen Kontakt hinaus eine tiefe Freundschaft. In einer Briefpassage berichtet sie, die kurz zuvor Witwe geworden war, von seiner Herzlichkeit und Unterstützung. Musik kann trösten – das hatte Viotti vor rund zwanzig Jahren als Kind selbst erfahren. Als seine Mutter starb und er, der damals Achtjährige, im Geigenspiel Trost fand, muss der Grundstein dafür gelegt worden sein, in die Kraft der Musik zu vertrauen:

> Ich glaube, dass ich ohne Monsieur Viotti eine Fähigkeit verloren hätte, nämlich die Momente meiner Einsamkeit angenehm zu gestalten. Er unternahm es, meine Begeisterung für die Musik wieder zu entfachen, und er tat dies mit einer solchen Gewandtheit, die seine Großzügigkeit bewies, und die ich nie vergessen werde. Ich stimmte also zu, ein paar neue Stücke zu probieren, die er mir mit der Bitte brachte, sie innerhalb von zwei Tagen zu lernen. Er kam sehr pünktlich zur Probe und begleitete mich. Ich hatte eine solche

49 Pierre Rode (1774–1839) kam 1787 nach Paris, wurde dort Viottis Meisterschüler und neben Viotti selbst ein ausgezeichneter Solist für Viottis Violinkonzerte. 1790 debütierte er in Paris mit dem Konzert Nr. 13 A-Dur, wXIII. Sein Erfolg mit Aufführungen von Viottis Violinkonzerten war so groß, dass er 1795 eine Professur am neugegründeten Pariser Conservatoire erhielt.

50 Miel, S. 195 : « Parmi les artistes qui a lui-même formés, nous devons placer en tête Rode, son ami, son plus illustre élève, qui le visita dans l'étranger, qui ne cessa d'être en correspondence avec lui, et dont l'affectueuse obligeance nous a procuré la plupart des détails biographiques qu'on vient de lire. » – Dt. Übersetzung: „Unter den Künstlern, die er selbst ausgebildet hat, müssen wir Rode an erster Stelle platzieren, seinen berühmtesten Schüler, der ihn in der Fremde besuchte, der nie die Korrespondenz mit ihm abbrach und dessen liebevolle Gefälligkeit uns den überwiegenden Teil der biografischen Details beschafft hat, die man lesen kann."

> Freude, ihn zu hören, dass ich, nach ein paar schwierigen Momenten, meine Begeisterung für die Musik zurückgewann.[51]

Viottis angenehmes Wesen, seine Herzlichkeit und seine Höflichkeit, zeichnen ihn aus. Er ist nicht nur der Virtuose, den man bewundert, sondern der geschätzte Freund, dessen Nähe Frauen und Männer gleichermaßen suchen. Zum Kreis von Madame de La Briche gehört auch eine weitere angesehene und berühmte Dame der Gesellschaft: Élisabeth Vigée Le Brun. Die Malerin hat ausgezeichnete Beziehungen zum französischen Hof, denn sie ist die geschätzte Porträtistin von Marie Antoinette; auf rund dreißig Bildern hat sie die Königin für die Nachwelt festgehalten.[52] Doch Madame Vigée Le Brun verkehrt nicht nur in höfischen Kreisen. Ihre Soiréen, die sie seit den frühen 1780er Jahren veranstaltet, sind ein Treffpunkt für Freidenker der Aufklärung, Schriftsteller, Musiker, Maler, kurz: für die gesamte bürgerlich-intellektuelle Bewegung. Der Salon von Vigée Le Brun ist schnell stadtbekannt, und auch der Adel wird aufmerksam. Man reißt sich geradezu darum, in diesem sehr entspannten, informellen Kreis zu Gast zu sein. In ihren Memoiren berichtet Madame Vigée Le Brun, dass ihr Raum oft für die Menge der Gäste viel zu klein war und hochrangige Gäste wie der Marschall von Frankreich, Duc de Noailles, auf dem Fußboden saßen, um den Darbietungen zu lauschen.[53] Es kann also durchaus sein, dass der Duc in nicht gerade standesgemäßer Haltung Viottis Vortrag zugehört hat. Madame Vigée Le Brun erinnert sich in ihren Memoiren an Viotti:

> Für die Instrumentalmusik hatte ich den Geiger Viotti zu Gast, dessen Spiel so ausdrucksvoll, beseelt und voller Kraft war, dass es alle entzückte.[54]

An ihren Soiréen nimmt regelmäßig ein Gast teil, den Viotti bereits auf seiner Europareise mit Pugnani kennenlernte: Es ist Prinz Heinrich von Preußen, der von August bis Oktober 1784 und von November 1788 bis März 1789 bei Madame Vigée Le Brun verkehrt und in ihrem Salon bisweilen Streichquartett spielt. Die

---

51 Comte Pierre de Zurich: Une Femme heureuse. Madame de La Briche 1755–1844, sa famille, son salon, le château de marais, d'après ses memoires, sa correspondance et d'autres documents inédits, Paris 1934, S. 176. Zitiert nach Lister, 2009, S. 103.

52 Élisabeth Vigée Le Brun musste, bedingt durch ihre Nähe zum Hof, im Oktober 1789 emigieren. Ihr Mann, Jean Baptiste Pierre Le Brun, publizierte 1793 eine engagierte Verteidigungsschrift gegen die Verleumdungen, die gegen Élisabeth im Umlauf waren, und er verteidigt sie gegen den Vorwurf, dass sie angeblich das Patronat der Königin ausgenutzt habe. Vgl. Jean Baptiste Pierre Le Brun: Précis historique de la vie de la Citoyenne Le Brun, peintre, Paris 1793.

53 Élisabeth Vigée Le Brun: Souvenirs, Band 1, Paris 1835, S. 60.

54 Vigée Le Brun, Band 1, S. 61.

Gastgeberin nennt ihn einen „exzellenten Amateur“, der gern die zweite Geige neben dem Primarius Viotti übernimmt.

Eine anregende Vorstellung, dass Viotti mit Prinz Heinrich von Preußen Streichquartett spielt, hochrangige Adlige wegen Platzmangels auf dem Fußboden sitzen und die charmante Elisabeth Vigée Le Brun ein Auge darauf hat, dass es allen gut geht. Ihr Ehemann Jean Baptiste Le Brun betont, dass keiner der Musiker eine Gage verlangte, sondern dass es vielmehr eine Ehre war, in diesem Kreis auftreten zu dürfen. Jean Baptiste Le Brun hebt die Fähigkeit seiner Frau hervor, die auftretenden Künstler zu inspirieren.[55]

Viotti zählt bald zu den engen Freunden Vigée Le Bruns. Sie verehrt ihn und sein Geigenspiel sehr, und in ihrem Salon lernt Viotti zwei weitere Frauen kennen, mit denen er sein Leben lang in Kontakt sein wird. Es sind berühmte Musikerinnen: die Pianistin Hélène de Montgéroult und die Harfenistin Félicité de Genlis. Jede dieser Frauen wird in entscheidenden Situationen schicksalhaft noch einmal Viottis Lebensweg kreuzen. Hélène de Montgéroult kommt in den Wirren der Französischen Revolution in eine gefährliche persönliche Lage, in der Viotti einmal mehr beweist, dass man sich auf ihn als Freund verlassen kann. Madame Genlis hingegen wird Viotti in seinen letzten Lebensjahren in einen schweren Konflikt bringen, der sich nicht lösen lässt, obwohl die beiden einander so lange kennen.

Noch eine weitere kreative Frau zählt zu Viottis Bekanntenkreis: Es ist die Schriftstellerin Madame Germaine de Staël, Tochter des Finanzministers unter Ludwig XVI., Jacques Necker. Mit ihm wird Viotti noch Schwierigkeiten haben – nicht wegen seiner Tochter, sondern wegen der Pariser Oper. Eine Machtprobe, auf die Viotti es ankommen lässt, ganz entgegen seiner sonst so verträglichen Art.

„... das Glück zu pflegen, in jedem seiner Zuhörer einen Freund zu werben ...“

Wir kehren an dieser Stelle zu der Frage zurück, warum sich Viotti so plötzlich vom öffentlichen Konzertleben zurückgezogen hat. Er lebt seine künstlerische Berufung voll und ganz in den Salons und Freundeskreisen aus und ist gleichzeitig im ungewissen Wartestand auf eine Position am Hofe Marie Antoinettes. Die ersten beiden Jahre in Paris hatte Viotti alles daran gesetzt, sich einen Namen in der überaus kritischen Pariser Gesellschaft zu machen. Eine Ochsentour könnte man es nennen, dieses öffentliche Konzertieren und gleichzeitig das Etablieren in allen wichtigen adligen Salons, um dem Ziel ein Stück näher zu kommen, vor der

55 Jean Baptiste Pierre Le Brun, S. 12.

Königin Marie Antoinette auftreten zu können. Das alles war Viotti gelungen, er konnte es jetzt entspannter angehen lassen und seine Vorliebe für das gemeinsame Musizieren pflegen. Er genießt den Umgang mit Gleichgesinnten aus verschiedenen Gesellschaftsschichten, man begegnet einander in den Salons jenseits von Standesgrenzen – alle eint die Liebe zur Musik und zu den anderen Künsten.[56]

Miel berichtet, dass auch Viotti in seinen Privaträumen Konzerte veranstaltete.[57] Seine Matineen ziehen am Sonntagvormittag die musizierenden Freunde und vor allem seine Schüler an.

> Es war eine besondere Gunst, bei diesen Zusammenkünften empfangen zu werden, und diese Gunst war sehr begehrt, obwohl sich alles ohne gesellschaftlichen Apparat ereignete, in einer bescheidenen Wohnung eines Künstlers, oder vielmehr zweier Künstler, Viotti und Cherubini, die zusammenwohnten; aber die Geistesgröße hatte sie zum Refugium der Musen gemacht.[58]

Vom musikalischen Standpunkt sind diese Konzerte besonders interessant, doch leider – außer bei Miel – nicht dokumentiert. Im Mittelpunkt dieser Konzerte stehen Viottis Schüler, die gemeinsam musizieren, und er selbst nimmt die Funktion des konzertierenden Lehrers ein:

> Man musizierte Quartette und Quintette, und der Meister bot einem Auditorium seiner Wahl die Anfänge seiner Konzerte, denen der Zauber seines Spiels viele Schönheiten hinzufügte.[59]

Es ist eine anregende Form des Unterrichts: Der Meister spielt eigene Kompositionen, die Schüler spielen ebenfalls Viottis Kompositionen, man schaut sich Feinheiten, Tricks und Kniffe beim Lehrer ab, lernt voneinander und spornt sich gegenseitig an. Und im Hintergrund hört ein junger Mann zu, der seit August 1786 mit Viotti die Wohnung in der Rue Notre-Dame-des-Victoires 20 teilt: der Komponist Luigi Cherubini.

> Sie wohnten zu zweit sechs Jahre lang unter einem Dach. Während dieser Zeit widmete der Virtuose dem Komponisten eines seiner Konzerte (das Konzert in a-Moll, Lettre B),

56 Warwick Lister: Notes on Viotti in Paris, 1782–1792, in: Giovanni Battista Viotti – A Composer between the Two Revolutions, Ad Parnassum Studies 2, hrsg. von Massimiliano Sala, Bologna 2006, S. 41/42.

57 Miel, S. 187: « Il avait établi les matinées musicales dans l'intérêt de ses élèves. »

58 Miel, S. 187: « Être admis à ces séances était une faveur, et cette faveur était fort recherchée, quoique tout se passât sans appareil, dans le modeste appartement d'un artiste, ou plutôt, de deux artistes, Viotti et Cherubini, qui habitaient ensemble ; mais le génie en avait fait le sanctuaire des Muses. »

59 Miel, S. 187: « On exécutait des quatours, des quintetti, et le maître offrait à un auditoire de son choix les prémices de ses concertos, auxquels la magie de son jeu ajoutait tant de beautés. »

und der Komponist gefiel sich darin, ein Trio seines Freundes für Klavier zu arrangieren (es ist das Opus 17), eine beiderseitige und rührende Sicherheit in einer fast brüderlichen Anhänglichkeit.[60]

Ein Sonntag ist für Viotti ein Tag voller Musik: morgens die Matinee, das Mittagessen wird bei Abbé Morellet eingenommen, dort wird anschließend musiziert, und am Abend geht es zum Salon von Madame de La Briche. Das alles sind nicht die Aktivitäten eines professionellen Virtuosen; selbst in den Salons, in denen er sich zunächst als Berufsmusiker vorstellte, pflegt er jetzt einen freundschaftlichen Umgang mit den Gastgebern. Die Veränderungen im Umgang miteinander wirken sich auch auf seine Spielfreude aus. Er hat nie seine Kunst auf der Geige als Kalkül gesehen, und am besten geht es ihm, wenn er gemeinsam mit anderen um der Sache selbst willen musizieren kann. Er zieht es vor, für Freunde statt für ein großes anonymes Publikum zu spielen, nicht etwa, weil er schüchtern ist oder Lampenfieber hat – er genießt es durchaus, vor einem großen Publikum aufzutreten. Das wird verlässlich von Pierre Baillot bezeugt, der neben Rode ein bedeutender Schüler und gleichzeitig enger Freund von Viotti ist.[61] Doch bedeutet Viotti die Wertschätzung einer kleinen intimen Gruppe von Freunden und Gönnern mehr: Das ist ein entscheidender Gedanke, um zu verstehen, warum sich Viotti

60 Miel, S. 187: « Ils logèrent tous deux sous le même toit pendant six ans. On a vu, depuis, le virtuose dédier un de ses concertos au compositeur (le concerto en la mineur, Lettre B), et le compositeur se complaire à arranger pour le piano un œuvre de trios de son ami (c'est l'œuvre 17), gage mutuel et touchant d'un attachement presque fraternel. » Bei dem Violinkonzert, das Viotti Cherubini widmete, handelt es sich um das Konzert Nr. 22 a-Moll (wI:22), jenes Konzert, das Brahms sehr schätzte. Bei dem Trio, das Cherubini bearbeitete, handelt es sich um insgesamt drei Trios, sie sind von Viotti im Original für zwei Violinen und Violoncello geschrieben und firmieren unter op.17 (wIII:13–15).

61 Siehe Lister, 2009, S. 108. Pierre Baillot (1771–1842) hörte 1831 ein Konzert mit Paganini, das ihn sehr beeindruckte und ihn zu einem Vergleich mit Viotti veranlasste: « 20 mars 1831. Je vais ce soir au troisième concert de Paganini. […] N'attendez donc pas de moi une critique, je ne puis voir en ce moment que ses éminentes qualités, justesse à toute épreuve, aplomb que je ne puis comparer qu'à celui de Viotti, netteté et facilité inouïes, tout cela joint à beaucoup de chaleur, de sentiment et d'originalité : voilà Paganini. » – Dt. Übersetzung: „Ich gehe heute Abend zum dritten Konzert von Paganini. […] Erwarten Sie nun nicht eine Kritik von mir, ich kann im Moment nur seine hervorragenden Qualitäten sehen, Genauigkeit bei jeder Prüfung, selbstsicheres Auftreten, wie ich es nur mit dem von Viotti vergleichen kann, unerhörte Klarheit und Leichtigkeit, all das versehen mit viel Wärme, Gefühl und Originalität: Das ist Paganini.“ Zitiert nach Brigitte François-Sappey: Pierre Marie François de Sales Baillot (1771–1842) par lui-même, in: Recherches sur la musique française classique, Band 18 (1978), S. 185.

in Paris recht bald vom öffentlichen Konzertieren zurückgezog. Man führe sich auch noch einmal Viottis frühe Lebensjahre vor Augen. Die ersten Erinnerungen an Musik sind die an seinen Vater, wie er einst in Fontanetto Po gemeinsam mit Freunden musizierte. Die Gemeinschaft Gleichgesinnter bedeutet Viotti mehr als der Ruhm; auch dazu hat sich Baillot überzeugend geäußert:

> Wenig nach dem Applaus trachtend, strebte er eine andere Art von Erfolg an, einen Erfolg, der speziell ihm kostbar war, nämlich vor allem das Glück zu pflegen, in jedem seiner Zuhörer einen Freund zu werben.[62]

Zu jenem Zeitpunkt hatte Viotti in der Metropole Paris alles erreicht, was sich ein Musiker wünschen konnte. Mit nur wenigen Konzerten hatte er internationale Berühmtheit erlangt und neue Maßstäbe für Virtuosität auf der Violine gesetzt. Neidern war er aufgrund seines hervorragenden Geigenspiels haushoch überlegen, in den angesehensten Salons war er ein beliebter Gast, er stand in der Gunst der Königin und hatte gute Freunde. Über mangelnde gesellschaftliche Akzeptanz oder persönliche Beziehungen konnte Viotti nicht klagen. Doch man fragt sich, warum er in diesen erfolgreichen Jahren nicht geheiratet hat. Verehrerinnen gab es sicher genügend, und unter ihnen waren kluge und musikalisch gebildete Frauen, die in Viotti nicht nur den Virtuosen sahen, sondern einen Menschen, der seine hohe Begabung großzügig verströmte: die Pianistinnen Hélène de Montgéroult und Madame de la Briche, die Cembalistin Catherine Henriette Belz und die Harfenistin Félicité de Genlis. Doch einige von ihnen waren bereits standesgemäße Ehen eingegangen, Madame de la Briche war verwitwet, und Catherine Henriette Belz war ledig, als sie Viotti kennenlernte; sie war eine der wenigen bürgerlichen Damen in Viottis Umfeld.[63] Der Standesunterschied wird eine Rolle gespielt haben, denn obwohl Viotti in einer adligen Familie aufgewachsen war, so gehörte er doch nicht diesem Stand an und konnte daher nicht um die Hand einer adligen jungen Dame anhalten. Er war und blieb ein Handwerkersohn. Als er als Elfjähriger in die Familie Dal Pozzo aufgenommen wurde, begann für ihn ein gesellschaftlicher Aufstieg, der durch seine außergewöhnliche Begabung mög-

62 Pierre Baillot: Notice sur J.-B. Viotti, Paris 1825, S. 9–10, zitiert nach Denise Yim: Viotti and the Chinnerys: A Relationship Charted Through Letters, Aldershot 2004, S. 111, FN 15: « Aspirant peu aux applaudissemens, il ambitionna un autre genre de succès, succès bien autrement précieux pour qui met au-dessus de tout le bonheur d'acquérir un ami dans chacun de ceux qui l'écoutent. »

63 Catherine Henriette Belz war eine Nichte des Schriftstellers und Philosophen der Aufklärung Abbé Morellet. Sie stammte aus einer wohlhabenden Kaufmannsfamilie. Ihr Vater, ein Schwager Morellets, war Schweizer, der sich erfolgreich in Lyon niedergelassen hatte. Sie heiratete Louis-Claude Chéron de la Bruyère, Mitglied der Gesetzgebenden Nationalversammlung. Siehe Morellet, S. 231.

lich war; sie umfassend zu fördern, war das erklärte Ziel der Familie Dal Pozzo. Eine Erziehung in einem adligen Haus bedeutete aber nicht, dass dem Zögling gesellschaftlich – vor allem bei der Wahl der Ehepartnerin – dieselben Türen offenstanden wie den Mitgliedern der Familie. Dynastische Interessen hatten ein deutlich größeres Gewicht als Herzensangelegenheiten.

Da er in Kreisen aufwuchs, die weit über denen einer Handwerkerfamilie lagen, war die Wahl einer passenden Ehepartnerin von Anfang an erschwert. Naheliegend als Heiratskandidatin wäre eine professionelle Musikerin gewesen. In seinen knappen Aufzeichnungen gibt Viotti jedoch keinen Hinweis auf Heiratsabsichten, und weder eine Liebesbeziehung noch eine Affäre werden erwähnt, sei es nun in Turin, auf der langen Konzertreise durch Europa oder im Anschluss in Paris; auch seine Zeitgenossen schweigen sich zu diesem Thema aus. Als Freund hingegen bezeichnete er sich oft und gern, was auch einen Ausdruck in seiner Unterschrift fand – mit „amico" beendete Viotti Briefe, sogar offizielle Schriftstücke. In der Rolle des Freundes sah er sich selbst am liebsten; neben der Musik war ihm das besonders wichtig, und daran änderte sich nichts bis an sein Lebensende. Doch in Paris war er ein noch recht junger Mann, der in die Zukunft sah. Wen wünschte er sich an seiner Seite? Möglicherweise liebte Viotti das eigene Geschlecht. Die Wohngemeinschaft mit Cherubini in Paris, die sechs Jahre bestand, war eventuell mehr als nur eine zweckmäßige Form, Kosten zu sparen. Da Homosexualität im 18. Jahrhundert gesellschaftlich geächtet und mit hohen Strafen belegt war, musste dieser Punkt, sollte er relevant gewesen sein, verschwiegen werden, zumal im streng katholischen Frankreich.

Neue Aufgaben

Léonard Autié ging bei Königin Marie Antoinette ein und aus. Er war ihr Friseur und genoss den Ruf einer berühmten Persönlichkeit. Angeblich reiste er jeden Morgen mit einer sechsspännigen Kutsche von Paris nach Versailles, um die Königin zu frisieren. Seine Kreationen waren aufwendig und weit über Versailles hinaus bekannt. Betrachtet man eines der vielen Porträts von Marie Antoinette, so fällt einem sogleich ein riesiger Turm auf, der kunstvoll aus ihren Haaren errichtet ist. Diese hoch aufragenden Frisuren, die oft mit Blüten, Bändern und Federn verziert waren, beeindruckten die Damen in ganz Europa – und entsetzten die Mutter Marie Antoinettes, die Kaiserin Maria Theresia. Aus Wien kamen mahnende Briefe, es nicht zu toll zu treiben: „Ich kann nicht umhin, einen Punkt zu berühren, den ich in den Zeitungen so oft wiederholt finde, nämlich Deine Frisuren! Man sagt, daß sie von der Wurzel des Haares sechsunddreißig Zoll hoch sind."[64] Es war aber nicht nur die Höhe der Frisur, die Aufsehen erregte, sondern auch die Symbolik, die die Haarpracht zur Schau stellte: Attraktionen des Tagesgeschehens, wie beispielsweise eine umjubelte Opernpremiere von Gluck, fanden ihren Weg in die Kreation Léonards, einer „Coiffure à la Iphigénie" mit schwarzen Trauerbändern und Accessoires wie dem Halbmond der Diana; aber auch politische Themen wurden von Léonard Autié onduliert.[65]

Er muss einer der Friseure gewesen sein, die es verstehen, während sie sich dem Kopf einer Dame widmen, eine geradezu intime Atmosphäre aufzubauen. Er genoss das Vertrauen der Königin. Während er sich über Stunden ihren Haaren zuwandte und daraus seine Meisterwerke schuf, wurde über vieles gesprochen. Die Begeisterung der Königin für Vergnügungen aller Art war ihrem Friseur bestimmt bis ins kleinste Detail bekannt. So erfuhr Léonard Autié bei den zahlreichen Terminen, die anlässlich von bevorstehenden Theaterbesuchen anberaumt wurden, sehr viel über italienische und französische Oper, Sprechtheater und Instrumentalmusik. Marie Antoinette muss in ihrem Friseur einen für die Musik begeisterungsfähigen Geschäftsmann gesehen haben, denn im April 1788 erhielt er das Privileg, in Paris ein Theater aufzubauen. In der Stadt gab es bereits drei große Häuser, und daher erntete diese Initiative der Königin nicht nur Begeisterung. Die Nachricht drang bis nach England. Warwick Lister zitiert die „Times" vom 18. Juni 1788, der es eine Notiz wert war, dass der Friseur der Königin den Auftrag erhalten habe, ein neues Theater zu errichten. Als weitere Manager nennt die Zeitung Cherubini und – Giovanni Battista Viotti.[66] Cherubini gehörte nicht zum Gründungsteam, wie Lister anmerkt, aber Viotti kam in den darauffolgenden Monaten die Aufgabe zu, als künstlerischer Leiter vor allem den Spielbetrieb der italienischen Oper zu organisieren. Das zukünftige Theater hatte drei Sparten: italienische Opera buffa, französische Opéra comique, die hauptsächlich aus ins Französische übersetzten italienischen Opere buffe bestand, und französisches Sprechtheater; jede Sparte hatte ihre eigene Compagnie.[67] Das Théâtre de

64 Zitiert nach Zweig, S. 124.

65 Zweig, S. 123.

66 "Parisian Intelligence, Paris 9 June. Leonard, the Queen's hairdresser, has obtained the patent for the new comic Opera-House which is going to be erected at the Luxembourg. Cherubini and Viotti are to be the ostensible managers." Zitiert nach Lister, 2009, S. 126.

67 Zwei Jahre nach der Gründung des Theaters war es sogar ein Vier-Sparten-Haus. Der Almanach général de tous les spectacles, 1791, nennt: l'Opéra Italien, l'Opéra Français, Comédie-Française und Vaudeville. Besonders die Qualität der Opéra Italien wird gelobt: « [...] qu'on y joue dans la plus grande perfection [...]. » Siehe Almanach général de tous les spactacles, 1791, S. 49, online unter: http://gallica.bnf.fr/ark:/12148/bpt6k48119d/f55.item.texteImage, letzter Zugriff: 17.05.2018.

Monsieur beschäftigte insgesamt mindestens 350 Mitarbeiter und verfügte über rund 1800 Plätze.[68]

Viotti war zu jenem Zeitpunkt 33 Jahre alt und brachte vielfältige Erfahrungen mit. Er kannte die besten Musiker Europas, war mit den Fallstricken der Pariser Musikszene vertraut, und er wusste um das anspruchsvolle, bisweilen übertrieben kritische Publikum der Stadt. Und da er zehn Jahre zuvor noch selber im Orchester des Teatro Regio in Turin gespielt hatte, verfügte er über hervorragende Kenntnisse des schier unermesslichen Repertoires der italienischen Opera buffa. Aus der Sicht der Königin Marie Antoinette war es in jeder Hinsicht klug, ihn in dieses Amt zu berufen.

Für Viotti stellte diese Aufgabe eine neue Herausforderung dar, fühlte er sich doch eigentlich wohl in der selbst gewählten Zurückgezogenheit. Aber es muss ihn gereizt haben, noch einmal die Welt der Bühne von einer anderen Perspektive aus zu betrachten. In seinen autobiografischen Skizzen erwähnt er, wie sehr er sich auf die neue Aufgabe konzentrierte. Sie bot auch die Möglichkeit, vor den politischen Unruhen in Paris zunächst die Augen zu verschließen:

> Meine beinah ganze Kraft in das Unternehmen eines Théâtre Italien einsetzend, war ich nicht belastet durch das Herannahen dieser schrecklichen Geißel, diese Schonung erlaubte es mir, mich dem Abgrund zu entziehen, der sich auftat! Es ist leicht, sich das vorzustellen.[69]

Der Friseur Léonard Autié hatte die Aufgabe, die schwierigen Geschäftsverhandlungen zu führen. Anders als in der „Times“ verkündet, wurde als Standort für das neue Theater nicht der Parc du Luxembourg, sondern der Tuilerienpalast ausgewählt. Hier befand sich bereits seit den Regierungsjahren von Ludwig XIV. der „Saal der Maschinen“ (la salle des machines), benannt nach der fortschrittlichen Theatermaschinerie, die dem Saal zur Verfügung stand.[70] Die Entscheidung für diesen Standort machte deutlich, dass das neue Theater auch eine Demonstration der

---

68 Almanach général de tous les spectacles, Paris 1791, S. 58, online unter: http://gallica.bnf.fr/ark:/12148/bpt6k48119d/f55.item.texteImage, letzter Zugriff: 17. 05. 2018 und 1792, S. 61–68, online unter: http://gallica.bnf.fr/ark:/12148/bpt6k97545630c/f90.image.texteImage, letzter Zugriff: 17. 05. 2018.

69 « Ayant placé presque tout mon bien dans l'entreprise d'un théâtre Italien, de quelle crainte n'ai-je pas du être frappé à l'approcher de ce fléau terrible, de quel ménagement n'ai-je pas dû faire usage pour me tirer du précipice qui s'entrouvoit ! Ah il est aisé de l'imaginer. » Zitiert nach Giazotto, S. 229 f.

70 Seit 1784 fanden hier die Concerts spirituels unter Joseph Legros statt, die bei der Organisation des zukünftigen Spielplans und der Theatertechnik im Parallelbetrieb mitbedacht werden mussten. Vgl. Lister, 2009, S. 129: "[…] we can only imagine the logistical and administrative nightmare it must have been." – Dt. Übersetzung: „Wir können uns den logistischen und verwaltungstechnischen Albtraum nur vorstellen."

alten Macht war, und Viotti geriet mit dem Projekt und als königstreuer Musiker mitten in die angespannte politische Situation. Im Sommer 1788 waren in Paris die Vorboten der Revolution deutlich zu spüren. Es waren sehr gegensätzliche Ereignisse, die sich in jenen Monaten parallel in Paris abspielten: ein neues Theater als Inbegriff der vergnüglichen Ablenkung einerseits, politische Umwälzungen andererseits. Eine Schlüsselposition kam dem Reformminister Jacques Necker zu, der bereits einige Jahre zuvor, 1781, in seiner Denkschrift „Compte rendu au Roi" erstmalig die Staatsfinanzen auch der Öffentlichkeit zugänglich gemacht hatte. Marie Antoinette sah in Necker einen ihrer stärksten Kritiker, da sein Bericht die hohen Privatausgaben offenbarte.[71] Vor diesem Hintergrund erscheint das von ihr initiierte neue Theater in einem besonderen Licht.

Das neue Theater trug den Namen Théâtre de Monsieur. Wenn auch das eigentliche Patronat bei Marie Antoinette lag, so war es sicher klug, den Bruder König Ludwigs XVI., Le Comte de Provence, den man auch „Monsieur" nannte, als Namensgeber einzusetzen. Denn Marie Antoinette war bei weitem nicht mehr so beliebt wie zu Beginn ihrer Zeit auf dem französischen Thron. Während Jacques Necker die Versammlung der Generalstände vorbereitete, die Unruhen in der Provinz Dauphiné befriedete und als Finanzminister entlassen und sofort wieder ernannt wurde, baute man im Tuilerienpalast das Theater aus. Marie Antoinette gab eine eigene Loge in Auftrag, die sie direkt von ihren Privatgemächern erreichen konnte.[72] Ob diese Loge je eingerichtet wurde, ist nicht sicher. Tatsache aber ist, dass die Königin geradezu trotzig alles daransetzte, ein neues Theater entstehen zu lassen, dem es an nichts mangeln sollte, weder in der technischen noch in der künstlerischen Ausstattung. Denn während die Planungen und Bauarbeiten voranschritten, häuften sich die Proteste der bereits bestehenden drei großen Theater in Paris. Man fürchtete zu Recht um Konkurrenz im Repertoire, das bislang auf die Comédie-Française, auf die Opéra-Comique und auf die Opéra (Académie royale de musique) verteilt war. Die Reaktionen auf diese Proteste hatten etwas, was man heute bei Politikern „aussitzen" nennen würde: Minister Louis Auguste de Breteuil antwortete auf das Protestschreiben des Direktors der Opéra, dass der Standort des neuen Theaters nur vorübergehend im Tuilerienpalast sein werde, und der Comte de Provence beschwichtigte höchstpersönlich die Vertreter der

71 Compte rendu au Roi, 1781, in: Oeuvres complètes de M. Necker, publiées par M. Le Baron de Staël, son petit-fils, Band 2, Paris 1820. Necker führt die einzelnen Einnahme- und Ausgabenposten an. Die Ausgaben für den Haushalt des Königs, der Königin, der Tochter Marie Thérèse Charlotte, Madame Elisabeth und der Tanten des Königs liegen mit 25.700.000 Livres weit über den meisten anderen Ausgaben. Siehe S. 146 und 152.

72 Vgl. Lister, 2009, S. 127–129. Lister beschreibt ausführlich den Architektenentwurf für diese Loge sowie die geplante Ausstattung.

Comédie-Française, dass es kein französisches Sprechtheater im neuen Théâtre de Monsieur geben werde, doch das Gegenteil war dann der Fall. Noch war die königliche Macht groß genug, um diesen Protesten standzuhalten und die eigenen Vorstellungen durchzusetzen.[73]

Viotti, der in seinem bisherigen Berufsleben keine administrativen Aufgaben oder Führungspositionen innegehabt hatte, musste sich an diese Machtkämpfe wahrscheinlich erst gewöhnen. Ihm ging es um die Musik auf höchstem Niveau, nicht um politisches Kräftemessen. Gleichwohl war er ins Zentrum dieser Auseinandersetzungen geraten. Er verpflichtete die besten Instrumentalisten über die Grenzen der Stadt hinaus, was ihm nicht schwerfiel, denn er war mit vielen eng befreundet. Sehr schnell hatte das Orchester des Théâtre de Monsieur den Ruf, das beste in Paris zu sein.[74]

Die engagierten Sängerinnen und Sänger waren ebenfalls handverlesen. Der Bassist Giovanni Morelli wurde beauftragt, in Italien die besten Sänger zu engagieren. Er kam mit einer beeindruckenden Fülle von Zusagen zurück nach Paris. Die Liste war sozusagen das damalige „Who is Who" der italienischen Opernsängerinnen und Opernsänger.[75] Das Theater ließ sich diese Starbesetzung einiges kosten. Lister berichtet, dass die Sängerinnen und Sänger annähernd doppelt so viel verdienten wie ihre Kollegen, die für die französische Oper unter Vertrag waren. Italienische Oper war in ganz Europa beliebt, und hervorragende Sängerinnen und Sänger waren dementsprechend gut gebucht. Das Théâtre de Monsieur hatte gar keine Wahl und musste, wollte es diese Opern spielen, konkurrenzfähige Honorare zahlen.[76]

Zur Eröffnung am 26. Januar 1789 erklang dann auch eine italienische Oper. Man führte „Le vicende amorose" von Giacomo Tritto auf, der als Musikdirektor am Teatro San Carlo in Neapel wirkte. Am folgenden Abend wurde die Oper noch einmal als Benefizveranstaltung gegeben. Sehr schnell hatte das Théâtre de Monsieur den Ruf, als erstes festes Theater in Frankreich ein ganzjähriges italienisches Buffo-Opernrepertoire anzubieten und die besten Werke des riesigen italienischen

73 Alessandro Di Profio: La révolution des Buffons. L'opéra italien au Théâtre de Monsieur 1789–1792, Paris 2003, S. 84–87.

74 Vgl. Lister, 2009, S. 133–134. Er führt zahlreiche Namen von Geigern an und berichtet ausführlich über die Besetzung der Konzertmeisterpositionen mit Giuseppe Puppo und Pierre La Houssaie; in der Gruppe der ersten Geigen spielte Viottis Schüler Pierre Rode.

75 Die komplette Besetzungsliste der Sänger, Schauspieler, Choristen und Instrumentalisten sowie sämtliche Bühnenarbeiter siehe: Almanach général de tous les spectacles, 1791, S. 50–58, online unter: http://gallica.bnf.fr/ark:/12148/bpt6k48119d/f64.image.texteImage, letzter Zugriff: 17.05.2018.

76 Vgl. Lister, 2009, S. 131.

Opernrepertoires zu präsentieren. Viotti hatte an diesem Erfolg einen großen Anteil, denn nur er war in der Lage, ein Sängeraufgebot dieser Qualität und so hervorragende Instrumentalisten für das Orchester zu engagieren.

Während das Theater fortan regelmäßig spielte, verschärfte sich die politische Lage in der Stadt. Es waren parallele Welten, die kaum gegensätzlicher sein konnten: Innerhalb des Theaters wurde das Ancien régime bestärkt, außerhalb wackelte das alte Machtgefüge zunehmend. Die Vorboten der Revolution ließen sich nicht von Theatermauern aufhalten. Viotti war, wie fast jeder Mann, verpflichtet, der Nationalgarde beizutreten. Er berichtet in seinen autobiografischen Aufzeichnungen, dass es eine Kleiderordnung gab, die nur allzu deutlich machte, wie stark der Einfluss bereits war:

> Alle legten die Kleidung der Garde nationale an, ich habe sie auch tragen müssen. Ich habe es müssen, umso mehr, da man mein von der Königin geschütztes Theater das Rendezvous der Aristokraten nannte. Alle hielten Wache, ich war gezwungen, sie zu halten wie alle anderen. Jeder versuchte, in diesem furchtbaren Durcheinander eine Stütze zu haben in irgendeinem Mitglied der Nationalversammlung; ich habe es ebenso versucht, mein Vermögen und mein Leben hingen davon ab, und ich muss gestehen, dass mir scheint, die Ehrlichen und die Guten gekannt zu haben.[77]

Viotti musste sich als Leiter des Théâtre de Monsieur jeden Tag auf einen Balanceakt einstellen, der darin bestand, einerseits die Interessen seines Theaters und der dort engagierten Künstler zu vertreten, andererseits seine Gönnerin nicht zu verstimmen. Mit Kleidungsstücken der Garde Nationale gab man seine Sympathie für das Bürgertum zu erkennen. Auf Initiative des bürgerlichen Politikers Edmond Dubois-Crancé, der dem Militärausschuss angehörte, wurde nämlich schrittweise eine bedeutende Reform der Armee betrieben. Konnten bislang nur Adlige eine Offizierskarriere machen, so stand die Garde Nationale jedem französischen Bürger offen, und sie gab sich das Recht, Offiziere und Unteroffiziere selbst zu wählen. In den ersten Monaten ihres Bestehens war die Garde Nationale vor allem eine Volksbewaffnung in Paris – und setzte damit ein deutliches Zeichen gegen die Monarchie. Giovanni Battista Viotti, bekleidet mit Accessoires der Uniform der Garde Nationale, im Herzen ein Königstreuer, wusste, dass allabendlich der

77 « Tout le monde prenoit l'habit de Garde Nationale, j'ai dû le prendre aussi. Je l'ai dû autant plus qu'on appelloit mon théâtre protégé de la Reine, le rendez-vous des aristocrats. Tout le monde montoit la garde, j'ai été forcé de la monter comme les autres. Chacun tachoit dans cette affreuse confusion d'avoir un appui dans quelque membre de l'Assemblée ; je l'ai taché de même, ma fortune et ma vie en dependoient, et je dois avouer, qu'il m'a parû en avoir connû d'honnets et des bons. » Zitiert nach Giazotto, S. 230.

Adel im Foyer seines Theaters promenierte – in welche inneren Nöte ihn die provokante Kostümierung stürzte, kann man sich gut vorstellen.

Da Viotti bislang keine Erfahrungen in der Leitung eines Theaters gesammelt hatte, war die politisch brisante Situation in Paris, die sich nun auch auf sein Theater auswirkte, mit Sicherheit eine Überforderung. Nur so lässt sich ein Konflikt erklären, der ab Ende März 1789 zwischen Viotti und hochgestellten Ministern entbrannte. Dieser „Opernkrieg", den Viotti anzettelte, ist höchst verwickelt. Die handelnden Personen sind der Finanzminister Jacques Necker, der Minister der königlichen Haushaltung Laurent de Villedeuil, der Intendant der königlichen Musikveranstaltungen Denis-Pierre de La Ferté und die Direktoren der Opéra Antoine Dauvergne und Étienne Morel de Chédeville; gegen diese geballte Ansammlung von Macht, Einfluss und Tradition glaubte Viotti, einen kühnen Plan durchsetzen zu können. Es ging ihm um die Ausweitung seiner eigenen Macht und damit verbunden um die Sicherung seiner Position am Hofe. Denn die Opéra war Sitz der Académie royale de musique, und eine Leitung der Opéra war gleichbedeutend mit der Leitung dieser hochstehenden Einrichtung, die direkt dem Hof unterstand. Am 23. März 1789 schrieb er an den Finanzminister Necker, man möge ihm, Viotti, das Monopol („privilège") verleihen, für einen Zeitraum von dreißig Jahren die Opéra zu leiten. Er bot drei Millionen Livres als Sicherheit, und sein Ton war entschieden und bedrängend:

> [...] die Zeit drängt, und eine schnelle Entscheidung ist umso wichtiger für mich, da ich die Wertschätzung meiner Geldgeber verlieren würde, wenn ich sie nicht von Verpflichtungen befreie in der einen oder anderen Weise; es würde, ohne Zweifel, Ihrem Gerechtigkeitssinn widerstreben, mich weiterhin dieser Unannehmlichkeit auszusetzen.[78]

Zu dem Zeitpunkt, als Jacques Necker diesen Brief erhielt, hatte er als Finanzminister gerade ganz andere Aufgaben zu bewältigen. Er war von Ludwig XVI. beauftragt, die anberaumte Sitzung der Generalstände vorzubereiten – ein Ereignis, das seit 175 Jahren nicht mehr stattgefunden hatte und das nun, aufgrund der angespannten politischen Situation und einer andauernden Finanzkrise in Frankreich, mit großer Spannung erwartet wurde. Jacques Necker hatte in den vorangegangenen Monaten ein Wahlverfahren für die Abgeordneten der Generalstände vorbereitet, im Anschluss an die Wahlen über 1000 Einladungen zur

78 « [...] le temps presse, & la promptitude d'une décision est d'autant plus importante pour moi, que je perdrois l'estime de mes faisant-fonds, si je ne les rendois bientôt libres, d'une manière ou d'autre ; il répugneroit, sans doute, à votre justice, de me laisser encourir ce désagrément. » Giovanni Battista Viotti: Mémoire au roi, Concernant l'Exploitation du Privilege de l'Opéra, demandé par le Sieur Viotti, Paris 1789, S. 6. Archives nationales, Paris: F-Pan O1 613–137.

anberaumten Sitzung verschicken lassen und war, als er Viottis Brief erhielt, in den konkreten Vorbereitungen der mehrtägigen Sitzung, die am 5. Mai 1789 in Versailles eröffnet werden sollte. Der Minister galt als hervorragender Diplomat und versuchte, eine Annäherung von Monarchie und Bürgertum herzustellen; da er außerdem über großes finanzpolitisches Geschick verfügte, hoffte man, er würde den desolaten Staatshaushalt in Ordnung bringen. Große Aufgaben warteten auf ihn, als Viotti mit seinem Gesuch an ihn herantrat. Necker fand immerhin Zeit, zu antworten, und verwies Viotti freundlich an den Minister der königlichen Haushaltung, Laurant de Villedeuil.

Villedeuil kannte Viotti aus namhaften Salons und hielt große Stücke auf ihn als Geiger, bezweifelte aber seine Kompetenz als Theatermanager. Unter einigen Vorwänden ließ er Viotti lange auf ein Antwortschreiben warten. Das war für Viotti umso ärgerlicher, als er seinem Brief an Villedeuil einen vierzehn Punkte umfassenden Plan beigelegt hatte, in dem er konkret seine Forderungen und die Vorzüge seiner Strategie formulierte. Führt man sich vor Augen, was Viotti beabsichtigte, dann kann man – bei aller Sympathie – nur von einer kompletten Fehleinschätzung der herrschenden Verhältnisse, aber auch der eigenen Sachkenntnis sprechen. Er beabsichtigte nämlich, sich die exklusiven Rechte für die Vergabe von Aufträgen für Libretti, seien sie auf Französisch, Italienisch oder in einer anderen Sprache, für Opernkompositionen, für Instrumentalwerke, für Aufführungen von Opern und Konzerten (Concert spirituel) zu sichern. All diese Punkte übertrafen den großen Aufgabenbereich der Académie royale de musique ohnehin. Anzunehmen, dass er, Viotti, als Ausländer dieses französische Bollwerk der Musik einnehmen könnte, wie vor ihm nur sein Landsmann Jean Baptiste Lully (Giovanni Battista Lulli), war äußerst naiv.

Diplomatisches Geschick war nicht Viottis Sache; das zeigte sich ganz deutlich, als ihm der Geduldsfaden riss, denn Villedeuil ließ ja, wie bereits erwähnt, mit einer Antwort auf sich warten. Viotti hingegen hatte inzwischen eine Zusammenfassung seiner Vorschläge und Forderungen angefertigt, drucken lassen und sie öffentlich verteilt. Da trat nun ein weiterer mächtiger Vertreter des Hofes auf den Plan: Denis-Pierre de La Ferté, er war Intendant der königlichen Musikveranstaltungen am Hof. La Ferté schrieb nun wiederum an Villedeuil, dass Viotti dem Ansehen der Opéra schade, die Sänger beunruhige und er vom Verhalten Viottis sehr befremdet sei – hinter dieser bemüht höflichen Formulierung verbirgt sich großer Ärger.

> Ich habe die Ehre, mein Herr, Ihnen die Drucksache zu schicken, die S. Viotti, der nicht die Geduld gehabt hat, Ihre Anweisungen abzuwarten, gestern überall in Versailles und in Paris verbreitet hat, und die mir den Besuch von mehreren Hauptmitgliedern der Oper verursacht hat, die im höchsten Maße alarmiert sind und von denen einige veranlasst sind

zu kündigen, sollte das [Viottis Forderungen] eintreten. [...] Um ehrlich zu sein, mein Herr, das Benehmen von S. Viotti ist sehr außergewöhnlich.[79]

Viotti beschwerte sich dann zwei Tage später bei Villedeuil, dass er nichts von ihm höre, und sprach die Drohung aus, die Angelegenheit in Eigenregie dem König zu präsentieren – er begründete diesen Schritt mit der Unentschlossenheit Villedeuils.

Am darauffolgenden Tag, dem 19. April 1789, stand wiederum Finanzminister Jacques Necker auf der Korrespondenzliste Viottis. Er klagte über Villedeuil und legte eine Kopie seines jüngsten Briefes an ihn bei. Necker hingegen steckte tief in den Vorbereitungen zur Versammlung der Generalstände und hatte sicher andere Dinge zu tun, als Künstlerfehden zu schlichten. Inzwischen war die Opéra aktiv geworden und hatte einen Brief an das „Journal de Paris" lanciert, in dem sich das Comité de l'académie royale de musique gegen Viottis Angriffe wehrte; das „Journal de Paris" veröffentlichte diesen Brief am 19. April 1789.

Am 29. April 1789 tat Viotti etwas, mit dem wohl niemand seiner Gegner rechnete: Er veröffentliche seine Denkschrift „Mémoire au Roi concernant l'Exploitation du privilège de l'Opéra, demandé par le sieur Viotti"; diese Publikation war direkt an den König gerichtet, und sie enthielt neben seinem 14-Punkte-Plan die komplette Korrespondenz mit Jacques Necker und Laurent de Villedeuil. Letzterer erhielt eine Kopie der Denkschrift zusammen mit einem Brief, in dem Viotti die Begründung seines ungewöhnlichen, die Etikette verletzenden, Schrittes lieferte:

Ich bin verzweifelt, mein Herr, dass Sie mich durch Ihr Schweigen in die absolute Notwendigkeit dieses Schrittes gezwungen haben. Aber ich konnte nicht anders, da ich sonst die Interessen meiner finanziellen Unterstützer verletzt hätte.[80]

Um wen es sich bei diesen Unterstützern handelt, davon ist übrigens nirgendwo die Rede, und der Friseur der Königin, Léonard Autié, wird mit keinem Wort mehr erwähnt. Es wird sehr deutlich, dass Viotti die Leitung der Opéra mit niemandem teilen wollte. Man fragt sich, warum dieser bislang immer als höflich beschriebene Künstler zu einer derartigen Attacke übergeht, denn in seiner Denk-

79 La Ferté an Villedeuil am 16. April 1789: « J'ai l'honneur de vous envoyer, Monsigneur, l'imprimé que le S. Viotti, qui n'a pas eu la patience d'attendre vos ordres, a fait répandre par tout hier à Versailles et à Paris, et qui m'a occasionné la visite de plusieurs premiers sujets de l'Opéra, qui sont dans les plus grands alarmes, et donc plusieurs sont déterminés à quitter si cela avoit lieu. [...] en vérité, Monsigneur, la conduite de S.Viotti est bien extraordinaire. » Archives nationales, Paris: F-Pan O1 613–125, f. 1r und f. 2r.

80 « Je suis désespéré, Monsigneur, que vous m'ayez mis par votre silence dans absolue nécessité de prendre ce parti. Mais je n'aurais pu le différer davantage sans nuire essentiellement aux intérêts de mes capitalistes faisant-fonds. » Archives nationales, Paris: F-Pan O1 613–120.

schrift kritisiert er den Führungsstil der Opéra, die künstlerische Qualität der französischen Oper und ihrer Sängerinnen und Sänger sowie die französischen Komponisten. Für seine Gegner war damit das Maß voll. Besonders La Ferté, der Intendant der königlichen Musikveranstaltungen, empörte sich, dass ein Nicht-Franzose es wagte, die französische Oper anzugreifen sowie eigenmächtig Briefe und Denkschriften zu veröffentlichen. Für La Ferté hatte die Opéra den Status eines Nationalheiligtums.[81] Mit seinem Ärger war er nicht allein, auch Villedeuil und die Operndirektoren Dauvergne und Morel waren zornig: Wie konnte sich ein Fremder zu einem solchen Rundumschlag aufschwingen? War er doch gerade erst als künstlerischer Leiter des Théâtre de Monsieur in eine mächtige Position gekommen, protegiert von der Königin Marie Antoinette – die „Autrichienne", wie die Königin in höchsten Kreisen oft sehr abfällig genannt wurde. Auch sie: eine Fremde.

Die Sympathie, die Viotti für die Königin Marie Antoinette hegt, ist mehrfach deutlich zu spüren. Sei es, dass er in seinen autobiografischen Skizzen schreibt, dass sie ihn zu hören wünschte, sei es die jahrelange Aussicht auf eine Stellung am Hof, für die er sich aus der Öffentlichkeit zurückzog, um dann in Geduld zu warten – oder seien es seine lobenden Worte, die er in seiner Denkschrift für Marie Antoinette fand: Er hebt dort hervor, dass es nur durch die Initiative der Königin möglich gewesen sei, ausländische Komponisten wie Gluck, Piccini und Sacchini in der Opéra aufzuführen; er wirft dem Direktorium der Opéra vor, zur Wahrung der eigenen Interessen so konservativ zu sein, dass sie die französische Musik in ihrem Ansehen gefährdeten; der Hintergrund: die Direktoren der Opéra, Dauvergne und Morel, waren Komponist und Librettist, und Viotti unterstellte ihnen, zu sehr die eigenen Interessen wahren zu wollen.[82] Sah Viotti also den Hauch

81 « L'Opéra peut donc être regardé comme un monument élevé à la gloire de la nation Française, qu'il faut soutenir même politiquement par quelques sacrifices. » Papillon de la Ferté: Conclusion, [1790], AN: O/1/617 #46, f.1v. Zitiert nach Mark Darlow: Staging the French Revolution. Cultural Politics and the Paris Opéra, 1789–1794, New York 2012, S. 3 sowie die begleitende Website www.oup.com/us/stagingthefrenchrevolution, letzter Zugriff: 06.03.2018.

82 « [...] les plus augustes protections pour faciliter aux célebre Gluck, Piccini, Sacchini, &c. les moyens de donner leurs productions : pourquoi cela ? C'est que Messieurs les Directeurs de l'Opéra étoient en même-temps Compositeur, & qu'ils se vantoient, hautement, d'être martyrs de l'ancienne Musique. [...] Quoi qu'il en soit, il est certain qu'ils auroient exclus tous les grands talents qui sont aujourd'hui la gloire de l'Opéra, & que la Musique françoise seroit encore, présentement, l'objet de sarcasme des étrangers sans les augustes protections qui l'en ont préservée. » – Dt. Übersetzung: „Am meisten waren die August-Protektionen nötig, um dem berühmten Gluck, Piccini, Sacchini und weiteren die Mittel zu geben, ihre Produktionen aufzuführen. Warum das? Weil die

einer Chance für sich, mit der angestrebten Leitung der Opéra die Königin Marie Antoinette besser unterstützen zu können und daraus selber weitere Vorteile zu ziehen? Oder ahnte er, dass die politischen Unruhen noch lange andauern und in ihrer Folge auch seine Position und sein Théâtre de Monsieur gefährdet sein würden? Eine Institution wie die Académie Royale de Musique hatte eindeutig ein größeres Gewicht als ein gerade erst gegründetes Haustheater der Königin, das eigentlich nur unter dem Schutz der Académie Royale weiter bestehen konnte.

Viotti hatte mit seiner Offensive gezeigt, dass er den direkten Weg bevorzugte. Ihm lag die Art der Höflinge nicht, auf den langen Fluren von Versailles den vermeintlich richtigen Moment abzuwarten. Dass er mit seiner Strategie scheiterte, lag an mehreren taktischen Fehlern und an der Wahl des Zeitpunkts – war Frankreichs Hof doch zu sehr mit dem Erhalt der Macht beschäftigt, als dass sich jemand wirklich ernsthaft um ein Anliegen kümmern konnte, das außerhalb dieser politischen Erfordernisse lag. Während Viotti seine Denkschrift „Mémoire au Roi" formulierte, brachen blutige Krawalle im Quartier Faubourg Saint-Antoine aus. Die Bevölkerung von Paris war schockiert, mit welcher Härte die königlichen Truppen den Aufstand niederschlugen. Eine Woche später begann die Versammlung der Generalstände, und die Monarchie musste zeigen, dass sie, allen Schwierigkeiten und Anfeindungen zum Trotz, die Herrin der Lage war.

Villedeuil, der keinen einzigen Brief von Viotti beantwortete, legte am 8. Mai 1789 König Ludwig XVI. ein Memorandum vor, in dem er die Ereignisse der vergangenen Wochen zusammengefasst hatte. Am Ende des Schriftstückes bittet er den König um eine Stellungnahme:

> Ich bitte Eure Majestät, so freundlich zu sein und mir Ihre Absichten mitzuteilen, die Sie bezüglich des Vorschlags von Sieur Viotti haben.[83]

Der König antwortete mit einer knappen Notiz, die er handschriftlich direkt unter Villedeuils Ausführungen setzte:

Herren Direktoren der l'Opéra selber Komponisten waren und sie sich freiheraus brüsteten, Märtyrer der alten Musik zu sein. […] Wie dem auch sei, es ist sicher, dass sie die großen Talente ausgeschlossen hätten, die heute den Ruhm der Oper ausmachen, und dass die französische Musik einmal mehr, wie ehedem, das Objekt von Sarkasmus der Ausländer wäre ohne die August-Protektionen, die sie davor geschützt haben." Giovanni Battista Viotti: Mémoire au Roi concernant l'Exploitation du Privilege de l'Opéra, demandé par le Sieur Viotti, Paris 1789, S. 31. Archives nationales, Paris: F-Pan O1 613–137.

83 F-Pan O1 613–118: « Je supplie votre Majesté de vouloir bien me faire connoître vos intentions relativemens à la proposition de S. Viotti. »

Ich habe nicht die Absicht, den Betrieb abzugeben oder die Führung der Oper auszuwechseln.[84]

Mit diesen wenigen Worten war nach rund sechs Wochen heftiger Auseinandersetzungen klar, dass Viotti den Machtkampf verloren hatte. Und während er diese persönliche Niederlage verkraften musste, tagten die Generalstände in Paris. Auch dort ging es um Sieg und Niederlage, um das Bewahren alter Strukturen einerseits und ihrer Erneuerung andererseits. Die Angehörigen des bürgerlichen Standes kämpften um mehr Rechte, die Monarchie kämpfte um ihr Überleben.

Viotti ging einigermaßen unbeschadet aus diesem Konflikt hervor. Da sein Théâtre de Monsieur sehr erfolgreich war, hatte er zumindest dort weiterhin eine gute Position. Das Repertoire des Theaters in der Sparte Opéra italien ist eindrucksvoll; der „Almanach général de tous les spectacles" fasst in seiner Ausgabe von 1791 zusammen, welche italienischen Opern seit Ende des Jahres 1789 im Théâtre de Monsieur gespielt wurden, Kurzkritiken geben den Eindruck auf das Publikum wieder, beurteilen die Leistungen der Komponisten und sogar die akustischen Voraussetzungen.[85] So wird bei Salieris Oper „La grotta di Trifonio" angemerkt, dass sie nicht den erwarteten Erfolg hatte, da die Musik zu groß und zu prächtig für den aktuellen Saal sei; der Rezensent hofft, dass man die Schönheiten des Werks im neuen Saal (Théâtre Feydeau) besser wahrnehmen könne. Insgesamt kamen von Ende 1789 bis zum Redaktionsschluss des „Almanach général" 1791 unter Viottis künstlerischer Leitung folgende dreizehn italienische Opern zur Aufführung:

„Le nozze de Dorina" von Giuseppe Sarti
„La Molinarella" von Giovanni Paisiello
„Il fanatico Burlato" von Domenico Cimaroso
„La pastorella nobile" von Pietro Guglielmi
„La buona filiguola" von Niccolò Piccinni
„La grotta di Trifonio" von Antonio Salieri
„La gelosie villane" von Giuseppe Sarti
„Il geloso in cimento" von Pasquale Anfossi
„Le due gemelle" von Pietro Guglielmi
„La Frascatana" von Giovanni Paisiello
„Il viaggiatori felici" von Pasquale Anfossi
„Il cavaliere errante" von Angelo Tarchis
„L'italiana in Londra" von Domenico Cimarosa

84 F-Pan O1 613–118: « Je n'ai pas dans l'intention de donner à l'entreprise ou de changer le regime de l'Opera. »

85 Almanach général de tous les spectacles, 1791, S. 58–73, online unter: http://gallica.bnf.fr/ark:/12148/bpt6k48119d/f64.image.texteImage, letzter Zugriff: 17.05.2018.

Am 12. Mai 1789 – es war der vierunddreißigste Geburtstag Viottis – kündigte das „Journal de Paris“ an, dass das Publikum nach den Vorstellungen im Théâtre de Monsieur die Gelegenheit habe, im Garten der Tuilerien spazieren zu gehen. Man kam damit einer Lieblingsbeschäftigung der eleganten Gesellschaft in Paris entgegen: Sie promenierte nach dem Musikgenuss – während sich der Himmel über Paris zunehmend verdunkelte. Terror, Tod und Trauer lagen über der Stadt und über der königlichen Familie. Schauplatz ihres persönlichen Unglücks war das Schloss Meudon vor den Toren der Stadt, wo der lang ersehnte Thronfolger Louis Joseph im Sterben lag; er war als Fünfjähriger an Rachitis erkrankt, die Ärzte hatten den inzwischen acht Jahre alten Kronprinzen aufgegeben. Ludwig XVI. wachte täglich am Bett seines Sohnes. Am 4. Juni 1789 starb der kleine Kronprinz.

Während der König und mit ihm die Königin in tiefe Trauer versanken, nahmen die politischen Ereignisse an Tempo und Dynamik zu. Die Sitzungen der Generalstände hatten inzwischen an Schärfe zugenommen, da der dritte Stand eine Abstimmung nach Köpfen und nicht nach Ständen forderte; Ludwig XVI. lehnte die Forderung ab. Kurzerhand erklärte sich der dritte Stand eigenmächtig zur Nationalversammlung und leistete am 20. Juni 1789 im Ballhaus den Eid, nicht eher auseinanderzugehen, bis sie eine Verfassung für Frankreich ausgearbeitet hätten. Unter diesem Druck gab der König nach. Der Hof war von der Situation völlig überfordert. Die mangelnde Entschlusskraft Ludwigs XVI. – für einen Herrscher ein fataler Charakterzug – wurde ihm zunehmend zum Verhängnis. Sein Herz trauerte um die Monarchie – der Tod seines Sohnes war ein unmittelbarer, persönlicher Ausdruck dieses Verlustes, der sich insgesamt auf der politischen Bühne abspielte.

Die Theater drückten ihre Anteilnahme aus und schlossen nach dem Tod des Dauphins für neun Tage ihre Häuser, so auch Viottis Théâtre de Monsieur. Und kaum hatte man den Spielbetrieb wieder aufgenommen, brach sich ein Ereignis Bahn, das sich in die Weltgeschichte einschrieb: der Sturm auf die Bastille. Am Abend des 12. Juli 1789 protestierten rund dreitausend Menschen in der Opéra zu Beginn der Vorstellung gegen die Entlassung und Verbannung des Ministers Jacques Necker. Der König hatte seinen fähigsten und populärsten Minister aus dem Amt gejagt. Necker musste für eine verzweifelte Geste der Machtdemonstration herhalten: Indem Ludwig XVI. Necker entließ, glaubte er zeigen zu können, dass Frankreich noch immer von ihm regiert wurde. In Paris brachen Tumulte aus, Geschäfte von Büchsenmachern wurden geplündert, Zerstörung herrschte allenthalben – das aufgebrachte Volk erstürmte die Bastille am 14. Juli 1789. Jacques Necker wurde einen Tag später in sein Amt zurückberufen.

Paris, eine Stadt mit mehr als 600.000 Einwohnern, war ein Schlachtfeld, das niemand mehr unter Kontrolle hatte. Dass inmitten dieses Chaos dennoch Theaterstücke und Opern gespielt wurden, zeugt von der Hingabe und Bereitschaft der Schauspieler, Sänger, Musiker und der Menschen hinter den Kulissen: So gab es in Viottis Théâtre de Monsieur am 22. Juli 1789 die Premiere von Paisiellos „Il barbiere di Siviglia".

Die neue Spielstätte in der Rue Feydeau

Der Sommer ging zu Ende, ohne dass sich die Lage in Paris beruhigte. Am 6. Oktober 1789 zogen aufgebrachte Menschen aus Paris in Richtung Versailles. König Ludwig XVI., Königin Marie Antoinette und ihre beiden Kinder wurden vom Volk gezwungen, das Schloss zu verlassen und in den Tuilerien-Palast zu ziehen. Dieser Marsch auf Versailles war Ausdruck der angestauten Wut über den Mangel an Lebensmitteln sowie über das brutale Verhalten des Militärs, das in Paris versuchte, die Oberhand zu gewinnen. Die Revolution hatte eine neue Stufe erreicht. Die Initiative zum Marsch auf Versailles war von Marktfrauen ausgegangen, den Poissardes, wie man die Fischverkäuferinnen nannte. Ihnen hatte sich die Nationalgarde angeschlossen: Ein langer Zug von Fischverkäuferinnen und Nationalgardisten bewegte sich auf Versailles zu, vor dem Schloss skandierten sie ihre politischen und sozialen Forderungen. Unter diesem Druck musste die königliche Familie Versailles verlassen. Ludwig XVI. und Marie Antoinette verbrachten die folgenden, letzten Jahre ihres Lebens in unmittelbarer Nähe zum Volk: Im Pariser Tuilerien-Palast konnten sie den Forderungen der aufständischen Bürger nicht so leicht ausweichen wie vor den Toren der Stadt.

Der König lebte im ersten Stock, die Königin im Erdgeschoss des Südflügels. Dieser Umzug hatte Folgen für Viottis Théâtre de Monsieur, denn die ständige Präsenz der königlichen Familie samt ihrem Hofstaat machte es unmöglich, dass das Théâtre de Monsieur weiter betrieben werden konnte – der Platz wurde gebraucht. Als Ausweichquartier bot man Viotti die Salle de Varieté im Foire Saint-Germain am linken Ufer der Seine an; in dieser Gegend verkehrten überwiegend arme Leute, le bas peuple. Obwohl die Elite die nicht standesgemäße Umgebung für den Theaterbesuch in Kauf nahm, da sie das Niveau des Théâtre de Monsieur schätzte, war klar, dass es nur eine Übergangslösung sein konnte.[86] Ein geeignetes Grundstück fand sich in der Rue Feydeau – es gab jedoch Proteste der Opéra Comique, die unweit von diesem Standpunkt ihr Theater hatte und die Konkurrenz von Viottis erfolgreichem Théâtre de Monsieur fürchtete. Doch die Zeiten des royalen Schutzes waren seit Beginn des Jahres 1791 ohnehin vorbei:

86 Di Profio, S. 75.

Innerhalb weniger Monate siedelten sich im neuen Geist der Freiheit in dieser Gegend zahlreiche Bühnen an; am 13. Januar 1791 war ein dementsprechendes Gesetz erlassen worden, das die räumliche Nähe von mehreren Spielstätten nicht mehr als unheilvoll betrachtete und den Theatern Entscheidungsfreiheit gab. Das mündige Publikum wählte nun einzig nach seinem Geschmack und nach künstlerischer Qualität aus und nicht nach Kriterien der Verteilung per Dekret auf dem Stadtplan.[87]

In weniger als sechs Monaten war der neue Theaterbau in der Rue Feydeau nach Entwürfen der beiden Architekten Jacques-Guillaume Legrand und Jacques Molinos fertiggestellt.[88] Man eröffnete am 6. Januar 1791 mit einer Haydn-Sinfonie, gefolgt von Sartis „Le nozze di Dorina". Ab Ostern 1791 kam eine weitere Attraktion hinzu, die das Theater noch beliebter machte: Viotti führte Konzerte ein, denn nachdem die beliebten Concerts spirituels ein Jahr zuvor ihren Betrieb eingestellt hatten, fehlte es an Konzerten. So begründete er eine neue Konzertreihe, sicher auch im Gedenken an die Konzerte, die ihn selbst neun Jahre zuvor berühmt gemacht hatten. Es traten vor allem junge Geigenvirtuosen auf, ferner die besten Sängerinnen und Sänger aus dem Ensemble des Théâtre de Monsieur, und das Orchester bestand aus Musikern des Opernorchesters sowie weiteren Instrumentalisten, die Viotti nach Bedarf engagierte.[89]

Der Sommer 1791 brachte weitere politische Unruhen, die den Namenspatron des Théâtre de Monsieur zur Flucht veranlassten: Der Comte de Provence floh mit seiner Gattin Josephine von Savoyen nach Belgien. Der ohnehin bereits unbeliebte, royalistisch geprägte Name des Theaters wurde geändert in Théâtre Feydeau; weitere Spielstätten, die in ihrem Namen die Verbindung zur Monarchie trugen, wurden ebenfalls umbenannt, so die Comédie-Française in Théâtre de la Nation, und die Académie royale de musique verzichtete auf das königliche Attribut und nannte sich schlicht Académie de musique. Eine beeindruckende Uraufführung in Viottis Theater passte zur politischen Situation und Stimmung der Menschen, ja – sie sprach ihnen aus der Seele. Luigi Cherubini, dem guten Freund und Wohngenossen von Viotti, gelang mit seiner Oper „Lodoiska" der internationale Durchbruch als Opernkomponist. Die Handlung ist die verworrene Geschichte einer Rettung, die sich jenseits von Standesgrenzen abspielt; Beethoven sah in Cherubini – nicht zuletzt dieser Oper wegen – eines seiner

87 Di Profio, S. 77. Eine weitere bedeutende Veränderung, die durch dieses Gesetz eingeleitet wurde, betraf den Schutz der Urheber: Die Werke lebender Autoren durften nicht mehr ohne ihre Zustimmung aufgeführt werden.

88 Di Profio, S. 77.

89 Lister, 2009, S. 150.

wichtigsten Vorbilder.[90] Am 18. Juli 1791 hob sich der Vorhang zum ersten Mal für „Lodoiska". Cherubini und Viotti wählten dieses Datum sicher bewusst: Fast auf den Tag genau war es zwei Jahre her, dass die Bastille erstürmt worden war. Das Publikum der Uraufführung war zutiefst bewegt, und die Oper wurde rund 200 Mal am Théâtre Feydeau gespielt. Das spektakuläre Finale, in dem ein brennender Schlossturm große Aufmerksamkeit erregte, brachte dem Théâtre Feydeau den Ruf ein, besonders innovativ zu sein und realistische Bühnenbilder zu präsentieren.[91] Die Erfolge, die Viotti mit seinem Theater erzielte, konnten nicht darüber hinwegtäuschen, dass seine gesellschaftliche Situation in der Stadt sehr gefährdet war.

Zunächst aber wurde dem Friseur der Königin, Léonard Autié, die Lage in Paris zu gefährlich. Er setzte sich Ende Dezember 1791 nach England ab – Viotti leitete endlich ein Theater allein, sein Théâtre Feydeau. Nach wie vor stand das Haus in der Gunst des überwiegend adligen Publikums, doch Viotti musste sich dem politischen Druck beugen und zunehmend französische Opern auf den Spielplan setzen. Als dann auch noch eine Hetzkampagne gegen ihn in der Presse erschien, wurde ihm wohl klar, dass seine Tage in Frankreich gezählt waren. Man dichtete ihm im „Journal de cour et de la ville" zahlreiche Affären an; enge Freundinnen wie die Pianistin (und Cembalistin) Madame de Montgéroult und die Sopranistin, die Primadonna, Rosina Baletti, wurden unflätig beschimpft. Das Blatt nennt Viotti am 26. November 1791:

> [...] Es ist nötig, dass die Öffentlichkeit wisse, dass ein Violinist der Jakobiner, dessen ganzer Verstand in seinem Bogen ist, der keinen anderen Titel an Überheblichkeit hat als seine Dummheit, undankbar für die Wohltaten der Königin, nur vergleichbar ist mit der Gemeinheit seines ganzen Lebens;
> dass Sieur Viotti [...] der Apostel und Gönner all des Schunds ist, der sich über diesem Theater [gemeint ist das Théâtre de Feydeau] erbricht, und dass Sieur Léonard es von diesen üblen Possen säubern wollte, die die gute Gesellschaft, die es ernährt, vom Besuch abhält. Der Vertreter des Hauses, Viotti, hat zur Penelope eine gewisse Monjerou [sic!], ausschweifende Cembalistin, die durch die Verhetzung nicht weiter verunstaltet werden kann. Sie folgt wunderbar den Rasereien dieses Reptils, das sie an ihrem Busen nährt. Sie hat ihn veranlasst, sein lächerliches Ansehen zu gebrauchen, um das Théâtre in der Rue Faydeau [sic!] mit Gelegenheitsstücken zu überschwemmen: Sie wird sie vollenden und dort selbst vor dem Publikum geben, wenn sie es nicht bereits gemacht hat.[92]

---

90 So ist Beethovens Oper „Fidelio" neben „Lodoiska" ein bedeutendes Werk der Errettungs- oder Revolutionsopern.

91 David Charlton: Artikel "Paris", in: The New Grove Dictionary of Opera, hrsg. von Stanley Sadie, London 1992, Band 3, S. 870.

92 « Il faut que le public sache qu'un violon de Jacobin, dont tout l'esprit est dans son archet, qui n'a d'autre titre à la fatuité que sa bêtise, dont l'ingratitude pour les bontés de la reine, n'est comparable qu'à la bassesse de toute sa vie ; que sieur *Viotti* [...] est l'apôtre

Das ist an Bosheit nicht zu überbieten. Der tiefen Freundschaft zu Madame de Montgéroult konnte der Klatschjournalismus in Zeiten der Revolution zwar nichts anhaben, doch muss Viotti im Frühsommer 1792 den Entschluss gefasst haben, Frankreich zu verlassen. Ein letzter Besuch bei ihr ist von Viottis Freund Ange Marie d'Eymar überliefert. Er berichtet, dass Viotti vom Garten der Freundin so entzückt gewesen sei und in seiner Begeisterung einen „Ranz des vaches", einen Kuhreigen, auf seiner Geige zum Besten gegeben haben soll.[93] In jenen Tagen verkaufte Viotti seine gesamte Habe, Noten, Bücher und Instrumente, um sein Theater schuldenfrei zu hinterlassen und Geld für die Flucht zu haben. Er verließ Frankreich in Begleitung von Madame Montgéroult und ihrem Mann – mit gefälschten Diplomatenpapieren.[94]

et le protecteur de toutes les saletés qui se vomissent sur ce théâtre ; que Sieur Léonard voudroit purger de ces fétidités, burlesques, plattes, allusoires, qui en éloignent la bonne compagnie, qui le fait vivre. Le démarcheur Viotti a pour Penéloppe une nommée Monjerou […] claveciniste devergondée, que la démagogie même ne peut plus enlaidir. Elle seconde merveilleusement les fureurs de ce reptile, qui pâture dans son sein ; elle l'engage à user de son crédit comique, pour inonder le théâtre de la rue Faydeau de pièces de circonstances : elle finiroit par s'y donner elle-même au public, si ce n'étoit pas déjà fait. » Journal de la cour et de la ville, 26. November 1791, S. 205/206. https://babel.hathitrust.org/cgi/pt?id=hvd.hxigl8;view=1up;seq=232, letzter Zugriff: 06. 03. 2018.

93 Ange Marie d'Eymar: Anecdotes sur Viotti précédés de quelques réflexions sur l'expression en musique, Genf 1801, S. 43.

94 Diese bislang unbekannte Information hat Denise Yim recherchiert und dargelegt in ihrer erhellenden Abhandlung: Dangerous Liaisons. New light on the reasons for the expulsion of the violinist G. B. Viotti from Britain in 1798, Nineteenth-Century Music Review, Cambridge 2016, S. 9.

Die zweite Karriere in London

Flucht aus Paris

Am 21. oder 22. Juli 1792 verließ Viotti Paris, die Stadt, deren Publikum ihn einst zum unangefochtenen Geigenvirtuosen Europas krönte, in der jedoch empfindsame Töne bis auf weiteres nicht gehört wurden. Drei Wochen nach seiner Flucht, am 10. August 1792, stürmten Aufständische den Tuilerien-Palast. Im großen Treppenhaus, einst prachtvolles Entrée für Empfänge und Konzerte, starben rund 600 Mitglieder der Schweizer Garde. Leichen und sterbende Menschen wurden brutal aus den Fenstern der Salle de Garde und der Salle de Cent-Suisses geworfen. Beide Säle hatten Viotti einst glückliche Momente beschert: In der Salle de Garde hatte er sich vor seinem Debütkonzert im März 1782 umgezogen und eingespielt, die Salle de Cent-Suisses war der Konzertsaal gewesen, in dem er dann zum ersten Mal spielte und das Publikum mit einer bis dahin unerhörten Vortragsweise, Musikalität und Beseeltheit eroberte. Auf der Place du Carrousel, wo einst die Kutschen vorgefahren und Diener elegant gekleideten Menschen beim Aussteigen behilflich gewesen waren, die dann dem Palast zuströmten, wurde in den späten Augusttagen 1792 die Guillotine aufgebaut. Frankreichs König Ludwig XVI. starb dort am 21. Januar 1793 durch das Fallbeil. Diplomatische Anstrengungen der Österreicher und der Preußen, die Monarchie in Frankreich gegen die Revolution zu stärken, hatten nichts auszurichten. Im Gegenteil: Ihre Initiative hatte in einer Folge von Ereignissen den Sturm auf den Tuilerien-Palast ausgelöst. Denn die Anhänger der Revolution waren auf die heimliche Verbindung Ludwigs zu den Feinden Österreich und Preußen aufmerksam geworden.

Bereits im August 1791 hatten Kaiser Leopold II. und König Friedrich Wilhelm II. beschlossen, Frankreichs König zu unterstützen. Beim Treffen der Regenten auf Schloss Pillnitz bei Dresden berieten sie sich mit dem Bruder des Königs von Frankreich, Graf Artois, der sich im Exil befand. Schließlich war eine Erklärung verabschiedet worden, in der Österreich und Preußen ihren Schutz für Ludwig XVI. formulierten.

Über diese Erklärung, die Pillnitzer Deklaration, war die französische Nationalversammlung empört. Am 20. April 1792 hatte Frankreich dann den Krieg gegen Österreich erklärt, am 8. Juli folgte die Kriegserklärung gegenüber Preußen. Die Pillnitzer Deklaration wurde zu einem der Auslöser für den Ersten Koalitionskrieg. England verhielt sich bis zum Ende des Jahres 1792 neutral, am 1. Februar 1793 erklärte Frankreich auch England den Krieg.[1]

In diesem Spannungsfeld im Zentrum der Revolution war jeder, der sich zur Monarchie bekannt hatte, in Todesgefahr – so auch Viotti. Für einen exzellenten Musiker jener Zeit war es wichtig gewesen, unter einer Patronage zu stehen, er hatte gar keine andere Wahl gehabt: Ohne einen Patron, einen Mentor oder Gönner nützte einem die größte Begabung nichts. Sie alle waren aber nur unter einflussreichen Höflingen und in königlichen Familien zu finden. So war es konsequent, Aufnahme in diese Kreise zu suchen. Die Beziehungen zum Adel waren für einen Künstler der vorrevolutionären Zeit überlebenswichtig. In den Tagen der Revolution konnten sie ihm zum Verhängnis werden.[2]

Kurs auf England

In den letzten Tagen des Juli 1792 stach ein Segelschiff von Calais nach Dover in See. An Bord war Viotti nicht der einzige Flüchtling, der Frankreich auf diesem Weg verließ. Seit mehreren Wochen war die Zahl der Emigranten stark gestiegen. Insgesamt war Europa in großer Unruhe, denn die Revolution in Frankreich wirkte sich auf das gesamte empfindliche Geflecht von Bündnissen, Dynastien und vormaligen Friedensschlüssen aus. Der einst als bester Geiger der Welt Umjubelte war nun Künstler einer versinkenden Epoche, saß an Bord eines Kanalseglers, um ihn herum seine wenigen Habseligkeiten und einige Geigenkästen. Er war erschöpft von den vergangenen Wochen. In Paris hatte er seinen Haushalt in großer Eile aufgelöst, Bücher, Noten, Instrumente und Möbel verkauft – immer unter der Angst, dass ihm vor seiner Haustür Anhänger der Revolution auflauern könnten. Weiter in Paris zu bleiben, wäre der sichere Tod gewesen. Dieses Schicksal verband Viotti mit vielen Musikern und anderen Künstlern, die gemeinsam mit Marie Antoinette aufgestiegen waren, ihre Gunst genossen hatten, bis der Fall der Königin zu ihrem eigenen wurde.

Wie oft war er schon gereist! Seine Erinnerung ging in die Tage der Kindheit zurück, als er zum ersten Mal auf Reisen ging: an der Hand seines Vaters auf einer Landstraße in der Poebene in Richtung Crescentino, um dort ein Pferdefuhrwerk

1 Vgl. Michael Wagner: England und die Französische Gegenrevolution 1789–1802, Ancien Régime. Aufklärung und Revolution, hrsg. von Rolf Reichardt und Hans-Ulrich Thamer, Band 27, München 1994, S. 85 ff.

2 Eine sehr differenzierte Schilderung der Lebensbedingungen von Künstlern und ihren Verbindungen zum Adel bietet das Kapitel „Der Künstler" von Daniel Arasse in: Michel Vovelle (Hrsg.): Der Mensch der Aufklärung, Frankfurt 1998, S. 210 ff.

zu besteigen, das sie in die Nähe von Turin brachte. Wie sie die große Stadt erreichten und vor einem herrschaftlichen Haus Halt machten, dessen Tür so groß und eindrucksvoll war wie das Kirchenportal in seinem Heimatort Fontanetto Po – noch nicht ahnend, dass er diese Tür in den folgenden Jahren unzählige Male passieren sollte, da er dort wohnen und seine Ausbildung zum Geiger erhalten würde. Viotti dachte auch an die große Reise mit seinem verehrten Lehrer Pugnani – er selbst war damals vierundzwanzig Jahre, sein Lehrer achtundvierzig Jahre alt gewesen. Sie hatten nahezu an allen europäischen Fürsten- und Königshöfen Konzerte gegeben, und je weiter sie in Richtung Osten gereist waren, umso größer war die Woge der Begeisterung gewesen, die ihnen vorauseilte. Sie war nicht zuletzt durch sein fantastisches Geigenspiel ausgelöst worden. Die musikalische Welt war sich einig, dass sie einen so vollendeten Geiger noch nie gehört hatte. Und diese Sensation verbreitete sich von Stadt zu Stadt, von einem Hof zum nächsten. In St. Petersburg hatte Viotti 1781 sogar die fast taube Zarin Katharina die Große aufhorchen lassen. Auf der Rückreise nach Westen hatte er beschlossen, sich von seinem Lehrer zu verabschieden. Am preußischen Hof trennten sich ihre Wege. Fast zwei Jahre hatten sie einander Tag und Nacht aushalten müssen, hatten gemeinsame Erfolge gefeiert und Widrigkeiten gemeistert. Endlose Wartezeiten an Zollstationen und in Vorzimmern der Macht. Verstimmte Regenten und reisemüde Instrumente. Unlust, Kopfweh, Fieber und Durchfall. Schlechtes Essen und zu viel guter Wein. Pugnani kehrte zurück nach Turin, und er war nach Paris aufgebrochen.

Viotti war in Gedanken versunken, und sie trugen ihn noch einmal zu den Reisen, die er von Turin und Paris aus in seine Heimat nach Fontanetto Po unternommen hatte, um seinen Vater, seine Geschwister und die Stiefmutter zu unterstützen, eine Taufpatenschaft zu übernehmen und im Kreis von Freunden zu musizieren.

Er spürte plötzlich, dass er fror. Der Wind blies kräftig in die Segel, und Viotti, der Wind nicht mochte, hüllte seinen Mantelkragen fester um sich. Der dichtgewebte Wollstoff hielt die feuchte Luft ab – gutes Schneiderhandwerk aus Paris und nun ein Erinnerungsstück. Denn diese Reise war unfreiwillig und hatte nur das eine Motiv: das eigene Leben zu retten. Unter großen Schwierigkeiten hatte Viotti noch ein Visum bekommen, denn Frankreich befand sich im Krieg, zwar noch nicht gegen England, aber bereits gegen Österreich und Preußen. Paris war in jenen Tagen, als er die Stadt verlassen hatte, nicht nur von den Wirren der Revolution gezeichnet gewesen, sondern es hatte auch die Bedrohung durch die österreichischen und preußischen Truppen über Paris gelegen. Als ihr Oberbefehlshaber, der Herzog Wilhelm Ferdinand von Braunschweig-Lüneburg, am 25. Juli 1792 in einem Manifest mit der Zerstörung der Stadt drohte, befand sich Viotti bereits außerhalb des Landes.

Das Schiff trug ihn fort, einer vollkommen ungewissen Zukunft entgegen. Sein Ziel war London, die pulsierende Metropole des britischen Königreichs, in der rund eine Million Menschen lebten, Arbeit und Glück suchten, beides oft nicht fanden und in elenden Verhältnissen untergingen. Dennoch hatte London die Anziehungskraft eines starken Magneten. Doch was sollte er dort tun? Seine Karriere als Operndirektor in Paris war von einem Tag auf den anderen beendet gewesen, und er konnte nicht davon ausgehen, dass Londons Theater auf einen gestrandeten französischen Impresario warteten. Vielleicht aber wartete das Londoner Publikum auf ihn, auf den Geiger, der zwölf Jahre zuvor die musikinteressierte Welt auf dem Kontinent tief beeindruckt hatte. Viotti wusste, dass sein Violinspiel sein größtes Kapital war, das er nicht verlieren konnte. Auch wenn er einige Jahre zuvor beschlossen hatte, nicht mehr öffentlich aufzutreten, so würde es ihm das Überleben sichern und ihn vielleicht sogar an den Erfolg in Paris anknüpfen lassen.

In den ersten Monaten nach seiner Ankunft in London half ihm der Pianist Nicolas-Joseph Hüllmandel, in der Stadt Fuß zu fassen; er war ebenfalls ein Revolutionsflüchtling und lebte seit 1790 in London. Viotti und Hüllmandel waren in Paris Freunde geworden, als sie in den Salons von Madame Vigée Le Brun und Abbé Morellet musizierten. Außerdem hatten sie gemeinsame Freunde; die Pianistin Hélène de Montgéroult zählte dazu. Mit ihr war vor allem Viotti eng verbunden gewesen, und der Abschied lag erst wenige Monate zurück. Im Frühsommer 1792 hatte er sie ein letztes Mal auf ihrem Landsitz besucht, gemeinsam mit seinem Freund Ange-Marie d'Eymar. Seine Begeisterung über die Schönheit ihres Gartens hatte für einen Moment den Abschiedsschmerz gelindert. Dann waren sie mit der Befürchtung auseinandergegangen, einander nie wiederzusehen.[3]

Die riesige Stadt London mit ihrem Lärm, ihrem Klima und ihren Gerüchen überforderte den Flüchtling, der Viotti nun war: Ohne Sprachkenntnisse und noch tief bewegt von den Ereignissen der vergangenen Monate war jeder Tag in der fremden Umgebung eine ungeheure Anstrengung. Nachdem er die Schiffsreise hinter sich gebracht hatte, musste er feststellen, dass der Wind nicht nur auf See, sondern auch London beständig wehte.[4] Er staunte über die Straßen, die auch nachts gut erleuchtet waren; London erhob seit 1736 eine Beleuchtungssteuer, die es ermöglichte, nahezu jede Straße und jede Gasse mit Lampen zu versehen, die mit Fischtran gefüllt waren, in dem sich der Docht befand. Lampenanzünder

3 Dieser Abschied ist von Viottis Freund und erstem Biografen Ange Marie d'Eymar beschrieben worden. Eymar, S. 43.

4 Peter Ackroyd: London – Die Biographie, München 2002, S. 435.

eilten durch die Stadt, begossen die Dochte mit Öl und entzündeten die Laternen; bereits ab 1807 wurde dieses Leuchtmittel gegen Gas ausgetauscht.[5]

Und überall Geräusche, die er zunächst nicht zu deuten vermochte, Gesänge und Ausrufe, die er nicht verstand, einander in der Lautstärke überbietende Händler, Bänkelsänger und Kolporteure. Händler boten ihre Waren mit Rufen an, die eine sehr individuelle Tonfolge hatten. Die Menschen erkannten die einzelnen Handelsartikel eher an der Melodie als am Wort. Für einen Musiker wie Viotti waren das aufregende Entdeckungen. Bänkelsänger brachten wahre und erfundene Neuigkeiten in die Stadt. Sie stimmten ihre Lieder an, schlugen die Texte an die Hauswände und verdienten damit ihren Lebensunterhalt. Und wie heute brachten Sensationen mehr ein als eine kluge, politische Ballade. Die Kolporteure schließlich befriedigten die Neugier und Sensationslust mit Gerüchten und Gedichten, die wie die Wahrheit daherkamen. Besonders wirkungsvoll waren die gemeinsamen Auftritte mehrerer Kolporteure in einer Straße, wo sie sich an verschiedenen Stellen postierten und in zunehmender Lautstärke miteinander wetteiferten. Dieser Lärm steigerte das Interesse der Menschen, die durch die Straße liefen, und meistens waren die Neuigkeiten ebenso brutal wie die Verkaufsmethoden der Kolporteure: Sie handelten von Hinrichtungen, Entführungen und Morden.[6] Es war ein akustisches Meer, das mit Rufen, Schreien, Melodien und Klagen die Stadt überflutete.

Wie gut, dass Hüllmandel zunächst immer an seiner Seite war. Er nahm Viotti in seinem Haus 47 Curzon Street auf, nicht weit von Mayfair Chapel, und vermittelte ihm die ersten wichtigen Kontakte. London war zum Fluchtpunkt vieler Musiker aus Frankreich geworden, und so traf Viotti alte Bekannte aus Paris: die Geiger Feliks Janiewicz und Paul Alday (ein früherer Schüler Viottis) sowie den Pianisten und Komponisten Giacomo Ferrari, der in Paris an Viottis Théâtre de Monsieur gearbeitet hatte.[7] Waren sie einst Kollegen, so wurden sie hier, unter den veränderten Alltagsbedingungen, die die Exilsituation mit sich brachte, zu Konkurrenten. Die Engländer bemerkten seit einigen Monaten einen Anstieg der Revolutionsflüchtlinge in ihrem Land. Im „Morning Chronicle“ vom 15. Januar 1793 wird betont, dass dieser Flüchtlingsstrom für die Künste einen großen Vorteil habe:

> Nichts weniger als die Zerstörung einer Monarchie und die allgemeine Zerrüttung der Gesellschaft konnte eine solch große Anzahl von Talenten über England ergießen und

5 Ackroyd, S. 450.

6 Ackroyd, S. 191–193.

7 Vgl. Lister, 2009, S. 176.

> sich ansiedeln lassen, derer wir uns jetzt rühmen dürfen. Musik wie auch Not und Elend haben Zuflucht in England gesucht.[8]

Eine Bekanntschaft, die mehr als ein Jahrzehnt zurücklag, sollte in diesen ersten Monaten in London für Viotti schicksalsbestimmend werden. Er traf den deutschen Geiger Johann Peter Salomon wieder, den er 1780 auf seiner großen Europatournee am preußischen Hof kennengelernt hatte. Damals war Salomon Musikdirektor des Orchesters von Prinz Heinrich von Preußen gewesen, ein Jahr später ging er bereits nach London und war nun ein bekannter Virtuose, Orchesterleiter und Konzertunternehmer. Salomon war seit 1781 in London und hatte die bedeutendsten Musiker Europas unter Vertrag – so auch Joseph Haydn, dessen Londoner Sinfonien in Salomons Konzertveranstaltungen aus der Taufe gehoben wurden. Er hatte eine erfolgreiche Konzertserie in den Hanover Square Rooms eingeführt, die als Abonnement lief und mit dem Stargast Joseph Haydn zum Publikumsrenner geworden war. Haydn trat in den Spielzeiten 1791 und 1792 bei Salomons Konzerten auf und leitete das Orchester vom Cembalo aus; die ersten sechs seiner insgesamt zwölf Londoner Sinfonien wurden bei diesen Konzerten uraufgeführt. Für die Saison 1793 hatte der sechzigjährige Haydn bereits zugesagt, als er im Juli 1792 England verließ, um nach Wien zu reisen – ungefähr zum selben Zeitpunkt flüchtete Viotti aus Frankreich in Richtung England.

Die Gastfreundschaft Hüllmandels gab ihm Ruhe und Halt. In seinem Haus in der Curzon Street konnte sich Viotti nach seiner Ankunft ungestört auf seine ersten öffentlichen Auftritte in London vorbereiten, denn das Wiedersehen mit Salomon hatte ihn bewogen, in London seine Solistenkarriere ein zweites Mal zu starten. Einige Wochen verbrachte er mit Hüllmandel und dessen Frau Camille-Aurore auch auf ihrem Landsitz in Brompton vor den Toren Londons, in der Gemeinde von Kensington.[9] Viotti genoss ihre vertraute Gesellschaft und fühlte sich ein wenig zu Hause, denn er war in einem Land, dessen Sprache er nicht sprach und das ein anderes Klima und eine ungewohnte Küche hatte. Die Londoner nahmen ihre Nahrung oft unterwegs zu sich. Aus den Garküchen drang der Geruch von fettem Fleisch auf die Straße, gebackener Fisch wurde in Wachspapier zum sofortigen Verzehr verkauft, und auch Pudding in zahlreichen Variationen

---

8 "Nothing less than the demolition of one Monarchy and the general derangement of all the rest could have poured into England and settled such a mass of talents as we have now to boast. Music as well as misery has fled for shelter to England ...". Morning Chronicle, 15. Januar 1793, zitiert nach H. C. Robbins Landon: Haydn. Chronicle and Works, Band 3, Haydn in England, London 1976, S. 214.

9 Denise Yim: Selected Letters from G. B. Viotti to Mrs Margaret Chinnery, 1793–1798, in: Massimiliano Sala (Hrsg.): Giovanni Battista Viotti – A Composer between the Two Revolutions, Ad Parnassum Studies 2, Bologna 2006, S. 397.

konnte als Nachspeise bereits im meist eiligen Gehen gegessen werden.[10] Im Haus von Hüllmandel wurde, so gut es ging, die französische Lebensart weitergeführt, Viotti konnte mit ihm und seiner Frau Französisch sprechen, und der Alltag des Paares war von einem ihm vertrauten Lebensstil geprägt.

Das Debüt Viottis in London wurde über Monate sorgfältig geplant und auch ein wenig geheimnisvoll behandelt. Vielleicht war es sogar Taktik, um die Spannung zu erhöhen. Das musikinteressierte Publikum in London konnte nämlich nicht sicher sein, ob der so gerühmte Geiger überhaupt auftreten würde, denn am 20. November 1792 gab es eine Notiz im „Diary, or Woodfall's Register", die von Viottis Anwesenheit in London berichtete, jedoch die Frage offen ließ, ob er öffentliche Konzerte geben werde.[11] Wahrscheinlich hatte Viotti zu jenem Zeitpunkt bereits einen Vertrag bei Salomon unterzeichnet, da er am Weihnachtstag 1792 in der „Morning Post" seine Konzertsaison 1793 annoncierte.[12] Dort wird Viotti als mitwirkender Künstler genannt; neben Haydn und Madame Elisabeth Mara sowie einem noch zu benennenden Opernsänger aus Italien werde der gefeierte Signor Viotti die Konzerte unterstützen. Am Neujahrstag 1793 bringt die „Morning Post" eine kurze Meldung zu den „Winter Musicals"[13], in der Viotti als „the first Violin in the world" angekündigt wird, und spätestens von nun an steigt die Spannung in den musikliebenden Kreisen Londons, wie dieser Mann die Violine wohl spielen würde.

Am 7. Februar 1793 war es soweit: Viotti betrat das Podium im Konzertsaal der Hanover Square Rooms. Haydn hatte kurzfristig seine Mitwirkung für die Konzerte 1793 abgesagt, und so war Viotti an diesem Abend der alleinige Star. Es ist nicht bekannt, welches seiner Konzerte er bei diesem Debüt spielte. Warwick Lister vermutet die Konzerte Nr. 20 in D-Dur oder Nr. 21 in E-Dur und weist in diesem Zusammenhang auf eine nicht ganz geklärte Chronologie der Werke Nr. 20–29 hin; jene Konzerte schrieb Viotti in London.[14]

---

10 Ackroyd, S. 319, 325.

11 Lister, 2009, S. 177, FN9: "[Viotti] is now in London, but being a man of independent fortune it is hardly probable that he will appear in public."

12 Landon, S. 212: "Mr. Salomon respectfully acquaints the Nobility and Gentry, that in addition to the Assistance of Mr. Haydn, Madame Mara, and one of the principal Opera Singers expected from Italy (whose name he will at liberty to announce in a few days) he will have that of the celebrated Signor Viotti."

13 Landon, S. 213: "Salomon is resolved to make a bold stand against all opposition. He is to have, in addition to Mara and Haydn, the celebrated Viotti, supposed to be the first Violin in the world."

14 Um die Datierung und Reihenfolge von Viottis Violinkonzerten hat sich besonders Chappell White verdient gemacht. Die Nummerierung der Konzerte entspricht nicht der Reihenfolge ihrer Entstehung. Leider lassen sich die Konzerte auch nicht einzelnen

Der Konzertsaal der Hanover Square Rooms ist von der Größe vergleichbar mit der Salle de Cent-Suisses in Paris, wo Viotti elf Jahre zuvor seinen beispiellosen Erfolg begründete. Der Saal ist elegant, mit einem Tonnengewölbe, rund 500 Besucher finden hier Platz. Und wie in Paris trifft auch jetzt Viottis Spiel die Herzen des Publikums. Die Konzertkritiken sind in den folgenden Tagen euphorisch:

> Die Kompositionen von Viotti sind jetzt, wenn überhaupt möglich, noch besser als sein Spiel. [...] Sein Ton auf dem Instrument ist erstaunlich, vor allem auf der ersten Saite – die Kraft seiner Hand ist bemerkenswert, und die gleichzeitige Flexibilität unglaublich. – Sein Geschmack und sein Gefühl gehören zu dem Feinsten, das wir erleben konnten.[15]
> Viotti begeisterte mit einem Violinkonzert das Publikum. Zusätzlich zu seinem kühnen, schnellen und meisterhaften Bogenstrich beherrscht er die Kunst, aus dem Instrument höchst begeisternde, harmonische Töne hervorzuziehen.[16]

Nach diesem gelungenen Debüt lag ihm, wie einst in Paris, das Publikum zu Füßen. Es konnte Viotti nun wöchentlich in den Konzerten hören, die Salomon jeweils am Donnerstag im Saal der Hanover Square Rooms veranstaltete.

Über das zweite Konzert eine Woche später wurde berichtet, dass „eine allgemeine Begeisterung, ein allgemeines Entzücken in jeder Pause hervorbrach".[17] Das Londoner Publikum war also genauso zu einer ausdrucksstarken Anteilnahme fähig wie das in Paris – man denke nur an den Applaus nach dem ersten Tutti in Viottis Violinkonzert Nr. 18 im Théâtre Feydeau im April 1792. Damals hatte das Publikum so heftigen Zwischenapplaus gespendet, dass der Solist Pierre Rode seinen ersten Einsatz erst nach einer längeren Pause machen konnte.[18]

Den Recherchen von Warwick Lister zufolge spielte Viotti mit wenigen Ausnahmen eigene Violinkonzerte, die er für diesen Anlass komponierte. Im vierten

---

Aufführungen in London zuordnen, dennoch gilt es als gesichert, dass Viotti die Konzerte Nr. 20–27 für Londoner Aufführungen in den Jahren 1793 bis 1798 schrieb, dass Nr. 29 wahrscheinlich um 1801 entstand oder in den mittleren 1790er Jahren und dass Nr. 28 zuletzt komponiert wurde, wahrscheinlich um 1803/1804. Vgl.: White, 1973, S. 111–124.

15 "The compositions of Viotti are yet, if possible, more exquisite than his performance. [...] His tone is astonishing upon the instrument, particularly upon the first string – the strength of his hand is remarkable, and the flexibility at the same time incredible. – His taste and feeling are the finest we have witnessed." In: Oracle, Public Advertiser, 8. Februar 1793, zitiert nach Lister, S. 179 und FN 19.

16 "Viotti, in a Concerto on the Violin, electrified the Company. Added to a bold, rapid and masterly bow, he has the art of drawing from the instrument, tones the most electric and harmonious." Morning Post, 8. Februar 1793, zitiert nach Lister, 2009, S. 179, FN 20.

17 Diary or Woodfall's Register, 15. Februar 1793, zitiert nach Lister, 2009, S. 179, FN 21.

18 « Les applaudissemens ont été si vifs et si répétés, que M. Rode n'a pu commencer le solo qu'après un long intervalle. » Moniteur universel, 16. April 1792, zitiert nach Di Profio, S. 430.

Konzert bei Salomon spielte Viotti gemeinsam mit ihm und dem Ehemann der Sängerin Elisabeth Mara, dem Cellisten Giovanni Mara, eines seiner Trios; im neunten Konzert führte er ein Duo concertante mit Salomon auf; im elften Konzert übernahm er die Violinbegleitung einer Arie von Pugnani, den Sopranpart sang Elisabeth Mara, und im zwölften Konzert am 2. Mai 1793 spielte er gemeinsam mit Salomon eine seiner konzertanten Sinfonien.[19]

Vergleicht man Viottis Auftrittsplan, sozusagen seinen Terminkalender, der ersten Saison in London mit seinen Auftritten in Paris über zwei Spielzeiten, so sind es annähernd gleich viele Konzerte. Ein auffälliger Unterschied aber liegt darin, dass die Konzertserie bei Salomon extrem regelmäßig war, nämlich an zwölf aufeinander folgenden Donnerstagen mit nur einer Pause von zwei Wochen zwischen dem siebenten und achten Konzert wegen des Osterfestes.[20]

Freunde fürs Leben

Ein so großer Erfolg in einem der bekanntesten Konzertsäle Europas nach rund zehnjähriger Bühnenabstinenz: Viotti setzte ein zweites Mal zu einer großen Karriere an. Zweifelsohne war sein Erfolg in London überwältigend, aber im Grunde seines Herzens war er in jenen Monaten traurig und hoffnungslos – heute würde man ihm wohl eine Depression oder ein Fluchttrauma attestieren, was nach den Ereignissen in Frankreich durchaus verständlich ist. Viotti hat in seiner Autobiografie so gut wie nie beschrieben, wie es ihm seelisch geht; er führte auch kein Tagebuch. Doch es gibt aus der Londoner Zeit und den folgenden Jahren seines Leben Briefe von ihm, die erhalten geblieben sind und Einblicke in sein Seelenleben ermöglichen, wie sonst kein ein anderes überliefertes Dokument von ihm. Es ist der australischen Romanistin Denise Yim zu verdanken, dass die Inhalte dieser Briefe in einer Veröffentlichung zugänglich sind.[21]

Die Briefe sind an William und Margaret Chinnery gerichtet, die Viotti im Ende des Jahres 1792 in London kennenlernte. Glückliche Umstände sorgten dafür, dass die Briefe über Generationen in den „Chinnery Family Papers" aufbewahrt wurden und erhalten blieben. Denise Yim hat die späteren Besitzverhältnisse der Briefe rekonstruiert. Der Hauptanteil der Briefe gehört zu einem Konvolut, das

19 Vgl. Lister, 2009, S. 180. Das vierte Konzert fand am 28. Februar 1793 statt, das neunte Konzert am 11. April 1793, das elfte Konzert am 25. April 1793 und das zwölfte Konzert am 2. Mai 1793.

20 Vgl. Lister, 2009, S. 181 und FN 29, diese verweist auf Thomas B. Milligan: The Concerto and London's Musical Culture in the Late Eighteenth Century, Ann Arbor 1983, S. 46.

21 Yim, 2004.

sich heute im Powerhouse Museum in Sydney befindet. Es handelt sich um eine Schenkung der australischen Musiksammler E. A. Crome und V. I. Crome an das Museum im Jahr 1973. Denise Yim nimmt an, dass die Cromes die Dokumente bei einer Auktion bei Sotheby's ersteigerten, bei der 1962 und 1963 verschiedene Teile des Familienarchivs der Chinnerys versteigert wurden, jedoch noch nicht diese Dokumente, die sich jetzt in Sydney befinden. Yim vermutet einen späteren Zeitpunkt. Die Versteigerungen waren der Auslöser dafür, dass die „Chinnery Family Papers" auseinandergerissen wurden. Umso wichtiger sind Yims Recherchen, denn sie rekonstruierte auch die weiteren Orte, an denen sich gegenwärtig Briefe Viottis befinden, so in New York, in Yale und in London.[22]

Vom ersten Moment an empfand Viotti eine tiefe Zuneigung zu William Bassett Chinnery und seiner Frau Margaret (geborene Tresilian), und die beiden erwiderten dieses Gefühl. In seinen sonst eher nüchternen autobiografischen Aufzeichnungen berichtet Viotti sehr ausführlich und gefühlsbetont über die Begegnung mit den beiden:

> Ich machte die Bekanntschaft mit Mr. und M.me Chinnery, zwei Menschen, die die höchsten Qualitäten in sich vereinen. Höfliche, mitfühlende, treue Freunde, in deren Herzen nichts fehlt. Vom ersten Moment an liebte ich sie, und auch sie liebten mich gleichermaßen zärtlich. Seit diesem glücklichen Moment habe ich ihnen mein Leben gewidmet. Ohne sie hält nichts in der Welt – sei es Gesellschaft oder Vergnügen – irgendeinen Reiz für mich bereit, und ihr Heim, in dem ich wie ein Familienmitglied, wie ein Bruder lebte, wurde mein Zuhause, der Ort, an dem ich immer sein wollte und den ich nie verlassen wollte.[23]

Viotti neigte nicht zur Übertreibung, vor allem dann nicht, wenn es um Mitteilungen über sein Leben ging. Darum haben diese Worte, mit denen er die Anfänge der Freundschaft zu den Chinnerys schildert, eine besondere Bedeutung, und aus allen erhaltenen gebliebenen Briefen spricht diese tiefe Zuneigung. In der Tat widmete er der Familie Chinnery fortan sein Leben. Das Paar William und Margaret Chinnery war sehr musikliebend, insbesondere Margaret, die eine ausgebildete Pianistin war. Sie führte einen musikalischen Salon, in dem Viotti auftrat, auch Salomon und Feliks Janiewicz spielten dort. Die Musikabende bei den

---

22 Für die genaue Rekonstruktion siehe Yim, 2004, S. 4–6.

23 « Je fis connaissance avec Mr. et M.me Chinnery deux êtres qui possedent au suprème degré les qualités les plus estimables. Bons, compatissants, amis fideles, rien en manque à leur âme excelente. Sitôt que je les ai connus je les ai aimés, et sitôt qu'ils me connurent ils me cherirent le même. Depuis cet heureux moment je leur ai voué ma vie. Le monde, la société, les amusemens [sic!], rien de tout cela n'avoit d'attrait sans eux, et leur maison ou je vivais comme un parent, comme un frère, est devenue la mienne propre, celle ou J'aurois voulu être sans cesse, celle d'ou je n'aurois jamais voulu sortir. » Précis de la vie de J. B. Viotti, zitiert nach Giazotto, S. 230.

Chinnerys fanden am Wochenende statt, an den anderen Tagen las man sich im Familienkreis einander vor: englische, französische und italienische Literatur. Mit Margaret Chinnery konnte Viotti nicht nur musizieren – da sie fließend Französisch und Italienisch beherrschte, konnte sie ihm ein Heimatgefühl geben. Aber auch ihr Mann, William Bassett Chinnery, Treasurer der Schatzkammer, und die drei Kinder, Caroline, George und Walter, waren Viotti ans Herz gewachsen. Er wurde zunehmend ein Familienmitglied und bekam den Kosenamen „Amico" verliehen; so nannten ihn beide Chinnerys, ihre Kinder, aber auch viele Freunde des Paares – nach langer Zeit fühlte er sich endlich einmal wieder geborgen und drückte das in seinen Briefen aus.

Die frühesten Briefe von Viotti an die Chinnerys sind datiert von Mai bis Dezember 1793. In jenem Jahr schrieb er zwölf Briefe an Margaret und drei an ihren Mann William. Fast alle Briefe verfasste er auf einer Reise, die er ab Juli 1793 von London aus auf den Kontinent unternahm – was ein gefährliches Unterfangen war. In seinen autobiografischen Aufzeichnungen, dem „Précis de la vie", erwähnt er diese Reise nur kurz, und es wird deutlich, dass er sie nicht freiwillig antrat. Da seine Stiefmutter gestorben war, musste er in seinem Heimatort Fontanetto Po wichtige familiäre Angelegenheiten regeln. Viotti schreibt zwar vom Tod seiner Mutter, doch gemeint ist Teresa, die zweite Frau seines Vaters. Viottis Mutter, Maddalena, war ja bereits 1763 gestorben, als er knapp acht Jahre alt war.

> Ich war indessen verpflichtet, mich noch einmal auf Reisen zu begeben. Der Tod meiner Mutter in Italien zwang mich dazu. Ich reiste am 21. Juli 1793 ab, und ich durchquerte Deutschland, Tirol, begab mich über Venedig in mein Heimatland. Ich ordnete meine Angelegenheiten und die meiner Brüder, soweit sie noch Kinder waren, und ich begab mich zurück über die Schweiz, Deutschland und Flandern, das nun zu Frankreich gehört. Ich befand mich Ende Dezember 1793 wieder in London, entschlossen, mich dort dauerhaft niederzulassen und nicht mehr fortzureisen.[24]

Diese Aufzeichnungen verfasste Viotti einige Jahre nach der ersten Begegnung mit den Chinnerys vor allem deshalb, um die britische Regierung davon zu überzeugen, dass er sich nicht an jakobinischen Aktivitäten beteiligt hatte. Es ist ein weitgehend sachlicher, keineswegs privater Text, und daher ist der kurze und knappe Stil an vielen Stellen durchaus verständlich. Ebenso verständlich ist, dass

24 « Je fus cependant obligé de m'en absenter encore. La mort de ma mère en Italie m'en força. J'en parti donc le 21 juillet 1793, je traversai l'Allemagne, le Tirol, et je me rendis par Venise dans ma Patrie. Je mis ordre à mes affaires, à celles de mes frères encore enfants, et me remis en route par la Suisse, l'Allemagne, la Flandre alors appartenant à l'Empereur, et me retrouvai vers la fin de decembre à Londre résolû de m'y établir de manière de n'en plus sortir. » Précis de la vie de J. B. Viotti, zitiert nach Giazotto, S. 230. Flandern wurde im Rahmen der Französischen Revolutionskriege 1794 von Frankreich erobert.

Viotti manche Ereignisse oder Namen nicht erwähnt. Umso wichtiger sind daher die erhalten gebliebenen Briefe an die Chinnerys. Sie ermöglichen an vielen Stellen einen tieferen Einblick, der über Daten und Orte hinausgeht und von Viottis Stimmungen, seinen Vorlieben, Abneigungen, von seiner körperlichen Verfassung und seiner Sehnsucht erzählt. In jedem der Briefe an Margaret Chinnery spricht Viotti über seine Traurigkeit, von ihr getrennt zu sein; oft geht mit dieser Klage eine Naturschilderung einher. Er hatte in der Freundschaft zum Ehepaar Chinnery einen emotionalen Halt gefunden, der ihm seinen Alltag in London erleichterte und nach den Aufregungen der vergangenen Jahre etwas Ruhe in sein Leben brachte. Wenn ihn auch vieles an England störte, sei es das Wetter, die Mentalität oder auch das Essen, so konnte er sich doch allmählich mit dem Gedanken anfreunden, dort zu leben. Es fiel ihm schwer, nun wieder auf Reisen zu gehen, weil er sich von den geliebten Freunden trennen musste.

Die Briefe, die Viotti auf dieser Reise schrieb, vermitteln noch heute einen Eindruck, wie sehr das westliche Europa durch die Französische Revolution und die folgenden Kriege zerstört – auch im Sinne von „verstört" – war. Ein weiterer Anlass der Reise war nämlich, Madame de Montgéroult, der langjährigen Freundin aus Paris, in einer schwierigen Lage zu helfen, in die sie aus politischen Gründen geraten war. Es leuchtet ein, dass Viotti in seinem autobiografischen Abriss, der eine Verteidigungsschrift ist, diesen politischen Beweggrund nicht erwähnt. Die Briefe Viottis hingegen eröffnen einen sehr persönlichen Zugang zu den Ereignissen, die dank Denise Yim mit dieser Reise in Verbindung gebracht werden können. Dadurch, dass Yim seine Schilderungen ausgewertet und in Viottis Lebenslauf eingeordnet hat, entsteht ein vielschichtiges Bild der Monate von Juli bis Dezember 1793.[25] Es gibt einen Einblick in diesen kurzen und aufregenden Lebensabschnitt Viottis, der bis dahin von den Biografen nicht oder nur sehr kurz erwähnt wurde.

Es lag in Viottis Naturell, Freunden zu helfen. Dem ersten Brief an Margaret Chinnery fügte er einen weiteren bei und bat sie, ihn an Freunde in Frankreich zu schicken – für ihn als Revolutionsflüchtling war es zu gefährlich, den Brief selbst zu schicken. Er war mit ziemlicher Sicherheit an die langjährige Freundin, die Pianistin Madame de Montgéroult, gerichtet, mit der Viotti in Paris einst oft gemeinsam musizierte. Sie plante, mit ihrem fast dreißig Jahre älteren Ehemann, dem Marquis de Montgéroult, unter dem Schutz zweier Diplomaten aus Frankreich zu emigrieren. Wann das Ehepaar Montgéroult im Sommer 1792 von seiner Begleitfahrt für Viotti aus England zurückgekehrt war, ist nicht ganz klar.

25 Yim, 2004, S. 43 ff. Auf der Basis von Yims Ergebnissen hat auch Warwick Lister die Reise auf den Kontinent beschrieben. Vgl. Lister, 2009, S. 183 ff.

Denkbar ist, dass sie zeitnah wieder in Frankreich waren, wo am 21. September 1792 die Erste Republik ausgerufen wurde; eine Rückkehr nach diesem Datum wäre für die beiden sehr gefährlich, wenn nicht unmöglich, gewesen.

Wahrscheinlich wollten sich die Montgéroults 1793 mit Viotti auf dem neutralen Boden der Republik Venedig treffen; neben den familiären Verpflichtungen in Fontanetto Po war das erhoffte Wiedersehen mit dem Ehepaar Montgéroult ein weiterer Beweggrund, doch noch einmal eine weite Reise anzutreten. Begleitet wurden die Montgéroults von Hugues-Bernard Maret, dem designierten Botschafter der Französischen Republik in Neapel und von Charles-Louis Huguet de Sémonville, der als Botschafter in Istanbul erwartet wurde. Das geplante Treffen fand jedoch nicht statt, denn auf der Reise wurden sie samt ihrer Entourage in dem kleinen Ort Novate nahe des Comer Sees von österreichischen Truppen aufgehalten; die drei Männer wurden in Mantua inhaftiert, wo der Marquis de Montgéroult zwei Wochen später starb; Maret blieb insgesamt dreißig Monate in Haft.[26] Hélène de Montgéroult und die Ehefrau von de Sémonville, die Dienerschar und Kinder blieben in einer verzweifelten Lage zurück; sie schafften es, im schweizerischen Dorf Vico Soprano Obdach zu finden und von dort aus eine Lösung ihrer Situation zu organisieren.

Viotti traf Madame de Montgéroult im schweizerischen Baden (Aargau), wo sie unter dem Schutz des französischen Diplomaten François de Barthélemy stand. Am 20. September 1793 schrieb er an Margaret Chinnery, dass Hélène de Montgéroult in einem bemitleidenswerten Zustand sei.[27] Er konnte ihr in dieser schweren Situation Beistand leisten, und auch die Chinnerys teilten die Sorgen der verzweifelten Frau, indem sie ihr schrieben. Madame de Montgéroult ließ über Viotti einen Dank ausrichten und kündigte noch einen eigenen Brief an. Es werde, so Montgéroult, für lange Zeit ihr letzter sein, denn ein fortgesetzter Briefverkehr mit England wäre ihr eigenes Todesurteil gewesen.[28] Es war in jenen Monaten sehr riskant, Briefe zwischen Frankreich und England hin und her zu schicken. Viotti war dieses Risiko mehrfach eingegangen – und wahrscheinlich hat er dafür einen hohen Preis bezahlen müssen, wie noch zu berichten sein wird. Wenige Wochen nach dem Treffen in Baden kehrte Madame de Montgéroult nach Frankreich zurück, obwohl sie, als Adlige, dort in großer Gefahr war. Am

26 Der schweizerische Historiker Alfred Rufer hat die Ereignisse in einer Novelle geschildert: Novate – Eine Episode aus dem Revolutionsjahr 1793, Zürich 1941.

27 « [Hélène] est malade et dans un état à faire pieté. » GBV an MC, 20. September 1793, zitiert nach Yim, 2004, S. 53, FN 38. Originalbrief AUS-Sphm 94/143/1 – 2/10.

28 Yim, 2004, S. 56.

11. November 1793 schrieb Viotti aus Baden an den inhaftierten Maret in Mantua, dass sich Hélène in Sicherheit bei Marets Bruder in Dijon befände.[29]

Als er Ende Dezember 1793 nach London zurückkehrte, war er fünf Monate unterwegs gewesen. Eine anstrengende Zeit mit erschütternden Erlebnissen lag hinter ihm. Bereits im September war Viotti am Ende seiner Kraft gewesen, denn ein schweres Fieber hatte ihn zwei Wochen gequält, und er beendete am 8. Oktober 1793 einen Brief an Margaret Chinnery mit den verzweifelten Worten:

> In Wahrheit habe ich ein großes Bedürfnis nach Ihrem Trost, da ich seit meiner Abreise nichts anderes als Schmerzen und Gram erlebt habe. [...] Nie zuvor habe ich so sehr empfunden, wie unerträglich das Leben in manchen Momenten sein kann.[30]

Die Briefe von dieser langen Reise und die Angaben Viottis in seinem „Précis de la vie" bilden die Grundlage, auf der Denise Yim die Route rekonstruiert hat; die Daten sind die Tage, an denen der jeweilige Brief geschrieben wurde, bei fehlenden Datumsangaben konnte Yim sie aus anderen Informationen in den Briefen erschließen. Demnach verlief die Reiseroute Viottis so: Dover (22. Juli), Ostende (23. Juli), Gent (25. Juli), Brüssel (26. Juli), Frankfurt (3. August), Innsbruck (keine Angabe), Venedig (13. August), Mantua (keine Angabe), Fontanetto Po (keine Angabe), Valtellina (keine Angabe), Baden (20. und 24. September), Zürich (8., 13., 20. Oktober, 4. und 18. November), Gent (6. und 17. Dezember).[31] Auffällig ist, dass es für den Aufenthalt in Fontanetto Po und den Hauptgrund der Reise, dort einige Familienangelegenheiten zu regeln, keine Daten gibt und auch keine Briefe von dort.

Während sich Viotti in Zürich aufhielt, ging in Paris eine Ära zu Ende, die eng mit einem Lebensabschnitt Viottis zusammenhing: Die Königin Marie Antoinette wurde hingerichtet. Sie, die einst am französischen Hof ausgezeichnete Musiker beschäftigt hatte und die von Viotti verehrt worden war, starb am 16. Oktober 1793 durch das Fallbeil. Am selben Tag schrieb Viottis ehemaliger Lehrer Pugnani einen langen Brief an seinen Lieblingsschüler nach Gent, in der Hoffnung, dass ihn dieser Brief dort erreichen würde. Viotti hatte seinem Lehrer Nachricht gegeben, dass er auf seiner Reise auch in Italien sei, denn darauf nimmt Pugnani

29 Yim, 2016, S. 25.

30 « En vérité j'ai bien besoin de cette consolation, car depuis que je vous ai quittée je ne me suis nourri que de douleur et d'amertume. [...] Jamais je n'ai si bien senti combien la vie est insuportable dans certains momens. » GBV an MC, 8. Oktober 1793, zitiert nach Yim, 2004, S. 55–56, FN 51, 52. Originalbrief AUS-Sphm 94/143/1 – 2/11.

31 Yim, 2004, S. 59/60. Yim korrigiert mit diesem Überblick die Angaben von Giazotto. Er berichtet von Viottis Reise, dass sie nur eineinhalb Monate gedauert habe und sich Viotti außer den genannten Orten auch noch in Wien und Leipzig aufgehalten habe. Für diese Orte gibt Giazotto aber keine Nachweise an. Vgl. Giazotto, S. 134.

Bezug. Zu einem Treffen der beiden in Italien war es dennoch nicht gekommen, und in den Zeilen drückt Pugnani neben viel Wohlwollen und Stolz auch eine leise Traurigkeit darüber aus. Dieser Brief ist das letzte Dokument, das aus der besonderen Beziehung der beiden Musiker erhalten geblieben ist, und es ist besonders anrührend, dass Pugnani mehrfach die Hoffnung ausspricht, Viotti im folgenden Jahr zu sehen. Dazu ist es nie mehr gekommen; Pugnani starb fünf Jahre später am 15. Juli 1798.[32]

> Mein lieber Viotti, Sie sind wieder aufgetaucht und haben mir Neuigkeiten von Ihnen geschickt, nachdem ich zwei Jahre lang nichts mehr von Ihnen gehört hatte. Ich hätte ein Pfund meines Blutes darum gegeben, Sie jetzt hier zu sehen, aber da die Sache unmöglich ist, werde ich mich darauf beschränken, Sie im nächsten Jahr zu erwarten, oder ich komme zu Ihnen, wenn es meine Angelegenheiten erlauben. [...] Meine Familie ist wohlauf, und wir hätten für Sie ein Bett und eine *gute Soße* vorbereitet, aber das soll dann im nächsten Jahr sein. Adieu, behalten Sie mich lieb, vergessen Sie mich nicht, und glauben Sie daran, dass niemand auf der Welt Sie mehr liebt als Ihr Freund Pugnani.[33]

Aus Gent schrieb Viotti an William Chinnery den letzten Brief dieser Reise. Er ist dankbar, dass er diese Zeit überlebt hat, doch ein bitterer Unterton ist nicht zu überhören. Die Reise hatte Viotti so sehr erschüttert wie vielleicht nur die letzten Wochen vor seiner Flucht aus Paris – die Briefe an Margaret und William Chinnery geben Zeugnis davon ab.

> Es ist ja viel, dass ich noch am Leben bin. Die Vorsehung hat mich für meine Freunde bewahren wollen, vielleicht gar für Unglücke, die noch größer sind. [...] Wenn jemand wie ich, mein lieber Freund, mit einer hohen Empfindsamkeit geboren ist, muss er sein Los akzeptieren und sich den Leiden hingeben, die sich unaufhörlich erneuern, und kann Ruhe erst erwarten, wenn ein gutes Stück Erde uns bedecken und vom Rest der Menschheit trennen wird.[34]

---

32 Der vollständige Wortlaut des Briefes befindet sich im Anhang, S. 373 ff.

33 « Mon cher Viotti, vous vous reveillés a la fin, et vous m'avéz donné de vos nouvelles, qu'il y avoit plus de deux années que je n'en avoi recu [sic!]. j'aurez donné une livre de mon sang pour vous voire ici, mais puisque la chose est impossible, je me bornerai a vous attendre l'année prochaine, ou que j'yrai vous voire si les affaires s'arrangent. [...] ma famille se porte bien et nous vous aurions préparée un lit et *de bonne sausse*. mais cela sera pour l'année prochaine. adieu aiméz moi, ne m'oubliéz pas et croiéz que personne au monde ne vous aime plus que votre ami Pugnani. » Zitiert nach Yim, 2004, S. 272/273. Originalbrief in NYPL JOB 97–52, item 1. Mit der guten Soße (bonne sausse) ist wahrscheinlich die „Bagna cauda" gemeint, übersetzt „warme Soße", ein typisch norditalienisches Gericht, das aus dem Piemont stammt. Die Bagna cauda ist eine Art Fondue, bei dem rohes Gemüse in eine warme Soße aus Olivenöl, Sardellen und Knoblauch eingetaucht wird.

34 « C'est encore beaucoup que j'existe. La Providence a voulu me conserver pour mes amis, peut être pour des malheurs encore plus grands. [...] Lorsqu'on est né comme

Außenwirkung und Innenleben – Viottis zweite Saison in London

Als Viotti erschöpft nach London zurückkehrt, sind es nur noch knapp zwei Monate, bis die neue Konzertsaison bei Salomon beginnt. Sie wird mehrfach in Londons Zeitungen angekündigt: im „Oracle", „Public Advertiser" und dem „Morning Chronicle". Viotti ist für acht der insgesamt zwölf Konzerte engagiert, außerdem präsentiert Salomon in dieser Saison erneut Joseph Haydn:

> Dr. Haydn wird die Konzerte mit neuen Kompositionen bereichern und ihre Ausführung vom Pianoforte dirigieren.[35]

Bevor die Konzertverpflichtungen beginnen, müssen noch einige praktische Dinge des Alltags organisiert werden. Nach fünfmonatiger Abwesenheit braucht Viotti eine neue Wohnung. Übergangsweise wohnt er bei Hüllmandel, doch sein Wunsch ist es, in die Nähe der Chinnerys zu ziehen. Bereits von Gent aus hatte er die Chinnerys gebeten, Ausschau nach einer Wohnung zu halten. Das war auch gelungen, denn Viotti wohnte bald nach seiner Rückkehr in einer Wohnung, die sehr nah zum Haus der Chinnerys gelegen war. Er musste nur die Straße überqueren und war bereits bei ihnen.[36]

Die Konzertsaison sollte am 3. Februar 1794 beginnen, doch da sich Haydns Ankunft verschob, wurde das Eröffnungskonzert um eine Woche verlegt. Offensichtlich wollte Salomon diese Saison nicht ohne seinen Star vom Kontinent beginnen, der sich in der vorherigen Saison so plötzlich abgemeldet hatte. Man kann ahnen, welche organisatorischen Anstrengungen nötig waren, um alle Künstler in einem Zeitalter ohne Telefon und Computer zusammenzubekommen und welche

moi mon cher ami avéc une sensibilité extreme il faut prendre son parti et se vouer à des souffrances qui se renouvellent sans cesse, et n'attendre le repos que lorsqu'un bon morceau de terre nous aura couvert et separé du reste des humains. » GBV an WBC am 17. Dezember 1793, zitiert nach Yim, 2004, S. 60, FN 69, 70. Originalbrief AUS-Sphm 94/143/1 – 14/3.

35 "Dr. Haydn will supply the Concerts with New Compositions, and directing the Execution of them at the Piano Forte." Zitiert nach Landon, S. 232. Haydn hatte 1791 die Ehrendoktorwürde der Musik an der University of Oxford erhalten.

36 Die Adresse der Familie Chinnery war 5 Mortimer Street, Cavendish Square. Viotti wohnte an der Ecke Wells Street und Charles Street, die nächste große Hauptstraße ist die Oxford Street. Vgl. Morning Chronicle vom 7. Mai 1794, in dem das Benefiz-Konzert für Viotti angekündigt ist: „Signor Viotti, No. 16, Charlesstreet, Middlesex Hospital." Die Charles Street existiert heute nicht mehr, sie war die östliche Verlängerung der Mortimer Street, die an der nördlichen Seite des Cavendish Squares verläuft. Es gibt noch immer ein Middlesex Hospital in unmittelbarer Nähe östlich der Wells Street.

Schwierigkeiten Absagen bereiteten. Salomon informierte über die Terminverschiebung in den führenden Zeitungen, und der „Oracle“ verkündete am 6. Februar, dass Haydn am Tag zuvor endlich eingetroffen sei.[37] Nun stand dem Ereignis nichts mehr im Wege. Nach der außerordentlich erfolgreichen Saison 1793, in der Salomon die Konkurrenz der Professional Concerts, einer weiteren Konzertreihe, so weit abgehängt hatte, dass diese Serie eingestellt werden musste, konzentrierte sich das Interesse des Publikums ganz auf die Hanover Square Concerts. Am 10. Februar fanden sich Kritiker von vier wichtigen Zeitungen ein: vom „Oracle“, vom „Morning Chronicle“, von der „Morning Post“ und der „Sun“. Sie betonten den festlichen Charakter und das außergewöhnlich hohe Niveau des Konzerts:

> Wir waren erfreut zu sehen, dass sich der Geschmack der Öffentlichkeit in einem großen und eleganten Publikum offenbarte. [...] Viotti entfaltete all seinen erlesenen Geschmack und seine erstaunliche Ausführung in einem Violinkonzert.[38]

Dem Lob des Kritikers der „Sun“ schlossen sich die Kollegen der anderen Blätter an, im „Morning Chronicle“ war zu lesen:

> Viotti schrieb ein neues Violinkonzert, das er selber höchst feinfühlig und berührend ausführte; nichts kann exquisiter sein als sein Klang im zweiten Satz.[39]

Und beim „Oracle“ fasste sich der Rezensent in seiner Begeisterung ganz kurz:

> Wir dürfen uns notgedrungen kurzhalten. Und nach allem wird es das Beste sein, wenn das Hauptwerk des großen Haydn den Inhalt vorgibt. „Komm denn, beredtes Schweigen, sinne über sein Lob“. Viotti gab ein Konzert, schlicht und rührend, wie sein Genius. Die Mara sang[:] es ist genug gesagt.[40]

---

37 Siehe Landon, S. 233.

38 “We were glad to see the taste of the Public manifested in a large and elegant Audience. [...] Viotti displayed all his fine taste and astonishing execution in a Violin concerto.” Sun, 11. Februar 1794, zitiert nach Landon, S. 235.

39 “Viotti produced a new Concerto, in which his own execution was most delicate and touching; nothing could be more exquisite than his tones in the second movement.” Morning Chronicle, 11. Februar 1794, zitiert nach Landon, S. 234.

40 “We must of necessity be brief. And after all it may be best, when the *chef d'oeuvre* of the great Haydn is the subject. ‘Come then, expressive silence, muse his praise.’ Viotti gave a Concerto, *simple and effecting,* like his genius. Mara sang [:] *c'est assez dire.*” Oracle, 11. Februar 1794, zitiert nach Landon, S. 234. Der Rezensent zitiert den letzten Vers einer Hymne aus James Thomsons „The Seasons“ von 1730. James Thomson (1700–1748) war ein schottischer Schriftsteller. Interessant ist, dass diese Gedichte 1744 von Barthold Heinrich Brockes ins Deutsche übersetzt und zur Textvorlage für Haydns Oratorium „Die Jahreszeiten“ (1801) wurden. Die Bearbeitung der Texte für das Oratorium stammt von Gottfried van Swieten.

Nach den Anstrengungen der Reise auf den Kontinent war der Erfolg in London einerseits eine angenehme Abwechslung, aber die erhoffte Ruhe fand Viotti nicht, denn er spielte in jedem Konzert überwiegend Violinkonzerte, die er neu komponiert hatte, sowie im letzten Konzert der Saison gemeinsam mit Salomon ein Duo. Dieses Abschlusskonzert fiel auf den 12. Mai, es war der 39. Geburtstag von Viotti. Die Kritik im „Morning Chronicle" bemerkte sehr freundlich: „Viotti und Salomon spielten in einem sehr kühnen, vollendeten Stil".[41]

Es war eine Bestätigung für Viotti, dass er auch in der zweiten Saison als Star galt – der Konzertunternehmer Salomon wusste, welch einen Publikumsmagneten er mit Viotti im Angebot hatte. Das Konzertleben forderte bereits damals viel von den Solisten, und es war ein hartes Geschäft, vor allem, wenn es sich in Metropolen wie Paris oder London abspielte. Das anspruchsvolle Publikum in London war von Haydns ständiger Präsenz sehr verwöhnt. Er hatte es in seinem ersten Londoner Aufenthalt 1791/1792 als bekanntester und beliebtester moderner Komponist sozusagen in die Charts geschafft. Daher waren die Erwartungen an andere Komponisten sehr hoch, und das bekam auch Viotti zu spüren. Wenn er auf Violinkonzerte zurückgriff, die er bereits in Paris geschrieben hatte, so wurde das durchaus bemerkt – und nicht immer freundlich aufgenommen. Insofern stand Viotti neben dem wöchentlichen Auftreten als Solist zusätzlich unter einem hohen Produktionsdruck, stets etwas Neues liefern zu müssen. Im Eröffnungskonzert der Saison 1794 musste er neben einer neuen Sinfonie von Haydn bestehen; er komponierte ein Konzert in einer Molltonart, wie der Rezensent des „Morning Chronicle" bemerkt.[42] Wahrscheinlich handelte es sich um das Konzert Nr. 24 in h-Moll (wI:24); es ist das einzige Konzert aus Viottis Londoner Zeit in einer Molltonart, in dem keine Klarinetten verwendet werden.[43] Die Klarinetten führte Haydn bei genau diesem Ereignis am 10. Februar 1794 ein: Seine Komposition, die als „New Grand Overture" angekündigt wurde, ist die Sinfonie Nr. 99 in Es-Dur, in der er erstmals zwei Klarinetten einsetzte. Und es konnte wohl kaum ein größeres Lob geben als das im „Morning Chronicle" vom 11. Februar 1794. Dort schreibt der Kritiker begeistert über beide Komponisten und zieht ein bemerkenswertes Resümee:

41 "Viotti and Salomon played a violin duet in a very bold and finished style." Zitiert nach Landon, S. 253.

42 "Viotti played a concerto in a minor key [...]." Morning Chronicle, 19. Februar 1794, zitiert nach Landon, S. 236. Es handelt sich um die Wiederholung des Konzerts vom 10. Februar 1794 eine Woche später am 17. Februar 1794.

43 Milligan, S. 136.

> Der unvergleichliche Haydn schrieb eine Ouvertüre, über die in gewöhnlichen Begriffen zu sprechen unmöglich ist. Es ist eine der größten Leistungen der Kunst, deren Zeugen wir je sein konnten. Es wimmelt von Einfällen, so neu in der Musik, wie sie erhaben und eindrucksvoll sind; es rüttelt jede Seelenbewegung auf und berührt sie. – Das Stück wurde mit leidenschaftlichem Applaus aufgenommen. […] Wir haben keinen Zweifel, aber diese beiden Stücke gehören erneut aufgeführt, weil sie sich in die erlesensten Werke einreihen, derer sich die Musik rühmen darf.[44]

Der Kritiker des „Morning Chronicle“ hebt Viottis Violinkonzert damit auf eine Ebene mit Haydns Sinfonie Nr. 99 in Es-Dur. Dieser Vergleich sagt viel über die Wahrnehmung von Viottis Musik zu seinen Lebzeiten aus: Ein so positiver Vergleich mit Haydn kommt einem Ritterschlag gleich. Die Sinfonie von Haydn steht in einer Durtonart, Viottis Violinkonzert – wenn es das in h-Moll ist, wofür vieles spricht – hingegen in einer Molltonart. Es könnte einen tieferen Grund geben, der die Wahl dieser Tonart bestimmt hat: Pierre Baillot, Viottis enger Freund, charakterisiert in seiner Violinschule „L'art du violon“ die Molltonarten als Ausdruck von Schmerz und Verlust. Beides hatte Viotti wenige Jahre zuvor reichlich erfahren, als er Frankreich verlassen musste, und auch die Reise auf den Kontinent, von der er gerade zurückgekehrt war, war vor allem von Trauer geprägt.

> Der Mollmodus, für sich betrachtet und in Beziehung zu allen Tonarten, hat seinen eigenen Charakter, der es verdient, besonders betrachtet zu werden. Die kleine Terz, ausgehend von der Tonika, bestimmt den Mollmodus; dieses Intervall, das für den Eindruck von etwas Unvollständigem, wenig Ausgedehntem steht, wird gleichermaßen vom Gehörsinn so verstanden und scheint der natürliche Ausdruck von Kummer und Verlust zu sein. […] Schlussendlich ist es der Mollmodus, in dem das unglückliche Individuum, das alles verloren hat, um Hilfe und Mitleid fleht.[45]

---

44 "The incomparable Haydn produced an Overture of which it is impossible to speak in common terms. It is one of the grandest efforts of art that we ever witnessed. It abounds with ideas, as new in music as they are grand and impressive; it rouses and affects every emotion of the soul. – It was received with rapturous applause. […] We have no doubt, but both these pieces will be called for again; for they are to be ranked among the finest productions of which music has to boast." Morning Chronicle, 11. Februar 1794, zitiert nach Landon, S. 234.

45 « Le mode mineur considéré en lui-même et appliqué à tous les tons en général, a un caractère qui lui est propre et sur lequel il n'est pas sans intérêt de fixer son attention. L'intervalle de demi ton, placé à la tièrce de la tonique, détermine le mode mineur, cet intervalle, qui présente au raisonnement l'idée d'une chose incomplète et de moindre étendue, est également compris sous ce rapport par le sens de l'ouïe et semble être l'expression naturelle de la peine et de la privation. […] C'est enfin sur ce ton que infortuné, privé de tout, ne manque jamais d'implorer le secours de la pitié. » Siehe Baillot, 1835, S. 156. Vgl. Yim, 2004, S. 63.

Zwar meisterte Viotti in jenen Februarwochen seine öffentlichen Auftritte bravourös und war der vollendete Solist, strahlend und zuversichtlich. Doch dieser Eindruck, den die Zeitungsartikel vermitteln, täuscht. Er stimmt ganz und gar nicht überein mit Viottis Seelenverfassung. Vor allem nach der Rückkehr vom Kontinent bestimmt ein resignativer, teils auch sarkastischer Ton seine Briefe. „Ich bin mir nur zu bewusst, wie sehr man Resignation braucht" – schreibt er in einer Notiz an Margaret Chinnery.[46] Im Kontakt mit den Chinnerys zeigte Viotti, wie es ihm wirklich ging. Mochte man seine beeindruckenden geigerischen Fähigkeiten rühmen und ihn wieder einmal als Star feiern – seine Seele war verletzt, seine Zuversicht und sein Glaube an die Menschheit waren erschüttert.

Margaret Chinnery war die Einzige, die ihm in dieser depressiven Stimmung durch ihr feinfühliges Wesen, ihre positive Lebenseinstellung und durch ihre Herzensbildung einen Hoffnungsschimmer geben konnte. Zudem sprach Margaret fließend Französisch und Italienisch, die Sprachen, in denen er sich zu Hause fühlte. Er wurde in die Familie aufgenommen und genoss die Gemeinschaft. Fast alle erhalten gebliebenen Briefe, die Viotti an die Chinnerys schrieb, sind an Margaret adressiert. Neben dem praktischen Grund, dass er an sie in Französisch schreiben konnte, was auch ihr Mann William beherrschte, gibt es einen ganz deutlichen Herzensgrund. In keinem anderen Dokument, das Viotti hinterlassen hat und das erhalten geblieben ist, drückt er so genau seine Empfindungen aus wie in den Briefen an diese Frau. Und manche Zeile lässt ahnen, dass er mehr als nur freundschaftliche Gefühle für Margaret empfand. So schrieb er bereits am 13. Februar 1794:

> Ich sende Ihnen, Amica, ein weiteres von meinen neuen Kindern; ich wünsche mir, dass Sie es mit freundschaftlicher Nachsicht empfangen und dass Sie nie von ihm verärgert sein werden. Sie wissen natürlich, dass es ein Konzert von mir ist, von dem ich spreche – wie könnte ich von etwas anderem sprechen, ich, ein armes Geschöpf, abgeschnitten von allem, meine Seele so glühend und so bar allem, was sie befriedigen könnte![47]

War es unerfüllte Liebe? Oder waren es „nur" Heimweh und Sehnsucht nach einem ruhigeren Leben, im Einklang mit sich selbst und der Natur, die Viotti so seufzen ließen? Klar jedoch ist, dass sich Viotti auf ein neues Violinkonzert von

46 « Je sens bien combien il faut de la resignation ! » GBV an MC am 13. Februar 1794, zitiert nach Yim, 2004, S. 67, FN 29. Originalbrief AUS-Sphm 94/143/1–2/16.

47 « Je vous envoye amica un autre de mes nouveaux Enfans je desire que vous le receviés avéc l'indulgence de l'amitié et que jamais vous ne vous fachiés contre lui. Vous sentés bien que c'est d'un concerto dont je veux parler, car comment pourrai-je parler d'autre chose moi pauvre été isolé de tout, l'ame si ardente et si vide de ce qui pourroit la rendre sattisfaitte ! » GBV an MC am 13. Februar 1794, zitiert nach Yim, 2004, S. 62, FN 7. Originalbrief AUS-Sphm 94/143/1–2/16.

ihm bezieht, „ein weiteres von meinen neuen Kindern“, das er für die laufende Saison bei Salomon komponierte, und aus der Formulierung kann man schließen, dass es nicht das einzige war. Zu seinen Verpflichtungen bei Salomon gehörte es ja, regelmäßig eigene neue Werke aufzuführen – ebenso wie es bei Haydn der Fall war. Im „Oracle“ vom 25. Januar 1794 wurden vor Saisonbeginn neue Kompositionen von Viotti und Haydn angekündigt.[48]

Vom Konzert Nr. 24 in h-Moll existiert das Autograph des zweiten Satzes „Andante sostenuto“ in einer bemerkenswerten Form. Es ist auf kleine Notizzettel mit äußerst sorgfältiger Handschrift geschrieben und befindet sich heute in der Bibliothèque national in Paris.[49] Chappell White vermutet, dass es als Geschenk gedacht war – vielleicht eines der „neuen Kinder“, die Viotti in seinem Brief an Margaret ankündigt. Dagegen jedoch spricht, dass White die Entstehung des Konzerts Nr. 24 erst im Jahr 1795 vermutet, Viotti den betreffenden Brief an Margaret jedoch ein Jahr eher schrieb.[50]

Der eben erwähnte Brief vom 13. Februar 1794 gehört zu einem kleinen Konvolut von handschriftlichen Notizen an Margaret Chinnery; auf die Rückseite schrieb Viotti „Einige Briefe von Amico an Amica aus unseren ersten Tagen“.[51] Es ist sehr reizvoll, sich die Winterwochen zu Beginn des Jahres 1794 etwas genauer vorzustellen: Die Nähe zu Margaret Chinnery zeigt sich auch darin, dass er sie fragt, wie es ihr körperlich geht, denn Margaret ist erkältet, und Viotti selbst liegt ebenfalls krank im Bett, weil ihn eine schmerzhafte Entzündung im Fuß plagt – vermutlich Gicht, da er das Leiden in Abständen immer wieder erwähnt. Er bittet sie auf einem weiteren Zettel um ein paar Einkäufe und kündigt einen kurzen Besuch bei den Chinnerys an. Es sind Alltagsspuren, die uns einen Einblick in das ungewöhnliche Arrangement dieser Freundschaft gewähren. Der Entschluss, ab 1796 gemeinsam zu wohnen, war in jener Zeit sehr fortschrittlich und mutig, standen doch die Chinnerys in der Öffentlichkeit – sicher wurde das eine oder andere über diese Ménage-à-trois getuschelt. So berichtet Lord Glenbervie, ein Freund der Familie Chinnery, in seinen Lebenserinnerungen von Gerüchten, dass Caroline, die älteste Tochter der Chinnerys, Viottis Tochter sei, die er mit Margaret gezeugt habe – was aber aufgrund des Geburtsjahres von Caroline zweifelsfrei widerlegt werden kann. Sie wurde 1791 geboren, zu jenem Zeitpunkt war Viotti noch in Frankreich.[52]

48 Vgl. Landon, S. 233.

49 Bibliothèque nationale, Paris, Sign: W 8, 134.

50 White, 1973, S. 122/123.

51 « Plusieurs lettres de l’Amico à l’Amica dans nos premiers temps ». Zitiert nach Yim, 2004, S. 61 und FN 2.

52 Vgl. Yim, 2004, S. 10.

Diese drei Menschen verband etwas, was sie als ein großes Geschenk empfanden, denn vom ersten Moment ihrer Begegnung an waren sie einander auf innige Weise zugetan. Es war eine Dreiecksbeziehung der Herzen. Sie hatten sehr bald Kosenamen erfunden, so nannte Viotti William Chinnery „mon cher Chin" oder kurz „Chin", manchmal auch „Gastaldo" oder, wenn er besonders scherzhaft aufgelegt war „Cinnerino" – die italienische Endsilbe „-ino" ist eine Verkleinerungsform, und Viotti spielte damit liebevoll auf Chinnerys kleine Gestalt an. Margaret Chinnery ist für Viotti „Amica", „la cara Padrona" oder etwas überschwänglich „la belle Margaritina".[53] Die Frage, ob Viotti und Margaret Chinnery eine Liebesbeziehung hatten, lässt sich schwer beantworten. Nach heutigem Verständnis der Sprache in den Briefen kann man es annehmen. Aber da in der damaligen Zeit die Sprache in Briefen sehr gefühlsbetont und schwärmerisch war, sind Formulierungen wie „Ich liebe Sie zärtlich" oder „Adieu, Amica, amica, die ich täglich mehr liebe und verehre" keine eindeutigen Hinweise, ob diese Liebe platonisch war oder nicht.[54] Genauso, wie er Margaret seine Gefühle ausdrückt, formuliert er sie für William Chinnery: „Sag' Mr Chi, dass er ebenso die einzige Person ist, die ich in diesem feinen Land von ganzem Herzen liebe"[55]. Beide Männer verehrten Margaret zutiefst, und es gibt keine Anzeichen, dass sie eifersüchtig aufeinander waren.

Intermezzo in Bath

Die rege Konzerttätigkeit in London unterbrach Viotti zwischen dem 7. April und dem 2. Mai 1794. Er hatte ein Engagement in Bath angenommen, wo der Sänger Venanzio Rauzzini Konzerte veranstaltete. Rauzzini war einer der berühmtesten Kastraten seiner Zeit; Wolfgang Amadeus Mozart war so begeistert von Rauzzinis Stimme, dass er 1773 für ihn die Motette „Exsultate, jubilate" (KV 165) komponierte. Im Alter von erst 32 Jahren zog sich Rauzzini von der Opernbühne zurück und startete eine zweite Karriere als Gesang- und Klavierlehrer, als Komponist und als erfolgreicher Konzertveranstalter. Viotti schätzte ihn sehr;

53 Vgl. Yim, 2004, S. 9.

54 « Je vous aime tendrement ». GBV an MC, 20. September 1793, zitiert nach Yim, 2004, S. 10, FN 24. Originalbrief PHM 94/143/1 – 2/10. « Adieu Amica, amica que j'aime et j'honore tous les jours de plus ». GBV an MC, 6. Dezember 1793, zitiert nach Yim, 2004, S. 10, FN 25. Originalbrief PHM 94/143/1 – 2/14.

55 « Dites à Mr Chi qu'il est le seul aussi que j'aime de tout de mon cœur dans ce beau pays ». GBV an MC, 22. Juli 1793, zitiert nach Yim, 2004, S. 10, FN 26. Originalbrief PHM 94/143/1 – 2/6.

vermutlich kannte er Rauzzini bereits aus seiner Turiner Zeit, denn Rauzzini sang damals am Teatro Regio.[56] Nun hatte er eine Konzertreihe in den New Assembly Rooms in Bath eingerichtet, gerade in der damaligen Zeit ein vornehmer Badeort. Dorthin fuhr nicht nur Londons gehobene Gesellschaft, sondern auch die besten Kreise aus ganz Europa wählten Bath als Erholungsort. Die musikalischen Darbietungen prägten die elegante Atmosphäre des Ortes, und Rauzzini gelang es, das hohe Niveau durch exzellente Musiker zu halten, wenn nicht gar noch zu steigern. Seine große Gastfreundschaft war legendär und ein Ausgleich für recht geringe Gagen, kurzum: Man konzertierte in Bath aus Sympathie für Rauzzini und den Ort, nicht fürs Portemonnaie. Joseph Haydn, der ebenfalls in Bath auftrat, beschrieb ihn als „sehr feinen und gastfreundlichen Mann".[57]

Viotti spielte bei den Osterkonzerten am 15., 16., 17. und 19. April 1794. Das geht aus der örtlichen Presse, dem „Bath Herald and Register", hervor, und außerdem aus den Briefen, die Viotti auch von dieser Reise an Margaret Chinnery schrieb. Es sind insgesamt sieben Briefe vom 16.–25. April 1794. Ihr Grundton ist, wie bei den Briefen vom Kontinent, durchweg melancholisch, und es scheint, als habe sich Viotti von den Erlebnissen der vergangenen Jahre noch nicht erholt. In jedem Brief betont er, wie sehr er Margaret und ihre Familie vermisst. Dass die Begegnung mit den Chinnerys eine tiefgreifende Wende in Viottis Leben brachte, drückte er bereits im zweiten Brief vom 17. April 1794 aus. Er beendete ihn mit den Worten:

> Alles im Leben wird ersetzt, alles im Leben geht vorbei, aber nichts wird meine Zuneigung, die ich für Sie und Ihre Familie habe, ersetzen, und sie wird nur gemeinsam mit meinem Leben vergehen.[58]

Wir erfahren aus diesen gefühlsbetonten Zeilen, die Viotti aus Bath schrieb, von körperlichen Beschwerden, von seiner Abneigung englischen Frauen gegenüber, vom überwiegend schlechten Wetter, von seinen Stimmungen und immer wieder von seiner Liebe zur Natur. Man kann sich natürlich fragen: Müssen wir das überhaupt wissen, wenn es um einen Komponisten geht, der vor über zweihundert Jahren lebte? – Aber genauso hat die gegenteilige Meinung ihre Berechtigung: Wenn man den Versuch macht, sich nach über zweihundert Jahren einem Künstler anzunähern, dann sind persönliche Dokumente wie diese Briefe hilfreich, in dem Künstler auch den Menschen zu erkennen und ihm näherzukommen. Nach allem, was Viotti bislang nicht nur erlebte, sondern auch erlitt, fragt man sich

56 Vgl. Lister, 2009, S. 192.

57 Zitiert nach Landon, S. 266.

58 « Tout se succéde tout passe dans la vie, mais rien ne succedera à l'attachement que j'ai pour vous et toute votre famille, et il ne passera qu'avec ma vie. » GBV an MC am 17. April 1793 [recte 1794], zitiert nach Yim, 2004, S. 11. Originalbrief AUS-Sphm 94/143/ 1 – 2/1.

doch auch: Wie ging es ihm persönlich, welche Wünsche hatte er, welche Sehnsucht trieb ihn um?

> Es würde mir zusagen, Amica, wenn ich der Gärtner von Mr. und Mrs. Chinnery wäre, und dass Mr. und Mrs. Chinnery nie den Landsitz verlassen würden; ich wäre sehr viel glücklicher.[59]

Aus diesen Zeilen spricht Viottis Wunsch nach einem ruhigeren Leben – was man sehr gut nachvollziehen kann. Er war zu jenem Zeitpunkt Ende dreißig, die Lehr- und Wanderjahre lagen lange hinter ihm, ein mehr oder minder rastloses Leben in Paris hatte sich angeschlossen, die Revolutionswirren hatten ihn entwurzelt und viele seiner Freundschaften zerstört. Mit der Flucht nach England konnte er zwar sein Leben retten, und seine Erfolge als Solist sicherten ihm seinen Unterhalt, aber er hielt sich nun in einem Land auf, das so gar nicht seiner Mentalität entsprach – auch das erfahren wir aus diesen Briefen. Umso wichtiger war die innige Freundschaft zu den Chinnerys, sie gab ihm fortan bis an sein Lebensende eine große Stabilität und stand im Zentrum seiner Gedanken.

Viotti teilte Margaret in den Briefen sehr viel über seinen Alltag mit, sei es aus London oder aus Bath. Obwohl Viotti in Rauzzini einen Landsmann an seiner Seite hatte, fühlte er sich in Bath überhaupt nicht wohl. Diese trübe Stimmung spricht aus seinen Briefen, die er von dort schrieb. Am 18. April 1794 beklagte er sich bei Margaret Chinnery:

> Ich spielte gestern zum dritten Mal; ich war ziemlich einverstanden mit mir. Sie sagten, ich sei ein großer Erfolg gewesen; ich versichere Ihnen, Amica, dass ich davon nichts gemerkt habe. Sie haben eine sonderbare Art, es einem zu zeigen, das muss ich schon sagen! Ich schwöre Ihnen, meine liebe Margaritina, dass ich mich nie an diese verfluchte Kälte gewöhnen werde, in der Tat bin ich zunehmend geneigt, Ihre Landsleute als grobe Klötze und Nichtskönner einzuschätzen, statt ihnen für ihre konzentrierte Empfindsamkeit zu danken, die sie vorgeben zu haben. Es ist ein Glück, dass ich eine entschiedene Leidenschaft für die Musik habe und dass ich sie um ihrer selbst willen und für mich liebe, sonst hätte ich sehr bald den Geschmack an ihr verloren.[60]

59 Zitiert nach Lister, 2009, S. 190, FN 70.

60 « J'ai joué hier pour la 3me fois, j'ai été passablement content de moi : on dit que j'ai beaucoup de succés, je vous assure amica que je ne m'en apperçois pas du tout. Ils ont une singulière manière de le témoigner il faut en convenir ! Je vous avoue ma chere Margaritina que je ne saurois m'accoutumer à cette maudite froideur, en verité je suis plus porté à croire vos chers compatriotes des buches, des ignorans, que de leur accorder comme ils le pretendent une sensibilité concentrée. Il est bien heureux que j'aye une passion décidée pour la musique, que je l'aime pour elle même et pour moi, sans cela je sens que le gout m'en passeroit bien vite. » GBV an MC am 18. April 1794, zitiert nach Yim, 2004, S. 72, FN 15. Originalbrief AUS-Sphm 94/143/1–2/18.

Fünf Tage später drückte Viotti noch einmal seinen Unmut aus. Ihm lag die reservierte Art der Engländer überhaupt nicht. Ein welterfahrener, offenherziger Musiker aus dem Süden trifft auf die zurückhaltende Mentalität des Vereinigten Königreichs – ein Gleichklang der Temperamente ist da nicht unbedingt anzunehmen, und offensichtlich war Viotti in Bath dieser unterkühlten Stimmung noch stärker ausgesetzt als in London. Neben den Engländern im Allgemeinen kommen im Brief vom 23. April 1794 besonders die Frauen schlecht weg:

> Ich habe schon viele Menschen getroffen, auch solche, die ich erst auf den zweiten Blick mochte. Ich meine damit Frauen wie Männer. Aber diese Art bin ich nicht gewohnt. Warum zeigen diese verfluchten Frauen nicht sofort, wer und was sie sind, anstatt sich beim ersten Treffen mit einem Gesicht aus Marmor zu präsentieren. Es würde mir gefallen, sie alle zu meiner Amica zu schicken, damit sie ihnen gute und erfreuliche Manieren beibringen könnte.[61]

Trost fand Viotti, wie so oft, in der Natur. Ein Ausflug auf Rauzzinis Landsitz Woodbine Cottage brachte ihn auf andere Gedanken. Er hatte sich ein Pferd geliehen, mit dem er aus Bath hinaus zu Rauzzini ritt. Über diesen Ausflug berichtet er Margaret Chinnery am 19. April:

> Gestern verbrachte ich meine Zeit in einem kleinen Sommerhaus auf dem Land, oder besser: im Garten, der das Haus umgibt. Es gehört Mr Rauzzini. Ich verließ die Stadt um ein Uhr. Ich nahm einen ländlichen Pfad, der gesäumt war mit jeglicher Art von Bäumen, die voll von Blüten waren. Dieser Pfad steigt sanft an und führt zu einer Art Wald, der einen Berg krönt, von dem man einen Blick über die ganze Stadt hat. Dort hielt ich an, um dieser schönen Natur nachzusinnen und ihrem unbegreiflichen Schöpfer.[62]

Viotti beschreibt Margaret die Blumen, die er auf dem Weg betrachtete. Das sanfte Klima von Bath, das der Golfstrom mit sich bringt, lässt Pflanzen gut gedeihen. Der Naturliebhaber Viotti war von dem Blütenmeer begeistert. Doch auch hier mischt sich die Sehnsucht nach Margaret Chinnery und ihrer Familie mit hinein,

---

61 « J'ai déjà connû beaucoup de monde, et du monde beaucoup plus aimable que je n'avois crü d'abord, bien entendu du monde femme, car hommes, oh ceux la je ne scais pas ce qu'ils font. Mais pourquoi ces maudites femmes ne se mentrent-elles pas tout de suitte ce qu'elles sont, au lieu de se présenter avéc un visage de marbre au premier abord ? » GBV an MC am 23. April 1793, zitiert nach Yim, 2004, S. 74, FN 22. Originalbrief AUS-Sphm 94/143/1 – 2/20.

62 « J'ai passé tout mon tems à la campagne dans une maisonnette, ou plutôt dans le jardin qui en depend appartenant à Mr Rauzzini. Je suis sorti de la ville à une heure tout seul, j'ai passé par un chemin champêtre bordé d'arbres de toutes especes et chargés de fleurs. Ce chemin va en montant et conduit à une espece de forée qui couronne une montagne de la quelle on domine sur toute la ville. C'est la ou je me suis arreté pour contempler cette belle nature et son inconcevable auteur. » GBV an MC, 19. April 1793. Originalbrief AUS-Sphm 94/143/1 – 2/17. Zitiert nach Yim, 2004, S. 72, FN 12.

wenn er ihr im selben Brief schreibt, dass er mit viel Zeit und Aufmerksamkeit die Veilchen betrachtet habe – Blumen, die Margaret besonders mag.

Insgesamt vermitteln die sechs Briefe, die Viotti aus Bath schreibt, einen vielfältigen Eindruck des gesellschaftlichen Lebens, vor allem auch des Musiklebens der Stadt. Wir erfahren, dass die Konzerte im Frühjahr weitaus weniger gut besucht sind als die im Herbst und Winter, dass man sich nach den Konzerten zu Tee und Konversation trifft und dass das Orchester, welches Rauzzini engagiert, von erstaunlicher Qualität ist.[63] Zu Rauzzini hat Viotti ein herzliches Verhältnis, und der Impresario zieht, wie bei vielen anderen Musikern, auch bei Viotti alle Register seines Charmes: Was Rauzzini betreffe, so Viotti, empfinde er ihn als einen so guten und gesitteten Mann, dass er ihm versprach, in vier Konzerten aufzutreten; es waren bislang zwei vereinbart gewesen.[64]

Bath war mit der Kutsche eine Tagesreise von London entfernt. Die Zeitungen in Bath annoncierten die Postkutschen, die zweimal täglich nach London fuhren: eine Verbindung um sechs Uhr morgens, eine weitere um fünf Uhr nachmittags. Die vierspännigen Kutschen benötigten zwölf Stunden für die Strecke. Sie gingen ab vom Gasthaus „White Hart Inn and Tavern" und endeten in London sehr zentral am Golden Cross, Charing Cross. Am 24. April 1794 nachmittags nahm Viotti die Kutsche zurück nach London. Am frühen Morgen des folgenden Tages trifft er dort ein und schreibt einen eiligen, ja stürmischen Brief an Margaret. Er kann es kaum erwarten, sie wiederzusehen.

> Es ist nicht länger Bath, von wo aus ich Ihnen schreibe, meine teure, gute Amica, sondern es ist London, um Ihnen zu sagen, dass ich, dank des Himmels, dank einer guten Kutsche und guter Pferde, nicht länger weit entfernt von Ihnen bin. Ich bin frisiert, angezogen und fertig, um zum Haus meiner Freunde zu eilen. Ich will nur warten, bis Sie erwachen, da ich sicher bin, dass Sie noch schlafen. Sagen Sie mir, wann diese glückliche Stunde sein kann, aber vor allem lassen Sie mich nicht kommen, bevor Sie fertig sind und sich in Ihrem kleinen Gesellschaftsraum befinden. Wenn ich vorher käme, wäre ich zu ungeduldig, auf Sie zu warten. Mein Gott, welch ein Glück![65]

---

63 Vgl. Yim, 2004, S. 73, 75 und Lister, 2009, S. 193.

64 « Pour ce qui regarde Rauzzini je l'ai trouvé si bon homme si honnête que je lui ai promis de jour quatre fois au lieu de deux comme nous en etions convenus ». GBV an MC, 17. April 1794, zitiert nach Yim, 2004, S. 71, FN 9. Originalbrief PHM 94/143/1 – 2/1.

65 « C'est n'est plus de Bath c'est de Londre que je vous écris ma chere bonne Amica, pour vous dire que grace au Ciel, une bonne voiture et de bons cheveaux je ne suis plus loin de vous ; Je suis coiffé habillé et prêt à voler chés mes amis, je n'attens pour cela que votre reveil, car surement vous dormés encore ; faites moi dire cette heure fortunée, mais surtout ne me faites pas aller chés vous sans que vous soyés prête tout à fait dans ce petit salon. Si j'y venois avant je m'impatienterois trop à vous attendre ; mon Dieu quel bonheur ! »

Zurückgekehrt nach London und endlich wieder im Kreis seiner geliebten Freunde, führt Viotti am 2. Mai 1794 im Benefizkonzert für Haydn ein eigenes Konzert auf, zwei neue Konzerte spielte er dann in seiner Benefizveranstaltung am 23. Mai 1794, und am 28. Mai 1794 leitete er das Orchester in Salomons Benefizkonzert.

Unter einem Benefizkonzert verstand man damals eine Veranstaltung, die von einem Künstler meist in Eigenverantwortung organisiert wurde, in der er selber auftrat und am Ende die gesamten Einnahmen behielt, wovon er häufig aber noch die Saalmiete und das Orchester zu bezahlen hatte. Wenn der Künstler Glück hatte, kam eine gute Summe für ihn zusammen; wenn nicht, war es weniger, als wenn ein Impresario den Abend mit vorher vereinbartem Honorar für den Solisten veranstaltet hätte. Ein Wohltätigkeitskonzert zugunsten der Armen und Gebrechlichen war ein „Charity Concert" oder „Concert in Aid of the Poor". Auch solche Konzerte gab Viotti, beispielsweise am 6. März 1794 für den New Musical Fund „for the relief of the decayed musicians, their widows and orphans, residing in England"[66], zur Unterstützung von altersschwachen Musikern, ihren Witwen und Waisen, die in England ansässig sind.

In Bath war Viotti dann wieder in Rauzzinis Herbstkonzerten zu hören. Die Zeitungen kündigten ihn für das dritte, vierte und sechste Konzert an sowie für das Benefizkonzert Rauzzinis am 24. Dezember 1794. Von diesen Aufenthalten in Bath sind keine Briefe an die Chinnerys überliefert. Der Grund dafür liegt eventuell darin, dass sich Viotti zu diesen Konzerten immer nur kurzfristig in Bath aufhielt, denn er hatte ab Oktober 1794 eine verantwortungsvolle und zeitintensive Aufgabe in London übernommen: die künstlerische Leitung der italienischen Oper in London am King's Theatre. Im „Bath Chronicle" vom 18. Dezember 1794 ist zu lesen, dass Viotti bei der Vertragsunterzeichnung für diesen Posten eine Klausel eingefügt habe, die ihm weiterhin die Konzerttätigkeit in Bath gestatte.[67] Die Postkutschenverbindung von und nach Bath, die rund zwölf Stunden dauerte, ermöglichte es, bei nur einer Übernachtung, am nächsten Tag wieder in der jeweils anderen Stadt zu sein.[68] Es war die schnelle Geschäftsreise in jener Zeit. Das komfortable englische Postkutschensystem wurde von Reisenden allgemein sehr geschätzt. Besonders die Besucher vom Kontinent lobten die Verbindungen

---

GBV an MC, 25. April 1794, zitiert nach Yim, 2004, S. 78, FN 37. Originalbrief PHM 94/143/1–2/21.

66 Lister, 2009, S. 187.

67 "[...] when Viotti signed his articles as Manager of the London Italian Opera, he had a clause inserted which enables him to fulfil his engagements at Rauzzini's Concerts." Zitiert nach Yim, 2004, S. 79.

68 Yim, 2004, S. 78.

und den Service, wie beispielsweise der deutsche Mediziner Johann Friedrich Carl Grimm, der 1774 durch England reiste:

> Die genaue Verbindung in der die Einwohner der Hauptstadt mit denen auf dem Lande, in den benachbarten Flecken, Dörfern und Städten stehen müssen, hat Anlaß gegeben, öffentliche Post kutschen zur größten Bequemlichkeit des gemeinen Wesens anzulegen, die den Namen der Stage coaches führen. [...] Das Fuhrwerk selbst ist ein bequemer, zuweilen mit drey insgemein mit zwey oder vier raschen Pferden bespannter sechssitziger Wagen, in dem man recht gut fährt, so lange die Gesellschaft nicht vollzählich, oder mit Kindern angefüllt wird.[69]

Auch der Schriftsteller Karl Philipp Moritz war in England unterwegs und berichtet von den Annehmlichkeiten:

> Gestern nachmittag bin ich denn zum erstenmale in einer sogenannten Stage oder Postkutsche gefahren. Diese Kutschen sind sehr elegant, inwendig ausgeschlagen, und zweisitzig, für sechs Personen eingerichtet, die sich denn freilich, wenn die Zahl voll ist, etwas einschränken müssen.[70]

Wie entsetzt hingegen mancher Engländer war, der sich auf dem europäischen Festland – und da vor allem in Deutschland – fortbewegen musste, soll nicht unerwähnt bleiben.

> [...] die schlechtesten Straßen, die ich bislang gesehen habe, sind in Deutschland. Die Kutsche brach in Stücke, bevor wir das Ende unserer Reise erreicht hatten. Völlig abgetrennt der vordere Teil der Chaise vom hinteren, uns als erbärmliche und lächerliche Zuschauern in der Mitte der Straße zurücklassend, während der Postillion mit dem Kutschbock und Vorderrädern davonfuhr.[71]

Möglicherweise hätte Viotti bei derartig schlechten Verkehrsbedingungen seine vielen Verpflichtungen in jenen Monaten Ende des Jahres 1794 gar nicht einhalten können. Er war nun Virtuose und Manager. Mit der Ernennung zum künstlerischen Leiter am King's Theatre ging für ihn ein erfolgreiches Jahr zu Ende, und London war sein neues Zuhause geworden.

---

69 Johann Friedrich Carl Grimm: Die englische Postkutsche, in: Bemerkungen eines Reisenden durch Deutschland, Frankreich, England und Holland in Briefen an seine Freunde, 3. Theil, Altenburg 1775, S. 5.

70 Karl Philipp Moritz: Fahrt mit der englischen Postkutsche, in: Reisen eines Deutschen in England im Jahre 1782, Berlin 1783, S. 105.

71 "[...] the worst roads I have yet seen in Germany. The carriage broke into pieces before we got to the end of our journey, fairly seperating the fore part of the chaise, from the hind, leaving us miserable and ridiculous spectators in the middle of the highway, while the postilion drove away with the coach box, and fore wheels." Anon. Journal, BL Stowe Manuscripts, zitiert nach Jeremy Black: The British Abroad. The Grand Tour in the Eighteenth Century, Stroud 2011, S. 112 und FN 2.

The King's Theatre

1795 sollte das arbeitsreichste Jahr seiner musikalischen Karriere in London werden. Da er nicht nur für die italienische Oper zuständig war, sondern gemeinsam mit Johann Peter Salomon die „Opera Concerts", eine neue Konzertreihe im King's Theatre, einrichtete, hatte er eine Doppelfunktion: als Opern- und Konzertimpresario. Viottis Ansehen in der Londoner Musikwelt war enorm, denn nicht nur als Virtuose beeindruckte er das Publikum, sondern er hatte ja bereits in Paris das Théâtre de Monsieur und das Théâtre Feydeau erfolgreich geleitet – diese Qualitäten waren den Londonern nicht verborgen geblieben. Hinzu kamen seine unschätzbar wichtigen Kontakte zu italienischen Sängerinnen und Sängern, mit denen er in ihrer Sprache verhandeln und fachlich diskutieren konnte. Kurzum: Er war der richtige Mann für ein glanzvolles Theater, das aber in ziemlichen Schwierigkeiten steckte.

Das King's Theatre war seit Händels Zeiten im frühen 18. Jahrhundert Londons führendes Haus für italienische Opern. Direkt vor Viottis Amtsantritt war es in große finanzielle und administrative Probleme geraten. Der Höhepunkt dieser traurigen Entwicklung waren zwei verheerende Feuer, die wahrscheinlich durch Brandstiftung verursacht worden waren.[72] Ob Viotti wusste, wie es um das King's Theatre bestellt war? Die finanzielle Talfahrt des Hauses hatte zu einer Zeit begonnen, als er noch in Paris war, und der letzte der beiden Brände hatte das Haus im Januar 1792 beschädigt – zu diesem Zeitpunkt war Viotti damit beschäftigt gewesen, das Théâtre Feydeau durch die Wirren der Revolution zu führen. Womöglich trat er seine Aufgaben am King's Theatre an, ohne genau von dieser Vorgeschichte zu wissen. Sein freundliches Wesen und seine künstlerische Aufgeschlossenheit werden ihm geholfen haben, das Dickicht von Korruption, Interessenkonflikten, Liederlichkeit und Bankrott unbeschadet zu durchdringen. An Arbeitseifer mangelte es ihm nicht. Ein Brief, den Margaret Chinnery im Januar 1795 an ihren Mann schrieb, gibt einen guten Eindruck davon, dass Viotti alle Hände voll zu tun hatte und sich offensichtlich auch gern in die neue Aufgabe stürzte.

> Amico ist ständig im Opernhaus, und ich bin überzeugt von den Kostproben, die ich Samstagabend hören konnte, dass er sehr viel zu tun hat.[73]

Margaret bezieht sich auf die Arbeit an einem neuen Violinkonzert, das Viotti am 2. Februar zu Beginn der ersten Konzertsaison der „Opera Concerts" im King's

72 Vgl. Lister, 2009, S. 196.

73 "Amico is forever at the Opera House, & I am convinced from the specimen I had on Saturday night that he has a great deal to do." Zitiert nach Lister, 2009, S. 202.

Theatre spielen wird. Machen wir uns kurz noch einmal klar, was für ein Pensum Viotti seit dem Jahreswechsel 1794/1795 hatte: Kurz vor Weihnachten war er aus Bath zurückgekehrt und hatte die neue Aufgabe am King's Theatre übernommen. Das bedeutete, einen Spielplan zu entwerfen, der künstlerisch und organisatorisch realistisch war, und die passenden Sänger zu engagieren. Dann kam Salomon noch mit seiner Idee der „Opera Concerts" auf ihn zu, und für sein Debütkonzert am 2. Februar 1795 musste er sich ein Programm überlegen sowie ein neues Violinkonzert schreiben – das noch zum Kopisten musste, bevor die Proben dafür beginnen konnten. Und da Viotti es sich natürlich nicht nehmen ließ, als neuer Konzertimpresario sein Publikum mit seinem eigenen Können zu erfreuen und zu überzeugen, war er natürlich der Solist, der auch noch zu üben hatte.

Seine Position als „acting manager" ist im besten Sinne ein künstlerischer Direktor in heutiger Terminologie, da der Manager William Taylor ausschließlich für die Geschäfte verantwortlich war und nichts mit den künstlerischen Entscheidungen zu tun hatte.

Es ist nicht genau zu rekonstruieren, welche Aufgaben in Viottis Hand lagen. Im praktischen musikalischen Bereich waren die Zuständigkeiten unter Wilhelm Cramer, der das Orchester leitete, und Vincenzo de Federici, dem Maestro di Cembalo, aufgeteilt. Wenn ein Komponist für sein eigenes Werk anwesend war, oblag ihm die Leitung vom Cembalo für die ersten Aufführungen.[74] Wahrscheinlich liefen bei Viotti alle Fäden zusammen: die künstlerische Auswahl des Repertoires, die praktische Organisation des Spielplans und das Engagement von Sängerinnen und Sängern.[75] Anders als an Viottis Theatern in Paris, die ausschließlich Werke der Gattung Opera buffa spielten, gab man am King's Theatre sowohl ernste italienische als auch Buffo-Opern.

Viotti mag erwartet haben, dass das King's Theatre in einem stabilen Zustand war, denn es war ein neues Theater, aufgebaut am Haymarket, das größte Opernhaus in Europa neben der Mailänder Scala. Er erbte jedoch ein ganzes Bündel von Problemen. Der Neubau war notwendig geworden, da zwei Brände – deren Ursachen vermutlich Brandstiftungen gewesen waren – das vorherige Haus und die Ausweichspielstätte zerstört hatten. Die direkten Vorgänger von Viotti, der Sänger Michael Kelly und der Komponist Stephen Storace, waren nur eine Sai-

74 Siehe Lister, 2009, S. 197.

75 Lister, 2009, S. 196, FN 84. Es war nicht das erste Mal, dass ein Piemonteser Geiger mit dieser Aufgabe betraut wurde. 1763 hatte Felice Giardini das Amt des künstlerischen und des geschäftsführenden Direktors inne und widmete sich besonders dem Aufbau des Orchesters. In den Saisons 1791 und 1792 hatte der Geiger Luigi Borghi das Amt eines „assistant managers" innegehabt und wird Viotti mit Sicherheit manch hilfreichen Hinweis gegeben haben.

son von 1793 bis 1794 im Amt gewesen – was auch ein Zeichen von Unruhe und mangelnder Führung ist. Beide hatten keine Erfahrung als Impresario gehabt, sondern waren von einem der beiden Besitzer, Richard Brinsley Sheridan, als „Geschäftsführer der Italienischen Oper mit einer Carte blanche“ ernannt worden.[76] Das King's Theatre brauchte nun dringend eine erfahrene künstlerische Leitung. Viotti konnte dem Haus einiges geben.

Er platzierte zunächst drei Opern auf dem Spielplan seiner ersten Saison, die er bereits in Paris am Théâtre de Monsieur zur Aufführung gebracht hatte: Giovanni Paisiellos „La molinarella“, „Aci e Galatea“ von Francesco Bianchi am 21. Februar 1789 und „Le nozze di Dorina“ von Giuseppe Sarti. Den größten Erfolg in dieser Spielzeit aber hatte er mit der Aufführung von Christoph Willibald Glucks „Alceste“. Gluck war für Viotti eine Art Hausgott – eine Büste des Komponisten stand immer in seinem Arbeitszimmer. So berichtet es Miel in seinem Lexikonartikel über Viotti, und er fährt fort, dass Viotti Gluck geradezu religiös verehrte und sich für dessen Musik überschwänglich begeisterte. Eine vergleichbare Hochachtung brachte Viotti laut Miel Haydn und Mozart entgegen.[77] Der „Morning Chronicle“ berichtete über die ungewöhnlich hohe Zahl der Proben, die für die Aufführung der Oper „Alceste“ angesetzt wurden – nämlich dreißig reguläre Proben.[78] Das Publikum honorierte die Qualität der Premiere, und so wurde „Alceste“ dreizehn Mal aufgeführt.

Drei emigrierte Künstler aus Paris, die an Viottis Häusern gesungen hatten, gehörten jetzt zum festen Stamm beim King's Theatre: der Bass Carlo Rovedino, der Bass Giovanni Morelli und die Primadonna Anna Morichelli, die auf komische

76 Vgl. Curtis Price: Italian Opera and Arson in the Late Eighteenth-Century London, in: The Journal of the American Musicological Society 42, Oakland 1989, S. 61: "Sheridan appointed Stephen Storace and Michael Kelly as 'joint directors of the Italian Opera, with a carte blanche'." Price fügt hinzu, dass keiner der beiden Männer Aufgaben wahrnahm, die mit denen eines Opernimpresarios vergleichbar waren.

77 Miel, S. 193: « Il a pu se tromper dans quelques-uns de ses jugements sur Haydn, sur Mozart, sur Gluck, ce qui tenait à une sorte de religion musicale qu'il s'était faite ; mais il ne s'exprimait qu'avec enthousiasme sur les symphonies du premier, assignait au second la suprématie de al scène, et s'exaltait en parlant de plusieurs ouvrages du troisième ; le buste de Gluck était toujours dans son cabinet de travail. » – Dt. Übersetzung: „Er hat sich in manchen seiner Urteile über Haydn, Mozart und über Gluck geirrt, den er für eine Art musikalische Religion hielt; aber er drückte sich nur enthusiastisch über die Sinfonien des ersten aus, wies dem zweiten die Vorrangstellung in der szenischen Komposition zu und begeisterte sich über die Maßen für verschiedene Werke des dritten: Die Büste von Gluck stand immer in seinem Arbeitszimmer.“

78 "Thirty full and regular rehearsals." Morning Chronicle am 4. Mai 1795, zitiert nach Lister, S. 198.

Rollen spezialisiert war; außerdem die Tenöre Giuseppe Viganoni und Giuseppe Simoni.[79] Der Gegenpart für Anna Morichelli war in ernsten Rollen die Sopranistin Brigida Giorgi Banti, die größte Rivalin der Morichelli. Sie hatte 1794 ihr London-Debüt in Francesco Bianchis „Semiramide" gegeben. Über beide Damen, die Londons Publikum mit ihrer Gesangskunst begeisterten, allerdings auch sehr selbstbewusst ihre Allüren pflegten, hat sich Lorenzo da Ponte in seinen Memoiren ausführlich – und nicht gerade schmeichelhaft – geäußert. Da Ponte war seit Herbst 1792 in London und wurde Ende 1793 zum Haus-Librettisten am King's Theatre ernannt. Während Viottis Amtszeit schrieb er die Libretti für die drei Opern von Martin y Soler; außerdem übernahm er die Textbearbeitung des Librettos von Glucks „Alceste". Er überarbeitete den Text für Bianchis „Semiramide" für die Londoner Produktion. Vor allem bei Änderungen und Neufassungen geriet Da Ponte bisweilen zwischen die Fronten der beiden Primadonnen, die jeweils in ihrem ureigensten Interesse versuchten, den Librettisten für sich einzuspannen:

> Der Name von einer dieser beiden genügte schon, das ganze Theater in Aufregung zu versetzen. Man wird sich nun leicht eine Vorstellung von den Zuständen am italienischen Theater in London machen können, an dem diese beiden Primadonnen zu gleicher Zeit angestellt waren. Welche von beiden die Gefährlichste war, das zu entscheiden war äußerst schwierig. Gleich lasterhaft, leidenschaftlich, ungerecht und schlecht, hatten sie doch einen ganz verschiedenen, ja entgegengesetzten Charakter. […] Die listige, verschlagene und dabei sehr gebildete Morichelli war ein alter, schlauer Fuchs. […] Sie war im vollsten Sinne des Wortes eine Theaternymphe, und ihre Gottheiten waren die aller ihresgleichen, ganz besonders Ehrgeiz, Neid und Habsucht. […] Die Banti hingegen war ein gemeines Weib, ungebildet, dumm, unverschämt und von früher Jugend an gewohnt, in Kaffeehäusern und auf der Straße zu singen. […] Sie (war) wie eine Schlange, wie eine der Hölle entronnene Furie, die imstande gewesen wäre, nicht nur ein Theater, sondern ein ganzes Reich auf den Kopf zu stellen.[80]

In London hatte ein derartiges Primadonnen-Duell Tradition, es gehörte einfach dazu und war eine Form selbstbewusster Werbung. So hatte es am King's Theatre bereits 1727 eine denkwürdige Vorstellung gegeben, bei der die beiden Star-Sängerinnen Faustina Bordoni und Francesca Cuzzoni auf offener Bühne zu streiten begannen. Und ihre jeweiligen Anhänger vermieden den Kontakt miteinander: Wer Fan der einen Sängerin war, konnte nicht mit Leuten verkehren,

79 Siehe Lister, 2009, S. 199.

80 Lorenzo Da Ponte: Mein abenteuerliches Leben. Die Memoiren des Mozart-Librettisten. Deutsche Neufassung mit einem Essay „Zum Verständnis des Werkes" und einer Bibliografie von Walter Klefisch, Reinbek bei Hamburg 1960, S. 154/155. Da Ponte erwähnt Viotti nicht in seinen Memoiren, und er taucht wiederum nicht in der Viotti-Chinnery-Korrespondenz auf. Daher muss man davon ausgehen, dass die Beziehung rein professionell gewesen ist.

die der anderen ihre Sympathien schenkten.[81] Das hatte sich seit Händels Zeiten in London nicht verändert. Viotti war als Opernimpresario immer auch als Diplomat und Moderator gefordert.

Um die Banti hören zu können, bat kein Geringerer als Joseph Haydn Viotti in dessen Muttersprache um eine Opernkarte für die Premiere von „Zenobia in Palmira":

> Mein höchst geschätzter Freund!
> Sie werden mir verzeihen, wenn ich aus guten Gründen morgen Abend unsere liebe Banti zu hören wünsche: aber da arme Maestri nicht öfters eine halbe Guinea ausgeben können, haben Sie vielleicht die Güte, wenn es möglich ist, mir eine Eintrittskarte von Mr Deller zu besorgen, der mich im vergangenen Winter mit Freikarten für das Theater begünstigte. Ich bedaure, dass ich jüngst nicht die Ehre hatte, Sie in Ihrem Haus zu treffen; ich hoffe auf ein anderes Mal. Ich bin, mit all meiner Hochachtung,
> Ihr untergebener und gehorsamer Diener,
> Haydn
> Bury Street, 19. Dezember 1794[82]

Haydn war ein eifriger Besucher des King's Theatre. Über eine Aufführung von Francesco Bianchis „Aci e Galatea" am 28. März 1795 äußerte er sich sehr kritisch. Bis auf die Sängerin Brigida Banti, die nach Haydns Meinung der einzige Lichtblick des Abends war, kam niemand gut weg.

> Den 28sten März 1795 sah ich die Oper Acis e Galathea von Bianchi. Die Musik ist sehr reich an Blas-Instrumenten, und mich däucht, daß wenn es weniger wären, man die Hauptmelodie besser verstehen würde. Die Oper ist zu lang, besonders da Banti allein dieselbe souteniren muß, denn Brida, ein guter Junge mit einer schönen Stimme, aber sehr wenig musikalisch, Rovedino und der gute Braghetti und die elende zweyte Donna verdienten und hatten auch nicht den mindesten Beyfall. Das Orchester ist dieses Jahr reicher am

---

81 Hans-Joachim Marx: Francesca Sandoni, geb. Cuzzoni (1696–1778), in: Händel und seine Zeitgenossen. Eine biographische Enzyklopädie, Teilband 2, Laaber 2008, S. 866–870, hier S. 868: "No Cuzzonist will go to a tavern with a Faustinian; and the ladies of one party have scratched those of the other out of their lists of visits."

82 Das italienische Original galt lange Zeit als verschollen. 1968 wurde es erstmals im Wortlaut und mit Abbildungen veröffentlicht in: Dénes Bartha (Hrsg.): Das Haydn-Jahrbuch, Eisenstadt 1968, S. 202. Bis dahin war nur eine englische Übersetzung zugänglich, die wiederum in einer deutschen Übersetzung erschien in: Dénes Bartha (Hrsg.): Joseph Haydn. Gesammelte Briefe und Aufzeichnungen, Kassel 1965, S. 302: "Stimatissimo amico mio! / Lei mi scuserà, quando io con ogni ragione desidero di sentire domani la nostra cara Banti: ma siccome i poveri Maestri non possono spendere più spesso una mezza guinea, cosi Lei avrà la bonta (:si è possibile:) di procurarmi un biglietto dal Signor Deller, il quale m'ha favorito l'inverno passato di venire gratis al Teatro: dispiace, che non ho avuto l'onore di vederla l'ultima volta in casa sua, sperando un altra volta. Sono con tutta la stima / Suo / Devot^{mo}oblig^{mo}ser: / Haydn / Bury Street, ai 19^{ve} di Dec:^{re}1794."

> Personal, aber so mechanisch und schlecht placirt als es vorher war, und indiscret im Accompagnement; kurz es war das drittemal daß diese Oper aufgeführt wurde, und alles war unzufrieden.[83]

Ob er wohl mit Viotti darüber gesprochen hat – auf Italienisch, das er sehr gut beherrschte? Vielleicht haben sich die beiden kollegial über die Mängel ausgetauscht – denn nach diesem dritten Aufführungsabend wurde die Oper vom Spielplan genommen. Seiner Bewunderung für Brigida Banti tat dieses enttäuschende Opernerlebnis keinen Abbruch. Im Gegenteil: Haydn widmete ihr wenige Wochen später eine Komposition, die „Scena di Berenice".[84]

Die Sängerin hatte 1794 auch eine Arie von Viotti zur Aufführung gebracht; und da Viotti nicht in erster Linie ein Komponist für Vokalmusik war, soll an dieser Stelle ein zeittypisches Phänomen von musikalischen „Wanderbewegungen" erläutert werden. Der dritte Satz von Viottis Violinkonzert Nr. 13 in A-Dur wird von einer heiteren und gesanglichen Polka-Melodie bestimmt, die ihren Weg in die Oper „Una cosa rara" von Martín y Soler fand: Dort wird sie nämlich zu einer Arie für Sopran mit dem Titel „Consola, amato bene", arrangiert von Viotti.[85] Die Oper „Una cosa rara" hatte im Dezember 1791 an Viottis Théâtre Feydeau Premiere – mit großem Erfolg, wie den Zeitungen zu entnehmen ist, der „Mercure de France" erwähnt sogar ausdrücklich Viottis Melodie.[86] „Una cosa rara" wurde zweiunddreißig Mal gegeben. In London erlebte 1794 dieselbe Polka-Melodie aus dem Violinkonzert dann ein weiteres Revival in der Oper „La serva padrona" von Paisiello, nun unter dem Titel „Amanti che nel core".[87] Die Oper hatte am 29. Mai 1794 Premiere am King's Theatre, also noch vor Viottis Berufung zum „acting manager". Keine Geringere als Brigida Banti sang die Arie in dieser Aufführung. Wegen des großen Erfolgs wurde das Stück umgehend gedruckt: Die Verleger Corri, Dussek & Co. brachten es noch im selben Jahr in einem Arrangement für Solostimme und Klavierbegleitung heraus; der Titelzusatz lautet: „The favourite polacca as sung by Signora Banti [...] in the opera *La serva padrona.*"[88]

---

83 Georg August Griesinger: Biographische Notizen über Joseph Haydn, Leipzig 1810, S. 51 f.

84 In Haydns Londoner Werkliste ist sie unter „Aria per la Banti" (Hoboken-Verzeichnis XXIVa:10) angegeben.

85 Siehe Viottis Werkverzeichnis von Chappell White unter wVIIa:2a.

86 Vgl. Journal de Paris, zitiert bei Di Profio, S. 132; vgl. Mercure de France, zitiert bei Giazotto, S. 245.

87 Siehe Viottis Werkverzeichnis von Chappell White unter wVIIa:2b.

88 Zitiert nach Lister, 2009, S. 199. Er gibt zusätzlich den Hinweis, dass „La serva padrona" zwölf Mal im Jahr 1789 in Viottis Théâtre de Monsieur gegeben wurde, doch nichts darüber bekannt ist, ob die Arie „Amanti che nel cuore" darin enthalten war.

Es ist nicht das einzige Beispiel einer beliebten Weiterverwertung von Viottis Melodien à la Polacca. Das Finale seines Violinkonzerts Nr. 2 E-Dur basiert ebenfalls auf einer Polka-Melodie: Sie wurde in Giuseppe Sartis „Le Nozze de Dorina" im Théâtre de Monsieur verwendet, die am 14. April 1790 Premiere hatte. Für diese Oper wurde die Melodie zur Tenor-Arie „Che goija, che contento"[89] (wVIIa:1a), gesungen von Giuseppe Vigoni. Er war ab der Spielzeit 1795/1796 ebenfalls in London am King's Theatre, die Partie in Sartis Oper jedoch wurde von dem deutlich jüngeren Luigi Brida übernommen, der am 20. Dezember 1794 mit der Rolle des Aureliano in „Zenobia in Palmira" von Pasquale Anfossi in London debütiert hatte – es gibt jedoch keinen Hinweis darauf, ob in der Londoner Fassung Viottis Polka-Melodie wiederum als Tenor-Arie verwendet wurde.[90] Doch die Melodie war auch in London so populär, dass sie bereits im Februar 1795 bei Robert Birchall veröffentlicht wurde: „A favourite polacca as sung by Viganoni".[91] Man hatte sie nämlich in London schon zwei Jahre zuvor hören können: In Paisiellos Oper „I zingari in fiera", zu hören 1793 im King's Theatre, stand sie auch Patin für die Arie „Ha l'uomo han tanti ingranni".[92] Mit dem Beginn von Viottis Position als „acting manager" kam die Oper erneut 1795 auf den Spielplan des King's Theatre.[93] Warwick Lister kommentiert auf charmante Weise, dass man mit einer nur leichten Übertreibung behaupten könne, dass Londons Opernbesucher das Vergnügen hatten, an einem Abend die Arie gesungen zu hören, nachdem sie sie zuvor im Konzert von Viotti auf der Geige gehört hatten – und im Idealfall konnten sie sich am nächsten Abend selbst singend am Klavier begleiten – oder jemand anders konnte den Gesangspart übernehmen.[94]

---

89 Siehe Viottis Werkverzeichnis von Chappell White unter wVIIa:1a.

90 Siehe Lister, 2009, S. 200.

91 Siehe Lister, 2009, S. 200. Lister merkt zu Recht an, dass sich diese Veröffentlichung auf Viganonis Rolle in der Pariser Aufführung beziehen muss, denn Viganoni sang in London erst am 15. März 1796 das erste Mal öffentlich. Viottis Werkverzeichnis von Chappell White unter VIIa:1a, Other editions.

92 Siehe Viottis Werkverzeichnis von Chappell White unter wVIIa:1d.

93 Siehe Lister, 2009, S. 200.

94 "We may say with only slight exaggeration, that operagoers could have had the pleasure of hearing an aria sung in the King's Theatre the evening after hearing it played by Viotti in the concert hall. And, if they wished, the next evening they could accompany themselves in the same aria on the piano at home." Siehe Lister, 2009, S. 200.

Die Opera concerts

Am 12. Januar 1725 konnten die Londoner in verschiedenen Zeitungen eine Annonce von Johann Peter Salomon lesen. Er kündigte seine neue Konzertreihe an, die er organisierte: die „Opera Concerts". Als Berufsmusiker war es ihm ein wichtiges Anliegen, regelmäßig hervorragende Konzerte anbieten zu können. Daher hatte Johann Peter Salomon die „Opera Concerts" ins Leben gerufen – eigentlich einer Not gehorchend, denn die politische Situation war so kompliziert, dass es kaum möglich war, Sänger und Musiker vom Kontinent nach England zu engagieren. Da das Land sich seit 1793 im Krieg gegen Frankreich befand, waren daher private Reisen vom Kontinent nach England und zurück sehr erschwert. So plante Salomon, hervorragende Kräfte, die sich bereits seit längerer Zeit in London aufhielten, für diese Idee zu gewinnen.[95]

In der Tat war es für Viotti attraktiv, Salomon in seinem Vorhaben zu unterstützen. Der Konzertsaal im King's Theatre war deutlich größer als der im Hanover Square. Rund 800 Zuhörer hatten Platz, im Hanover Square gab es rund 500 Plätze. Auch das Orchester war mit sechzig Musikern im Vergleich zu vierzig Spielern im Hanover Square größer. Salomon hat seine Wahl sicher bewusst getroffen, sein Projekt im King's Theatre zu platzieren – hatte Viotti doch bereits in Paris ein erfolgreiches Konzertwesen im Théâtre Feydeau etabliert. Salomon brachte seinerseits wiederum Haydn als werbewirksames „Zugpferd" mit, nämlich für den erfolgreichen Verkauf von Eintrittskarten der neu gegründeten Konzertserie.

Die neue Konzertreihe begann am 2. Februar 1795 mit den besten Musikern und Sängern, die London zu bieten hatte: Haydn und Federici am Cembalo, Wilhelm Cramer als Konzertmeister, die beiden Primadonnen Banti und Morichelli, die Solisten Salomon, Johann Ladislaus Dussek (Klavier), Domenico Dragonetti (Kontrabass) und weitere berühmte Namen des Londoner Musiklebens. Die Ankündigung im „Morning Chronicle", im „Oracle" und in der „Times" endet mit der Bemerkung, dass der gesamte Ablauf unter der Leitung von Viotti steht ("The whole to be under the Direction of Mr. Viotti")[96]. Es wurden neun Konzerte angekündigt, auf Wunsch des Publikums wurden zwei weitere Konzerte angesetzt, so dass die erfolgreiche erste Saison elf Konzerte umfasste.

Alle 14 Tage montags hatte die Londoner Gesellschaft nun ein weiteres niveauvolles Konzertangebot. Die Opera Concerts wurden von Anfang an als herausragende Momente in der Geschichte des Konzertlebens in London wahrgenom-

95 Johann Peter Salomon ließ vom 14.–17. Januar 1795 im Morning Chronicle und zusätzlich am 16. Januar im Oracle sein Vorhaben veröffentlichen. Siehe Landon, S. 280.

96 Die gesamte Ankündigung bei Landon, S. 282.

men. Haydn brachte dort seine letzten drei Sinfonien Nr. 102–104 zur Uraufführung, und Viotti spielte mindestens zwei neue Violinkonzerte aus eigener Feder, wahrscheinlich Nr. 25 a-Moll im ersten Konzert am 2. Februar 1795 und Nr. 27 C-Dur beim siebenten Konzert am 27. April 1795, eventuell noch ein weiteres Werk (Nr. 26 B-Dur oder Nr. 29 e-Moll) im neunten Konzert am 18. Mai 1795.[97]

Viottis zehn Violinkonzerte, die er in London schrieb, heben sich in ihrer Gestaltung von den Pariser Konzerten ab. Sie sind lyrischer als die unmittelbar vorangegangenen Kompositionen – so beschreibt es Chappell White und setzt hinzu, dass sie trotz ihrer höheren handwerklichen Qualität und einigen neuen stilistischen Aspekten, die die Ausdruckskraft steigern, weniger Drama und leidenschaftliche Brillanz besitzen als die unmittelbar vorher entstandenen Violinkonzerte aus der Pariser Schaffenszeit;[98] diese endet mit dem Konzert Nr. 19 g-Moll, die Londoner Ära beginnt mit dem Konzert Nr. 20 D-Dur.

Es muss Viotti inspiriert haben, dass ihm die Opera Concerts neue instrumentale Möglichkeiten eröffneten, da er ja – wie schon erwähnt – auf ein größeres Orchester bauen konnte. In den langsamen Sätzen bekommt das Orchester mehr Gewicht und entwickelt sich von einem lediglich begleitenden Partner zum Dialogpartner, bisweilen sogar zu so großer Eigenständigkeit, dass die Solo-Violine dahinter zurücktritt; bisweilen erweitert Viotti die Klangfülle des Orchesters deutlich. Die überwiegende Instrumentierung der Pariser Konzerte umfasst Streicher, zwei Oboen und zwei Hörner. Alle Londoner Konzerte gehen über diese Besetzung hinaus, im Konzert Nr. 24 h-Moll und Nr. 29 e-Moll ist der Orchesterpart sogar eine volle klassische Besetzung, d. h. zwei Flöten, zwei Oboen, zwei Klarinetten, zwei Fagotte, zwei Hörner, zwei Trompeten und Pauken sowie Streicher. Diese Besetzung entspricht jener, die Haydn in fünf seiner sechs letzten Londoner Sinfonien verwendet hat. Wenn auch Viottis persönliche Beziehung zu Haydn nicht so eng war wie zu vielen anderen Musikern in London, so liegt es doch nahe, dass der große sinfonische Komponist Viotti beeinflusst hat; hier sei noch einmal an die Bemerkung von Miel erinnert, der berichtet, dass Haydn Viottis Vorbild war – neben Mozart und Gluck.[99]

Joseph Haydn ließ sich für die Komposition seiner letzten drei Londoner Sinfonien ebenfalls von den klanglichen Möglichkeiten und der Qualität des Orchesters anregen, das für die Opera concerts zur Verfügung stand. Mit diesem Klangkörper konnte er seine Ideen umsetzen: die Ausweitung der sinfonischen Form in den einzelnen Sätzen, die thematische Arbeit, verbunden mit der Inst-

97 Vgl. White, 1973, S. 123–124 und Milligan, S. 134–137.
98 Siehe White, 1992, S. 344.
99 Miel, S. 193.

rumentierung. Chappell White wertet die Bedeutung des Orchesters für Haydns Schaffen so, dass es den Höhepunkt in Haydns glänzender sinfonischer Karriere bedeutete.[100] Die Sinfonie Nr. 103 Es-Dur („Mit dem Paukenwirbel") wurde am 2. März 1795 im vierten Opera Concert uraufgeführt – Publikum und Kritiker waren begeistert.[101] Das Publikum wünschte sich vom zweiten Satz eine Zugabe; dieser Satz hat ein umfangreiches Violinsolo, und der Konzertmeister Wilhelm Cramer wurde dafür ausdrücklich in der Presse gelobt.[102]

Während der erfolgreichen Saison 1795 entstand auch Viottis Violinkonzert Nr. 27 C-Dur. In dieser Komposition lässt sich sehr gut nachvollziehen, wie Viotti die günstigen Umstände eines hervorragenden Orchesters und eines erstklassigen Konzertmeisters in der Person von Wilhelm Cramer nutzte. Der zweite Satz dieses Konzerts erinnert in seiner Konzeption an ein solistisch besetztes Streichquartett (ebenfalls ein möglicher Reflex auf Haydn), und im Finalsatz gibt es ein beeindruckendes Zwiegespräch zwischen der Solo-Violine und dem solistisch spielenden Konzertmeister. Viotti hat diese außergewöhnliche Form mit Sicherheit so komponiert, weil er wusste, dass er das Konzert gemeinsam mit Cramer spielen würde.[103]

Im zweiten Konzert am 16. Februar 1795 spielte Viotti mit Salomon eines seiner Violinduos (Duetto concertante); beide Musiker erhielten hervorragende Kritiken. In den Rezensionen wird das aufgeführte Werk als „Duo" bezeichnet. Beim vierten Konzert am 2. März trat Viotti mit seinem besten Schüler, Philippe Libon, auf. Sie spielten eine „Concertante". Zwar wird das Werk nirgendwo genauer benannt, doch es handelt sich mit Sicherheit um eine der beiden konzertanten Sinfonien[104] für zwei Soloviolinen und Orchester, die Viotti noch in Paris komponierte: Beide Kompositionen zeichnen sich durch Feinsinnigkeit, thematischen Einfallsreichtum und eine ausgewogene Balance zwischen den beiden Soloinstrumenten aus, die an Mozarts Sinfonia concertante (KV 364) erinnert. Die Zeitungen berichteten nach diesem Konzert positiv über den jungen, knapp 20-jährigen Geiger Libon: Er habe, so der Rezensent der „Sun", eine gute Figur

100 White, 1992, S. 345.

101 "The Introduction excited the deepest attention, the Allegro charmed, the Andante was encored [,] the Minuets, especially the Trio, were playful and sweet, and the last movement was equal, if not superior to the preceding." Morning Chronicle, 3. März 1795, zitiert nach Landon, S. 295.

102 "The second movement of Haydn's new Overture was encored; and Cramer's skill each time received a distinct plaudit." The Sun, 3. März 1795, zitiert nach Landon, S. 296.

103 Lister, 2009, S. 202.

104 Sinfonia concertante Nr. 1 (wI:30) und Sinfonia concertante Nr. 2 (wI:31).

gemacht, trotz der unmittelbaren Nähe zu seinem berühmten Lehrer Viotti.[105] Der „Morning Chronicle“ hebt den reinen und zarten Ton Libons hervor, der zwar noch kräftiger werden müsse, aber an Süße kaum zu überbieten sei.[106] Beide Zeitungen loben auch ausdrücklich die Qualität der Komposition Viottis: Sie habe „hohen Wert und gereiche ihrem Autor zur Ehre“, so der „Morning Chronicle“[107] und sie sei „eines der bezauberndsten Vergnügen des Abends gewesen“, heißt es in der „Sun“.[108]

Am Tag nach dem ersten Opera Concert gab der Prince of Wales ein Konzert mit anschließendem Gala-Souper in Carlton House, seiner Residenz auf Pall-Mall, nur einen kurzen Fußweg entfernt vom King's Theatre gelegen. Das Konzertprogramm bot im Wesentlichen dieselben Stücke, die am Abend zuvor erklungen waren, mit einem Schwerpunkt auf Haydns Sinfonien und Viottis Violinkonzert; die Leitung hatte Johann Peter Salomon. Viotti genoss die Wertschätzung und Freundschaft des Prince of Wales, des späteren König George IV. Diesem Konzertabend in Carlton House folgten weitere Begegnungen mit dem Prinzen und seinen Brüdern; vor allem mit Adolphus Frederick, Duke of Cambridge, dem jüngsten Bruder des Prince of Wales, verband Viotti eine enge Freundschaft. Über das Konzert berichtete der „Morning Herald“ am 4. Februar 1795 mit der Überschrift „Fete at Carlton-House“.[109]

Viotti beeindruckte das Londoner Publikum nicht nur als Virtuose und Komponist. Er wusste, was dem Londoner Geschmack entsprach, wagte das eine oder andere Experiment und konnte auf seinen Erfahrungsschatz zurückgreifen, den

105 “It is praise enough for Mr. Libon to say, that he made a very respectable figure, even on so near, a comparison with his master.” The Sun, 3. März 1795, zitiert nach Landon, S. 296.

106 “The talents of Viotti are well known; and the youth, his scholar, discovers an ear uncommonly chaste and delicate. His body of tone is not yet sufficient; but it will become more powerful when he gains greater confidence; it scarcely can be more sweet.” Morning Chronicle, 3. März 1795, zitiert nach Landon, S. 295.

107 “The Concertante, as a composition, has great merit, and does honour to his author, Viotti.” Morning Chronicle, 3. März 1795, zitiert nach Landon, S. 295.

108 “A Concertante for two violins by Viotti and his pupil, Mr. Libon, was one of the most charming treats of the evening.” The Sun, 3. März 1795, zitiert nach Landon, S. 296.

109 Landon, S. 288: “Last night, the Prince of Wales gave a Grand Concert and Supper [...] previous to the Concert, the King went over Carlton-House for the first time. – The Concert was led by Salomon. The Music consisted chiefly of Haydn's symphonies, and a Concert, played by Viotti [...]” – Dt. Übersetzung: „Gestern Abend gab der Prince of Wales ein großes Konzert und ein Abendessen [...] Vor dem Konzert ging der König zum ersten Mal ins Carlton-House [Anm.: der Wohnsitz seines Sohnes]. – Das Konzert wurde von Salomon geleitet. Die Musik bestand hauptsächlich aus Haydns Sinfonien und einem Konzert, gespielt von Viotti [...]“

er in Paris während seiner Zeit am Théâtre de Monsieur und Théâtre Feydeau gesammelt hatte, sei es im Opern- oder im Konzertrepertoire.[110] In der Presse äußerten sich die Kritiker erfreut über seine Gestaltung der Konzertprogramme; offensichtlich war das eine seiner wichtigsten Aufgaben für die Opera Concerts. Diese Mischung aus Vokal- und Instrumentalmusik kam gut an. Das geht aus zwei Bemerkungen im „Morning Chronicle" hervor. Am 17. März 1795 lobte die Zeitung die Auswahl der entzückenden Stücke, für die das Publikum Viotti zu Dank verpflichtet sei, und einen Monat später, am 15. April, betonte der Rezensent die hervorragende Urteilskraft, die Viotti im gesamten Zyklus der Opera Concerts bewiesen habe.[111] Viottis Programmgestaltung und seine Auswahl der Instrumentalsolisten, Sängerinnen und Sänger wurde begeistert honoriert: Die Saison war ausverkauft! Johann Peter Salomon konnte mit seinem Compagnon Viotti sehr zufrieden sein.

> Der Konzertsaal war überlaufen, obwohl er der größte in London ist. Kein Wunder, denn die fähigsten Musiker aus ganz Europa sind zurzeit dort versammelt.[112]

Ein Genre war erstaunlicherweise in den Opera Concerts nicht vertreten: das Streichquartett – und das, obwohl Haydn, der große Meister der Sinfonie und des Streichquartetts, in London war. Die Stadt war in den späten 1770er Jahren und vor allem im folgenden Jahrzehnt von großer Bedeutung für die Entwicklung des Streichquartetts gewesen, da sich sehr viele ausländische Komponisten in London befanden, darunter führende Violinisten, die entweder Streichquartette komponierten oder aber in der Lage waren, sie adäquat aufzuführen. Das rege öffentliche Musikleben Londons bot viele Möglichkeiten für Aufführungen, und so wurde Londons Publikum innerhalb kurzer Zeit mit der noch sehr jungen Gattung des Streichquartetts vertraut.[113] Sehr zur Freude Haydns, der neben Sinfonien auch sechs Streichquartette für das Londoner Publikum komponierte: Im Herbst 1793 entstanden Opus 71 und Opus 74. Salomon führte zwei von ihnen

110 Siehe Lister, 2009, S. 204.

111 "Among other delightful pieces, for the selection of which the subscribers are indebted to the director, Viotti, [...]" Morning Chronicle, 17. März 1795, zitiert nach Landon, S. 296. "The selection for last Monday evening, was made with the happy discrimination which the director, Viotti, has shewn through the whole course of these concerts." Morning Chronicle, 15. April 1795, zitiert nach Landon, S. 303.

112 "The Room, though the largest in London, was crowded. No wonder, the musical powers of all Europe are at present there collected." Morning Chronicle, 29. April 1795, zitiert nach Landon, S. 306.

113 Meredith McFarlane und Simon McVeigh: The String Quartet in London Concert Life, 1769–1799, in: Concert Life in Eighteenth-Century Britain, hrsg. von Susan Wollenberg und Simon McVeigh, Aldershot 2004, S. 161.

in seiner Konzertreihe im Hanover Square auf. Es ist anzunehmen, dass Salomon und Haydn fortfahren wollten, die Kompositionen auf diese Weise zu präsentieren – doch Viotti nahm sie nicht auf den Spielplan. Eine Erklärung könnte sein, dass die Gattung Streichquartett an Beliebtheit beim Londoner Publikum in den 1790er Jahren abnahm – und das, obwohl Haydn in der Stadt war.[114] Ein weiterer Grund könnte die Größe des Saals gewesen sein, denn die Opera Concerts fanden ja in einem Saal für 800 Zuhörer statt; für die kammermusikalische Gattung Streichquartett war dieser Raum eventuell deshalb nicht geeignet, und Viotti war sicherlich sehr aufmerksam, wenn es um die akustischen und atmosphärischen Bedingungen für seine Musiker ging.[115]

War diese Konzertsaison an sich schon erfolgreich genug, so setzte das Benefiz-Konzer für Joseph Haydn noch ein besonderes Glanzlicht. Es fand am 4. Mai 1795 statt; Haydns letzte Londoner Sinfonie Nr. 104 wurde aufgeführt, ebenso die „Scena de Berenice", die Haydn ja für die von ihm so bewunderte Sängerin Brigida Banti komponiert hatte. Außerdem stand Haydns Sinfonie Nr. 100 auf dem Programm, die schon bei ihrer Uraufführung ein Jahr zuvor die Londoner zu Begeisterungsstürmen hingerissen hatte: die „Militärsinfonie". So benannte Haydn selbst dieses Werk für sein Benefiz-Konzert, und unter diesem Namen ist es bis in die heutige Zeit bekannt. Viotti spielte eines seiner Violinkonzerte, wahrscheinlich das Konzert Nr. 27 C-Dur, das er eine Woche zuvor erfolgreich uraufgeführt hatte. Haydn war vom Erfolg des Abends überwältigt:

> Den 4ten May 1795 gab ich mein Benefiz-Konzert im Haymarket-Theater. Der Saal war voll von auserlesener Gesellschaft. a) Erster Theil der Militär-Symphonie; Aria (Rovedino); Concert (Ferlandy) zum erstenmale; Duett (Morichelli und Morelli) von mir; eine neue Symphonie in D und zwar die zwölfte und letzte von den englischen; b) zweyter Theil der Militär-Symphonie; Aria (Morichelli), Concerto (Viotti), Scena nuova von mir, Mad. Banti (She sang very scanty). Die ganze Gesellschaft war äußerst vergnügt und auch ich. Ich machte diesen Abend vier tausend Gulden. So etwas kann man nur in England machen.[116]

In diesem Konzert sang Brigida Banti die „Scena de Berenice", die Haydn ihr gewidmet hatte, zum ersten Mal. Seine Bemerkung "She sang very scanty" ist schwer zu deuten: „scanty" bedeutet „knapp", „beschränkt", „dürftig" – und all diese Worte passen nicht zu einer der größten Sopranistinnen ihrer Zeit, die 1795 auf dem Gipfel ihrer Karriere war. Vielleicht wollte Haydn einen Wortwitz zitieren, den er im Zusammenhang mit der Banti aufgeschnappt hatte. Den Namen Banti

114 McFarlane, McVeigh, S. 192–194.

115 Zum Vergleich: In Wien wurden Streichquartette bis 1800 nur selten öffentlich in großen Sälen aufgeführt.

116 So beschreibt Joseph Haydn das Konzert in seinem 4. Londoner Notizbuch. Zitiert nach: Bartha, S. 553.

sprachen die Engländer sicher auch oft „Benty" aus, und so wird ein Reim daraus: "Madam Benty sang very scanty."[117] Hätte die Sängerin tatsächlich schlecht gesungen, so hätte der überaus kritische Haydn nicht im folgenden Satz davon gesprochen, dass alle vergnügt waren – und er selbst auch. Der Haydn-Forscher H. C. Robbins Landon, der eine so umfassende Kenntnis von Haydns Leben besaß, vermutet, dass dieses Benefiz-Konzert der größte Erfolg in der Karriere des Komponisten gewesen sein könnte. Noch mehr als zweihundert Jahre nach diesem Konzert lässt sich die Begeisterung ahnen, liest man Landons Kommentar:

> Das große Ereignis der Saison war Haydns Benefiz-Konzert am 4. Mai, vielleicht war es das größte Konzert in Haydns Leben.[118]

Es ist lediglich eine Konzertkritik von diesem Ereignis überliefert. Der Rezensent schreibt, dem Anlass angemessen, ausschließlich über Haydns Werke und ihre Ausführung und prophezeit zum Schluss, dass die Komponisten der nächsten fünfzig Jahre nicht viel mehr als Imitatoren Haydns sein würden. Er hoffe, so der Rezensent, dass seine Vorhersage als falsch widerlegt werde, doch die Wahrscheinlichkeit sei hoch, dass es so eintreten werde.[119] Ein weiteres wichtiges Dokument ist ein Brief von Charles Burney an Susan Phillips vom 8. Mai 1795, in dem er vier Tage nach dem Konzert die neuen Sinfonien Haydns beschreibt: So etwas sei noch nie vorher aus der Feder eines Sterblichen gehört worden; was Apollo und seine Musen komponierten oder aufführten, das könne nur nach solchen Werken wie denen von Haydn beurteilt werden.[120]

Nach diesem überwältigenden Benefiz-Konzert hatten es die noch folgenden Konzerte der Saison schwer. Das war Viotti sicher klar, und daher waren seine Qualitäten als Solist besonders wichtig für das Resümee der ersten Saison der Opera Concerts. Er spielte bereits vier Tage nach dem Konzert für Haydn in dem Benefiz-Konzert für den Kontrabassisten Dragonetti, am 8. Mai – jenem Tag, als Burney so begeistert an Susan Phillips schrieb. Seinen letzten öffentlichen Auftritt im Jahr 1795 hatte Viotti im neunten Opera Concert am 18. Mai 1795. Der „Mor-

---

117 Ich danke der Musikforscherin Dorothea Schröder für diese Deutung.

118 "The big event of the season was Haydn's benefit concert on 4 May, perhaps the greatest concert of Haydn's life." Zitiert nach Landon, S. 306.

119 "[...] for fifty years to come Musical Composers would be little better than imitators of Haydn; and would do little more than pour water on his leaves. We hope the prophecy may prove false; but probability seems to confirm the prediction." Zitiert nach Landon, S. 308.

120 "Such as were never heard before, of any mortal's production; of what Apollo & the Muses compose or perform we can only judge by such productions as these." Zitiert nach Roger Lonsdale: Dr. Charles Burney – A Literary Biography, Oxford 1965, S. 355. Siehe auch Landon, S. 307.

ning Chronicle" berichtete am 21. Mai: „Besonders Viotti war nie zuvor derart vorteilhaft zu hören."[121] Eine bessere Rezension hätte er sich zum Saisonabschluss nicht wünschen können – welch schaffensreiche und von Erfolg gekrönte Monate als Solist, Konzertmanager und Komponist.

Haydns Aufenthalt in London war für Viottis Entwicklung als Komponist von großer Bedeutung. Die Nähe Viottis zu Haydns Instrumentierungskunst und Kontrapunkttechnik wird an einem weiteren Beispiel besonders deutlich und zwar im ersten Satz des Violinkonzerts Nr. 26 B-Dur: Hier setzt Viotti passagenweise nur für Bläser, was ein typisches Merkmal von Haydns Instrumentierung ist, außerdem verfährt er mit dem thematischen Material auffallend kontrapunktisch. White schätzt die Qualität sehr hoch ein und kommentiert die Stellen so: Diese Passage zeige, was Viotti als Komponist hätte weiter kultivieren können, hätte er seine Interessen weiter dahin ausgerichtet statt seine musikalische Laufbahn abzubrechen.[122] Das Violinkonzert Nr. 26 entstand 1795; ab 1796 zog sich Viotti aus dem Konzertleben überraschend zurück.

Ein neues geschäftliches Standbein: der Weinhandel

Viotti hatte dem anspruchsvollen Londoner Publikum drei großartige Konzertsaisons beschert. Bisweilen hatten die Konzerte Sensationscharakter, beginnend mit dem Jahr 1793, als Viotti zum ersten Mal bei Salomon auftrat bis zum Sommer 1795; Haydns Präsenz in der Stadt und die zahlreichen Uraufführungen seiner Werke waren Höhepunkte des Musiklebens. Hinzu kamen die Opera Concerts, die durch attraktive Programme und erstklassige Musiker vom ersten Konzert an die Menschen begeisterten. Viotti war für beides verantwortlich, für die Programmgestaltung wie für die Engagements, und dann kam noch sein großartiges Geigenspiel hinzu. Das alles hatte die Londoner vollkommen für ihn eingenommen.

Er hätte nun neue Pläne schmieden können und nach dem Saisonende 1795 die Früchte der Arbeit ernten. Doch wie in Paris, als er 1782 innerhalb kurzer Zeit eine steile Karriere gemacht hatte und zu einem der bekanntesten Virtuosen Europas geworden war, zog er sich nach dem großen Erfolg in London komplett aus dem öffentlichen Musikleben zurück. Die Parallele ist nicht zu übersehen, und es stellt sich die Frage, warum Viotti so handelte. Er war ein Mensch, der sich in kleinen, verlässlichen Kreisen wohlfühlte und menschliche Nähe über alles schätzte. Das Konzertgeschäft in London hingegen war mit einem Schleudersitz zu vergleichen:

121 "Viotti, in particular, was never heard to greater advantage." Zitiert nach Landon, S. 310.
122 White, 1992, S. 345.

Intrigen, Missgunst, Eitelkeiten bestimmten das Klima und waren die Kehrseite der hohen Qualität der Darbietungen. Es war dem Geschäft von heute bereits ähnlich, und da wir uns in London befinden, kann man durchaus von „Business“ sprechen. Genau das entsprach nicht Viottis Persönlichkeit, und er war so klug, auf seine innere Stimme zu hören. Was in Paris noch verwunderte, weil er ganz am Anfang seiner Karriere stand, das wird in London einleuchtend – er hatte nämlich nur zwei Möglichkeiten: entweder dem erreichten Superlativ an Qualität und Bekanntheit weitere Höchstleistungen hinzuzufügen oder aber sich im Zenit des Ruhms stehend zurückzuziehen. Was er konsequent tat. In seinem „Précis de la vie“ gibt uns Viotti einen Hinweis:

> Inmitten der Freundschaft lebend, war ich indessen gestört durch die Ausübung meiner Begabung, und der Zwang, der auf mir lastete, ließ mich den Entschluss fassen, darauf zu verzichten und mich in eine andere Lage zu bringen. Ich besprach meine Absicht mit meinem Freund [William Chinnery], er billigte es, und wir vereinbarten, dass ich mein gesamtes, kleines Vermögen zusammennehmen sollte, welches ich ins Geschäft einbrachte, und ich ließ mich als Weinhändler nieder.[123]

Ein deutliches Zeichen: Viotti ist erschöpft vom ständigen Druck, Erfolg haben zu müssen – das erinnert stark an unsere heutige Zeit. Er nahm sich die Freiheit des Rückzugs und konnte einer ganz anderen Tätigkeit als der eines Virtuosen oder Impresario nachgehen: Er wurde Weinhändler. Ob ihm bei diesem Entschluss die Erinnerung an seine Heimat Fontanetto Po, mitten im Piemont gelegen, zu Hilfe kam? Die köstlichen Weine dieser Region waren zwar damals noch nicht so gefragt wie heute, aber Wein gehörte einfach dazu, sei es als Agrarprodukt, als eine Pflanze, die die Landschaft prägt, oder als tägliches Getränk. Der professionelle Weinhandel spielte sich damals vor allem mit französischen Trauben ab, was aufgrund der politischen Verhältnisse zwischen Frankreich und England in den 1790er Jahren problematisch war.

Es ist gar nicht so überraschend, wie es auf den ersten Blick und aus heutiger Sicht zunächst erscheint, dass Viotti mit Anfang vierzig ins Handelsleben eintrat. Er war durchaus auf seine Finanzen bedacht, und es kann sein, dass ihn neben dem Erfolgsdruck auch die mageren Einkünfte eines Instrumentalsolisten in London störten: 300 £ im Vergleich zu 1400 £, wie sie beispielsweise die Primadonna Brigida Banti verdiente; Viotti wollte zumindest in Teilen seinen

123 « Vivant ainsi au sein de l’amitié, j’étois cependant contrarié par l’exercice de mon talent, et la gêne qu’il m’imposoit me fit prendre la parti d’y renoncer et me donner un autre état. Je communiquai mon intention à mon ami, il l’approuva, et nous convinmes que je rassemblerois toute ma petite fortune, que je la metterois dans le commerce, et que je m’établirois marchand de vin. » Zitiert nach Giazotto, S. 230.

früheren Wohlstand aus Paris wieder erreichen.[124] Viele seiner Musikerfreunde hatten den Schritt ins Geschäftsleben bereits unternommen: In London waren Clementi, Dussek und Da Ponte ins Verlagswesen gegangen, der Sänger Michael Kelly betrieb ebenfalls einen Weinhandel; in Paris hatten Pleyel, Cherubini, Rode, Kreutzer, Jean-Georges Sieber und Imbault einen Verlag aufgebaut oder planten es. Ein Geschäft zu betreiben, nicht nur, weil es ein sicheres Leben bereithielt, sicherer jedenfalls als das Musikerdasein es normalerweise eröffnen konnte, schadete der Reputation eines Musikers nicht.

Ein musikalisches Ereignis, an dem Viotti 1796 noch teilnahm, war ein weiteres Benefiz-Konzert für den Kontrabassisten Dragonetti am 8. Juni, ein gutes Jahr später, nachdem er im Mai 1795 ebenfalls für seinen Freund „Drago" gespielt hatte. Diesmal trat der junge Geiger George Bridgetower mit einem Konzert von Viotti auf. Bridgetower war damals 17 Jahre alt und hatte Unterricht bei François-Hippolyte Barthélemon, wurde dann aber auch von Viotti inspiriert. Ein zeitgenössischer Bericht von Charlotte Papendiek[125] gibt Auskunft, dass Bridgetower große Fortschritte bei Viotti machte; dessen Stil kam ihm entgegen, da Bridgetower schon früh für seinen eleganten und kühnen Bogenstrich bekannt war.[126] Charlotte Papendiek gehörte zum engsten Kreis des Personals von Queen Charlotte, und als Verwalterin der Garderobe und vor allem als Vorleserin der Königin genoss sie eine besondere Nähe.

Landleben

William Chinnery hatte Viotti in seinen Geschäftsplänen unterstützt, und dieser wiederum half den Freunden beim Umzug: Die Familie Chinnery hatte sich entschlossen, ihren Hauptwohnsitz aufs Land zu verlegen, vor allem wegen der Erziehung der Kinder, die hauptsächlich in Margaret Chinnerys Händen lag. Sie hatte das Anwesen Gillwell von ihrem Vater Leonard Tresilian geerbt: Nördlich von London in der Nähe von Waltham Abbey, am Rand von Epping Forest

124 Siehe Yim, 2004, S. 92 und FN 1.

125 Charlotte Louise Henrietta Papendiek (1765–1839) war Assistentin der Verwaltung der königlichen Garderobe von Queen Charlotte, der Gemahlin von King George III. Später wurde sie Vorleserin der Königin. Sie begann 1833 ihre Memoiren zu schreiben, die sie nicht vollenden konnte. Ihre Enkelin, Vernon Delvis Broughton, veröffentlichte die Memoiren 1887 in zwei Bänden unter dem Titel „Court and Private Life in the Time of Queen Charlotte", London 1887. Vgl. Papendiek, Band 2, S. 179.

126 Lister, 2009, S. 209.

gelegen, umfasste es 70 Morgen, die nach heutigem Flächenmaß 17,5 Hektar entsprechen.[127]

Es war Herbst 1796, als der Umzug dann endlich stattfand. In den Sommermonaten hatten Handwerker, die Familie Chinnery und Viotti das Haus so gut vorbereitet, dass man es nun über das gesamte Jahr bewohnen konnte. Viotti war in seiner Hilfsbereitschaft ganz „Amico" – so, wie er sich wohl selbst am liebsten sah. Keine Konzertverpflichtungen, keine Konflikte mit Primadonnen und keine Verhandlungen mit Künstlern und Geldgebern. Er gehörte ganz zur Familie, und es war keine Frage, ob er mit den Chinnerys aufs Land umzog oder nicht. Die Wochentage verbrachte er in der Stadt, um mit Charles Smith den Weinhandel zu betreiben, doch am Wochenende nahm er den Weg nach Gillwell mit einer Kutsche, die zweieinhalb Stunden brauchte, so wie es auch William Chinnery tat, der in der Woche seiner Tätigkeit als Clerk of the Treasury nachging: „Morgen, Gott sei's gedankt, der die Sonntage geschaffen hat, werde auch ich die Landluft genießen" schrieb Viotti am 7. Januar 1797 an Margaret Chinnery.[128] Und er fährt fort, dass er William Chinnery bereits nach einem Tag vermisst:

> Seit mein Gastaldo nicht mehr im Haus ist, erscheint es mir doppelt so groß. Es ist ein trauriger, leerer Palast. Der gestrige Abend wollte nicht enden. Ich habe ihn allein verbracht, ab sechs Uhr beim Feuer gesessen, ohne etwas Schönes zu tun – das kommt dabei heraus, wenn man zu gut aneinander gewöhnt ist![129]

Lister vermutet, dass Viotti, ebenso wie William Chinnery, im Haus in der Duke Street während der Woche wohnte.[130] Denise Yim ergänzt, dass William Chinnery für die Arbeitstage kurzzeitig ein Haus in der Mortimer Street Nr. 39, Cavendish Square, behielt.[131] Wie auch immer: Es war ein sehr moderner Lebensentwurf, der mit seinen Anforderungen an die Mobilität ebenso aus dem 20. oder 21. Jahrhundert stammen könnte, und die Vorstellung einer Drei-Männer-WG in der Duke Street Nr. 3, bestehend aus Viotti, seinem Geschäftspartner Smith und William

---

127 Gillwell, heute bekannt als „Gilwell Park" am nördlichen Rand von Greater London. Listers Recherchen zufolge ist das Gebäude seit 1919 im Besitz der britischen Pfadfinderorganisation The Scout Association; es ist ein Ausbildungszentrum für Pfadfinderleiter und Konferenzzentrum. Siehe Lister, 2009, S. 452, FN 128.

128 « Demain grace à Dieu qui a établi le Dimanche, je jouirai aussi de l'air de la Campagne. » Siehe Yim, 2004, S. 95, FN 12.

129 « Depuis que mon Gastaldo n'est plus à la maison elle me paroit deux fois plus grande, c'est un palais d'sert et triste. La soirée de hier m'a parû longue à ne plus finir, je l'ai passée seul depuis 6. heures près du feu à ne rien faire de bon – voila ce que c'est d'Avoir été trop bien accoutumé ! » Siehe Yim, 2004, S. 95, FN 13.

130 Siehe Lister, 2009, S. 209.

131 Siehe Yim, 2004, S. 92.

Chinnery, ist durchaus realistisch. Die Vorbereitungen des Umzugs nach Gillwell, in die sich Viotti stürzte, erklären seine Abwesenheit im Londoner Musikleben. Doch das sind rein praktische Gründe – schwerer wiegen wohl die Zweifel am aufreibenden Virtuosen- und Impresario-Dasein und die Hoffnung auf ein harmonisches Familienleben ganz besonderer Art.

In den Monaten der Zurückgezogenheit kümmerte sich Viotti auch um die Veröffentlichung einiger Kompositionen. Er brachte im Juli 1796 drei Trios für zwei Violinen und Violoncello heraus (wIII:7–9)[132]; sie sind dem Bankier Joseph Chaplin Hankey gewidmet. Dieser hatte einen Verwandten namens Richard Hankey, der sein Geschäftspartner war und der letzte Präsident der Anacreontic Society.[133] Diese Gesellschaft des gehobenen Bürgertums, vorrangig Bankiers und Kaufleute waren dort Mitglieder, organisierte Konzerte, in denen die besten Musiker Londons auftraten. Ihre erfolgreichste Zeit hatte die Anacreontic Society in den 1780er Jahren, 1794 wurde sie jedoch aufgelöst – Viotti konnte demnach nicht auf eine Aufführung seiner Trios im Rahmen der anakreontischen Konzerte hoffen.

Vielleicht aber war die Widmung an Joseph Chaplin Hankey eine strategische Überlegung für den Weinhandel, nämlich eine Form der Kundenakquise. Einen Monat später, im August 1796, veröffentlichte Viotti sein Violinkonzert Nr. 20 sowie Arrangements der eben erwähnten Trios in einer Fassung für Klavier; diese Werke erschienen in Paris beim befreundeten Ignace Pleyel, der seit kurzem als Verleger tätig war. Im Vertrag mit Pleyel fällt auf, dass Viotti eine andere Adresse angibt als die bisherige an der Ecke Wells Street Nr. 34 und Charles Street Nr. 16, wo er seit 1794 in unmittelbarer Nähe zu den Chinnerys in der Mortimer Street Nr. 5 wohnte. Viotti unterschrieb den Vertrag mit der Adresse „rue Edward Street, Cavendish Square au No. 27“[134] Lister ver-

---

132 Viotti hat diese Trios außerdem als Duos für zwei Violinen (wIVa:1–3) sowie als Sonaten für Klavier, begleitet von Violine und Violoncello (wVIa:7–9), arrangiert.

133 Die Konzerte fanden im Ballsaal des Gasthauses The Crown and Anchor Inn statt und hatten einen rituellen Charakter. Nach dem Konzert wurde ein Souper serviert, und zum Abschluss der Veranstaltung stimmte der Vorsitzende oder sein Vertreter das Versammlungslied an „To Anacreon in Heaven“. Damen waren übrigens nur zum Konzert, dem ersten Teil des Abends zugelassen. Da sie zunehmend diese Regelung ignorierten, kam es zu Beschwerden, und ein konkreter Grund für die Auflösung der Anacreontic Society 1794 könnte die Anwesenheit der Herzogin von Devonshire gewesen sein, obwohl sie verborgen auf dem Podium saß. Dies wirkte als Zwang auf die Gesänge nach dem Essen, die oft schlüpfrigen Inhalts waren. Siehe Simon McVeigh: Concert Life in London from Mozart to Haydn, Cambridge 1993, S. 33.

134 François Lesure: Deux contrats d’édition de Viotti (1796–1802), in: Festschrift für Albi Rosenthal, hrsg. von Rudolf Elvers, Tutzing 1984, S. 221/222.

mutet, dass er übergangsweise dort wohnte, bevor er mit den Chinnerys nach Gillwell zog.[135]

Viottis Geschäftspartner Charles Smith war bereits einige Jahre als Weinhändler tätig. Ab 1794 ist sein Kontor im „General London Guide or Tradesman's Directory" gelistet.[136] Von 1797 an lautet die Geschäftsadresse Duke Street Nr. 3, heute John Adam Street. Das Gebäude ist noch erhalten und befindet sich in unmittelbarer Nähe zum Adelphi Komplex, einer höchst vornehmen Wohnanlage, weswegen Viotti oft den Zusatz „Adelphi" schrieb, um diese Straße von weiteren Duke Streets in London zu unterscheiden und die ausgezeichnete Lage hervorzuheben.[137] Charles Smith wird an seinem neuen Compagnon dessen erstklassige Kontakte zur gehobenen Gesellschaft geschätzt haben – gab es doch dort zahlreiche potentielle Kunden, die einen regelmäßigen Bedarf an guten Weinen hatten. Viottis Charme und seine vollendeten Manieren waren genau das, was diese vornehme Klientel schätzte. Hinzu kam sein ausgezeichneter Geschmack in Kleidungsfragen.[138] Kurzum, Smith konnte Viotti zu jedem Kunden schicken, und wahrscheinlich hat er das reichlich genutzt. Hinzu kamen die exzellenten französischen Sprachkenntnisse, die Viotti besaß. Seine Erziehung in der Adelsfamilie Dal Pozzo hatte ihn bereits im Kindesalter mit der französischen Sprache so vertraut werden lassen, dass sie wie eine zweite Muttersprache war. Für die Handelsbeziehungen mit Frankreich war das von unschätzbarem Vorteil. In einem Brief an einen Privatmann in Dijon bittet Viotti um eine Sendung von Burgunder und Champagner; er erwähnt es in seinem „Précis". Charles Smith habe ihm, so Viotti, den Brief diktiert, d. h., Viotti hat ihn wahrscheinlich anschließend ins korrekte Französisch übersetzt.[139]

---

135 Siehe Lister, 2009, S. 209.

136 Lister gibt als weitere Quellen den Survey of London, Kent's Directory, London Directory und The New Annual Directory an.

137 Siehe Lister, 2009, S. 205.

138 Siehe dazu Yim, 2004, S. 95, FN 14. Ein Brief von Viotti an Margaret und William Chinnery, geschrieben wahrscheinlich am 7. Januar 1797, und vermutlich aus der Duke Street, erlaubt einen Einblick in Viottis Alltag in jener Zeit. Er beginnt den Brief mit einem Dank an Margaret für einen Samtstoff, den sie ihm schickte. Originalbrief Sydney, Fisher 2000–2/1. « Je vous remercie Amica mille fois pour le velour, j'ai choisi un habit verd et je ne sçais si le colet noir ira maintenant. On le voit demain. » – Dt. Übersetzung: „Ich danke Ihnen, Amica, tausendmal für den Samtstoff. Ich habe einen grünen Anzug gewählt, und nun weiß ich nicht, ob das schwarze Halstuch dazu passt. Wir werden das morgen sehen."

139 « [...] à un particulier de Dijon pour lui demander du vin de Bourgogne et de Champagne. Mr. Smith me l'a dictée [...] ». Zitiert nach Giazotto, S. 231.

Der erwähnte Brief wurde in der Zeit zwischen Ende 1796 und März 1798 abgeschickt. In jenen Monaten nahmen die Feindseligkeiten zwischen Frankreich und England zu: Handelsrestriktionen waren die Folge. Es ist schwierig nachzuvollziehen, wie Smith, der ja ein erfahrener Weinhändler war, den Import von französischem Wein in diesen politisch angespannten Verhältnissen organisierte. Die englische Regierung führte eine Reihe von „crippling duties", d. h. lähmenden Zöllen, auf importierte französische Weine ein, besonders 1795,1796, 1803 und 1804.[140] Umso wichtiger waren die persönlichen Kontakte, und Viotti war mit Sicherheit ein Geschäftspartner, der Kontakte mitbrachte und pflegte. So schrieb er an Margaret Chinnery:

> Wie, zum Teufel, kommt Gastaldo [Anm.: einer der Namen, die Viotti für Margarets Mann William verwendet] auf die Idee, dass ich eine gute Zeit hätte, mit Abendessen außer Haus und Feiern hier und dort? Bis auf einen Tag bei Mrs Kingsman, mit der ich über meine Weinflaschen sprechen wollte, verbrachte ich meine Zeit in dunklen Tavernen, so schwarz wie ein Schornstein, wo ich meine Suppe nach anstrengenden Proben aß.[141]

Der leicht ironische, vielleicht auch etwas gereizte Ton, in dem Viotti sich Margaret Chinnery gegenüber äußert („Wie, zum Teufel, kommt Gastaldo auf die Idee, dass ich hier eine Party nach der anderen feiere?!"), zeugt von Vertrautheit und gemeinsamem Alltag, in dem man sich auch mal über den anderen ärgert und es nicht verschweigt. Doch auch die kleinen Freuden des Alltags werden ausgetauscht, denn es handelt sich um denselben Brief, in dem er sich für den Samtstoff bedankt und Margaret berichtet, dass er sich für einen grünen Anzug entschieden habe. Am Schluss des Briefes dann gibt er der Freude auf ein gemeinsamen Sonntag Ausdruck: „Morgen werde ich, Gott sei Dank, der die Sonntage schuf, ebenfalls

140 Robert B. Asprey: The Rise and Fall of Napoleon Bonaparte, Band 2, London 2001, S. 207/208. Nachdem England seine Blockade von französischen Waren 1803 begonnen hatte und Napoleon mit der Kontinentalblockade englischer Waren im November 1806 zurückschlug, blühte der Schmuggel. Die einzige Alternative bestand in heimlichen Import-Export-Lizenzen für Waren wie Weine, Cognac und Seide aus Frankreich oder Waren aus England wie Zucker, Kaffee, Tabak, die wiederum Frankreich dringend brauchte – Bestechungsgelder im Allgemeinen inbegriffen – die von Napoleon erlaubt waren.

141 « Ou Diable le Gastaldo a-t-il pri [sic!] que je m'amuse tant en dinnant parci par la en fête ? éxcépté le jour chés Mrs Kingsman à qui je voulois parler de mes bouteilles, le reste a été dans des Cabarets noirs comme la chemninée que j'ai mangé ma soupe après des repetitions très fatiguantes. » GBV an MC, 7. Januar 1797, zitiert nach Yim, 2004, S. 96, FN 15. Yim ergänzt dort, dass Mrs. Kingsman die Witwe von Thomas Kingsman gewesen sein könnte, der 1791 starb und ein Kollege William Chinnerys war. Originalbrief Sydney, Fisher Library 2000–2/1.

die Landluft genießen."[142] Viotti schrieb den Brief am Samstag, dem 7. Januar 1797, und plante demnach, den Sonntag in Gillwell bei den Chinnerys zu verbringen. Dieser Brief liefert zwei wichtige Informationen: Die Schilderung der dunklen Tavernen vermittelt eine Atmosphäre, ja eine Ahnung, in welcher Umgebung sich Viotti alltags aufhielt – neben den vielen glanzvollen Adressen, die er im damaligen London kannte, und er erwähnt, dass er anstrengende Proben hat. In der Tat kehrte er Ende des Jahres 1796 ins öffentliche Musikleben Londons zurück.

Die Eröffnung der Saison am King's Theatre wurde am 23. November 1796 im „Morning Chronicle" angekündigt, dort wird Viotti „Leader of the Band and Director of the Orchestra" genannt. Für die Veranstaltungen bei den Opera Concerts wird er mit derselben Bezeichnung angekündigt. Es ist nicht festzustellen, warum Viotti nicht wieder seine frühere Position als künstlerischer Leiter („acting manager") einnahm. Hinter den Kulissen mag ein heftiges Hin-und-her-Geschiebe von Posten stattgefunden haben. Die Stelle des künstlerischen Leiters hatte nun wieder Michael Kelly inne, und zwischenzeitlich hatten die dubiosen Finanzgeschäfte von Manager William Taylor das Theater fast in die Knie gezwungen. Viotti wird vorsichtig gewesen sein, denn womöglich wäre er als künstlerischer Leiter für einen Bankrott mitverantwortlich gemacht worden. Am Ende der Saison 1797 schrieb der „Monthly Mirror":

> Der Manager genießt behagliche *Pfründe,* die armen Geiger und Darsteller hingegen können in Schmerzen nach ihren Gagen schreien – *seine Person ist sicher!!!* Die Ausgaben dieses Hauses, wie wir berichteten, übersteigen die Einnahmen um viele Tausende jährlich.[143]

Die Opera Concerts 1797 folgten demselben Format wie in den vorangegangenen Saisons: zwölf Konzerte jeweils am Montagabend. Viotti trat gemeinsam mit Salomon auf, Programmattraktionen waren Haydns „Grand Military Symphony", Nr. 100, ein Vokal-Quartett von Cherubini[144], die Ouvertüre von Glucks „Alceste"; außerdem präsentierte Viotti zwei oder drei Neuigkeiten, darunter eine

142 « Demain grace à Dieu qui a établi le Dimanche, je jouirai aussi de l'air de la Campagne ». GBV an MC am 7. Januar 1797, zitiert nach Yim, 2004, S. 95, FN 12. Originalbrief Sydney, Fisher Library 2000–2/1.

143 "The manager enjoys a snug *sinecure,* so the poor fiddlers and figurantes may be clamorous in vain for their salaries – *his person is secure!!!* The expences of this house, we are told, exceed the receipts by many thousands annually." Zitiert nach Lister, 2009, S. 210 sowie FN 138.

144 Das Werk lässt sich nicht genauer bestimmen. Es könnte sich um das Quartett „Non ti fidar o misera" für Gazzanigas „Don Giovanni Tenorio o sia Il convitato di pietra" handeln, das 1792 im Théâtre Feydeau in Paris erstmals aufgeführt wurde. Siehe Michael Fend: Artikel „Cherubini", in: The New Grove, Dictionary of Music and Musicians, hrsg. von Stanley Sadie, London 2001, Band 5, S. 583.

Ouvertüre von Cherubini, vermutlich die Ouvertüre seiner erfolgreichen Oper „Lodoiska". Unter den Solisten waren der Pianist Daniel Steibelt, die Harfenistin Madame Krumpholz und der Kontrabassist Dragonetti. Das erste Konzert, das Viotti leitete, wurde von der Kritik sehr freundlich aufgenommen:

> Solch eine Verbindung der Talente war nie in einer Vorstellung zu erleben; Kraft und Charakter, die Viotti dem Orchester gab, machte es sehr interessant.[145]

Die Beschreibung ist erstaunlich, denn sie legt nahe, dass Viotti das Orchester dirigierte, und auch die Veranstaltungshinweise in der Presse deuten ja darauf hin, da Viotti dort „Leader of the Band and Director of the Orchestra" genannt wird. Stand er in den Startlöchern zu einer weiteren Karriere, der eines Dirigenten?

Das jedenfalls ist eine Vermutung von Warwick Lister. Er stellt eine bemerkenswerte Verbindung zwischen dem „Leader of the Band and Director of the Orchestra" und einer zeitgenössischen Zeichnung her, die Viotti ohne Violine, dafür aber mit einem dicken Buch unter dem linken Arm zeigt. Das Buch könnte eine Partitur sein. In der rechten Hand hält Viotti einen Geigenbogen alter Bauart mit einer konvex gekrümmten Bogenstange – was verwunderlich ist, war doch Viotti einer der wichtigsten Vorreiter des modernen Geigenbogens mit einer konkav gekrümmten Bogenstange. Lister erläutert, dass es sich auf keinen Fall um die Leitung eines Orchesterkonzerts handeln kann, da es bei diesen Konzerten üblich war, das Orchester vom eigenen Instrument aus spielend zu leiten – Viotti hat jedoch keines in der Hand. Außerdem musizierte ein Leiter aus der Orchesterstimme und nicht aus der Partitur. Vielleicht handelt es sich um die Leitung eines Orchesters für eine Opernvorstellung. Es wäre somit das erste Mal, dass Viotti ein Opernorchester leitet. Es kann aber auch schlicht so sein, dass ihn das dicke Buch unter seinem Arm – vermutlich eine Partitur – als Komponisten ausweist. Eine weitere interessante Verbindung gibt es übrigens zwischen dieser kolorierten Zeichnung und dem bereits zitierten Brief, in dem sich Viotti für den grünen Samtstoff bedankt: Das Bild zeigt ihn in einem grün-blauen Gehrock – da hatte sich wohl inzwischen ein Schneider um den Samtstoff verdient gemacht. Die Datierung des Bildes kann vom ungefähren Alter Viottis abgeleitet werden, so wie er auf dem Bild dargestellt wird, zeigt es ihn als ungefähr Vierzigjährigen. Das entspricht der Jahreszahl ab 1795, und daher liegt es nahe, ein neues Aufgabengebiet zu vermuten.[146]

---

145 "Such an union of talents was never witnessed in any exhibition; and the force and the character which Viotti gave to the Band rendered it most truly interesting." Morning Chronicle, 7. Februar 1797, zitiert nach Lister, 2009, S. 213.

146 Die Bilddeutung Listers siehe Lister, 2009, S. 211.

Margaret Chinnerys Hauskonzerte

Viotti hatte sich zwar für einige Zeit als Solist vom öffentlichen Musikleben Londons zurückgezogen, doch im privaten Rahmen trat er weiterhin gern auf. Die Hauskonzerte Margaret Chinnerys boten ihm seine liebste Bühne. Diese Abende waren längst zur Institution geworden, und Londons gehobene Gesellschaft war begierig, zu den Konzerten eingeladen zu werden, die regelmäßig am Sonntag stattfanden. Das galt für die meisten Musiker ebenfalls. Sie fühlten sich geehrt, mit Viotti musizieren zu können. Margaret Chinnery schrieb ihrem Mann William, der geschäftlich auf Reisen war, von den Vorbereitungen eines Konzertabends: Die Herzogin von Hamilton und eine gewisse Miss Muir hatten ihre Visitenkarten geschickt, in der Hoffnung, für das nächste Konzert eingeladen zu werden, so vermutete Margaret Chinnery.[147] Der Pianist und Komponist Muzio Clementi, Domenico Dragonetti und der Cellist John Crosdill gehörten zu den engen Freunden des Hauses und waren nahezu bei jedem Konzert dabei. Warwick Lister hat anhand eines Kontoauszugs von William Chinnery rekonstruiert, dass Musiker der Hauskonzerte Honorare in unterschiedlicher Höhe erhielten. Da einige von ihnen außerdem als Musiklehrer der Familie tätig waren, kommen diese Honorare noch hinzu. Das erklärt die teilweise großen Unterschiede, und es schlug sich auch ein gewisser „Promi-Faktor“ in den Honoraren nieder.[148]

Margaret Chinnerys Musical Parties wurden mit einem Abendessen für wenige Gäste eröffnet, mit dem Musizieren begann man gegen neun Uhr abends, und um Mitternacht wurde für alle Gäste und Musiker ein Souper serviert. Dieser Ablauf entspricht den Konzerten in Adelshäusern, mit dem Unterschied, dass im Hause Chinnery weniger Gäste waren und gerade darin auch der ganz besondere persönliche Charakter dieser Abende bestand. Diese Atmosphäre entsprach so ganz Viottis Vorliebe für einen kleinen, intimen Rahmen, in dem er konzertieren und sich aber auch um die Gäste kümmern konnte. Es muss ihm eine Herzens-

---

147 “The Dutchess of Hamilton & Miss Muir sent me their cards last Friday, of course I imagine they mean to be invited for next Sunday, which I shall not fail to do this evening.” Zitiert nach Yim, 2004, S. 90. Originalbrief Sydney, Fisher Library 2000 – 18/2. Yims Recherchen zufolge stammt der Brief wahrscheinlich vom 13. Juli 1795; das Datum lässt sich, so Yim, aus dem Poststempel erschließen. Da der 12. Juli 1795 ein Sonntag war, und Margaret Chinnery auch schreibt “[…] yesterday we had the Sunday Party […]”, ist der 13. Juli 1795 umso plausibler.

148 Lister, 2009, S. 207 und Appendix 10, S. 401 ff. Lister recherchierte umfassend auch in anderen Zusammenhängen die Kontoauszüge William Chinnerys. Denise Yim geht davon aus, dass die Musiker kein Honorar bekamen, jedoch auf jeden Fall ein Abendessen. In Musikerkreisen nannte man diese Veranstaltung „bread-and-butter concert“, siehe Yim, 2004, S. 90.

angelegenheit gewesen sein, denn Margaret wird nicht müde, die Unterstützung, die sie durch Viotti erhält, zu betonen – eben ein echter „Amico“:

> Amico war mit seiner Aufmerksamkeit den ganzen Tag dabei, indem er jede nur mögliche Sorgfalt walten ließ, auf dass ich nicht die kleinste Unruhe oder Schwierigkeit haben sollte, und tat mir den Gefallen, beim Souper die Konversation mit Sir Peter Burrell bis zwei Uhr morgens zu übernehmen, dann brachen Sir Peter und Mr. Bigge auf.[149]

Stellen wir uns einen Moment lang diese Situation vor: Margarets Ehemann ist nicht zu Hause, Viotti konzertiert, ist auch zuvorkommender Gastgeber und harrt geduldig aus, bis der letzte Gast gegangen ist. Er übernahm im Rollenverständnis die Position des Ehemanns, der seine Gattin bei einem gesellschaftlichen Ereignis in den eigenen Räumen unterstützt. Das wird nicht ohne Klatsch abgegangen sein, doch für die drei Menschen, die es betraf, war es eine Lebensform, mit der sie glücklich waren. Viottis zärtliche Fürsorge galt Margaret genauso wie ihren Kindern und ihrem Mann, er empfindet für sie alle wie ein Familienmitglied, das er ja auch de facto war, seitdem er dauerhaft bei ihnen wohnte. Viotti und William Chinnery, die jeder auf ihre Weise Margaret liebten, hätten aufeinander eifersüchtig sein können, waren es aber nicht: Das bezeugen die Briefe, die sich beide Männer bis an Viottis Lebensende schrieben und die geprägt sind von gegenseitiger Zuneigung und tiefer Freundschaft.

Die Hauskonzerte waren auch Inspirationsquellen für Kompositionen und Arrangements. So hatte beispielsweise Muzio Clementi die Besetzung Margaret Chinnery, Klavier, Viotti, Violine und William Chinnery, Violoncello im Kopf, als er drei Cello-Duos von Viotti (wIV: 37–39) zu Sonaten für Klavier, Violine und Violoncello arrangierte.[150] Die Cello-Duos hatte Viotti für John Crosdill geschrieben, der ein Stammgast bei Margarets Hauskonzerten war.[151]

Nach dem Umzug auf den Landsitz führte Margaret Chinnery die Tradition ihrer Hauskonzerte weiter. Gillwell wurde zum beliebten Ziel der Londoner Gesellschaft. Die Wochenenden standen im Zeichen der Musik, und da die Chinne-

149 "Amico was all attention the whole Day, that he took every possible care that I should not have the least Trouble or Difficulty, & was so obliging as to find Conversation at Supper for Sir Peter Burrell until 2 o'clock in the morning when Sir Peter and Mr Bigge took their leave." Zitiert nach Yim, 2004, S. 90.

150 Diese Sonaten verlegte Clementi auch, sie erschienen um 1798–1800 unter dem Titel „Three sonatas for the piano forte with accompaniments, adapted from Viotti's violoncello duetts by Muzio Clementi, op. 6. Siehe wVIa:13–15.

151 John Crosdill war ein Schüler von Jean-Pierre Duport. Er war als Solist, Orchester- und Kammermusiker in London aktiv und zog sich bereits 1787 vom öffentlichen Musizieren zurück, da er reich heiratete. Crosdill war Cellolehrer von William Chinnery und des Prince of Wales, dem späteren George IV.

rys ein gastfreundliches offenes Haus führten, waren oft Musiker über mehrere Tage zu Besuch. Gemeinsam mit Viotti bildeten sie die jeweilige Kernbesetzung der Hauskonzerte. Wie einst in der Mortimer Street zogen die Veranstaltungen bedeutende Musiker an, die England bereisten, waren fester Bestandteil im Terminkalender von ausländischen Diplomaten. Die Besucher schätzten das zwanglose Zusammensein, die schöne Umgebung mit dem weitläufigen Park und dem angrenzenden Wald – so waren die Konzerte nicht nur wegen ihres hohen musikalischen Niveaus beliebt, sondern auch wegen der entspannten und gleichwohl eleganten Atmosphäre.[152] Doch es legte sich ein Schatten über die vermeintlich heile Welt: Nachdem sich die Chinnerys in Gillwell niedergelassen hatten, fiel es Besuchern zunehmend auf, dass William Chinnery auf sehr großem finanziellen Fuß lebte – zu groß für die Einkommensverhältnisse eines Clerk of the Treasury, selbst für die eines Chief clerk, dessen Position William Chinnery ab 1799 bekleidete. Er pflegte seine Sammelleidenschaft für alte Vasen, die er im Lauf der Jahre zu einer wertvollen Kollektion aufgebaut hatte, und die Festlichkeiten auf dem Landsitz hatten den Ruf, verschwenderisch zu sein. War es Neid – oder steckte ein handfester Grund dahinter? Jahre später wird es sich zeigen, und Viottis Beistand als treuer Freund wird einmal mehr wichtig sein.

Die nächste Saison am King's Theatre 1797/98

Ende 1797 scheint es so, als habe Viotti sich entschlossen, doch wieder das Londoner Musikleben entscheidend mitzugestalten, denn die Saison 1797/1798 am King's Theatre sowie die Konzertsaison der Opera Concerts werden von ihm geleitet. Der „Morning Chronicle" kündigt am 15. November 1797 den Saisonbeginn an; Viottis Aufgaben werden wieder mit „Leader of the Band" und „Director of the Orchestra" angegeben.[153]

Am 23. Januar 1798 schrieb er in einem Brief an Margaret Chinnery in ironisch-scherzhaftem Ton, wie sehr sich sein Körper nach frischer Luft sehne – er bezeichnet sich selber als Gerippe („carcasse") und bedauert, nicht in Gillwell zu sein. Er skizziert Margaret seinen Tagesablauf – was er ja gern und nahezu in jedem Brief tat, und so können wir uns noch heute ein Bild davon machen, dass er lieber bei den Freunden gewesen wäre, stattdessen aber nach einer anstrengenden, dreistündigen Probe noch Gäste erwartete, die bis 3 Uhr morgens blieben und ihn

152 Siehe Yim, 2004, S. 129/130.
153 Lister, 2009, S. 215 und FN 153.

und seinen Compagnon Smith entsetzlich langweilten.[154] Die Gäste waren Kelly, Dragonetti, der Tenor Viganoni, die Sopranistin Anna Maria Crouch und eine weitere Dame, die Viotti nicht namentlich nennt, dafür aber unmissverständlich erwähnt, dass sie hässlich gewesen sei (« une autre dame bien laide »).[155] Am Ende des Briefes steht die beziehungsreiche Frage: „Ist Rode bei euch geblieben?"

Viotti meint Pierre Rode, einen seiner besten Schüler, der in Gillwell zu Besuch war. Sein Aufenthalt war überraschend. Zu Beginn des Jahres 1798 war Rode auf der Rückreise von einer Tournee durch die Niederlande und Deutschland. Die Schiffsreise von Hamburg nach Bordeaux war so stürmisch, dass die Überfahrt nicht in Frankreich, sondern an Englands Küste endete. Von dort aus machte sich Rode auf den Weg nach London, um seinen verehrten Lehrer Viotti zu treffen.[156]

Es ist das Datum eines Wohltätigkeitskonzerts im King's Theatre überliefert, das Viotti für seinen ehemaligen Schüler in London arrangiert hatte: Am 22. Februar 1798 spielte Rode für den New Musical Fund – leider vor einem nur kleinen und recht unverständigen Publikum, wie Fétis berichtet:

> So nah, wie er nun Viotti war, wollte er ihn wiedersehen und begab sich auf den Weg nach London. Der Wunsch, öffentlich aufzutreten, beschäftigte ihn sehr, doch seine französische Herkunft stand dem Erfolg, den er erreichen wollte, im Weg. Er glaubte, mit einem Benefit-Konzert für Witwen und Waisenkinder diese Schwierigkeit zu umgehen, aber konnte nur ein kleines Publikum um sich versammeln. Enttäuscht von einem Volk, das sein Talent nicht besser zu schätzen wusste, kehrte er bald wieder nach Hamburg zurück, von wo aus er über die Niederlande wieder nach Frankreich ging.[157]

---

154 « Au lieu de cela j'ai eu sür les épaules trois grandes heures de repetition et pis que tout cela encore, j'ai eu après un dinner détestable chés nous qui a duré jusqu'à 3. Heures du matin et ou Smith et mois nous nous sommes ennuyés autant que possible. [...] Rode est il resté avéc vous ? » GBV an MC, 23. Januar 1798, zitiert nach Yim, 2004, S. 97, FN 21. Originalbrief in NYPL JOB 97–52, item 2.

155 Lister, S. 216 und Yim, 2004, S. 98.

156 Fétis: Biographie universelle des musiciens et et bibliographie générale de la musique, Paris 1867, Band 7, S. 283. Fétis hat wahrscheinlich irrtümlich die stürmische Schiffsreise in zeitliche Nähe der Ernennung Rodes zum Professor gesetzt, die in das Jahr 1795 fiel, und nicht zur tatsächlichen Aufnahme seiner Lehrtätigkeit, nämlich 1799. Dieser Irrtum liegt bereits bei François-Joseph Fayolle vor. Auch er berichtet von der stürmischen Seefahrt im Jahr 1795 und einer eher unfreiwilligen Landung an der englischen Küste. « Il obtint du gouvernement anglais la permission d'aller à Londres pour embrasser son maître. Il se fit entendre dans un concert au benefice des pauvres, et, malgré l'idée favorable que cette bonne action donna de lui, il ne put rester en Angleterre com français. » Siehe: Alexandre Etienne Choron, François Joseph Marie Fayolle: Dictionnaire historique des musiciens, Band 2, Paris 1811, S. 227.

157 « Si près de Viotti, il voulut le revoir et se mit en route pour Londres. Le désir de s'y faire entendre en public l'occupait beaucoup ; mais sa qualité de Français était un obstacle

Es waren keine angenehmen Zeiten für einen Franzosen in London, sei er auch noch so talentiert. Die britische Regierung beobachtete jeden französischen Bürger, der sich im Vereinigten Königreich aufhielt, mit großem Argwohn, denn man befürchtete ein Übergreifen der revolutionären Bewegung auf England. Auch Rode bekam diese Feindseligkeit zu spüren.[158]

Viotti und Rode hatten viele Neuigkeiten über Paris auszutauschen, über gemeinsame Freunde, so auch über Madame de Montgéroult, die mit den Viotti-Schülern Rode und Baillot regelmäßig in Kontakt war. Sie hatte sich von den schrecklichen Erlebnissen des Jahres 1793 erholt und war nach Frankreich zurückgekehrt, nachdem klar war, dass ihr Name von der Liste der Emigranten gestrichen war. In England jedoch galt sie aufgrund der angespannten politischen Lage zwischen Frankreich und England noch immer als verdächtige Person, als Sympathisantin der Revolution. Es beherrschten bisweilen groteske und irrationale Gedankengänge die Köpfe der englischen Bevölkerung, aber auch die Köpfe der Politiker. Für Viotti sollte der enge Kontakt zu Madame de Montgéroult und zu ihrem Gefährten Hugues-Bernard Maret noch fatale Folgen haben.

Die Saison der Opera Concerts begann am 5. Februar 1798. Viotti eröffnete die Saison mit einer Neuigkeit, die auch ein gewisses Wagnis barg: eine „Grand Ouverture", d. h. eine Sinfonie von Mozart. Mozart war in jener Zeit, sechs Jahre nach seinem Tod, bei weitem nicht so bekannt in England wie Haydn, und es wurden sehr wenige Aufführungen seiner Werke in den 1790er Jahren gegeben. Viotti wusste wohl, dass er mit der Aufführung einen „Reinfall" riskieren würde. Doch er setzte sich für Mozarts Instrumentalmusik ein, indem er sie den Londonern vorstellte. Möglicherweise hatten seine Freunde Giambattista Cimador und Gaetano Bartolozzi, glühende Verehrer von Mozarts Musik, einen Anteil daran und überzeugten ihn, das Stück auf den Spielplan zu nehmen.[159]

Im ersten, zweiten und dritten Opera Concert trat Viotti auch wieder als Solist auf. Die Kritiken waren voll des Lobes und der Sympathie für den nach wie vor unumstrittenen Star auf der Violine. Er erhielt „eine doppelte Portion Applaus für ein *Konzert* aus eigener Feder, so geschickt geschrieben und so bril-

au succès qu'il voulait obtenir. Il crut l'écarter en donnant un concert au bénéfice des veuves et des orphelins ; mais il ne put y réunir qu'un auditoire peu nombreux. Bientôt, dégoûté d'un peuple qui n'avait pas su mieux apprécier son talent que celui de son illustre maître, il retourna de nouveau à Hambourg, d'où il revint en France par la Hollande et le Pays-Bas, donnant partout des concerts qui augmentaient sa renommée. » Siehe: Fétis, 1867, Band 8, S. 283.

158 Siehe dazu Yim, 2016, S. 19 ff.

159 Lister, 2009, S. 218.

lant ausgeführt"[160], heißt es im „Morning Herald" am 6. Februar 1798, dem Tag nach der Saisoneröffnung, und kein Geringerer als der Prince of Wales, der Viotti so sehr schätzte, war bei diesem Konzert anwesend. Das zweite Konzert wurde ebenfalls sehr positiv aufgenommen, und im dritten Konzert überraschte Viotti das Publikum mit einem neuen Duo für Violine und Kontrabass. Der Kontrabasspart wurde von Viottis Freund Dragonetti, genannt „Drago", übernommen. Die kuriose Besetzung gefiel dem Londoner Publikum, und es begeisterte sich für diese Duos genauso wie für die Violinduos, die Viotti mit Salomon aufgeführt hatte: „Die Aufführung war auf allerhöchstem Niveau, und die Freude, die sie vermittelte, war allumfassend."[161]

Viotti ahnte an diesem 19. Februar 1798 nicht, dass es sein letzter Auftritt als Solist werden sollte. Im Publikum aber, in dem außer dem Prince of Wales viele hochgestellte Persönlichkeiten saßen, wusste es der eine oder andere bereits oder war vielleicht sogar aktiv an Viottis Ausweisung aus England beteiligt.

Anders als bei den vorangegangenen Abschieden von der Konzertbühne war es diesmal nicht Viotti, der eine Entscheidung traf, sondern die britische Regierung.

160 "[Viotti] played a *Concerto* of his own composition, which received a double portion of applause due to a piece so ably written, and brilliantly executed." Morning Herald, 6. Februar 1798, zitiert nach Yim, 2004, S. 98.

161 "The performance was in the style of excellence, and the delight which it imparted was universal." Morning Herald, 20. Februar 1798, zitiert nach Yim, 2004, S. 98.

Tafelteil

Abb. 1: Der Bahnhof in Fontanetto Po, Geburtsort von Giovanni Battista Viotti. Hier kommt selten ein Fremder an. Fotografie: Walter F. Gelinski.

Abb. 2: Die Arkaden der Via Viotti in Fontanetto Po. Fotografie: Walter F. Gelinski.

Abb. 3: Das Geburtshaus Viottis in der Via Viotti 23. Fotografie: Walter F. Gelinski.

Abb. 4: Gedenktafel am Geburtshaus mit der Inschrift "In questa casa il di 12 maggio 1755 nacque Giovanni Battista Viotti – Violinista / La società operaia addì 21 giugno 1891 pose." – „In diesem Haus wurde am 12. Mai 1755 Giovanni Battista Viotti geboren – Geiger / Der Arbeiterverein brachte dies am 21. Juni 1891 an." Fotografie: Walter F. Gelinski.

Abb. 5: Gedenktafel an der Straßenecke Via Viotti / Via San Rocco in Fontanetto Po. Fotografie: Walter F. Gelinski.

Abb. 6: Fontanetto Po: Romanischer Glockenturm der Pfarrkirche San Martino aus dem 11. Jahrhundert. Fotografie: Walter F. Gelinski.

Abb. 7: Pfarrer Don Guido Mazza (San Martino, Fontanetto Po) mit der angeblich ersten Violine, auf der Giovanni Battista Viotti spielte. Fotografie: Walter F. Gelinski.

Abb. 8: Denkmal für Giovanni Battista Viotti in seinem Geburtsort Fontanetto Po.
Fotografie: Walter F. Gelinski.

Abb. 9: Landschaft in der Umgebung von Fontanetto Po: Reisfelder im Juni. Fotografie: Walter F. Gelinski.

Abb. 10: Pallazzo Dal Pozzo in Turin, Via Maria Vittoria 12: Sitz der Adelsfamilie Dal Pozzo della Cisterna. Dort wuchs Giovanni Battista Viotti ab seinem zwölften Lebensjahr auf. Fotografie: Walter F. Gelinski.

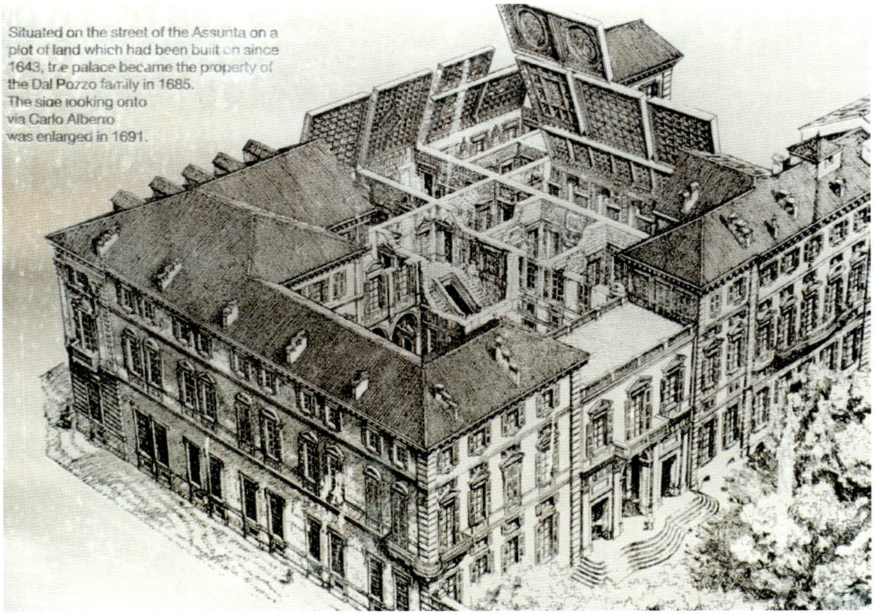

Abb. 11: Querschnitt des Pallazzo Dal Pozzo auf einer Schautafel vor dem Gebäude in der Via Maria Vittoria 12. Fotografie: Walter F. Gelinski.

Abb. 12: Das Stadtschloss in Turin: Dort residierte der König von Sardinien-Piemont und Herzog von Savoyen, Vittorio Amedeo III., in dessen Hofkapelle Viotti ab 1776 Mitglied war. Fotografie: Walter F. Gelinski.

Abb. 13: Der Dom zu Turin (erbaut 1491–1498), wo Viotti in der Hofkapelle zu den Messen spielte. Fotografie: Walter F. Gelinski.

Abb. 14: Kuppel des Domes zu Turin, entworfen von Carlo di Castellamonte, vollendet 1694 von Guarino Guarini. Strenggenommen gehört diese Kuppel nicht zum Dom, sondern zur Cappella della Sacra Sindone (Kapelle des heiligen Grabtuchs), die in den Dom integriert ist. Die Cappella della Sacra Sindone war vom Palast aus erreichbar: Dort wurden Messen für die königliche Familie abgehalten. Fotografie: Walter F. Gelinski.

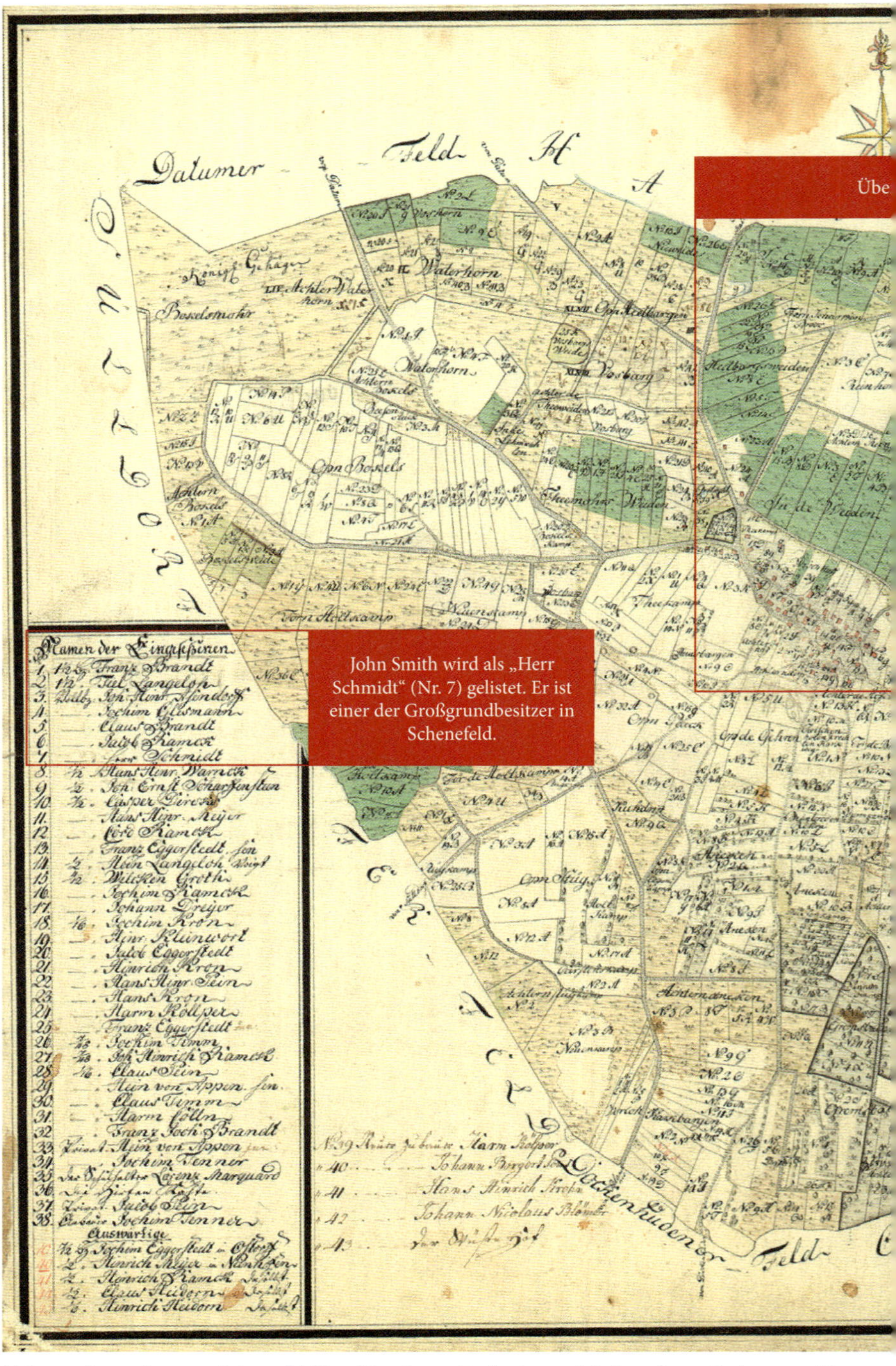

Abb. 15: Lageplan von Schenefeld bei Hamburg, Ende des 18. Jahrhunderts. Exilort von Viotti

e John Smith gehören (Nr. 7).

Karte des Dorfes Schenefeld aus dem Jahr 1788.

798–1800 auf dem Gut von John Smith (Landesarchiv Schleswig-Holstein Abt. 402 A 3 Nr. 454).

Abb. 16: Margaret Chinnery, 1803. Mit ihr und ihrer Familie war Viotti ab 1793 bis an sein Lebensende in tiefer Freundschaft verbunden. Margaret Chinnery hält ein Manuskript ihrer Freundin Félicité de Genlis, die in ihrer Zeit bedeutende pädagogische Schriften veröffentlichte. Das Porträt stammt von der Malerin Élisabeth Vigée Le Brun, die mit Margaret Chinnery und Viotti eng befreundet war.
Élisabeth Louise Vigée Le Brun (1755–1842), Porträt von Margaret Chinnery, 1803, Öl auf Leinen (91,4 × 71,1 cm), Eskenazi Museum of Art, Indiana University, 75.68. Fotografie: Kevin Montague.

Unruhige Zeiten 1798–1800

Dass London für ihn eine zweite Heimat werden könnte, daran hatte Viotti zunächst nicht geglaubt. Als er 1792 Frankreich verließ, hatte er kaum eine andere Wahl gehabt. Er musste vor der Revolution fliehen. England war eines der wenigen erreichbaren sicheren Länder. Das Londoner Publikum verehrte ihn; die Erfolge und die Bewunderung, die seinem Können und seinem Talent auch als Impresario gezollt wurden, bestätigten ihn als Künstler. Er lebte sich in die Stadt ein, in die er freiwillig nicht gegangen wäre, denn die Chinnerys gaben ihm so viel menschliche Wärme, wie er sie zuletzt vielleicht als Kind in Fontanetto Po gespürt hatte. Es waren wider Erwarten sehr glückliche Jahre, die Viotti seit 1792 in London erlebte. Er hatte nach so vielen Reisen ein Zuhause gefunden – das war ihm wichtiger als jeder öffentliche künstlerische Erfolg. In die Welt der Familie Chinnery, in der Hauskonzerte, kultivierte Freunde und Toleranz den Umgang miteinander bestimmten, drang nur wenig von den Konflikten, die England innen- und außenpolitisch beherrschten. Auch Oper und Konzert bildeten einen eigenen Mikrokosmos, in dem es vielen exilierten Künstlern aus Frankreich möglich war, ihre Arbeit und Karrieren fortzusetzen. London konnte sich glücklich schätzen, wie viel Qualität durch die Auswirkungen der Französischen Revolution ins Vereinte Königreich kam.

Doch war diese künstlerische und intellektuelle Hochstimmung nur ein Teil der Realität in der Metropole. England war im Krieg mit Frankreich, die Angst vor einer französischen Invasion durch Napoleon wuchs. Die Befürworter des Krieges gegen Frankreich kamen aus dem monarchistischen Umfeld. Sie verfolgten das Ziel, in Frankreich die Herrschaft der Bourbonen wiederherzustellen, um die eigene Monarchie zu stärken. Die englischen Kriegsgegner verteilten sich auf verschiedene Gruppen, von gemäßigt bis radikal. Es gab eine Gruppe politischer Subkultur, die britischen „Jakobiner", die sich mit „Citizen" anredeten, in französischen Clubs debattierten und die Carmagnole anstimmten – ein Revolutionslied, das in Paris die Hinrichtungen in bizarrer Weise begleitete. Es gab aber auch die parlamentarische Opposition gegen den Krieg mit Frankreich. Ihre Vertrter hatten für das Schicksal französischer Emigranten, die fast alle Angehörige des Adels waren oder Adelskreisen nahestanden, durchaus Verständnis, sprachen sich aber entschieden gegen eine Wiederherstellung der Monarchie aus. Nach Ansicht der Opposition war die Revolution kein Komplott einer aufrührerischen Minderheit, sondern der Freiheitskampf des gesamten französischen Volkes. Eine Wiederherstellung alter Zustände würde nur neue Unruhen hervorrufen. Selbst die brutale Herrschaft Robespierres sei dem Despotismus vorzuziehen – so drückte es der oppositionelle Politiker Charles James Fox aus.[1] Für ihn stand die Frage im Zentrum, ob es sich beim Krieg gegen Frankreich um einen Krieg gegen den Staat oder um einen Krieg gegen die Revolution handele.[2] Die britische Monarchie und Premierminister Pitt wussten nur zu gut, dass die Revolution nicht nur Frankreich, sondern ganz Europa betraf.

Während Viotti sich ein neues Leben in London aufbaute, von Konzertsaison zu Konzertsaison berühmter wurde, mit Haydn in gemeinsamen Konzerten auftrat und das King's Theatre zu einer neuen künstlerischen Blüte brachte, verdichteten sich auf der politischen Bühne die Intrigen. Da die anti-französische Stimmung in Regierungskreisen zunahm, hätte Viotti eigentlich gewarnt sein müssen. Doch ebenso verständlich ist es, dass er sich nach seiner Flucht aus Frankreich politischen Themen entzog – sei es aus Selbstschutz oder Kalkül. Viottis freundschaftliche Nähe zum Prinzen von Wales und anderen hochgestellten Persönlichkeiten aus Regierungskreisen gründete auf gemeinsamen Interessen in den Künsten, nicht auf politischen Gesprächen.

Hätten ihm solche Gespräche genützt, um besser informiert zu sein? Und vor allem, um zeitig genug zu erfahren, dass sein Aufenthalt in London gefährdet war? Anfang März 1798 wurde Viotti von der britischen Regierung aufgefordert, das Land umgehend zu verlassen. Er hatte keine Vorwarnung erhalten, er befürchtete nichts, vielmehr plante er seine Auftritte für die laufende und die kommende Saison. Doch am 3. März 1798 trat überraschend Johann Peter Salomon statt Viotti als Solist vor das Orchester der Opera Concerts und übernahm alle weiteren Soloaufgaben Viottis bis zum Ende der Saison.[3] Am 5. März erschien in der renommierten „Times" ein Artikel, in dem Viotti bezichtigt wurde, Mitglied der republikanischen Armee in Frankreich gewesen und ein Anhänger der Jakobiner zu sein. In derselben Ausgabe der „Times" erschien unter dem Titel „Declaration of J. B. Viotti" eine Stellungnahme von ihm:

> Ich habe einen Befehl der Regierung erhalten, das Land zu verlassen, das mir lieb und teuer ist, und das ich als meines betrachte. – Ich gehorche; – aber mit der Erklärung an die ganze Welt – an all jene, die mit meinem Namen bekannt sind, dass ich gehe, ohne dass ich mir irgendetwas vorzuwerfen habe, einen Gedanken, ein Wort oder eine Tat betreffend, dass ich mich nie in irgendeine politische Angelegenheit eingemischt habe, – dass ich während der sechs Jahre, die ich in England verbracht habe, nie eine Silbe geschrieben habe, die sich entweder direkt oder indirekt auf Englands politische Angelegenheiten oder auf die anderer Länder bezieht, – dass ich nie irgendein Gespräch geführt habe, dem man auch nur den kleinsten Grad von Schuld beilegen könnte – und kurzum, dass ich nie ir-

1 Wagner, S. 274.
2 Wagner, S. 274.
3 Lister, 2009, S. 218.

gendein Kaffeehaus, irgendeine Schenke, irgendeinen Club oder irgendeine verdächtige Gesellschaft besucht habe.
Ich habe die obige Erklärung *unter Eid* abgegeben, und ich rufe das Höchste Wesen an, die Wahrheit meiner Erklärungen zu bezeugen. Ich hoffe, die vielen ehrbaren Personen, denen ich wohlbekannt bin, werden jederzeit für die Reinheit meines Betragens einstehen; und mein ruhiges Gewissen versichert mich, dass ich am Ende vollkommen anerkannt im Recht sein werde.
(Unterzeichnet) J. B. Viotti[4]

In dieser „Declaration" stellt Viotti einen Bezug zu den Jakobinern her, die sich in England in kleinen Zirkeln organisiert und etabliert hatten – eben in jenen Clubs, in denen man sich traf, einander als „Bürger" ansprach und die Carmagnole sang. Doch auch diese klug formulierte Unschuldsbekundung, von der Denise Yim sagt, dass sie eindeutig von Margaret Chinnerys Sprachgefühl geprägt sei, nützte Viotti nichts.

Das Exil

Am 8. März 1798 schiffte sich Viotti in Yarmouth auf dem Postschiff King George mit Kurs auf Hamburg ein. Der „Morning Herald" vom 10. März 1798 veröffentlichte in seiner Rubrik „Das Schiffsregister" die Ankündigung: „Sailed the KING GEORGE packet, Captain DEAN, [for Hamburg], with mails and passengers, among whom was Mr. VIOTTI, who was ordered out of the kingdom."[5] – Da die Fahrzeit mindestens 36 Stunden betrug, wird Viotti am 10. oder 11. März in Hamburg eingetroffen sein.

4 "I have received an order from Government to quit a country which is dear to me, and which I consider as my own. – I obey – but in declaring to the whole world – to all those who are acquainted with my name, that I go without having to reproach myself with any thought, word, or deed – that I have never interfered in any political affair whatever, – that during the six years I have passed in England I have never written a syllable that either directly or indirectly related to its political concerns, or to those of any other country, – that I have never held any conversation to which the smallest degree of blame could attach, – and in short that I have never frequented any Coffee-house, any Tavern, any Club, or any suspected Society. /I have testified the above assertion *on Oath,* and I call the Supreme Being to witness the truth of my declarations. I hope the many respectable persons to whom I am well known, will answer at any time for the purity of my conduct; and my peaceful conscience assures me, that I shall in the end be fully justified. / [Signed] J. B. Viotti." Zitiert nach Lister, 2009, S. 219.

5 Zitiert nach Yim, 2004, S. 101.

Dass Viottis Wahl auf Hamburg fiel, hatte zwei Gründe. Während der Kriege, die Frankreich nach der Revolution führte, war die Hansestadt für Schiffe aus England neben Lissabon der einzige offene Hafen. Die Handelsbeziehungen Englands konzentrierten sich daher stark auf Hamburg, was zur Folge hatte, dass sich englische Kaufleute dauerhaft in Hamburg und seinem Umland niederließen. Viotti konnte daher darauf vertrauen, dass die guten Kontakte der Familie Chinnery sowie seine eigenen Geschäftsbeziehungen durch den Weinhandel einen längeren Aufenthalt in Hamburg ermöglichen würden. Die weltoffene Stadt war für Engländer, die auf dem europäischen Festland weiterreisen wollten sowie für viele Revolutionsflüchtlinge ein begehrtes Ziel. Eine wachsende Zahl französischer Geschäfte und Restaurants belebten das Stadtbild; der berühmte „Alsterpavillon" geht auf einen französischen Pächter zurück.[6] Die zunehmende Zahl von Fremden, die sich in Hamburg niederlassen wollten, brachte große Probleme und Spannungen wie beispielsweise Wohnungsnot und rasch steigende Mietpreise mit sich. Hamburgs Bevölkerung war innerhalb von zehn Jahren um 28.000 Menschen gestiegen; als Viotti in der Hansestadt eintraf, hatte sie rund 130.000 Einwohner. 1798 beschloss der Rat der Stadt eine nächtliche Torsperre, durch die der stark steigende Personenverkehr kontrolliert wurde.[7] Für Hamburg war das eine bemerkenswert heftige Reaktion: Die Stadt hatte bis dahin den Ruf gehabt, äußerst freiheitsliebend und offen gegenüber Fremden zu sein. So hatte Charles Burney noch in den 1770er Jahren berichtet, dass man in die Stadt komme, „ohne examinirt oder von Accisbedienten belästigt zu werden", und der Reisende werde „am Thore bloß um seinen Namen und Stand gefragt." Wir wollen hoffen, dass wenigstens die Hamburger noch so waren, wie Burney sie 1773 beschrieb:

> Aus den Mienen und dem Betragen der Einwohner dieses Orts leuchtet eine Zufriedenheit, Geschäftigkeit, Wohlhabenheit und Freyheit hervor, die man an andern Orten Deutschlands nicht häufig zu sehen bekömmt.[8]

Zwei Wochen nach seiner Ankunft in Hamburg verfasste Viotti den Text „Précis de la vie". Was damals als Verteidigungsschrift gedacht war, ist heute neben den Briefen, die Viotti schrieb, eine der wenigen Quellen, in denen er über sein Leben berichtet.

---

6 Ernst Christian Schütt: Die Chronik Hamburgs, Dortmund 1991, S. 173.

7 Schütt, S. 177.

8 Burney, 1773, Band 3, S. 176.

> Der Gedanke, missverstanden und ungerecht beurteilt worden zu sein, liegt mir zu schwer auf dem Herzen, als dass ich den Versuch unterlassen könnte, diesen fatalen Eindruck zu dementieren, der mir dieses Schicksal bescherte.[9]

Viottis Versuch, in dem „Précis de la vie" alle guten und vor allem auch schlechten Taten zu nennen, hat etwas von einer Beichte, und in der Tat ruft er in seinen Zeilen auch Gott an: „Gott, der in jeder Seele lesen kann, wird der strenge Zeuge meiner Ernsthaftigkeit sein."[10] Interessant ist, dass er in diesem Text den christlichen Ausdruck „Gott" verwendet, sich in der eben zitierten Stellungnahme in der „Times" jedoch dem Sprachgebrauch der Revolution anpasst: L'Être Suprème, das Höchste Wesen, the Supreme Being. War es eine Vorsichtsmaßnahme gegenüber Frankreich, wo man den Kult des Höchsten Wesens pflegte? Der Revolutionsführer Maximilien de Robespierre hatte sich für eine Existenz des Höchsten Wesens – anstelle von Gott – ausgesprochen, denn das Volk verlangte nach einem Garanten für die Unsterblichkeit der Seele, auch in Zeiten der Revolution und des Primats der Vernunft.[11]

Der Hauptgrund für Viottis Sehnsucht, bald nach England zurückkehren zu können, ist seine Liebe zur Familie Chinnery. Insbesondere William Chinnery nennt Viotti als Bürgen für seine Unschuld. Das Ehepaar Chinnery sei, so Viotti, von höchster Bedeutung für ihn und ihren guten Seelen fehle es an nichts. Die Verehrung findet ihren Höhepunkt in dem Satz:

> Die Welt, Gesellschaft, Vergnügungen – nichts von alldem hat für mich Anziehungskraft ohne sie, und ihr Haus, in dem ich als Familienmitglied lebe wie ein Bruder, ist auch meines geworden, wo ich allzeit zu sein wünsche und das ich nie zu verlassen gedachte.[12]

---

9 « L'idée d'avoir été méconnû, d'avoir été jugé défavorablement, pese trop sur mon coeur pour que je ne tente pas tous les moyens possibles afin de détruire l'impression funeste qu'une fatalité arependû sur mes actions. » Zitiert nach Giazotto, S. 229. Das Originalmanuskript befindet sich in London, Royal College of Music Library (GB-Lcm), Ms. 4118, Viotti Papers. Die vollständige Übersetzung in deutscher Sprache befindet sich im Anhang dieses Buches.

10 « Je m'en servirai donc, et je raconterai fidelement le bon et le mauvais de mes démarches; et Dieu qui lit dans toutes les ames, sera le témoin severe de la sincerité de la mienne. » Zitiert nach Giazotto, S. 229.

11 Siehe Michel Vovelle: Die Französische Revolution. Soziale Bewegung und Umbruch der Mentalitäten, Frankfurt 1985, S. 132.

12 « Le monde, la société, les amusemens [sic!], rien de tout cela n'avoit d'attrait sans eux, et leur maison ou je vivais comme un parent, comme un frère, est devenue la mienne propre, celle ou j'aurois voulu être sans cesse, celle d'ou je n'aurois jamais voulu sortir. » Zitiert nach Giazotto, S. 230.

Was ihm eventuell zum Verhängnis geworden war und die Ausweisung zur Folge hatte, sind vier Briefe, die er nach Frankreich schickte. Viotti zählt sie in seinem „Précis de la vie“[13] auf: Der erste Brief war an Cherubini gerichtet, der zweite an einen Geschäftspartner in Sachen Wein, der dritte war ein Auftragsschreiben im Namen eines Ministers aus Genua – in diesem Brief ging es um die Wiederbeschaffung persönlicher Habseligkeiten eines italienischen Kapitäns, der auf der Rückreise von Indien bestohlen worden war und sich in Paris aufhielt; Viotti habe vermitteln und helfen wollen, nicht mehr und nicht weniger. Auch der vierte Brief ist aus Hilfsbereitschaft entstanden, er war an seine langjährige Freundin, die Pianistin und Komponistin Hélène de Montgéroult gerichtet, die sich in der Folge der Revolution in einer gefährlichen Lage befunden hatte.[14] In seinem „Précis de la vie“ berichtet Viotti auch, dass er auf diese Briefe nie eine Antwort erhalten habe – da liegt die Vermutung nahe, dass die Briefe von der französischen Zensur einbehalten wurden.

Wahrscheinlich war Viotti bereits wesentlich länger unter Beobachtung sowohl französischer als auch britischer Geheimdienste, als er es selber ahnen konnte. Die erwähnten Briefe schrieb er 1793 – doch er lebte bereits seit 1782 im vorrevolutionären Paris und hatte Umgang mit bedeutenden Männern und Frauen der Aufklärung.[15] Zu seinem Bekanntenkreis zählten der Philosoph Jean-Baptiste le Rond d’Alembert, Madame de Staël, Ange-Marie d’Eymar und Hugues-Bernard Maret. Das Empfehlungsschreiben an d’Alembert hatte Viotti bereits auf seiner großen Europatournee 1781 erhalten: Am Hof Friedrichs des Großen war es ihm von Jean-Louis Lagrange, dem Direktor der Königlich-Preußischen Akademie der Wissenschaften, überreicht worden.[16] Der Mathematiker Lagrange wiederum war gebürtig aus Turin und seit 1766 Direktor der Königlich-Preußischen Akademie der Wissenschaften. Mit diesem Empfehlungsschreiben ausgestattet, hatte Viotti bei seiner Ankunft in Paris sofort Zugang zu den renommiertesten Salons; zu Beginn der 1780er Jahre hatte dort ein freigeistiges Klima geherrscht,

13 Siehe Giazotto, S. 231.

14 Siehe S. 131.

15 Denise Yim ist der Frage nachgegangen, ob Viotti wirklich so unverschuldet aus England ausgewiesen wurde, wie er es selbst darstellt und wie es seither überliefert wird. Ihr Aufsatz „Dangerous Liaisons. New light on the reasons for the expulsion of the violinist G. B. Viotti from Britain in 1798“, erschienen in: Nineteenth-Century Music Review, Cambridge 2016, S. 1–25, ist außerordentlich aufschlussreich und eröffnet neue Perspektiven. Yim führt eine Reihe von Personen an, die an Viottis Ausweisung aus England interessiert oder direkt dafür verantwortlich waren, siehe S. 13 ff.

16 Siehe Yim, 2016, S. 3 und FN 12. Yim bezieht sich auf einen Aufsatz von Warwick Lister „Mon cher et illustre ami. Viotti and the Mathematicians“, in: Ad Parnassum, Band 13, Nr. 25, Bologna 2015.

in dem Royalisten und Philosophen, Politiker und Künstler offen und kontrovers diskutierten. Sicher wurde Viotti in diesen Kreisen nicht nur wegen seines musikalischen Talents geschätzt, sondern auch, weil er eine eigene Meinung in den scharfsinnigen Diskussionen vertrat. Da ein solches Verhalten von den Gästen der Salons erwartet wurde, kam Viotti gar nicht auf den Gedanken, etwas Unrechtes zu tun.[17]

Rund fünfzehn Jahre später jedoch wurden ihm die engen Kontakte zu Unterstützern der Revolution angelastet, vor allem der freundschaftliche Umgang mit Hugues-Bernard Maret. Maret wurde in England als einer der härtesten Jakobiner eingeschätzt – wenngleich seine Ansichten gemäßigt waren, doch in England herrschte eine Art von Hysterie allen und allem gegenüber, was aus Frankreich kam und nicht eindeutig royalistisch war. Dieses Klima hatte sich in den 1790er Jahren verdichtet, nahezu jeder Franzose, der in England ankam, wurde zunächst verdächtigt, ein Jakobiner zu sein. Daher war auch die Begegnung Viottis mit seinem ehemaligen Schüler Pierre Rode in London zu Beginn des Jahres 1798 den britischen Spitzeln verdächtig, galt doch Rode (fälschlicherweise) als Jakobiner. Eine Nachricht in der konservativen Zeitung „True Briton“ vom 9. Januar 1798 zeigt die Fremdenfeindlichkeit den Franzosen gegenüber, seien sie nun Flüchtlinge oder Reisende:

> Es befindet sich seit kurzem ein Schüler Viottis in diesem Land, dem nachgesagt wird, dass er den Truppen der Französischen Republik diente. Wir hoffen, dass dies nicht stimmt, da wir schon zu viele gefährliche Emigranten unter uns haben.[18]

Die Ausweisung Viottis stand im Zeichen der Furcht, die nahezu alle Lebensbereiche Englands ergriffen hatte, eine Furcht davor, dass die Französische Revolution auf England übergreifen würde. Die englischen Gentlemen, die Viotti in Hamburg aufnahmen, waren bei weitem entspannter als ihre Landsleute im Vereinigten Königreich.

---

17 Siehe Yim, 2016, S. 3–4.

18 “There is a pupil of Viotti now in this country, who is said to have served in the troops of the Gallic Republic. We hope that this report is not true, for we have too many dangerous emigrants among us already.” Siehe: True Briton, 9. Januar 1798, zitiert nach Yim, 2016, S. 19.

Ein Landsitz vor den Toren Hamburgs

Viotti blieb nicht lange im Hamburger Stadtgebiet. Die Chinnerys und wahrscheinlich auch Charles Smith, Viottis Geschäftspartner im Londoner Weinhandel, hatten ihre guten Verbindungen eingesetzt und Vorbereitungen getroffen, so dass er gastfreundlich aufgenommen wurde. Der Zufluchtsort war das Dorf Schenefeld im Herzogtum Holstein; heute ist Schenefeld eine Kleinstadt mit knapp 19.000 Einwohnern und gehört zum Kreis Pinneberg. Als Viotti Ende des 18. Jahrhunderts dort Aufnahme fand, zählte Schenefeld rund 350 Einwohner, die erste offizielle Volkszählung im Jahr 1803 gibt 391 Einwohner für Schenefeld an.[19]

Dieses kleine Dorf hatte eine beachtliche Zahl von großen Bauernhöfen, der größte war der Scharrenkamper Hof, auch Friedrichshulde genannt. Der Besitzer war John Smith, ein reicher englischer Kaufmann.[20] Er bot Viotti auf seinem Gutshof eine Bleibe an. Ob John Smith verwandt mit Viottis Compagnon Charles Smith war, ist nicht auszuschließen, aber nicht eindeutig festzustellen; die Namensgleichheit ist bei einem so häufig auftretenden Namen wie „Smith“ kein ausreichendes Kriterium für eine verwandtschaftliche Beziehung.

Drei Wochen nach Viottis Abreise veröffentlichte der „Morning Herald“ am 29. März 1798 einen Bericht über seinen Aufenthaltsort. Die Quelle für diese Information könnten Briefe sein, die Viotti nach seiner Ankunft in Hamburg nach London schickte – das ist die Hypothese von Denise Yim, der Spezialistin für die Briefe Viottis. Leider ist keiner dieser Briefe erhalten geblieben. In dem Zeitungsbericht des „Morning Herald“ wird der Aufenthaltsort Viottis vor den Toren der Stadt beschrieben:

> Er, [Viotti] beklagt seine Verbannung in ergreifenden Worten und legt dar, dass er sich in ein reetgedecktes *Landhaus* zurückgezogen habe, wenige Meilen von der Stadt entfernt, weitab von jeglichem Umgang mit der Menschheit, die gut begründete Meinung von der Harmlosigkeit seiner Umgangsformen bekräftigend und der Bindung an das Land, aus dem er verbannt ist![21]

Diese Notiz vom 29. März 1798 ist ein Hinweis darauf, dass Viotti eine ländliche Unterkunft auf unbestimmte Zeit bekommen hatte. Auch Viottis früher Biograf Miel berichtet von einem Landsitz, der Viotti als Unterkunft diente: „Er zog sich

19 Landesarchiv Schleswig-Holstein, siehe: SHLA Abt. 412 Nr. 297, S. 203/204.

20 Landesarchiv Schleswig-Holstein, siehe: SHLA Abt. 112 Nr. 1659.

21 “He [Viotti] laments his banishment in affecting terms, and states, that he has retired to a thatched *cottage,* a few miles from the city, aloof from all intercourse with mankind, confirming the well-founded opinion of the inoffensiveness of his manners and his attachment to the country, from which he has been exiled!” Morning Herald, 29. März 1798, zitiert nach Yim, 2004, S. 102.

nach Hamburg zurück und ließ sich in einem Landhaus nieder, zwei Meilen von der Stadt entfernt“[22], heißt es zunächst bei Miel und weiter:

> Ein Engländer, von dem nicht mehr bekannt ist als der Name, M.[onsieur] Smith, hörte von Viottis verzweifelter Lage. Er bot ihm an, in seinem Haus zu wohnen, und gewährte ihm vollkommene Unabhängigkeit – bis auf eine Bitte, nämlich jeweils sonntags mit seinem Gastgeber zu Abend zu essen.[23]

Diese wöchentliche Einladung zum Abendessen war eine gute Gelegenheit für Viotti, den gesellschaftlichen Kreis seines Quartiergebers kennenzulernen. Neben befreundeten Kaufleuten könnten es auch Musiker gewesen sein, die bei Smith zu Gast waren. Yim vermutet, dass Viotti den Geiger Andreas Romberg (1767–1821) und seinen Cousin, den Cellisten Bernhard Romberg (1767–1841), bei John Smith traf; die beiden Rombergs hielten sich für längere Zeit in Hamburg auf.[24]

In der „Allgemeinen musikalischen Zeitung“, Rubrik „Briefe über Tonkunst und Tonkünstler“ erschien mehr als ein Jahr nach Viottis Ausweisung aus England, nämlich im August 1799, eine Notiz über ihn, in der ebenfalls sein Aufenthaltsort erwähnt wird:

> Der als Künstler rühmlichst bekannte Viotti hat sich, wie Sie auch wissen werden, schon seit mehrern Jahren in London als Kaufmann (er hatte eine Weinhandlung) niedergelassen. Vor ohngefähr einem Jahre mußte er England, wie man versichern will, wegen einer unverdienten Beschuldigung, verlassen. Er kam nach Hamburg und fand einen für ihn angenehmen Zufluchtsort auf dem Landsitze eines gewissen George Smith aus Altona, in Schenfeldt, eine Meile von hier, wo er sich auch gewöhnlich aufzuhalten pflegte. Leider habe ich die Gelegenheit, seine Bekanntschaft zu machen, immer von einer Zeit zur andern hinausgerückt, bis er endlich vor kurzem wieder – wie man glaubt, nach England – weggereiset ist, ohne daß ich dieses Vergnügen gehabt habe. Einige meiner Freunde indessen versichern einmüthig, daß er, sein etwas starkes *tremulando* abgerechnet, wirklich vortreflich spielen, und dabey ein sehr artiger und gefälliger Mann seyn soll.[25]

Ein Landsitz vor den Toren der Stadt Hamburg, ein Ortsname, nämlich „Schenfeldt“ und ein Personenname, George Smith – und nicht John: Das sind die Informationen dieser Notiz. Mit „Schenfeldt“ ist Schenefeld gemeint, und die

22 « Il se retira à Hambourg, et se fixa dans une maison de campagne, à deux milles de la ville. » Vgl. Miel, S. 189.

23 « Un anglais qui ne le connaissait que de nom, M. Smith, informé de sa disgrâce, alla lui offrir sa maison, avec une pleine indépendance, lui annonçant qu'il viendrait seulement tous les dimanches lui demander à dîner. » Vgl. Miel, S. 189.

24 Siehe Yim, 2004, S. 103.

25 Allgemeine musikalische Zeitung vom 14. August 1799, Sp. 762. Online unter: https://archive.org/stream/bub_gb_odwqAAAAYAAJ#page/n501/mode/2up, letzter Zugriff: 17.05.2018.

Entfernungsangabe von ein bis zwei Meilen bezieht sich auf Altona (heute ein Stadtteil Hamburgs), das im 18. Jahrhundert eine eigenständige Stadt westlich von Hamburg war und zu Dänemark gehörte.

Zwei verwirrende Ungenauigkeiten gibt es in diesem wichtigen Dokument: Als Gastgeber nennt der Korrespondent der „Allgemeinen musikalischen Zeitung" nun einen Mann namens George (statt John) Smith aus Altona, und die Entfernung Schenefelds von Hamburg ist nicht eindeutig angegeben – wie übrigens auch in den anderen beiden Quellen, im „Morning Herald" und bei Edme Miel. Der Grund hierfür liegt in den verschiedenen Berechnungen für eine Meile, die damals üblich waren. So entsprach einer französischen Post-Meile (auch Postleuge oder lieue de poste) die Länge von 3,898 Kilometern, eine Land-Leuge (lieue commune) hatte 4,452 Kilometer. Der englischen Meile hingegen entsprachen entweder 1,524 Kilometer, wenn es sich um die London Mile handelte; die Statute Mile hingegen misst 1,609 Kilometer, und die englische Land-Leuge hat drei Meilen, gerundet sind das 4,828 Kilometer. Mit den „wenigen Meilen", die im „Morning Herald" erwähnt wurden, hatte man sich elegant aus der Affäre gezogen. Der Franzose Edme Miel hat wahrscheinlich die französische Land-Leuge gemeint, und er liegt dann mit der Angabe von „zwei Meilen" umgerechnet bei knapp neun Kilometern, was je nach Ausgangspunkt im Hamburger Stadtgebiet der Entfernung nach Schenefeld entspricht; nimmt man den nordwestlichen Stadtrand Ende des 18. Jahrhunderts an, so ist die Angabe von zwei Land-Leugen annähernd korrekt. Der Korrespondent der „Allgemeinen musikalischen Zeitung" bezieht sich wohl auf die preußische Meile, die einer Länge von 7,532 Kilometern entspricht; er nennt als Entfernung eine Meile, und auch bei dieser Entfernungsangabe muss man den Ausgangspunkt beachten. Da im Zitat Altona erwähnt wird, kann es sein, dass sich der Autor auf diesen Ort bezieht, der heute ein Stadtteil im Hamburger Westen ist. Die Entfernungsangabe „eine Meile von hier" passt mit umgerechnet 7,532 Kilometern für Schenefeld.

Spurensuche

Die wichtige Frage ist nun: Gibt es Hinweise auf einen George Smith in Schenefeld am Ende des 18. Jahrhunderts? Im Landesarchiv Schleswig-Holstein findet sich in den „Acten der Landdrostei Pinneberg" der Nachweis eines Hofes, der einem George Smith gehörte. Er wird in dieser Quelle als Hamburgischer Bürger und Besitzer einer Landstelle in Othmarschen erwähnt, des „Smithschen Hofes". Die Akten dieses Hofes sind im Landesarchiv Schleswig-Holstein allerdings erst im Jahrgang 1806 vorhanden, also zu einem Zeitpunkt, als Viotti Hamburg bereits wieder verlassen hatte.[26] Othmarschen, heute ein Stadtteil Hamburgs, gehörte im 18. Jahrhundert zum Herzogtum Holstein, wie auch Schenefeld. Wie kommt es in den Quellen der damaligen Zeit zu der Aussage, dass Viotti in Schenefeld bei George Smith Zuflucht fand – wenn es doch einen gesicherten Hinweis gibt, dass George Smith in Othmarschen ansässig war?

Folgende Möglichkeit ist denkbar: Viotti wohnte zunächst kurzzeitig bei George Smith in Othmarschen – wenn auch die Akten seines Besitzes erst ab 1806 nachweisbar sind. Dann hörte – wie Edme Miel es beschreibt – „ein Engländer, von dem nicht mehr bekannt ist als der Name, M. (onsieur) Smith, von Viottis Lage und bot ihm an, in seinem Haus zu wohnen." Forscht man über das Dorf Schenefeld und den Namen Smith, so ist sehr schnell klar: John Smith hatte einen großen Besitz in Schenefeld.[27] Da Viotti in einem Brief vom 30. Juni 1798, auf den noch genauer eingegangen wird, „Schönfeldz" im Briefkopf angibt – ist klar, dass er sich zu jenem Zeitpunkt in Schenefeld aufhielt und nicht in Othmarschen. Er gibt in diesem Brief übrigens die Entfernung von Hamburg mit neun Meilen an, was durchaus stimmt: Neun englische Meilen, rund 14,5 Kilometer, entsprechen der Entfernung Schenefelds von der nordwestlichen Stadtgrenze Hamburgs.

Viottis Zufluchtsort war demnach das Dorf Schenefeld im Herzogtum Holstein, sein Gastgeber dort hieß eindeutig John Smith, nicht George Smith. Es gibt jedoch einen konkreten Hinweis darauf, dass John und George Smith miteinander verwandt waren. Er findet sich im „Hamburger Kaufmannsalmanach auf das Jahr 1784".[28] Dort lautet ein Eintrag „Smith, John & Geo." Die Kontoranschrift ist die Deichstraße im Hamburger Stadtteil Altstadt.[29] Im folgenden Jahr, 1785, findet man „Smith, Joh. George & Comp.", das Kontor befindet sich weiterhin in der Deichstraße. 1786 lautet der Eintrag „Smith, Joh.Geo. & Cp., Deichstraße". Ein Jahr später ist aus John und George sowie ihren Abkürzungen ein deutscher Vorname geworden: „Smith, Johann Georg & Comp.", Deichstraße. 1788 im „Neuen und sehr verbesserten Hamburgischen Addreß-Buch" gibt es wieder eine klare Nennung beider Vornamen „Smith, John & George", die Adresse des Kontors lautet nun Rödingsmarkt, und die „Art der Handlung" (Berufsbezeichnung) ist mit „Kaufleute" angegeben. 1789 kommt eine Hausnummer hinzu, nämlich Rödingsmarkt No. 49 und die Nummer im jeweiligen Kirchspiel, hier Nic. 7 (St. Ni-

26 Landesarchiv Schleswig-Holstein, siehe: SHLA Abt. 112, Nr. 1026.

27 Landesarchiv Schleswig-Holstein, siehe: SHLA Abt. 112 Nr. 1659.

28 Die Adressbücher sind online einsehbar: http://agora.sub.uni-hamburg.de, letzter Zugriff: 09.03.2018.

29 Die Straße existiert noch heute und ist dank einer Bürgerinitiative („Rettet die Deichstraße") in ihrem Charakter erhalten geblieben. Viele Hamburger Kaufleute hatten dort ihre Kontore und Lagerräume, meistens schloss sich ein großzügiger Wohnbereich an.

colai). 1791 wird dann lediglich George genannt „Smith, George, Rödingsmarkt No. 49, Nic. 7“. Im Jahr 1798, als Viotti nach Hamburg kommt, lautet der Eintrag ebenfalls auf George Smith ohne weiteren Vornamen; ein Jahr später hat sich die Kontoradresse verändert: Herrengraben No. 149, M. 6 (St. Michaelis). John Smith war der acht Jahre ältere Bruder von George Smith; er hatte sich ab 1790 aus dem gemeinsamen Geschäft zurückgezogen.[30] Das Gut Friedrichshulde könnte demnach Johns Alterssitz gewesen sein, wo er sich der Landwirtschaft widmete.

Leider sind kaum Dokumente über das Geschäftsleben von John und George Smith erhalten geblieben. Neben den Einträgen in den Hamburger Adressbüchern gibt es noch einen weiteren Hinweis auf die Aktivitäten des Kaufmanns George Smith. Im Staatsarchiv Hamburg befindet sich das Rechnungsbuch eines Ewerführers mit dem Kaufmann George Smith 1799–1800.[31] In diesem Buch verzeichnete der Ewerführer alle transportierten Waren, die er im Auftrag von Smith an die Schiffe brachte bzw. dort abholte.[32] Auffällig häufig sind es englische Häfen – London, Liverpool, Hull –, die als Herkunftshafen oder Bestimmungsort genannt werden. Das Rechnungsbuch ist gut gefüllt: Das spricht für einen regen Handel, den George Smith betrieb. Für den Ewerführer, dessen Name leider nicht bekannt ist, liefen die Geschäfte daher ebenfalls gut.

Viotti war zweifelsohne Gast in einer Hamburger Kaufmannsfamilie britischen Ursprungs. Englische Kaufleute in Hamburg konnten am Ende des 18. Jahrhunderts bereits auf eine über 300 Jahre lange Geschichte verweisen: Seit 1567 hatte die englische Kaufmannsgilde der „Right Worshipful Company of Merchant Adventures“ in Hamburg ihr Kontor auf dem Kontinent.[33] Zunächst bestand der Handel vor allem in Tuchwaren, den sogenannten „Laken“, später kamen Tee, Zucker und Tabak hinzu. Die Privilegien bestanden in der Zollfreiheit oder stark ermäßigten Sätzen auf Waren zur Ein- und Ausfuhr en gros und für den persönlichen Bedarf. So hatte sich eine starke englische Kaufmannsschicht in Hamburg gebildet, die zu Beginn des 17. Jahrhunderts den Aufbau einer anglika-

30 Für diese Information danke ich dem Pfarrer und Schriftsteller Christian Hartung (Kirchberg).

31 Staatsarchiv Hamburg, Signatur: 621–1/159 George Smith.

32 Der Beruf des Ewerführers gehört neben dem Stauer zu den ältesten im Hamburger Hafen. Der Ewer war bis ins frühe 20. Jahrhundert ein Zubringerschiff für Frachten; speziell in Hamburg wurden diese Zubringerdienste mit sogenannten Schuten, offenen Booten ohne eigenen Antrieb, versehen, da der Hamburger Hafen noch keine Kaianlagen besaß; sie wurden erst im späten 19. Jahrhundert gebaut. Große Seeschiffe konnten nicht direkt festmachen, sondern lagen auf Reede. Ewer waren daher für den Handel von großer Bedeutung.

33 Maria Möring (Hrsg.): Hamburgische und Englische Kaufleute. Forschungen und Berichte aus dem hanseatischen Lebensraum, Hamburg 1975, S. 29.

nischen Gemeinde in Hamburg vorantrieb. Der Hamburger Senat schloss 1611 mit der englischen Kaufmannsgilde einen Vertrag, der zusicherte, dass sie für ihre Mitglieder Gottesdienste in englischer Sprache nach dem anglikanischen Ritus abhalten durfte. Die anglikanische Kirche war die erste nicht-lutherische Glaubensgemeinschaft in Hamburg. Noch heute gehört die anglikanische Gemeinde St. Thomas Becket am Zeughausmarkt zum geistlichen Leben Hamburgs; sie ist die älteste Gemeinde der Anglikaner auf dem Kontinent.[34]

Zu Beginn des 18. Jahrhunderts erwarben viele wohlhabende Mitglieder der anglikanischen Gemeinde Grundbesitz in Hamburg und vor den Toren der Stadt. Bislang hatte die Royal Charter, eine Art Königliche Satzung zum Aufbau und Schutz der Gemeinde in Hamburg, den Mitgliedern der Merchant Adventures den Kauf von Grundbesitz verboten. Nach der Aufhebung der Royal Charter stieg der Landbesitz englischer Kaufleute in Hamburg und bald auch außerhalb sprunghaft an.[35]

Auf Gut Friedrichshulde

Es war eine karge Landschaft, die Viotti im März 1798 empfing. Der Frühling kommt in Norddeutschland spät, und das Klima ist rauer als in England. In einer topographischen Beschreibung von 1856 wird Schenefeld als Dorf genannt, das in einer kahlen Ebene liegt und von bäuerlichem Grundbesitz geprägt ist. Der Hof von John Smith wird ausführlich erwähnt: Er befindet sich nördlich einer Au, und seine Naturalleistungen „obliegen dem Dorfe gegen eine geringe Vergütung; derselbe Hof hat beträchtliche Ländereien und ist durch Ankauf zweier Höfe in Schenefeld vergrößert; auch ist bei demselben eine privilegirte Loh- und Graupenwassermühle (vormalige Pulvermühle)."[36]

John Smith war seit 1784 Gutsherr auf Friedrichshulde. In den Akten des Hofes findet sich ein Eintrag, der belegt, dass er den Besitz von einem gewissen Max

34 Möring, S. 29.

35 Heinrich Hitzigrath: Die Kompagnie der Merchants Adventurers und die englische Kirchengemeinde in Hamburg 1611–1835, Hamburg 1904, S. 45–46 sowie S. 46, FN 4. Dort erwähnt der Autor, dass auch George Smith eine Villa an der Elbe besaß – womit wahrscheinlich der Besitz in Othmarschen gemeint ist.

36 Johannes von Schröder und Herm Biernatzki: Topographie der Herzogthümer Holstein und Lauenburg, des Fürstenthums Lübeck und des Gebiets der freien und Hansestädte Hamburg und Lübeck, Band 2, Oldenburg in Holstein 1856, S. 395.

Tiedemann gekauft hat, der nur kurze Zeit das Land besaß.[37] In einer Notiz aus dem Jahr 1788 erwähnt Tiedemann einen reichen „Engelländer", der ihm das Gut abkaufte. Das Erdbuch von Schenefeld nennt 1788 ebenfalls John Smith (John Schmidt) als Besitzer.[38] Der Vergleich mit der Legende einer Flurkarte von 1786 bestätigt das (siehe S. 191 ff.); Smith wird dort unter Ziffer 7 als Besitzer genannt. 1803 führte Dänemark erstmals in den Herzogtümern Schleswig und Holstein eine Volkszählung durch. Für Schenefeld ist der Eintrag John Smith gelistet, der ihn als Bürger Altonas ausweist und für den Besitz Friedrichshulde nicht weniger als 21 Dienstboten nennt.[39] Altona gehörte seit 1640 zum Herzogtum Holstein; 1664 verlieh der dänische König Friedrich III. Altona die Stadtrechte. Geographisch liegt Altona in südlicher Nachbarschaft zu Schenefeld. Die Volkszählung von 1803 ergab, dass knapp 24.000 Menschen in Altona lebten – Altona war nach Kopenhagen die zweitgrößte Stadt des dänischen Gesamtstaates.

Viotti, aus dem katholischen Piemont stammend, befand sich jetzt im protestantischen Dänemark unter König Christian VII. Eine Rückschau auf sein bewegtes Leben wird er in jenen nicht enden wollenden Tagen wohl manches Mal gehalten haben: In Metropolen wie Paris, St. Petersburg, Berlin und London hatte er gelebt, ohne jedoch seine Wurzeln im kleinen Dorf Fontanetto Po zu vergessen. Und so war Schnenefeld, wenn auch landschaftlich vollkommen anders als das piemontesische Dorf, eine Zuflucht, die ihn vielleicht an seine Heimat erinnerte. Bäuerlich geprägt, Landbau, eine Mühle (wenn auch keine Reismühle) und eine noch niedrigere Einwohnerzahl wie Fontanetto Po.

Die großbürgerliche Umgebung auf dem Landsitz von John Smith weckte sicher auch Erinnerungen an Gillwell, den Landsitz der Chinnerys. Ein verlässliches Dokument, dass er sich tatsächlich auf dem Gut Friedrichshulde befand, ist der Brief an seinen Freund und Gönner aus Jugendtagen, Alfonso Dal Pozzo; es ist die einzige Korrespondenz zwischen Viotti und Alfonso Dal Pozzo, die überliefert ist. In diesem anrührenden und erschütternden Brief, den er drei Monate nach seiner Ankunft in Hamburg schrieb, beteuert Viotti seine Unschuld an der Ausweisung aus England und schildert seinen Alltag auf Friedrichshulde.[40]

Der Brief beginnt mit der Nennung des Datums 30. Juni 1798 und des Ortes „Schönfeldz", eine Abwandlung des vormaligen Namens „Schoenevelde" für

37 Die Archivalien befinden sich im Landesarchiv Schleswig-Holstein in Schleswig. Die Hofakten sind unter der Signatur SHLA Abt. 112, Nr. 1054 einzusehen.

38 SHLA Abt. 112 Nr. 1659.

39 SHLA Abt. 412 Nr. 297, S. 203/204.

40 Der Brief befindet sich in Biella, Archivio di Stato: Famiglia Dal Pozzo della Cisterna, Storia della Famiglia II, mazzo 11, fasc. 56.

Schenefeld.[41] Gleich im ersten Satz schlägt Viotti einen sehr emotionalen Ton an, der den gesamten Brief prägt.

> Mein Prinz,
> ich habe mit der größten Rührung von dem ernsthaften Interesse erfahren, mit dem Eure Exzellenz geruht, Anteil an meinem elenden Unheil zu nehmen; und die Versicherung, die mir mein Freund Cerruti davon gab, um zu beweisen, dass das mitfühlende Herz meines Wohltäters unverändert für mich schlägt, rührte mich zu Tränen.[42]

Wir erfahren aus diesem Brief, wie Viottis Tagesablauf aussah: Er versuchte, aus der Situation das Beste zu machen, arbeitete im Garten und vermied es, in die Stadt zu fahren. Zwar hatten ihn unglückliche Umstände an diesen Ort verschlagen, doch er konnte dort, wie Smith es ihm versprochen hatte, seinen Interessen nachgehen – die Natur war, neben der Musik, seit jeher seine Trösterin gewesen:

> Eure Exzellenz kann dem Briefkopf entnehmen, dass ich auf dem Land wohne, im Haus eines reichen englischen Kaufmanns und guten, treuen Freundes, neun Meilen von Hamburg entfernt. Wir führen das Leben von zwei braven Bauern; er beschäftigt sich mit den Feldern, ich arbeite im Garten. Die Stadt sieht mich selten. Außer an den Tagen, an denen mich mein Handel mit Wein [...] verpflichtet, in die Stadt zu fahren, bin ich niemals verlockt, einen Fuß dorthin zu setzen. Die Gäste, die wir hier empfangen, sind allesamt gute und ehrbare Kaufleute.[43]

Dann folgt ein so überraschender wie bestürzender Satz:

> Ich beschäftige mich fast nie mit Musik, da sie mir zu viele Schmerzen bereitet, sowie die bitteren Tage, die nur sehr langsam vergehen.[44]

Der Brief ist nicht larmoyant, eher ein Hilferuf, eine Bitte um Verständnis und eine Unschuldsbekundung, wie es auch der „Précis de la vie" ist. Doch in diesem Brief schüttet Viotti dem Adressaten Alfonso Dal Pozzo sein Herz aus, soweit das im Rahmen des Standesunterschiedes möglich ist:

---

41 Vgl. Schröder, Biernatzki, S. 395.

42 « Schönfeldz ce 30. Juin 1790 / Mon Prince, / J'ai appris avec la plus vive sensibilité l'intérêt sincère que votre Excellence a daigné prendre à ma malheureuse catastrophe ; et l'assurance que mon ami Cerruti m'en a donné, en me prouvant que le leur compatissant de mon Bienfaiteur est toujours le même, m'a touché jusqu'aux larmes. »

43 « Par la date de cette lettre V. E. verrai que je loge à la campagne c'est à 9 milles d'Hambourg chez un riche négociant Anglais ami, bon et fidèle. Nous menons la vie de deux bons fermiers ; il s'occupe des champs, je travaille au jardin. La ville me voit rarement, excepté les jours que les affaires de mon commerce de vin m'obligent d'y aller, jamais je ne suis tenté d'y mettre les pieds. Les gents que nous recevons, sont tous des braves et dignes négociants. »

44 « Je me n'occupe presque jamais de musique parce qu'elle m'a fait trop de mal, et c'est ainsi que s'écoulent des jours d'amertume qui ne finissent que très lentement. »

> O mein Prinz, ich wünschte, Ihr hättet mir Eure Unterstützung gewährt, um ein guter Bauer zu werden und nicht, um ein Talent zu vervollkommnen. Meine Dankbarkeit und Eure Mildherzigkeit wären dieselben gewesen und mein Leiden so viel weniger, dass mir das Herzeleid erspart geblieben wäre. [...] Es ist einmal mehr dieses elende Talent, das die Ursache für meine gegenwärtige Ungnade ist. Das höchste Wesen, dieses Wesen, das alles sieht, das über alles richtet, weiß, ob ich sie verdient habe oder nicht. Mein Prinz, ich bin unschuldig, ich habe mir nichts vorzuwerfen, nicht einmal eine Indiskretion.[45]

Seinem Gönner und Förderer Alfonso Dal Pozzo indirekt einen Vorwurf zu machen und den Schluss zu ziehen, dass es besser gewesen wäre, Bauer statt Musiker zu werden, zeigt, wie sehr Viotti in jenen Wochen mit sich haderte. Er stellte sich, modern gesprochen, die Sinnfrage. Das ist durchaus nachvollziehbar, wenn man innerhalb kurzer Zeit zum zweiten Mal alles verlassen muss, was einem lieb und wert ist. Bei Viotti waren es weniger materielle Werte, denen er nachtrauerte, als vielmehr die Menschen, die er vermisste. Das Familienleben mit den Chinnerys fehlte ihm sehr – und bezeichnenderweise war es dann doch die Musik, die ihn tröstete, obwohl er ihr in seinem Brief an Dal Pozzo eine Absage erteilt hatte: Er komponierte im Schenefelder Exil eine Sammlung von sechs Duetten (wIV:19–24), die er den Chinnerys widmete. Das Titelblatt der ersten gedruckten Ausgabe trägt den Widmungstext „Mr. and Mrs. Chinnery gewidmet vom Autor. Voller Dankbarkeit bringe ich dieses Werk der Freundschaft dar. Es ist die Frucht der Muße, die das Unglück über mich gebracht hat. Manche Stücke sind von Schmerzen geprägt, andere von Hoffnung."[46]

---

45 « Oh mon Prince, que ne m'avez vous accordée votre Protection pour être un bon paysan, au lieu de me l'avoir accordée pour accueillir un talent ! [...] Ma reconnaissance et votre bienfait auraient étés les mêmes, et mes peines bien moindre ! [...] C'est encore à ce malheureux talent que je dois ma disgrâce présente. L'Être suprême, cet Être qui voit tout, qui juger de tout si je l'ai meritée ou non – Mon Prince, je suis innocent, je n'ai rien à me reprocher, pas même une indiscrétion. » Es ist auffällig, dass sich Viotti dem Sprachgebrauch der Revolution anpasst, indem er vom „höchsten Wesen" spricht und nicht Gott oder den Allmächtigen benennt – vielleicht fürchtete er eine Zensur des Briefes.

46 Französischer Originaltext der Widmung: « Six duo concertans pour violons, dédiés par l'auteur à Mr. & Mme. Chinnery. Plein de reconnaissance j'offre cet ouvrage à l'amitié, il est le fruit du loisir, que le malheur me procure. Quelques morceaux ont été dictés par la peine, d'autres par l'espoir. J. B. Viotti. Œuvre 5. » Siehe Erstausgabe bei Böhme, Hamburg, nicht datiert. http://imslp.org/wiki/6_Violin_Duos,_W_4.19–24_(Viotti,_Giovanni_Battista), letzter Zugriff: 09. 03. 2018. Für weitere Informationen siehe auch das Werkverzeichnis von Chappell White, S. 89–93. Das Titelblatt der Erstausgabe schmückt ein Kupferstich, der Viotti zeigt, nach einer Vorlage von William Chinnerys Bruder George, der ein bekannter Miniaturenkünstler war.

Die Duette wurden umgehend in Hamburg bei Johann August Böhme in zwei Bänden verlegt. Im folgenden Jahr erschienen in der „Allgemeinen musikalischen Zeitung“ zwei Rezensionen. Die erste für Band 1 im Juli, die zweite dann im Dezember. Der Rezensent nimmt Bezug auf die Widmung und bestätigt den musikalischen Ausdruck der Stimmungen, die sich in der Musik widerspiegeln:

> Und in der That, diesen abwechselnden Charakter haben die beiden Duetts, insonderheit das zweyte aus *E moll.*[47]

Anschließend rügt er die Qualität des Notensatzes – für den noch jungen Musikverlag Böhme, der drei Jahre zuvor gründet worden war, sicher ein wichtiger, wenn auch unangenehmer Hinweis:

> Uebrigens muß noch angemerkt werden, daß es Schade ist, daß ein so angenehmes Werk, was die Noten betrifft, (denn das Titelblatt ist sehr schön) *so* gesudelt ist. Die Noten sind wohl deutlich, aber es ist eine so jämmerliche Proportion und Ungleichheit der Köpfe und Striche und alles so unsicher und anfängermäßig gekratzt, daß wir die Verlagshandlung bitten müssen, diesen angehenden Stecher lieber erst noch bey kleineren leichteren Arbeiten anzustellen. Was müssen erst Pariser dazu sagen![48]

In der zweiten Besprechung hebt der Rezensent die technischen Anforderungen hervor, die an die Ausführenden gestellt werden, vor allem aber lobt er das Ausdruckspotential der Kompositionen:

> Der Geist, die Seele des Spiels lässt sich an keinem Ort der Welt, also auch in Paris nicht in Kupfer stechen, und also wird das wohl immer Sache des Gefühls und der individuellen Abstraktion bleiben, die der Spieler sich selbst erwerben muss.[49]

Es ist denkbar, dass Viotti diese Duette zunächst für Unterrichtszwecke schrieb, denn er unterrichtete zwei hochtalentierte junge Geiger, Friedrich Wilhelm Pixis[50] und Julian Baux[51]. Pixis war in Begleitung seines Vaters und seines klavierspielen-

47 Allgemeine musikalische Zeitung, Juli 1799, Spalte 717/718, online unter: https://archive.org/stream/bub_gb_odwqAAAAYAAJ#page/n479/mode/2up, letzter Zugriff: 17.05.2018.

48 Allgemeine musikalische Zeitung, Juli 1799, Spalte 718, online unter: https://archive.org/stream/bub_gb_odwqAAAAYAAJ#page/n479/mode/2up, letzter Zugriff: 17.05.2018.

49 Allgemeine musikalische Zeitung, 11. Dezember 1799, Spalte 203, online unter: https://archive.org/stream/bub_gb_XAUVAAAAQAAJ#page/n119/mode/2up, letzter Zugriff: 17.05.2018.

50 Vgl. A. Mason Clarke: A Biographical Dictionary of Fiddlers, London 1895, S. 255. Friedrich Wilhelm Pixis (1785–1842) wurde 1811 Professor für Violine am Konservatorium in Prag, wo er auch am Theater dirigierte. Er gilt als Begründer der Prager Violinschule.

51 Vgl. Philip H. (Jr.) Highfill, Kalman A. Burnim, Edward A. Langhans (Hrsg.): Biographical Dictionary of Actors, Actresses, Dancers, Managers and Other Stage Personnel in London 1660–1800, Band 1, Carbondale 1973, S. 394.

den Bruders auf Konzertreise[52], und Viotti muss dermaßen angetan vom Spiel des dreizehnjährigen Jungen gewesen sein, dass er ihm gratis Unterrichtsstunden gab.[53] Die Brüder verbrachten mit ihrem Vater den Sommer 1798 in Schenefeld. So konnte der regelmäßige Unterricht leicht organisiert werden.[54] Der andere junge Geiger, Julian Baux, war erst zehn Jahre alt und hatte angeblich bereits im Alter von sechs Jahren im Londoner Haymarket Theatre ein Konzert von Viotti gespielt; im Jahr 1799 trat Baux in Hamburg mit Viotti-Konzerten auf.[55] In der „Allgemeinen musikalischen Zeitung" vom 24. April 1805 wird von einem Auftritt des inzwischen sechzehnjährigen Baux in Berlin berichtet, mit dem Zusatz, dass er ein Schüler Viottis sei.[56] Für Viotti war das Unterrichten sicher eine Tätigkeit, die ihm sinnvoll erschien, wenngleich die Situation, in der er die begabten Jungen kennenlernte, unfreiwillig war.

Wann Viotti das gastfreundliche Gut von John Smith in Schenefeld wieder verließ, ist nicht genau bekannt. In der „Allgemeinen musikalischen Zeitung" vom August 1799 heißt es in der bereits zitierten Notiz:

> Leider habe ich die Gelegenheit, seine Bekanntschaft zu machen, immer von einer Zeit zur andern hinausgerückt, bis er endlich vor kurzem wieder – wie man glaubt, nach England – weggereiset ist, ohne daß ich dieses Vergnügen gehabt habe. Einige meiner Freunde indessen versichern einmüthig, daß er, sein etwas starkes *tremulando* abgerechnet, wirklich vortreflich spielen, und dabey ein sehr artiger und gefälliger Mann seyn soll.[57]

52 « […] sous la direction de leur père, voyagèrent en Allemagne, pour y donner des concerts, et visitèrent Carlsruhe, Stuttgard, Goettingue, Cassel, Brunswick, Zell, Brème et Hambourg. Arrivé en cette ville, en 1797, lorsque Viotti s'y trouvait le jeune violoniste profita des conseils de ce célèbre artiste. » Zitiert nach Fétis, Band 7, 1867, S. 67.

53 "In this time, they had visited all the principal cities of Germany, and the principles of Prussia, Poland, Russia and Denmark; and from these places the public journals spread their reputation, as the greatest musical phenomena of the age, over the rest of the continent. Whilst residing at Hamburgh, the elder Pixis [d. i. Friedrich Wilhelm Pixis] had the good fortune to become for some time the pupil of the great Violin-player Viotti, who, unsolicited and without remuneration, undertook the further tuition and cultivation of his great talents." In: Harmonicon 4, London 1826, S. 65–66, online unter: http://babel.hathitrust.org/cgi/pt?id=mdp.39015024144332;view=1up;seq=79, letzter Zugriff: 09.03.2018.

54 Clarke, S. 255.

55 Siehe Highfill, Burnim, Langhans, Band 1, S. 394.

56 Yim, 2004, S. 103 und Allgemeine musikalische Zeitung April 1805, Spalte 490, online unter: https://archive.org/details/bub_gb_Bd4qAAAAYAAJ, letzter Zugriff: 17.05.2018.

57 Allgemeine musikalische Zeitung vom 14. August 1799, Spalte 762, online unter: https://archive.org/stream/bub_gb_odwqAAAAYAAJ#page/n501/mode/2up, letzter Zugriff: 17.05.2018.

Demnach hielt sich Viotti im August 1799 nicht mehr in Schenefeld auf; bezieht man den zeitlichen Vorlauf ein, mit dem die Texte in der „Allgemeinen musikalischen Zeitung" erscheinen konnten, war er wahrscheinlich schon einige Wochen eher nicht mehr auf dem Gut von John Smith. Zwischen August 1799 und April 1801 sind Viottis Aufenthaltsorte unbekannt. Ob er sich von Friedrichshulde aus noch an einen anderen Ort begeben hat, von dem er dann nach England zurückkehrte, ist ebenso ungewiss wie der Zeitpunkt, an dem er nach England zurückkehrte.

Bereits im Februar 1800 veröffentlichte der „Oracle" eine kurze, wenn auch vage Notiz:

> Viotti, der berühmte Geiger, ist angeblich in England, incognito, der schlimmste aller Zustände für einen Musiker, der wenigstens gehört werden sollte, wenn schon nicht gesehen.[58]

Doch der erste sichere Hinweis, dass er nach England zurückgekehrt war, findet sich über ein Jahr später in Margaret Chinnerys Erziehungsjournal, in dem sie alles über die Ausbildung und Entwicklung ihrer Kinder festhielt. Dort heißt es am 4. April 1801: „Walter (...) wird mit Amico lesen und seine Lektionen lernen."[59]

***

Die großzügige Anlage des Gutes in Schenefeld ist bis heute erhalten geblieben. Noch immer unter dem Namen Friedrichshulde befinden sich dort auf dem Gelände ein renommierter Reitstall und ein heilpädagogisches Zentrum.

---

58 "VIOTTI, the famous violin, is said to be in England, *incog.* the worst of all states for a Musician, who ought at least to be heard, if not seen." Oracle, 21. Februar 1800, zitiert nach Lister, 2009, S. 223.

59 « Walter [...] lira avec l'Amico & apprendra sa leçon. » Zitiert nach Yim, 2004, S. 105, FN 48. Original « Plan de journée donné ce 4 Avril 1801 », AUS-Sphm 94/143/1–3 (2 Bände), Band 2, S. 126–127.

Nach dem Exil 1800–1812

Landleben

Sie hatten einander über zwei Jahre Briefe geschrieben, um den Kontakt nicht zu verlieren: Margaret, William, Viotti und die Kinder. Leider sind nur zwei Dokumente erhalten geblieben: ein Brief Viottis an den fünfjährigen Walter und ein weiterer an die siebenjährige Caroline. In rührenden Worten bittet Viotti darum, dass sie ihn nicht vergessen sollen:

> Lieber Walter, Sie müssen gut auf Ihren Garten aufpassen und Blumen pflanzen, damit Sie mir, wenn ich zurückkomme, einen schönen Strauß schenken können. [...] Sagen Sie Mamselle, dass ich sie nicht vergessen habe, umarmen Sie Papa und Mama von mir und behalten Sie mich lieb mit Ihrem ganzen Herzen.
> Ihr Freund Viotti[1]

Den Sprachgepflogenheiten der damaligen Zeit entsprechend, redet Viotti die Kinder mit „Sie" an – das heute vertraut klingende „Du" war damals eher ein Zeichen von Herablassung. Für die zwei Jahre ältere Caroline komponierte Viotti im Exil Klavierstücke, was ebenfalls ein Zeichen von Anhänglichkeit und Sehnsucht war. Gleichzeitig schwingt aber auch eine leise Enttäuschung in seinen Zeilen mit:

> Ich war gerade damit beschäftigt, einige hübsche kleine Klaviersonaten mit Violinbegleitung für Sie zu komponieren, als ich aus einem Brief von Ihrer Mama erfuhr, dass Sie zurzeit die Musik sehr vernachlässigen. Diese Neuigkeit hat mich umso mehr enttäuscht, da Mama hinzufügte, dass es Ihre schlechte Laune sei, die verhindere, dass Sie Fortschritte machen! Ich werde mit dem Komponieren für Sie fortfahren, und ich werde die Sonaten beenden, damit Sie sie mir bei meiner Rückkehr *sehr gut* vorspielen und ich das Vergnügen haben werde, Sie zu begleiten.[2]

---

1 « Il faut mon cher Walter que vous ayés bien soin de votre jardin, que vous y plantiés des fleurs pour avoir de quoi me donner un joli bouquet á mon retour. [...] Dites à mamselle que je me rappelle bien d'elle, embrassés papa et maman pour moi, et aimés moi toujours de tous votre cœur. / Votre amico Viotti ». Viotti an Walter Chinnery, 18. Juni 1798, im Privatbesitz befindlicher Brief, den Arthur Pougin zitiert: Pougin, S. 79. Zitiert nach Yim, 2004, S. 121/122, FN 8.

2 « J'étois justement occupé à composer de très jolies petites sonates de Pianoforte pour vous, avec un accompagnement de Violon, lorsqu'une lettre de votre chère Maman m'a appris que vous négligés beaucoup la Musique. Cette nouvelle m'a d'autant plus mis au déséspoir, que Maman ajoute que c'est votre humeur qui vous empêche de faire de progrès ! [...] Je continuerai à composer pour vous, et je finirai les sonates afin qu'à mon retour vous me les jouiés *très bien* et que je puisse avoir le plaisir de vous les accompa-

Der moralische Druck, den Viotti auf Caroline ausübte, mag mit heutigen Erziehungsidealen nicht vereinbar sein. Im Erziehungssystem von Margaret Chinnery – sie war Anhängerin der Methode von Félicité de Genlis[3] – hatte die Disziplin einen so hohen Stellenwert, dass sie ständig verlangt, aber auch belohnt wurde. So versprach Viotti im selben Brief, dass er die Stücke weiter komponieren werde und sich darauf freue, Caroline auf seiner Geige zu begleiten; Viotti hoffte demnach auf eine baldige Rückkehr aus dem Exil.[4] Das hatte er ja auch an seinen Gönner Alfonso Dal Pozzo geschrieben, in jenem langen Brief, in dem er versuchte, seine Lage und seine Unschuld zu erklären, doch waren diese Zeilen an einen Erwachsenen gerichtet und daher sehr ernst, abschnittweise sogar verzweifelt.[5]

Die Gedanken an seine geliebten Freunde in England halfen ihm, den Lebensmut nicht zu verlieren. Doch wurden seine Zuversicht und seine Geduld auf eine harte Probe gestellt. Denn der erste gesicherte Nachweis, dass Viotti aus dem Exil zurückgekehrt und wieder in England ist, findet sich ja erst drei Jahre später – wie schon erwähnt – im Education Journal von Margaret Chinnery.[6] Auf dem Landsitz der Chinnerys in Gillwell fand er die Rückzugsmöglichkeiten, die er brauchte. Er trat nicht in der Öffentlichkeit auf, weder als Musiker noch als Privatmann. In der Zeit des Exils hatte er einmal mehr erkannt, dass er ein anderes Leben als das des Virtuosen und Impresario führen wollte. Das Londoner Publikum hatte ja bereits 1795/96 gemerkt, wie schnell Viotti vom Konzertpodium verschwinden konnte, wenn er es beschlossen hatte. Offenbar war es nicht sein Ziel, die ohnehin

gner. » Viotti an Caroline Chinnery, 8. Oktober 1798, Viotti Papers 1798–1905, in der Royal College of Music Library, MS 4118, zitiert nach Yim, 2004, S. 123, FN 12.

3 Félicité de Genlis (1746–1830), Hofdame der Herzogin von Chartres, war mit der Erziehung der Kinder des Herzogs von Orléans beauftragt, darunter der spätere König Louis-Philippe (1773–1850). Madame de Genlis entwickelte eine systematische Pädagogik, die sie in dem dreibändigen Werk „Adèle et Théodore" niederlegte.

4 Yim nimmt an, dass es sich bei den Kompositionen, die Viotti in seinem Brief an Caroline erwähnt, vermutlich um „Drei Sonaten für Klavier mit einer Violine" handelt, die Viotti ausgehend von seinen Duetten für zwei Violinen, Buch 1, arrangierte; in Chappell Whites Werkverzeichnis unter wVIa:10–12. Siehe Yim, 2004, S. 122.

5 « [...] en attendant plain de confiance en la pureté de mes actions j'attens avec resignation la fin de mes suffrances. » – Dt. Übersetzung: „[...] voll Vertrauen in die Lauterkeit meiner Handlungen erwarte ich mit Resignation das Ende meiner Leiden." Viotti an Prinz Alfonso Dal Pozzo, 30. Juni 1798, Autograph des Briefs im Archivio di Stato di Biella, Storia della Famiglia Dal Pozzo della Cisterna II, Band 11, Blatt 56.

6 Sie schrieb in diesem Tagebuch, in dem sie die Erziehung ihrer Kinder festhielt, am 4. April 1801: « Walter [...] lira avec l'Amico & apprendra sa leçon. » – Dt. Übersetzung: „Walter wird mit Amico lesen und seine Lektion lernen." Zitiert nach Yim, 2004, S. 105, FN 48. Original „Plan de journée donné ce 4 Avril 1801", AUS-Sphm 94/143/1–3 (2 Bände), Band 2, S. 126–127.

schon erfolgreiche Karriere noch weiter auszubauen. Seine ganze Aufmerksamkeit galt den Menschen, die er liebte – und das war vor allem die Familie Chinnery.

Als er aus dem Exil zurückkehrte, waren Margaret und William Chinnery siebenunddreißig und fünfunddreißig Jahre alt. Die Zwillinge Caroline und George waren inzwischen zehn Jahre und ihr jüngerer Bruder Walter acht Jahre alt. Viotti kam nach Hause in seine Wahlfamilie, die er sehr vermisst hatte. Der Kontakt war Dank der Briefe nicht abgerissen, man war sich nicht fremd geworden. Beide erhaltenen Briefe drücken die große Zuneigung Viottis zu den Kindern aus, und sie sind gleichzeitig wichtige Dokumente für die Erziehungsmethode Margarets nach dem Vorbild von Madame Félicité de Genlis. Margaret Chinnery kannte ihr Werk „Adèle et Théodore" und stand mit Madame de Genlis in engem Briefkontakt.[7]

Die Grundlage der Erziehung war ein streng geregelter Tagesablauf, der die Kinder ständig in Beschäftigung hielt und so aussah: Um 6 Uhr standen die Kinder auf. Wenn das Wetter es erlaubte, begann der Tag an frischer Luft mit Gartenarbeit, bei schlechtem Wetter übte Caroline von 7.30 Uhr bis 8 Uhr schwierige Passagen auf dem Klavier. Nach dem Frühstück um 8.30 Uhr übte Caroline eine weitere Stunde Klavier. Nach dem zweiten Frühstück (Lunch), das um 12 Uhr eingenommen wurde, unterrichtete Margaret die Zwillinge Caroline und George eine Stunde lang im Lesen, während Viotti mit Walter las. Um 13.15 Uhr kamen alle zusammen, um 10 Minuten Gymnastik zu machen. Montag, Mittwoch und Freitag wurde im Anschluss an die Gymnastik unter Margarets Aufsicht Schreiben geübt, an den anderen Tagen hatte Caroline in dieser Stunde Unterricht bei Viotti, während die Brüder unter der Anleitung ihrer Mutter Gedichte rezitierten. Danach war es Zeit, sich für das recht späte Mittagessen (Dinner) zu kleiden. Im Anschluss daran hatte Caroline um 17 Uhr eine Stunde Klavierunterricht bei ihrer Mutter, die Abendstunden waren ausgefüllt mit Botanik, Mathematik, römischer Geschichte, Mythologie, Religion und Konversation bis zum Abendessen (Supper) um 20 Uhr, Nachtruhe war ab 20.30 Uhr.

Die Kinder besuchten keine Schule, sondern wurden ausschließlich zu Hause unterrichtet; Margaret Chinnery nahm dabei eine zentrale Rolle ein, und als die Kinder älter wurden, wurden verschiedene Tutoren hinzugezogen, beispielsweise für alte Sprachen und Mathematik. Viotti war vor allem für die Musikaus-

7 Siehe Yim, 2004, S. 120. Denise Yim hat sich ausführlich mit dem Briefwechsel zwischen Margaret Chinnery und Félicité de Genlis beschäftigt, vgl. dazu Denise Yim: Madame de Genlis's *Adèle et Théodore:* its Influence on an English Family's Education, in: Australian Journal of French Studies, Band 38, Nr. 1, Melbourne 2001, S. 141–157 sowie: The Unpublished Correspondance of Mme de Genlis and Margaret Chinnery and related documents in the Chinnery Family Papers, in: Studies on Voltaire and the Eighteenth Century, Band 2, Oxford 2003.

bildung und den Sprachunterricht in Französisch und Italienisch zuständig. Bei Walter hatte dies zur Folge, dass der Achtjährige besser Französisch und Italienisch beherrschte als seine Muttersprache.[8] Aus London kam regelmäßig auch der Opernkomponist Francesco Bianchi nach Gillwell und unterrichtete Caroline in Musiktheorie und Komposition. Stolz vermerkt Margaret im Erziehungsjournal, dass ihre Tochter im Alter von zehn Jahren alle Regeln der Komposition und des Generalbasses gelernt habe, in der Lage sei, zwei-, drei- und vierstimmig zu komponieren und dass sie die Formteile der Sonate beherrsche.[9]

Viotti ging ganz und gar im Familienleben der Chinnerys auf. Er war für die Kinder und Margaret eine unverzichtbare Vertrauensperson. Als sie sich wegen ihrer Gallensteine im Mai 1801 für eine medizinische Behandlung nach London begeben musste, übernahm Viotti die komplette Verantwortung für die Kinder und den Haushalt. In einer Mischung aus Stolz und Fürsorglichkeit berichtete er Margaret in zwei Briefen über den geregelten Alltag in Gillwell: Caroline übt sich in Musiktheorie, der Klavierstimmer ist gekommen, der Gärtner hat die Hecke geschnitten und für Walter, den Jüngsten, hat Viotti ein Paar Hosen in London bestellt, die er Margaret bittet, mitzubringen.[10]

Nach der Rückkehr aus dem Exil war Viotti noch mehr der gute Geist im Haus, als er es bereits vorher schon gewesen war. Seine Entscheidung, nicht mehr zu konzertieren, war ein Herzenswunsch, um mehr für die Familie da sein zu können – was für die damalige Zeit sehr bemerkenswert ist und noch heute durchaus modern wirkt. Er zog sich bis auf die musikalische Erziehung von Caroline, George und Walter auch weitgehend vom Unterrichten zurück; in jener Zeit erhielt er eine Anfrage vom damals siebzehnjährigen Louis Spohr, der um Unterricht bei ihm bat. Erfolglos, denn Viotti lehnte zu Spohrs großem Bedauern ab, mit dem Hinweis darauf, dass er Weinhändler geworden sei, sich nur noch selten mit Musik beschäftige und daher keine Schüler annehme.[11] Spohr nahm daraufhin Unterricht bei Franz Eck und wurde anschließend von Viottis Meisterschüler Pierre Rode ausgebildet. Erst zwanzig Jahre nach seiner Absage wird Viotti den Geiger 1821 in London hören.

8 Siehe Yim, 2004, S. 124.
9 Siehe Lister, 2009, S. 225.
10 Viotti an Margaret Chinnery am 20. Mai 1801, siehe Lister, 2009, S. 226.
11 Louis Spohr: Selbstbiographie, Band 1, Kassel und Göttingen 1860, S. 14.

Die erste Reise im Frieden

Das Frühjahr 1802 brachte eine Wende in der europäischen Politik. Am 25. und 27. März schlossen Großbritannien auf der einen Seite, Frankreich, Spanien und die Batavische Republik auf der anderen Seite Frieden miteinander. Dieser Friedensschluss ist als Friede von Amiens in die Geschichte eingegangen. Er beendete den Zweiten Koalitionskrieg, der die Beziehungen zwischen Frankreich und Großbritannien sehr belastet hatte. Für immerhin dreizehn Monate trat eine Beruhigung ein, und Tausende von Engländern nutzten die Erleichterung der Verhältnisse, um nach Frankreich zu reisen. Unter ihnen war auch die Familie Chinnery. Sie brachen Anfang August 1802 nach Paris auf – natürlich in Begleitung von Viotti. Er war in diesem Fall nicht nur Familienmitglied, sondern mit Sicherheit auch ein exzellenter Reisebegleiter, verfügte er doch über Ortskenntnisse eines Einheimischen, die er in seiner langjährigen Zeit in Paris erworben hatte, über gute Kontakte zu gebildeten Kreisen, er sprach ein gepflegtes Französisch und war noch immer bekannt als einer der besten Geiger, die die Welt je gehört hatte.

Die Reise bedeutet für Viotti mehr als nur ein Reisebegleiter zu sein. Es war eine Rückkehr an den Ort, an dem er große Erfolge gefeiert, komponiert und Freunde gefunden hatte. Es war aber auch die Wiederbegegnung mit der Stadt, in der er die Brutalität der Revolution erlebt hatte und die er letztendlich verlassen musste, weil sein Leben in Gefahr war. Ein Wiedersehen mit alten Freunden und Wegbegleitern verhieß, die schmerzhaften Erinnerungen an den erzwungenen Abschied überwinden zu können.

Die Chinnerys hatten ein anderes Reisemotiv. Es verwundert nicht, dass sie die Reise nach Paris als Bildungsreise unternahmen. Vor allem der ambitionierten Margaret bedeutete Paris sehr viel. Dort konnte sie ihre Sprachkenntnisse verfeinern, Architektur und Kunst bewundern, und sie nutzte die Chance, viele von Viottis Freunden zu treffen und vermittelt durch ihn in die Gesellschaft eingeführt zu werden. Ein Höhepunkt der Reise war für Margaret Chinnery die Begegnung mit Félicité de Genlis. Endlich konnte sie die Frau näher kennenlernen, deren theoretische Schriften zur Pädagogik eine so große Bedeutung für die Erziehung von Margarets Kindern hatten. Der ersten persönlichen Begegnung gingen etliche Briefe voraus, in denen die beiden Frauen einander ihre Sympathie und Wertschätzung bekundeten. Sie empfanden eine große Nähe zueinander. Margaret Chinnery beendete einen ihrer ersten Briefe mit der Frage, ob sie Madame de Genlis umarmen dürfe.[12] Mit wachsender Vertrautheit grüßte Madame

12 « Permettez vous Madame que je vous embrasse ? – c'est du fond de l'ame et trés tendrement. » – Dt. Übersetzung: „Gestatten Sie, Madame, dass ich Sie umarme? – Es kommt zärtlich vom Grund meiner Seele." Zitiert nach Yim, 2003, S. 65.

de Genlis ihrerseits die neugewonnene Freundin in mütterlichem Ton; manche Briefe schloss sie nun mit den Worten: « Je vous embrasse maternellement. »[13]

Auch Viotti traf Madame de Genlis während seines Aufenthalts, und sie nimmt mehrfach begeistert in ihren Briefen an Margaret Chinnery Bezug auf ihn:

> Darf ich Sie bitten, Madame, Mr Viotti zu sagen, welche Freude ich hätte, ihn wiederzutreffen und ihn auf jeden Fall zu hören. Man kann ihm mit einem solchen Interesse zuhören, selbst wenn er nicht musiziert!
> Ich bitte Sie, Amico zu sagen, dass ich, seitdem ich auf ein Rondeau von ihm hoffen darf, seit zwei Tagen begonnen habe, wieder Harfe zu spielen. Es ist das erste Mal nach zwei Jahren, und entgegen meinen Befürchtungen glaube ich, dass ich meine Finger wiederfinde.
> Ich umarme Sie, meine liebenswürdige Freundin, die lieben Kinder und Amico, dem ich tausendmal danke für die kostbare Widmung von seiner Hand über der schönen Musik, die er mir gegeben hat.[14]

Es gab ein herzliches Wiedersehen mit Viottis langjährigem Freund Luigi Cherubini. Mit ihm hatte Viotti einst eine gemeinsame Wohnung in der Rue Notre-Dame-des-Victoires 20 gehabt und Höhen und Tiefen des Lebens geteilt. Cherubini war während der Revolution in Paris geblieben und hatte 1794 die französische Sängerin Anne-Cécile Tourette geheiratet. Seinen großen Erfolg, den er 1791 mit der Oper „Lodoiska" errang, hatte er in den folgenden Jahren fortsetzen können: „Médée" („Medea") und „Les deux journées" („Die Wasserträger") wurden 1797 und 1800 am Théâtre Feydeau uraufgeführt; alle drei Opern gehören dem Genre der Befreiungs- oder auch Rettungsoper an, die in den Revolutionsjahren dem Geschmack des Publikums sehr entsprach. Vermutlich hat die künstlerische Ausrichtung seiner Werke dazu beigetragen, dass Cherubini während der Revolutionsjahre in Paris überleben konnte. Er unterrichtete am neugegründeten Conservatoire National de Musique und war 1795 zum Direktor des Instituts berufen worden.

Luigi Cherubini und seine Frau Anne-Cécile Tourette schlossen Freundschaft mit den Chinnerys, hauptsächlich mit Margaret Chinnery und der musikalisch hochgebildeten elfjährigen Tochter Caroline. Zwischen den beiden Frauen entwi-

---

13 Félicité de Genlis war 18 Jahre älter als Margaret Chinnery.

14 « Je vous prier Madame de dire à Mr Viotti quel plaisir j'aurai à le revoir et à l'entendre de toutes manières. On peut l'écuter avec tant d'intérêt même quand il ne fait pas de musique. » Siehe Yim, 2003, S. 64. « Je vous prie de dire à l'amico que depuis que j'ai l'espoir d'avoir un rondeau de lui je me suis remis à jouer de la harpe depuis deux jours par la 1ère fois depuis deux ans et contre mon attente je crois que je retrouverai des doigts. » Siehe Yim, 2003, S. 71. « Je vous embrasse mon aimable amie et les chers enfans, et l'amico, que je remercie mille fois de la précieuse ligne tracée de sa main sur la belle musique qu'il ma donée. » Siehe Yim, 2003, S. 75.

ckelte sich in jenen Wochen eine enge Beziehung, die ein Leben lang halten sollte.[15] Ein Ausdruck der Freundschaft war die Teilnahme der Cherubinis an Margarets Geburtstagsfeier am 16. Oktober 1802. Margaret Chinnery wurde achtunddreißig Jahre alt und veranstaltete im Hôtel de l'Empire ein kleines Fest, eine fête domestique, wie es damals in der Oberschicht üblich war, um Familienzusammenkünfte zu gestalten. Alle Familienmitglieder – insbesondere auch die Kinder – wurden mit ihren speziellen Fähigkeiten und Begabungen in den Ablauf eingebunden. Die Musik bildete den Grundstein der Festdramaturgie.

Félicité de Genlis hatte zum Fest ein Gedicht (romance) beigesteuert, das kein Geringerer als Cherubini für diesen Anlass vertonte, gesungen wurde es von Margarets Tochter Caroline. Sie sang auch das zweite vertonte Gedicht, das der Hauslehrer für Französisch, Maître Bataillard, beitrug, auf die Melodie des Volksliedes „Lise chantoit dans la Prairie". Das dritte Gedicht, bestehend aus zwei Couplets, stammte von Viottis ehemaligem Schüler Pierre Baillot, mit dem er auch nach seiner Flucht aus Frankreich eng verbunden war. Baillot schrieb auch die Musik dazu und widmete das Lied Margaret Chinnery mit den Worten „Um meine Freundin hochleben zu lassen, beschwöre ich die Harmonien, die alles beseelen." Cherubinis Frau Anne-Cécile sang die Couplets von Baillot für die Jubilarin.[16]

Für Margaret Chinnery waren die Wochen in Paris heiter, anregend und auch bestätigend. Insbesondere Caroline fiel durch ihre musikalischen Fähigkeiten und Bildung auf. Wie William Chinnery und die beiden Söhne George und Walter die Stadt erlebten, lässt sich nur ahnen. Sie begleiteten Margaret zu einigen Verabredungen mit Madame de Genlis oder hießen sie alle gemeinsam willkommen. Der elfjährige George Chinnery freundete sich mit Félicité de Genlis' Adoptivsohn Casimir Baecker an, der ein Jahr älter war. Und William Chinnery war ein unauffälliger Begleiter an der Seite seiner gebildeten und vielseitig interessierten Frau – so unauffällig, dass es darüber abfällige Bemerkungen gab. Man erwartete von einem Mann seiner gesellschaftlichen Stellung bei öffentlichen Auftritten eine größere Präsenz; außerdem bot die Rolle, die Viotti in der Familie Chinnery spielte, immer wieder Anlass für Spekulationen. Und schließlich musste der lange Aufenthalt in Paris für fünf Personen auch bezahlt werden – die Familie

15 Bei allen nachfolgenden Parisaufenthalten trafen sie sich. George Chinnery wohnte 1814 während eines Parisaufenthalts bei den Cherubinis, die ihrerseits 1815 in London bei Margaret Chinnery zu Gast waren. Siehe Yim, 2004, S. 108.

16 Siehe Yim, 2004, S. 113 und dort auch FN 22–25. Die Gedichte befinden sich im Powerhouse Museum in Sydney, die Musik ist leider nicht mehr vorhanden. Yim konnte die Originale einsehen und stellte dabei fest, dass jedes Gedichtmanuskript handschriftliche Notizen von Viotti trägt. Sie kommt daher zu dem Schluss, dass Viotti das Fest organisierte.

logierte im Hôtel de l'Empire in der Rue Cerutti (heute Rue Lafitte, 9. Arrondissement). Spätestens seit dem Umzug in das Landhaus in Gillwell mehrten sich Vermutungen, dass William Chinnery über seine Verhältnisse lebe. Der Kontakt zum Schweizer Bankier Jean-Frédéric Perregaux, den Viotti in Paris herstellte, könnte vor allem für William Chinnery wichtig gewesen sein. Perregaux war der bevorzugte Bankier für wohlhabende Engländer und betreute ihre Vermögen in Frankreich während der Koalitionskriege, die die wirtschaftlichen Beziehungen zwischen den beiden Ländern stark belastet hatten; so verwaltete er auch für Viottis Weinhandel in der Londoner Duke Street die Transaktionen in Frankreich. Die Bedeutung, die Perregaux für Frankreichs Wirtschaft hatte, drückt sich auch darin aus, dass er 1805 zum Präsidenten der Bank von Frankreich ernannt wurde.[17]

Viotti sorgte in jenen Wochen rührend für die Chinnerys, sei es, dass er sie in seinen Freundeskreis einführte, sich um die geschäftlichen Belange wie den Kontakt zum Bankier Perregaux oder um einen Arzt kümmerte, als es Margaret nicht gut ging. Doch auch seine eigenen Interessen kamen nicht zu kurz. Das Wiedersehen im Spätsommer 1802 mit dem Geiger Pierre Baillot, der Viotti seit seinen Jugendtagen verehrte, war der Beginn einer intensiven Freundschaft. Zwanzig Jahre zuvor, im März 1782, hatte Baillot als Zehnjähriger Viottis Debütkonzert in Paris erlebt und war seither von der Meisterschaft seines Spiels tief beeindruckt.

Gern wäre er nach diesem Initialerlebnis Viottis Schüler geworden, doch da er im August 1783 mit seinen Eltern nach Korsika gezogen war und erst im Februar 1791 nach Paris zurückkehrte, war aus diesem Plan nichts geworden. Pierre Baillots Jugendjahre waren geprägt vom Verlust des Vaters, der wenige Wochen nach der Ankunft auf Korsika starb; seine Mutter und seine Schwester kehrten daraufhin nach Frankreich zurück, während der 12-jährige Pierre in die Obhut der angesehenen Adelsfamilie de Boucheporn genommen wurde; Familienoberhaupt Claude de Boucheporn war königlicher Verwalter auf Korsika. Er war nun verantwortlich für die Erziehung und musikalische Ausbildung des Jungen. Eine Parallele zur Jugendzeit Viottis ist klar erkennbar: Baillot und Viotti hatten den frühen Verlust eines Elternteils zu verkraften, beide wurden aufgrund äußerer Umstände und Erfordernisse in Adelsfamilien erzogen, die sich ihrer annahmen. Es kann gut sein, dass diese ähnlichen frühen Erfahrungen die Intensität der Freundschaft zwischen den beiden Männern begründeten.

Als Baillot 1791 von Korsika nach Paris zurückkehrte, war er neunzehn Jahre alt – ein junger Mann von Talent, der das Glück hatte, Viotti vorgestellt zu werden. Viotti engagierte ihn für das Orchester des Théâtre Feydeau und ordnete an, dass er ein Pult mit Viottis Schüler Pierre Rode teilte. Zwischen beiden entwi-

17 Siehe Lister, 2009, S. 232 f.

ckelte sich eine herzliche, inspirierende Freundschaft. Doch bereits nach wenigen Wochen musste Baillot seine Orchesterstelle kündigen, da seine Mutter darauf bestand, dass er einen Posten im Finanzministerium übernahm, den sie für ihn organisiert hatte. Viotti antworte ihm auf das Entlassungsgesuch mit einem Ausdruck hoher Wertschätzung:

> Sie dürfen nicht zweifeln, Monsieur, dass ich immer mein lebhaftes Interesse an einem Menschen wie Ihnen haben werde, bei dem das Talent und die Qualitäten der Persönlichkeit das Recht auf ein allgemeines Ansehen beanspruchen.[18]

Das Wiedersehen mit seinem Meister 1802 brachte Baillot die lang ersehnte Gelegenheit, Viotti zu hören und gemeinsam mit ihm zu musizieren. Welche beeindruckenden Momente es für Baillot waren, schilderte er nach Viottis Abreise in einem Brief an einen Freund:

> Ich hörte ihm mit jeder Faser meiner Seele zu, mit Augen und Ohren, sozusagen. [...] Ich begleitete ihn sieben oder acht Mal bei dem schönen Duo in f-Moll. Er schien zufrieden mit mir zu sein [...].[19]

Pierre Baillot war in den 1790er Jahren zu einem wichtigen Vermittler von Viottis Musik geworden, denn er spielte seine Violinkonzerte und seine Kammermusik in öffentlichen Konzerten und privaten Salons. Da er zu den Gründungsmitgliedern einer Konzertreihe gehörte, die in der Rue de Cléry stattfand, konnte er Werke von Viotti gezielt auf den Spielplan setzen. Die Veranstaltungen zählten neben den Konzerten im Théâtre Feydeau und im Conservatoire National de Musique zu den beliebtesten der Stadt.

Seit 1795 hatte Baillot eine Stelle als Violinlehrer am neugegründeten Conservatoire inne. Gemeinsam mit Pierre Rode und Rodolphe Kreutzer entwickelte er die „Méthode de violon", die 1803 veröffentlich wurde. Sie wurde bereits ab dem Frühjahr 1802 intern am Conservatoire im Unterricht verwendet, und wahrscheinlich nutzten die Autoren die Gelegenheit, das Werk Viotti zu zeigen und ihn um Ergänzungen und Verbesserungen zu bitten. Alle drei Geiger verehrten Viotti sehr, und Baillot, der über Jahrzehnte die engste Verbindung zu ihm hatte, betont in dem bereits erwähnten Brief an seinen Freund Montbeillard die Fortschrittlichkeit von Viottis Geigenspiel. Viotti habe, so Baillot, einen Weg gebahnt, den aber zurzeit niemand außer ihm selbst beschreiten könne – was so viel heißt

18 « Vous ne pouvez douter, Monsieur, que je ne prenne toujours le plus vif intérêt à une personne dont le talent est fait pour être distingué et dont les qualités personnelles ont droit à l'estime générale. » Zitiert nach François-Sappey, S. 135.

19 « Je l'écoutais de toutes les facultés de mon âme, de toutes mes oreilles, je dirais, de tous mes yeux. [...] Je lui ai accompagné sept à huit fois le beau duo en fa mineur. Il a paru content de moi [...] » Zitiert nach François-Sappey, S. 183.

wie: Es gab, Baillots Meinung nach, keinen weiteren Geiger von Viottis Qualität, weder violintechnisch noch in der Vortragskunst. Den Briefzeilen ist auch eine große Dankbarkeit zu entnehmen, denn Baillot spricht davon, dass Viotti ihn und seine beiden Kollegen Rode und Kreutzer über lange Zeit genährt habe; das kann auf seine außerordentlichen Fähigkeiten als Geiger bezogen sein, es könnten aber auch die Kompositionen Viottis gemeint sein, für die sich Baillot einsetzte.[20] Am Ende des Briefes informiert Baillot darüber, dass Viotti glücklich im Kreis der Familie Chinnery lebt – kein missbilligendes Wort über eine Ménage-à-trois oder ein Verhältnis zwischen Margaret Chinnery und Viotti, sondern Anteilnahme am Lebensglück eines Freundes.[21]

Viotti pflegte in Paris nicht nur die geschäftlichen Kontakte der Chinnerys. Seine eigenen Interessen vernachlässigte er durchaus nicht und konnte auf eine Reihe guter alter Freundschaften vertrauen: Cherubini, Rode und Kreutzer hatten Anfang August 1802 gemeinsam mit Nicolas Isouard, Étienne Méhul und François Boildieu ein Musikverlagshaus gegründet, in dem Viotti drei Gruppen mit je drei Trios (wIII:13–21) sowie sechs Violinkonzerte (Nr. 21–26) veröffentlichte. Für die Eröffnung des Verlagshauses, das sich als Kooperative im Interesse der Komponisten und nicht der Verleger verstand, war Viotti ein geeignetes Zugpferd, hatte er doch nach wie vor in Paris einen hohen Bekanntheitsgrad.[22] Das Konzert Nr. 22 in a-Moll widmete er Cherubini. Es war im 19. Jahrhundert das bekannteste Konzert von Viotti – und ist es bis heute geblieben. Kein Geringerer als Johannes Brahms begeisterte sich für dieses Werk.[23] Viottis Honorar für die neun Trios und sechs Konzerte betrug knapp 10.000 Francs: eine ungewöhnlich hohe Summe, deren Auszahlung in drei Tranchen vereinbart wurde.[24]

Zum Kreis der engsten Freunde zählten auch die Pianistin Hélène de Montgéroult und die Malerin Élisabeth Vigée Le Brun. Beide waren, wie Viotti, während der Revolution aus Frankreich geflohen und lebten nun nach bewegten Jahren wieder in Paris. Madame de Montgéroult war Kollegin von Baillot, Kreutzer und Rode, denn auch sie unterrichte am neugegründeten Conservatoire. Sie gab eine

---

20 « […] ce bon Viotti qui nous a nourri depuis si longtemps et auquel on doit d'avoir frayé une route que personne ne pourra suivre après lui. » Zitiert nach François-Sappey, S. 183.

21 « Il est venu ici avec Madame Chimery [sic!] et ses enfants, famille charmante au millieu de laquelle il vit heureux. » Zitiert nach François-Sappey, S. 183.

22 « […] un Magasin musical dont la gestion coopérative cherchait à éviter aux compositeurs de faire la fortune des éditeurs. » Siehe Lesure, S. 222 und FN 3.

23 Johannes Brahms schätzte dieses Konzert sehr. Es regte Brahms zu seiner Komposition des Doppelkonzerts in a-Moll op. 102 an.

24 Zum Vertrag und den Modalitäten siehe Lesure, S. 223.

Matinee, zu der Viotti und die Chinnerys eingeladen waren.[25] Für Viotti war es sicher eine denkwürdige Begegnung, hatte er doch zehn Jahre zuvor, am Abend vor seiner Flucht aus Frankreich, gemeinsam mit Hélène de Montgéroult musiziert.

Auch Hugues-Bernard Maret, der 1793 mit Madame de Montgéroult und ihrem damals noch lebenden Mann, dem Marquis de Montgéroult, aus Frankreich geflohen war, wohnte inzwischen wieder in Paris. Nach seiner Rückkehr machte er bald als Staatssekretär und ab 1804 als Minister eine beachtliche Karriere unter Napoleon. Es ist erstaunlich, dass Viotti und die Chinnerys Freundschaften wie diese fortsetzten, obwohl die Revolution viele Lebenswege, auch den Viottis, in gewisser Weise zerstört und große Not nicht nur über das eigene Land, sondern auch über England gebracht hatte. Doch wie viele Engländer der Oberschicht pflegten die Chinnerys und Viotti eine Liebe zu Frankreich, die getragen war von persönlichen Beziehungen jenseits politischer oder nationaler Bindungen.[26]

Er führte die Familie Chinnery auch bei der Malerin Élisabeth Vigée Le Brun ein, die nach dreizehn bewegten Jahren wieder in Paris war. In ihrem beliebten Salon war Viotti in den 1780er Jahren aufgetreten, und Vigée Le Brun war damals tief beeindruckt von Viottis Kunst gewesen. Beide verband fortan eine tiefe Freundschaft. Welch ein beeindruckender Anblick sich den Chinnerys geboten haben mag, welche Bilder sie sahen, als sie die Malerin besuchten, lässt sich erahnen, wenn man Johann Friedrich Reichardts Aufzeichnungen, die „Vertrauten Brief aus Paris" liest. Der deutsche Musiker und Schriftsteller, der mit Élisabeth Vigée Le Brun ebenfalls seit den 1780er Jahren befreundet war, besuchte sie wenige Monate nach Viotti und den Chinnerys. Anfang Dezember 1802 war er mit einigen Freunden bei ihr gewesen. Er schrieb am 13. Dezember 1802 über den Besuch im Atelier Vigée Le Bruns:

> Eine solche Frau [...] habe ich in diesen Tagen auch in einer alter Bekanntschaft wiedergefunden: es ist Madame Lebrun, die berühmte Malerin, die ich einst hier in ihrer glänzendsten Epoche kannte, und dann später in Rom und Neapel wiederfand, und die auch bei uns, aus Rußland kommend, sich einige Zeit aufhielt, um unsere schöne Königin und andere Personen des königlichen Hauses und Hofes zu malen. Sie hatte mir zuletzt erlaubt, ihr einige Freunde und Landsleute zuzuführen, und wir fanden in ihrem Attelier [sic!] viele ihrer schönen Gemälde aufgestellt. Unter den Damenportraits war bei weitem das interessanteste und schönste, das Portrait der jetzt regierenden russischen Kaiserin. [Anm. UB: Luise Prinzessin von Baden, unter dem Namen Elisabeth Alexejewna Ehefrau

25 Diese Begegnung ist durch einen Brief belegt, den Margaret Chinnery neun Jahre später, am 11. Mai 1811 an ihre Tochter Caroline schrieb. Vgl. Yim, 2004, S. 152, FN 80. Mehr Details dieser sicher interessanten Begegnung sind leider nicht überliefert.

26 Siehe Lister, 2009, S. 232. Lister erwähnt auch, dass zwei von Viottis Halbbrüdern im Dienste Napoleons standen: Giorgio starb als Soldat in Napoleons Armee, André machte dort eine steile Karriere.

des Kaisers Alexander I.] Selten sieht man so viel Reiz mit so viel Schönheit vereint. Das Bild schien aber auch mit ganz besonderer Liebe und großem Fleiße ausgearbeitet zu seyn. In dem Bilde des Kaisers interessirte [sic!] ganz besonders eine auffallende Aehnlichkeit mit der der großen Catharine, der Großmutter des Kaisers, die umso eher sich hatte in dem Großsohn wiederfinden können, da die Hauptzüge des edlen schönen Gesichts der Kaiserin Mutter von eben demselben Charakter sind.

Neben jenem Bilde war das Bild der Tochter von Mad. Lebrun durch einen sehr gefälligen angenehmen Charakter überaus anziehend; sie hat sie, die Guitarre spielend, sanft vorgebogen dargestellt, wie sie mit der innersten Seele auf die Töne des reizenden Instruments horcht. Von größerer Bedeutung und Ausführung waren zwei Bildnisse der Lady Hamilton. Einmal als Bachantin in einer ihrer bezaubernden Stellungen, in der sie sich noch von Neapel her so lebendig vor der Seele hatte, daß ich das Bild darauf hätte ansprechen mögen; und dann als Cäcilie. In diesem hatte Madame Lebrun eben so glücklich den großen Charakter des schönen Gesichts, mit dem großen seelenvollen Auge, als in jenem die seltene allbewegliche Gestalt der schönen Frau aufgefaßt und dargestellt.

Unter den Männerbildnissen war ein älteres, sehr ausgeführtes Bild des unglücklichen Königs von Pohlen [sic!] besonders bedeutend: es drückte seine Liebenswürdigkeit und seine Schwäche gleich wahr aus.

Eine sonderbare, aber nicht erfreuliche Zusammenstellung von zwei ältern Bildern dieser Künstlerin erregte Empfindungen, die man in dem sonst so lachenden und reizenden Attelier [sic!] einer so angenehmen Künstlerin lieber nicht gehabt hätte. Es waren die nicht vollendeten Bilder der unglücklichen Königin von Frankreich und der Madame Dubarry. – Die meiste Prätension machte eine größere Composition: Amphion von Genien umgeben; das zugleich Portrait eines Prinzen seyn sollte.

Madame Lebrun bewohnt wieder ihr altes schön eingerichtetes Haus, und sieht die feinste Gesellschaft aus der Kunst- und Fremdenwelt bei sich. Sie verspricht uns auch, einige theatralische Privatvorstellungen zu veranstalten, die man jetzt in dieser großen Welt so wenig erlebt, wie fast alles, was die damalige feine Welt so reichlich darbot.[27]

Das schöne Haus von Élisabeth Vigée Le Brun, das Reichardt erwähnt, war das Hôtel Lebrun in der Rue de Cléry (heute 2. Arrondissement). Es war benannt nach der Familie ihres Ehemanns Jean-Baptiste-Pierre Le Brun, den sie 1776 geheiratet hatte. Élisabeth Vigée Le Brun hatte zwölf Jahre im Exil verbracht und war erst zu Beginn des Jahres 1802 nach Paris zurückgekehrt. Zwischen ihr und Margaret Chinnery entwickelte sich eine enge Freundschaft – Margaret Chinnery konnte am Ende ihres Aufenthalts in Paris auf viele Kontakte, vor allem aber auf Herzensfreundschaften zählen, die bis an ihr Lebensende halten sollten. Es waren vor allem Élisabeth Vigée Le Brun und Félicité de Genlis, die ihr in schwierigen Situationen Beistand leisteten. Einen Schicksalsschlag hatte sie nur allzu bald zu verkraften.

Anfang Oktober 1802 musste allmählich die Rückreise nach England vorbereitet werden. In einem Brief an Félicité de Genlis berichtete Margaret Chinnery,

27 Johann Friedrich Reichardt: Vertraute Briefe aus Paris geschrieben in den Jahren 1802 und 1803. Hamburg 1804 bei B. G. Hoffmann, Erster Theil, zwölfter Brief, S. 359–362.

dass sie zu jenem Zeitpunkt gesundheitlich nicht in der Lage war, zu reisen. Der Arzt habe zu einer Ruhe von acht bis zehn Tagen geraten. Das bedeutete, dass William Chinnery allein vorausfahren musste (wahrscheinlich aus geschäftlichen Gründen) und Margaret mit den Kindern noch in Paris blieb, natürlich in der Obhut Viottis. Obwohl es ihr nicht gut ging, war Margaret keinesfalls traurig über diesen Umstand, erlaubte er ihr doch, die neugewonnene Freundin Félicité de Genlis noch einige Male zu treffen. Die Zuneigung zu Félicité de Genlis war groß: „Ich liebe Sie mehr als ich es Ihnen ausdrücken kann", schrieb Margaret. Gern hätte sie, so Margaret, einen längeren Brief geschrieben, aber die Vorbereitungen für Williams Abreise nähmen sie zu sehr in Anspruch; dies belegt, dass William in der Tat allein vorausfuhr.[28]

Das bereits erwähnte Geburtstagsfest für Margaret Chinnery am 16. Oktober 1802 fand demnach ohne ihren Mann William statt, dennoch war Margaret nicht allein, sondern umgeben von Menschen, die sie schätzten und liebten. Und die unverhofften weiteren Begegnungen mit Félicité de Genlis stärkten die Freundschaft: „Wie glücklich bin ich, noch weitere Stunden in dieser entzückenden und geliebten Gesellschaft zu verbringen", schrieb Madame de Genlis an Margaret Chinnery. Ein weiterer Brief, den sie wahrscheinlich nach einer Begegnung mit Margaret verfasste, ist ein anrührender Ausdruck ihrer Liebe: „Teure Freundin, mein Herz ist bei Ihnen und wird Ihnen folgen ... Ich glaube, einen Traum gehabt zu haben! Kann es möglich sein, dass ich so spät noch den interessantesten Menschen kennenlerne, der existiert! [...] Seien Sie sicher, dass ich mich in jedem Augenblick meines Lebens mit Ihnen beschäftigen werde."[29]

Die Kraft dieser Liebe begleitete Margaret, als sie um den 20. Oktober 1802 herum mit ihren drei Kindern und Viotti aus Paris abreiste. Man benötigte, je nachdem, wie der Wind auf dem Ärmelkanal stand, für die Reise nach Gillwell fünf bis sechs Tage. Kurz nach der Rückkehr erkrankte der jüngste Sohn Walter schwer – der aufgeweckte, bis dahin kerngesunde Neunjährige wurde von Typhus heimgesucht. Félicité de Genlis muss es von Margaret erfahren haben, denn sie antwortete bereits am 7. November 1802: „Teure Freundin, in welcher Unruhe mögen Sie über Ihr liebenswertes und teures Kind gewesen sein [...]", und sie gibt noch Ratschläge, wie der Junge medizinisch zu versorgen sei: „Es ist nötig, den ganzen Winter über seine Brust zu behandeln. Geben Sie ihm zum Frühstück zwei

---

28 « [...] vous aime plus que je ne puis vous l'exprimer. Je comptois vous écrire und très longue lettre, mais M. Chinnery m'occupe beaucoup pour le preparatifs de son prochain depart. Adieu Amie cherie ! » Siehe Yim, 2003, S. 70.

29 « chère amie mon cœur est à vous et vous suivra ... je crois avoir fait un rêve ! est il possible que j'aie connu si tard la plus intéressante personne qui existe ! [...] soyés sure que je m'occuperai de vous dans tous les instans de ma vie. » Siehe Yim, 2003, S. 75/76.

Monate lang Gummi-Sirup [Anm.: Gummi arabicum wurde zur Behandlung von Virusinfekten, Pocken und Masern angewendet]. Es war das große Heilmittel des Arztes Théodore Tronchin gegen Brustleiden."[30]

Doch für den kleinen Walter gab es keine Rettung mehr. Er starb am 19. November 1802. Félicité de Genlis kondoliert sowohl Margaret als auch Viotti: „Welch ein Unglück, mein Freund! Ich bin davon niedergeschlagen. Seien Sie so gnädig und geben mir Nachrichten von unserer armen und teuren Freundin. Wie steht es um ihren Gesundheitszustand und um den Ihrigen? Großer Gott, sie war so glücklich: Aber ein solches Glück ist nicht geschaffen für diese Erde. Es war Madame Cherubini, die mir die schreckliche Nachricht mitteilte. Ich versichere Ihnen ohne Übertreibung, dass ich davon einige Tage krank war. Ich beschwöre Sie, mir sobald wie möglich Neuigkeiten dieser vortrefflichen und unglücklichen Mutter zu geben."[31]

An Margaret und William Chinnery schrieb Félicité ebenfalls am 30. November 1802, doch dieser Brief kam nicht an, so dass sie am 3. Dezember erneut schrieb:

> Meine zärtliche, meine teure Freundin, ich habe Ihnen und M. Chinnery auch am 30. November geschrieben, und zuvor habe ich drei Briefe an unseren Freund [d. i. Viotti] geschrieben. Ach, meine Freundin, ich habe geweint, und ich weine mit Ihnen aus dem tiefsten Grund meiner Seele! […] Ich ermutige Sie, sich anzustrengen und umgehend Ihren Unterricht wieder aufzunehmen. Das wird für Sie die einzige Ablenkung sein. Schreiben Sie mir, meine Freundin, befreien Sie sich von diesem schmerzvollen Brief. Niemand kann besser Ihre Schmerzen verstehen als ich, und alle Details, die sie begleiten und all die tiefen Herzschmerzen, verursacht von tausend kleinen Dingen, die sich oft und lange wiederholen werden! […] Ich werde immer für Sie da sein, meine arme teure Freundin. Adieu, mein teurer Engel, meine teure Tochter, ich umarme Sie mütterlich.[32]

30 « chère amie vous avés été inquiéte de cet aimable et cher enfant ! […] il faudra tout l'hiver soigner sa poitrine. faites lui prendre à déjeuner du syrop de gomme pendant deux mois, c'étoit le grand remede de Tronchin si renomé pur les maux poitrine. » Siehe Yim, 2003, S. 78. Théodore Tronchin (1709–1781) war ein berühmter Arzt des 18. Jahrhunderts und führte als erster Pockenimpfungen in Frankreich durch.

31 « quel malheur mon ami ! j'en suis accablée. ô de grace donnés moi des nouvelles de notre pauvre et chère amie. en quel état est sa santé et la vôtre ? grand dieu elle étoit parfaitement heureuse : mais un tel bonheur n'est pas fait pour cette terre. c'est mme cherubini aui m'a appris l'affreuse nouvelle. je vous assure sans exagération que j'en ai été malade plusieurs jours. – je vous conjure de me donner des nouvelles de cette excellente et malheureuse mère le plutôt possible. » Siehe Yim, 2003, S. 79.

32 « ma tendre, ma chère amie, je vous ai écrit ainsi qu'à m'chinneri le 30 novembre, et avant j'avois écrit trois lettre à notre ami. ah ! mon amie j'ai pleuré et je pleure avec vous du fond de mon ame ! […] je vous engagerai encore ici à vous faire l'effort de reprendre tout de suite vos leçons, ce sera pour vous la seule distraction. écrivés moi mon amie, débarrassés vous de cette lettre douloureuse. ô personne au monde ne comprendra vos

Félicité de Genlis hatte 1786 ihre Tochter Caroline verloren. Sie konnte also sehr gut nachempfinden, welchen Kummer Margaret Chinnery durchlitt. Ihr Rat, sich umgehend wieder dem Unterrichten, das heißt dem Erziehungsprogramm ihrer Kinder, zuzuwenden, speiste sich aus eigener Erfahrung. Félicité de Genlis hatte drei Tage nach dem Tod ihrer Tochter wieder ihre Erziehungsarbeit am Hof des Herzogs von Orléans aufgenommen.

Trauerzeit und Trost

Die folgenden Monate waren überschattet von der Trauer um den neunjährigen Walter. In ihrem Journal berichtet Margaret Chinnery außerdem von mehreren Erkrankungen in der Familie. Da sie bei Krankheitsfällen nur die besten Ärzte in London aufsuchte, wohnte die Familie nach dem Tod des kleinen Walter zunächst in London und kehrte erst im April 1803 auf den Landsitz Gillwell zurück.[33] Trost fand Margaret Chinnery in der Musik und in der Erziehung der ihr verbliebenen zwei Kinder – so, wie es ihr Madame de Genlis geraten hatte. Die Zwillinge George und Caroline hatten Gesellschaft von drei weiteren Mädchen, die in der Familie über längere Zeitabschnitte lebten: Maria Philipps (Tochter eines Sängers, wahrscheinlich Chorsänger am King's Theatre in London, geboren circa 1788), ihre Cousine Matilda Margretta Chinnery (Tochter von Williams Bruder John Terry Chinnery, geboren 1797) und „little" Margaret Chinnery (eine jüngere Halbschwester von William Chinnery, geboren 1798).

Ein weiterer Lichtblick war der Besuch von Madame Vigée Le Brun. Sie kam im März 1803 nach England, in der Absicht, einen kurzen Besuch abzustatten, blieb dann aber bis 1805. In ihren Memoiren gibt es eine lange, oft zitierte Passage:

> Kurz nach meiner Ankunft [in England] machte ich mich auf den Weg, um für zwei Wochen Madame Chinnery in Gillwell zu besuchen, wo sich auch der berühmte Viotti befand. Das Haus war von höchster Eleganz und man bereitete mir einen reizenden Empfang. Als ich ankam, sah ich die Eingangstür umrahmt von Blumengirlanden, die sich um die Säulen rankten. Auf der Treppe, die ebenfalls geschmückt war, standen kleine Amorfiguren aus Marmor, in regelmäßigem Abstand, mit Vasen, in denen Rosen waren; kurz gesagt – es war eine Frühlingsmärchenwelt. Sobald ich den Salon betreten hatte, sangen mir zwei kleine

douleurs comme moi et tous les détails qui l'accompagnent, et tous les déchiremens de cœur causés par milles petits choses qui se renouvelleront si souvent et si longtems ! [...] j'en aurois toujours pour vous ma pauvre chère amie. adieu mon cher ange, ma chère fille ! je vous embrasse maternellement. » Siehe Yim, 2003, S. 80/81. Yim fügt in FN 46 an, dass der Brief an Margaret Chinnery vom 30. November 1802 verloren ist.

33 Siehe Yim, 2003, S. 80, FN 44.

> Engel – der Sohn und die Tochter von Madame Chinnery ein reizendes Musikstück, das der liebenswürdige Viotti für mich komponiert hatte. Ich war wirklich sehr berührt von diesem liebevollen Empfang; auch die zwei Wochen, die ich dann in Gillwell verbrachte, waren für mich Tage der Freude und des Glücks. Madame Chinnery ist eine sehr schöne Frau, deren Geist viel Feinheit und Liebreiz besitzt. Ihre Tochter, die inzwischen vierzehn Jahre alt ist, hat ein erstaunliches Talent auf dem Klavier, so dass allabendlich diese junge Dame, Viotti und Madame Chinnery, die ebenfalls eine sehr gute Musikerin ist, uns entzückende Konzerte gaben.[34]

Margaret stand Élisabeth Vigée Le Brun Modell. War es eine Überwindung für sie, nach den Monaten der Trauer? Oder weckte es ihre Lebensgeister, ihre Schönheit einer Malerin präsentieren zu können? Das Porträt, das im Frühjahr 1803 entstand, zeigt eine Frau mit einem sehr schönen ebenmäßigen Gesicht, das einen sanften und vertrauensvollen Ausdruck hat. Der Blick ist offen, wenn auch von leiser Schwermut getrübt. In den Händen hält sie ein Manuskript: Es handelt sich um ein Werk ihrer Herzensfreundin Félicité de Genlis, eventuell ist es eines der Werke, die sie für Margaret während ihres Aufenthaltes in Paris zusammenstellte.[35]

Musik und gute Freunde

Die beiden Frauen teilten viele Interessen, und in ihrem kulturellen Engagement standen sie einander in nichts nach. Élisabeth Vigée Le Brun nahm ab 1804 eine Wohnung in der Londoner Maddox Street und veranstaltete dort Soiréen, die zu einem beliebten Treffpunkt der Gesellschaft wurden.

---

34 « Très peu de temps après mon arrivée je débutai par aller passer quinze jours chez madame Chinnery à Gillwell, où se trouvait le célèbre Viotti. La maison était de la plus grande élégance, et l'on m'y fit une réception charmante. Lorsque j'arrivai, je vis la porte d'entrée ornée de guirlandes de fleurs entrelacées dans les colonnes. Sur l'escalier, qui était garni de même, de petits Amours en marbre, placés de distance en distance, portait des vases remplis de roses ; enfin c'était une féerie printanière. Sitôt que je fus entrée dans le salon, deux petits anges, le fils et la fille de madame Chinnery, me chantèrent un morceau de musique charmant, que cet aimable Viotti avait composé pour moi. Je fus vraiment touchée de cet accueil affectueux ; aussi les quinze jours que j'ai passés à Gillwell ont-ils été pour moi des jours de joie et de bonheur. Madame de Chinnery était une très belle femme, dont l'esprit avait beaucoup de finesse et de charme. Sa fille, âgée alors de quatorze ans, était surprenante par son talent sur le piano, en sorte que tous les soirs cette jeune personne, Viotti, et madame Chinnery, qui était très bonne musicienne, nous donnaient des concerts charmants. » Élisabeth Vigée Le Brun: Souvenirs, hrsg. von Geneviève Haroche-Bouzinac, Paris 2008, S. 675 f.

35 « je me fais un bonheur de vous composer une petite bibliothèque de mes manuscrits. » Siehe Yim, 2003, S. 71. Das Porträt ist im Tafelteil (Abb. 16) abgebildet.

In ihren Memoiren berichtet die Malerin über eine Soirée, bei der Viotti spielte und zwei Sängerinnen auftraten: Mrs Elizabeth Billington und Madame Giuseppina Grassini. Unter den Gästen war auch der Prinz von Wales (der spätere George IV.), der sich außerordentlich wohl fühlte, denn Vigée Le Brun erwähnt in ihren Memoiren die lobenden Worte des Prinzen: „Normalerweise fliehe ich von Soiréen, aber heute werde ich bleiben!"[36] Von der Sängerin Giuseppina Grassini fertigte Vigée Le Brun während ihres Aufenthalts in London drei Porträts an; nach ihrer Rückkehr nach Paris malte sie von der eindrucksvollen Sängerin, die einen auffällig großen, athletischen Körperbau hatte, weitere drei Porträts.

Der Besuch in Gillwell gehörte für Élisabeth Vigée Le Brun zu den intensivsten Begegnungen ihres Lebens. Noch zehn Jahre später schrieb sie Margaret Chinnery, wie sehr sie das Zusammensein und Viottis Geigenspiel vermisse:

> Es ist sehr lange her, dass ich Neuigkeiten von Amico erhalten habe. Mein Gott, wie sehr wünschte ich, Sie könnten mit mir sein, und ich könnte auch ihn sprechen hören mit so ausdrucksvollem Gesicht und seine zarten Töne [auf der Geige], die ich so gern hörte. Warum höre ich sie nicht mehr! Sie sind noch immer in meinem Herzen, aber ich sage stets ‚noch einmal – noch einmal'.[37]

Die Sängerin Giuseppina Grassini trat nicht nur bei Vigée Le Brun, sondern auch in Gillwell bei Margaret Chinnerys Salons auf.[38] In den folgenden Jahren waren dort mehrere ausgezeichnete Sängerinnen und Sänger zu Gast, so Angelica Catalani, die eine harte Konkurrentin von Elizabeth Billington war.[39] Auch der Bassist Giuseppe Naldi war oft in Gillwell und schloss dort Freundschaft mit Viotti. Lister berichtet, dass Naldi zu den engen Vertrauten des Prinzen von Wales zählte, der wiederum auch mit Viotti – über Standesgrenzen hinweg – befreundet war und ihn sehr bewunderte.[40] Was die Konzerte in Gillwell von den Salons in der Stadt unterschied, war die Ungezwungenheit auf dem Landsitz in

36 «Je voltige dans toutes les soirées, mais, ici, je reste.» Vigée Le Brun, Band 2, S. 133.

37 « En voilà bien long ou je n'ai pas entendu parler d'Amico. Mon dieu que vous ét[iez] avec moi aussi je l'entendrais parlé [sic!] avec tant de phisionomie et ses doux sons que j'écoutois si bien. pourquoi ne les entendre plus ! Ils sont encore dans mon cœur, mais je dis toujours Bis-Bis. » Élisabeth Vigée Le Brun an MC, 7. Juli 1816, zitiert nach Yim, 2004, S. 203, FN 27. Original: Fisher 2000 – 8/ 2.

38 Giuseppina Grassini (1773–1850) wird in der Fachliteratur oft als Kontra-Altistin bezeichnet, andere Quellen wiederum bezeichnen Grassini als Mezzosopranistin. Ihre Stimme wird wegen ihrer Flexibilität und Wärme gelobt, außerdem wird die darstellerische Kraft hervorgehoben. Ihr Debüt in London war am 14. Januar 1804 am King's Theatre, wo sie in Gaetano Andreozzis „La vergine del sol" sang.

39 Eine umfangreiche Aufzählung der Musikerinnen und Musiker, die in Gillwell auftraten, ist bei Yim, 2004, S. 120–136 zu finden.

40 Siehe Lister, 2009, S. 241.

einer gleichwohl eleganten Atmosphäre. Hier gab es keine festgelegte Zeremonie, und als Gäste kamen Diplomaten, Bürger der Oberschicht und Angehörige des Adels. Man ging gemeinsam im großen Park spazieren und erfreute sich in den Sommermonaten auch an Darbietungen unter freiem Himmel, denn es gab ein Freilichttheater im Park.[41] In einer solchen Atmosphäre konnten gute Gespräche geführt werden, und da Viotti mit seiner Kunst und seinem freundlichen Wesen die Menschen für sich gewann und überdies eine Art Hausherr war, hatte er die besten Voraussetzungen für wichtige Kontakte in die Adelskreise. Apropos „Hausherr“: Die Konzerte in Gillwell fanden ausschließlich an den Wochenenden statt, damit William Chinnery, der in der Woche in London arbeitete, daran teilnehmen konnte.

Die beliebten musikalischen Veranstaltungen auf dem Landsitz in Gillwell boten ausgezeichnete Möglichkeiten, Kontakte zu knüpfen. Da Margaret Chinnery ein offenes Haus führte und über die Gabe verfügte, ihre Gäste miteinander ins Gespräch zu bringen, entwickelte sich ein Mikrokosmos derer, die als Stammgäste immer wieder kamen. Zu ihnen zählte auch der jüngste Bruder des Prinzen of Wales, Adolphus Frederick.[42] Er hatte in Göttingen studiert und im Ersten Koalitionskrieg unter seinem Bruder, dem Herzog von York, gegen die Franzosen gekämpft. Doch er war auch ein musisch interessierter Mensch, spielte Violine und war ein leidenschaftlicher Briefschreiber; insgesamt zehn erhalten gebliebene Briefe, die Adolphus Frederick an Viotti schrieb, zeugen von einer herzlichen Freundschaft der beiden.[43]

Der engste Freund Viottis außerhalb der Familie Chinnery war William Robert Spencer[44], der in Gillwell ein und aus ging, denn auch die Chinnerys hatten ihn ins Herz geschlossen. Der Kosename „Guglielmo“ (italienisch für William) spricht für sich, und Caroline nannte ihn „mio zio“ (meinen Onkel); sie hatte bei Spencer Unterricht in Latein, und er zeigte ihr, wie man Verse verfasst.[45] Spencer war ein belesener Mann, altsprachlich gebildet und ein hervorragender Dichter des leichten Genres – diese Gabe machte ihn im Kreis der Londoner Gesellschaft sehr beliebt. Vor allem die Damen verehrten Spencer, was ihm außerordentlich gefiel und was er wohl auch für sich zu nutzen wusste – mit zahlreichen Vereh-

41 Siehe Yim, 2004, S. 28.

42 Adolphus Frederick, 1. Duke of Cambridge (1774–1850), von 1814–1837 Generalstatthalter in Hannover, anschließend Rückkehr nach London, wo er u. a. das deutsche Hospital gründete.

43 Die Briefe befinden sich in der Royal College of Music Viotti collection, London (8), in der Fisher Library collection, Sydney (1) und in der New York Public Library collection (1).

44 William Robert Spencer (1769–1834), Neffe des 4. Duke of Marlborough.

45 Siehe Lister, S. 238.

rerinnen hatte er Affären. Seine Briefe an Viotti sind mit Anspielungen auf die Damenwelt geschmückt:

> Sie, wie auch ich, haben unsere Pflichten zu erfüllen. Wir sollten gemeinsam der Prinzessin Aufmerksamkeit zollen, ebenso Lady Charlemont, Ihrer Lady Henriette und, und, und [...] *alle Arme sind offen* für Sie, aber sie sind nicht lang genug, um Sie in Gillwell zu erreichen!! Außerdem ist das gut für Ihr *Ansehen,* diese kleine Republik von Engeln, der Sie und ich unsere Seelen und unsere Gunst jeder Art widmen – können Sie mir folgen?[46]

Spencer galt als Lebemann, bei Viotti hingegen gibt es keine Anzeichen, dass er im Umgang mit seinen zahlreichen weiblichen Vertrauten die Grenzen des Anstands verletzt hätte – offenkundig gehörte sein Herz Margaret Chinnery und war ganz dem Leben in ihrer Familie verpflichtet. Es war eine ungewöhnliche Form der Liebe und von Außenstehenden nur schwer nachzuvollziehen – nicht zuletzt deshalb keimten immer wieder Gerüchte um Viotti und Margaret Chinnery auf.

Zwischen 1807 und 1811 hielt sich Spencer einige Male für längere Zeitabschnitte in Gillwell auf. Er zählte zum ganz engen Kreis und wurde im besten Sinne ein Hausfreund. Als George im Januar 1808 Gillwell verließ, um am renommierten Christ Church College in Oxford zu studieren, besuchten ihn Spencer und Viotti in seinen ersten Studientagen. Man kann sich gut vorstellen, wie der junge Mann von seinem engsten männlichen Vertrauten, nämlich Viotti, sowie dem lebensfrohen Spencer ins Studentenleben eingeführt wurde. Viotti genoss diese Reise sehr, und es entsteht aus seinen Briefen an Margaret der Eindruck, dass ihm seine väterliche Rolle gefiel, die ihn selbst verjüngte:

> Ich schreibe Ihnen aus seinem [Georges] Zimmer, inmitten von Matratzen und von Decken, die vor einem großen Feuer trocknen. Oh, wie lustig er ausschaut in seiner akademischen Robe, die ich reizend finde, und er wird Ihnen in dieser Kleidung schreiben.[47]

Diese stimmungsvolle Beschreibung könnte auch auf ein Studenten-WG-Zimmer unserer Tage passen. Es wird in den Briefen an Margaret auch deutlich, dass Viotti sie beruhigen möchte. Margarets Sohn war flügge geworden, und mit dem

46 "You, as well as I, have our duties to fulfil. We shall pay court together to the Princess, to Lady Charlemont, to your Lady Henriette &c &c &c [...] *everyone's arms are open* for you, but they aren't long enough to reach you in Gillwell!! Besides, all that will be good for your *standing* [hierarchie], that is, with that little republic of angels to whom you and I devote our souls and our favors of every kind, – do you follow me?" Zitiert nach Lister, S. 239. Originalbrief: AUS-Sphm 94/143/1–29/2. The Princess: Prinzessin Caroline ist die vom Prinzen von Wales geschiedene Ehefrau; Lady Charlemont ist Lady Anne Charlemont, Ehefrau von Francis William Caulfield, second Earl of Charlemont; Lady Henriette ist wahrscheinlich Henrietta, Countess Granville, die Tochter des 5. Herzog von Devonshire und Georgiana Spencer. Siehe Lister, 2009, S. 239, FN 65.

47 Zitiert nach Lister, 2009, S. 239.

Studienbeginn in Oxford trat er ins Erwachsenenleben ein. Sie war erleichtert, dass Viotti diese ersten Schritte in der neuen Umgebung begleitete. Verständnisvoll bekundet er:

> Sie haben sicherlich vor mir den größten Teil Ihres Kummers verborgen, meine liebe Amica; ich kenne Sie und ich weiß, dass Sie nicht einmal die Hälfte dessen ausgesprochen haben. Es ist einzig Ihre Handschrift, die mich wieder ein wenig beruhigt. Sie strahlt Zuversicht aus, und das ist es, was ich sofort bemerkte. Im Übrigen ist es ziemlich unnötig, mir zu erzählen, was Sie fühlen. Ich spüre alles, alles ganz genau.[48]

George bewege sich am College in Oxford so selbstverständlich, als habe er nie woanders gelebt, versichert Viotti im selben Brief. Das mag für Margaret beruhigend gewesen sein, vielmehr aber war es auch eine Bestätigung ihrer langjährigen Erziehungsarbeit: Ihr Sohn passte in die akademische Welt – das war ein erklärtes Ziel gewesen. Ebenso muss Georges Studienbeginn für Viotti eine fast väterliche Freude gewesen sein, denn er hatte ja über all die Jahre einen maßgeblichen Anteil an der Ausbildung der Kinder gehabt. Beispielsweise war er 1804 in die Auswahl eines Hauslehrers für höhere Mathematik und klassische Philologie einbezogen gewesen: Im November 1804 war auf Vermittlung Viottis der junge Gelehrte C. L. Trumpf aus Deutschland gekommen, der George für das Studium in Oxford vorbereiten sollte. Er unterrichtete ihn in Mathematik, Deutsch, Griechisch und Latein sowie in Naturwissenschaften; die Mädchen erhielten Unterricht in Deutsch und Naturwissenschaften.[49]

Noch umfangreicher war Viotti an der musischen Erziehung der Kinder beteiligt gewesen. George hatte bei ihm Violinunterricht gehabt, den er ungefähr zu dem Zeitpunkt aufgab, als C. L. Trumpf nach Gillwell kam.[50] Vor allem aber hat Viotti die Entwicklung Carolines zu einer ausgezeichneten Musikerin gefördert und begleitet. Als ihr Zwillingsbruder George ins College eintrat, war sie eine junge Dame von 16 Jahren. Bereits ein Jahr zuvor notierte ihre Mutter im Erziehungsjournal, dass Caroline Viottis Konzert (gemeint ist ein Violinkonzert, wahrscheinlich Nr. 28 in a-Moll) sehr gut begleitet habe, ebenso die Lieder von Chevalier.[51] Zwei Monate später stellte Margaret Chinnery fest:

---

48 Zitiert nach Lister, 2009, S. 240, FN 73.

49 Viotti korrespondierte mit einem gewissen Herrn Schmeissen in Altona über die Einstellung von Herrn Trumpf. Wahrscheinlich bestand der Kontakt zu Schmeissen seit der Zeit Viottis im Exil.

50 C. L. Trumpf blieb für rund vier Jahre in Gillwell; nach seiner Zeit als Hauslehrer blieb er der Familie Chinnery weiterhin freundschaftlich verbunden.

51 Margaret Chinnery schrieb im Januar 1807 in das Erziehungsjournal: "Caroline played and accompanied Amico's concerto and the Chevalier's airs extremely well last night." Siehe Lister, 2009, S. 240 und Yim, 2004, S. 129.

> Sie hat aus dem guten Beispiel ihren Nutzen gezogen und ihren Stil geformt, in Anlehnung an den von Amico, der ihr das schönste Vorbild geben kann, das auf der Welt zu finden ist.[52]

Hier spricht die stolze Mutter Carolines und gleichzeitig auch die Bewunderin Viottis. Da Margaret Chinnery selber viel von Musik verstand, hat diese enthusiastische Aussage durchaus eine verlässliche Basis. Der konkrete Anlass war Carolines Vortrag eines Konzerts, das Madame Montgéroult fürs Klavier arrangiert hatte.[53] Ihre Mutter hebt besonders die Ausführung des Adagios hervor und attestiert Caroline eine große Begabung und stilistische Sicherheit. Die musikalische Erziehung hatte gesellschaftliche Bedeutung und diente nicht der individuellen Förderung der Kinder allein. Es oblag weiblichen Familienmitgliedern in der gehobenen Gesellschaft, ihren Müttern bei der Unterhaltung der Gäste zu helfen. Auch deshalb legte Margaret Chinnery großen Wert auf die entsprechende Bildung und schrieb zu Beginn des Jahres 1807 ihre Meinung im Erziehungsjournal nieder – es war zu Beginn des Jahres, in dem Carolines musikalische Ausbildung ein professionelles Niveau erreicht hatte und sie als ebenbürtige Begleiterin Viottis und anderer Musiker gelten konnte:

> Es ist klar, dass, wenn so viel Anstrengung unternommen wird, den Geist eines Mädchens zu schmücken und ihr elegante Künste mit auf den Weg zu geben, die Absicht sein muss, die häusliche Gesellschaft zu befördern. Ich spreche nicht von diesen absurden jungen Menschen und ihren noch absurderen Eltern, die ihre Kinder für das Vergnügen eines großen Publikums zur Schau stellen! Diese Art habe ich immer als die unpassendste Torheit betrachtet. Aber die Freunde der Familie, die zum engeren häuslichen Kreis gehören, sollten teilhaben an diesen Unterhaltungen, was immer sie sein mögen, und ein junges Mädchen mit Blick auf größte Bescheidenheit und reinste Feinfühligkeit, mag ihrer Mutter wohl in der Unterhaltung der Freunde zur Seite stehen.[54]

---

52 "She has made her profit of the good example before her, and has formed her stile upon that of Amico's which is the most beautiful model she could have found in the world." Siehe Lister, 2009, S. 240.

53 "Saturday she played the Concerto in A arranged by Madame Montgeroult, and the Adagio was as well as I ever wish to hear it. This great stile of playing an Adagio, I may almost consider a new and distinct talent she has acquired; in this the merit is all her own." Siehe Lister S. 240. Es lässt sich nicht ganz genau sagen, um welches Konzert es sich handelt: Ist es ein Konzert Viottis oder nicht? Denn das einzige Konzert von ihm, das Madame Montgéroult arrangiert hat, steht nicht in A-Dur sondern in E-Dur (Konzert Nr. 6, wIa). Denise Yim vermutet, dass es weitere Bearbeitungen gegeben haben könnte, denn bei vielen dieser privaten Konzerte wurden handgeschriebene Noten verwendet, vor allem dann, wenn so viele professionelle Musiker beteiligt waren. Diese Bearbeitungen wurden nie gedruckt und müssen als verschollen gelten. Siehe Yim, 2004, S. 135.

54 "It is evident therefore, that when so much pain is taken to ornament the mind of a female, and to give her elegant accomplishments, the intent must be that of improving domestic society. I am not here talking of those absurd young persons, and of still more

Im März 1808 gibt es im Briefwechsel ein paar Notizen, die uns darüber informieren, dass sich der modebewusste Viotti in Oxford Schuhe anfertigen ließ – wo auch sonst lässt sich ein Herr, der auf sein Äußeres hält, Schuhe machen? „Sage Amico, dass ich für ihn beim Schuhmacher war", schrieb George am 18. März 1808; am 24. März 1808 berichtete er, dass er an Viottis Schuhe denke, und am 3. Mai 1808 gibt es die Information: „Sage Amico, dass ich seinen Schuhmacher bezahlt habe und die Rechnung für das Geld in den Umschlag lege."[55]

Der Briefwechsel von Margaret und ihrem Sohn George besteht aus kleinen Alltagsbeschreibungen, die fast täglich nach Oxford geschickt wurden. Margaret schilderte das Familienleben mit seinen liebenswerten Banalitäten und lieferte damit ein stimmungsvolles Bild, das uns noch heute die Atmosphäre von Gillwell vermittelt. Am 5. März 1808 berichtete sie ihrem Sohn, dass der Vater abends schnell eingeschlafen war, Caroline fertigte eine Liste für Pflanzen an, die für den Garten bestimmt waren. Der Hauslehrer Herr Trumpf blätterte in der Enzyklopädie, Viotti ging ein und aus, und die kleinen Mädchen – gemeint sind Matilda und „little" Margaret – gingen zu Bett. Eine Woche später formuliert sie leicht ironisch: „Das Familienbild ist wie folgt: Papa sitzt auf einem kleinen Stuhl neben meinem Tisch und liest die Zeitung. Caroline, Amico, Mr. Trumpf und die beiden kleinen Mädchen spielen ‚Jeu de Secretaire' am Tisch in der Mitte des Zimmers. Die Szene ist in meinem Arbeitszimmer." Wir erfahren, dass der 1. Mai 1808 ein warmer Tag gewesen war und Margaret mit ihrem Mann und Viotti spazierte, während Caroline auf ihrer kleinen Harfe vor dem Haus spielte. Tante Marianne war zum Mittagessen gekommen, und abends waren alle im Konzert. Vom Hausfreund Spencer wurde erwähnt, dass er noch nicht zurückgekommen war. Im Brief vom 13. Mai 1808 schildert Margaret, dass sie zur Mittagszeit in Eile sei und nicht mehr schreiben könne, sie müsse sich schnellstens für das Essen umziehen, da es schon den ersten Gongschlag gegeben habe. Sie berichtet von ihrem verletzten Pferd und dass sie daher nicht reiten könne, sie spaziere mit Amico, Caroline hingegen reite jeden Tag, und die Graustute sei in Hochform.[56]

Am 14. Februar 1809, schrieb Margaret an ihren Sohn George in ihrem typischen Telegrammstil, der durchaus für eine SMS geeignet wäre: "Adieu my dear

absurd parents who like to exhibit their children like public performers for the amusement of large assemblies! This practice I have ever regarded as a most indecorous folly. But the friends of the family, who occasionally join the domestic circle, *should* partake of its enjoyments whatever they may be, and a young person with every regard to the strictest modesty and the purest delicacy, may assist her mother in the entertainment of her friends." Siehe Yim, 2004, S. 129.

55 Siehe Lister, 2009, S. 240, FN 75.

56 Siehe Lister, 2009, S. 245. Originalbriefe in GB-Och, MS xlviii a.42a-a.55.

George, – Amico is composing, – Guglielmo is writing in his room, – Caroline dressing for dinner."[57] Wir erfahren daraus, dass sich der Hausfreund William Spencer („Guglielmo") in Gillwell aufhielt. Lister bemerkt dazu, dass es einer der wenigen Hinweise auf Viottis Tätigkeit als Komponist in den Briefen der Chinnerys sei. Es lassen sich Rückschlüsse daraus ziehen, was er in jener Zeit komponiert haben könnte.[58]

An Violinkonzerten aus in jener Zeit kommt nur Nr. 28 in a-Moll in Frage. Doch es gibt weitere Möglichkeiten, denn Viotti schrieb einige Vokalstücke, vor allem für die musikalischen Veranstaltungen in Gillwell:

- die Kantate „Au fond d'une sombre vallée" für Sopran und Klavier (wVII:1), William Chinnery zum Geburtstag gewidmet: „Per il giorno natalizio del caro Padre Chinnery. Cantata composta dall'amico G. B. Viottino"
- ein Lied für Sopran und Klavier „Gli zingarelli" (wVII:2), komponiert für Madame Vigée Le Brun und
- eine Canzonetta „Vo triste tacito" für Sopran und Klavier (wVII:7), Margaret Chinnery zugeeignet mit folgenden Worten (in Italienisch): „Canzonetta. Parole d'un modesto mettre in musica da un timido, il tutto dedicato all'amabile padrona. Gillwell House, 5 Dicembre, 1804"
- außerdem ein unvollständiges Set von Sätzen für eine Suite in D-Dur für Streicher (wVIII:1). Das Titelblatt der vollständigen Cellostimme enthält eine handschriftliche Notiz in Viottis Handschrift: „del Teatro Gillwell". Chappell White bemerkt dazu: Nach Nummer 9 sind kleine musikalische Phrasen mit Stichworten in Französisch versehen. Das ist ein Hinweis darauf, dass diese Suite für eine Theateraufführung in Gillwell bestimmt war.[59]
- Freunde des Hauses wurden mit kleinen Liedern bedacht, wenn sie in Gillwell zu Besuch waren.[60]
- Das Autograph eines weiteren Lieds mit Begleitung einer Harfe oder Clavecin befindet sich in der Staatsbibliothek zu Berlin – Preußischer Kulturbesitz, Musikabteilung mit Mendelssohn-Archiv, Mus.ms. 22389. Die Bezeichnung „Clavecin" statt „Pianoforte" weist darauf hin, dass diese Komposition wahrscheinlich vor Viottis Zeit in Paris und London entstanden ist und wahrscheinlich vom Aufenthalt am Preußischen Hof herrührt 1780.[61]

57 Siehe Lister, 2009, S. 246. Originalbrief in GB-Och, MS xlviii a.42a-a.55.
58 Siehe Lister, 2009, S. 247.
59 Vgl. das Werkverzeichnis von White, S. 147.
60 Siehe Yim, 2004, S. 146/147.
61 Siehe Lister, 2009, S. 247.

George war durch die Briefe seiner Mutter immer bestens informiert, was sich zu Hause ereignete. Er selber genoss sein Studentenleben in vollen Zügen und gab seiner Mutter Anlass zur Sorge, da er an den berühmt-berüchtigten Weinpartys in Oxford teilnahm. Interessanterweise waren es weder sie noch ihr Mann, die George auf den maßvollen Umgang mit Alkohol hinwiesen – Viotti übernahm diese Aufgabe „von Mann zu Mann". Er schrieb George am 15. November 1808:

> Sie tun gut daran, ein Glas täglich zu trinken; Port ist allem anderen vorzuziehen. Auf diese Weise wird der Alkohol Sie bei diesen heftigen Gelagen nicht überrumpeln. Denn in der Verfassung zu sein, das Bewusstsein zu verlieren, nicht länger man selber zu sein, ist, wie Sie wissen, eine der größten Demütigungen, die einem Mensch widerfahren kann – nicht zu vergessen, dass es in diesem Land Mode zu sein scheint. Es gibt einen Weg, den Eindruck zu erwecken, dass man eine Menge getrunken habe, während man tatsächlich nur wenig getrunken hat. Diesen Weg schlage ich selber ein, ich, den Sie sicher nie betrunken erlebt haben. Hier sage ich Ihnen, wie ich es mache: Die anderen füllen ihre Gläser, ich selber nehme nur ein halbes Glas. Die anderen leeren ihre Gläser, ich hingegen trinke nur ein Viertel. Die Flasche kommt zu mir, ich bin an der Reihe nachzuschenken und füge nur ein wenig hinzu, und so halte ich Schritt mit den Wüstlingen. Ich verwende diese Methode immer, wenn ich Wein anbiete, und es scheint dann so, als habe ich genauso viel getrunken wie die anderen. Wenden Sie diese Methode an, mein lieber George – Sie können es sogar besser als ich, da Sie den Ruf haben, Wein eigentlich gar nicht zu mögen – und Sie werden Ihre Gefährten zufriedenstellen, ohne sich selbst zu schaden – und nicht zuletzt weniger Kosten haben.[62]

Man kann sich kaum einen sympathischeren fürsorglichen Rat eines älteren Erwachsenen vorstellen, der mit seiner Erfahrung Schutz bieten möchte, ohne bevormundend zu sein. Viottis Fähigkeit, in der jeweiligen Situation den richtigen Ton zu treffen, zeichnete ihn aus. Sie machte ihn zu einem ausgleichenden, angenehmen Mitmenschen, der stets im Blick hatte, dass es anderen gut ging. Die Chinnerys schätzten diese Eigenschaft über alles, und Viotti erfuhr grenzenloses Vertrauen und Geborgenheit, da er in alle Belange einbezogen wurde, seien es erfreuliche oder auch krisenhafte Situationen – die galt es ab 1810 mehrfach gemeinsam durchzustehen.

Vorboten

Im Frühjahr 1810 traf Margaret Chinnery wichtige Entscheidungen. Die achtzehnjährige Caroline war zu einer schönen jungen Frau gereift, die in die Gesellschaft eingeführt werden musste, und ihre Mutter Margaret wollte bei diesem

62 Zitiert nach Lister, 2009, S. 252. Originalbrief in GB-Och, MS xlviii a.42a-a.55.

wichtigen Schritt nichts dem Zufall überlassen. Ihr Mann William blieb, wie so oft, im Hintergrund. Margaret verließ sich auf Viotti, auf „Amico". Er würde ihr zur Seite stehen, wenn die Gäste der höchsten Kreise in dem repräsentativen Haus am Stratford Place eintrafen. Margaret hatte das Haus eigens für die Gesellschaftssaison des Frühjahrs 1810 gemietet. In den Monaten Mai und Juni veranstaltete sie dort große Feste und Hauskonzerte. Doch dieser Abend übertraf an Glanz alle anderen Veranstaltungen. Seit fast achtzehn Jahren kannte Viotti nun die Familie Chinnery, hatte die Kinder aufwachsen sehen und ihren Lebensweg begleitet. Den kleinen Walter hatte er mit den Eltern betrauert, als sei es sein eigenes Kind gewesen. Dem heranwachsenden George war er ein väterlicher Freund, und Caroline war durch seinen geduldigen, aber auch anspruchsvollen Unterricht zu einer ausgezeichneten Musikerin geworden. Margarets Erziehung hatte vor allem das Ziel, ihre Tochter gut zu verheiraten. Sie würde in der Lage sein, an der Seite eines wohlhabenden und angesehenen Mannes ein großes Haus zu führen – nach dem Vorbild ihrer Mutter. Das alles schien logisch und realistisch.

Margaret Chinnery krönte ihre jahrelange Erziehungsarbeit mit einem glanzvollen Fest für ihre Tochter und rund fünfzig geladene Gäste aus den allerhöchsten Kreisen. Sie sollten Caroline begutachten, bestaunen, bewundern und dafür sorgen, dass der richtige Mann um ihre Hand anhalten würde. Die Gästeliste war beeindruckend: der Herzog von Cambridge Adolphus Frederick vertrat das Königshaus, die Herzogin von Devonshire, Lady Bessborough, Lady Shaftesbury, die alle mit dem Freund des Hauses, William Spencer, verwandt waren, die Geschwister Johnstone, die als enge Freunde des Kronprinzen George galten – wer an jenem Abend der Einladung von Margaret Chinnery folgte, gehörte zum engsten Zirkel der hohen Gesellschaft in London.[63]

Carolines sang an diesem Abend des 27. Mai 1810 bezaubernd, und Viotti spielte zum Entzücken aller Violine. Das berichtete William Chinnery am Tag nach dem Fest in seinem Brief an Carolines Zwillingsbruder George in Oxford.[64]

Das gelungene Gesellschaftsdebüt von Caroline hatte Folgen – noch häufiger als vorher wurde nun erwartet, dass sie sich als Musikerin präsentierte, sei es singend, auf dem Klavier oder auf der Harfe spielend. Ihre Mutter Margaret verstand es bestens, Anlässe zu finden. So war der Juni 1810 gefüllt mit gesellschaftlichen Ereignissen und Verpflichtungen in den höchsten Kreisen. Zu den meisten war Viotti eingeladen, um gemeinsam mit Caroline zu musizieren. Margaret Chinnery krönte ihre eigene Frühjahrssaison am 27. Juni 1810 mit einem Dinner für nur

63 Siehe Lister, 2009, S. 255.

64 William Chinnery am 28. 5. 1810 an seinen Sohn George, zitiert nach Lister, 2009, S. 255, FN 136. Originalbrief in GB-Och, MS xlviii a.42a-a.55.

wenige Gäste aus dem engsten Kreis, gefolgt von einem großen Fest mit einem Konzert, zu dem rund hundert Gäste eingeladen waren.[65]

Im Juli 1810 gab es einen weiteren Grund zur Freude. Zum Stiftungsfest des Christ Church College war George gebeten worden, sein preisgekröntes Gedicht „The Statue of the Dying Gladiator" sowie seine Verse zur Amtseinführung des neuen Kanzlers der Universität vorzutragen.[66] Margarets Mutterherz war von Stolz erfüllt, und Anfang Juli 1810 machte sie sich in Begleitung von Viotti, Caroline, Matilda, William Spencer und einem weiteren Freund der Chinnerys, dem aus Sizilien stammenden Chevalier La Cainea, auf den Weg nach Oxford. Kurz vor ihrer Abreise schrieb George an seine Mutter: "Let not Amico forget the Buttero"[67], womit die Geige von Antonio Stradivari gemeint ist, die Viotti im Februar 1810 von dem sizilianischen Adligen Principe di Butera in Palermo gekauft hatte.

Exkurs

> Amicos Verstand ist gerade gänzlich beschäftigt mit den Schönheiten einer neuen Violine, die er von Prinz Buttera erworben hat.[68]

So hatte es Margaret am 9. Februar 1810 George beschrieben: eine neue Geige, nicht irgendeine, sondern eine Stradivari. Die Vorgeschichte des Kaufs ist nicht ganz klar; vermutlich veräußerte der Prinz diese Violine, da er aufgrund seines aufwendigen Lebensstils ständig in Geldnöten war. Wahrscheinlich wurde der Verkauf über einen Zwischenhändler abgewickelt. Denise Yim vermutet, es könnte der mit Viotti und den Chinnerys befreundete Chevalier La Cainea gewesen sein, der in London lebte, aber von adliger sizilianischer Herkunft war.[69]

Diese Violine, die heute den Namen „Viotti-ex-Bruce" trägt, zählt zu den besten, die Antonio Stradivari je gebaut hat. Sie stammt aus dem Jahr 1709 und ist mit großer Sicherheit die Violine, die Viotti in seinem Testament erwähnt und an Margaret vererbte – er ging davon aus, dass diese Geige eine stattliche Summe erzielen würde, mit der er seine Schulden in Höhe von 24.000 Francs bei Margaret

65 Margaret Chinnery an ihren Sohn George am 27. Juni 1810, zitiert nach Lister, 2009, S. 256, FN 141. Originalbrief in GB-Och, MS xlviii a.42a-a.55.

66 Siehe Lister, 2009, S. 257.

67 George Chinnery an seine Mutter Margaret Chinnery am 29. Juni 1810, zitiert nach Lister, 2009, S. 256 und FN 144. Originalbrief in GB-Och, MS xlviii a.42a-a.55.

68 "Amico's mind is just now wholly engrossed by the beauties of a new violin he has purchased of Prince Buttera." Margaret Chinnery an George Chinnery am 9. Februar 1810. Originalbrief in GB-Och, MS xlviii a.42a-a.55.

69 Yim, 2004, S. 147–148.

begleichen könnte, die er zu Lebzeiten nicht mehr hatte zurückzahlen können.[70] Die Stradivari wurde dann tatsächlich nach Viottis Tod versteigert, bereits im August 1824. Veranstaltungsort der Auktion war das Hotel Bouillion in Paris.[71] Sie erzielte einen Preis von 3816 Francs – als Mindestgebot waren 3800 Francs angesetzt worden. George Chinnery kommentierte das Ergebnis der Auktion ironisch in einem Brief an seine Mutter: „Die arme, beste Violine unseres lieben Amico erscheint nach Deiner Darstellung leidlich gut verkauft."[72]

Die Violine hatte nachfolgend mehrere Besitzer und wurde 2005 vom Her Majesty's Government als nationales Kulturgut erworben und der Royal Academy of Music zugesprochen. Sie, die „Viotti-ex-Bruce", ist im Museum der Royal Academy of Music zu besichtigen.[73]

Viotti war der Violinist, der den Weltruhm und den geradezu magischen Ruf der Stradivari-Instrumente begründete. Neben der Violine, die er vom Principe di Butera kaufte, besaß er eine weitere Stradivari, sie war wahrscheinlich ein Geschenk von Katharina der Großen.[74]

***

Wenige Tage vor ihrer Abreise hatte George seiner Mutter bereits mitgeteilt, wie sehr man in Oxford an Viotti interessiert war:

> Amico ist nicht vergessen, jeder fragt, ob Viotti mit von der Partie sei. [...] Ich vermute, dass es an Gelegenheiten zu spielen, nicht fehlen wird, da ich unseren Hausvorstehern, Stiftsherren etc. vertraue, und sie galant sein werden.[75]

Es war ein heiterer Sommeraufenthalt in Oxford, und Margaret Chinnery wird Rührung und Glück empfunden haben, ihre beiden wohlgeratenen Kinder auf der Schwelle zum Erwachsenenleben zu sehen, sie wird die charmant-witzige Begleitung Spencers genossen und dankbar die verlässliche Freundschaft Viottis gespürt haben. Seit dem Tod ihres Jüngsten waren knapp acht Jahre vergangen,

70 Viottis Testament in englischer Übersetzung bei Lister, 2009, S. 387.

71 Siehe Lister, 2009, S. 395.

72 "[...] poor dear Amico's best violin appears from your statement to have sold tolerably well." George Chinnery an Margaret Chinnery am 27. August 1824. Originalbrief in AUS-Sphm 94/143/1–12/37.

73 https://www.ram.ac.uk/museum/item/23629, letzter Zugriff: 11. 03. 2018.

74 Zu Viottis Violinen siehe auch die sehr gut recherchierte Aufstellung bei Lister, S. 394 ff.

75 "Amico is not forgotten, everybody asks whether Monsieur Viotti is to be of the party [...]. As for opportunities of playing I suppose these will not to be wanting, for I trust our heads of houses & Canons & c & c will be gallant." George Chinnery an seine Mutter am 24. Juni 1810, zitiert nach Lister, 2009, S. 256 und FN 144. Originalbrief in GB-Och, MS xlviii a.42a-a.55.

in denen sie mit großer Hingabe Caroline, George, Matilda und „little" Margaret erzogen und in dieser Tätigkeit die Trauer zunehmend überwunden hatte. So war es ihr von ihrer mütterlichen Freundin Félicité de Genlis geraten worden, und der Erfolg ihrer fast erwachsenen Kinder war nun eine zusätzliche Bestärkung. Es schien alles auf einem guten Weg.

Auch Viotti genoss die harmonische Zeit in Oxford. Sein Verhältnis zu George war so vertraut, dass er auf dem Sofa in Georges Wohnzimmer übernachtete, William Spencer logierte im Arbeitszimmer von George, während die anderen im Hotel wohnten.[76] Sicher waren das gesellige Tage und Nächte unter Männern, und vielleicht konnte Viotti sogar wohlwollend bemerken, dass George in seinen Trinkgewohnheiten nun dem Beispiel seines väterlichen Freundes folgte. Am Abend des 6. Juli 1810 gab es in Georges Wohnung ein Fest, über das sowohl Margaret als auch Caroline und Viotti an William Chinnery in Briefen berichteten.[77] Viotti versuchte, ein Klavier herbeizuschaffen, die Sängerinnen Angelica Catalani und Bianchi (Mimi Jackson) sangen so viel, wie George sich wünschte, und Viotti wird sicher seine „Buttero" aus dem Instrumentenkasten genommen haben.

Er fühlte sich wohl, aufgenommen in das Familienleben, und er vermisste die öffentlichen Auftritte nicht. Die Gesellschaften, die Margaret in Gillwell und London ausrichtete, waren Öffentlichkeit genug – und am besten ging es ihm, wenn er sich im Haus und auf dem Anwesen nützlich machen konnte. Im Herbst 1810 baute er sogar einen angrenzenden Raum der Gutskapelle in Gillwell zur Reithalle um, wie Margaret begeistert an George berichtete:

> Amico hat den großen Raum, der an die Kapelle angrenzt, in eine Reithalle umgebaut! Das ganze Gerümpel hat er hinausgeräumt und eine Menge von Sand und Sägespänen eingestreut, jetzt ist es eine kleine Manege. Das Pony hat es bereits ausprobiert, und auch ich werde bald einen Versuch machen.[78]

---

76 Siehe Lister, 2009, S. 257.

77 Siehe Lister, 2009, S. 257.

78 "Amico has transformed the great room adjoining the Chapel into a Riding House! By turning out all that lumber, and putting down a quantity of sand & sawdust, it is become a little manège. The Poney has been tried in it, and very soon I am to make a trial myself." Margaret Chinnery an ihren Sohn George am 22. November 1810, zitiert nach Lister, 2009, S. 258 und FN 151. Originalbrief in GB-Och, MS xlviii a.42a-a.55.

Erneute Krisen

Im Frühjahr des folgenden Jahres 1811 erkrankten Mutter und Tochter gleichzeitig. Margaret litt an Koliken, die von Gallensteinen verursacht waren. Caroline plagte ein schwerer Keuchhusten. Sie kurierten sich an verschiedenen Orten aus. Margaret erholte sich in Gillwell oder in London in der Duke Street. Caroline war zeitweise bei Samuel Rogers, einem engen Freund von William Spencer und wurde von beiden gepflegt. Viotti kümmerte sich rührend um Margaret. Beide Männer waren sehr besorgt und hielten sich mit Briefen auf dem Laufenden der jeweiligen Krankengeschichten.

Man muss sich diese Situation kurz vergegenwärtigen: Es gibt Gillwell, ein großes Anwesen auf dem Land, sicherlich gibt es Hausangestellte und es gibt einen Ehemann, William Chinnery. Doch wieder einmal fehlt er in dem Familienpanorama. Stattdessen quartieren sich beide Damen bei anderen Männern ein und werden von ihnen gepflegt. Dass die kranke Mutter sich nicht um ihre kranke Tochter kümmern kann, ist nachvollziehbar – dass aber beide die Ruhe und Geborgenheit von Gillwell verlassen, verwundert. Am 13. Mai 1811 bedauert Margaret in einem Brief an George, dass es ihr zu schlecht ging, um mit Amico am Tag zuvor seinen 56. Geburtstag zu feiern.[79] Am 16. Mai hatte sich ihr Zustand weiter verschlechtert, und Viotti war enttäuscht von den mangelnden Anweisungen des Arztes. Er schrieb an Spencer, dass er die Musik und die Geige am liebsten hinwerfen würde, um Medizin zu studieren, und er bat ihn, Caroline gegenüber den ernsten Zustand ihrer Mutter zu verheimlichen. Und bei all dem ging es ihm selber gesundheitlich nicht gut – Zahnschmerzen und das englische Wetter machten ihm schwer zu schaffen. Aber er spürte, dass er gebraucht wurde: als Tröster und Freund. Bereits am 19. April 1811 hatte Margaret an Caroline geschrieben: „Amico ist eine unermessliche Quelle an Beistand und Trost für mich; – er ist ein *vollkommener Freund!*“[80]

Caroline ahnte, dass Viotti ihr nicht die ganze Wahrheit sagte, weil er sie schonen wollte. Sie bat ihn am 19. Mai 1810 in einem Brief um Offenheit: „Mein lieber Amico, tun Sie mir den Gefallen und sagen Sie mir immer die Wahrheit; sie wird mich vielleicht bisweilen quälen, aber ich werde weniger bedrückt sein – ich werde dann wissen, wie schlimm die Dinge wirklich sind.“[81] Am 22. Mai konnte

79 Siehe Lister, 2009, S. 258 und FN 152. Originalbrief in GB-Och, MS xlviii a.42a-a.55.

80 “Amico is an immense source of comfort, & consolation to me; – he is a *perfect Amico!*” Zitiert nach Yim, 2004, S. 151.

81 Zitiert nach Lister, 2009, S. 258, FN 154.

Viotti ihr die erlösende Nachricht übermitteln, dass die Gallensteine ihrer Mutter abgegangen waren.[82]

Margaret und Caroline erholten sich noch einige Tage, danach nahmen sie wieder am Schaulaufen in Londons gehobener Gesellschaft teil. Am 19. Juni 1811 gab der Prince of Wales in seiner Residenz Carlton House ein großes Fest, zu dem auch William und Margaret Chinnery, Caroline und Viotti eingeladen waren. Der Anlass für dieses extravagante Fest mit insgesamt 2000 Gästen war die Übernahme der Regierungsgeschäfte von seinem Vater George III., der unter einer fortschreitenden Geisteskrankheit litt und zum Regieren nicht mehr in der Lage war.[83] Zwei Tage nach diesem großen Ereignis berichtete Margaret an ihren Sohn George, dass es das schönste und königlichste Fest gewesen sei, das je an einem Hof gegeben wurde. Sie waren bis zum Morgengrauen geblieben.[84]

Dieses Fest war der Auftakt vieler offizieller Anlässe, zu denen der Prinzregent die Familie Chinnery, und damit auch Viotti, einlud. Für Viotti war es eine ganz besondere Genugtuung: Das Land, das ihn ausgewiesen hatte, hielt ihn nun für würdig, an einem der prächtigsten offiziellen Feste teilzunehmen – privat war er mit dem Prinzregenten ja ohnehin verbunden, wie auch mit dessen Bruder Adolphus Frederick. Offiziell hatte Viotti die britische Staatsangehörigkeit beantragt. Adolphus Frederick war es, der einen Monat nach diesem rauschenden Fest Viotti die Nachricht überbrachte, dass sein Gesuch angenommen worden sei und ihn der Prinzregent zum britischen Staatsbürger erklärt habe:

> Ihr Gesuch ist angenommen. Um die freundlichen Gefühle des Prinzen Ihnen gegenüber wissend, bin ich sicher, dass er die Ernennung für Ihre Staatsbürgerschaft mit großer Freude gab, und ich bin sehr erfreut, dass Sie mich beauftragten, ihm Ihre Bewerbung zu überbringen.[85]

---

82 Siehe Lister, 2009, S. 259.

83 Das Britische Parlament hatte im Januar 1811 beschlossen, George, Prince of Wales (1762–1830), zum Regenten zu ernennen. Das Gesetz wurde ohne Zustimmung des geisteskranken Königs George III. beschlossen; eine ähnliche Regelung war bereits 1789 in Aussicht genommen worden. Damals jedoch hatte sich George III. unerwartet schnell erholt, so dass er der Verabschiedung des Gesetzes widersprechen konnte. Das Gesetz ist als Regency Act 1811 in die Geschichte eingegangen. Es ist der einzige von zahlreichen Regency Acts, der tatsächlich zur Anwendung kommen musste. Nach dem Tod Georges III. 1820 bestieg der Prince of Wales als George IV. den Thron.

84 Siehe Yim, 2004, S. 153.

85 « Votre requête a ete accordée. Connaissant les sentiments bienveillants du Prince à votre sujet je suis sur qu'il a donné l'ordre pour votre Denization avec bien de plaisir, et je me rejouis beaucoup d'avoir éte chargé de la communication de lui présenter votre Memoire. » Zitiert nach Yim, 2004, S. 154, FN 87.

Tiefstand

Am 25. Juli 1811 hielt Viotti dieses Schreiben in seinen Händen. Er und Margaret waren mitten in den Reisevorbereitungen für die Sommerfrische. Es sollte nach Eastbourne gehen, in einen ruhigen Badeort am Ärmelkanal. Hier wollte man sich entspannen, und Caroline sollte wieder zu Kräften kommen. Die Aufregungen und gesellschaftlichen Ereignisse der vergangenen Monate hatten ihre Gesundheit sehr angegriffen. Bald nach der Ankunft entschied Margaret, dass Eastbourne nicht der Ort war, wo man den gesamten Sommer verbringen könne – es war gesellschaftlich nicht so attraktiv. Kaum Einladungen, kaum Gegeneinladungen. Für viele andere Menschen ideale Bedingungen, sich zu erholen. Doch für Margaret Chinnery erwuchsen die zahlreichen Verpflichtungen dem Wunsch, immer im Gespräch der allerbesten Kreise zu sein. Sie stand unter dem Druck, dafür die optimalen Bedingungen zu schaffen – auch in den Ferien. Ab Ende August würden sie in Tunbridge Wells in der Grafschaft Kent sein: ein Kurort der feinen Gesellschaft, rund 40 Meilen von Eastbourne entfernt.

Viotti fuhr eine Woche nach der Ankunft in Eastbourne zunächst nach London, um dort seine Staatsbürgerschaftsurkunde in Empfang zu nehmen und mit seinem Freund Spencer einen netten Abend zu verbringen: „Wenn Sie mit mir um sechs Uhr nachmittags ein Kotelett essen mögen, so finden Sie es fertig zubereitet in der Duke Street, wie auch mich, mit weit geöffneten Armen, Sie zu begrüßen“, hatte Viotti an Spencer geschrieben. Auf dem Rückweg von London nach Eastbourne sah er sich in Tunbridge Wells nach geeigneten Quartieren um. Im Anschluss nahm er die Kutsche zurück nach Eastbourne.[86] Das war am 9. August 1811. Am selben Tag schrieb William Chinnery einen schockierenden Brief an seine Frau Margaret.

Er gestand ihr in allen Details seine betrügerischen Transaktionen, und legte das Ausmaß seiner Vergehen dar: Seit Jahren hatte er in seinem Amt als Treasurer Geld veruntreut, sehr viel Geld, um den aufwendigen Lebensstil zu finanzieren. Immer wieder hatte es neidische Bemerkungen hinter vorgehaltener Hand gegeben, wie sich Chinnery all das leisten konnte: den Landsitz Gillwell, die vielen Feste und vor allem seine beständig wachsende Sammlung antiker Vasen. Bereits in den mittleren 1790er Jahren hatte William Chinnery seinen Vorgesetzten Anlass zur Sorge gegeben, da er immer erst sehr spät offizielle Berichte über Geldeingänge und -ausgänge vorlegte. Der Board of Treasury erlaubte es den Rechnungsführern, öffentliche Gelder in privaten Konten zu halten wie beispielsweise beim Bankhaus Messrs Drummond. So bestand eine Versuchung, das Geld für private Vorteile

86 Siehe Lister, 2009, S. 260.

zu nutzen; William Chinnery war nicht der Einzige, der dieser Versuchung nicht widerstehen konnte. Der Board of Treasury und das Rechnungsprüfungsbüro verlangten zwar einen Bericht des Aufsichts- und Entlastungssystems, doch es hatte fehlerhafte Stellen, wodurch die Veruntreuung zunächst gar nicht auffiel. Da man sich im Board of Treasury einem hohen Ehrenkodex verpflichtet fühlte, zählte dieser mehr als die Kontrollsysteme. Trotz ihres Eindrucks, dass William Chinnery über seine Verhältnisse lebte, warteten die internen Prüfer des Treasury Board lange, Ermittlungen einzuleiten. George Rose, der Ziehvater Williams, hatte ihm 1810 einen wohlwollenden, aber warnenden Brief geschrieben – das war zunächst alles. Der Rechnungsprüfungshof deckte den Fall auf, war jedoch durch das Gesetz verpflichtet, zunächst dem Treasury Board und erst dann dem Parlament Mitteilung zu machen.[87]

Die Tage in Eastbourne waren überschattet von Williams Brief. Dennoch versuchten alle, die Ferienstimmung zu erhalten. Für Margaret war es keine Neuigkeit gewesen, dass ihr Mann Geld veruntreute, nur waren ihr das Ausmaß und die drohende Katastrophe bis dahin nicht bekannt gewesen. Sie wahrte den schönen Schein und erfreute sich an Carolines zurückkehrenden Kräften.

Ende August brachen alle nach Tunbridge Wells auf. Für Caroline war der Wechsel des Urlaubsorts eine neue Strapaze, und auch Margaret war zunächst am Ende ihrer Nerven. Nur hätte sie es wissen können: Tunbridge Wells war dafür bekannt, ein Ort zu sein, an dem man sich zeigen musste. Sie schrieb an George:

> Hier herrschen überall Geschäftigkeit und Besuche. [...] Sie sagten mir, dass ich zu mir selber finde, wenn ich die ersten Besuche gemacht und Gegenbesuche empfangen habe. [...] So bin ich hier zu später Stunde nach Hause gekommen, um die Kleider zu ordnen &c &c, eine kleine Pause zu machen und zu essen, um dann wieder an die Arbeit zu gehen, da für mich (unter uns) das alles *Arbeit* ist. [...] Unser Gesellschaftsraum ist voll [...] mit den Vaudreuils, Lady Lambert &c, aber ich schreibe in meinem *Schlafzimmer,* Caroline liegt in ihrem, und Guglielmo [d. i. William Spencer] & Amico haben die Gesellschaft empfangen. Dies wäre ein schöner Ort, wenn an ihm keine Menschen wären und man ihn genießen könnte.[88]

87 Michael E. Scorgie: The Rise and Fall of William Bassett Chinnery, in: Abacus, Band 43, Nr. 1, Sydney 2007, S. 91/92. Scorgies Aufsatz bietet eine sehr gut recherchierte genaue Analyse von William Chinnerys Tätigkeit beim Board of Treasury aus finanzwissenschaftlicher Sicht.

88 "Here is all bustle and visiting. [...] They tell me when I received and returned the first visits, I shall be much more to myself. [...] So here I am at a late hour come home to settle dresses &c &c, get a little rest and dinner, and then go to work again, for to me (entre nous) all this is *work.* [...] Our drawing room is full [...] of the Vaudreuils, Lady Lambert &c but I am writing in my *bed-chamber,* Caroline is laying down in her's, and Guglielmo & Amico are receiving the company. This is a beautiful place, if there were no people in

Margaret überwand die Krise der ersten Tage recht schnell. Caroline hingegen war der Trubel zu viel, zumal sie gemeinsam mit Viotti bei den meisten Feste musizieren musste. Sie wurde „herumgereicht", und Margaret schrieb an George, wie begeistert die Gäste von Caroline und Viotti waren. Sehr bald war die junge Frau zu erschöpft und musste eine Verpflichtung absagen. Am nächsten Abend stand sie wieder im Mittelpunkt einer reichen, klatschsüchtigen Gästeschar. Es hatte sich längst herumgesprochen, dass Carolines Vater erhebliche Probleme hatte. Die Neider rieben sich die Hände. Einer von ihnen, George Jackson, bemerkte herablassend in einem Brief an seine Mutter, dass der Hausherr William Chinnery entweder abwesend war oder nur beobachtete, was vor sich ging, und anscheinend der Meinung war, das sei ein guter Witz. William Spencer wird von Jackson süffisant als „L'ami de la maison" bezeichnet, begleitet von einem „old Frenchman", dem 56-jährigen Viotti.[89]

Das Verhalten von William Chinnery war keinesfalls so, wie man es von einem Mann seines Standes erwartete: Er war abwesend, passiv, zu weich, zu unentschieden. Und längst argwöhnte man, dass mit seinen Finanzen etwas nicht stimmte. Lord Glenbervie, der am 8. September 1811 zur illustren Gästeschar gehörte, die Margaret eingeladen hatte, bemerkte in seinen Tagebuchaufzeichnungen Chinnerys Finanzkraft, von der keiner wisse, wie er sie erreicht habe: „Er ist ein Geck", so Glenbervie.[90] Doch äußerte Glenbervie nicht nur kritische Töne, sondern lobte Caroline und Viotti und entkräftete ein immer wiederkehrendes Gerücht – dass Viotti der Vater Carolines sei:

> Viotti lebt im Haus der Chinnerys, soweit ich weiß, seit der Geburt der Tochter – der Klatsch lässt durchblicken, dass sein Aufenthalt schon etwas eher begann, aber ich glaube nicht, dass der exakte Zeitablauf dieses Gerücht rechtfertigen würde. Wie auch immer, sie war und ist ohne Unterbrechung die tägliche und Lieblingsschülerin dieses erstklassigen Musikers in Geschmack, Wissen und Ausführung, der zu diesen Verdiensten seiner Profession auch noch wohlerzogen und gut informiert ist in allen Angelegenheiten, die ihn zum Mann von Welt machen, dessen Gesellschaft man suchen sollte.[91]

---

it and one could enjoy it!" Margaret Chinnery an George Chinnery am 30. August 1811, zitiert nach Yim, 2004, S. 155. Originalbrief in GB-Och, MS xlviii a.42a-a.55.

89 Zitiert nach Lister, 2009, S. 261.

90 Zitiert nach Lister, 2009, S. 261.

91 "Viotti has lived in Chinnery's house, I believe, ever since the birth of the daughter – scandal might perhaps insinuate that his residence there is of a little earlier date, but I do not believe that exact chronology would justify this. However, she has been and still continues to be without interruption, the daily and favourite pupil of this first-rate musician for taste, knowledge, and execution, and who adds to such various merits in his profession that of being a very agreeable well-bred and well-informed person in all

Der gesellschaftliche Druck in Tunbridge Wells muss enorm hoch gewesen sein – und die Chinnerys hatten wohl kaum das Gefühl, in den Ferien zu sein. Margaret Chinnery beklagte sich oft in den Briefen an George, der in Oxford für sein Examen lernte. Am 15. September 1811 schrieb sie an ihn, dass sie niemals nach Tunbridge Wells zurückkehren werde.[92] Dennoch wirken Margarets Beschwerden halbherzig, denn schließlich war sie es, die diesen ehrgeizigen Aufenthalt gewollt hatte. Ihr wichtigstes Ziel, Caroline zu präsentieren, hatte sie erreicht, aber der Preis dafür war sehr hoch, wie sich noch zeigen sollte. Ein weiteres Ziel war, die beliebtesten Gesellschaften in Tunbridge Wells zu geben – auch das war ihr offensichtlich gelungen. Allerdings unter Aufgabe der Privatsphäre. Viotti wirkt in dem ganzen Trubel wie ein Fels in der Brandung; er wird in seiner bewährten Art Margaret unterstützt haben und es selber genossen haben, mit seinem Geigenspiel täglich im Mittelpunkt des Interesses zu stehen. Anders als Caroline konnte er auf eine jahrzehntelange Erfahrung und eine große Routine zurückgreifen.

Fünf Wochen Tunbridge Wells: Die anfängliche Verzweiflung Margarets und ihre Klagen über zu viel Arbeit waren ihrem enormen Ehrgeiz gewichen, und sie schrieb stolz an George:

> Keine Privatleute sind bislang so empfangen und hofiert worden in der Weise, wie wir es von der gesamten Gesellschaft an diesem schönen Ort erfahren durften! Wir schienen die Seele zu sein, der belebende Geist des Ganzen, und sie hätten uns nicht einen Moment allein gelassen; – jeder Tag, jede Stunde war angefüllt, und sie sagten, dass sie noch immer nicht genug Tage und Stunden hatten. Guglielmo [d. i. William Spencer] sagte, dass der Erfolg deiner Schwester so brillant und umfassend war wie der von Susan Beckford im Gesang und in ihrer Schönheit.[93]

Es waren Widersprüche, in die sich Margaret mit solchen Lobeshymnen verstrickte – durchaus verständlich in ihrer Situation. Der Ehemann stand mit einem Bein im Gefängnis, die Tochter musste möglichst schnell gut verheiratet werden, der gesellschaftliche Status durfte nicht leiden. Und das war sicher auch ein Grund dafür, warum sie beschloss, die Wochen in Tunbridge Wells mit einem positiven Urteil abzuschließen und sich gewissermaßen die Dinge „schönzureden".

Doch gab sie sich mit dem Erfolg in Tunbridge Wells nicht zufrieden. Anfang Oktober reiste sie mit Caroline und Viotti nach Brighton, in der Illusion, dort Erholung zu finden. William Chinnery, Spencer und die beiden Mädchen Matilda und „little" Margaret fuhren zurück nach London – warum nicht auch Marga-

---

matters which it becomes a man of the world and of good company to know." Zitiert nach Yim, 2004, S. 156.

92 Zitiert nach Yim, 2004, S. 156.

93 Margaret Chinnery an George Chinnery am 4. Oktober 1811, zitiert nach Yim, 2004, S. 157. Originalbrief in GB-Och, MS xlviii a.42a-a.55.

ret und Caroline sowie Viotti? Ihr Zuhause in Gillwell hätte ihnen mehr Ruhe gegeben als der beliebte Badeort. Es war kein Geheimnis, dass sich die meisten Gäste von Tunbridge Wells anschließend nach Brighton begaben. William Chinnery arbeitete in der Woche gegen die drohende Katastrophe an. Er investierte in eine Finanzgesellschaft, um die Schulden, die er als Schatzmeister angehäuft hatte, auszugleichen. Dieser verzweifelte Versuch endete kläglich, weil die Firma Bankrott ging.[94] An den Wochenenden kam William nach Brighton, um im Kreis der Familie jeweils für kurze Zeit die Gefahr zu verdrängen und Atem zu schöpfen. Nach einer Woche war es in Brighton mit der Ruhe vorbei, die Gästewelle aus Tunbridge Wells rollte an, und das Karussell drehte sich von neuem. Es gab kaum Privatsphäre. Einladungen und Gegeneinladungen folgten in engem Abstand aufeinander, überall bat man um Carolines und Viottis musikalische Darbietungen. Doch Margaret wurde sehr bald mit Carolines körperlicher Schwäche konfrontiert. Sie konnte keine Abendeinladungen annehmen und schon gar nicht auftreten. Margaret beschloss, dass sie gemeinsam die Heimreise antreten sollten.

Am 29. Oktober 1811 war sie damit beschäftigt, die Koffer zu packen und das Haus am West Cliff aufzuräumen, als eine überraschende Wende eintrat. Am selben Tag war nämlich der Prinzregent in Brighton eingetroffen und wollte am Abend ein Fest in seinem Marine Pavillon veranstalten: Die Chinnerys und Viotti waren eingeladen, William Chinnery war sogar Gast an der Tafel des Prinzregenten. In seiner Situation war eine solche Einladung von großer Wichtigkeit. Und Margaret ließ nun zu, dass Caroline all ihre Kraft zusammennahm und an jenem Abend eigene Kompositionen spielte – das war verantwortungslos, mit allen Folgen. Der Prinzregent lud die Chinnerys und Viotti ein, eine weitere Woche zu bleiben. Die Einladung wurde angenommen, und Besuche im Marine Pavillon wurden zur täglichen Verpflichtung. Caroline war inzwischen in jenem besonderen Zustand, in dem sich sämtliche Lebenskräfte noch einmal aufbäumen. Sie konzertierte die gesamte Woche nahezu jeden Abend, und besaß, will man den Berichten von Zeitzeugen glauben, eine überirdische Ausstrahlung. Da der Prinzregent ein Blasorchester in Brighton hatte, boten sich recht ungewöhnliche Besetzungsmöglichkeiten an: So konnten Flöten und Oboen die Violinen ersetzen, Fagotte wurden anstelle der Celli verwendet, lediglich die Bratschenstimme musste transponiert werden, zum Beispiel für Klarinette.[95]

Am 9. November 1811 verließ der Prinzregent mit seinem Hofstaat Brighton, und auch Margaret bereitete abermals die Abreise vor. Höher konnte man in Brighton nicht aufsteigen als es ihr mit täglichen Einladungen zu Festen in den

94 Siehe Lister, 2009, S. 265.
95 Siehe Lister, 2009, S. 263/264.

Marine Pavillon gelungen war, geschmückt von mehreren Auftritten ihrer Tochter und Viotti. Die Sommerfrische war schon lange zu Ende, und am 18. November 1811 erreichten Margaret, Caroline und Viotti ihren Landsitz Gillwell, das schützende Zuhause. Es waren die letzten Ferien gewesen, die den Chinnerys als Familie vergönnt waren.

Bereits eine Woche später hielten sich Margaret und Caroline wieder in London auf, da sich der Gesundheitszustand der jungen Frau sehr verschlechtert hatte und sie täglich ärztliche Hilfe brauchte. Sie wohnten bei William Spencer, Carolines väterlichem Freund. Es brachen bange Wochen an. Viotti kümmerte sich um den Landsitz, tauschte nahezu täglich sorgenvolle Briefe mit Margaret aus. Am 10. Januar 1812 hoffte er gemeinsam mit ihr auf Besserung, da Caroline drei Stunden ohne Husten geschlafen hatte.[96] Doch im März 1812 wird klar, dass es für Caroline keine Rettung gibt.

Nahezu gleichzeitig erfährt William Chinnery, dass seine Tage im Treasury Board gezählt sind. Am 16. März 1812 wird er informiert, dass ihn der Premierminister Spencer Perceval aus dem Amt des Ersten Schatzmeisters entlassen habe. Über zwölf Jahre hatte Chinnery das schlecht zu kontrollierende Treasury-System hintergangen und seinen eigenen Finanzbedarf gedeckt. Über die Höhe der veruntreuten Summe gibt es in der Literatur abweichende Angaben: Dennis Gray, der eine Biografie über Spencer Perceval veröffentlichte, spricht von 70.000 Pfund[97], Denise Yim hält mehr als 80.000 Pfund für möglich[98], und Warwick Lister nennt die Summe von 88.000 Pfund.[99] Wie hoch auch immer – es war ein überwältigender Betrag, der sich in zwölf Jahren angesammelt hatte: Geld, das William für das glanzvolle Gesellschaftsleben auf dem Landsitz Gillwell ausgegeben hatte, für die Zukunft seiner Kinder, für Reisen, standesgemäße Unterkünfte und exquisite Einrichtungen – man denke nur an das Privattheater auf Gillwell, an die Marmor-Statuen dort im Empfangsbereich, die sicher nicht nur Élisabeth Vigée Le Brun beeindruckten und an seine Sammlung antiker Vasen. Außerdem hatte William Viotti bei der Gründung seines Weinhandels unterstützt sowie seinen Bruder George, der Kunstmaler war, und weitere enge Freunde.

Sofort nach seiner Entlassung taucht William Chinnery unter. Seine Tochter liegt im Sterben. Viotti ist an Margarets Seite. Während Caroline mit dem Tode ringt, fasst William Chinnery den schweren Entschluss, vor seinen Gläubigern ins Ausland zu fliehen. Es ist seine einzige Chance. Am 30. März 1812 geht er an

96 Viotti an Margaret Chinnery am 10. Januar 1812, zitiert nach Lister, 2009, S. 264. Originalbrief in AUS-Sphm 94/143/1–2/26.

97 Dennis Gray: Spencer Perceval – The Evangelical Prime Minister, Oxford 1963, S. 318.

98 Siehe Yim, 2004, S. 161.

99 Siehe Lister, 2009, S. 264.

Bord eines Postschiffes nach Göteborg. Viotti und er hatten vorher beschlossen, einander nicht zu begegnen, damit er bei Verhören wahrheitsgemäß aussagen kann, nichts von Williams aktuellem Aufenthaltsort zu wissen.

Das Schiff nimmt Kurs auf Hamburg und von dort weiter nach Göteborg. Es ist dieselbe Reiseroute, die Viotti vierzehn Jahre vorher nehmen musste. Er schreibt an Williams Abreisetag einen bewegenden Brief an ihn, aus dem deutlich wird, wie verbunden er sich ihm fühlt:

> Sie sind den Klauen des Löwen entkommen, mein guter Freund, […] aber leider werden unsere anderen Sorgen täglich qualvoller und furchtbarer. Ja, mein Freund, es ist wahr, dass es kaum mehr Hoffnung für unsere geliebte Caroline gibt. Oh, mein Gott, was für ein schrecklicher Schlag! Ich kann die Wahrheit vor Ihnen nicht länger verbergen, wie ich es getan habe, als Sie abreisten, da ich wahrscheinlich gezwungen sein werde, Ihnen die Nachricht der schrecklichen Katastrophe mit der nächsten Post zu schicken. Haben Sie dann Mut und akzeptieren Sie diesen unvermeidbaren Satz wie ein Mann.[100]

Zwei Tage später schreibt Viotti, dass Caroline noch immer in großer Gefahr schwebe und ihr Leben nunmehr nur noch ein schwacher Funken sei. Mit einem Ausruf am Ende des Briefes gibt er seiner Verzweiflung Ausdruck: „Oh! Warum kann ich ihn (diesen Funken) nicht mit meinem eigenen Leben wieder entzünden!“[101] Die Liebe ihrer Mutter, ihres Bruders, die väterliche Zuneigung von Viotti und Spencer, ihre Gebete und ihre Fürsorge können Caroline nicht halten. Der letzte Funke erlischt, sie stirbt am 3. April 1812 in Spencers Haus in der Curzon Street. Es wurde eine Autopsie vorgenommen, deren Ergebnis auf Tuberkulose lautete, die durch den Keuchhusten im Frühjahr 1811 unerkannt blieb und sich durch die Anstrengungen der Wochen in Tunbridge Wells und Brighton verschlimmert hatte.[102] Margaret Chinnery schrieb ihrem Mann die Ergebnisse des Autopsieberichts am 6. April 1812. Dem Brief fügte Viotti einige Sätze hinzu, die deutlich machen, wie sehr er sich der Familie Chinnery in der schweren Zeit verbunden fühlt – und mehr noch: dass sie auf ihn zählen können. Er wird in den kommenden Monaten zu einer noch größeren Stütze für Margaret, als er es ohnehin schon war:

> Lasst uns bei allem auf unsere geliebte Padrona achtgeben; das ist es, was George und mich unaufhörlich beschäftigt. […] Unsere Gedanken und unser Mut müssen unserem

100 Viotti an William Chinnery am 30. März 1812, zitiert nach Lister, S. 266. Originalbrief in AUS-Sphm 94/143/1–14/4.

101 « Oh ! que ne puis-je la faire reluire avéc ma propre vie ! » Viotti an William Chinnery am 2. April 1812, zitiert nach Yim, 2004, S. 161. Originalbrief in AUS-Sphm 9/143/1 – 1/4.

102 Siehe Yim, 2004, S. 161. Margaret Chinnery schrieb ihrem Mann die Ergebnisse des Autopsieberichts am 6. April 1812. Originalbrief in AUS-Sphm 94/143/1–17–2.

> Unglück ebenbürtig sein. Lasst uns nicht vergessen, dass es immer noch vier von uns sind, die wir einander brauchen.[103]

Viottis Liebe zu den Chinnerys war von großer Tatkraft begleitet. Er unterstützte Margaret in allen nur erdenklichen Dingen des Alltags, übernahm die Aufgaben eines Privatsekretärs, indem er viele Briefe, die Margaret in jenen Wochen schreiben musste, kopierte – nicht zuletzt deshalb sind diese Monate zu rekonstruieren. In fast jedem Brief drückt Margaret ihre Dankbarkeit aus, dass Viotti an ihrer Seite ist. Sie schreibt an Cécile Cherubini in Paris:

> Es ist unmöglich für mich, all die Güte von Amico zu beschreiben! – Er ist ein einzigartiger Freund, und ich bete, dass der Himmel mir seine Treue bewahrt. Er ist außerordentlich zuvorkommend und höflich in seiner Art, wie er sich um mich kümmert und versucht, meine Leiden zu verringern.[104]

Gemeinsam überlegen Viotti, Margaret, George und Spencer, wo sich William in den kommenden Monaten oder auch Jahren am besten aufhalten sollte, bis sich die Wogen der Ereignisse geglättet haben. William hat zeitweise den Gedanken, nach Paris zu gehen, wovon ihm seine Familie – Viotti inbegriffen – dringend abrät. Viotti schreibt William bereits am 30. März 1812:

> Die Padrona, Guglielmo [d. i. William Spencer], George und ich haben Ihre Idee diskutiert, nach Paris zu gehen. Das können und dürfen Sie auf keinen Fall tun. In der Tat, neben allen anderen Bedenken, verbieten wir es Ihnen im Namen der Freundschaft und in Ihrem eigenen Interesse. Wir raten Ihnen, in Stockholm zu bleiben oder nach Jütland zu gehen, um dort mit dem Vater meiner Tochter zu leben, mit meinem guten Freund Mr. Smith, bis die Lage so ist, dass Sie zurückkehren können. Sie werden dort ein einfaches [und] sanftes Leben führen; er wird entzückt von Ihrer Gesellschaft sein, und Sie werden nicht allzu unglücklich sein.[105]

Diese Sätze, die Viotti an William Chinnery schreibt, sind interessant. Er empfiehlt William nämlich, bei seinem damaligen Gastgeber im Exil, John Smith, zu leben – was naheliegend ist, denn auch William befindet sich nun in einer Art Exil. Mit „Jütland“ spielt Viotti auf den Scharrenkamp'schen Hof (Friedrichshulde)

103 Zitiert nach Lister, 2009, S. 265/266. Originalbrief in AUS-Sphm 94/143/1–17–2.

104 « Il m'est impossible de vous peindre toute de la bonté de l'Amico ! – C'est un ami unique, et je prie le Ciel de recompenser sa fidelité ; la douceur, et l'extréme bonté avec lesquels il me soigne, et cherche à adoucir mes malheurs ! » Margaret Chinnery an Cécile Cherubini am 1. Juli 1812, zitiert nach Yim, 2004, S. 162, FN 5. Originalbrief in AUS-Sphm 9413/1 – 4/7.

105 « Nous vous conseillons de rester à Stockholme ou d'aller en Juteland vivre avéc le pere de ma fille, avéc mon bon Ami Mr. Smith jusqu'à ce que vous puissiez revenir. Vous menerez là une vie simple [et] douce ; il sera enchanté de votre compagnie et vous ne serez pas trop malheureux. » Zitiert nach Yim, 2004, S. 103, FN 37.

in Schenefeld an, das damals auf dänischem Territorium lag; der dänische König war in Personalunion auch Herzog von Holstein. Dass Viotti Mr. John Smith als „Vater meiner Tochter" (« le père de ma fille ») bezeichnet, hat folgenden Hintergrund: Viotti empfand zu Jane, der Tochter von Smith, die damals noch ein Mädchen war, eine herzliche Zuneigung. Sie heiratete 1804 Ernst Büsch, den jüngsten Sohn des bedeutenden Hamburger Nationalökonomen, Pädagogen und Publizisten Johann Georg Büsch. Nach dem Tod ihres Vaters erbte Jane Büsch 1813 das Anwesen Friedrichshulde in Schenefeld; sie übernahm das Gut.[106] Zuvor hatte sie seit 1806 mit ihrem Mann in Cheltenham bei Oxford gelebt und Kontakt zu Viotti und den Chinnerys aufgenommen. William Chinnery folgte dem Appell, vorerst nicht nach Paris zu gehen, und blieb in Stockholm. Den Vorschlag, bei John Smith zu leben, nahm er nicht an.

Margaret Chinnery musste nun drei schwere Krisen bewältigen: den Tod ihrer Tochter, die Flucht ihres Mannes, und darüber hinaus musste sie sich mit den Konsequenzen des schweren Betrugs ihres Mannes auseinandersetzen. Viotti war, wie immer, bei allen wichtigen Entscheidungen an ihrer Seite. Gillwell, das gesamte Haus mit seiner Einrichtung und seinem Inventar sowie der Landbesitz waren von der Regierung beschlagnahmt worden. Der Versuch Viottis, das Mobiliar über einen Schätzpreis zurückzukaufen, scheiterte, da die Regierung auf den Verkauf durch eine Auktion bestand.[107] Margaret war darüber sehr bestürzt. Für sie gingen nicht nur Gegenstände, sondern wesentliche Teile ihres Lebens und ihrer Persönlichkeit unter den Hammer des Auktionators. Sie beklagt in ihrem Tagebuch „Dinge, die mir von Geburt an gehörten, die meinem Vater gehörten, die Bücher, mit denen ich meine Kinder unterrichtete, ihre Übungen, ihre Zeichen- und Schreibhefte, sogar einige unserer eigenen Porträts – alles wurde in einer öffentlichen Auktion verkauft."[108]

Margaret musste erleben, dass die bisherige Selbstverständlichkeit von Besitz nicht nur in Frage gestellt wurde, sondern sich vor ihren Augen auflöste, ohne dass sie etwas dagegen tun konnte. Kostbaren Gegenständen wie Erstausgaben wurde ihre Würde genommen, weil sie neutrale, zu versteigernde Dinge wurden, deren einziges Merkmal das Mindestgebot war. Noch schlimmer muss für sie der

106 Das Erdbuch im Landesarchiv Schleswig-Holstein hat einen entsprechenden Eintrag, der auf „Madame Büsch" lautet: SHLA Abt. 112 Nr. 1659. Die Informationen über Jane Büsch, geborene Smith und Ernst Büsch verdanke ich dem Pfarrer und Schriftsteller Christian Hartung (Kirchberg).

107 Siehe Lister, 2009, S. 266.

108 "Things that had belonged to me from my birth, which had been my father's, the books in which I had taught my children, their exercises, their drawing and writing books, even some of our own portraits, all sold by public auction." Zitiert nach Lister, 2009, S. 266.

Verlust der Dinge gewesen sein, die sie mit ihren Kindern verband. Am 19. Mai 1812 begann in Gillwell die Versteigerung, geleitet von Matthew and Son. Sie dauerte insgesamt fünf Tage. Der Katalog der zu versteigernden Gegenstände umfasst 52 Seiten.[109] Die Briefe, die nach der Auktion von Viotti und Margaret an William Chinnery sowie von Margaret an Viotti geschrieben wurden, geben Aufschluss darüber, dass Viotti an mindestens einem Tag der Auktion anwesend war und einen Teil der Möbel ersteigerte. Am 25. Mai 1812 ordnete der Rechtsbeistand des Treasury Board an, dass ein Konvolut von Musikalien an Viotti geliefert werden solle.[110]

An einem weiteren Versteigerungstag, am 2. Juni 1812 kaufte er weitere Musikalien zurück, wobei leider nicht zu rekonstruieren ist, welche. Diese Versteigerung ging über drei Tage vom 2. bis 4. Juni 1812 und wurde bei „Mr. Christie at his Great Room, Pall Mall“ abgehalten. Am ersten Tag kam die Bibliothek der Chinnerys zur Versteigerung. Viotti nahm die große Nervenbelastung auf sich, zur Versteigerung zu gehen, um möglichst viele der Bücher, die Margaret wichtig waren, zurückzukaufen: Das Spektrum reicht von Petrarca über zeitgenössische englische Schriftsteller, Kunstbände, Reiseführer und historische Literatur.[111] Am 3. und 4. Juni 1812 wurden Porzellan, Bronzen, Möbel und vor allem William Chinnerys antike Vasensammlung aufgerufen.

Der Katalog dieser Auktion listet auch viele Gegenstände, die den Kindern gehörten. Es greift einem noch heute ans Herz, wenn man liest, was dort unter den Hammer kam: Pfeil und Bogen, mit denen sich die Kinder im Rahmen ihrer körperlichen Ertüchtigung im Bogenschießen geübt hatten, und ein komplettes Mikroskop von Berge in einem Mahagoni-Kasten, das William seinem Sohn George für seine Studien in Oxford gekauft hatte.

Margaret Chinnery war an keinem Verkaufstag anwesend – es hätte ihr das Herz zerrissen. Erleben zu müssen, wie fremde Menschen einander überbieten, um liebgewonnene Gegenstände zu ersteigern – von wertvoller Kunst über Lieblingsbücher und Noten bis hin zu kleinen Habseligkeiten, deren Wert vielleicht nur der erschließen kann, der mit ihnen lebt. Ein Handarbeitskorb aus Elfenbein mit zarten chinesischen Malereien war sicher eines von Margarets meist geliebten Besitztümern. Sie schrieb am 4. September 1813, mehr als ein Jahr nach der

109 Der Auktionskatalog befindet sich in London, National Archives, Signatur Gb-Lna TS 11/362. Lister zitiert ausführlich aus dem Katalog, welche Gegenstände unter den Hammer kamen auf S. 267 ff.

110 Siehe Lister, 2009, S. 268.

111 Lister, 2009, führt auf S. 267/268 detailliert auf, welche Bücher Viotti zu welchem Preis ersteigerte.

Versteigerung von Gillwell, in ihr Tagebuch, das sie von März 1812 bis September 1813 führte:

> Oh, wer kann erzählen, wer kann beschreiben, was ich in diesen achtzehn Monaten gelitten habe! [...] Wenn mein Geist niedergedrückt und angstvoll war – dann unterstützte mich unser absolut zuverlässiger Freund – *dem in Freundschaft niemand ebenbürtig ist* – er beruhigte mich wieder, sprach von meinem Mut, versuchte mich zu überzeugen, dass meine Seelenstärke dem Gefecht mit der Furcht gewachsen sei – und ich kehrte zu meiner Pflicht zurück.[112]

Margaret Chinnery, die zu dem Zeitpunkt, als sie diese Worte schrieb, sechsundvierzig Jahre alt war, hatte wenige Jahre zuvor auf eine blühende, erfolgreiche Familie geblickt, hatte mit großer Freude die Zwillinge George und Caroline aufwachsen sehen und war in einer wohlsituierten Welt zu Hause. Nun aber war alles ins Wanken gekommen, war eingestürzt, ihre liebsten Menschen hatten sie verlassen – bis auf Viotti.

112 "Oh who shall tell, who could describe what I have suffered in those eighteen months! [...] when my spirit was oppressed and fearful – then our unimpeachable friend – *he who in friendship has no equal* – he supported me, – reassured me, told of my courage, tried to persuade me that my fortitude was equal to the fierce encounter – and I returned to the charge." Zitiert nach Lister, 2009, S. 265, FN 189. Original AUS-Sphm 94/143/1–10.

Jahre der Entscheidungen 1812–1819

Abschied von Gillwell

Die Ereignisse im Frühjahr 1812 forderten von Margaret Chinnery ihre ganze Kraft.

Einer blieb unbeirrbar und treu an ihrer Seite: Viotti. Er stand auch jetzt, in der Zeit des gesellschaftlichen Abstiegs, zu ihr. Die Aufdeckung von Williams jahrelangem Betrug im Schatzamt glich einer Katastrophe – privat und in der Öffentlichkeit.

Der Glanz der vergangenen Jahre mit opulenten Festen und beliebten Konzerten im Hause Chinnery war erloschen. Margaret zog sich von Freunden und Bekannten zurück – sie wollte sich dem Tratsch nicht aussetzen. Viotti übernahm es, Kontakte zu pflegen, und sorgte dafür, dass der Anschluss an den Freundeskreis nicht verloren ging. Oft begab er sich dafür auf Feste, bei denen nicht nur wohlmeinende Menschen zu Gast waren, sondern auch solche, die sich über die Beziehung von Margaret, William und Viotti die Münder zerrissen und Williams Flucht nach seinem Fehltritt zum Anlass für weitere anzügliche Spekulationen nahmen. War Margaret wütend auf ihren Mann? Machte sie sich Vorwürfe, weil sie nicht genügend Rücksicht auf Carolines schwachen Gesundheitszustand genommen hatte? Es gibt keine eindeutigen Antworten auf diese Fragen. Aber es gibt einige Dokumente, die einen Einblick in Margarets Leben in jenen schweren Monaten gewähren – und erstaunlicherweise ist sie ihrem Mann gegenüber sehr loyal. Was Caroline anbelangt, bleiben nur Vermutungen. Margaret Chinnery hat ihre Tochter über alles geliebt, und dazu gehörte in der damaligen Zeit auch, dass sie für eine standesgemäße Erziehung sorgte, die wiederum die Voraussetzung für eine gute Verheiratung war. Bei einer so begabten jungen und schönen Frau wie Caroline lag es nahe, ehrgeizig alles auf dieses Ziel auszurichten. Der Mutterstolz hatte Margaret blind gegenüber den Warnzeichen gemacht.

Es war Viotti, der ihr half, nicht zu verbittern. Er hatte einen wesentlichen Anteil daran, dass sich Margaret nicht von ihrem Mann trennte, obwohl es jetzt, da eine große räumliche Entfernung zwischen ihnen lag, leicht gewesen wäre, sich ganz Viotti zuzuwenden. Ihre Dreiecksbeziehung war aber von einer großen gegenseitigen Achtung getragen, die einen Partnerwechsel ausschloss.

Sie schrieb ihrem Mann regelmäßig ausführliche Briefe ins schwedische Exil über ihren Alltag mit Viotti und ließ William auf diese Weise weiterhin am Familienleben teilhaben. Die Familie war, nach Carolines Tod, sehr klein geworden, und die Chinnerys konnten den Verlust der gemeinsamen Tochter nicht einmal gemeinsam betrauern. Eine Woche nach Carolines Tod fasste Margaret ihren Kummer in diese Worte:

> Ich glaube, dass es Gottes Wille ist, mich all dieses Leid durchleben zu lassen. Aber wofür soll ich leben? Sicherlich nicht für *mich* selbst, *ich* kann niemals mehr die Glückseligkeit kosten – aber für meinen *wunderbaren, vollkommenen* George würde ich versuchen zu leben – für Dich, meinen lieben Chinnery, nach dem ich mich sehne, ihn an meinen Busen zu drücken, und für den besten Freund, mit dem je ein menschliches Wesen gesegnet wurde – für unseren lieben Amico! – würde ich auch versuchen, das Leben auszuhalten, wenn ich nicht fürchten müsste, dass meine Sorgen seinen Lebensabend mit einer dunklen Wolke bedeckten.[1]

Während des Trauerjahres gab Margaret keine musikalischen Veranstaltungen in ihren Räumen, sie empfing keine Besuche und begab sich kaum in die Öffentlichkeit, es sei denn, um ihren Anwalt zu treffen. Gillwell, ihr geliebter Wohnsitz auf dem Land, war gefährdet. Sie hatte bereits erleben müssen, wie die gesamte Einrichtung, Porzellan, Silber, Bücher, Noten und sogar Spielsachen ihrer Kinder versteigert wurden, und sie nichts dagegen tun konnte. Nun galt es, darum zu kämpfen, dass Haus und Grundstück nicht an die Schatzkammer fielen, in deren Schuld ihr Mann stand. Margaret begründete ihren Besitzanspruch damit, dass sie Gillwell von ihrem Vater geerbt hatte. Doch da sie mit William verheiratet war, ging der Besitz rechtlich auf ihren Mann über. Margaret verlor diesen Rechtsstreit. Das bedeutete einen erneuten Verlust in ihrem Leben – sie musste Gillwell für immer verlassen.[2]

Sie zog mit Viotti, ihrem Sohn George und den beiden Mädchen Matilda und „little“ Margaret in die Mitte Londons. Die neue Adresse lautete 10 Charles Street[3], Manchester Square. Für Margaret waren es besonders schwere Tage, denn mit dem Auszug aus Gillwell wurde ihr noch einmal bewusst, wen und was sie in den vergangenen zehn Jahren verloren hatte: ihren Sohn Walter, ihre Tochter Caroline, in gewisser Weise ihren Mann und nun noch ihr geliebtes Zuhause. Das neue Haus mitten in London war bei weitem kein adäquater Ersatz. In ihrem Brief an William vom 10 Oktober 1813 beklagt sich Margaret darüber, dass alles viel zu

1 “I do believe that it is the will of God, to make me live through all the suffering! But what should I live for? Not for *myself* certainly, *I* can never more taste of happiness – but for my *excellent perfect* George I would try to live – for you my dear C[hennery] whom I long to press to my bosom – and for the best friend that any human being ever was blessed with, for our dear Amico! I would also try to endure life, if I did not fear that my sorrow will cast a heavy cloud over the evening of his days.” MC an WBC am 10. April 1812, zitiert nach Lister, 2009, S. 265, Original Aus-Sphm 94/143/1–17/3.

2 Siehe Lister, 2009, S. 270.

3 Siehe Yim, 2004, S. 163.

eng sei, „nicht genügend Raum für sein [d. i. Viottis] Quartett oder für ein großes Pianoforte, angenommen, wir hätten eines […]“[4] biete, und Margaret zitiert sogar Viotti, der das neue Haus ein „hässliches Loch, vollgestopft mit Möbeln“ nennt – es waren die Möbelstücke, die sie aus der Auktion zurückersteigert hatten.

Wie müssen diese verbitterten Worte auf William gewirkt haben? Tragen sie doch den Vorwurf in sich, dass die Situation so ist, weil sich William über Jahre kriminell verhalten hatte. Hätte er nicht den Betrug begangen, säßen Margaret und ihre Nächsten jetzt nicht in diesem „hässlichen Loch“ – so lautete die indirekte Botschaft. War ihr klar, welchen Vorwurf sie erhebt? Sie hatte Grund genug dazu. Andererseits war dieses „hässliche Loch“ nicht wirklich ein hässliches Loch, sondern immerhin noch ein eigenes Haus. Margaret stand vor der Aufgabe, dass sie, aus einer hohen gesellschaftlichen Schicht kommend, ihre Ansprüche und ihren bisherigen ständig wachsenden Lebensstandard überdenken musste. Doch viel schwerer als der Verzicht auf materielle Güter wog die Trauer um Caroline. Ihre Tochter war Margarets Hoffnungsträgerin in der Frauenrolle einer gebildeten und gut zu verheiratenden jungen Dame gewesen. Margaret hatte nun kein Ziel und keine Nachfolgerin mehr und war in ihrem Selbstverständnis als Frau und Mutter tief erschüttert. Dass sie in so einer elementaren Krise die einzelnen Felder ihrer Sorgen nicht mehr auseinanderhalten konnte und zumindest indirekt Vorwürfe gegen ihren Mann erhob, ist durchaus verständlich.

Viotti hielt nicht nur zu Margaret, sondern auch zu William. Das bezeugen die Briefe, die er ihm schrieb. Sie geben uns Einblicke in Viottis Alltag. Er übernahm gemeinsam mit Sohn George die gesellschaftlichen Verpflichtungen; Margaret zog sich während des Trauerjahrs sehr zurück. George war inzwischen 21 Jahre alt, hatte sein Studium erfolgreich absolviert und war – Ironie des Schicksals – in das ehemalige Büro seines Vaters eingetreten und zwar in derselben Funktion: als Schatzmeister. Das ist psychologisch sehr interessant, zumal George derjenige war, der am meisten Kritik am Vergehen seines Vaters übte und seither ein sehr distanziertes Verhältnis zu ihm hatte. Es wirkt so, als wollte er etwas wiedergutmachen und die Schande von der Familie abwenden – ein junger begabter Mann mit bester Ausbildung hätte auch andere Möglichkeiten für den Berufseinstieg gehabt.

Am 5. August 1812 schrieb Viotti einen ungewöhnlich langen Brief an William, in dem er von einem Fest berichtet, das am Abend zuvor stattgefunden hatte und auf dem er gemeinsam mit George zu Gast gewesen war. Viotti nimmt William

4 “[…] with not enough room for his Quartett, or a Grand Piano-forte supposing we had one […]” MC an WBC am 10. Oktober 1813, zitiert nach Yim, 2004, S. 163 und FN 9. Original AUS-Sphm 94/143/1–17/16. Viottis Zitat in diesem Brief lautet: « ce vilain trou, empifré de meubles ».

sozusagen mit auf das Fest, indem er ihm sein eigenes Erlebnis ganz genau schildert. Die tiefe Freundschaft zu ihm lässt ihn Formulierungen finden, die sogar noch uns Leser mehr als zweihundert Jahre später einbeziehen. Selten hat sich Viotti so persönlich und bilderreich über ein Ereignis geäußert.

Eingeladen hatte Sophia Johnstone, die eng mit dem Prinzregenten, dem späteren George IV., befreundet war. Zum festlichen Rahmen, den Sophia ihren hochstehenden Gästen bot, trug auch Viotti bei, denn er musizierte auf ausdrücklichen Wunsch des Prinzregenten gemeinsam mit dem Geiger Francesco Vacari. „Der Prinzregent begrüßte mich mit leiser Stimme – Bonsoir Viotti – aber mit dem größtmöglichen huldvollen Ausdruck", schreibt Viotti an William.[5] Zunächst muss sich die Festgesellschaft ein „God Save the King" von der Sopranistin Teresa Bertinotti und dem Tenor Diomiro Tramezzani anhören – scheußlich gesungen, wie Viotti in seinem Brief an William bemerkt. Die Gesangsdarbietung wurde von vorgelesenen Passagen aus Briefen Lord Wellingtons unterbrochen, in denen er über seine militärischen Erfolge in Spanien berichtet.[6] Danach gab Sophia Johnstone Viotti ein Zeichen, dass der Prinzregent ihn auf der Geige hören möchte:

> Ich nahm meine Violine – der beste aller Prinzen saß auf einem Sessel in der Nähe des Sofas [...], auf dem Lady Castlereagh und Lady Cholmondeley platziert waren. Von dort fragte er mich alles Mögliche mit einer unglaublichen Höflichkeit, während Vacari und ich unsere Geigen stimmten und ich die Noten aufschlug. Unsere liebe Caroline war wieder Gegenstand der Konversation. Ich spielte, und es schien mir, als hätte ich das Glück gehabt, dass es ihm gefiel. Nachdem wir mein Duo beendet hatten, erwies er mir die Ehre, mich zu sich zu rufen [...].[7]

Der Prinzregent hatte bemerkt, dass Viotti in Begleitung von George Chinnery war, und er erkundigte sich nach Mrs. Chinnery. Viotti nutzte die günstige Situation, im persönlichen Gespräch ein gutes Wort für George und William Chinnery einzulegen, und erinnerte den Prinzregenten daran, dass George neben Griechisch und Latein vier moderne Sprachen spreche und ihn diese Fähigkeit für einen Posten im diplomatischen Corps qualifiziere. Man muss sich noch einmal ver-

5 "[...] in a low voice Bonsoir Viotti, but with the most gracious expression possible". Zitiert nach Lister, 2009, S. 270. Original AUS-Sphm 94/143/1–14/8.

6 Während der Napoleonischen Kriege auf der Iberischen Halbinsel (1807–1814) kämpften Großbritannien, Spanien und Portugal gegen die Vorherrschaft Frankreichs.

7 "I take my violin – the best of all Princes sat down on a chair near the sofa [...] where Lady Castlereagh and Lady Cholmondeley were seated. From there he asks me all sorts of questions with an inexpressible kindness while I tuned with Vacari and while I prepared the music. Dear Caroline was again the subject of conversation. I play, and it seemed to me that I had the good fortune to please him. My Duo having finished, he did me the honor of calling me back [...]". Zitiert nach Lister, 2009, S. 271. Original AUS-Sphm 94/143/1–14/8.

gegenwärtigen, dass Viotti in Fontanetto Po in eine Handwerkerfamilie geboren wurde – jetzt schmiedete er in London mit dem Thronfolger Karrierepläne für einen jungen Mann aus der Oberschicht. Viotti zog sich nach dem Gespräch diskret zurück, doch „dieser liebenswürdige und großmütige Prinz ließ mich nicht aus den Augen und gab mir noch einmal zu verstehen, wie schön die Musik war usw."[8] Alles in allem, so resümiert Viotti, war der Abend wunderbar. Der Prinzregent hatte daran einen großen Anteil. Zwar galt er als verschwenderisch, maßlos und faul und war daher nicht sehr beliebt. Doch die Sympathie, die Viotti ihm entgegenbrachte, gründete sich wahrscheinlich vor allem auf ihrem gemeinsamen Interesse an der Musik; der Prinzregent spielte sehr gut Cello und liebte es, selber zu dirigieren Außerdem war Viotti klug genug, diesen Kontakt zu pflegen, denn eine gesellschaftliche Rehabilitierung Williams konnte nur von den allerersten Kreisen ausgehen.

William Chinnery hoffte, bald aus dem schwedischen Exil zurückkehren zu können. Doch allzu schlecht schien es ihm nicht zu gehen. Er hatte schnell Kontakt zu gebildeten und wohlhabenden Menschen gefunden, die auch musizierten, und er bat daher Viotti, ihm sein Cello zu schicken. Viotti, der sonst für jeden Wunsch seiner Freunde offen war, zögerte und schrieb William am 23. Juni 1812, dass spezielle Auflagen zu erfüllen und Erlaubnisse für den Export einzuholen seien, dass Zölle bezahlt werden müssten und ein Wust von weiteren Formalitäten nur endlose Schwierigkeiten verursachten.[9] Statt des Cellos schickte Viotti ein Vorratspaket mit Perücken, Pomade, Käse, Makkaroni und Noten.[10]

Zehn Tage nach dem Fest bei Sophia Johnstone schrieb Viotti am 14. August 1812 einen weiteren Brief an William, in dem er ihm ausführlich über Neuigkeiten aus dem Londoner Musikleben berichtete, und etwas kokett reihte er sich selbst in diese Neuigkeiten ein, nämlich, dass er am Vortag seine neuen Quartette mit Francesco Vacari und den Brüdern Schram[11] geprobt habe. Viotti ist stolz auf diese Stücke, und nur seine Bescheidenheit hält ihn davon ab, sich selbst zu loben – das überlässt er seinen Musikerkollegen:

> Wenn ich nicht der Komponist wäre, so würde ich sagen, dass sie [die Quartette] wirklich charmant sind – sogar mehr als das, nur die Bescheidenheit Ihres Jean Baptiste erlegt ihm

---

8 "This amiable and magnanimous Prince does not let me out of his sight and gave me to understand how fine he thought the music was &c." Zitiert nach Lister, 2009, S. 271. Original AUS-Sphm 94/143/1–14/8.

9 Siehe Lister, 2009, S. 271.

10 Siehe Lister, 2009, S. 271 und Original AUS-Sphm 94/143/1–14/7.

11 Christopher Schram war in jener Zeit einer der besten Cellisten Londons. Er spielte in den Opera Concerts und im King's Theatre; sein Bruder S. Schram war Geiger. Siehe Lister, 2009, S. 466, FN 13.

> Schweigen auf. Sie haben keine Vorstellung, wie sehr die Herren von den Quartetten erfreut waren. Ich werde eine Kopie von ihnen für Erard [d. i. ein Verlagshaus] machen – es ist ein Geschenk, das ich seinen Neffen überreichen möchte, und Sie wissen, wie lange es dauert, dies alles zu kopieren. Wenn alles fertig ist, möchte ich sie hier verkaufen und stechen lassen und sie dem guten Herzog widmen, der sie bislang nicht gehört hat.[12]

Mit dem guten Herzog ist der jüngere Bruder des Prinzregenten, Adolphus Frederick, Herzog von Cambridge, gemeint. Viotti war mit ihm eng befreundet und widmete ihm das Violinkonzert Nr. 27, das er bereits 1794/95 komponiert hatte. Es gilt als etwas leichter spielbar als die anderen Konzerte Viottis. Adolphus Frederick war ein versierter Amateur auf der Violine. Die ausführliche Notation der Verzierungen für die Solo-Violine im zweiten Satz war für ihn sicher hilfreich, da er nicht so sehr in der Verzierungspraxis zu Hause war wie ein professioneller Musiker.[13] Die drei Quartette eignete Viotti dann jedoch seinem Halbbruder André zu.[14]

André Viotti und die drei Streichquartette sind einen kleinen Exkurs wert. Der Halbbruder Viottis, getauft auf den Namen Francesco Giovanni Andrea[15], war fast 22 Jahre jünger als Giovanni Battista – er hatte ihn zuletzt als Fünfjährigen gesehen, als er 1782 einen letzten Besuch in Fontanetto Po gemacht hatte. Als André erwachsen wurde, traten sie miteinander zunächst in Briefkontakt, daher bestand eine gedankliche Beziehung zwischen den beiden. André, der in Paris lebte und daher seinen Namen in französischer Sprache führte, machte beim Militär eine beachtliche Karriere und wurde am 25. Dezember 1812 zum Ritter der Ehrenlegion ernannt; die Zeremonie fand am Neujahrstag 1813 statt.[16] Das teilte er Viotti stolz in einem Brief am 13. Januar 1813 mit; Margaret wiederum

12 « Si je n'en étois pas l'auteur je dirois qu'ils sont réellement charmants, plusque cela meme, mais la modestie de vortre Jean Baptiste doit lui imposer silence. Vous n'avez pas d'idée comme ces messieurs en étoient contents. Je vais en faire une copie pour Erard – c'est un présent que je veux faire à ses neveux, et vous sentéz quel temps doit me rendre cette copiade. Quand tout sera prêt, je m'occuperai de les vendre ici pour etre gravés et dédiés au bon Duc qui ne les a pas encore entendû. – J'ai voulü avoir cette séance à porte close, et pour que le tapage musical n'affectat pas la Padrona, nous avons été tous quatre faire notre essay chez Lord Dunmore qui étant en Ecosse m'a dit de faire usage de sa maison quand bon me semble. » Zitiert nach Yim, 2004, S. 167/168, FN 26. Original AUS-Sphm 94/143/1 – 14/9.

13 Chappell White: Giovanni Battista Viotti. Four Violin Concertos, Band 1, Madison/Wisconsin 1976, S. XI.

14 Siehe Yim, 2004, S. 167 und S. 175.

15 Liber baptizatorum, Chiesa San Martino, Fontanetto Po 1777, 26. Januar 1777.

16 Siehe Lister, 2009, S. 273 und Yim, 2004, S. 175.

zitierte die Neuigkeit in ihrem Brief an William.[17] Bis dahin waren sich die beiden Männer noch nicht wieder begegnet. Wann sich Viotti entschloss, André die drei Quartette zu widmen, ist nicht ganz klar. Sie erschienen erst 1817 im Druck bei Jante & Cotelle. In der Zwischenzeit hatte der „gute Herzog" Adolphus Frederick Gelegenheit, die Quartette kennenzulernen. Er schrieb Viotti im Oktober 1815, die Quartette seien wirklich sehr schön und er spiele sie oft mit Romberg, der ebenfalls begeistert von den Kompositionen sei.[18]

Was zeichnet diese Quartette aus, die den Titel „Tre quartetti concertanti" tragen und die im Werkregister von Chappell White unter wII:13–15 eingeordnet sind, und warum ist Viotti selber von ihnen so angetan, dass er über seinen Schatten springt und sich indirekt sogar ein wenig lobt? Er übernahm hier zum ersten Mal Joseph Haydns Modell, Streichquartette mit vier Sätzen zu komponieren, samt einem Menuett als zweitem oder drittem Satz. Alle drei Quartette sind so aufgebaut. Das zweite und dritte Quartett haben, ebenfalls orientiert an Haydn, eine langsame Einleitung. Und anders als in seinen früheren Streichquartetten, bei denen die erste Violine eindeutig im Vordergrund steht, hat Viotti bei diesen alle Stimmen gleich gewichtet. Er zeigt in diesen Quartetten seine gereifte Persönlichkeit als Komponist von Kammermusik, mit dem hörbaren Ergebnis, dass die vier Instrumente kontinuierlich miteinander kommunizieren. Auch hierin folgt er seinem Vorbild Haydn.

Der konzertante Charakter entsteht in diesen Quartetten durch eindrucksvolle Details, die für Viottis Concerti typisch sind, so Kadenzen für die erste und zweite Violine und sogar für das Cello im ersten Satz des zweiten Quartetts dieser Werkgruppe.[19]

---

17 "His Excellency M. de Lacepede, Grand Chancellor, decorated me with his own hand, telling me that he was delighted to confer personally this mark of distinction upon the brother of the celebrated ______." – Dt. Übersetzung: „Seine Exzellenz, M. de Lacepede, Grand Chancellor, der mich eigenhändig auszeichnete, und mir sagte, dass er erfreut sei, persönlich dieses Zeichen der Wertschätzung an den Bruder des gefeierten ________ [Auslassungszeichen, evtl. wegen der Zensur?] zu verleihen." Zitiert nach Lister, 2009, S. 273, Original AUS-Sphm 94/143/1–17/4.

18 Siehe Lister, 2009, S. 300/301 und Original AF an GBV, 6. Oktober 1815, GB-Lcm Viotti Papers. Sehr wahrscheinlich ist der Cellist Bernhard Romberg gemeint, der Mitglied in der Königlichen Kapelle in Berlin war, wo sich im Herbst 1815 auch Adolphus Frederick aufhielt.

19 Das erste und das zweite Quartett der „Tre quartetti concertanti" sind auf der CD zu hören, die diesem Buch beigefügt ist. Es musizieren das Amelior Quartett aus Hannover und das Quartetto Indaco aus Mailand; diese CD ist in Zusammenarbeit mit der Kammermusik-Meisterklasse von Professor Oliver Wille an der Hochschule für Musik, Theater und Medien Hannover entstanden, gefördert durch die Stiftung Niedersachsen.

Viotti hatte mit Sicherheit einige Quartette von Haydn hören können, als sich der berühmte Komponist und Gründervater der Gattung 1791/92 und 1794/95 in London aufhielt. Zwar hatte Viotti schon zwölf Streichquartette komponiert, sie aber ausdrücklich nicht für öffentliche Aufführungen vorgesehen. Mit diesen „Tre quartetti concertanti" war es anders. Er brachte sie öffentlich zur Uraufführung, eines sogar im großen Konzert der Philharmonic Society.

Neue Aufgaben in der Philharmonic Society

Am frühen Abend des 17. Mai 1813 strebten die musikbegeisterten Londoner auf der Regent Street und in den umliegenden Straßen eilig einem eindrucksvollen Gebäude mit einer abgerundeten Ecke und einer Kuppel zu. Es lag an der Kreuzung Regent Street und Little Argyll Street: Die Argyll Rooms waren ein neu erbautes Veranstaltungszentrum, und seit kurzem fanden hier die Konzerte der jüngst gegründeten Philharmonic Society statt. Keinesfalls wollte man zu spät kommen. Erstens schickte es sich nicht mehr, nach eigenem Belieben im Konzert zu erscheinen, zweitens war es ein Konzert, das mit großer Spannung erwartet wurde: Viotti trat nach 15 Jahren das erste Mal wieder öffentlich solistisch auf – sein letztes Konzert hatte er kurz vor seiner Abreise ins Exil gegeben, zu Beginn des Jahres 1798. Er war vor wenigen Tagen 58 Jahre alt geworden und machte sich den Auftritt vielleicht selbst zum Geschenk. Sein Revival-Konzert fand im Rahmen der neuen Konzertreihe der Philharmonic Society statt; Viotti zählte zu den Gründungsmitgliedern. An diesem Abend war er Konzertmeister und brachte außerdem mit seinen Landsleuten Francesco Vaccari (Violine) und Paolo Spagnoletti (Viola) sowie dem englischen Cellisten Frederick William Crouch eines der drei „Quartetti concertanti" zur Uraufführung. Bemerkenswert ist, dass im selben Konzert ein Streichquartett von Beethoven erklang.[20] Da Viotti für die Programmgestaltung der Philharmonischen Konzerte zuständig war, muss er seine drei Quartette für gut genug gehalten haben, um neben einem Beethoven-Quartett zu bestehen. Leider lässt sich nicht mehr rekonstruieren, welches Quartett von Beethoven auf dem Programm stand; komponiert waren von ihm zu jenem Zeitpunkt bereits Opus 18, 59, 74 und Opus 95.

Margaret Chinnery war zu Hause geblieben – ihr Rückzug nach dem Tod ihrer Tochter dauerte bereits länger als zwölf Monate. Sie nahm sich die Zeit, die sie brauchte und setzte sich dabei über manche Konventionen, auch über die des

20 Die Programmzettel befinden sich heute in der British Library unter der Signatur RPS / Ms. 272.

Trauerjahres, hinweg. Während Viotti im Konzertsaal der Argyll Rooms auftrat, war sie gedanklich bei ihm und bei ihrem Mann William. An ihn schrieb sie an jenem Abend:

> Ich habe mein Paket an dich bis eben geöffnet gelassen, *10 Minuten nach Mitternacht* – und Amico ist noch nicht zurückgekehrt. Ich schließe daraus, dass sehr viel wiederholt wurde! Du musst bis zum nächsten Posttag auf Einzelheiten warten.
> Halb eins – hier ist er! Nichts kann man sich glänzender vorstellen! Amico war geschmeichelt und wurde von nahezu jedem beglückwünscht, und es war nur unter Schwierigkeiten zu vermeiden, dass jedes Stück wiederholt wurde. Der Herzog ließ Amico zwischen den Darbietungen holen und sagte, dass der Prinzregent die feste Absicht habe zu kommen, und wenn er es täte, so müsse Amico sein Quartett wiederholen. Wie auch immer, er war dann verhindert zu kommen, was ich bedauere, da er es *bislang nicht gehört* hat, wäre es ein schönes Kompliment für Amico gewesen –
> Alle Logen waren besetzt und jeder Abonnent war vor dem *ersten Bogenstrich* da – die Professoren waren alle entzückt – um es kurz zu sagen: Sein Erfolg war so umfassend, wie *wir* es nur wünschen konnten![21]

Die Konzerte der Philharmonic Society schlossen eine Lücke im Angebot für das Londoner Publikum, seit es die Konzertreihe der Professional Concerts, die Hanover Square Concerts von Johann Peter Salomon sowie die Opera Concerts nicht mehr gab. Gleichwohl gehörte auch Salomon zu den Begründern der Philharmonic Society. Sie wurde von dreißig Mitgliedern ins Leben gerufen, die allesamt aus der ersten Riege von Londons Instrumentalisten und Sängern kamen. Darunter waren viele Freunde und ehemalige Gäste der musikalischen Salons von Margaret Chinnery: der Flötist Andrew Ashe, die Pianisten Ludwig Berger und Muzio Clementi, der Geiger Franz Cramer, sein Bruder, der Pianist Johann Baptist Cramer, der Geiger und Impresario Johann Peter Salomon und der Geiger Feliks Janiewicz, der aus Edinburgh kam, der Cellist Charles Jane Ashley. Es gab aber

21 "I have kept my Packet open till now, *10 minutes past midnight,* – and Amico is not yet returned, – I therefore conclude that a great deal has been encored! You must wait till the next Post-day for particulars. ½ past 12 – Here he is! Nothing can be imagined more brilliant! Amico was caressed, & complimented by almost every individual, – the concert went off to admiration, & it was with difficulty that every one of the pieces were not encored. The Duke sent Amico between the acts, & said that the Regent fully intended to come, & and that if he did, Amico must repeat his Quartett. However he was prevented from coming, which I regret, for as he has *never yet heard* it would have been a pretty compliment to Amico – / All the Boxes were filled and every subscriber there before the *premier coup d'archet,* – the professors are all enchanted, – in short his success was so complete as *we* could wish!" MC an WC [am 17. Mai 1813], zitiert nach Lister, 2009, S. 276, Original AUS-Sphm 94/143/1–17/55. Da London zum damaligen Zeitpunkt keine Universität hatte, ist die Übersetzung des Wortes „professors" nicht eindeutig. Es könnte sich um professionelle Musiker handeln, die auch unterrichteten.

auch Gründungsmitglieder, die nicht Musiker waren, so der Jurist Henry Dance, Viottis Anwalt in Verbindung mit dem Weinhandel; er wurde erster Sekretär der Philharmonic Society. Zum Schatzmeister wurde der prominente Kritiker und Impresario William Ayrton berufen. Neben den Gründungsmitgliedern gab es weitere namhafte Musiker, die sich der Vereinigung anschlossen: Viottis Schüler Nicolas Mori, die Geiger und Bratschisten Paolo Spagnoletti und Francesco Vaccari sowie der Sänger Giuseppe Naldi.

Viotti unterschrieb die Mitgliederliste am 6. Februar 1813 an sechzehnter Position. Seine Rückkehr ins Londoner Musikleben half Margaret Chinnery, allmählich Abstand zu ihrem Kummer zu gewinnen, denn sie nahm nun Anteil an der Organisation und Entwicklung der neugegründeten Gesellschaft. Und vor allem unterstützte sie begeistert das Comeback ihres engsten Vertrauten Viotti in der musikalischen Öffentlichkeit Londons. Viottis Absicht war es jedoch nicht, an die Erfolge seiner Solo-Karriere anzuknüpfen; in den Konzerten, in denen er auftrat, musizierte er im Ensemble, sei es in der Kammermusik oder als Konzertmeister. Er sah seine Aufgaben eher als Manager und Gestalter der Programme und wurde einer der Direktoren der Philharmonic Society.

Das Musikleben in London war in jenen Jahren sehr vom Starkult und den damit verbundenen Intrigen geprägt. Die Philharmonic Society machte es sich zur Aufgabe, Qualität abseits von modischen Strömungen und großen Namen anzubieten und verzichtete bei der Programmgestaltung daher ausdrücklich auf Solokonzerte, andere solistische Darbietungen und Duette. Sie bezog damit eine Gegenposition zu den Konzertreihen, die italienische Vokalmusik brachten und die Musik Händels pflegten, die noch immer sehr beliebt beim Londoner Publikum war; außerdem grenzte sich die Philharmonic Society von der Reihe „Concert of Ancient Music“ ab, die kein Stück ins Programm nahm, das jünger als zwanzig Jahre alt war.[22] Es ging den Mitgliedern der Philharmonic Society um die Aufführung der Instrumentalmusik von Haydn, Pleyel, J. C. Bach, C. F. Abel, Mozart und neuester Werke, wie beispielsweise die Sinfonien von Beethoven.[23] Mit dieser stilistischen Ausrichtung wandten sie sich gegen den Trend, der seit ungefähr 1800 in London herrschte, nämlich einen konventionellen Geschmack zu pflegen. Die Erfolgschancen standen gut, denn die Philharmonic Society hatte

22 Leanne Langley: A Place for Music. John Nash, Regent Street and the Philharmonic Society of London, in: Electronic British Library Journal, 2013, Artikel 12, S. 2. Dieser Aufsatz gibt einen ausführlichen Einblick in die Gründungsphase der Philharmonic Society und die Bedeutung der bis heute bestehenden Gesellschaft für das Musikleben in London. http://www.bl.uk/eblj/2013articles/article12.html, letzter Zugriff: 10. 03. 2018

23 Die Konzerte der Philharmonic Society waren maßgeblich an der Verbreitung von Beethovens Werken in England beteiligt.

schnell prominente Anhänger wie beispielsweise den Herzog von Cambridge, Adolphus Frederick. Er schrieb an Viotti:

> Ich beeile mich, Ihnen zu bestätigen, dass ich Ihr Briefchen erhalten habe und bitte Sie, mich auf die Liste der Abonnenten zu setzen. Es ist mir ein Vergnügen, dass ich diesen Konzerten beiwohnen kann, und ich mache mir Hoffnungen, dass es dieser Gesellschaft gelingen wird, den Schönheitssinn für die Instrumentalmusik wieder zu etablieren, die unglücklicherweise in diesem Land der Dekadenz anheimgefallen ist.[24]

Die Konzerte der Philharmonic Society hatten von der ersten Saison an ein sehr gutes Niveau. Das lag daran, dass diese Gemeinschaft im Stande war, ein Orchester mit den eigenen Mitgliedern zu besetzen, die allesamt hervorragende Musiker waren – unter ihnen natürlich auch Viotti. Das Orchester galt sehr schnell als der beste Klangkörper Londons. Eine weitere bemerkenswerte Eigenschaft lag in der Gemeinnützigkeit: Die Musiker waren nicht nur bereit, ohne Gage zu spielen, vielmehr bezahlten sie sogar jährlich drei Guinea für die Mitgliedschaft. Die Spielzeit begann im März und dauerte bis Juni. In dieser Zeit gab es acht Konzerte, die jeweils montags in den Argyll Rooms erklangen. Der Standort für diese Konzerte ist übrigens kein Zufall, denn Schirmherr der Philhamonic Society war der Prinzregent, der in der Regent Street, also in unmittelbarer Nähe, residierte. Die Argyll Rooms gehörten zu den Neubauten, die der Architekt John Nash für die Regent Street entworfen hatte. Der musikliebende Prinzregent konnte so die klassische Musik und gleichzeitig seine eigene Reputation fördern.

Das Premieren-Konzert fand am 8. März 1813 statt. In der ersten Spielzeit der Philharmonic Society spielte Viotti wahrscheinlich in allen acht Konzerten als Tutti-Geiger; die Rolle des Konzertmeisters wurde abwechselnd von den hervorragenden Violinisten übernommen, die dem Orchester angehörten, sei es Viotti selbst, seien es seine Kollegen Salomon, Cramer, Janiewicz, Vaccari und Spagnoletti.

Die Programmgestaltung der ersten Saison legt einen deutlichen Schwerpunkt auf die Werke Beethovens: Zwei Sinfonien, fünf Kammermusikwerke und „Die Geschöpfe des Prometheus“ kommen zur Aufführung. In den folgenden Jahren wird die Philharmonic Society zu einem der wichtigsten Orchester für Beethoven, beständig werden seine Kompositionen in Konzerten der Philharmonic Society gespielt. Leider äußert Viotti nirgends seine Meinung über Beethovens

24 « Je m'empresse de Vous accuser le reçu de Votre billet et de Vous prier de me mettre sur la liste des souscripteurs à la Société Philharmonique. C'est avec un plaisir que j'assisterai à ces concerts, et je me flatte que cette Société réussira à établir le goût pour la Musique Instrumentale que malheureusement est tombée en décadence dans ce pays ci. » AF an GBV an einem Samstag im März 1813, zitiert nach Yim, 2004, S. 184, FN 14, Original Viotti Papers, RCM.

Musik – wie interessant wäre eine Briefpassage an William oder eine kurze Notiz an Margaret. Fakt jedoch ist, dass Viotti im Orchester wahrscheinlich die meisten sinfonischen Werke mitgespielt haben dürfte, die die Philharmonic Society aufführten. Er war jedoch bei keinem kammermusikalischen Werk beteiligt, das auf dem Programm stand. Daraus auf mangelndes Interesse an Beethovens Werken zu schließen, wäre gewagt. Es ist durchaus möglich, dass Viotti 1810 und 1811 bei den Hauskonzerten seines Kollegen Feliks Janiewicz gemeinsam mit ihm und Giovanni Battista Cimador Beethoven-Quartette musiziert hat; sowohl Janiewicz als auch Cimador waren begeisterte Anhänger von Beethovens Musik.[25]

Ein weiterer Geiger, der Viotti nahestand und Beethovens Musik sehr schätzte, war sein ehemaliger Schüler Pierre Baillot. Er gründete im Dezember 1814 eine Kammermusikreihe in Paris, die bis 1840 bestand. In dieser Reihe konzertierte er mit seinem eigenen Streichquartett und war im Pariser Konzertleben jener Jahre der wichtigste Interpret von Beethovens Werken für Streicher. Beispielsweise führte Baillot als Erster Beethovens Violinkonzert in Paris auf.[26] Sicher wird Baillot seinem verehrten Lehrer Viotti seine Leidenschaft für Beethovens Musik mitgeteilt haben.

Das Violinkonzert von Beethoven wurde 1810 von Clementi und Collard in London veröffentlicht. Da Viotti in gutem Kontakt mit Muzio Clementi war, wird er das Violinkonzert sicher von ihm erhalten haben. Ob Viotti wohl auffallende Ähnlichkeiten mit seinen eigenen Konzerten bemerkte, und ob er auch den Einfluss von Rode und Kreutzer auf Beethoven wahrnahm? Diese hypothetische Frage stellt Warwick Lister.[27] Es geht dabei nicht um die Frage, ob Beethoven bei Viotti „abgeschrieben" hat, sondern vielmehr um den Ausdruck, die Atmosphäre und die Behandlung des Solo-Instruments in Beethovens berühmtem Violinkonzert D-Dur op. 61: Was könnte ihn an Viottis Konzerten beeinflusst, ja fasziniert haben? Und was hat ihn an Pierre Rodes und Rodolphe Kreutzers Kompositionen interessiert?

Der österreichische Geiger Franz Clement könnte derjenige Musiker gewesen sein, der Beethoven mit Viottis Werken vertraut machte, denn er war es, der 1806 bei Beethoven das Violinkonzert D-Dur in Auftrag gab. Eine intensive Arbeitsbeziehung zwischen den beiden Musikern anlässlich dieses Auftragswerks ist denkbar. Im Entstehungsprozess waren vielleicht Viottis Konzerte so etwas wie akustische Beispiele, da Clement ein hervorragender Geiger war, der bereits als sogenann-

25 Siehe Lister, 2009, S. 276/277 sowie Simon McVeigh: Viotti and the London Violinists during the 1790s, in: Giovanni Battista Viotti – A Composer between the Two Revolutions, Ad Parnassum Studies 2, hrsg. von Massimiliano Sala, Bologna 2006, S. 108.

26 Siehe Lister, 2009, S. 291.

27 Lister, 2009, S. 291.

tes Wunderkind im Alter von zehn Jahren bei Haydns Ehrenpromotion 1791 in Oxford spielte. Er machte in den 1790er Jahren eine große Karriere und wurde 1802 Konzertmeister im Theater an der Wien. Viottis Violinkonzerte, die bis dahin entstanden waren, gehörten mit Sicherheit zu seinem Repertoire. In seiner Position als Konzertmeister hatte Franz Clement dann Beethoven kennengelernt, der sich 1802 bereits seit zehn Jahren in Wien befand. Für den Komponisten war die Beziehung durchaus fruchtbar, denn Clement setzte sich auch für die erste öffentliche Aufführung der Dritten Sinfonie Beethovens ein: Sie fand am 7. April 1805 im Theater an der Wien statt. Beethoven dirigierte, Franz Clement war Konzertmeister.

Im folgenden Jahr hob Clement dann am 23. Dezember 1806 Beethovens Violinkonzert aus der Taufe, ebenfalls im Theater an der Wien. Der Musikverlag Artaria in Wien veröffentlichte um 1799 Viottis Konzert Nr. 20 in D- Dur (wI:20) – das bedeutet, dass zumindest dieses Konzert für Beethoven leicht zugänglich war. Und beim vergleichenden Hören dieser beiden Konzerte lässt sich nachvollziehen, was Beethoven interessiert haben könnte: die Rolle des Orchesters im Verhältnis zum Solo-Instrument, der Gestus und die Klangflächen, die Viotti im Orchester aufbaut. Selbstverständlich entwickelt Beethoven dies alles deutlich weiter und ist dabei ganz in seinem eigenen Ton, doch als Inspirationsquelle ist Viottis Konzert Nr. 20, das 1795 entstand, für Beethovens Violinkonzert denkbar.

Die Arbeit für die Philharmonic Society war schnell zu Viottis Hauptaufgabe geworden. Und es scheint, als habe er Margaret durch sein Engagement ermutigt, sich auch allmählich und vorsichtig wieder der Welt zu öffnen. Am 16. Juli 1813 veranstaltete sie erstmals wieder eine kleine Abendgesellschaft mit Musik. Hatten sich in früheren Zeiten zahlreiche Gäste die Klinke in die Hand gegeben, so waren es an diesem Abend nur zwei Gäste: ein gewisser Mr. Peterson – er war ein Geschäftsmann und Amateurgeiger, der William in Göteborg getroffen hatte – sowie Charles Smith, Viottis Partner im Weinhandel. Mr. Peterson sah Carolines Harfe im Gesellschaftszimmer stehen und wünschte, das Instrument zu hören:

> Viotti ließ [little] Margaret eine Sonate spielen, die Caroline ihr beigebracht hatte, und er begleitete sie auf der Violine. Mr. Peterson bat um weitere Musik und hörte daraufhin Variationen der Folies d'Espagne. Dann schlug Amico vor, dass er ein Duett mit ihm spielen solle – was er nach einigen Komplimenten und Entschuldigungen auch tat – sehr gut für einen Amateur. Sie spielten *zwei* Duette von denen, die er *uns* gewidmet hat. Dann schlug ich vor, dass Mr. Peterson *Amico alleine* hören solle. Er stimmte zu und spielte das famose Menuett von Pugnani und danach eine Polacca. Um zu schließen, spielte Matilda ein neues Konzert, arrangiert von J. Cramer, begleitet von Amico und M. Peterson.[28]

28 "Amico made [little] Margaret play a sonata Caroline had taught her, and he accompanied it. M. Peterson asked for something else, and heard the variations on the Folies

Mit diesen Worten stellt Margaret eine große Nähe zu ihrem Mann William her. Sie lässt ihn in Gedanken am ersten Abend teilnehmen, zu dem sie nach sechzehn Monaten Trauerzeit einlud. Für William muss es bewegend gewesen sein, das zu lesen – hatte er doch einen großen Anteil an Margarets Lebenskrise. Doch mit jedem Brief, mit jeder Schilderung des Alltags gab sie ihm zu verstehen, dass sie ihm verzieh. Sie gedachten rund zweitausend Kilometer voneinander entfernt, doch verbunden durch Margarets Worte, gemeinsam der Tochter Caroline. So traurig die Umstände auch waren – Margaret vermochte es, sich ihnen zu stellen und selbst in dieser Krise den Menschen, die ihr am nächsten standen, zu zeigen, wie sehr sie sich mit ihnen verbunden fühlte. William konnte sich glücklich schätzen, denn selbstverständlich war das alles nicht.

Margarets Nichte Matilda, die sie in ihrem Brief an William erwähnt, war inzwischen zu einer jungen Dame von 16 Jahren herangewachsen, und sie war eine fähige Pianistin geworden. Für Margaret war sie in ihrer Anmut und mit ihrer musischen Begabung ein Trost. Sie hegte eine zärtliche Zuneigung für Matilda, die Ähnlichkeiten mit Caroline hatte – nicht zuletzt durch die Musik. Als Matilda acht Jahre später England verließ, um in Indien zu heiraten, verlor Margaret einmal mehr einen geliebten Menschen.

Kurz nach dem Besuch von Mr. Peterson reisten Margaret, Viotti, die Mädchen und George in die Sommerfrische. Sie hatten ein Haus in Fulham gemietet, damals eine waldreiche Gegend am südwestlichen Rand von London, heute ein nobles Viertel mitten in London, bekannt durch Craven Cottage, ein legendäres Fußballstadion Londons und Sitz des FC Fulham, dem ältesten Profi-Fußball-

d'Espagne. Then Amico proposed playing a Duett with him, – which after some compliments & excuses, was done, and very well done for an amateur. They played *two* of those dedicated to *us.* I then proposed Amico's letting M. Peterson hear *him alone* – he complied, and played the famous Menuet of Pugnani, and afterwards a Polacca. To conclude, Matilda played the new Concerto just arranged by J. Cramer, accompanied by Amico and M. Peterson." MC an GBV, 18. Juli 1813, Original AUS-Sphm 94/143/1–17/11. Lister hat recherchiert, welche Musikstücke es gewesen sein könnten. Vgl. hierzu Lister, 2009, S. 467, FN 35. Bei den Stücken handelt es sich um ein Menuett aus Pugnanis Sammlung „Twelve Favourite Minuets in Three Parts, Compos'd for His Majesty the King of Denmark's Masquerade ... for Harpsichord, Violin, or Ger. Flute", erschienen bei Welcker, London 1768. Bei der Polacca handelt es sich wahrscheinlich um eines der beiden populären Polonaisen-Finali der Violinkonzerte Nr. 2 A-Dur (wI:3) und Nr. 13 A-Dur (wI:13); beide wurden in London in den 1790er Jahren als Lieder mit Klavierbegleitung veröffentlicht. Das Konzert, das Matilda spielte, war ein Arrangement von J. B. Cramer, das er von Viottis Violinkonzert Nr. 27 C-Dur (wI:27) für Klavier und Orchester (wIa:13) angefertigt hatte.

Verein Londons. Die Idylle, die Margaret ihrem Mann William beschreibt, wird man dort so wohl nicht mehr finden.

> Ich schreibe dir in einem Zimmer, das auf einen hübschen kleinen Blumengarten hinausgeht, und ich höre keine anderen Geräusche als das Brummen der Fliegen und das Gesumme der Insekten. Aber ach! Kummer bedrückt mein Herz [...]. Amico hat bedauernswerterweise einen leichten Gichtanfall, aber er hat auch eine kleine Attacke in seinen Armen und Beinen, was zusammengenommen einen ziemlichen Invaliden aus ihm macht. Wie auch immer, stand er wie gewöhnlich auf und kam herunter, um den Tee zu bereiten. Wir frühstückten im Gesellschaftszimmer am Bogenfenster und schauten in den Blumengarten [...]. Links vom Garten befindet sich ein Feld, auf dem eine Kuh steht. Oh, wie mich all diese Dinge und Geräusche auf dem Land berühren! Ich hoffe, dass sich in einigen Tagen der tiefe Eindruck weniger empfindlich bemerkbar macht – in der Tat muss ich mich um Amicos willen zusammennehmen. Was George anbelangt, so versuche ich, ihm stets mit einem lächelnden Gesichtsausdruck zu begegnen. Der arme Amico sieht *das Schlimmste* ebenso wie *das Beste* von mir![29]

Margaret macht in diesem Brief an William aus ihrem Kummer kein Geheimnis. Sie vermisste ihren Landsitz Gillwell, sie vermisste ihre Tochter Caroline und doch beherrschte sie sich, um Viotti zu schonen, aber auch, weil sie einen wieder erwachten Lebenswillen spürte. Sie hatte wieder Interesse an ihrer Umwelt und wurde durch das Verhalten von ihrem Sohn George gefordert, denn seit William im Exil war, ging George in eine radikale Opposition zu seinem Vater.

Gestört wurde die Ruhe in Fulham durch die ständige Präsenz von Madame de Staël, die sich seit Juni 1813 in London aufhielt. In ihrem Anspruchsdenken Viotti gegenüber und mit ihrem fordernden Verhalten, was Einladungen und Gegenbesuche betraf, ging sie allen gehörig auf die Nerven. Selbst in der Sommerfrische blieben Viotti und Margaret von ihr nicht verschont. Da Madame de Staël in Richmond ihr Quartier genommen hatte, war sie nicht allzu weit von Fulham entfernt. Margaret fürchtete um ihre Erholung:

29 "I am writing to you in a room that opens on to a nice little flower garden, and hear no other noise, than the hum of the flies, and the buzz of the insects. But alas! – grief oppresses my heart [...]. Amico has unfortunately a slight touch of gout, but he has also a little sort of irruption on his arms and legs, which altogehter makes rather an invalid of him. However he rose as usual and came down to make the tea. We breakfasted in the Drawing room, at the Bow-window, looking into the flower garden [...]. There is a cow in the field on to the left hand side of the garden. Oh how all these objects and *sounds* of the country (for it is something like the country) affect me! In a few days I hope the deep impression will be felt less sensibly – indeed for Amico's sake I must exert myself. As for George, I always try to meet him with a smiling countenance – the poor Amico sees *the worst* as well as the *the best* of me!" MC an WBC am 18. August 1813, zitiert nach Lister, 2009, S. 282. Original AUS-Sphm 94/143/1–17/13.

> Ich schlug vor, dass Amico sie in Richmond mit seiner Violine besuchen möge. Er sollte ihr ausrichten, wie sehr ich es bedauere, dass sie seit ihrer Ankunft in England bislang nicht in den Genuss gekommen sei, ihn zu hören. Das war akzeptabel für sie, – und für den nächsten Dienstag ist vereinbart, dass Amico und George bei ihr zu Abend essen und übernachten [...]. Aber sie machte auch den Vorschlag, hierher zu kommen, *um hier in meiner Einsiedelei zu dinieren!*[30]

Da Madame de Staël erst am Ende der Konzertsaison 1813 angereist war, hatte sie keine Gelegenheit mehr gehabt, ein Konzert der Philharmonic Society zu hören. Umso größer waren ihr Interesse und ihre Erwartungshaltung, dass Viotti sie mit Eintrittskarten versorgen würde. Viotti konnte pro Konzert über zwei Karten verfügen, und sicher hatten Margaret und George vor allen anderen den Vorrang. Er konnte unmöglich seinen gesamten Freundeskreis bedienen – für Madame de Staël aber war es selbstverständlich, dass sie in den Genuss dieser Karten kommen würde – und nicht nur einer!

> Wollen Sie mir bitte die Adresse des Abonnenten schicken, der mir so freundlich eine Eintrittskarte anbot. Ich habe sie verloren, und ich will ihm schreiben. Sie haben mir keine Möglichkeiten für Montag geschickt, denn ich arme Seele kann nicht ganz alleine gehen – Sie müssen am Sontag zum Dinner kommen – ich will Mrs Chinnery und die beiden Nichten überreden, mir den Sonntagabend zu schenken. Wollen Sie das für mich erreichen? Sie sollten einen dieser Vormittage zu mir kommen und mir zwei *ganz kleine* Eintrittskarten für Montag bringen – Was ist mit Dienstag?[31]

Dieser Zettel an Viotti ist nur einer von zahlreichen, hastig geschriebenen Notizen, die ein ganzes Repertoire an subtilen Strategien offenbaren. Madame de Staël gibt vor, eine Adresse verloren zu haben, bindet damit wieder Viotti näher an sich, mit einer gewissen Nötigung, denn er hat ihr ja nicht die gewünschte Eintrittskarte gegeben. Gleichzeitig schmeichelt sie mit einer Einladung zum Abendessen, die aber wiederum Viotti bei Margaret aussprechen soll. Und dann

30 "I proposed Amico's going to see her at Richmond *with his violin,* telling her that I regretted she had not yet, since her arrival in England, enjoyed the pleasure of hearing him. This was agreeable to her, – and Tuesday next is fixed, for Amico and George to dine & sleep there [...]. But she also proposed coming *to dine here* in *my hermitage!*" MC an WBC, 25. August 1813, zitiert nach Yim, 2004, S. 185. Original AUS-Sphm 94/143/1 – 17/14.

31 « voulez vous m'envoyer caro viotti l'adresse du souscripteur qui a bien voulu m'adresser son billet. je l'ai perdue et je veux lui écrire – vous ne m'envoyez aucun moyen pour lundi car je ne puis aller toute pauvre [?] seule – il faut que vous diniez chez moi dimanche – je voulois engager Mad. chinnery et les nieces à me donner la soirée de dimanche. voulez vous l'obtenir pour moi ? vous devriez passerchez moi un de ces matins et m'apporter deux *tout petits* billets pour lundi – que dites vous de mardi ? » Madame de Staël an GBV an einem Mittwoch im März 1814, zitiert nach Yim, 2004, S. 188, FN 26. Original NYPL JOB 97–52, item 34.

soll er zu allem Überfluss auch noch bei ihr erscheinen, um persönlich zwei Eintrittskarten abzugeben – und wenn es mit dem Montag nicht klappt, wie wäre es dann mit Dienstag? Das ist an Dreistigkeit kaum zu überbieten. Doch Viotti und Margaret hatten noch andere Dinge zu tun, als die extravagante Schriftstellerin aus Paris ständig bei Laune zu halten.

Erste Schritte zur Gründung der Royal Academy of Music

Schon bald nach den ersten Konzerten der Philharmonic Society berichtete Viotti in einem Brief an William von seiner Unzufriedenheit mit der Organisationsform und erzählte, dass an einem neuen Modell gearbeitet werde. Das Modell kursierte unter dem Decknamen „der Plan" in bestimmten Kreisen der Philharmonic Society:

> Er [der Plan] besteht in nicht weniger als der Gründung einer Königlichen Musikakademie, und *alle vierzig von uns* [alle Mitglieder der Philharmonic Society] werden echte Hochwohlgeborene, Hochwohlgeborene von Rechts wegen! [...] Wäre es nicht schön, Hochwohlgeboren Amico zu heißen – was könnte ich mir darauf einbilden! Ich hoffe, dass wir Erfolg haben werden, trotz einer Opposition von einigen wenigen dummen Philharmonikern, und dass wir darauf werden stolz sein können, das Ansehen des Berufes, das zurzeit im Dreck liegt, erhöht und ihm Inhalt gegeben zu haben.[32]

Es dauerte noch rund neun Jahre, bis 1822 die Royal Academy of Music gegründet wurde – die berühmte Ausbildungsstätte, die noch heute existiert. Viotti ist am Gründungsgedanken maßgeblich beteiligt gewesen. Bis es so weit war, musste eine Menge Überzeugungsarbeit geleistet werden.

Der sogenannte „Plan" war von William Ayrton entwickelt worden. Der Schatzmeister der Philharmonic Society und einflussreiche Musikkritiker des „Morning Chronicle" war häufig zu Gast bei Margaret Chinnery und Viotti. So wurde auch Margaret in die Überlegungen einbezogen. Sie schrieb eine detaillierte, zwölf Punkte umfassende Diskussionsgrundlage unter dem Titel „Observations on Mr A's Plan", in der sie Ayrtons Plan kommentiert und ergänzt. Im Zentrum des Plans steht das Institut für die Ausbildung von Spitzenmusikern: Lehrende

32 « Il n'est pas moins question que d'établir une Accademie Royale de Musique et devenir par là *tous les Quarante* de veritables Esquires, des Esquires de droit ! [...] N'est-ce pas que ce sera beau de m'appeler L'Esquire Amico ? Comme celà me fera rengorger ! J'espère que nous réussirons malgré l'opposition de quelques bêtes Philharmoniques, et que nous aurons la gloire d'avoir relevé et donné une Consistance à une Profession qui n'a été que dans la Crotte jusqu'ici. » GBV an WBC am 19. Juli 1813, zitiert nach Yim, 2004, S. 191, FN 39. Original NYPL JOB 97–52, item 30.

sollten Mitglieder der Philharmonischen Gesellschaft sein, und die fortgeschrittenen Schüler sollten einen Pool von Sängern und Instrumentalisten für die anstehenden Konzerte bilden.

Margaret erweist sich in ihrer Analyse und Beurteilung als profunde Kennerin der internationalen Musikszene: Sie kennt die Ausbildungssituation für junge Musiker in verschiedenen Ländern und kann die professionellen Voraussetzungen benennen, die für ein hohes Niveau in einer Musikmetropole wie London erfüllt werden müssen. Darüber hinaus macht sie hilfreiche praktische Vorschläge und gibt gute Argumente an die Hand.[33] Sie kritisierte in den zwölf Punkten auch bestehende Regularien der Philharmonic Society:

> Sicher war es ein Fehler in der Programmplanung der Philharmonic Society, große Szenen und Arien von Jomelli, Piccini, Sachini, Hope usw. auszuschließen. Der Ausschluss von Werken für Soloinstrument ist ebenfalls ein Fehler. [...] Das Übel eines verdorbenen Publikumsgeschmacks [...] und die Eitelkeit der ausführenden Künstler, die alle Gelegenheiten begierig nutzen, um ihre eigenen Kompositionen zu fördern, können nur durch eine Beschränkung auf eine bestimmte Anzahl von Solo-Aufführungen für verschiedene Instrumente pro Saison vermieden werden.[34]

Ein weiterer Vorschlag Margarets war, dass alle Musikstudenten bei jedem Konzert anwesend sein sollten. Wenn sie nicht komplett im Orchester gebraucht würden, so könnten sie rotieren, außerdem sollten sie Plätze am Rand des Orchesters bekommen oder an Stellen, wo sie dicht mit dem Orchester verbunden seien.[35] Diese praktischen Vorschläge erinnern an die Methode, mit der Viotti durch seinen Lehrer Pugnani auf ähnliche Weise an die Arbeit im Orchester – in der Königlichen Kapelle von Turin – herangeführt wurde. Bemerkenswert ist in diesem Zusammenhang, dass in unserer Zeit das Akademie-Modell für die Ausbildung

---

33 Siehe Yim, 2004, S. 192, FN 42. Original: Fisher Library, University of Sydney, The Chinnery Family Papers 2000 – 16.

34 "Surely it was an error in the plan of the Philharmonic Society to exclude from their concerts the Grand Scene et Arie of Jomelli, Piccini, Sachini, Hope, &c&c. The exclusion of Solo instrumental Pieces, is also an error. [...] The evils of a vitiated taste in the public [...] and the vanity of performers, who upon all occasions are desirous of bringing forward their own compositions" can only be avoided by "a restriction as to the number of solo performances upon the different instruments to be allowed each Season". Zitiert nach Lister, 2009, S. 284, siehe vor allem auch Yim, 2004, S. 192 ff. Das Autograph von Margarets „Observations on Mr A's Plan" befindet sich in der Yale University, Beinecke Rare Book Library, Osborn Collection, MS Osborn fd. 11, Chinnery poetry. Yim zitiert nach Microfilm-Kopien, die die Fisher Library der University of Sydney besitzt; dort hat das Dokument die Signatur Fisher 2000–16.

35 Siehe Lister, 2009, S. 285.

von Nachwuchsmusikerinnen und -musikern in großen namhaften Orchestern wieder an Beliebtheit gewinnt.

Margaret war von der Idee einer Royal Academy of Music sehr begeistert. Sie plante, organisierte und hauchte den theoretischen Gedanken Leben ein. Nach der langen Trauerzeit half es ihr, in den Alltag und in die gesellschaftlichen Verpflichtungen zurückzukehren, denn sie hatte sich eine sinnvolle Aufgabe geschaffen. Zu Beginn des Jahres 1814, ungefähr zur selben Zeit, in der sie ihr Zwölf-Punkte-Papier verfasste, nahm sie das Ritual ihrer festlichen Musikabende wieder auf. Wenn auch jetzt in bescheidenerem Rahmen, in dem vermeintlich zu kleinen Haus in der Charles Street, hatte sich an der Qualität und der Beliebtheit dieser Abende nichts geändert, und unter den Gästen waren viele alte Freunde.

Der Plan, die Philharmonic Society in eine Royal Academy of Music umzuwandeln, wurde von namhaften Mitgliedern der Philharmonic Society getragen, neben Viotti und Ayrton waren es Clementi, Sir George Smart, Salomon, Ashe, C. J. Ashley, Franz Cramer und Janiewicz, der aus Liverpool sein schriftliches Einverständnis schickte. Der Prinzregent war ebenfalls einverstanden und signalisierte seine Anerkennung für den Plan.

Doch zunächst, trotz aller Anstrengungen von Margaret, Adolphus Frederick, Herzog von Cambridge und anderen einflussreichen Menschen passierte nichts Konkretes. Viotti spürte zu Beginn des Jahres 1815, dass er der kraftraubenden Aufgabe nicht mehr gewachsen war und zog sich weitgehend aus der Arbeit für die geplante Royal Academy of Music zurück. Sei es die Gicht, ein schwerer Husten, seien es Herzbeschwerden – Viotti war knapp sechzig Jahre alt, und sein Körper war von den jahrzehntelangen Anstrengungen, vom Reisen und Konzertieren geschwächt. Am 3. Januar 1816 legte er schriftlich, in englischer Sprache, sein Amt als Direktor nieder – aus gesundheitlichen und geschäftlichen Gründen. Doch er versicherte auch, dass er eines der eifrigsten und ergebensten Mitglieder der Philharmonic Society bleiben werde:[36]

Ende Januar 1816 schrieb Viotti deutlich offener an seinen Gefolgsmann William Ayrton, was seine eigentlichen Beweggründe waren, sich aus der Leitung der Philharmonic Society zurückzuziehen. Er sah seine künstlerischen Grundsätze gefährdet. Besonders störte ihn, dass die Konzerte nicht mehr dem Konzept entsprachen, das man sich bei der Gründung der Philharmonic Society auf die Fahnen geschrieben hatte: die Unabhängigkeit von Moden, die Neugier auf erstklassige Instrumentalmusik, beste Bedingungen für qualitativ hochwertige Aufführungen.

36 "[…] both on account of the indifferent state of my health and the attention to my Commercial Concerns. […] I will remain one of its most zealous and devoted members." Siehe Lister, 2009, S. 297 und FN 125, S. 470.

Viotti war enttäuscht, dass auch die Konzerte der Philharmonic Society mittlerweile nur noch den breiten Publikumsgeschmack bedienten. Dieser Entwicklung wollte er sich nicht länger aussetzen:

> Nun, mein Herr, werden Sie es verstehen, dass ich, der ich mich von der professionellen Szene vor rund zwanzig Jahren zurückgezogen habe, mir nicht länger gestatten kann, auf der Bühne zu erscheinen, ohne der Unfähigkeit beschuldigt zu werden und mich der Kritik auszusetzen. Das ist es, warum ich den Direktoren schrieb und sie bat, sich nicht auf mein schwaches Talent zu verlassen, und um ihnen gleichzeitig zu versichern, dass ich es immer als eine Ehre empfinden werde, ein Mitglied [der Philharmonic Society] zu sein.[37]

Eine gewisse Bitterkeit schwingt in seinen Worten mit, und es wird deutlich, dass es Viotti auch um seinen guten Ruf als Künstler ging. Er wollte sich nicht zum Gespött seiner Gegner machen. Hinzu kam, dass sich die praktische Umsetzung des Plans einer Royal Academy of Music hinzog. Letztendlich war es weder Viotti, noch William Ayrton und den anderen Befürwortern aus der Philharmonic Society vergönnt, die Royal Academy of Music zu gründen. Ein schwerwiegender Grund dafür könnte Kapitalmangel gewesen sein. Erst 1822 war es Lord Burghersh, der gemeinsam mit dem Komponisten und Harfenisten Nicolas Bochsa die Royal Academy of Music ins Leben rief; 1830 verlieh ihr George IV. (der frühere Prinzregent) den offiziellen Rechtsstatus.

Reisen auf den Kontinent 1814–1818

Während Viotti und Margaret in London das zukünftige Musikleben der Metropole planten und Margaret zudem ihren Salon wiederbelebte, entschied sich in der großen Politik, dass Napoleons Herrschaft zu Ende ging – und damit auch die seit Jahren andauernden Kriege. Am 31. März 1814 marschierten die alliierten Truppen Österreichs, Russlands, Preußens, Württembergs und Bayerns in Paris ein. Napoleon hatte die Stadt bereits in Richtung Fontainebleau verlassen, wo er am 6. April 1814 abdankte. Eine neue Aufteilung der Machtverhältnisse in Europa war nun möglich. Viotti sah darin eine große Chance, vor allem für George Chinnery. Er war überzeugt, dass ein begabter und gut ausgebildeter junger Mann wie George

37 "Now, my dear Sir, you understand, that having been retired from the professional world for about twenty years, I can no longer permit myself to appear on the stage without being taxed for fecklessness and exposing myself to criticism. That is why I am going to write to the Directors to ask them not to rely on my feeble talent, and to assure them at the same time that I shall always be honored to be a member." GBV an Ayrton, 29. Januar 1816, zitiert nach Lister, 2009, S. 298. Original GB-Lbl Add. Ms. 52337, f. 24.

für mehr bestimmt war als für einen Posten im Treasury Office. Am 14. April 1814 schrieb Viotti an William Chinnery, der nach wie vor im Exil in Göteborg war:

> Was für ein Moment für einen jungen Mann! Die vier großen Herrscher von Europa, vereint in dieser unermesslichen Hauptstadt [d. i. Paris], die gefüllt ist mit Kriegsteilnehmern aus jedem Land, die alle den rechtmäßigen Nachfolger von Saint Louis [d. i. Ludwig der Heilige erwarten, der kommen wird, um seinen Platz einzunehmen. Diese Szene, die die Vorstellung von fern wahrnimmt, muss schön sein, und ich bedauere es fast, dass die liebe Padrona [d. i. Margaret Chinnery] es nicht persönlich sehen kann und dass sie nicht Zeugin unter den Tausenden sein kann, die von allen Ecken der Welt kommen und sich die Hände reichen, um einander Freundschaft zu schwören![38]

Dass Viotti sich in diesen Zeilen so glühend in Margaret Chinnery versetzt, hat wohl seinen Grund darin, dass nicht nur er, sondern auch Margaret die Stadt Paris über alles liebte. Außerdem waren beide Anhänger der Monarchie und hofften nach der Abdankung Napoleons auf die Rückkehr Ludwigs XVIII.; er ist derjenige, den Viotti in dem Brief an William als „rechtmäßigen Nachfolger von Saint Louis“ bezeichnet.

Binnen einer Woche wurden Viottis Hoffnungen – und die der Chinnerys erfüllt: George bekam ein Stipendium zugesprochen, im Gefolge Ludwigs XVIII. von England nach Paris zu reisen. Frankreichs König befand sich seit 1807 im englischen Exil auf dem Landsitz Hartwell House in Aylesbury bei Oxford, wohin er sich nach mehreren Aufenthaltsorten in ganz Europa begeben hatte. Ludwig XVIII. war seit 1791 unterwegs, zunächst floh er vor der Revolution, dann vor Napoleon. Nun war der Moment gekommen, in dem der fast Sechzigjährige nach Frankreich zurückkehren konnte.[39] Der zweiundzwanzigjährige George

38 “What a moment for a young man! The four great sovereigns of Europe, united in that immense capital filled with the warriors of every country and awaiting the rightful descendant of St. Louis who will arrive to take his place! This Scene, which the imagination can perceive from afar, must be beautiful and I almost regret that the dear Padrona will not see it in person, and that she will not be witness to the thousands from every corner of the earth who will join hands to swear Friendship!” GBV an WBC am 14. April 1814, zitiert nach Lister, 2009, S. 289. Original AUS-Sphm 94/143/1–14/20. Mit dem Titel des Saint Louis bezieht sich Viotti auf Ludwig IX. von Frankreich (1214–1270), der aufgrund seiner tiefen Frömmigkeit den Beinamen „der Heilige“ erhielt; 1297 wurde er heiliggesprochen.

39 Dass diese Rückkehr zunächst nur von kurzer Dauer sein würde, war zum damaligen Zeitpunkt nicht abzusehen. Napoleon reiste am 25. April 1814 nach Elba ab, kehrte jedoch am 1. März 1815 nach Paris zurück und konnte die Herrschaft wieder an sich reißen. Ludwig XVIII. ging ein weiteres Mal ins Exil, diesmal nach Gent. Nach der verlorenen Schlacht bei Waterloo endete Napoleons Herrschaft der Hundert Tage. Ludwig XVIII. kehrte nach Paris zurück und konnte nun endgültig den Thron besteigen.

Chinnery begleitete den König auf der Reise in sein Heimatland; die Reiseroute ging über Dover nach Calais, wo Ludwig XVIII. am 24. April 1814 französischen Boden betrat. Es war freilich noch kein diplomatischer Posten, den George innehatte, aber die Aufgabe verlangte bereits eine hohe Verantwortung. In seinem nächsten Brief an William berichtete Viotti, dass George auf der Reise die Geheimschatulle bewachen solle: „le magot" – was eher eine literarische Ausdrucksweise ist. Offensichtlich musste George viele kleine versteckte Geldreserven der Reisekasse beaufsichtigen. Es entbehrt nicht einer gewissen Ironie, dass George genau mit dieser Aufgabe betraut wurde, wo doch sein Vater als Schatzmeister eine hohe Summe veruntreut hatte. Wie stolz Viotti auf George war, kommt in diesen Zeilen zum Ausdruck:

> Was für ein Vergnügen wird es sein, bevor ich meine Stiefel für eine andere Welt putze, dass ich George sehen kann, wie er majestätisch alle in die Flucht schlägt, all diese Mükken hinter sich lassend, die allein durch ihre Familienverbindungen aufgestiegen sind und die keinen weiteren Verdienst hinter ihrem Namen haben, den die meisten von ihnen unwürdig tragen! [...] Es wird geschehen, und ich hoffe, dass es so sein wird, da die Vorsehung gerecht ist.[40]

Während George in Paris war, lebte er bei Viottis Freund Cherubini und dessen Familie in ihrer geräumigen Wohnung im Conservatoire. Viotti schrieb an Madame Cherubini, besorgt wie ein ängstlicher Vater, dass der junge Mann mit „seiner Tendenz, zu Haus zu bleiben, das geliebte Conservatorium nicht verlassen werde, und dass er nicht die Dinge tun werde, die von ihm erwartet würden in seiner begrenzten Zeit."[41] Doch Viottis Befürchtungen waren unbegründet. George erledigte alles zur allgemeinen Befriedigung, und im Herbst 1814 nahm seine Karriere einen steilen Aufschwung als Protegé des britischen Botschafters in Portugal, George Canning. George Chinnery wurde zu seinem persönlichen Referenten und Privatsekretär.

Die Rolle des Familienoberhaupts gefiel Viotti. Sich um das Wohlergehen seiner Nächsten zu kümmern, lag ihm am Herzen, und so verwundert es nicht, dass er sich wie ein Vater für George einsetzte, stolz auf ihn war und an die Zukunft dachte. Diese Zukunft war untrennbar mit Margaret und William, dem eigentlichen Familienoberhaupt, verbunden. William Chinnery befand sich inzwischen seit mehr als zwei Jahren im schwedischen Exil, und während dieser Zeit hatte sich vieles in Europa verändert. Die Abdankung Napoleons machte

---

40 GBV an WBC am 25. April 1814, zitiert nach Lister, 2009, S. 290. Original AUS-Sphm 94/143/1–14/21.

41 Siehe Lister, 2009, S. 290. GBV an Madame Cherubini, wahrscheinlich im April 1814. Original F-Pn (Musique), Lettres autographes: G. B. Viotti, item 1.

eine Neustrukturierung Europas erforderlich. Zwar hatte der Wiener Kongress noch nicht begonnen, aber es war deutlich spürbar, dass Europa sich verändern würde. Das versuchte Viotti seinem Freund William klarzumachen und ihn zur Rückkehr aus dem Exil zu bewegen:

> Wachen Sie auf, mein Freund, es ist Zeit, dass Sie an einen Ort zurückkehren, der näher zu uns gelegen ist; Sie werden sich näher zu den Handelszentren befinden.[42]

Es war nicht der erste Aufruf, den Viotti in Richtung Schweden abschickte. Bereits am 31. März 1814, dem Tag des Einmarsches der alliierten Truppen in Paris, schrieb Viotti voller Ungeduld und Handlungsdrang:

> Was zum Teufel machen Sie dort auf dem Außenposten, von wo Mutter Natur alle Attraktionen verbannt zu haben scheint? So weit ich es beurteilen kann, ist Ihr Aufenthalt an dem Ort, der von Eisbären bewohnt ist, in keiner Weise nützlich, und dennoch bleiben Sie da! Hat das Eis die Hacken Ihrer Schuhe festgefroren? Warum kommen Sie nicht näher zu uns? Warum kommen Sie nicht nach Holland, wohin wir beabsichtigen zu fahren und Sie zu umarmen?[43]

Endlich befolgte William den Rat Viottis und wagte den Schritt, Schweden zu verlassen. Er ging im Frühsommer 1814 nach Calais, dem besten Platz für Im- und Exportgeschäfte im neu geordneten Europa.

Viotti, Margaret Chinnery und George reisten im August 1814 an die Westküste Frankreichs. Dort schlossen sie William in die Arme: Viotti den Freund, George den Vater und Margaret ihren Ehemann. Es war zwölf Jahre nach ihrer gemeinsamen Reise nach Frankreich, damals noch mit allen Kindern – der kleine Walter war im November 1802 kurz nach der Rückkehr gestorben. Sie nahmen, wie damals, wieder Quartier in St. Omer, wenige Kilometer von Calais entfernt. Ein neuer Lebensabschnitt begann in den folgenden drei Monaten, die sie auf dem Kontinent verbrachten.

Es war eine Reise mit bewegenden Begegnungen. Noch aus England hatte Viotti an seinen früheren Schüler Baillot in Paris geschrieben:

> Wie gern möchte ich Sie sehen, in der Mitte des kleinen Kreises von Freunden, die meinem Herzen so nahe sind. – Wer weiß? Ich werde nächste Woche nach Holland aufbrechen,

42 GBV an WBC am 25. April 1814, zitiert nach Lister, 2009, S. 290. Original AUS-Sphm 94/143//1–14–21.

43 « Que diable faites vous a cet Istade ou la mere nature semble avoir bani tous les attraits ? Je ne sache pas que votre sejour dans ce lieu habité par les ours puisse en aucune maniere vous etre utile, et pourtant, vous y rester ! Est-ce que la glace a gelé les talons de vos souliers ? Que ne vous approchez vous pas de nous, que ne venez vous pas en Hollande ou nous comptons aller vous embrasser ? » GBV an WBC am 31. März 1814, zitiert nach Yim, 2004, S. 172. Original AUS-Sphm 94/143/1 – 14/19.

> und wenn es meine Angelegenheiten erlauben, dann ist es nicht unwahrscheinlich, dass ich über Paris nach England zurückkehre.[44]

Viotti konnte sein Versprechen halten und erfüllte sich einen großen Wunsch: Vom 19. bis zum 27. September 1814 machte er einen Abstecher von St. Omer nach Paris, wohnte bei den Cherubinis und genoss die große Vertrautheit und die Begeisterung, die ihm entgegengebracht wurde. Er konnte Baillot treffen, der zur selben Zeit in Paris war und ebenfalls in den Räumlichkeiten des Conservatoire wohnte. Baillot schrieb in seinen Memoiren am 20. September 1814:

> Gestern, nach seiner [Viottis] Ankunft, spielten wir seine Manuskript-Quartette [die Quartetti concertanti] bei General Dessolle. Wir werden sie morgen bei Cherubini aufführen.[45]

Der Besuch in Paris war für Viotti wie eine Rückkehr nach Hause. Er hatte sich sehr genau überlegt, wen er während der wenigen Tage treffen wollte. Es waren die besten Freunde und Weggefährten, unter ihnen auch die Malerin Élisabeth Vigée Le Brun. Sie war während der Revolutionsjahre im Exil gewesen und inzwischen nach Paris zurückgekehrt. Dort hatte sie ihre beliebten musikalischen Soiréen wieder aufgenommen, und Viotti spielte – wie fünfundzwanzig Jahre zuvor – teils vor denselben Gästen. Sie konnten nach vielen Jahren endlich wieder zusammenkommen, und fast war es wie früher.

Doch waren wohl viele Gäste, die sich bereits vor der Revolution bei Madame Vigée Le Brun eingefunden hatten, nicht mehr so uneingeschränkt selbstbewusst wie ehedem. Die politischen Entwicklungen der vergangenen Jahre hatten nicht nur das Staatengebilde Europa, sondern auch die Menschen verunsichert. Nach Napoleons Sturz wünschten sich die meisten von ihnen die Wiederherstellung der alten monarchistischen Ordnung, und manche hatten sich dafür auch schon die richtigen Posten gesichert. Einer der treuesten Besucher einst und jetzt war der Comte de Vaudreuil, den Élisabeth Vigée Le Brun 1784 porträtiert hatte. Damals hatte er dem traditionsreichen Falknercorps angehört, das seit dem 15. Jahrhundert eine prestigeträchtige Abteilung des Hofes war; ihm oblag die Organisation der Beizjagden. Jetzt war er Gouverneur des Louvre, ebenfalls ein bedeutender Pos-

44 « [...] Combien je voudrais vous voir, me retrouver dans ce petit cercle si analogue à mon cœur ! – – / Qui sçait ? je pars la semaine prochaine pour la Hollande, et si mes affaires me le permettent ce n'est pas bien sûr que je ne revienne en Angleterre par Paris. [...] » Siehe Marc Pincherle: Quelques lettres de Viotti à Baillot, in: Revue de musicologie, Nr. 5, Paris 1924, S. 106.

45 « Hier, á son débarqué, nous avons fait des quatours de lui, manuscripts, chez le général Dessolle ; nous les referons demain chez Cherubini. » Zitiert nach François-Sappey, S. 183 f.

ten.[46] Viotti war zu Gast in einer Gesellschaft, die vermeintlich so funktionierte wie früher, doch unter ganz anderen Vorzeichen. Er selbst, der zwischenzeitlich in zwei Exilen gelebt hatte, nämlich England und Hamburg, konnte die Sehnsucht dieser Gesellschaftsschicht sicher nachvollziehen. Zeitgleich zu Viottis Besuch in Paris begann auf der großen Weltbühne der Wiener Kongress.

Die alten Freunde zu treffen, war ein wichtiger Beweggrund für die kurze Reise nach Paris. Der andere Grund war, endlich seinen Halbbruder André in die Arme schließen zu können. Sie hatten sich zuletzt 1782 gesehen, als André fünf Jahre alt war. Doch mit Hilfe ihrer Briefbeziehung hielten sie sich einander bereits seit 1803 auf dem Laufenden. André war ein junger Mann, Giovanni Battista war knapp fünfzig Jahre alt. Es war eine große Nähe entstanden. In einem Brief vom 9. April 1803 von André an Giovanni Battista ist zu lesen:

> Lebwohl, mein lieber Bruder, ich gehe jetzt auf meinen Posten. Pass auf dich auf, so dass ich dich wieder umarmen kann als den zärtlichsten und liebsten Menschen, den ich in meinem Leben habe.[47]

Und nun standen sie sich nach elf Jahren des Briefeschreibens endlich gegenüber. Erwachsene Männer aus zwei Generationen, die ihren Lebensweg bislang getrennt gegangen waren, und sich doch durch ein starkes Band miteinander verbunden fühlten.

Der Höhepunkt des kurzen Aufenthalts in Paris aber war ein Konzert – oder besser eine improvisierte Übungsstunde, die das Conservatoire ihm zu Ehren organisiert hatte. Tagelang wusste die Verwaltung der Musikhochschule nicht, dass Viotti in der Stadt war, und fast wäre es zu spät gewesen, etwas auf die Beine zu stellen. Aber die Überraschung spornte alle Beteiligten an und weckte ihre Begeisterung. Lehrer, Schüler, Ehemalige wurden in Windeseile zusammengerufen, kamen ins Conservatoire und musizierten aus Viottis Werken. Baillot erinnert sich:

> Der Saal war voll, und Viotti erschien in diesem Familientreffen wie ein Vater in der Mitte seiner Kinder. Die Schüler kannten ihn bislang nur von seinen Kompositionen her, welche seit der Gründung des Conservatoire Pflichtstücke in den jährlichen Wettbewerben für den Violinpreis sind. Der Anblick des Mannes, der ihr ideales Vorbild war, erfüllte sie mit Enthusiasmus: Er wurde empfangen mit einem Ausbruch von Empfindung und Gefühl.[48]

---

46 Siehe Lister, 2009, S. 292, FN 103 und FN 104. Comte de Vaudreuil hatte Paris 1789 gemeinsam mit Comte d'Artois, dem Bruder Ludwigs XVI., verlassen und war nach Turin ins Exil gegangen.

47 Jean André Viotti an GBV am 9. April 1803, zitiert nach Lister, 2009, S. 293. Original US-NYpJOB 97–52, item 8.

48 Zitiert nach Lister, 2009, S. 292. Original in: Baillot, 1825, S. 10.

Von diesem warmherzigen Empfang war Viotti noch ganz erfüllt, als er nach einer Woche in Paris nach St. Omer zurückkehrte. Er bedankte sich bei Cécile Cherubini für ihre Gastfreundschaft, und Margaret Chinnery setzte ihrerseits noch einige Zeilen hinzu. In ihren Worten drückt sich die große Zuneigung zu Viotti aus, indem sie sich in ihn hineinversetzt, wie er das spontane Konzert im Conservatoire erlebt haben mag:

> Und der Triumph, das schöne Fest am Samstag, dem 24. dieses Monats! Dieser Tag wird mir immer lieb und teuer bleiben, es war ein wunderbarer Tag für unseren Freund, und ich glaube, dass er niemals im selben Ausmaß so liebenswürdige Gefühle der Verehrung, der Verbindung und der Anerkennung empfunden hat. Er zeichnet seine Gefühle sehr gut für mich, obwohl es eigentlich unaussprechlich ist. [...] Aber die Freuden des Herzens sind erschöpfend wie die Schmerzen; er kehrte sehr müde zurück, die Energie, mit der er eingehend von den Umständen seines Aufenthalts bei Ihnen erzählte, erschöpft ihn gleichwohl, – in zwei oder drei Tagen wird er sich komplett erholt haben. Im Übrigen ist seine Gesundheit ausgezeichnet.[49]

Ende Oktober reisten Viotti, Margaret und George zurück nach London. William blieb in Frankreich, um sein neues Geschäftsumfeld aufzubauen. Die Tage in Paris, die Begegnungen, Anregungen und wiederbelebte Freundschaften beschäftigten Viotti auf seiner Rückreise. War London nach den Eindrücken dieser Reise noch sein Zuhause? Dort gab es nicht diese Verbundenheit zu so vielen Menschen wie in Paris. Ein Erlebnis wie die spontane Feier ihm zu Ehren, die das Conservatoire ausgerichtet hatte, konnte ihm die jüngere Generation der Geiger in London nicht bereiten. Sie kamen aus anderen Schulen, waren beispielsweise von Charles Wechsel oder Paolo Spagnoletti ausgebildet – in Paris hingegen wurde er als Gründervater verehrt. Besonders Baillot und Rode waren sich ihrer Wurzeln bewusst, die in Viottis Kunst des Geigenspiels lagen. Andererseits wird ihm klar gewesen sein, dass seine besten Schüler inzwischen selbst Top-Lehrkräfte am Conservatoire waren und er daher mit ihnen in Konkurrenz stünde, sollte er noch einmal als Lehrer für Violine nach Paris zurückkehren. Letztendlich aber traf er die Entscheidung, in London zu bleiben, wegen Margaret Chinnery. Sie war der wichtigste Mensch in Viottis Leben, und für sie war London ihr Zuhause – jedenfalls dachte Viotti das zum damaligen Zeitpunkt, vor allem jetzt, nachdem sie ihren Landsitz Gillwell endgültig verloren hatte.

Auf dem Kontinent hatte mindestens ein Mensch große Sehnsucht nach ihm – das war Pierre Baillot. Nachdem Viotti schon abgereist war, schrieb Baillot am 9. November 1814 noch einmal über den Besuch Viottis:

---

49 GBV und MC an Cécile Cherubini am 29. September 1814, zitiert nach Lister, 2009, S. 292/293. Original F-Pn (Musique), G. B. Viotti, item 5.

> Viotti blieb nur acht Tage hier. Wir haben vier Mal miteinander musiziert, und in diesen Zusammenkünften hat er uns einige Quintette von Boccherini hören lassen, seine eigenen drei Manuskript-Quartette, ein neues Konzert in C-Dur und eines von ihm in g-Moll, das er mit einigen Veränderungen als Quartett gesetzt hat. Seine Quartette sind angefüllt von Gesang und den glücklichsten Einfällen. Es gibt charmante Menuette, voll von Gefühl und Anmut und immer mit derselben Eleganz und demselben Feuer.[50]

Im Sommer 1815 waren Viotti und Margaret Chinnery zunächst unentschieden, welches Reiseziel sie wählen sollten. Der Kontinent schien wieder gefährdet, denn die politische Situation in Frankreich und vor allem in Paris war nach Napoleons erneutem Machtgewinn und der verlorenen Schlacht von Waterloo unruhig. Die Nachrichten vom Kontinent überschlugen sich: Am 18. Juni 1815 endete die Regierung der Hundert Tage, Napoleon dankte am 21. Juni ab und wurde am 15. Juli gefangen genommen. Das ermöglichte zwar die Rückkehr des Königs, doch aus einer geschwächten Position, denn Ludwig XVIII. kehrte am 8. Juli nun das zweite Mal aus dem Exil, diesmal aus Gent, nach Paris zurück. Die Lage in Frankreich war schwer einzuschätzen.

So verbrachten Margaret, Viotti, Matilda und William den Monat August im Königreich der Niederlande und besuchten von dort aus Gent, Antwerpen, Brüssel und Lille. George Chinnery war in diesem Sommer nicht dabei, sondern arbeitete an seiner Karriere. Offiziell war er noch immer auf seinem Posten als Treasurer, lebte jedoch seit März 1815 in Lissabon als Privatsekretär des britischen Botschafters George Canning und kam erst im Oktober nach England zurück.

Die Neuigkeit, dass Napoleon nach St. Helena verbannt worden war, erleichterte Viotti und Margaret die Entscheidung. Sie setzten nun ihre Reise nach Paris fort und nahmen dort Logis im Hôtel de Londres, Rue de Mont Thabor. Die Familie Cherubini konnte diesmal nicht Gastgeber sein, da Luigi Cherubini im Januar 1815 aus dem Conservatoire ausgewiesen worden war; somit hatten er und seine Frau auch die schöne geräumige Wohnung verloren. Für das Conservatoire waren in den ersten Wochen der Herrschaft Ludwigs XVIII. schwierige Zeiten angebrochen. Die pädagogischen und künstlerischen Grundsätze des Instituts, die aus dem Selbstverständnis der Revolution hervorgegangen waren, stimmten nicht mit den Vorstellungen des neuen, konservativen Königs überein. So wurde

50 « Viotti n'est resté que huit jour ici. Nous avons fait quatre fois de la musique avec lui dans lesquelles séances il nous a fait entendre quelques quintetti de Boccherini, ses trois quatuors manuscrits, un nouveau concerto en ut majeur et celui en sol mineur qu'il a mis en quatuor avec quelques changements. Ses quatuors sont remplis de chants et des idées les plus heureuses. Il a des menuets charmants, pleins de sentiments et de grâce et a toujours la même élégance et le même feu. » Zitiert nach François-Sappey, S. 184.

das Conservatoire für zwei Jahre geschlossen, bevor es 1816 unter dem Namen „École royale de musique" wieder eröffnet wurde.

William Chinnery hatte im Verlauf des Jahres vom Sommer 1814 bis Sommer 1815 versucht, in Calais geschäftlich Fuß zu fassen, und er engagierte sich dort auch als Agent für den Weinhandel von Viotti und Charles Smith. Doch Viotti war mit den Aktivitäten seines guten Freundes nicht immer zufrieden und ermahnte ihn, mehr Initiative zu zeigen und noch einmal den Standort zu wechseln. Er schlug ihm Rouen oder Bordeaux vor. Außerdem warnte er ihn vor allzu viel Vertrauen Freunden gegenüber. William folgte Viottis Rat, wie so oft, wenn er selbst nicht genügend Initiative aufbrachte – es muss ein Teil seiner Persönlichkeit gewesen sein. Er ließ sich auf Vorschläge ein, was ihn sympathisch macht. William wählte als neuen Standort Le Havre, um sich dort in der Rue d'Edreville 59 als Kaufmann zu etablieren.[51] Wein, Spirituosen, Zucker, Tee und Kaffee waren nun seine Handelswaren; sein Geschäftspartner war ein gewisser Joseph Cary. Der neue Standort war sicherlich auch für Viottis Weinhandel und die Geschäftsbeziehungen zum Kontinent wichtig.

Doch bereits ein Jahr später musste Viotti einen herben Schlag verkraften, der auch mit Williams Unterstützung nicht auszugleichen war: Einer der besten Kunden in London, John Spencer, musste im Frühjahr 1816 Insolvenz anmelden, und somit befanden sich seine hohen noch ausstehenden Zahlungen für Wein von über 400 Pfund im eingefrorenen Vermögen. John Spencer war der Bruder von William Spencer, der als enger Freund der Chinnerys so manche Krisensituation miterlebt hatte – man denke nur an Carolines schwere Krankheit und ihren frühen Tod. Daher traf Viotti dieser Konkurs nicht nur geschäftlich, sondern auch persönlich. Der Verlust des guten Kunden und der hohen Geldsumme wirkten wie zusammenfallende Dominosteine: Beides markierte den Ausgangspunkt für den Niedergang der eigenen Geschäfte Viottis. Zwei Jahre später wird auch sein Weinhandel vor dem Konkurs stehen, und die Geschäftsbeziehung zu Charles Smith zerbrach unter unerfreulichen Umständen, denn Smith zahlte seine Schulden nicht zurück, die er bei Viotti hatte.

Im August 1816 brachen Margaret und Viotti, wie im Jahr zuvor, nach Brüssel auf, wo sie William und George trafen. Doch es wollte sich keine rechte Ferienstimmung einstellen. Die Alltagssorgen in London ließen sich nicht einfach wegwischen. Viotti machte sich Gedanken um seinen Weinhandel, Margaret trug sich einmal mehr mit Umzugsgedanken, denn noch immer konnte sie sich nicht mit dem Haus in der Charles Street, dem „hässlichen Loch", wie sie es nannte, anfreunden. Viotti hatte seine Beziehungen zum Duke of Cambridge, Adolphus

51 Siehe Yim, 2004, S. 7.

Frederick, eingesetzt und ihn um Hilfe bei der Vermittlung einer Immobilie gebeten. In Brüssel erreichte ihn nun ein Brief, in dem Adolphus Frederick bedauerte, dass alle Häuser, auf die er einen Zugriff hatte, zurzeit besetzt waren. Für Margaret muss diese abschlägige Information eine Aufforderung zum Handeln gewesen sein. Ungeachtet ihrer finanziellen Situation war es für sie wichtig, standesgemäß zu residieren, und so erwarb sie dann doch ein Jahr später ein größeres Haus in der Gegend des vornehmen Portman Square in der Montague Street 17; dort zogen Margaret, Viotti, George und die beiden Mädchen im Sommer 1817 ein.[52]

Wenn es 1816 auch keine unbeschwerten Ferienwochen waren, so war der Aufenthalt in Brüssel für Viotti auch in künstlerischer Hinsicht wichtig und interessant, denn er traf hier den jungen Geiger André Robberechts, der damals 18 Jahre alt war. Robberechts hatte bei Baillot in Paris Unterricht gehabt, und wahrscheinlich hatte ihm Baillot seinen eigenen Lehrmeister empfohlen. Nach dem Treffen in Brüssel nahm Robberechts anschließend Unterricht bei Viotti in London, der sich sehr für ihn einsetzte – so, wie er es immer für begabte Schüler getan hatte. Der Unterricht war kontinuierlich, und knapp drei Jahre später, im Frühjahr 1819, ermöglichte Viotti dem jungen Geiger, öffentlich im Rahmen der Philharmonic Concerts aufzutreten. Das Debüt fand am 15. März 1819 statt: André Robberechts und Nicolas Mori spielten eine der beiden Sinfonien concertanti (wI:30–31) von Viotti. In einem weiteren Konzert am 29. März 1819 spielte Robberechts die erste Violine in einem Streichquartett von Joseph Haydn.[53]

Die alljährlichen Aufenthalte auf dem Kontinent gaben Margaret und Viotti auch immer die Gelegenheit, Freundschaften zu pflegen und liebgewonnene Menschen wiederzusehen. Eine enge Freundin war seit vielen Jahren die Malerin Élisabeth Vigée Le Brun – Viotti kannte sie bereits aus seinen Anfangsjahren in Paris, und Margaret war 1805 von ihr porträtiert worden. Im Juli 1816 schrieb Vigée Le Brun einen langen Brief an Margaret, in dem sie ihrer Sehnsucht Ausdruck gab. Man plante für den Herbst ein Treffen in Paris, zu dem es dann leider nicht kam, weil Margaret und Viotti aus nicht näher bekannten Gründen in jenem Jahr wider Erwarten nicht nach Paris reisten, sondern nur bis Brüssel kamen. So musste Madame Vigée Le Brun weiterhin von ihren Erinnerungen zehren – und wahrscheinlich ihre beiden Freunde auch:

---

52 Siehe Lister, 2009, S. 305.

53 Siehe Lister, 2009, S. 307. Robberechts machte eine beachtliche Karriere. Er wurde Konzertmeister in der Königlichen Kapelle des Niederländischen Königs Wilhelm I., wurde Professor für Violine am Konservatorium in Brüssel und trat erfolgreich als Konzertgeiger in Paris auf.

> Es ist so lange her, dass ich etwas Neues von Amico gehört habe. Mein Gott, wie sehr wünsche ich mir, dass Sie mit mir sein könnten, so dass ich ihn sprechen hören könnte mit so viel Ausdruck in seinem Gesicht und dem süßen Klang seiner Geige, die ich so gern hörte. Warum höre ich sie nicht mehr! Sie sind noch immer in meinem Herzen, und ich sage fortwährend nochmal, nochmal.[54]

Was sich bereits 1816 durch den Wegfall des guten Kunden John Spencer – und die Schulden, die er hinterließ – angekündigt hatte, war nun unausweichlich. 1818 wurde zu einem besonders schweren Jahr für Viotti. Der Niedergang seines Weinhandels nahm seinen Lauf. Er litt sehr darunter, nicht nur finanziell. Wir würden seinen Gemütszustand heute wohl als depressiv bezeichnen: Sein Interesse an der Umwelt nahm ab, und auch das häusliche Zusammensein mit Margaret war alles andere als harmonisch. In einem ungewöhnlich harten, emotionalen Brief an ihren Ehemann William beschwerte sich Margaret über Viotti – übrigens das erste und einzige Mal in der gesamten Korrespondenz.[55] Es sei nicht immer einfach, seine Wesensart tagein, tagaus zu ertragen. Sie warf ihm vor, kompromisslos zu sein und bemängelte sein abnehmendes Interesse an der Musik. Stattdessen, so Margaret, lese er Romane, was sie ganz abscheulich fand – wobei man natürlich die Frage stellen muss: Warum? Was müssen es für Schundromane gewesen sein, die sie so sehr in Rage brachten? Es war eine Ansammlung von Missverständnissen zwischen den beiden Menschen, die zu jenem Zeitpunkt mehr als zwanzig Jahre zusammenlebten – wenn sie auch kein Paar im gängigen Sinne waren. Doch die große Nähe bedingt eben auch solche Konflikte in Zeiten, wenn beide in einer Krise stecken. Das war zu Beginn des 19. Jahrhunderts nicht anders als heute. Dass sich Viotti in die Welt der Romane flüchtet, kann man als Verdrängungsmechanismus bezeichnen, ebenso das Ablehnen des Lesens der eigenen Post. Er bekundete Margaret gegenüber, dass er Musik hasse – auch das war nichts Neues. Viotti hatte sich in Krisenzeiten schon öfter so geäußert, um dann aus dem Lamento wieder Kraft zu beziehen und wie ein Phönix aus der Asche emporzusteigen. Wir erfahren auch aus Margarets Brief, dass Viotti nur selten Briefe las, die an ihn gerichtet waren, was sehr auf eine depressive Verstimmung deutet.

In diesem erschütternden Brief tritt aber auch Margarets eigene Krise zutage. Sie war jetzt Mitte fünfzig, hatte zwei Kinder verloren, ihr über alles geliebter Sohn George war aus dem Haus, und er war seit Williams Fehltritt auch nicht

---

54 « En voilà bien long ou je n'ai pas entendu parler d'Amico. Mon dieu que vous étiez avec moi aussi je l'entendrais parlé avec tant de phisionomie et ses doux sons que j'écoutois si bien. Pourquoi ne les entendre plus ! Ils sont encore dans mon cœur, mais je dis toujours Bis-Bis. » Élisabeth Vigée Le Brun an MC am 7. Juli 1816, Fisher 2000 – 8/2, zitiert nach Yim, 2004, S. 203, FN 27.

55 Siehe Yim, 2004, S. 209.

mehr einfach im Umgang gewesen. Ihre Rolle als Mittelpunkt und Motor der Familie war überflüssig geworden, denn es gab de facto keine Familie mehr. Sie beendet den Brief mit verzweifelten Worten:

> Meine guten Tage sind vorbei, liebster Chinnery, – ich bin nichts in meinen eigenen Augen – wenn ich an mein früheres Glück und meine jetzige Situation denke, – ich denke, da ist noch etwas, was ich meinen Fehlern entgegensetzen kann, indem ich es ertrage, wie ich es tue![56]

Vier Tage nach dem Brief, den Margaret am 22. Juni 1818 an William schrieb, nahm der angeblich „musikhassende" Viotti an einer musikalischen Abendgesellschaft teil, die Margaret veranstaltete. Er spielte dort ein Duo mit seinem Schüler Robberechts, wie Margaret an William berichtete. Eine Woche später gab Margaret eine weitere Abendgesellschaft mit Musik, bei der Viotti ebenfalls musizierte.

Eine wirkliche Überwindung seiner schweren Krise war ihm erst bei der alljährlichen Reise auf den Kontinent möglich. Im Juli 1818 gingen er und Margaret endlich wieder nach Paris. Der warmherzige Empfang von Baillot tat ihm gut. Paris war auch aus geschäftlichen Gründen im Jahr 1818 ein wichtiges Ziel. Viotti versuchte, hier seine Quartette zu verlegen, allerdings erfolglos, denn der Musikgeschmack war in jener Zeit auf andere Genres als Kammermusik gerichtet.

Nach anregenden Wochen in Paris wurde Viotti mit einem bewegenden Fest verabschiedet, das ihm zu Ehren am 25. Oktober 1818 stattfand, zwei Tage vor der Rückreise nach England. Hinter den Kulissen war einiges organisiert worden, wahrscheinlich hatte dabei auch Margaret Chinnery ihre Hände im Spiel, um Viotti zu erfreuen. Es ist Pierre Baillot zu verdanken, dass wir uns noch heute in die Atmosphäre dieses Festes versetzen können:

> Dieses kleine Fest war geprägt von den lebhaftesten Emotionen. Ein besonderer Umstand machte es noch bewegender. Nach der Kantate, die vor den Ehrengästen gesungen wurde, bat man Viotti, selbst zu spielen. Er war aufs Äußerste bewegt, doch er machte keine Einwendungen. Es muss erwähnt werden, dass bis auf wenige enge Freunde, in den vergangenen dreißig Jahren ihn niemand hatte ein Konzert spielen hören. Er trug sein Konzert Nr. 29 in e-Moll mit seiner gewohnten Begeisterung vor. Ach! Es war sein Schwanengesang. Wir hörten ihn zum letzten Mal. Aber dieses Lebwohl war für die meisten im Publikum eine Einführung. Man stelle sich vor, wenn möglich, wie ein solches Zusammentreffen von Umständen dem künstlerischen Talent noch Bedeutung hinzufügte und der Wirkung des Stückes Pathos verlieh. Wir hatten einige unserer Schüler mitgebracht. Einer von ihnen war vom ersten Ton, der von Viottis Instrument erklang, so bewegt, dass er in Tränen

---

56 "My day is over dearest Chinnery, – I am as nothing in my own eyes – When I think of my former happiness, & my present situation, – I think there is still something to set off against my faults, in bearing it as I do!" MC an WBC, 22. Juni 1818, zitiert nach Lister, 2009, S. 310. Original AUS-Sphm 94/143/1–17/36.

> ausbrach. Bald schluchzte er so laut, dass wir gezwungen waren, uns vor ihn zu stellen, um zu verhindern, dass er den Spieler sah, der unsere Seelen so gefangen hielt, wie der Schäfer von Poussin, der die sterbende Euridice vor den Augen des Orpheus schützt, um nichts von den Klängen des göttlichen Dichters zu verlieren.[57]

Dass Viotti bei diesem Fest selber spielte, lag wohl auch an Margarets nahezu unermüdlichem Zuspruch. Vielleicht ist sie ihm mit ihren Bemühungen bisweilen lästig gewesen, doch sie gab nicht auf, in ihm die Freude an der Musik und an seiner Kunst wieder zu entfachen.[58] Viottis eigener Abschiedsbrief an Baillot, ist, obwohl er ihn bereits vier Tage vor dem Fest schrieb, zutiefst bewegt:

> Es ist sehr traurig, mein lieber und guter Baillot, Adieu zu sagen! [...] Wie auch immer, ich muss, und da ich es nicht persönlich in Worten kann, erlauben Sie mir, dass ich es ersatzweise schriftlich tue. Ich werde Ihre zärtliche Zuneigung nie vergessen und Ihre großzügige Güte meinem Talent gegenüber. Man muss all das in sich vereinen, um so freisinnig wie Sie zu sein. Wie gern würde ich Sie öfter sehen! [...] Aber ist ein Herz je zufrieden in einem Paris oder in einem London? [...] Adieu, ich umarme Sie zärtlich und bitte Sie, dass Sie nie Ihren Sie liebenden Freund J. B. Viotti vergessen. / Die Damen [Margaret und Matilda] lassen Sie tausend Mal grüßen.[59]

---

57 Siehe Yim, 2004, S. 213 FN 66. Yim zitiert aus Baillot, 1825, S. 11. Das Konzert e-Moll, das Baillot erwähnt, ist in der Zählung das letzte Konzert Viottis (wI:29). Es wurde nicht vor 1824 veröffentlicht. Die Ansichten über die Entstehungszeit dieses Konzerts sind unterschiedlich, die Frage ist, ob er es in der Periode von 1795 bis 1798 oder deutlich später, nämlich um 1817 komponierte. Siehe dazu White, 1973, S. 124. Baillot bezieht sich in seinem letzten Satz auf das Gemälde von Nicolas Poussin „Landschaft mit Orpheus und Euridice", das sich im Louvre befindet, Inventar-Nr. INV. 7307.

58 Siehe Yim, 2004, S. 211.

59 Siehe Yim, 2004, S. 214, FN 67. Yim zitiert aus: Viotti correspondence, 1814–23, MNY-Viotti, 21. Oktober 1818. Das Briefkonvolut befindet sich in der New York Public Library for the Performing Arts (Music Division).

Noch einmal Paris

Operndirektor 1819–1821

Die „Allgemeine musikalische Zeitung" eröffnete ihre erste Ausgabe des Jahres 1820 mit einem großen Artikel über die Oper in Paris. Der Anlass war eine überraschende Personalie.

Am 30. Oktober 1819 hatte Ludwig XVIII. ein Dekret erlassen, das Viottis Leben noch einmal eine entscheidende Wende gab: Der König von Frankreich ernannte ihn zum Direktor der Oper in Paris. Viotti war jetzt knapp fünfundsechzig Jahre alt. Wie mag er sich gefühlt haben, dreißig Jahre nach seinem zähen, vergeblichen Kampf um dieses Amt? Damals, 1789, entsprang Viottis Motivation vorrangig inhaltlichen und musikalischen Interessen, als er versuchte, das Direktorenamt der Pariser Oper zu erlangen. War es ein später Lohn für seine Mühe? Oder war es nun eine schwere Bürde, die er aus privaten Gründen trug? Viotti hoffte nämlich, mit dieser Position auch seine permanenten Geldschwierigkeiten überwinden zu können. Es ging ihm jetzt vorrangig um Sicherheit und Reputation – nicht gerade inspirierende Voraussetzungen für künstlerische Arbeit. Das war Viotti sicher bewusst. Ebenso wusste er aus Erfahrung, was von einem Operndirektor an einem großen Haus erwartet wurde: diplomatisches Geschick, um Streitigkeiten zu schlichten, strategisches Denken, um Geld zu sparen und trotzdem einen hohen künstlerischen Anspruch zu erfüllen, inhaltliche Kompetenz, um glaubwürdig zu sein. Extrem nervenaufreibend und ermüdend für einen Mann seines Alters.

Der Autor des Artikels in der „Allgemeinen musikalischen Zeitung" berichtet in enthusiastischem Ton über die Ernennung Viottis. Er erfülle, so der Korrespondent, alle Anforderungen, die an ein solches Amt gestellt werden, und er zieht weitere Argumente hinzu: Viotti verlege nahezu alle seine Werke in Paris, habe in der Stadt einst die Weichen für seine Karriere gestellt und sei zudem auch noch verwandtschaftlich an Paris gebunden; gemeint ist Viottis Halbbruder André.[1]

Viottis Vorgänger Louis Persuis war aus gesundheitlichen Gründen am 12. Oktober 1819 zurückgetreten. Da Margaret Chinnery ausgezeichnete Kontakte zu einflussreichen Männern der neuen französischen Regierung hatte, wusste sie bereits vorher, bei wem man die eigenen Wünsche vorbringen musste. Hier zeigte sich wieder, dass die musikalischen Salons, die Margaret veranstaltete, auch der

1 Allgemeine musikalische Zeitung, Januar 1820, Spalten 5 und 6, online unter: https://archive.org/stream/bub_gb_Ht4qAAAAYAAJ#page/n13/mode/2up, letzter Zugriff: 17.05.2018.

Kontaktpflege dienten, denn fast immer waren Diplomaten und andere hohe Beamte eingeladen. Sie verstand es ja meisterhaft, Beziehungen zu knüpfen, die nützlich für die Karriere ihres Sohnes George, die Rehabilitierung ihres Mannes William und die wechselnden Positionen Viottis waren. In diesem konkreten Fall des Operndirektoriums muss Margaret sehr früh von einer möglichen Vakanz gewusst haben, denn zwischen dem Rücktritt Persuis' und der Ernennung Viottis lagen nicht einmal drei Wochen. Am 1. Januar 1820 sollte Viotti die Geschäfte aufnehmen – so steht es im königlichen Dekret.

Doch dann geht alles sehr viel schneller, denn ein Brief von Baron de La Ferté, der am Hof des Königs die Veranstaltungsabteilung[2] (Menus-Plaisirs du roi) leitet, ernennt am 16. November 1819 Viotti mit sofortiger Wirkung und versetzt ihn in die Lage, augenblicklich alle Aufgaben zu übernehmen. Der erkrankte Persuis darf bis zum 1. Januar 1820 den Titel des Operndirektors tragen. Sein Gesundheitszustand verschlechtert sich rapide. Daher ist es eine wichtige Entscheidung des Barons de la Ferté gewesen, Viotti umgehend ins Amt zu setzen.[3] Persuis stirbt am 21. Dezember 1819.

Neben der Académie royale de musique, kurz Opéra, wo ausschließlich Opern in französischer Sprache aufgeführt werden, hat Viotti auch die künstlerische Gesamtleitung des Théâtre Italien inne, dem Aufführungsort der italienischen Oper. Eine solche Doppelfunktion ist ihm nicht fremd – war er doch mehr als dreißig Jahre zuvor ab 1788 Intendant des Théâtre de Monsieur und des Théâtre Feydeau gewesen. Aufführungstage an der Opéra sind Montag, Mittwoch und Freitag, am Théâtre Italien Dienstag, Donnerstag und Samstag. Die beiden Theater liegen nahe beieinander; die Spielstätte der Opéra ist zu Viottis Amtsbeginn die Salle Montansier in der Rue de la Loi (heute: Rue de Richelieu), an der nächsten Ecke befindet sich das Théâtre Italien in der Rue de Louvois.

Es ist ein großer Betrieb, den Viotti übernimmt. 486 Personen arbeiten 1820 fest und regelmäßig an der Opéra, der Académie royale de musique – da sind die Beschäftigten des Théâtre Italien noch gar nicht mitgezählt.[4] Sein Jahresgehalt beträgt 12.000 Francs und zusätzlich 3000 Francs, um Unkosten zu decken, die ihm durch die Residenzpflicht in der Direktorenwohnung entstehen. Zur Ein-

2 Die Menus-Plaisirs du roi waren eine wichtige Abteilung des französischen Hofstaates. Sie war zuständig für die Ausrichtung von Zeremonien, Festen, höfischen Repräsentationen wie Bällen, Theater und Ballett.

3 Siehe Lister, 2009, S. 317 sowie FN 1, S. 474. Das Dekret befindet sich im Französischen Nationalarchiv mit der Signatur F-Pan O3 1650/II/41, der Brief von Baron de La Ferté ebenda unter der Signatur F-Pan AJ 13–111.

4 Olivier Morand: Vie et mort d'une redevance. Le droit de l'Opéra (1811–1831), in: Revue de Musicologie, Band 93, Paris 2007, S. 99.

ordnung dieses Betrages folgende Umrechnung: Ein Englisches Pfund entsprach 1819 einem Betrag von 25 Francs, so entsprachen 12.000 Francs einem Betrag von 480 Englischen Pfund; das waren die Währungen, mit denen Viotti hauptsächlich rechnete. In Frankreich war damals der Betrag von 480 Pfund mehr wert, da dort die Lebenshaltungskosten deutlich geringer waren als in England. Ein alleinstehender Mann konnte in Paris von 200 Pfund im Jahr gut leben, benötigte hingegen für denselben Lebensstandard in London 500 Pfund.[5]

Es war eine gut bezahlte Position, die durch die Unkostenzulage für die Wohnung noch an Attraktivität gewann. Neben Viotti hatten sich weitere Komponisten beworben, die im Pariser Musikleben sehr bekannt waren: Luigi Cherubini, Gaspare Spontini, Henri-Montant Berton und Charles-Henri Plantade.

> Aber das Gouvernement schien mehr als je auf seinem einmal gefassten Grundsatze, keinen dramatischen Componisten an die Spitze der Verwaltung der grossen Oper zu stellen, beharren zu wollen: keiner der genannten Meister, so überwiegend auch ihre Talente, so einflussreich auch ihre persönlichen Verbindungen seyn mochten, ward zur Bekleidung der besagten Stelle für tüchtig erachtet.[6]

Der Artikel der „Allgemeinen musikalischen Zeitung" betont, dass die Wahl gerade deshalb auf Viotti fiel, weil er kein Opernkomponist, gleichwohl aber ein Musiker und Instrumentalkomponist von internationalem Ansehen war. Es ging um die künstlerische Unabhängigkeit, die vom Direktor der Oper erwartet wurde. Dazu zählte vor allem, dass er nicht zu seinem eigenen Vorteil über den Spielplan entschied, und daher hatte man in Paris bereits Jahre zuvor eine Regel erlassen, nach der kein Opernkomponist an die Spitze der Verwaltung gestellt werden durfte.

Dass sich ausgerechnet Luigi Cherubini beworben hatte, war eine schwere Prüfung für die jahrzehntelange Freundschaft der beiden. Nun hatte Viotti das Rennen gemacht, obwohl Cherubini zunächst auf die weitaus größeren Chancen hoffen konnte. Er war nämlich ein enger Mitarbeiter des bisherigen Direktors Louis Persuis gewesen. Vor allem seitdem Persuis seine Aufgaben aus gesundheitlichen Gründen nicht mehr voll erfüllen konnte, vertraute er Cherubini zahlreiche Arbeiten an. Auch bei Ludwig XVIII. genoss Cherubini ein hohes Ansehen. Der König hatte ihn bereits 1814 zum Co-Superintendenten der Königlichen Kapelle, der Chapelle royale, ernannt. Was jedoch gegen seine Berufung sprach, war eben die Tatsache, dass Cherubini selber Opernkomponist war.

5 Siehe Lister, 2009, S. 474, FN 3 sowie Philip Mansel: Paris between Empires 1814–1852, London 2001, S. 44.

6 Allgemeine musikalische Zeitung, Januar 1820, Spalte 5, online unter: https://archive.org/stream/bub_gb_Ht4qAAAAYAAJ#page/n13/mode/2up, letzter Zugriff: 17.05.2018.

Für Viotti war es ein unerträglicher Gedanke, dass sie sich nun als Konkurrenten gegenüberstanden. Er wollte doch stets mit allen Menschen gut auskommen und versuchte, seinen Freund Cherubini davon zu überzeugen, dass er sich nicht aktiv für diese Aufgabe beworben hatte, sondern dass man auf ihn zugekommen sei, mit der Bitte, seine Einwilligung zu geben. In der Tat hatte Viotti Grund zur Besorgnis, denn Cherubini, der noch nicht Direktor des Konservatoriums war und auch daher den Leitungsposten der Opéra begehrte, war verstimmt, dass Viotti ihn sozusagen überholte. Um diesen Konflikt zu lösen, schrieb Viotti am 5. November 1819 an Cherubini:

> Man sagt mir, mein lieber Freund, dass du verärgert seist! [...] Wenn es gegen mich ist, so hast du Unrecht, und es wird mir nicht schwerfallen, dich davon zu überzeugen. Alles, was dir mein Bruder [d. i. Halbbruder André] über die Sache mit der Oper erzählt hat, ist richtig. Ich habe gar nicht diesen Posten gesucht, mit dem ich jetzt beehrt bin, die Situation, die einmal mehr meine Ruhe beendet. Ich weiß nicht, wie alles arrangiert wurde, und es ist erst zehn oder vierzehn Tage her, dass ich von Châtillon gerufen wurde, um mein Einverständnis zu geben. Jedenfalls, ohne dass ich weiter in Details gehe, mein Bruder, ich wiederhole es dir, hat alles vollständig und richtig gesagt. [...] aber ich kann nicht umhin, einen starken Schmerz zu empfinden, der Konkurrent eines Freundes, den ich liebe, gewesen zu sein, eines Freundes, den ich immer respektiert habe und dessen Genie ich schätze und eines Wesens, das ich nie aufhören werde zu lieben, was auch immer die Veränderungen seien, die in seinem Herzen wirken.
>
> Dein liebevoller Amico,
> VIOTTI[7]

7 « On me dit, mon cher ami, que tu es fâché ! [...] Si c'est contre moi, tu as tort, et il ne me sera pas difficile de t'en convaincre. Tout ce que mon frère t'a dit au sujet de l'Opéra est vrai. Je n'ai point cherché le poste dont je suis honoré, la situation qui met fin encore une fois à ma tranquillité ! Tout cela s'est arrangé je ne sais comment, et ce n'est que depuis dix ou quatorze jours que je fus appelé de Châtillon pour donner mon consentement. Enfin, sans que j'entre en plus de détails, mon frère, je te le répète, t'a tout dit, t'a dit vrai. [...] mais je ne puis m'empêcher d'éprouver une peine extrême d'avoir été le concurrent d'un ami que j'aime, d'un ami dont j'ai toujours respecté et apprécié le génie et d'un être que je ne cesserai d'aimer, tels que soyent les changements qui peuvent s'opérer dans son cœur. / Ton affectionné *amico,* / VIOTTI ». Zitiert nach: Arthur Pougin: Viotti et l'école moderne de Violon, Paris 1888, S. 92. Pougin zitiert den originalen Brief, den er von Cherubinis Tochter erhielt: « Cette lettre m'a été communiquée par Mme Rosellini, la fille de Cherubini, qui vit encore à Florence. Sans elle, le fait dont il est ici question serait sans doute resté toujours inconnu. » – Dt. Übersetzung: „Dieser Brief wurde mir von Cherubinis Tochter, Madame Rossellini, übermittelt, die noch in Florenz lebt. Ohne sie wäre die Tatsache, um die es sich hier handelt, bis heute unbekannt geblieben." Der heutige Aufenthaltsort des Briefes ist unbekannt. Siehe Lister, 2009, S. 474, FN 7.

Doch war es wirklich so, wie Viotti es seinem Freund versichert? Gegen diese Erklärung spricht der Wortlaut eines anderen Briefes, den der Generaldirektor des Königlichen Haushaltsministeriums, Jules Jean-Baptiste François de Chardebœuf, Comte de Pradel, am 2. November 1819 an Viotti schrieb. Dort wirkt es so, als habe sich Viotti aktiv um diesen Posten beworben:

> Ich habe mit Freuden Ihren Brief vom […] [Datum des Briefes fehlt/nicht leserlich] erhalten, in dem Sie anbieten, das Bühnenmanagement und die Direktion des künstlerischen Personals an der Académie royale de musique zu übernehmen.[8]

Denkbar ist, dass die Kommission Viotti bat, dieses Amt zu übernehmen, und er sich dann schriftlich bereiterklärte – auf diesen Brief könnte sich Comte de Pradel beziehen, zumal er es war, der Viotti den Vorschlag unterbreitet hatte. So jedenfalls stellt es der Korrespondent der „Allgemeinen musikalischen Zeitung“ dar.

> Es ist Thatsache, dass Herr Viotti nicht allein gar keine Veranlassung zu seiner Ernennung gegeben, sondern auch im Augenblicke, wo von der obersten Behörde ihm dessfalls die erste Eröffnung gemacht worden, gar keine Kenntniss [sic!] von dem Umstande gehabt hat, dass Herrn Persuis ein Nachfolger ernannt werden sollte. Herr Viotti befand sich seit einigen Wochen mit seinen Englischen Freunden in der Nähe von Paris auf einem Landgute, als ihm ganz unvermuthet vom Hrn. Grafen von Pradel, Minister des königlichen Hauses, der erste Antrag zur Annahme der Stelle eines Direktors gemacht wurde.[9]

So weit, so gut – doch die weitere Schilderung, in welch gesicherten Lebensumständen sich Viotti angeblich befand und dass er daher gar keine Veranlassung hatte, sich für diesen Posten zu interessieren, trifft leider nicht zu. Die Position des Operndirektors war eine Möglichkeit, aus den Schulden, in die er spätestens nach dem Bankrott seines Weinhandels geraten war, herauszukommen. So war es nicht allein Idealismus, der ehrwürdigen Oper in Paris in einer schwierigen Personalie zu helfen und der Kunst zu dienen, so wie es die „Allgemeine musikalische Zeitung“ darstellt, sondern es ging ihm vor allem um die Verbesserung seiner finanziellen Lage.[10]

> Wenn er endlich bereit gewesen ist, sich an die Spitze der ersten musikalischen Anstalt in ganz Europa zu stellen; so ergibt sich von selbst, dass dieser Entschluss eben so wenig von seinem Eigennutze (denn dem dürften einige tausend Franken wohl schwerlich eine würdige Lockspeise gewesen seyn), als von seinem Künstlerruhme (denn er steht weder

---

8 Zitiert nach Lister, 2009, S. 317. Der Brief befindet sich im Französischen Nationalarchiv mit der Signatur F-Pan O3 1650/II.

9 Allgemeine musikalische Zeitung, Januar 1820, Spalte 6, online unter: https://archive.org/stream/bub_gb_Ht4qAAAAYAAJ#page/n13/mode/2up, letzter Zugriff: 17.05.2018.

10 Allgemeine musikalische Zeitung, Januar 1820, Spalte 7, online unter: https://archive.org/stream/bub_gb_Ht4qAAAAYAAJ#page/n13/mode/2up, letzter Zugriff: 17.05.2018.

> als ausübender, noch als componirender Künstler an der Spitze der Geschäfte der grossen Oper) hat bestimmt werden können.[11]

Die Darstellung der „Allgemeinen musikalischen Zeitung" erweckt voll und ganz den Eindruck, dass Viotti gebeten wurde, die Direktion der Oper zu übernehmen. Was letztendlich vielleicht sogar so gewesen ist – nur muss man auch in Betracht ziehen, dass er sich im Vorfeld seiner langjährigen Kontakte nach Paris bedient hat und Margaret Chinnerys exzellente Verbindungen – heute würden wir es Networking nennen – dazu beitrugen, dass er als Sieger im Wettlauf um diese Stelle hervorging. Vor dem Hintergrund des großen finanziellen Drucks, unter dem Viotti stand, ist es nur allzu verständlich, dass er gemeinsam mit Margaret alle Möglichkeiten nutzte, um diesen Posten zu erhalten. Seine Qualifikation war das eine – die andere entscheidende Komponente war, dass ein so wichtiges Amt von der Gönnerschaft der Obrigkeit abhing.[12] Der Konflikt mit Cherubini hatte seine Wurzeln daher vielmehr im Taktieren um diese Stelle als in der Tatsache, dass Viotti sie bekam und nicht Cherubini. Es kann durchaus sein, dass Viotti deswegen ein schlechtes Gewissen hatte und den gesamten Vorlauf verdrängte, wenn er so sehr darauf bestand, dass man auf ihn zugekommen sei und ihn gebeten habe. Neben dem Brief gibt es ein weiteres Dokument, mit dem Viotti sich bei seinem Freund entschuldigt: eine Komposition, die er „Duett für Violine solo" (wV:23) nennt. Der vollständige Titel lautet: „Duetto a un Violino Solo composto da G. B. Viotti, per il suo amico Cherubini". Am Ende steht im Autograph folgende Anmerkung: „Dieses Werk hat allein seinen Wert darin, dass ich einem Freund huldige, der mich seit 37 Jahren begleitet, und der es von Herzen gern annehmen wird, so wie ich es ihm überreiche."[13]

Im Brief an Cherubini erwähnt Viotti auch seinen Aufenthaltsort: Châtillon-sous-Bagneux.[14] Margaret hatte dort inzwischen ein kleines Landhaus gekauft. Es wird sie an Gillwell erinnert haben, und es war auch ganz nach Viottis Geschmack: umgeben von Obstbäumen, Weinstöcken und Gärten. Vom Frühjahr bis zum Herbst wohnte Margaret in Châtillon, im November kehrte sie nach London zu-

---

11 Allgemeine musikalische Zeitung, Januar 1820, Spalte 7, online unter: https://archive.org/stream/bub_gb_Ht4qAAAAYAAJ#page/n13/mode/2up, letzter Zugriff: 17.05.2018.

12 Siehe Yim, 2004, S. 219.

13 « Cette production n'a de merite que dans l'hommage que j'en fais a un Ami de 37 ans, qui l'acceptera d'aussi bon cœur que je la lui offre. » Zitiert nach Yim, 2004, S. 219, FN 11. Yim zitiert aus einem Katalog des Musikalienhändlers Oscar Shapiro in Washington, der 1979 das Autograph für 2000 $ anbot.

14 Châtillon-sous-Bagneux ist eine Kleinstadt im Südwesten von Paris, sieben Kilometer vom Stadtzentrum entfernt; heute heißt die Stadt schlicht Châtillon und gehört zum Département Hauts-de-Seine der Region Île-de-France.

rück, da das Haus in Châtillon zu kalt war. Viotti kam für die Wochenenden aus Paris nach Châtillon; seine Adresse in der Stadt war 46 Rue Neuve-de-Mathurins. Manchmal fuhr Margaret nach Paris, um in die Oper oder ins Theater zu gehen. Doch ihr großes Interesse galt wieder ihren Festen, die sie nun auch in Châtillon gab. Sie lud eine kosmopolitische Runde von Diplomaten, Angehörigen der französischen Regierung, Musikern und persönlichen Freunden und Familienangehörigen zu Abendessen und musikalischen Darbietungen ein, so wie sie es mit Freude und großer Anerkennung in Gillwell getan hatte. Zu den Gästen gehörte auch die Malerin Élisabeth Vigée Le Brun, die in dem Wohnhaus sogar ihr eigenes Zimmer hatte.[15]

Auf der Bühne und hinter den Kulissen

Viottis neuer Wirkungskreis an der Opéra in Paris brachte vielfältige Aufgaben. Sowohl in der Verwaltung als auch im künstlerischen Bereich war er gefordert. Er war Ansprechpartner für Künstlerinnen und Künstler – manchmal wohl mehr, als ihm lieb war, denn aufgrund langjähriger Verbindungen hofften einige, diese Beziehung zu ihrem eigenen Vorteil nutzen zu können. Beispielsweise Rodolphe Kreutzer, der am 18. November 1819 einen Brief an die Verwaltung des Opernhauses sandte, mit der Bitte, sein Honorar den Aufgaben entsprechend zu erhöhen: Er übernehme, so Kreutzer, seit drei Jahren die Aufgaben eines Chefdirigenten (chef d'orchestre), nur sei leider die Bezahlung nicht dementsprechend.[16] Sein Gesuch hatte Erfolg: Sechs Wochen später, am 31. Dezember 1819, informierte Viotti ihn, dass er nun zum offiziellen Chefdirigenten ernannt werde – das Jahresgehalt betrug jedoch nur 7000 Francs; erst im Mai 1821 wurde es auf 8000 Francs erhöht.[17]

Das Orchester der Opéra hatte rund 80 Musiker, unter ihnen waren die besten Instrumentalisten von Paris. Das Orchester des Théâtre Italien hingegen war knapp halb so groß wie das der Opéra. Über die Qualität gibt es widersprüchliche Berichte. Louis Spohr äußerte sich lobend über die Musiker, vor allem über die Art,

15 Siehe Yim, 2004, S. 222.

16 Der Brief befindet sich in der Französischen Nationalbibliothek, Signatur F-Pn (Musique), L. a. (Lettres autographes) Kreutzer.

17 Siehe dazu Lister, 2009, S. 319, sowie FN 11,12 bei Lister auf S. 475. Kreutzer an GBV am 12. März 1821 F-Pan (Archives nationales) O3 1655/III und GBV an Kreutzer, 31. Dezember 1819 F-Po AD 37, 127–28; GBV an Kreutzer, 26. Mai 1821, F-Po AD 39, 20; diese beiden Briefe Viottis an Kreutzer befinden sich in der Bibliothèque de l'Opéra, Paris.

wie das gesamte Orchester Sänger zu begleiten wisse, es könne darin, so Spohr, „den übrigen Parisern sowie manchen deutschen [Orchestern] zum Muster dienen."[18]

Wohin Viotti an seinen neuen Wirkungsstätten auch blickte: Überall musste er heikle Situationen bewältigen und Konflikte lösen. Das war für sein Harmoniebedürfnis täglich eine schwere Prüfung. Auch das unbequeme Geschäft der Umbesetzungen und Verpflichtungen von Sängerinnen und Sängern zählte zu seinen Aufgaben. Er konnte sich zwar auf viele hervorragende Künstler verlassen, mit denen er langjährige Kontakte pflegte, die ihm hilfreich waren, aber teilweise hatten sie schwindelerregenden Forderungen, was die Höhe der Gagen betraf. So besetzte er im Théâtre Italien eine weibliche Hauptrolle mit Joséphine Fodor-Mainvielle, Tochter des Geigers Josephus Andreas Fodor, der bereits vor Viottis Debüt 1782 in Paris zu den besten Instrumentalisten der Stadt zählte. Auch die Tochter war sich dieser Qualität bewusst und stellte hohe Ansprüche an ihre eigene Bezahlung. Aus einem Brief von Viotti an den Intendanten der Abteilung „Menus-Plaisirs du roi", Baron de La Ferté, geht hervor, welch enormes Honorar die Sänger der Hauptpartien verlangen konnten: So erhielt Joséphine Fodor-Mainville 25.000 Francs im Jahr plus ein Benefiz-Konzert mit der Zusicherung von mindestens 15.000 Francs.[19]

Eine weitere Aufgabe, die Viotti bewältigen musste, war die Disposition und Kontrolle von Zeitplänen für die Fertigstellung von Opernpartituren und -stimmen; ihm stand noch kein Künstlerisches Betriebsbüro zur Verfügung, wie es an heutigen Opernhäusern selbstverständlich ist. Wann bekommt der Kopist die Stimmen, bis wann kann er liefern, ab wann kann geprobt werden? Wichtige organisatorische Fragen, die in einem großen Opernbetrieb zum Tagesgeschäft gehören. Dennoch waren und sind sie konfliktreich, denn dahinter stehen Menschen, Komponisten, die sich oft selber unter erheblichem Druck befinden. Da waren Viottis diplomatisches Geschick und sein Charme gefordert, und bei seinem Landsmann, dem Komponisten Gaspare Spontini, musste Viotti viel Geduld aufbringen. Spontini hatte seit Beginn des Jahres 1818 die Oper „Olympie" in Arbeit, und die Proben der Sänger mit Klavier liefen bereits seit März 1819. Als Viotti sein Amt antrat, war der Probenzeitplan bereits erheblich überschritten. Vor allem

18 Louis Spohr: Lebenserinnerungen. Erstmals ungekürzt nach den autographen Aufzeichnungen herausgegeben von Folker Göthel, Band 2, Tutzing 1968, S. 106.

19 GBV an Baron de La Ferté, 26. November 1819, F-Pan O3 1650 (eine Kopie in F-Po AD 34). Ein Benefiz-Konzert hatte damals eine etwas andere Bedeutung: Während es heute vor allem für wohltätige Zwecke veranstaltet wird, war es zu Viottis Zeit vor allem für den veranstaltenden Künstler von Vorteil, da die gesamten Einnahmen sein Verdienst waren. Vgl. auch S. 145.

die Sängerinnen waren ständig indisponiert und hatten den Zeitplan komplett durcheinander gebracht.[20] Viotti sah sich vor eine chaotische Situation gestellt:

> Ich bin müde und angewidert, fühle mich belästigt und bin der Scherereien überdrüssig, die ich seitens dieser Damen erleide; meine Geduld ist am Ende, und da man mich zur Strenge hat zwingen wollen, werde ich sie voll und ganz entfalten.[21]

Der Konflikt blieb der Öffentlichkeit nicht verborgen, auch nicht im deutschsprachigen Raum, denn die renommierte „Allgemeine musikalische Zeitung“ berichtete darüber. Der Korrespondent des Blattes schreibt, dass Spontini wenige Wochen vor der Premiere noch immer etliche Teile der Oper nicht beim Kopisten abgeliefert habe, beispielsweise weder die Ouvertüre noch die Ballette, und dass sich die Singstimmen des letzten Aktes erst seit vier Wochen in den Händen der Sänger befänden.[22] Um diesem Durcheinander ein Ende zu machen, setzte Viotti – ungewöhnlich autoritär für sein Temperament – die Premiere an der Opéra für den 15. Dezember 1819 an, und sei es mit Versatzstücken aus anderen Opern. Zwischen den beiden Italienern entspann sich daraufhin eine heftige Debatte, die sie in einem Briefwechsel über mehrere Tage austrugen.[23] Am 6. Dezember 1819 schrieb Viotti an den säumigen Komponisten Spontini:

> Meiner persönlichen Verantwortung verpflichtet, ist es meine Aufgabe, Ihnen Folgendes zu sagen: Sollte der Kopist am Morgen des 10. dieses Monats nicht alle Stücke haben, die ihm fehlen, werde ich, gegen meinen Willen, auf das Mittel bedacht sein, die Lücken zu füllen.[24]

Obwohl Viotti ein verbindliches Naturell hatte, sind diese Zeilen doch ein Akt der Autorität. Der barsche, gebieterische Ton passt eigentlich nicht zu ihm, doch

20 Patrick Barbier: À l'opéra au temps de Rossini et de Balzac. Paris 1800–1850, Paris 1987, S. 71.

21 « Je suis las, obsédé et dégoûté des tracasseries que j'éprouve de la part de ces dames ; ma patience est à bout, et, puisqu'on a voulu me forcer à la sévérité, je la déploierai tout entière. » GBV an Paër, 9. August 1820. Original F-Po AD 34, 100–101. Zitiert nach Lionel de La Laurencie: Les débuts de Viotti comme directeur de l'Opéra, in: Revue de Musicologie, Nr. 5, Paris 1924, S. 121. Siehe auch Albert Soubies: Le Théâtre italien de 1801 à 1913, Paris 1913, S. 17–18.

22 Allgemeine musikalische Zeitung, Januar 1820, Spalte 10, online unter: https://archive.org/stream/bub_gb_Ht4qAAAAYAAJ#page/n15/mode/2up, letzter Zugriff: 17.05.2018.

23 Siehe Lister, 2009, S. 321 und FN 21, 22, 23 auf S. 475. Die Originalbriefe befinden sich im Nationalarchiv Paris. GBV an Gaspare Spontini am 6. Dezember 1819. Original F-Pan O3/1650. Dieser Brief sowie die folgenden zwei Briefe, die Spontini betreffen, sind transkribiert bei La Laurencie, 1924, S. 116–118.

24 « Engagé sous ma responsabilité personnelle, mon devoir est donc de vous dire que si, le 10 au matin, le copiste n'a pas tous les morceaux qui lui manquent, j'aviserai, contre mon gré, au moyen de remplir les lacunes. » Zitiert nach La Laurencie, 1924, S. 116.

sein Amt und die verfahrene Situation verlangten nach einer klaren Position. Spontinis Antwort war dementsprechend gereizt:

> Da mein Werk durch Ihren Erlass verurteilt ist, dem Publikum mit Lücken präsentiert zu werden, die gefüllt sind mit allem, was Ihnen gut erscheint, so finden Sie auch gut, Monsieur, dass ich mich von diesem Moment an nicht mehr darum kümmern werde, in keiner Weise, und dass Sie wohl die ganze Verantwortung für alle Ereignisse werden übernehmen wollen.[25]

Der Korrespondent der „Allgemeinen musikalischen Zeitung" berichtete auch von diesen Auseinandersetzungen zwischen Viotti und Spontini und berichtete, dass die Premiere wohl ein weiteres Mal verschoben werden müsse.[26] Doch immerhin schaffte es Viotti, die Oper „Olympie" noch vor Weihnachten auf die Bühne zu bringen. Mit nur einer Woche Verspätung hob sich am 22. Dezember 1819 das erste Mal der Vorhang für dieses Werk. Es wurde zu einem Misserfolg – noch einmal kommt der Korrespondent der „Allgemeinen musikalischen Zeitung" zu Wort:

> Der Beyfall, welchen „Olympie" erhalten hat, ist in der That so kalt gewesen, dass schon bey der zweyten Vorstellung die Einnahme, mit Einschluss der Abonnements, keine vollen 3000 Fr. betragen und sich bey den folgenden Vorstellungen noch immer vermindert hat. Die Administration hat sich genöthigt gesehen, um das Haus zu füllen, mit vollen Händen Freybillets zu verteilen.[27]

Die erste Uraufführung, die Viotti im neuen Amt zu verantworten hatte, war also ein Desaster. Dabei hatte er doch vor allem die Versäumnisse seines Vorgängers Persuis aufzuholen, der es aus gesundheitlichen Gründen nicht mehr geschafft hatte, entschieden zu handeln. Neben all diesen Aufregungen am Opernhaus stand Viotti im Winter 1819/1820 auch persönlich vor einer großen Belastungsprobe: Er musste seit 27 Jahren zum ersten Mal wieder alleine leben, da Margaret, William und Matilda im November 1819 nahezu gleichzeitig abgereist waren. William hatte Margaret und Matilda bis nach Calais begleitet und war dann weiter nach Le Havre gereist. Der dunkle Monat November war nun zusätzlich schwer für Viotti, und wahrscheinlich vermisste er in seiner neuen Lebenssituation als

25 « Puisque mon ouvrage est condamné par votre arrêté à être offert au public avec les lacunes remplies par tout ce qui vous semblera bon, trouvez bon aussi, Monsieur, que, dès ce moment, je ne m'en occupe pas davantage, d'aucune manière, et vous voudrez bien prendre sur vous la responsabilité entière de tous événemens. » Zitiert nach La Laurencie, 1924, S. 117.

26 Allgemeine musikalische Zeitung, Januar 1820, Spalte 22, online unter: https://archive.org/stream/bub_gb_Ht4qAAAAYAAJ#page/n21/mode/2up, letzter Zugriff: 17. 05. 2018.

27 Allgemeine musikalische Zeitung, Februar 1820, Spalte 127, online unter: https://archive.org/stream/bub_gb_Ht4qAAAAYAAJ#page/n75/mode/2up, letzter Zugriff: 17. 05. 2018.

Operndirektor das direkte Gespräch mit vertrauten und geliebten Menschen. Er schrieb am 21. November 1819 an William Chinnery:

> Mein Gott, welch eine Verlassenheit, welch eine Einöde überall! Wir sollten nicht darüber sprechen, denn wenn ich mit diesem Kapitel beginne, dann werde ich damit nicht mehr aufhören.[28]

Etwas Linderung der Einsamkeit verschaffte ihm der Schriftsteller Thomas Moore, den Viotti aus vielen Begegnungen in Margarets Salon kannte. Er hatte sich aus ähnlichen Gründen wie William Chinnery von London entfernt: nämlich, um seinen Gläubigern zu entkommen. Aus seinem Journal, das der Schriftsteller führte, kann man entnehmen, dass er seine Liebe zur Musik auch in Frankreich pflegte. Er war kenntnisreich, ein regelmäßiger Opernbesucher und daher ein guter Gesprächspartner für Viotti. Kurz vor der Premiere von „Olympie" besuchte Moore mit Erlaubnis von Viotti eine Probe. Sein kurzer Bericht darüber ist sehr erhellend – und auch amüsant:

> Ich ersuchte Viotti, eine Erlaubnis zu bekommen, an diesem Abend der Probe von Spontinis neuer Oper L'Olympie beizuwohnen – ich traf ihn und er versprach, Lord G., mir & Fitzgerald ausnahmsweise den Probenbesuch zu erlauben – die Bühne beleuchtet, die gesamte Szenerie in Form & die Akteure in ihren Alltagskleidern – die Musik zu voll von Noten & überladenen Harmonien, & die Art und Weise, wie sie von Madame Branchia und Madame Albert geschrien und gewimmert wurde, war abscheulich.[29]

Moore war bei weitem nicht der Einzige, der sich über den Gesangsstil an der Opéra beschwerte; es war ein oft geäußertes Missfallen. Viotti hatte bereits dreißig Jahre zuvor heftige Kritik an den Sängern der Oper geübt. Er ergriff nun eine Möglichkeit, übergangsweise einen Ausgleich zu schaffen: durch ein besonders schönes Bühnenbild und das Ballett. So lobte dann Moore, der am 24. Dezember 1819 der zweiten Aufführung von „Olympie" beiwohnte: „Nichts kann schöner poetisch imaginiert sein als die Bühnenausstattung und das Ballett dieser Oper."[30]

28 « Mon Dieu quel abandon, quel desert que tout ceci ! Nous disons rien cependant, si une fois j'attaque ce chapitre, je n'en finirai plus. » GBV an WBC am 21. November 1819, zitiert nach Yim, 2004, S. 225, FN 41. Original AUS-Sphm 94/143/1 – 14/34.

29 "[...] went to seek Viotti in order to get permission to attend the Rehearsal of Spontini's new Opera Olimpie this evening – met him & he promised to admit Lord G., myself & Fitzgerald [...] the Rehearsal very singular – the stage lighted up, all the scenery in form & the actors in their every-day clothes – the Music too full of notes & overloaded harmonies, & the way is was squalled & mewled out by Mades. Branchia & Albert detestable." Zitiert nach Lister, 2009, S. 321/322, FN 24, er zitiert nach Wilfred S. Dowden (Hrsg.): The Journal of Thomas Moore, Band 1, Newark 1983, S. 268.

30 "Nothing can be more poetically imagined than the scenery & ballet of this Opera." Zitiert nach Lister, 2009, S. 322, Moore, Band 1, S. 270.

Das konnte aber nicht dauerhaft über das mittelmäßige Niveau der Sänger hinwegtäuschen. Und so setze sich Viotti umgehend mit den Ursachen auseinander: Sie hatte ihre Wurzeln in mangelnder Disziplin, Selbstverliebtheit und Arroganz. Viottis Strenge in den künstlerischen Ansprüchen war überall präsent. Seien es die Sänger, der Chor, das Orchester oder das Ballett: Überall sind Viottis Kennerschaft und sein Bemühen um Verbesserung der künstlerischen Qualität erkennbar. Er führte Anwesenheitslisten für Chor- und Orchesterproben ein, mit der Begründung, dass „Talent immer mit Eifer, Glut und Korrektheit behandelt werden müsse, weil das die Basis bildet und Pflichtgefühl, Integrität und Ehre das verlangen."[31]

Auch die Orchester beider Theater wurden von Viotti kritisch beobachtet. Er setzte Probespiele an, um einen besseren Überblick über die künstlerische Qualität eines jeden Einzelnen zu haben. So warnte er einen jungen Geiger:

> Man ist nicht im Orchester, Monsieur, um nichts zu tun! Ein junger Mann wie Sie, der mit Faulheit beginnt, wird in Wertlosigkeit enden. [...] Wenn ich weitere Beispiele Ihres schlechten Benehmens höre, sehe ich mich gezwungen, Sie bei der ersten Beschwerde zu entlassen.[32]

Dieselbe Strenge legte er auch bei den Chorsängern an den Tag.[33] Da sich die Choristen zu oft krank meldeten und nicht zu den Proben erschienen, führte Viotti ein besonderes Mittel ein: Er schickte den Theaterarzt zu ihren Wohnungen, um zu überprüfen, ob die angeblich indisponierten Sängerinnen und Sänger auch tatsächlich zu Hause waren. Wenn nicht, so mussten sie mit einer Disziplinarmaßnahme rechnen.[34] Mit dem Chefdirigenten Rodolphe Kreutzer stand er in regelmäßigem Kontakt über die Leistungen des Orchesters. Er schrieb am 20. Mai 1820 einen Brief an Kreutzer, in dem er sich mahnend auf Schwierigkeiten mit einem Orchestergeiger bezieht, aber auch Lösungsvorschläge hat. Es geht um einen Geiger, der offensichtlich stark unter Lampenfieber litt. Viotti konnte sich seinerseits als Geiger sehr gut in die Situation des betroffenen Musikers versetzen:

> Sie beklagen, so wie ich auch, Monsieur, was gestern im Orchester passierte, das sicherlich überhaupt nicht an solche Ungnade gewohnt ist. Weder Sie noch ich ziehen das große Talent von M. Lefebvre in Zweifel, aber Sie und ich und alle, die ihn kennen, haben seine extreme Schüchternheit beklagt. Ich sehe nur einen Weg, dieses Elend zu heilen, das ist,

31 Zitiert nach Lister, 2009, S. 328. Viotti schreibt an Paër, dass er – sollte sich das übertrieben anspruchsvolle Verhalten der Sängerin Madame Debegnis nicht ändern – ihr Gehalt kürzen werde. GBV an Paër, am 9. August 1820. Original F-Po AD 34, 100–101.

32 GBV an Barbereau, 26. Februar 1821, zitiert nach Lister, 2009, S. 330. Original F-Po AD 37, 244.

33 Siehe Lister, 2009, S. 329.

34 GBV an Paër, 12. April 1820, zitiert nach Lister, 2009, S. 328. Original, F-Po AD 34, 92–93.

ihn aufzufordern, morgens die Soli zu üben, die er lange Zeit nicht aufgeführt hat. Diese unentbehrliche Praxis wird, wie ich weiß, nicht zu seinem Ansehen beitragen, aber sie wird ihm das geben, was ihm fehlt: Vertrauen. Ich beauftrage Sie mit der Ausführung dieser Vereinbarung und bitte Sie, M. Lefebvre meine Absichten und mein Bedauern mitzuteilen.[35]

Geschäftsreise nach London

Bereits zehn Wochen nach seiner Ernennung zum Operndirektor verließ Viotti Mitte Januar 1820 für zwei Monate Paris, um nach London zu fahren. Er war dafür offiziell vom Intendanten der Abteilung „Menus-Plaisirs du roi", Baron de La Ferté, beurlaubt worden.[36] In London gab es nämlich dringende Angelegenheiten zu regeln: Viotti musste sich den gesetzlichen und finanziellen Nachwirkungen des Konkurses seines Weinhandels stellen. Keine angenehme Aufgabe. Die formale Auflösung der Partnerschaft mit Charles Smith wurde von Viottis Anwalt Henry Dance aufgesetzt; Smith wurde aufgefordert, Viotti in drei Abschlägen nach jeweils sechs Monaten die Summe zurückzuzahlen, die er in den gemeinsamen Weinhandel investiert hatte. Das war außerordentlich wichtig für Viotti, denn nur so konnte er Margaret die Summe zurückzahlen, die sie ihm in den vergangenen Jahren geliehen hatte – es handelte sich um einen Betrag von 24.000 Francs. Der Gedanke, Schulden bei Margaret zu haben, quälte ihn seit langem.

Während er in London war, hielt er Kontakt mit dem Opernhaus in Paris – was dringend nötig war, denn Schwierigkeiten gab es genug. Viotti schickte alle Briefe mit der französischen Diplomatenpost; das bedeutete, dass seine Post nicht von englischen Behörden kontrolliert werden durfte. Für Privatpersonen war das ein großes Privileg. Die Chinnerys hatten es aufgrund ihrer guten Beziehungen zum Sekretär der Französischen Botschaft bereits 1814 erworben; 1820 war dieser Sekretär mit den Aufgaben für auswärtige Angelegenheiten betraut worden.[37]

Es war ein Sonntagabend, an dem die Opéra in eine neue Krise geriet. Das Opernhaus kam nicht zur Ruhe. Es wurde selbst zur Bühne, zum Schauplatz eines Mordes – und der Hausherr Viotti war nicht da: Am 13. Februar 1820 wurde der Duc de Berry, Sohn des Comte d'Artois (der spätere französische König Karl X.) und Neffe des Königs Ludwig XVIII., erstochen, als er seine Frau zu einer Kutsche begleitete. Der Überfall ereignete sich in der Rue Rameau, am Seiteneingang der

35 GBV an Rudolphe Kreutzer, 20. Mai 1820, zitiert nach Lister, 2009, S. 329/330. Original F-Po AD 37, 154.

36 La Ferté an GBV am 11. Januar 1820, zitiert nach Lister, 2009, S. 323 und FN 32, S. 475. Original F-Pan O3 1651/IV/17.

37 François-Maximilien Gérard de Rayneval (1778–1836).

Oper, gegenüber des heutigen Parc Louvois und der Nationalbibliothek.[38] Dort befand sich der Zugang zur Königlichen Loge.[39] Ein Augenzeuge mit Namen Roullet verfasste einen ausführlichen Bericht über dieses Attentat, der sich wie ein Krimi liest – Roullet war der Buchhändler der Académie royale de musique.

Tödlich verwundet, brachte man den Duc de Berry in das Amtszimmer von Viotti, wo man ihn auf eine Chaiselongue legte. Währenddessen lief die Vorstellung: Es gab zwei Ballette, „Le Carnaval de Venise“ und „Les Noces de Gamache“, sowie die Oper „Le Rossignol“. Zahlreiche Chirurgen waren eingetroffen, um den Duc de Berry zu retten – vergeblich.[40] Roullet berichtet akribisch, wer alles in Windeseile herbeigerufen wurde: von der Dienerschaft des Duc bis zum Geistlichen, der die letzte Ölung zelebrierte, von Staatsbeamten und Viottis Bruder André, der zwischen dem Vorraum und der Tür zu Viottis Amtszimmer hin- und herlief. Der Mörder war Louis-Pierre Louvel, ein Sattler der königlichen Ställe. Sein Mordmotiv war Hass auf die königliche Familie, und er wollte sie mit dem Mord vernichten: Der Duc de Berry war das einzige Mitglied, das zum Zeitpunkt des Mordes die Familie fortpflanzen konnte. Louvel, der ohne Mittäter war, wurde am 7. Juni 1820 hingerichtet.[41]

Für die Theater in Paris wurde eine zehntägige Trauerzeit ausgerufen, in der keine Vorstellungen stattfanden. Doch das Opernhaus musste für immer seine Pforten schließen, da es durch einen Mord beschmutzt worden war. Der Erzbischof von Paris veranlasste, dass das Gebäude abgerissen wurde, ein ganz neues Theater sollte gebaut werden. In der Zwischenzeit wurde der Spielbetrieb in die Salle Favart auf dem Boulevard Italien ausgelagert – eine beunruhigende Nachricht, die Viotti wenige Tage später in London erreichte. Beunruhigend deshalb, weil die Ausweichspielstätte viel zu klein für einen anspruchsvollen Opernbetrieb war und einmal mehr Viottis Improvisationstalent und Nervenkraft auf die Probe stellte.

Etwas Erfreuliches gab es dennoch in dieser Zeit. Viotti hatte Gelegenheit, in London den Geiger Louis Spohr zu hören, dem er zwanzig Jahre zuvor recht brüsk geschrieben hatte, dass er ihn nicht unterrichten könne. Spohr war nun 35 Jahre alt und galt als der führende Repräsentant der deutschen Violinisten. Er schrieb

38 Siehe Lister, 2009, S. 476, FN 40.

39 Nicolas-Pierre Roullet: Récit historique des événements qui sont passés dans l'administration de l'Opéra la nuit du 13 février 1820, Paris 1865, S. 6, online unter: http://gallica.bnf.fr/ark:/12148/bpt6k6465737t/f83.item, letzter Zugriff: 18.04.2018.

40 Roullet, S. 69/70.

41 Meyers Konversations-Lexikon, siehe Artikel „Louvel“, in: Meyer online, 4. Auflage, 1885, Band 10, S. 933, online unter: https://archive.org/stream/bub_gb_wpAGAQAAIAAJ#page/n991/mode/2up, letzter Zugriff: 21.05.2018.

am 3. März 1820 an einen gewissen Monsieur Vogel, artiste, Lille, mit dem auch Viotti bekannt war[42]:

> London ist eine riesige Stadt. Man braucht einen halben Tag, um den Weg von unserer Unterkunft in die Innenstadt zu machen. Das ist der Grund, warum ich bislang nur wenige Briefe aufgegeben habe; aber jedermann hat mich wohl empfangen, und ich empfinde die Engländer freundlicher als angenommen. Die interessanteste Bekanntschaft, die ich bis jetzt machen konnte, ist die mit Monsieur Viotti. Er ist noch hier, wird aber in einigen Tagen nach Paris abreisen. Er bat mich, Ihnen herzliche Grüße auszurichten. Am nächsten Montag werde ich im ersten Konzert der Philharmonischen Gesellschaft spielen, und ich werde das Wohlgefallen haben, von diesem Veteranen und Vater aller Violinisten gehört zu werden.[43]

Bei dem eben genannten Konzert führte Spohr sein Konzert Nr. 8, die sogenannte „Gesangsszene“, auf. Der „Morning Chronicle“ bemerkte, dass Spohr unter „großen Schwierigkeiten mit seiner Nervosität“ spielte, und Spohr selbst gestand in einem Brief an seinen Freund Wilhelm Speyer:

> [...] daß ich mit dieser Ueberzeugung bei meinem ersten Debüt heute vor drei Wochen (wo ich im ersten Concerte der Ph. Ges. meine Scene spielte) *mit grosser Befangenheit hintrat,* kann ich nur durch die Gegenwart von Viotti und vieler anderen ausgezeichneten Künstler deren vielleicht zu überspannte Erwartungen ich zu befriedigen hatte, erklären.[44]

Spohr schreibt Jahre später in seiner Autobiografie, dass „der alte Viotti, der von jeher mein Vorbild war und in der Jugend mein Lehrer werden sollte, sich unter

---

42 Monsieur Vogel war ein Violinist, der in Lille und Umgebung bekannt war. Er machte im Frühjahr 1820 die Bekanntschaft Spohrs, als dieser auf dem Weg nach London war. Siehe dazu Lister, 2009, S. 309.

43 « Londres est une ville immense. Il faut une demie journée pour faire la course de notre demeure à la Citti ; c'est pour cela que je n'ai donné jusqu'a present que tres peu de mes lettres ; mais tout le monde m'a tres bien reçu et je trouve les Anglois beaucoup plus aimables que je les ai cru. La connoissance la plus interressante que j'ai fait jusqu'a present c'est celle de Mr. Viotti. Il est encore ici mais il partira pour Paris en peu de jours. Il ma chargé de Vous faire ses compliments. Lundi prochain, en jouant au prémier Concert de la societé philharmoniques j'aurai la satisfaction d'etre entendu de ce Veteran et père de tous les Violons. » Zitiert nach www.spohr-briefe.de/briefe-einzelansicht?m=18200303I4, letzter Zugriff: 10. 03. 2018. Der Originalbrief befindet sich in der BnF, F-Pn (Musique), Lettres autographes Spohr, Louis, item 69.

44 Arthur Jacobs: Spohr and the Baton, in: Music and Letters, Oxford 1950, Band 31, No. 4, S. 314. Jacobs zitiert aus dem Morning Chronicle vom 13. März 1820: "He [Spohr] laboured under great difficulties from his nervousness hence his intonation was not always quite perfect in his high notes, which were rather hard, and his double stops were hurried and indistinct; but he is one of the most accomplished and delightful players we have ever heard."

den Zuhörern befand und mir auch viel Lobendes über mein Spiel sagte."[45] Doch zunächst war er sehr unzufrieden mit sich und wünschte sich mit Ungeduld seinen zweiten Auftritt herbei.[46]

Was mag in Viotti vorgegangen sein, als er ihn hörte? Er saß am 6. März 1820 im Konzertsaal der Argyll Rooms und erlebte Spohrs Debüt im ersten Konzert der Philharmonic Society. Wieviel Ärger und Nervenkraft hatte er einst in diese Konzertreihe investiert! Nun aber konnte er sich, frei von diesen Aufgaben, auf das Violinspiel dieses beachtlichen jungen deutschen Geigers konzentrieren, und er erkannte sich darin wieder. Sicher, der Mann war etwas nervös, aber er war ein ausgezeichneter Violinist und ein einfallsreicher Komponist. Spohr hatte Viottis Konzerte gut studiert und sie für seine eigenen Kompositionen als Ideengeber genutzt: das kraftvolle Eröffnungsthema, das zarte Passagenwerk, mit dem die Solovioline das schlichte Thema des Mittelteils ausschmückt, und im letzten Teil gab es sogar eine Sequenz in einer besonderen Strichart, dem rhythmisch-prägnanten „Viotti-Strich", bei dem durch die Verbindung von zunächst kurzer mit nachfolgend etwas längerer Note eine kleine rhythmische „Attacke" entsteht.[47]

Spohr baute auf Viottis Konzerten auf, doch er ging noch darüber hinaus. Seine reiche harmonische Palette, seine kühnen Modulationen, z. B. der überraschende Wechsel im ersten Teil (Adagio) von C-Dur nach As-Dur mit gleichzeitigem Tempowechsel und dann die Rückkehr nach F-Dur im Tempo I – aber das ist noch nicht alles: Im letzten Satz geht es zügig von C-Dur über Es-Dur nach H-Dur und von dort wieder zurück in die Grundtonart a-Moll. Die strukturelle Konzeption der „Gesangsszene" ist ebenfalls für ein Solokonzert ungewöhnlich, da Spohr nämlich alle drei Sätze in ein nahtloses Ganzes überführt, die Meisterschaft im Detail in der Orchestrierung, die Originalität, ein Konzert in eine „Szene" zu verwandeln, angefüllt mit Rezitativen, mit der Solovioline als Primadonna – in all dem wird Viotti einen Musiker von Substanz erkannt haben. Er lehnte sich zurück, schloss die Augen, hörte ganz genau hin: Spohr war ein Meister seines Instruments, die violintechnischen Herausforderungen in diesen Kompositionen

45 Spohr, Band 2, 1968, S. 70.

46 Siehe Brief vom 27. März 1820 an Wilhelm Speyer www.spohr-briefe.de/briefe-einzelansicht?m=1820032702, letzter Zugriff: 10. 03. 2018.

47 Louis Spohr beschriebt diese Strichart in seiner Violinschule: „No. 4, welche Viotti'sche Strichart (coup d'archet de Viotti) genannt wird, entweder, weil sie von diesem großen Geiger zuerst gebraucht, oder, was warscheinlicher (!) ist, besonders schön und effektvoll ausgeführt wurde. Von den beiden in einem Striche abzustossenden Noten wird die erste ganz kurz und schwach angegeben, die zweite aber mit längerem Strich und scharfem Druck möglichst stark herausgehoben." Siehe Louis Spohr: Violinschule, mit erläuternden Kupfertafeln, Wien 1832, S. 124.

standen seinen – Viottis eigenen – in nichts nach oder übersteigen diese sogar noch, und Spohr war ein guter Komponist. Welche Gedanken mag Viotti noch gehabt haben? Waren es Erinnerungen an die Zeit, in der er, wie jetzt Spohr, fünfunddreißig Jahre alt war? Das war 1790 gewesen, als er im Zenit seines Könnens stand, in der Stadt Paris, in der die Revolution den Alltag bestimmte.

Wenige Tage nach diesem Konzert kehrte Viotti nach Paris zurück. Es wurde höchste Zeit, dass er wieder dort war. Andernfalls würden der Ärger mit der Verwaltung und die unruhige Stimmung nach dem Mordfall zu sehr seine Autorität untergraben. Er berichtete gleich nach seiner Ankunft seinem engen Freund Baillot:

> Ich bin seit gestern zurück, mit dem großen Wunsch, Dich zu umarmen, umso mehr, da ich verhindert war, Dich im letzten Herbst und Winter zu sehen. Kannst Du morgen um 4 Uhr in die Oper kommen? Ich bin bereit, mein Herz mit Freude zu füllen.[48]

Bei seiner Rückkehr nach Paris fand Viotti ein Opernhaus vor, das sehr in Unordnung war – hatte er doch gerade erst bei seinem Amtsantritt für etwas Stabilität gesorgt. Doch nun war die Oper durch den Mordanschlag auf den Duc de Berry erneut schwer getroffen. Unsicherheit, Ängstlichkeit und Nervosität beherrschten die Tage. Der vom Erzbischof verordnete Abriss und der Umzug in das provisorische Quartier in die Salle Favart erinnerte Viotti schmerzhaft an ähnliche Umstände dreißig Jahre zuvor. Es war seine Zeit am Théâtre de Monsieur gewesen, als er in das viel zu kleine Théâtre Feydeau ausweichen musste. Die Schwierigkeiten waren aber jetzt noch größer: 1789 war er niemandem in künstlerischen Dingen Rechenschaft schuldig, nun jedoch unterstand er im Rahmen einer Bürokratie wiederum anderen und war verpflichtet, Anordnungen von höherer Stelle zu übernehmen. Das kostete Zeit und Nerven – beides hatte Viotti nicht mehr im Überfluss. Auch darin unterschied sich die aktuelle Situation von der im Jahr 1789. Damals war Viotti ein Mann von vierunddreißig Jahren gewesen, nun aber war er fast fünfundsechzig Jahre alt. Er musste sich genau überlegen, wo er seine Kräfte einsetzte. Ein völlig desolates Opernhaus, das er gerade übernommen hatte, war strenggenommen eine Überforderung. Das aber konnte und wollte er sich nicht eingestehen.

Überraschenderweise konnte schon am 19. April 1820 im provisorischen Theater, der Salle Favart, die erste Produktion über die Bühne gehen, nämlich Sacchinis „Œdipe à Colone“ sowie das Ballett „Nina“. Doch nur unter großen

---

48 « Me voici de retour depuis hier avec une envie éxtreme de vous embrasser ; d'autant plus grande que j'ai été forcément privé de vous voir l'Automne et l'hiver dernier. » GBV an Baillot, 16. März 1821 [recte 1820?], zitiert nach Yim, 2004, S. 227, FN 47 und Lister, 2009, S. 325. Original NYPL MNY-Viotti.

Schwierigkeiten konnte ein Werk wie Glucks „Iphigenie" aufgeführt werden; in allen übrigen Positionen im Spielplan war man gezwungen, auf „Operetten" auszuweichen, da die Bühne und die technische Ausstattung nur für kleine Produktionen geeignet waren.[49]

Nach einem halben Jahr im Amt musste Viotti einsehen, dass die bisherige Zeit als Direktor beider Opern (Opéra und Théâtre Italien) nicht so erfolgreich war, wie er und andere es sich erhofft hatten. Doch es lag nicht an mangelnder Energie. Vielmehr wurde er an der Durchsetzung seiner Ideen oft gehindert. In der Mitte des Jahres 1820 war Viotti gezwungen, das Personal zu reduzieren und musste einige Kräfte entlassen. Es ist nicht überliefert, wie Viotti entschied, wer entlassen werden sollte.[50] Ihn erreichten Bittbriefe für Gehaltserhöhungen, teilweise von sehr schlecht bezahlten Mitgliedern, und diese Briefe zu beantworten, gehörte zu den Aufgaben, die sicher nicht die angenehmsten waren.

Auf der anderen Seite musste er sich mit teilweise übertriebenen Honorarforderungen von führenden Sängern auseinandersetzen. Honorare von 15.000 bis 25.000 Francs waren keine Seltenheit und wurden auch bezahlt, um Betriebskosten nicht weiter in die Höhe zu treiben – so konnte man die Sänger am Haus halten und musste nicht weiteres Geld mit neuen Engagements ausgeben.

Viotti schrieb in dieser Angelegenheit am 27. Januar 1821 einen dringenden Brief an seinen Vorgesetzten Baron de La Ferté. Der Brief ist sehr aufschlussreich, weil er die Zwänge deutlich macht, in denen Viotti während der Verhandlungen mit den einzelnen hochbezahlten Sängerinnen und Sängern steckt: Bekommen sie zu wenig Honorarerhöhung, verlassen sie oft sehr schnell das Haus und man muss Ersatz für ihre Rollen beschaffen, manche noch sehr jungen Sängerinnen lassen lieber ihre Mütter verhandeln, Terminpläne werden durcheinandergebracht, weil das Opernhaus in London kurzerhand einige Starsängerinnen und -sänger für höhere Gagen unter Vertrag nimmt.[51]

Er achtete seine Vorgesetzten, ließ sich aber von ihnen nicht einschüchtern – im Gegenteil. Am 3. Oktober 1821 unterrichtete er den Intendanten der Abteilung „Menus-Plaisirs du roi", Baron de La Ferté, über den aktuellen Zustand an den beiden Häusern. In diesem Brief erklärt Viotti aus seiner Sicht sehr genau, welche Fehler der Baron bei der Planung von Probenzeiten für die anstehenden nächsten Produktionen machte. Die Details zeugen von Viottis langjähriger Erfahrung in der Disposition von Probenzeiten. In seiner Wortwahl ist er nicht

49 Siehe Lister, 2009, S. 325.

50 Lister nennt einige Namen, die unter dieser Entscheidung zu leiden hatten. Siehe Lister, 2009, S. 326.

51 Siehe Lister, 2009, S. 326/327. Das Original des Briefes befindet sich im Französischen Nationalarchiv, F-Pan O 3 1654/I, 2.

gerade zurückhaltend, sondern er schreibt Dinge wie „Sie verstehen nicht […]", „Diese Annahme ist ein Fehler […]" und „ein weiterer Fehler in Ihrer Kalkulation ist […]". Doch seine Kritik bleibt konstruktiv, denn er erklärt La Ferté genau, warum er welchen Probenumfang für welche Produktion ansetzt, welche Halbtagsproben es gibt und wie all das mit den ohnehin stattfindenden Proben des Repertoires zu vereinbaren ist.[52]

Zwar war das Schreiben von unangenehmen Briefen eine von Viottis Hauptaufgaben, doch war ihm die Gesprächssituation unter vier Augen deutlich lieber. In manchen Briefen bittet er um ein Erscheinen in seinem Arbeitszimmer und stellt in Aussicht, dass die Angelegenheit nicht mehr als eine Viertelstunde beanspruche. Ob fünfzehn Minuten immer gereicht haben werden?

Oft musste Viotti bei allzu eigennützigen Wünschen der Sänger ein Machtwort sprechen. Sein langjähriger Freund, der Bassist Giuseppe Naldi, hatte den Wunsch geäußert, eine Arie aus Rossinis Oper „Elisabetta" in eine andere Oper von Rossini zu verpflanzen, in „Torvaldo", damit seine Tochter Carolina diese Arie in dieser Oper singen könne. Ein ähnliches Anliegen hatte die Sopranistin Joséphine Fodor, die in ihrem Benefiz-Konzert eine Arie von Rossini singen wollte, die aber noch nicht ihre Uraufführung erlebt hatte. Am 27. Oktober 1820 schrieb Viotti einen Brief an den Komponisten Ferdinando Paër, in dem er ausdrücklich klarmachte, dass er es formal verboten habe, noch nicht veröffentlichte Werke von Rossini in laufende Produktionen von Rossinis Opern einzubinden.[53] Zwei Wochen später ruderte er ein wenig zurück, indem er es in einem Fall erlaubte. Er hatte damit einen Präzedenzfall geschaffen. Die geläufige Praxis, Rossinis Partituren in Einzelteile zu zerstückeln, war zu verlockend, als dass man ihr widerstehen konnte. Viotti selbst hatte die Fluttore geöffnet – unfreiwillig: Die Premiere von Rossinis Oper „La pietra del paragone" am 3. April 1821 geriet deshalb zum Skandal, weil nur sieben Nummern der Originalfassung verwendet wurden, der Rest war eine Zusammenstellung von Versatzstücken aus anderen Opernkompositionen, darunter auch Rossinis.[54]

52 Siehe Lister, 2009, S. 331. Das Original des Briefes befindet sich im Französischen Nationalarchiv F-Pan O3 1654/I item 19. Eine Kopie ist in der Bibliothek der Oper in Paris, F-Po AD 39, 46–47.

53 GBV an Ferdinando Paër am 27. Oktober 1820, siehe Lister S. 331. Die Originalbriefe befinden sich in F-Po AD 34, 103–4 (GBV an Paër) und in F-Pan AJ 13 130/I (Antwort Paër an GBV vom 29. Oktober 1820). Vgl. Lister, 2009, S. 477, FN 79.

54 Siehe Lister, S. 332. Die Uraufführung dieser Oper hatte bereits am 26. September 1812 an der Mailänder Scala stattgefunden. „La pietra del paragone" war Rossinis Debüt-Oper in Mailand; dort war sie ein großer Erfolg. Vgl. Philip Gossett: Artikel „Rossini", in: The

Viotti setzte sich dennoch weiterhin stark für die Aufführung von Rossinis „Otello" ein. Er schätzte den Komponisten und wusste, dass seine Opern das Haus und damit die Kassen füllten. Die Pariser Erstaufführung von „Otello" fand am 5. Juni 1821 statt, in den Hauptrollen traten Manuel Garcia als Otello und Giuditta Pasta als Desdemona auf. Bei der Besetzung war Viotti sehr qualitätsbewusst vorgegangen. Bereits im Februar 1821 hatte er den Korrepetitor und Chorleiter Ferdinand Hérold nach Italien gesandt, um eine geeignete Primadonna für die Rolle zu finden. Hérold reiste incognito, damit er sich möglichst unbeeinflusst in den besten Opernhäusern Italiens auf die Stimmen konzentrieren konnte. So fand er Giuditta Pasta, die binnen kurzer Zeit eine der gefragtesten Sopranistinnen in Europa wurde.

Als vorausschauender Opernintendant plante Viotti, Rossini langfristig für seine beiden Häuser, die Opéra und das Théâtre Italien, zu gewinnen. Vor allem am Théatre Italien sollten Rossinis Opern für kontinuierliche Erfolge sorgen. Da sich ja der Chorleiter Hérold in Italien quasi als Agent aufhielt, konnte er den direkten Kontakt zu Rossini herstellen. Er berichtete Viotti am 24. März 1821 aus Florenz, dass er Rossini täglich sehe[55], und er hatte – nicht ahnend, dass in Paris andere Pläne geschmiedet wurden – Rossini vorgeschlagen, im nächsten Jahr zur Karwoche dessen Oper „Mosè in Egitto" in Paris aufzuführen, in französischer Übersetzung, damit sie in der Opéra gegeben werden könne, wo nur Werke in der Landessprache aufgeführt wurden.[56] Viotti hatte jedoch in Paris den Hausübersetzer der Opéra, F. H. J. Castil-Blaze, beauftragt, Rossinis „Tancredi" ins Französische zu übertragen. Nach dem Brief Hérolds aus Italien änderte er seine Meinung. Castil-Blaze wurde ein Ausfallhonorar für die bisherige Arbeit an „Tancredi" gezahlt, und er machte sich an die Übersetzung von „Mosè". Doch dann wurde auch dieses Werk fallen gelassen.[57] Ein Fall von Fehlplanung, die Viotti zu verantworten hatte: Es war nicht leicht, die erhitzten Gemüter aller Beteiligten zu beruhigen.[58]

New Grove Dictionary of Music and Musicians, hrsg. von Stanley Sadie, Oxford 2001, Band 21, S. 736.

55 Hérold an GBV am 24. März 1821. Der originale Brief befindet sich im französischen Nationalarchiv in Paris F-Pan AJ 13 130.

56 „Mosè in Egitto" war 1818 sehr erfolgreich in Neapel uraufgeführt worden. Das Libretto bezeichnet das Werk als „Azione tragico-sacra", wodurch es für die Passionszeit besonders eignet.

57 „Mosè in Egitto" wurde erstmals am 27. März 1827 in Paris aufgeführt. Vgl. Philip Gossett: Artikel „Rossini", in: The New Grove Dictionary of Music and Musicians, hrsg. von Stanley Sadie, Oxford 2001, Band 21, S. 758.

58 Der ausführliche Briefwechsel in dieser Angelegenheit ist dokumentiert bei Bruno Cagli und Sergio Ragni: Lettere e Documenti / Gioachino Rossini, Pesaro 1992, Band 1, S. 453 ff.

Es gab in der Spielzeit 1820/21 viele kritische Bemerkungen, denen sich Viotti als Opernchef stellen musste. Und die Kritik kam nicht nur aus der Zeitung, sondern aus Viottis engstem privaten Kreis. So hörte Margaret Chinnery das Debüt von Carolina Naldi, der Tochter des Bassisten Naldi, am Théâtre Italien in Mozarts Oper „Così fan tutte". Sie berichtete anschließend in einem Brief an ihren Mann William, dass Carolina im ersten Akt nervös gewesen sei, sich aber im fortlaufenden Geschehen gefangen habe – doch im Übrigen habe sie, so Margaret, noch nie eine so scheußliche Oper gesehen und gehört, mit einem scheußlichen Libretto, hässlichen Charakteren und viel zu schwerer Musik.[59]

Margaret Chinnery ist mit ihrer Ablehnung bei weitem nicht allein, denn Aufführungen von Mozarts Opern in Paris wurden auch öffentlich heftig kritisiert – allerdings aus anderen Gründen, die Viotti durchaus zu verantworten hatte. So beklagt die „Allgemeine musikalische Zeitung" das Niveau der Aufführung von „Figaros Hochzeit":

> Ich darf nun wirklich die Herren Viotti und Paer vor ganz Deutschland, und wo sonst noch die musikalische Zeitung gelesen wird, des Verbrechens der beleidigten Mozart'schen Majestät anklagen: diese Herren haben nicht allein zugegeben, sondern sie sind im eigentlichen Verstande Urheber davon gewesen, dass der Graf in Mozarts *Figaro* von einem Tenoristen gesungen worden ist. [...] Uebrigens ergiebt sich daraus, dass das hiesige italienische Theater Mangel an einem Bassisten hat. [...] Die Vorstellung, von welcher hier die Rede ist, schien überhaupt mehr eine Parodie, als das Stück selbst, zu seyn.[60]

Das war sozusagen „Wind von vorn" für Viotti: Ablehnung und heftige Kritik, ausgerechnet in der Zeitschrift, die ihn neun Monate zuvor zum Retter der Paris Oper ausgerufen hatte. Und dann erreichte ihn ein anonymer Essay, datiert vom 6. Februar 1821. Der Autor attackiert darin die Führung des Theaters, kritisiert das Niveau der Sänger und nimmt sich vor allem Carolina Naldi vor, an der er kein gutes Haar lässt: Die Aufführung von „Così fan tutte" sei durchgefallen, weil sie unsicher in der Intonation gewesen und ihre Stimme schwach sei und ihr auf der Bühne die schauspielerische Erfahrung fehle – kurzum sie einer Hauptrolle

59 "Caroline Naldi's debut was very successful, in spite of her having fixed upon the most disagreeable opera I ever heard in my life – the *poem detestable,* all the characters odious, and the music heavy." MC an GBV, 24. September 1820, zitiert nach Yim, 2004, S. 228. Original AUS-Sphm 94/143/1 – 17/49. Lister merkt in diesem Zusammenhang an, dass erst im Laufe des 19. Jahrhunderts das Libretto von Da Ponte seine Unsterblichkeit erlangt habe und dass es durchaus häufiger vorkam, dass Mozarts Musik als „zu schwer" kritisiert wurde: Seine Kompositionen waren zu reich, zu ausgearbeitet für Hörer, die mit Cimarosa und Paisiello vertraut waren. Siehe Lister, 2009, S. 332.

60 Allgemeine musikalische Zeitung, September 1820, Spalte 657, online unter: https://archive.org/stream/bub_gb_Ht4qAAAAYAAJ#page/n367/mode/2up, letzter Zugriff: 17.05.2018.

wie dieser nicht gewachsen sei.[61] Der anonyme Verfasser lobt jedoch Viotti als Geiger, den er seit seinen Jugendtagen kennt: „Ich genoss die ersten Früchte dieses frühreifen Talents; ich sah seinen illustren Meister Pugnani dem Erfolg des jungen Viotti applaudieren – und diese beiden Namen, die unzertrennlich mit dem Piemont verbunden sind, bringen nur süße Erinnerungen zu mir."[62]

Während all dieser Ereignisse und Widerstände an seinen beiden Opernhäusern war auch Viottis Privatleben sehr bewegt. Zum Glück gab es hier ab und zu Grund zur Freude – eine seiner größten war die Karriere, die George Chinnery machte: Margarets Sohn war inzwischen neunundzwanzig Jahre alt und für seinen Mentor George Canning zu einem unverzichtbaren Mitarbeiter geworden. George begleitete Canning seit Herbst 1814 auf allen Reisen als Privatsekretär und persönlicher Referent; damals war Canning britischer Botschafter in Portugal gewesen.[63] 1817 kehrten beide von dort zurück und reisten durch Frankreich, wo Canning Kontakte zu Diplomaten der 1814 wiederhergestellten Monarchie knüpfte. 1816 hatte er den Vorstand im Kontrollrat der Ostindien-Kompagnie übernommen und versah auch noch die Aufgaben des Botschafters in der Schweiz. In diesen teilweise turbulenten Jahren im Ausland war der junge George Chinnery an der Seite Cannings zu einem versierten Diplomaten gereift. Er nahm mit Canning an Verhandlungen teil, stand mit ihm im regen Gedankenaustausch über nationale und internationale Politik, machte Reiseplanungen und führte die Korrespondenz. So blieben George wichtige, bisweilen delikate Informationen aus der Heimat nicht verborgen: Die zerrüttete Ehe des Prinzregenten George Augustus Frederick, Prince of Wales, war zur Staatsaffäre geworden.

61 « *Così fan tutte* est tombé par la faiblesse de la voix de M.lle Naldi, le peu de sûreté de ses intonations, son défaut d'habitude de la scène, et son insuffisance complète de remplir encore un premier rôle. » Siehe in: Observations désintéressés sur l'administrations du Théâtre royal italien, adressées à M. Viotti, Directeur de ce théâtre, par un dillettante, Paris 1821, S. 7. http://gallica.bnf.fr/ark:/12148/bpt6k58216745/f8.image, letzter Zugriff: 10. 03. 2018

62 « J'ai joui des premiers fruits de son précoce talent ; j'ai vu l'illustre maître Pugnani applaudissant lui-même au succès de jeune Viotti, son élève ; et ces deux noms, que l'on ne sépare point en Piémont, ne me rappellent que de doux souvenirs. » Boucher, Paris 1821, S. 4/5. http://gallica.bnf.fr/ark:/12148/bpt6k58216745/f8.image, letzter Zugriff: 11. 03. 2018

63 In einem Journal hielt George alle Orte fest, die er auf diese Weise kennenlernte. Siehe Lister, 2009, S. 336 sowie FN 102 auf S. 479. Dort wird die Signatur für das Original angegeben: GB-Lbl. Add. Mss. 64093, 64094, 64095.

Ein kurzer Rückblick: Der Prinzregent forderte seit Jahren die Scheidung und ließ keine Gelegenheit aus, seine Frau, Prinzessin Caroline[64], öffentlich zu demütigen. Canning hatte mittlerweile Partei für die unglückliche Prinzessin ergriffen – wie übrigens der überwiegende Teil des Volkes. Als der Prinzregent am 19. Juli 1821 zum König gekrönt wurde, verweigerte man ihr den Zugang zu den Feierlichkeiten – ihr, die eigentlich nun Königin war. Aus staatsmännischer Sicht war die freundschaftliche Verbindung Cannings mit Caroline eine schwierige Situation, denn er wusste natürlich um seine Loyalitätsverpflichtung dem Prinzregenten und späteren König gegenüber. Er hatte seit Januar 1820, nach dem Tod seines Vaters George III., in seiner Scheidungsangelegenheit eine deutlich stärkere Position. Canning, der nach wie vor auf der Seite der zukünftigen Königin stand, hielt sich in den Konferenzen des Ministerrats bedeckt oder war gar nicht anwesend, um nicht persönlich dafür oder dagegen eintreten zu müssen.

Unter dem Vorwand, im Ausland Erkundigungen über Prinzessin Caroline einziehen zu wollen, hatte sich Canning bereits 1819 nach Italien begeben, wo sich die Prinzessin in Pesaro niedergelassen hatte; eine weitere Reise führte ihn 1820 dorthin. Es muss diese Reise 1820 nach Italien gewesen sein, die Canning angetreten hatte, um der entscheidenden Phase im Scheidungsverfahren des Königs fernbleiben zu können, denn am 17. August 1820 begann die Anhörung im britischen Oberhaus – und Canning befand sich derweil mit seiner Familie und George Chinnery in Italien. Von Venedig aus nämlich schrieb George Chinnery an Viotti und bat ihn, in Paris ein geeignetes Hotel für Canning und dessen Familie zu finden, denn für Ende September 1820 plante Canning einen sechswöchigen Aufenthalt in Paris.

Viotti wählte stilsicher das standesgemäße Hotel Bristol an der Place de Vendôme aus und sorgte für ein ansprechendes Kulturprogramm. Selbstverständlich lud er die Familie Canning in seine beiden Theater, in die Opéra und in das Théâtre Italien, ein: Die Cannings sahen am Dienstag, dem 3. Oktober, „Agnese" von Paër, am Donnerstag, dem 5. Oktober, besuchten sie eine Vorstellung von Rossinis „Barbier von Sevilla" und am Samstag, dem 7. Oktober, gingen George und seine Mutter in eine Vorstellung von Mozarts „Don Giovanni". Am Sonntag schließlich, dem 8. Oktober 1820, stand ein wichtiger gesellschaftlicher Termin auf dem Programm der Cannings: Margaret Chinnery empfing die Familie vormittags in ihrem Landhaus in Châtillon. Canning kam mit seiner Frau, seiner

64 Caroline Amalie Elisabeth von Braunschweig-Wolfenbüttel (1768–1821). Sie wurde 1795 mit ihrem Cousin, dem englischen Kronprinzen George Augustus Frederick (1762–1830), vermählt. Er bestieg 1820 als George IV. den Königsthron des Vereinigten Königreichs Großbritannien und Irland sowie Hannovers.

Tochter und seinem jüngsten Sohn. George stellte Viotti und Canning einander persönlich vor, und da auch Viottis Halbbruder André zu den Gästen zählte, brachte Viotti sie miteinander ins Gespräch. Margaret berichtete ihrem Mann einen Tag später in einem Brief:

> Mr. C. begann eine Konversation mit André und ließ sich viele Auskünfte von ihm geben, die vor allem den hiesigen Militärgerichtshof betrafen. Zuletzt schlug ich vor, einen Gang durch den Garten zu machen – ihnen gefielen Haus und Garten sehr, aber am meisten war Mr. C. von der Terrasse auf dem Dach des Hauses begeistert.[65]

Der Besuch dauerte nur anderthalb Stunden und war ein Höflichkeitsbesuch, bei dem es vor allem darum ging, sich einander vorzustellen und einzuschätzen. Die souveräne Gastgeberin Margaret Chinnery, der es so gut wie immer gelang, Menschen mit Sympathie zu begegnen, war von George Canning nicht angetan: Das Äußere von Georges bestem und gütigstem Freund sei nicht ermutigend – es sei zurückhaltend, kalt und reserviert. So beschrieb Margaret ihren Eindruck im selben Brief an William.[66]

Die nicht gerade vorteilhafte Präsentation Cannings muss fortan öfter ein Gesprächsthema von Margaret, George und Viotti gewesen sein; George deutete das Verhalten seines Mentors als einen Ausdruck von Schüchternheit und versuchte seiner Mutter noch ein Jahr später zu erklären, wie er mit der zugeknöpften Art Cannings umgehe – nämlich mit geradezu übertriebener Offenheit. Auch Viotti spürte die Unsicherheit und den Mangel an Selbstvertrauen; darüber äußert sich George in einem Brief an Margaret, seine Mutter: Es gehe ihm wie Amico, schrieb er ihr, wann immer er Canning nach einer gewissen Zeit wiedersehe, sei er wie Amico betroffen von seiner Art.[67] Wahrscheinlich hatten Margaret und Viotti einen selbstbewussten, offenen Menschen erwartet, denn Cannings Karriere und seine mutigen unkonventionellen Entscheidungen ließen zunächst keinen Ge-

65 "Mr C entered into conversation with André and made many enquiries of him with regard to the military courts of justice here. At length I proposed a walk in the garden, – they liked both house and garden very much, but M. C. was particularly pleased with the terrace on the top of the house." MC an WBC am 9. Oktober 1820, zitiert nach Yim, 2004, S. 230. Original AUS-Sphm 94/143/1 – 17/50.

66 "The exterior of George's best and kindest friend is not encouraging, – it is reserved, cold, and retiring." MC an WBC am 9. Oktober 1820, zitiert nach Lister, 2009, S. 336. Original AUS-Sphm 94/143/1 – 17/50.

67 "Whenever I see M. C. after a certain interval of time I am struck like Amico with his air embarassé and his manière boutonnée, but like Amico again I try to get the better of his diffidence by excessive frankness on my part." GRC an MC am 13. März 1821, zitiert nach Yim, 2004, S. 230. Original in der Fisher Library, University of Sydney, The Chinnery Family Papers, c. 1795–1843, Signatur Fisher 2000 – 7/9.

danken an einen gehemmten und schüchternen Mann aufkommen. Zwei Jahre nach diesem Besuch wurde er im August 1822 von König George IV. zum Außenminister und Führer des Unterhauses ernannt.[68]

Lister hat eine interessante Vermutung, mit der er die Zurückhaltung Cannings interpretiert: Da Canning Gründer und Herausgeber der Londoner Zeitung „The Anti-Jacobin“ gewesen war, könnte es sein, dass er Ressentiments gegenüber Viotti hatte, die aus der Zeit stammten, als Viotti aus England ausgewiesen wurde. Der „Anti-Jacobin“ hatte damals, im Mai 1798, einen höhnischen Kommentar als Reaktion auf die Nachricht im „Morning Herald“ veröffentlicht, dass Viotti sich in der Nähe von Hamburg befinde.[69] Und noch etwas mag Canning vor allem an Viotti gestört haben, nämlich seine guten Beziehungen zum Prinzregenten. Canning war in der Scheidungsangelegenheit ganz klar auf Prinzessin Carolines Seite, war sogar mit ihr befreundet – hatte wahrscheinlich sogar eine Affäre mit ihr – und es wird ihm nicht entgangenen sein, dass Viotti einen bereits jahrelangen freundschaftlichen Kontakt zu ihrem Ehemann, dem Prinzregenten, pflegte.

Margaret und Viotti kümmerten sich nach diesem etwas unterkühlten Antrittsbesuch dennoch aufmerksam um die britischen Gäste. Einen Monat später trug George in sein Journal ein: „Meine Mutter und Amico aßen mit den Cannings zu Mittag – am Abend gingen wir in die Oper.“[70]

Schwere Monate

Es war November geworden, und wieder stand die Abreise Margarets nach London an. Für Viotti waren es freudlose Tage, in denen er mit seinem Abschiedsschmerz kämpfte. Wahrscheinlich wird er auch resümiert haben, was ihm die aufreibende Tätigkeit an der Operá bislang gebracht hatte: Hatte sie seine finanzielle Situation wirklich verbessert? Fühlte er sich am richtigen Platz? Und wenn ja: Wie hoch war der Preis, den er persönlich dafür zahlen musste? Die Trennung von Marga-

68 Die Informationen über George Canning sind entnommen aus Friedrich August Rüder: Georg Canning. Sein Leben, seine Politik und Europa’s Erwartungen von ihm, Ilmenau 1827, sowie aus Wendy Hinde: George Canning, Oxford 1989.

69 “Poor VIOTTI! His fate, like to another fall of Troy, / Would mollify the hearts of barbarous people, / And make *Tom Butcher* weep.” – Dt. Übersetzung: „Armer VIOTTI! Sein Schicksal, ähnlich wie ein anderer Fall von Troja / würde die Herzen von grausamen Menschen besänftigen / und *Tom Butcher* zum Weinen bringen.“ The Anti-Jacobin, 21. Mai 1798, S. 339.

70 George Chinnery am 8. November 1820 in seinem Journal, Band 3, S. 180. Zitiert nach Yim, 2004, S. 230. Original GB-Lbl. Add. Mss. 64095.

ret in den Wintermonaten war für Viotti nur schwer zu ertragen. Das Haus in Châtillon war schlagartig leer, denn auch William und George reisten ab. Viotti wohnte zunächst allein in seiner unmöblierten Direktorenwohnung in Paris, Hôtel Choiseul. In diesem großen, einst prächtigen Haus, das dem Duc de Choiseul als Residenz gedient hatte, besaß der Staat Wohnungen für leitende Angestellte der Opernverwaltung. Doch sie waren nicht möbliert, und Viotti bat Baron de La Ferté Ende November 1820 um Unterstützung. Er führt in seinem Gesuch an, um welche Zimmer es sich handelt: ein Vorzimmer oder Speisezimmer, zwei Schlafzimmer, ein Salon von 24 mal 18 Fuß (pieds), ein Arbeitszimmer, drei Räume für die Dienerschaft, eine Küche.[71] Allein der Salon hatte 45,63 Quadratmeter, berechnet auf der Grundlage, dass ein Pariser pied de roi (Königsfuß) 32,48 cm entspricht. Eine sehr geräumige Wohnung für eine einzelne Person, und die vielen unbelebten und unmöblierten Räume verstärkten bei Viotti wahrscheinlich noch sein Gefühl der Einsamkeit. Da die Lieferung von Möbeln auf sich warten ließ, hatte Viotti zeitweise eine andere Wohnung in der Rue Taitbout Nr. 9. Am 27. Januar 1821 beklagte er sich bei seinem Vorgesetzten, dem Baron de La Ferté, dass er noch immer keine Möbel habe:

> Jeder, der hierher kommt und in den Appartements der Verwaltung wohnt, hat Möbel, nur ich, der ich nach neunundzwanzig Jahren Abwesenheit wiederkomme, habe keine, noch habe ich die Mittel, mir Möbel zu kaufen![72]

Erst im Juni 1821 war Viotti dann wieder in die Direktorenwohnung gezogen. Das geht aus einem Brief hervor, den George an seine Mutter schrieb und sich fürsorglich nach dem Stand der Dinge erkundigte:

> Mein Vater gab mir Nachricht, dass Amico in das Hôtel de Choiseuil [sic] zurückgezogen sei. Hast Du seine Wohnung gesehen, und ist sie durchaus komfortabel?[73]

Viotti war einsam in Paris, und es kam auch noch der Kummer über ungelöste Probleme in London hinzu; er schrieb an William am 25. November 1820:

---

71 GBV an Baron de La Ferté am 28. November 1820. Zitiert nach Lister, S. 337. Original F-Pan O 3 1652/III.

72 « Tout ce qui va habiter l'administration a des meubles, moi seul revenu après 29 ans d'absence je n'en ai point et n'ai pas le moyen de m'en procurer ! » GBV an Baron de La Ferté am 27. Januar 1821, zitiert nach Yim, 2004, S. 238, FN 26.

73 "My father writes me word that Amico is removed to the Hotel de Choiseuil [sic]. Have you seen his apartments & are they thoroughly comfortable?" GRC an MC am 20. Juni 1821, zitiert nach Yim, 2004, S. 238. Original in der Fisher Library, Fisher 2000 – 7/24.

> Wie ärgerlich bin ich, mein Freund, dass Du mich verlassen hast. Wie einsam bin ich! Ich kann wohl sagen, dass ich mein Leben mitten in Sorgen verbringe, die sich täglich selbst vermehren.[74]

So liefen beispielsweise Viottis Versuche, endlich seine Geschäftsanteile aus dem Weinhandel zurückzubekommen, ins Leere. Sein ehemaliger Kompagnon Charles Smith war bereits mit der ersten Rate der vereinbarten Rückzahlung im Verzug. In seiner Verzweiflung schrieb Viotti Briefe voller Vorwürfe und Anschuldigungen an William. Er bezeichnet seinen Anwalt Henry Dance in London als bösartig und nennt ihn einen entsetzlichen Egoisten.[75] In einem weiteren Brief beauftragte er dann doch den Anwalt, Smith vor Gericht zu bringen.[76] Am Ende des Jahres 1820 war dann klar, dass Smith nicht in der Lage war, die Termine seines vereinbarten Eigenwechsels einzuhalten: Er war zahlungsunfähig. An dieser misslichen Situation konnte selbst der Anwalt Henry Dance nichts ändern. Margaret Chinnery, die in London mit Dance mehrere Gespräche führte, erklärt am 4. Februar 1821 ihrem Mann William die Lage in einem Brief:

> Wenn Amico sich weigert, Charles Smith aus seinem Eigenwechsel zu entlassen, werden die Großgläubiger vereinbaren, Charles Smith zum Bankrotteur zu erklären und Amico aus dem Erlös des Konkurses ausschließen unter Einbehaltung seiner Haftpflicht für alle unbezahlten Schulden.[77]

Das war eine bittere Nachricht, denn sie bedeutete, egal, wie sich Viotti verhielt, dass Smith das Geld nicht mehr zurückzahlen würde. Für Margaret war die Angelegenheit nicht nur deshalb von Interesse, weil es um ihren Herzensfreund ging, sondern weil es sich um ihr Geld handelte, das sie Viotti einst zur Geschäftsgründung geliehen hatte. Die Summe betrug £ 2600, was sehr viel Geld war.[78] Zum Vergleich: Ein gutes Kutschpferd kostete Ende des 18. Jahrhunderts rund

---

74 « Comme je suis fâché cher Ami, que vous m'ayez quitté ! Comme je suis seul ! Je puis bien dire que je passe ma vie dans des peines qui se renouvellent tous les jours. » GBV an WBC, 25. November 1820, zitiert nach Yim, 2004, S. 231, FN 70. Original AUS-Sphm 94/143/1 – 14/36.

75 GBV an WBC am 19. Oktober 1820 und am 28. Januar 1821, zitiert nach Lister, 2009, S. 337. Originale in AUS-Sphm 94/143/1 – 14/35 und US-NYp JOB 97–52, item 49.

76 GBV an Henry Dance, 20. Dezember 1820, zitiert nach Lister, 2009, S. 337. Original AUS-Sphm 94/143/1 – 28/24.

77 "If Amico refuses to release Charles Smith from his promissory note, the great creditors will agree to make a bankrupt of C. S. and exclude Amico from the benefit of the bankruptcy, retaining his liability to all unpaid debts." MC an WBC am 4. Februar 1821, zitiert nach Lister, 2009, S. 337. Original AUS-Sphm 94/143/1–17/51.

78 Siehe Yim, 2004, S. 218.

£ 30.[79] Die Tatsache, dass es Margarets Geld war, belastete Viotti sehr. Und da er in Paris und sie in London war, konnte er ihr nicht einmal beistehen. Er fühlte sich hilflos und schuldig.

Margaret hätte gerade in jenen Wochen seine Nähe und seinen Trost gut brauchen können, denn Mitte Februar 1821 reiste die Ziehtochter Matilda für immer ab. Sie war die Nichte von William Chinnery und inzwischen dreiundzwanzig Jahre alt. Ihre verwitwete Mutter lebte in der Kronkolonie Indien, und Matilda sollte dort mit Captain Samuel Irton Hodgson verheiratet werden. Für Margaret, die Matilda über zwanzig Jahre an ihrer Seite gehabt hatte, war es ein schwerer Verlust. Sie hatte sie als Tochter angenommen, und seit Carolines Tod war diese Bindung noch einmal enger geworden. Dass Matilda in Indien mit einem Mann verheiratet werden sollte, den sie nicht kannte, muss Margaret sehr geschmerzt und auch verletzt haben. Die leiblichen Eltern von Matilda kannten ihre eigene Tochter so gut wie gar nicht, ihr Vater war 1817 gestorben, und nun maßte sich die Mutter an, den passenden Schwiegersohn zu finden. Und Matilda selbst? Sie ging in ein ihr unbekanntes Land, wo ein unbekannter Mann auf eine arrangierte Ehe mit ihr wartete. Für Margaret und Viotti, die Matilda über zwanzig entscheidende Jahre begleitet hatten, war es ein großer Verlust. Ihr sorgenreicher Alltag hatte nun noch weniger Lichtblicke.[80]

Nach dem tränenreichen Abschied bereitete Margaret Chinnery ihre Abreise von London nach Paris vor. Seelisch so erschöpft, muss es ihr unendlich schwergefallen sein. Bevor sie in Paris eintraf, schrieb sie am 19. Februar 1821 einen herzzerreißenden Brief an Viotti. In diesen Zeilen wird einmal mehr deutlich, wie sehr beide aneinander hingen, und wie sie beide in Sorge um den jeweils anderen waren. Margaret bezieht sich auf die Information, dass Viotti sehr niedergeschlagen sei; das hatte sie entweder von ihm selbst oder von ihrem Mann William erfahren. Sie hat den Eindruck, dass er noch depressiver war als im Jahr zuvor. Und sie selbst ist von den Wechselfällen des Lebens erdrückt, erschöpft. Sie hat Angst, wenn sie mit George in einem Haus lebt, dass sie ihm zur Last wird, und dass, wenn sie bei Viotti in der Stadt wohnt, ihn bei der Arbeit störe. Er solle nicht die leiseste Unachtsamkeit befürchten, sie erwarte nichts mehr, ihr Geist sei gebrochen und sie wünsche nichts mehr.

> Du wirst mich merklich gealtert finden, und ich habe nicht mehr die Spannkraft meines Geistes, die mich wiederbelebte, wenn ich litt. Das Schicksal hat mich zu hart getroffen.

---

79 James Edwin Thorold Rogers: A History of Agriculture and Prices in England, Band 7 (1703–1793), Oxford 1902, Reprint Vaduz 1963, S. 306.

80 Siehe Yim, 2004, S. 232.

> Ich habe gegen tausend Widrigkeiten gekämpft, und ich bin erschöpft vom Kämpfen, und mein einziger Wunsch ist, eine ewige Ruhe in einer Welt zu finden, die besser ist als diese.[81]

Margarets Sorgen und ihre Traurigkeit alarmierten Viotti – wie so oft schon in ihrer langen Freundschaft. Wenn es dem einen schlecht ging, fühlte der andere die Verpflichtung, stark zu sein und Zuversicht auszustrahlen:

> [...] Sie verlassen dieses Land, wo Sie so viel zu leiden hatten; Sie kommen zu mir zurück, ich fühle mich wiedergeboren. Oh, Sie werden sehen, ob ich nicht Ihren Kummer lindern und Ihre Schwierigkeiten erleichtern kann![82]

Er beendete den Brief wie ein junger verliebter Mann:

> Mein Gott, mein Gott, wie sehr wünsche ich Sie bereits hier zu haben! Beeilen Sie sich und nehmen Sie das erste Schiff, das segelt, und kommen Sie geschwind in Calais an, wo Sie weitere Worte von Ihrem Amico finden werden, der all seine Lebenskraft wiedererlangt hat –[83]

Im Wissen, dass sein geliebter Mensch sich auf den Weg machte, kehrten Viottis Kräfte wieder, und seine Lebensgeister erwachten aufs Neue. Die dunkle Jahreszeit der Einsamkeit ging ihrem Ende zu, da Margarets Ankunft nun mehr als nur ein Sehnen war und endlich konkrete Gestalt annahm. So gelang es Viotti, etwas Abstand zu seinen Sorgen zu bekommen. Er hatte Margaret bei weitem nicht alle Probleme mitgeteilt – wie so oft, um sie zu schonen. Zum Beispiel wusste sie nichts von dem kritischen anonymen Essay, der Anfang Februar 1821 bei Viotti eingetroffen war.

Begegnungen mit Louis Spohr

Kritik an den Zuständen der Opéra und des Théâtre Italien gab es aber auch von manch anderer Seite. Einer der aufmerksamsten und ehrlichsten Kollegen war der Geiger Louis Spohr. Er war seit Anfang Dezember 1820 in Paris und beobachtete mit großer Aufgeschlossenheit und Neugier das Musikleben in Paris. Seine Eindrücke schrieb Spohr in Briefen nieder, die er aus Paris an die „Allgemeine musikalische Zeitung“ in Leipzig schickte, wo sie zwischen dem 15. Dezember 1820

81 MC an GBV am 19. Februar 1821, zitiert nach Lister, 2009, S. 338. Original US-NYp JOB 97–52, item 51.

82 « Mais vous quittez cette terre ou vous avez tant souffert; vous arrivez auprès de moi, je me sens renaitre. Oh vous verrez si je ne saurai adoucir vos chagrins, alleger vos peines! » GBV an MC am 3. März 1821, zitiert nach Yim, 2004, S. 232, FN 4. Original in New York, NYPL JOB 97–52, item 49.

83 GBV an MC am 3. März 1821, zitiert nach Lister, 2009, S. 338. Original US-NYp JOB 97–52, item 52.

und dem 30. Januar 1821 veröffentlicht wurden. Später nahm Spohr diese Briefe auch in seine Autobiografie auf.[84]

> Man braucht nicht lange hier zu sein, um der schon öfter ausgesprochenen Meinung beizutreten, daß die Franzosen das unmusikalischste Volk der kultivierten Welt sind.[85]

Das verkündete Spohr in seinem zweiten Brief. Er bezog sich damit vor allem auf die Begeisterung, die das französische Publikum unterschiedslos schlechter, trivialer und guter Musik zollte:

> Der große, tonangebende Haufen weiß durchaus das Schlechteste nicht vom Besten zu unterscheiden. [...] Arm an solchen niedlichen Kleinigkeiten, bin ich mit meiner ernsten deutschen Musik übel daran und habe in solchen Musikgesellschaften nicht selten das Gefühl eines Menschen, der zu Leuten spricht, die seine Sprache nicht verstehen; denn wenn ich auch manchmal von diesem oder jenem Zuhörer das Lob, was er meinem Spiele zollt, mit auf die Komposition ausgedehnt höre, so darf ich darauf nicht stolz sein, da er gleich nachher die trivialsten Sachen mit denselben Lobsprüchen begleitet. Man errötet, von solchen Kennern gelobt zu werden.[86]

Wie der Autor des anonymen Essays äußerte sich auch Spohr kritisch über die Sängerinnen und Sänger beider Opernhäuser, aber er blieb darin fair, denn er bezieht in seine Kritik ein, dass die Sängerinnen und Sänger der Opéra in einem provisorischen Theater singen, das viel zu klein ist:

> Sängern und Tänzern der großen Oper merkt man an, daß sie gewohnt sind, sich in einem größern Lokale zu bewegen; sie tragen für diesen im Vergleich mit dem verlassenen Opernhause sehr beschränkten Raum viel zu grell auf. [...] Daher hofft man sehnlichst auf die Vollendung des neuen Opernhauses [...].[87]

Eine Aufführung der Oper „Les mystères d'Isis" verärgerte Spohr dann aber doch so sehr, dass er – Provisorium hin oder her – keine mildernden Umstände gelten ließ. Es ging ihm um die Art des Gesangs, die er für Mozart absolut unpassend fand, denn „Les mystères d'Isis" ist eine Version der *Zauberflöte,* die 1801 von Ludwig Wenzel Lachnith für die Pariser Grand Opéra eingerichtet worden war: ein großes Potpourri aus mehreren Mozart-Opern. Spohr bezeichnete es als „Machwerk", gar als „Versündigung"[88], und an den Sängerinnen und Sängern ließ er auch kein gutes Haar:

84 Spohr, Band 2, 1968, S. 96–118.
85 Spohr, Band 2, 1968, S. 103.
86 Spohr, Band 2, 1968, S. 102.
87 Spohr, Band 2, 1968, S. 97.
88 Spohr, Band 2, 1968, S. 98. Auch Hector Berlioz äußerte sich verärgert über das Arrangement und nennt es ein „erbärmliches französisches Potpourri". Siehe Hector Berlioz:

> Die Sänger der großen Oper, die im deklamatorischen Gesange ihre großen Verdienste haben mögen, sind wenig geeignet, die zarten Gesänge der „Zauberflöte" befriedigend zu geben. Sie singen sie mit einer Derbheit, die alles Zarte davon abstreift.[89]

Er war mit dieser Meinung bei weitem nicht allein, denn nahezu alle ausländischen kundigen Besucher attestierten den französischen Sängern, dass sie schrien. Auch das renommierte Magazin „Quarterly Musical Magazine and Review" berichtet, dass der erste Eindruck bei ausländischen Besuchern das Geschrei der Sänger und der Lärm im Orchester sei.[90]

> Die Oper, die den Ehrentitel „Königliche Akademie der Musik" trägt, wird zunächst unsere Aufmerksamkeit erfordern, da sie die bedeutendste musikalische Einrichtung ist, die nicht allein in Paris, sondern in Europa existiert. Es ist anzunehmen, dass ein Fremder, der zum ersten Mal dieses prächtige Schauspiel genießt, mit Erstaunen und Entzücken von allem überwältigt sein sollte, was er sieht und hört. Leider nein! Die erste Sache, die ihn trifft, ist das Geschrei (criallerie) der Sänger und der Lärm des Orchesters. [...] Die Schreie in der Oper und der Krach im Orchester gleichen nicht dem Glanz einer Festbeleuchtung, sondern der zerstörerischen Wut eines Schmelzofens.[91]

Etwas besser schätzt das Fachblatt das Théâtre Italien ein:

> Die Liebhaber der italienischen Oper werden wirksam angelockt von verschiedenen Talenten der Kompagnie. Der entzückende Gesang von Mad. Fodor und Mad. Desbegnis, früher bekannt unter dem Namen Ronzi, die Talente der Herren Garcia, Bordogni und Pellegrini, der Herren Barilli, Desbegnis und Graziani sind jedes in ihrer besonderen Art unwiderstehlich anziehend.[92]

Memoiren mit der Beschreibung seiner Reisen in Italien, Deutschland, Russland und England 1803–1865, Leipzig 1980, S. 68.

89 Spohr, Band 2, 1968, S. 100.

90 Zitiert nach Yim, 2004, S. 234.

91 "The Opera, which has the title of THE ROYAL ACADEMY OF MUSIC, will first claim our notice, being the most considerable musical establishment existing not only in Paris but in Europe. It is supposed that the stranger who for the first time enjoys this magnificent spectacle, must be overwhelmed with astonishment and delight at all he sees and hears. Alas, no! The first thing that strikes him is, the screaming (criallerie) of the singers and the noise of the orchestra. [...] The screams of the opera and the burst of the orchestra do not resemble the brilliancy of an illumination, but the destructive fierceness of a furnace." Siehe Quarterly Musical Magazine and Review, 1820, Band 2, S. 507. Online bei babel.hathitrust.org: http://hdl.handle.net/2027/hvd.32044044234730, letzter Zugriff: 11. 03. 2018.

92 "The lovers of Italian music are powerfully attracted to this theatre by the various talents of company. The delightful singing of Mad. Fodor and Mad. Desbegnis, formerly known under the name of Ronzi, the talent of Messrs. Garcia, Bordogni, and Pellegrini, of Messr. Barilli, Desbegnis, and Graziani, are each in their peculiar manner irresistibly attractive." Siehe Quarterly Musical Magazine and Review, 1820, Band 2, S. 514. Online

Auch Spohr fand das Orchester der Opéra zu laut und bemängelte den Klang, der seiner Meinung nach zu wenig Zusammenhalt hatte, obwohl – oder gerade weil – einige sehr gute Geiger mit solistischem Potential im Orchester saßen, u. a. die Brüder Kreutzer, Baillots Schüler Habeneck und Guérin.

An Viotti wird diese Kritik nicht spurlos vorbeigegangen sein. Seit seiner Begegnung mit Spohr in London hatte er ein kollegiales Verhältnis zu ihm, das von gegenseitiger Achtung geprägt war. Und noch etwas nahm Viotti für Spohr ein: die Tatsache, dass der deutsche Geiger für sein Debüt-Konzert niemanden von der Presse bestochen hatte, wie es sonst allgemein in Paris üblich war. Es war ein ehrlicher Erfolg. Das Konzert fand am 10. Januar 1821 in der Opéra statt. Viotti hörte einen in sich gefestigten Geiger, der, anders als einige Monate zuvor in London, nicht mit seiner Nervosität zu kämpfen hatte, sondern frei seine Qualitäten und sein Können einsetzen konnte.[93] Spohr spielte ein neues Konzert aus seiner Feder, nämlich das Konzert Nr. 9 in d-Moll.

> Ich darf mir daher wohl ein wenig auf die brillante Aufnahme, die mir vorgestern zuteil wurde, zugute tun, umso mehr, da ich den Zuhörern, etwa ein Dutzend ausgenommen, persönlich fremd war und sich unter ihnen keine durch Freibillets erkaufte Klatscher befanden. […] Auch war ich nicht im mindesten befangen, was mir sonst, wenn ich in einem fremden Lande zum ersten Male auftrete, wohl geschieht und was auch im vorigen Jahr in London der Fall war.[94]

Das Programm des Abends war eine außergewöhnliche Mischung aus Spohrs eigenen Kompositionen im ersten Teil und einem Ballett im zweiten Teil des Programms. Spohr hatte nämlich Viotti vorgeschlagen, dass man sich das Risiko und die Einnahmen einer Abendveranstaltung teilen könne. Viotti war von diesem Arrangement überzeugt – leider ließ die Antwort des Ministers, Baron de La Ferté sehr lange auf sich warten, so dass das Konzert erst drei Tage vorher angekündigt werden konnte.[95] Für Viotti war es eine erneute Frustration, hasste er doch die langen Entscheidungswege, die der praktischen künstlerischen Arbeit so oft im Wege standen. Und in diesem speziellen Fall wollte er einfach einem geschätzten jüngeren Kollegen helfen, merkte aber deutlich, dass ihm auch darin Grenzen gesetzt waren.

Die Beobachtungen, die Spohr in Paris machte, erinnerten Viotti sicher an seine eigenen Erfahrungen, als er achtunddreißig Jahre zuvor in Paris debütiert hatte. Es hatte sich so gut wie nichts geändert: Die Kritiker der Zeitungen wa-

---

bei babel.hathitrust.org: http://hdl.handle.net/2027/hvd.32044044234730, letzter Zugriff: 11.03.2018.

93 Spohr, Band 2, 1968, S. 107.

94 Spohr, Band 2, 1968, S. 107.

95 Spohr, Band 2, 1968, S. 107.

ren nach wie vor hochgradig bestechlich, Solisten wählten Stücke vor allem der Effekte wegen aus, das Publikum applaudierte laut und wahllos zu ernster wie zu trivialer Musik, und in den Theatern wurden Claqueure vor allem von den Sängerinnen (weniger den Sängern) dafür bezahlt, dass sie an bestimmten, verabredeten Stellen in Applaus ausbrachen, um die Aufmerksamkeit auf die betreffende Sängerin zu lenken.

> Diese Herren sind es gewohnt, daß jeder öffentlich Auftretende, sei es Fremder oder Einheimischer, ihnen die Visite mache, sich ein günstiges Urteil erbitte und einige Freibillets demütig überreiche. Fremde Künstler, um diesen unangenehmen Visiten zu entgehen, kleiden ihr Gesuch allenfalls auch nur schriftlich ein und überschicken so die Freibillets; oder, was auch schon öfters geschehen ist, veranlassen ein ihnen gewogenes Haus, an das sie empfohlen sind, die Herren Journalisten zum Mittagessen einzuladen, wo man ihnen dann am bequemsten zu verstehen geben kann, was man vor und nach dem Konzert von sich gern gesagt haben möchte.[96]

Spohr spielte auch in privaten Konzerten. Ihm war es wichtig, während seines Aufenthaltes in Paris mit möglichst vielen Musikern in Kontakt zu kommen. Kurz vor seiner Abreise berichtete Spohr dann sehr zufrieden, dass es ihm gelungen sei, sich nicht nur bekannt zu machen, sondern auch Freundschaften zu schließen. Mit Viotti hatte Spohr mehrere persönliche Begegnungen. Erstmals trafen sie sich bei Kreutzer, wo Spohr kurz nach seiner Ankunft im Dezember 1820 musizierte. Das Hauskonzert des deutschen Geigers war sicher nicht das vorrangige Motiv für Viotti – er nahm in den Wintermonaten oft an musikalischen Gesellschaften teil, weil er der Einsamkeit zu entfliehen suchte, wenn Margaret in London war.

> [...] bei Kreutzer [waren] besonders fast alle ausgezeichneten Komponisten und Geiger von Paris [gegenwärtig]. Ich gab mehrere meiner Quartetten und Quintetten, und am zweiten Tag mein Nonetto zu hören. Die Komponisten sagten mir viel Schönes über die Kompositionen, die Geiger über mein Spiel. Von letztern waren Viotti, beide Kreutzer [Anm. UB: Gemeint sind die Brüder Rodolphe und Jean Nicolas Auguste], Baillot, Lafont, Habeneck, Fontaine, Guerin und mehrere andere, deren Namen in Deutschland nicht so bekannt sind, zugegen.[97]

Pierre Baillot berichtete von diesem Abend in einem Brief an seinen Freund François de Montbeillard, der ein guter Amateurgeiger war:

> Ein berühmter deutscher Geiger, M. Spohr, ist seit kurzem hier, und er soll hier in dieser Saison einen Part übernehmen. Ich habe das Vergnügen gehabt, ihn bei Kreutzer zu hören, wo unser lieber Viotti war.[98]

---

96 Spohr, Band 2, 1968, S. 108.

97 Spohr, Band 2, 1968, S. 101.

98 « Un célèbre violon d'Allemagne M. Spohr est ici depuis peu et il doit y passer une partie de la saison. J'ai eu le plaisir de l'entendre chez Kreutzer où était venu notre cher Viotti. »

Aufgaben, Ehrungen und Widerstände

Noch immer waren die Concerts spirituels eine wichtige Einrichtung in Paris. Daran hatte sich seit Viottis Debüt vor fast vierzig Jahren nichts geändert. Wer eine Karriere als Solist anstrebte, musste sich dieser Belastungsprobe aussetzen, aber auch gestandene Musiker fürchteten das notorisch unzufriedene Pariser Publikum und die bestechlichen Kritiker. Es gehörte zu Viottis Aufgaben als Direktor der Opéra, dass er die Concerts spirituels für die Karwoche organisieren musste, da in dieser Zeit die Theater und die Oper geschlossen waren. Das verursachte einige organisatorische Probleme, die einem Konzertmanager genauso auch heute widerfahren könnten. Viotti hatte Muzio Clementi in London gefragt, ob er nach Paris kommen könne, um in der Karwoche ein bis zwei Sinfonien aufzuführen. Zunächst hatte Clementi zugesagt, dann jedoch wieder abgesagt, weil sich seine Pläne dahingehend geändert hatten, dass er nicht vor dem Sommer nach Paris käme.

All diese Abläufe mussten ohne Telefon, ohne Mails, ohne Mobiltelefon, ohne Flugzeuge oder Eisenbahn koordiniert werden. Es war eine komplexe Kommunikation mit Briefen und Boten, auf dem Seeweg und auf dem Landweg per Kutsche. Sicher war manches schwieriger zu organisieren als heute, andererseits war der Erwartungsdruck nicht so hoch, denn man musste nicht binnen weniger Minuten reagieren, sondern hatte etwas mehr Zeit zum Überlegen.

Viotti konnte dann nach der Absage von Clementi den Pianisten Ignaz Moscheles engagieren – welch ein Glück, dass die beiden sich im Februar 1821 persönlich kennengelernt hatten. Der persönliche Kontakt war damals – wie heute – ein wichtiger Schlüssel zum Erfolg. Moscheles hatte am 25. Februar 1821 sein Debüt in Paris in der Salle Favart gegeben, wo nach wie vor der provisorische Opern- und Konzertbetrieb stattfinden musste. In seinem Tagebuch notierte Moscheles über den Konzerttag:

> Vormittags war ich noch beschäftigt, Posaunen zu meinem Concerte zuzusetzen. Mit Vertheilung der Logen und Freibillette war ich auch sehr beschäftigt. Nachmittags ging ich in's Théâtre Favart, um mein Instrument von Pape zu probieren. Es war seit der Probe durch einen eigenen Wächter gehütet worden, damit der Neid der anderen Instrumentenmacher ihm keinen üblen Streich spielen könnte. Das Concert ging glücklich von Statten. Der Besuch und die Einnahmen waren ebenso glänzend, als der künstlerische Erfolg.[99]

Pierre Baillot an François de Montbeillard am 4. Januar 1821, zitiert nach François-Sappey, S. 185.

99 Charlotte Moscheles (Hrsg.): Aus Moscheles' Leben. Nach Briefen und Tagebüchern, Erster Band, Leipzig 1872, S. 42/43.

Ein weiteres Konzert hatte Moscheles dort am 18. März gehabt und hielt sich kurz vor Ostern noch in der Stadt Paris auf. Bei zahlreichen Salons war der junge sechsundzwanzigjährige Pianist ein willkommener Gast.

> Bei Baillot, der für Spohr und mich eine echte Künstlersoirée veranstaltete, ward ihm [Spohr] der echteste Enthusiasmus zu Theil. Er spielte Quintett von Boccerini, Quartett von Haydn, sein 9. Concert und Capricen, und wir beide theilten uns, nachdem auch ich viel gespielt und zum Schluss improvisiert hatte, in dieser, so wie in einigen anderen Künstlersoiréen brüderlich den Beifall.[100]

In seinen Tagebucheinträgen erwähnt Moscheles Viottis Namen, und viele Jahre später kommentierte seine Frau, die Herausgeberin der Briefe und Tagebücher:

> Es mag aber nicht Geringes um diesen Beifall gewesen sein; denn wir lesen im Tagebuch die Namen Cherubini, Auber, Herold, Adam, Lesueur, Pacini, Paer, Mazas, Habeneck, Plantade, Blangii, Lafont, Pleyel, Jvan Müller, Strunz, Viotti, Ponchard, Pellegrini, Gebrüder Bohrer, die Sänger Nadermann, Garcia u. a. m. als Zuhörer.[101]

Soiréen in den führenden Salons von Paris waren die besten Orte, um Kontakte zu knüpfen – und Viotti wusste, dass er in Paris einer der wichtigsten Türöffner war.

Seine Position und seine große Erfahrung machten ihn zum Ratgeber für seine Musikerkollegen. Man bat ihn oft um Fürsprache und Empfehlungsschreiben. Sein freundliches und hilfsbereites Wesen wird von manchen sicher zum eigenen Vorteil ausgenutzt worden sein. Das hielt ihn nicht davon ab, denn er half einfach gern jungen begabten Musikern, Zugang und Auftrittsmöglichkeiten bei diesen wichtigen privaten Veranstaltungen zu bekommen. Er war der Mentor für seinen langjährigen Schüler André Robberechts und unterrichte noch weitere begabte Nachwuchsgeiger.

Eine Notiz von Viotti an André Robberechts, geschrieben am 6. Juli 1821, gibt Aufschluss darüber, dass der nun dreiundzwanzigjährige Robberechts inzwischen in Paris lebte und wieder bei Viotti Unterricht hatte. Viotti nahm sich sehr viel Zeit, Robberechts zu fördern:

> Wir werden am kommenden Sonntag in Châtillon niemanden zu Gast haben. Wenn Sie morgen Abend um acht Uhr hierher kommen wollen, dann werden wir vormittags am folgenden Tag aus vollen Kräften studieren. Madame Chinnery wird in die Stadt fahren, um mit Mistress Pophnier zu speisen und um *Otello* zu hören. Deshalb kommen Sie besser morgen Abend.
>
> Ihr Amico
> VIOTTI[102]

100 Moscheles, S. 40.

101 Moscheles, S. 40.

102 « Nous n'aurons personne à Châtillon dimanche prochain. Si vous voulez y aller demain au soir sur le 8 heures – nous étudierons le lendemain matin de toutes nos forces. Madame

Außerdem kümmerte sich Viotti rührend darum, dass der junge Mann Anschluss an die besten Kreise bekam. So vermittelte er ihm zum Beispiel eine Einladung zu einer Soirée bei Mme de Les Pine, der Gattin eines Multimillionärs:

> Ich hoffe, dass Sie noch keine Verabredung für den kommenden Sonntag haben. Wenn Sie eine haben, selbst wenn sie dringend sein sollte, werden Sie sie absagen, mein lieber Robberechts, und Sie werden zum Diner bei Madame de Les Pine gehen und dort den Abend verbringen – mein Freund Garnier wird Sie dorthin bringen.[103]

Der Mai 1821 brachte Viotti noch gesellschaftliche Bestätigungen. Die konnte er gut gebrauchen, denn im Opernhaus, vor allem in der Opéra, geriet er zunehmend in die Schusslinie der Kritik. Am 1. Mai 1821 wurde er zum Ritter der französischen Ehrenlegion ernannt; die Zeremonie fand am 14. Mai 1821 statt.[104]

Eine weitere Ehrung erfuhr Viotti im Rahmen eines Konzerts der Freimaurerloge „Societé des Enfants d'Apollon". Viotti war dort Mitglied seit 1809, und einer seiner Logenbrüder war der Konzertmeister der Pariser Oper, François Habeneck. Er dirigierte auch das Freimaurer-Orchester und nahm am 31. Mai 1821 die Gelegenheit wahr, Viotti mit einer speziellen Hommage zu ehren: Auf dem Programm standen eine Sinfonie von Haydn, ein Duett von Rossini und Kompositionen von Habeneck, die er im Namen der Loge Viotti zueignete.[105]

Ob Viotti ahnte, dass dieser Mann in wenigen Monaten seinen Platz einnehmen würde? Der Widerstand gegen seine Führung wurde stärker. Die Forderungen und Intrigen machten ihm zu schaffen – sie gehören zum Alltagsgeschäft an einem Opernhaus. Doch Viotti hatte noch andere Sorgen, als sich über den Egoismus von Kollegen aufzuregen. Noch immer stand die Frage im Raum, wie es finanziell für ihn weitergehen sollte. Hatte ihm diese Position wirklich zu einer größeren Sicherheit verholfen? Konnte er irgendwann Margaret das Geld für die Investition in den Weinhandel zurückzahlen? Freunde und Musik bedeuteten

---

Chinnery viendra en ville demain pour dîner chez Mrs Pophnier et allez entendre *Otello*. C'est pour cela que le ne vous dis pas d'y aller plutôt demain ce soir. / Votre amico / VIOTTI ». GBV an André Robberechts, 6. Juli 1821, zitiert nach Pougin, S. 146, FN 1. Der Brief befand sich damals in Pougins privater Sammlung von Autographen. Der heutige Aufenthaltsort ist nicht bekannt. Pougin nennt Robberechts den letzten direkten Repräsentanten der großen Schülerdynastie Viottis, S. 146.

103 GBV an André Robberechts, 24. August 1821, zitiert nach Lister, 2009, S. 345.

104 Es ist kein Original der Urkunde vorhanden. Viottis eigene Kopie befindet sich in New York, Public Library for the Performing Arts, Astor, Tilden and Lenox Foundations (Viotti-Chinnery Collection, US-NYp JOB 97/52, items 54 und 56). Siehe Lister, 2009, S. 343 und FN 143 auf S. 480.

105 Siehe Lister, 2009, S. 343.

einen wichtigen Schutz und Rückzug im hektischen Opernbetrieb und vor den widerspenstigen Finanzproblemen.

Am 16. August 1821 entdeckte Viotti, dass ihm ohne Ankündigung sein Wohngeld in Höhe von 3000 Francs pro Monat gestrichen worden war. Er hatte im Juni das Direktoren-Appartement im Hôtel de Choiseul bezogen, das er laut Vertrag bewohnen musste. Nun war es zwar inzwischen möbliert, aber man hatte ihm die monatliche Mietunterstützung gestrichen. Er hatte jetzt nur das Grundgehalt von 12.000 Francs, von dem auch noch die Miete in Höhe von 3000 Francs bezahlt werden musste, wenn er dort weiterhin wohnen sollte. War die Kürzung ein Versehen, Willkür oder gar Schikane? Viotti schrieb einen entschiedenen und schonungslos ehrlichen Brief an den Minister des Königlichen Hauses, Alexandre Marquis de Lauriston:

> Monsigneur, [...] Zu meiner großen Überraschung stelle ich heute fest, dass seitdem ich in der Direktorenwohnung wohne, mein Gehalt auf zwölftausend [Francs] reduziert wurde. Die Schicksalsschläge, die ich in meinem Leben erleiden musste, erlauben es mir nicht, ein Appartement zu bewohnen, das im Monat 1000 Écus kostet [Anm.: ein Écu hatte den Wert von drei Francs]; meine [jüngsten] Verluste in England, Verluste, die ich hatte, weil ich nicht genügend Zeit hatte, meine Angelegenheiten in Ordnung zu bringen, erfordern, dass ich strikte Sparsamkeit einhalte. Ich bitte daher Ihre Exzellenz, mir die Erlaubnis zu gewähren, dass ich in mein bescheidenes Appartement, das 900 oder 1000 Francs kostet, zurückkehren darf.[106]

Nichts geschah. Es gab zunächst keine Reaktion – bis zum 1. November 1821, nach mehr als zwei Monaten. Es war der Tag seines Rücktritts.

Doch zunächst wahrte Viotti nach außen hin Freundlichkeit und Gelassenheit, denn er hatte einen großen Erfolg zu feiern: Am selben Tag, als er die Feststellung machen musste, dass man ihm das Wohngeld gestrichen hatte, wurde die neue Oper festlich eingeweiht. Es war sein persönlicher Triumph, nach eineinhalb Jahren im Ausweichquartier, das nötig geworden war, nachdem im ehemaligen Opernhaus der Duc de Berry ermordet worden war. Auf dem Programm der Eröffnungsgala standen die dreiaktige Oper „Les Bayadères“ von Charles Simon Catel sowie das Ballett „Le retour de Zéphir“ von Pierre Gardel und Daniel Stei-

106 « Monsigneur, [...] Aujourd'hui j'apprens à mon grand étonnement, qu'étant logé à la nouvelle salle, mes appointements sont réduits à douze mille. – Les revers de fortune que j'ai éprouvé dans ma vie, ne me permettent pas d'occuper un appartement de mille écus, mes dernieres pertes en Angleterre sourtout, pertes que j'ai faites pour n'avoir pas eû assez de temps de mettre en ordre mes affaires, exigent de ma part la plus stricte économie. Je viens donc supplier Votre Excellence de me permettre que je retourne de nouveau dans mon humble logement de 900 ou mille Francs [...] ». GBV an Alexandre Marquis de Lauriston am 16. August 1821. J. A. Stargardt Autographensammlung Berlin, Katalog Nr. 641, Los 1084 der Auktion vom 9. und 10. März 1988.

belt. Das Orchester spielte Variationen von Ferdinand Paër über das populäre Lied „Vive Henri IV." – die Marseillaise war unter der Regierung des Königs Louis XVIII. verboten worden.

Der repräsentative Neubau befand sich in der Rue Le Peletier, das große Portal war nach Westen ausgerichtet und grenzte auf der Ostseite an das Hôtel Choiseul in der Rue Grange Batelière, wo sich die Direktorenwohnung und der Künstlereingang befanden. Eine schmale, schwere Tür öffnete sich in einen dunklen Gang. Diese schmale Passage für die Künstler verlief direkt vom Hôtel Choiseul in das Theater. Sie war eine Attraktion von Paris, denn durch diesen dunklen Gang, der unter dem Namen „Passage noir" bekannt war, gingen die berühmten Sängerinnen und Sänger, Tänzerinnen, Dirigenten, Musiker und Komponisten ein und aus. Vor allem die Tänzerinnen waren eine Attraktion, und es wird berichtet, dass von den benachbarten Galerien, der Galerie de l'Horloge und der Galerie du Baromètre die Dandys und Verehrer der Tänzerinnen versuchten, einen Blick auf die schönen jungen Frauen zu erhaschen.[107]

Das neue Gebäude bot allen eine enorme Arbeitserleichterung, und Viotti hatte als Direktor die Möglichkeit, bei der technischen Ausstattung Einfluss zu nehmen. Ihn hatte im alten Gebäude stets die wenig leistungsfähige Bühnenbeleuchtung gestört, denn er wusste, dass es besser ging. In London waren am King's Theatre bereits Gasleuchten eingeführt; es galt als das am besten beleuchtete Opernhaus in Europa. Die „Allgemeine musikalische Zeitung" rühmte die Beleuchtung bereits 1803 in einem Reisebericht: „Das Lokal des Opernhauses in London ist grösser, als das Pariser, gut beleuchtet und mit den Schönen der Hauptstadt in grösstem Putz besetzt."[108]

Viotti bat George, der sich in London aufhielt, ihm bei der Beschaffung dieser Leuchten für das neue Opernhaus in Paris behilflich zu sein. George legte sich für seinen väterlichen Freund ordentlich ins Zeug und setzte sein diplomatisches und organisatorisches Geschick ein. Er machte den Hersteller der Leuchten ausfindig, einen Mann namens Collins, ließ sich von ihm eine Konstruktionszeichnung anfertigen und schickte diese nach Paris. In den obersten Verwaltungsgremien entschied man sich, eine Replik dieser Leuchten für das neue Opernhaus anzuschaffen. George vermittelte den Kontakt zwischen dem Lampenhersteller Collins und Baron de La Ferté, der persönlich nach London reiste, um das Geschäft

107 Georges Cain: À travers Paris, Paris um 1906, S. 336/337, https://archive.org/stream/traversparisoocainuoft#page/336/mode/2up, letzter Zugriff: 09.05.2018. Ein Plan zwischen den Seiten 337 und 339 gibt einen guten Überblick über den Grundriss und die Ausrichtung des Opernhauses.

108 Allgemeine musikalische Zeitung, 6. April 1803, Spalte 475, https://archive.org/stream/bub_gb_oQUVAAAAQAAJ#page/n297/mode/2up, letzter Zugriff: 09.05.2018.

abzuschließen.[109] Auf diese Weise wurde das neue Opernhaus als erstes auf dem Kontinent mit Gasleuchten ausgestattet.

George war in London in vielerlei Hinsicht hilfreich für Viotti. Er leitete Briefe weiter, er besorgte kleine feine Dinge, die es nur in London gab, er war hilfsbereit, wenn es darum ging, Unterkünfte für hochstehende Persönlichkeiten der Oper in Paris zu finden, wenn sie London besuchten, und er war Viottis rechtmäßiger Unterzeichner für Notenkopien und persönlicher Vertreter in Verlagsangelegenheiten bei Clementi und Co. in London.[110] Auf diese Weise konnte George auch dafür sorgen, dass Viottis gedruckte Werke an den Königshof gelangten. Beispielsweise wurde bei Clementi und Co. das beliebte Konzert Nr. 23 in G-Dur von Viotti veröffentlicht, jedoch nicht in der originalen Fassung für Solo-Violine und Orchester, sondern in Dusseks Bearbeitung für Solo-Piano und Orchester.[111]

Nach der erfolgreichen Einweihung des neuen Opernhauses ging Viotti an die Vorbereitung der nächsten Spielzeiten. Seine Schaffenskraft schien durch das neue Gebäude und die damit verbundenen besseren Arbeitsbedingungen beflügelt. Am 5. Oktober 1821 schrieb er an Baron de La Ferté einen ausführlichen Brief, in dem er seine Pläne erläuterte: Er wolle Spontinis Komposition „Fernand Cortez" aufführen, denn diese Oper nehme, so Viotti, wenig Probenzeit in Anspruch, ihre Effekte aber werden das Repertoire des Theaters innerhalb kürzester Zeit bereichern und erfolgreiche Aufführungen seien sicher.[112]

Alles sah nach guten Voraussetzungen für die neue Saison aus. Umso erstaunlicher – und für Viotti tief verletzend – muss der Artikel gewesen sein, der am 31. Oktober 1821 im „Miroir des spectacles" erschien. Der Autor vergleicht die Sängerinnen, Sänger, Tänzerinnen und Tänzer mit Soldaten und stellt fest, dass sie nichts von ihren Fähigkeiten eingebüßt und ihren Enthusiasmus nicht verloren hätten, doch:

> Was kann die beste Armee, wenn sie von einem unfähigen General kommandiert wird? […] Die Ersetzung von M. Viotti ist seit langer Zeit unerlässlich […].[113]

Was der Autor des Artikels fordert – nämlich die Absetzung Viottis als Direktor – muss in den Kreisen der Abteilung „Menus-Plaisirs du roi" längst vorbereitet

---

109 Siehe Yim, 2004, S. 243.

110 Siehe Yim, 2004, S. 240.

111 Siehe Lister, 2009, S. 342. Das Violinkonzert Nr. 23 in G-Dur war bereits damals sehr beliebt; heute zählt es neben dem Konzert Nr. 22 in a-Moll zu den bekannten Solokonzerten Viottis.

112 Siehe Lister, 2009, S. 345/346 und FN 161 auf S. 481.

113 « Mais que peut la plus belle armée commandée par un général inhabile ? » Siehe: Le miroir des spectacles, des lettres, des mœurs et des arts, 31. Oktober 1821, Nr. 260, S. 2. http://gallica.bnf.fr/ark:/12148/bpt6k6258260h/f2.item, letzter Zugriff: 11. 03. 2018

gewesen sein. Denn bereits am Tag nach dem Erscheinen dieses Artikels war Viotti nicht mehr Direktor der Opéra. Es ist nicht sicher, ob er von sich aus seinen Rücktritt anbot oder ob ihm nahegelegt wurde, zurückzutreten. Trotz intensiver Recherchen, die vor allem Warwick Lister betrieben hat, gibt es an dieser Stelle zurzeit noch eine Lücke in der der Forschung.[114] Auch ist nichts darüber bekannt, ob und wie lange Viotti nach dem 1. November 1821 noch für das Théâtre Italien verantwortlich war – obwohl im „Miroir des spectacles" der Eindruck erweckt wird, dass er dieses Theater weiterhin leiten würde. Es wurde in den folgenden Jahren zur wichtigsten Bühne für Rossinis Opern – die Voraussetzungen dafür hatte zum großen Teil Viotti geschaffen. Der Autor des Artikels im „Miroir des spectacles" ist bemüht, Viottis künstlerische Leistungen zu würdigen – trotz aller Kritik an der Leitung der Opéra:

> Es entspricht nicht unseren Prinzipien, denen Übles nachzureden, die ihren Posten verlieren; M. Viotti hat, obwohl er Ausländer ist, Frankreich geehrt. Er war zugleich der fähigste Komponist und der brillanteste vortragende Musiker seiner Epoche. Ein ehrwürdiger, weiser Mann unseres Konzertlebens verdient Achtung, die wir niemals vergessen werden, selbst nicht, wenn wir Kritik an seiner Leitung übten; wir haben immer den Musiker vom Direktor getrennt. Übrigens bleibt Viotti mit der Leitung des Théâtre Italien beauftragt, und wie es sich gebührt, die Unternehmen immer anhand ihrer Resultate zu beurteilen, hat M. Viotti in dieser Hinsicht ein Recht auf unsere Lobreden; niemals erschien uns die italienische Oper besser geleitet. Jedoch ist die herbeigeführte Teilung in der Leitung der beiden Theater eine notwendige Maßnahme, der wir unseren Applaus zollen. Die Ernennung von M. Habeneck als Direktor der Académie royale ist ein gutes Vorzeichen für den Wohlstand dieses Theaters; beliebt, geachtet von all seinen Kameraden, ist er besser als jeder andere im Stande, sie zu führen.[115]

---

114 Siehe Lister, 2009, S. 346, FN 165. Die Rücktrittsprotokolle befinden sich im französischen Nationalarchiv F-Pan O3 1654/IV.

115 « Il n'est pas dans nos principes de médire de ceux qui perde leurs places ; M. Viotti, quoiqu'étranger, a honoré la France ; il fut á la fois le compositeur le plus habile, et le plus brillant exécutant de son époque. Le Nestor de nos concertants mérite des égards que nous n'avons jamais oubliés, même en faisant la critique de son administration ; nous avons toujours séparé le musicien du directeur. D'ailleurs, M. Viotti demeure chargé de la direction du Théâtre Italien, et comme il faut toujours juger des entreprises par leur résultat, M. Viotti, sous ce rapport, a droit à nos éloges ; jamais l'Opéra-Italienne nous a paru mieux administré. Toutefois la division introduite dans la direction de ces deux théâtres est une mesure utile, et à laquelle nous nous empressons d'applaudir. / La nomination de M. Habeneck comme directeur de l'académie royale, est d'un bon augure pour la prospérité de ce théâtre ; aimé, estimé par tous ses camarades, il est mieux que tout autre en état de les diriger. » Siehe: Le miroir des spectacles, des lettres, des mœurs et des arts, 31. Oktober 1821, Nr. 260, S. 2. http://gallica.bnf.fr/ark:/12148/bpt6k6258260h/f2.item, letzter Zugriff: 11. 03. 2018

Schlussgedanken

Ob Viottis langjähriger enger Freund Cherubini ihm je ganz vergeben hatte, dass er die Leitung der Opéra übernommen hatte? Cherubini hatte sich ja beim Bewerbungsverfahren Ende 1819 übergangen gefühlt, Viotti war in seinen Augen bevorzugt worden, und auch 1821 hatte Cherubini das Nachsehen. Eine gewisse Versöhnung muss es zwischen den beiden Freunden gegeben haben, vielleicht auch eine Solidarität unter den beiden Italienern in Paris. Manche Aufgaben nahmen sie gemeinsam wahr, wie beispielsweise die Aufnahmejury für die „École primaire du chant" mit Alexandre Choron an der Spitze. Cherubini wurde 1822 zum Direktor des Conservatoire ernannt und behielt dieses Amt bis zu seinem Tod 1842.

Und Viotti? Wieder einmal war seine Sehnsucht nach einer stabilen Lebenssituation enttäuscht worden. Und die Frage des Wohngeldes war noch immer ungeklärt. Es bedurfte eines zweiten Briefes an Lauriston, in dem er ihn um Unterstützung für das zweite und dritte Quartal sowie für den Monat Oktober bat. Bescheiden, wie er war, hatte er seine berechtigte Forderung auf Zahlung des Wohngeldes in Höhe von 3000 Francs pro Monat reduziert: Für das erste und zweite Quartal erbat Viotti jeweils 712,50 Francs und für den Monat Oktober 237,50 Francs, insgesamt also 1662,50 Francs.[116] Am nächsten Tag wurde ihm eine Pauschalsumme von 3000 Francs für den Zeitraum rückwirkend ab dem 1. April 1821 zugesprochen.[117] Das wirkt zwar großzügig im Vergleich zu Viottis Forderung, war aber bei weitem nicht der Betrag, der ihm eigentlich zustand. Trotz der höheren finanziellen Belastung, die er nun hatte, blieb er in der Direktorenwohnung. Ein weiterer Umzug hätte ihn wahrscheinlich zu viel Zeit und zu viel Kraft gekostet, und beides hatte er nicht im Übermaß.

116 GBV an Alexandre Marquis de Lauriston am 14. November 1821, zitiert nach Lister, 2009, FN 152 auf S. 481. Original F-Pan O3 1656/I.

117 Siehe Lister, 2009, S. 344 sowie FN 152, S. 481.

Die letzten Jahre 1821–1824

Paris

Am 1. November 1821 musste Viotti gehen. Die Auffassungen vom Amt des Operndirektors waren zu unterschiedlich, zwischen ihm und dem Verwaltungsrat der Académie royale de musique gab es kaum noch einen Konsens. Die Disziplinschwierigkeiten im Umgang mit Sängern und Musikern nahmen zu – er war keine Autoritätsperson mehr.[1] Es gab etliche, die ihm das Amt seit fast zwei Jahren neideten. Doch Viotti war gescheitert, und in diesem Scheitern lag fortan die Tragik seiner letzten Lebensjahre. Hatte er doch gehofft, durch diesen Posten ein regelmäßiges Einkommen zu haben. Das hatte ihn bewogen, noch einmal auf dem Parcours der Eitelkeiten und Intrigen anzutreten, die mit der Position eines Operndirektors verbunden sind. Mit über sechzig Jahren war das eine enorme Kraftanstrengung. Aber er wusste, wofür er es tat. Er wollte seine Schulden bei Margaret Chinnery begleichen. Die Entlassung aus diesem Amt bedeutete nun erneut Unsicherheit, was sein Einkommen betraf. An jenem Donnerstag, dem 1. November 1821, schrieb er einen langen Brief an Margaret Chinnery, die, wie bislang immer, den Winter in London verbrachte. Er offenbarte ihr, was ihm nach dieser Niederlage noch Antrieb gab: seine Zuneigung zu ihr und die Hoffnung auf ein gemeinsames Leben.

> Ach, leider, weiß ich Sie für vier Monate, die dunkelsten des Jahres, allein! […] Ich versichere Ihnen, dass es das letzte Mal sein wird. Wir werden zusammen leben und zusammen sterben, beinahe nie voneinander getrennt. Jeden Tag wächst meine Gewissheit, dass es so sein wird. […][2]

Dafür lohnt es sich zu kämpfen: Er schmiedet Pläne für die Zukunft und möchte Margaret an seiner Seite haben.

> Vielleicht werde ich einige Reisen nach Italien antreten müssen. Wer weiß, ob wir beide diese kleine Reise nicht zusammen machen können!!! Ich ahne, dass ich nicht in der Lage sein werde, die Wohnung zu behalten. Es ist selbstverständlich, dass – wer auch immer in diese Galeere kommt – wenigstens einen Platz zum Leben haben sollte. Aber was macht

1 Hector Berlioz berichtet von Publikumsprotesten und einer Schlägerei im Orchestergraben. Siehe Berlioz, S. 61.

2 « Helas pour quatre mois, les plus noirs de l'année, il faut vous savoir seule! […] Ce sera bien pour la dernière fois je vous en répons, nous viverons et nous mourrons ensemble sans presque nous quitter; tous les jours j'en acquiers de plus en plus la certitude. […] » GBV an MC, 1. November 1821, zitiert nach Yim, 2004, S. 245, FN 68. Original in der Fisher Library, Fisher 2000 – 2/2.

das schon. Ich habe die Wohnung nie gemocht, außer zuletzt, als sie durch eine zärtliche Freundin verschönert wurde. Nach alldem sollten wir die Gelegenheit haben, unseren Plan in die Tat umzusetzen. Wir sollten uns nach einer kleinen Wohnung umsehen, die allein uns passt und wo wir ganz und gar das Sagen haben, frei von Schauspielern.[3]

Man erfährt viel aus den Briefen, die Viotti und Margaret Chinnery einander in diesen schweren Monaten schreiben. Sei es die bürokratische Mühle, in die sich Viotti begeben muss, um eine Pensionszahlung der Académie royale de musique zu erhalten, seien es die vielen Versuche, in dieser Angelegenheit über die guten Beziehungen zu einflussreichen Leuten etwas zu erreichen: Er berichtet Margaret über alles, was ihn bewegt – und vor allem schwingt die große Zuneigung, die er für sie empfindet, in jedem dieser Briefe mit. Viotti erklärt sich Margaret, in all seinen Charaktereigenschaften, in seiner Liebenswürdigkeit und in seiner Verzweiflung. Es ist ein großes Glück, dass diese Briefe erhalten geblieben sind – ohne sie wäre eine detaillierte Schilderung der letzten Lebensjahre Viottis nicht möglich.[4]

Viotti beschwört am Ende des Briefes vom 1. November 1821, dass es das letzte Mal sein möge, Margaret für eine so lange Zeit Adieu sagen zu müssen, und er unterschreibt mit den Worten „Ihr liebevoller Amico".[5] Unruhig wartet er nun auf eine Antwort und ist eine Woche später sehr besorgt, dass er noch keine Zeile von Margaret erhalten hat. Das ist für Viotti eine sehr typische Reaktion, denn seit die beiden einander Briefe schreiben – immerhin seit 1793 –, tritt diese Sorge und Ungeduld in den Vordergrund, wenn er nicht umgehend oder zum erwarteten Zeitpunkt eine Antwort von ihr erhält. Ihn treibt dann eine zehrende Sorge um, die es so nur unter Liebenden gibt.

Es ist unglaublich! Nun sind es 15 Tage, seitdem Sie abgereist sind, meine liebe teure Freundin, und seit mindestens neun Tagen müssten Sie in London sein, und ich habe bislang kein Wort aus der Montagu Street!!! Es scheint mir unmöglich, dass der Gegenwind so lange

3 « Que je n'aurai à faire tout au plus que quelques voyages en Italie […]. Qui sçait que nous ne puissions pas faire cette petite éxcursion ensemble!!! / Je prévois que je ne pourrai garder l'appartement, il est bien naturel que ceux qui viennent dans cette galere ayent au moins de quoi loger. Mais qu'est-ce que celà fait. Je ne l'ai jamais aimé que dernierement qu'il a été embelli par une tendre Amie ; ainsi après tout nous aurions l'occasion de mettre notre plan à éxecution, nous chercherons un petit appartement qui nous servira à nous seuls et ou nous serons entirement maitres sans mélange d'Histrions. » GBV an MC, 1. November 1821, zitiert nach Yim, 2004, S. 245, FN 67, 68. Original Fisher 2000 – 2/2.

4 Denise Yim hat mit ihrer Briefedition einen großen Beitrag zur Erforschung von Viottis Persönlichkeit geleistet. Siehe: Viotti and the Chinnerys. A Relationship Charted Through Letters, Aldershot 2004.

5 « oh fasse le Ciel que ce soit la derniere époque ou je doive vous dire adieu de si loin. Votre tendre Amico. » Zitiert nach Yim, 2004, S. 245, FN 69.

dauert und ich weiß nicht, was ich denken soll. Oh, mein Gott, verschonen Sie mich mit schlechten Neuigkeiten. [...] Seien Sie nicht besorgt, dass ich meiner Angelegenheit mit diesen kleinen Ausflügen schade. Alles läuft, und wir nähern uns einer Lösung. Gestern Abend um halb neun ging ich die Treppen der Oper hinunter, um nach Hause zu gehen, als Monsieur Sorconnes, der die Nachfolge von Monsieur de La Boulaye als Generalsekretär angetreten hat, mich aufhielt. Im Auftrag des Ministers wiederholte er mir nochmals sehr höflich, interessiert und mit vollkommener Gunst, dass ich mich in Geduld fassen solle und dass man nicht eine Minute verliere, den Plan zu organisieren, dass alles zu einem Ende geführt werde und ich vollkommen zufrieden sein werde.[6]

Er versucht – trotz seiner eigenen Sorgen – Margaret zu beruhigen. Vor allem die Pensionszahlung und seine Bemühungen darum, bei einflussreichen Menschen Unterstützer zu finden, treiben ihn um. Dieses Thema wiederholt er in den Briefen ständig, und es wird ihn bis Mai 1822 beschäftigen. Und er versichert ihr, dass seine gelegentliche Abwesenheit von Paris seinen Bemühungen in diesen Angelegenheiten nicht schade; denn während Margaret in London ist, kümmert sich Viotti auf dem Landsitz Châtillon um die Aufsicht der Hauswirtschaft. Den Brief beendet er mit der inständigen Bitte um eine Antwort und mit dem Gruß „Votre Amico à tout jamais – Ihr Freund für immer."[7] Es entspricht ganz Viottis Naturell, die eigenen Sorgen nicht allzu deutlich auszusprechen, das gilt auch für gesundheitliche Probleme, die ihn umtreiben. Doch Margaret spürt, dass sich die Dinge bei Viotti nicht so entwickeln, wie er es erhofft, und sie schreibt ihm endlich am 13. November 1821:

Ich tappe komplett im Dunklen, was passiert ist. [...] „Haben sie Ihnen Ihr Appartement genommen? – Wo sind Sie? [...] Ich habe immer gesagt und gedacht, dass sie Ihnen nicht eine Position wegnehmen können, ohne Sie sicher in eine andere zu bringen. [...] Es scheint

6 « C'est incroyable ! Voilà quinze jours que vous êtes partie ma bonne chere Amica, en voilà plus de neuf que vous devez etre à Londre, et pas un mots encore de Montagu Street !!! Il me parroit impossible que le vent contraire dure si longtemps et je ne sçais que penser. Oh Mondieu présérvez moi de mauvaises nouvelles. [...] / Ne craignez pas que je fasse du tort à mes affaires par ces petites éxcursions – Tout marche, et nous touchons à la conclusion – Hier au soir à 8. heures et demies je descendois l'escaliers de l'opera pour me retirer. Mr de Sorconnes secretaire General à la place de Mr de la Boulaye m'arreta pour me repeter encore de la part du Ministre, et avec une douceur, un interet et une grace infini, qu'il me prioit d'être parfaitement tranquille, de ne point m'impatienter, qu'on ne perdoit pas une minute dans l'organisation de leur plan, que tout cela alloit être terminé, et que je serois parfaitement content. » GBV an MC, 8. November 1821, zitiert nach Yim, 2004, S. 245, FN 70, 71. Original Fisher 2000 – 2/3.

7 Zitiert nach Yim, 2004, S. 245.

in einem Absatz Ihres Briefes durch, dass Sie überhaupt nichts zu tun haben – also haben sie Ihnen die Leitung des Théâtre Italien ebenso genommen![8]

Zu Viottis Nachfolger als Direktor der Oper berief man den bisherigen Konzertmeister François Habeneck; er wiederum machte Pierre Baillot zu seinem Nachfolger. Margaret erkundigt sich etwas spitz nach den neuen Verhältnissen an der Oper in Paris:

Wie dirigiert sich Habeneck selber? Und alle anderen, die bis vor kurzem Ihre Untertanen waren?[9]

Einen Monat später weiß Viotti noch immer nicht, ob ihm seine Pension gewährt wird. Er versucht, Margaret seine Unruhe nicht spüren zu lassen, spricht ihr Mut zu – und wahrscheinlich auch sich selbst. Paris und London liegen in jenen Wochen unendlich weit auseinander, und in die Sehnsucht mischt sich die Sorge umeinander, denn auch gesundheitliche Beschwerden melden sich immer wieder; Viotti ist sechsundsechzig Jahre alt, und Margaret hat gerade ihren fünfundfünfzigsten Geburtstag begangen. Die Ereignisse der vergangenen Jahre, sei es der Tod ihrer Kinder Walter und Caroline, sei es der gesellschaftliche Fall ihres Mannes William, seine Flucht nach Schweden und die Zwangsversteigerung des Familiensitzes Gillwell: All das hatte sie geschwächt und altern lassen. Nun kam ihre Sorge um Viotti hinzu, was wiederum ihn bedrückt:

Ihr letzter Brief hat mir einmal wieder Schmerzen bereitet. – Wie schnell quälen Sie sich selbst. Diesmal bin ich es, der den Anlass für Ihre zärtliche Sorge gibt. – In allen diesen [Briefen], die Sie wahrscheinlich bislang erhalten haben, gibt es nicht den leisesten Grund, sich über meine Angelegenheit Sorgen zu machen. – Was immer es für Wechsel der Minister sein mögen, so ist mein Patron [Marquis de Lauriston] in einem unabhängigen Lager und hat nichts mit parteilichen Arrangements zu tun. Also sind wir auf dieser Seite sicher. Lassen Sie uns annehmen, dass er nur auf seinen eigenen Willen oder durch einen Unfall seinen Posten verlieren würde. Monsieur Séguier hat recht, er wird nicht gehen, bevor meine Angelegenheit geregelt ist, schon gar nicht, seitdem sie einem Abschluss so nah ist. Überdies ist die Sache zu sehr bekannt – wie er richtig sagt – zu wahr, als dass Hindernisse sie noch aus der Bahn werfen könnten.[10]

---

8 MC an GBV am 13. November 1821, zitiert nach Lister, 2009, S. 349. Original US-NYp-JOB 97–52, item 57.

9 MC an GBV am 13. November 1821, zitiert nach Lister, 2009, S. 349. Original US-NYp-JOB 97–52, item 57.

10 « Votre dernière lettre m'a encore fait la peine. – Comme vous êtes prompte à vous tourmenter, c'est moi cette fois ci qui cause votre tendre inquietude. Pour toutes celles [lettres] que sans doute vous avez reçues maintenant vous verrez qu'il n'y a pas la moindre raison de vous mettre en peine pour mon sort – Que tel changement de ministere, si tant est qu'il en aye, mon Patron fait bande à part, n'a rien à faire aux arrangements de partis –

Viotti verlässt sich wie in früheren Zeiten auf sein Gespür, geeignete einflussreiche Personen zu finden, die seine Interessen durchsetzen könnten. In diesem Fall ist es der Marquis Alexandre de Lauriston, der seit 1820 Minister des Königlichen Hauses und Marschall ist. Wahrscheinlich hat Viotti ihn über seinen Halbbruder André kennengelernt, der bei den Gardegrenadieren dient. Doch die vermeintlich guten Beziehungen nützen nichts, und Viotti gibt Margaret gegenüber zu, dass er ungeduldig ist. Er schreibt im selben Brief:

> Es ist abscheulich für mich, der ich die Entscheidung liebe, selbst dann, wenn sie mir Unglück verursacht.[11]

Um seine finanzielle Situation kurzfristig zu verbessern, betätigt sich Viotti an der Börse – erfolglos, wie wir aus den Briefen erfahren. Die Aktienkurse bestimmen seine seelische Verfassung, bisweilen ist er sehr deprimiert. Dann widerruft er freudige Gedanken und Aktivitäten, wird teilnahmslos und bitter gegen sich selbst:

> Ich werde Ihnen nicht meine musikalischen Kritzeleien schicken, ich werde sie hier für unser Vergnügen behalten und sie Ihnen darbringen, wenn der Himmel entscheidet, wie ich hoffe, dass ich Sie holen werde – mein Leben ist sehr hart, frei und isoliert, wie ich es bin! Ich sage isoliert, weil ich auf nichts zählen kann, was ich sehe oder sehen könnte. Ihr, … Sie liebe Amica, George und Chin, Ihr seid alles, was ich habe auf der Welt. Von Ihnen getrennt bin ich ohne Unterstützung. Ich kenne keine Seele, der ich mein Herz ausschütten wollte. Urteilt selbst, in welchem Büßerleben ich mich befinde![12]

So verzweifelt schreibt er einen Tag vor Heiligabend an Margaret. Ein trauriges Weihnachtsfest – Viotti verbringt es in Paris, Margaret in London. Sie hatte sich wenige Wochen zuvor sehr gefreut, dass Viotti wieder ein wenig komponierte

---

Ainsi de ce coté là nous sommes en sureté. Supposons même que par son bon plaisir, ou accident, il quitte sa place ; Monsieur Séguier a raison, il ne quittera pas sans terminer mon affaire d'autant plus qu'elle avance fort vers la conclusion – D'ailleurs la chose est trop connûe, comme il dit fort bien, trop juste pour que des entraves s'y mettent. » GBV an MC, 12. Dezember 1821, zitiert nach Yim, 2004, S. 247, FN 76. Original Fisher 2000 – 2/4.

11 « C'est détéstable, pour moi qui aime la décision, même pour les malheurs qui doivent m'arriver. » GBV an MC, 12. Dezember 1821, zitiert nach Yim 2004, S. 247, FN 77. Original Fisher 2000 – 2/4.

12 « Je ne vous enverrai pas mes gribouillages musicaux, je les garderai pour nous en amuser ici, ou je vous les apporterai si le Ciel décide, comme je l'espere, que j'aille vous chercher – ma vie est bien dure libre et isolé comme je suis ! Je dis isolé car je compte pour rien tout ce que je vois ou pourrois voir. Vous, … vous chere Amica, George et Chin, voilà tout ce que j'ai a ce monde. Separé de vous, je reste sans appuis, je n'ai pas une ame à qui mon cœur voudroit dire un mot d'epenchement. Jugez dans quelle penitence de vie je suis ! » GBV an MC, 23. Dezember 1821, zitiert nach Yim, 2004, S. 248, FN 82. Original PHM 94/143/1 – 2/27.

und schrieb ihm am 29. November 1821: „Es wird Ihnen *tausendfach guttun,* der Gesundheit, dem Seelenfrieden, Ihren Neigungen, und dann auch, sehr umfassend, der gesamten Welt!“[13] Doch er zieht sich nach dem erneuten Debakel an der Börse zurück und will ihr die angekündigten Bagatellen nicht mehr schicken.[14]

London

Ein schlichter Zettel ist es, der Viotti in diesen schweren Wochen wieder Zuversicht gibt. Anfang Januar 1822 schreibt ihm Baron de La Ferté eine kurze Notiz, dass er die Angelegenheit der Pensionszahlung nicht vergessen habe und hoffe, sie zu Viottis Zufriedenheit regeln.[15] Dann aber passiert wieder eine lange Zeit nichts. Viotti reist im Februar nach London, weil er es nicht mehr aushält zu warten, und weil ihn die Sehnsucht nach Margaret quält. Er kommt gerade rechtzeitig, um ihr beizustehen, denn sie ist krank, und zwei behandelnde namhafte Ärzte können keine Diagnose stellen.[16] Viotti ist nun wieder in der Rolle, die er am liebsten übernimmt: sich um andere zu kümmern – nicht zuletzt, weil es ihn von seinen eigenen Problemen ablenkt.

13 « Celá vous fera *mille biens,* a la santé, a la paix de l'ame, a vos gouts, et ensuite un bien, tres grand, au monde entier! » MC an GBV, 29. November 1821, zitiert nach Yim, 2004, S. 246, FN 75. Original US-NYpJOB 97–52, item 58.

14 Um welche „Bagatellen“ es sich dabei handelt, ist nicht ganz klar. Sie scheinen nicht mit irgendeinem bislang bekannten, aber unverlegten Werk für Violine und Klavier zu korrespondieren. In der Französischen Nationalbibliothek (BnF) befindet sich ein undatiertes Autograph [Signatur F-Pn (Musique), Ms. 1425 (wVI:7)] für Klavier, Violino obligato und Violoncello, das Viotti mit den Worten „Serenata. Chi sa se non divertira La Padrona!“ – Dt. Übersetzung: „Serenata. Wer weiß, ob sie nicht die Padrona [d. i. Margaret Chinnery] vergnügen wird!“ betitelte. Siehe Lister, 2009, S. 350 und FN 8, S. 482. Lister schreibt weiterhin dazu, dass alle bekannten unveröffentlichten Werke von Viotti beinahe ausschließlich vor 1821 komponiert wurden. Es kann sein, dass es sich um einen oder auch beide langsamen Sätze der Konzerte Nr. 28 und 29 handelte, die Viotti zeitlich nach den Außensätzen komponierte. Siehe dazu White, 1973, S. 124. Denise Yim vermutet, dass es sich um das „Andante et rondo pour le pianoforte et le violon“ handeln könnte, eine Bearbeitung, die Viotti von seinem Concerto Nr. 19 (revidierte Fassung) gemacht hat. Das Werk wurde bei Simrock in Berlin 1823 verlegt, wurde aber nicht mehr neu aufgelegt. Siehe Yim, 2004, S. 248. Außerdem gibt es noch die Möglichkeit, dass Viotti ein oder mehrere neue Werke begonnen hat, sie aber unvollendet ließ und dass sie nicht „überlebt“ haben, d. h. verschollen sind.

15 Baron de La Ferté an GBV, 2. Januar 1822, zitiert nach Lister, 2009, S. 351. Original F-Pan O3 1658/I.

16 Lister, 2009, S. 352.

Während er in London ist, findet in Paris im Salon von Madame de La Briche eine große Soirée statt. Die Gastgeberin ist eine langjährige Fürsprecherin Viottis – in ihrem Salon spielte er bereits vierzig Jahre zuvor, als er 1782 als junger Geiger in Paris das Publikum eroberte. Nun hat sie wieder einen jungen Geiger in ihren Kreis aufgenommen: nämlich Viottis Schüler André Robberechts, der am Anfang einer großen Karriere steht. Er hat zu seinem Lehrer ein inniges Verhältnis und weiß von seinen Bemühungen um seine Pension. Robberechts berichtet ihm am 11. Februar 1822 in einem Brief, dass er bei der Soirée im Salon von Madame de La Briche erfreuliche Neuigkeiten erfahren habe. Der Brief endet mit einem sehr herzlichen Gruß: „Ich umarme Sie mit inniger Zuneigung und werde Sie bis an das Ende meiner Tage in meinem Herzen tragen."[17]

Robberechts genießt das Vertrauen von Viotti, nicht nur in dieser Angelegenheit. In der Freundschaft der beiden Musiker spiegelt sich Viottis eigene Jugend in Paris. Der junge Mann trifft teilweise noch dieselben einflussreichen Menschen wie einst Viotti, er bewährt sich in den Salons und auf öffentlichen Podien. Er tritt in Viottis Fußstapfen. Seiner tief empfundenen Zuneigung verleiht Robberechts Ausdruck, als er im April 1822 im Concert spirituel ein Konzert von Viotti spielt.[18]

Weniger erfreulich ist, dass es trotz der aufmunternden Worte noch immer keine Entscheidung über Viottis Pension gibt. Er ist nach wie vor in London – nichts zieht ihn nach Paris, wenn auch einige ermutigende Briefe von dort kommen. Er solle nicht lockerlassen, schreibt ihm sein Freund Gustave Gasslar, und den Minister an seine Angelegenheit erinnern – er würde sie sonst vergessen. Der Vicomte de Sorconnes ist ein weiterer Vertrauter, der Viotti versichert, er selber werde mit dem Minister sprechen und ihn an die Sache erinnern.[19]

Anfang Mai 1822 ist Viotti in kämpferischer Stimmung. Er wolle den Minister nicht in Ruhe lassen, schreibt er an William Chinnery, der sich in Le Havre aufhält und dort seinen Geschäften nachgeht, die auch mehr schlecht als recht laufen, und Viotti fährt fort:

---

17 « Je vous embrasse avec la plus vive affection et vous porterai dans mon cœur toute ma vie. » André Robberechts an GBV, 11. Februar 1822, zitiert nach Yim, 2004, S. 249, FN 2. Original US-NYpJOB 97–52, item 60.

18 Siehe F-Pan AJ13 113/II sowie Lister, 2009, S. 352 und FN 19, S. 482.

19 Gustave Gasslar an GBV, 17. Februar 1822, zitiert nach Lister, 2009, S. 352, FN 23. Original US-NYpJOB 97–52, item 61. Vicomte de Sorconnes an GBV, 20. April 1822, zitiert nach Yim, 2004, S. 250, FN 4. Original US-NYpJOB 97–52, item 62.

> Wir beginnen an dem Punkt, wenn all die bürokratischen Zeremonien beendet sind, die meine Pensionszahlung von 6000 Francs betreffen. Dann werde ich alle Geschütztruppen an Forderungen in Stellung bringen, die in meiner Macht stehen.[20]

In seiner steten Sorge um Margaret bittet er William, ihr keine Details über die schwierige finanzielle Situation zu erzählen.[21] – Man muss es sich immer wieder klar machen: Viotti sagt dem Ehemann, was zu tun und zu lassen ist! William ist weit weg und das, wie es scheint, nicht nur räumlich. Viotti hingegen ist nahezu täglich mit Margaret zusammen. Das gibt ihm eine gewisse Überlegenheit. Im selben Brief muss Viotti jedoch auch den Bittsteller geben, denn Margaret plagen ebenfalls finanzielle Schwierigkeiten, da sie ihr Haus während ihrer Abwesenheit im vergangenen Sommer und Herbst nicht vermietet hatte. Viotti selber hat die Hoffnung aufgegeben, dass er von seinem früheren Geschäftspartner Charles Smith noch ausstehendes Geld zurückbekommt – er musste bereits Williams Geschäftspartner in Le Havre um eine Summe von 2500 Francs bitten. Zwar ist er halbwegs sicher, noch etwas Geld aus dem Verkauf seiner Loge im Théâtre Feydeau zu bekommen, aber um zu beweisen, dass er der rechtmäßige Eigentümer dieser Loge ist, muss er sogar einen Rechtsstreit anfangen.[22]

Paris

Im Juni 1822 geht es Margaret endlich besser, und sie kann mit Viotti nach Frankreich aufbrechen. Die Sommermonate verbringen sie auf dem Landsitz in Châtillon, teilweise vermutlich in Gesellschaft von William, denn während einer Reihe von Wochen gibt es keinen Briefwechsel zwischen den dreien. Noch immer ist die Pensionsangelegenheit nicht verbindlich geregelt, und Viotti ist wie gelähmt. Er schreibt im August 1822 einen ebenso rührenden wie verzweifelten Brief an

20 « Quant à moi, ne croyez pas que je veuille laisser tranquille le ministre. [...] Commençons par laisser terminer toutes les ceremonies des bureaux concernant la pension de 6000 F. – Après je drésserai toutes les batteries réclamentes qui sont en mon pouvoir. » GBV an WBC, 7. Mai 1822, zitiert nach Yim, 2004, S. 250, FN 3. Original PHM 94/143/1 – 14/42.

21 « J'imagine que vous repondrez directement à la Padrona au sujet de l'argent, – si par hasard vous m'écrivez quelques mots ne faites pas mention de mes affaires – nous les savons, des détails séroient inutiles. » GBV an WBC, 7. Mai 1822, zitiert nach Yim, 2004, S. 250, FN 6. Original PHM 94/143/1 – 14/42.

22 « Peu ou beaucoup, il est certain que je tirerai quelque chose de la Loge. J'ai gagné mon procés, mais un demon un canaille a mis sans en avoir le droit opposition, et il faut du temps pour al faire oter, et se delivrer des embarras suscités par des gens sans foix [sic!] ni loi ni honneur. » GBV an WC, 7. Mai 1822, zitiert nach Yim, 2004, S. 250, FN 5. Original PHM 94/143/1 – 14/42.

Alphonse de Cailleux[23], mit dem er freundschaftlich verbunden ist – Cailleux gehört zum vertrauten Kreis der Gäste von Châtillon. Er ist über dreißig Jahre jünger als Viotti und doch einer seiner engsten Freunde in dieser Zeit. Cailleux hat Verständnis für Viottis schwierige Situation, und was fast noch wichtiger ist: Er hat einen direkten Kontakt zum Minister.[24]

> Wenn meine Angelegenheit *wirklich* entschieden und abgeschlossen ist, dann sind Sie nicht nur der Erste, sondern auch *der Einzige,* der es von mir erfährt, da ich kein Wort von irgendjemandem zu diesem wichtigen Thema erhalten habe. Im Übrigen erkenne ich die Fürsorge Ihres Herzens an, das meinige zu trösten. Sie werden zweifelsohne [ahnen], wie empfindsam ich diesbezüglich bin; ich werde es umso mehr sein, wenn es möglich ist, wie Sie mir versprochen haben, dass Sie zu uns kommen und uns persönlich davon informieren. Geduld, ich werde demnächst nach Paris kommen und Sie dort treffen, und dann können wir einen Termin für einen Besuch Ihrerseits abstimmen. Der armen Patientin geht es besser, und sie ist hoffnungsvoll, Sie bald zu sehen. Auch Ihr Mann wünscht, Sie kennenzulernen. Wenn Sie zufällig wissen sollten, wo ich mich hinwenden soll, um [die Pension] zu erhalten, lassen Sie es mich bitte wissen.[25]

Seit dem 15. November 1821 lief nun diese leidige Angelegenheit, und bisweilen glaubte Viotti selber nicht mehr daran, dass sie – wie auch immer – zu einem Abschluss kommen würde. Während all dieser Monate wurden Entscheidungen getroffen, von denen allein er als Betroffener nichts wusste.[26] Die erhoffte Pension

23 Alphonse de Cailleux (1788–1876), Maler, Restaurator und Verwalter der königlichen Museen in Paris.

24 Siehe Lister, 2009, S. 353.

25 « Si mon affaire est *vraiment* décidée et terminée, non seulement vous êtes le premier à me l'apprendre, mais *l'unique* car je n'ai reçu un mot de personne sur cet interessant sujet. Au reste je reconnois bien la sollicitude de votre cœur á consoler le mien. Vous devinez sans doute combien j'y suis sensible ; je le serois encore plus s'il est possible, si, comme vous me l'aviez promis, vous étiez venu nous l'apprendre vous même. Patience, j'irais vous voir incessamment à Paris, et nous arrangerons le jour que nous devrons vous posseder ici. La pauvre patiente va mieux et elle est tout éspoir de vous revoir bientôt, son mari aussi desire tant vous connaître ! Si par hasard vous savez ou je puis me présenter pour toucher, faites le moi savoir. » GBV an Cailleux, 16. August 1822, zitiert nach Yim, 2004, S. 251, FN 9. OriginalViotti Papers, RCM.

26 Viotti bekommt einen rückwirkenden Zuschuss von 3000 Francs für sein Appartement und ein passives Gehalt von 3000 Francs (traitement de non activité), "which in case of prolongation, will be converted into a pension of three thousand francs." Lister, 2009, S. 353/354, FN 29, S. 482. Original im französischen Nationalarchiv, F-Pan O3 1653/II und F-Pan O3 1656/I. Diese Notiz datiert bereits vom 15. November 1821. Am 1. Mai 1822 wird dieser jährliche Betrag bestätigt, doch bereits ab dem 1. April wurde er in die Form des Gehalts umgewandelt – was ein deutlicher Unterschied zur Pension ist. Die Tätigkeit wurde betitelt „Examineur particulier des sujets á appeler aux divers services de la Musique du Roi". Eine weitere Klausel besagt, dass Viotti vom Minister Anweisungen

von 6000 Francs wurde nicht gezahlt. Stattdessen bewilligte man Viotti ein jährliches Gehalt von 3000 Francs sowie einen Zuschuss für die Wohnung, die an das Direktorenamt am Théâtre Italien gebunden war. Diese Aufgabe würde erklären, warum Viotti in seinem Brief an Margaret am 1. November 1821 erwähnte, er werde einige Reisen nach Italien machen. Da er nun, modern gesagt, in Teilzeit tätig war, wurde das Gehalt halbiert. Natürlich erwartete man von ihm, dass er in Paris lebte: daher die Wohnungszulage.[27]

Nach einer glanzvollen Karriere, ausgestattet mit einem reichen Schatz an Erfahrungen im Umgang mit Sängern, Musikern und Komponisten, musste Viotti im Alter von siebenundsechzig Jahren seiner nicht gerade üppigen Pension hinterherlaufen. Er musste Informanten auf die Bürokratie ansetzen und monatelang anderweitig Geldquellen auftun. Für einen Mann wie ihn, eine empfindsame Künstlerseele und einen Menschenfreund, war es unendlich anstrengend. Sein Körper protestierte im Herbst 1822 mit einer nicht näher beschriebenen Krankheit, die ihn über Wochen plagte. Außerdem hatte er einen schweren Schicksalsschlag zu verkraften. Sein Halbbruder André starb plötzlich im Alter von nur fünfundvierzig Jahren. Nichts in der Korrespondenz weist auf die Ursache hin; es könnte eine akute Krankheit gewesen sein, aber auch ein gewaltsamer Tod ist denkbar. Seine Stellung als Anklagevertreter vor dem Militärgericht könnte ihm durchaus Feinde eingebracht haben. Viotti trauert sehr um seinen Halbbruder, zu dem er eine große Nähe aufgebaut hatte. Wie sehr er ihn schätzte, davon zeugt auch die Widmung der drei Streichquartette wII:13–15 an André Viotti.[28]

---

erhalten werde, die seine Aufgaben in dieser Position betreffen. Doch diese Anweisungen sind nicht überliefert. Siehe Lister, S. 354 und FN 30, S. 482. Das Original befindet sich im Französischen Nationalarchiv, Signatur F-Pan O3 1658/I. Dort befindet sich unter derselben Signatur F-Pan O3 1658/I ein weiterer Brief von Minister Lauriston an Viotti vom 8. Mai 1822, in dem er ihn von diesen Ergebnissen informiert. Daher stimmt es nicht, dass Viotti sagte, er habe keine Nachricht vom Maison du Roi. Lister vermutet, dass Viotti nach wie vor auf 6000 Francs hoffte anstelle der zugesprochenen 3000 Francs. Die oben erwähnte Position des „Examineur particulier" ist sehr vage, lässt aber die Vermutung zu, dass von Viotti erwartet wurde, dass er Gespräche und Vorspiele und Vorsingen von Sängern und Instrumentalisten für die Anstellung und Gastbesetzungen durchführe. Es gibt aber keine Nachweise über diese Tätigkeit, d. h., ob er jemals Aufgaben in dieser Position wahrgenommen hat, ist nicht klar. Siehe Lister, 2009, S. 354.

27 Siehe Yim, 2004, S. 251.

28 In der Ausgabe der Quartette bei Janet & Cotelle lautet die Widmung « Trois quatuors concertans pour deux violons, alto, et basse, dédiés à son frère A. Viotti, Chef de Battallion d'État Major et Rapporteur du 2e Conseil de Guerre de Paris ». Die ersten beiden Quartette sind auf der CD zu hören, die diesem Buch beigefügt ist.

In dieser niedergeschlagenen Stimmung zieht sich Viotti für einige Wochen auf den Landsitz Châtillon zurück; die Natur ist wieder seine Trösterin. Wahrscheinlich gibt sie ihm sogar mehr Kraft als Margaret Chinnery, die in diesem Herbst erstmals nicht nach London zurückfährt. Der leidenschaftliche und sehnsüchtige Brief, den Viotti ihr ein Jahr zuvor, am 1. November 1821 schrieb, hat seine Wirkung offensichtlich nicht verfehlt. Doch in diesen dunklen Wochen bleibt Margaret in Paris, wie Briefe belegen, die zwischen Viotti, Margaret und William Chinnery gewechselt werden. Er ist von Le Havre nach Paris gekommen und wohnt mit Margaret in der Rue Neuve-des-Mathurins 46. In einem Brief vom 7. Dezember 1822 ist von zahlreichen Haushaltsgegenständen die Rede, die Viotti durch einen Diener von Châtillon nach Paris bringen lässt.[29] Viotti beendet den Brief mit der Versicherung, dass es ihm besser gehe:

> Es geht mir besser, sehr viel besser. Aber obwohl ich schon in dem Zustand bin, durch den Garten laufen zu können sowie durch die Felder und Wege, glaube ich nicht, dass ich diesen Ort allzu schnell verlassen werde.[30]

Eine Woche später ist Viotti dann doch in Paris. Er will seine letzten Dinge regeln und schreibt sein Testament. Als Testamentsvollstrecker setzt er seinen Freund Gustave Gasslar sowie William Chinnery, und im Fall von dessen Abwesenheit George Chinnery, ein.[31] Es ist ein Dokument der Hoffnungslosigkeit, er weiß inzwischen, dass er seine Schulden bei Margaret nie mehr zurückzahlen kann:

> Ich sterbe nicht nur ohne Vermögen, sondern mit einer Schuld, die meine Seele zerreißt. Diese verdammte Schuld macht den Fluch meines Lebens aus und wird die Ruhe meiner Schatten stören, wenn ich nicht in der Lage bin, sie zu begleichen.[32]

Viotti fühlt sich angesichts dieser Situation so ohnmächtig, dass er nur eine Handvoll Erde für sein Begräbnis wünscht: „[...] etwas Erde wird einem Ärmlichen wie mir reichen."[33] Er vermacht Margaret alle Sachwerte, die er besitzt und hofft,

29 GBV an WC, 7. Dezember 1822, zitiert nach Yim, 2004, S. 252. Original PHM 94/143/1 – 14/42. In diesem Brief erwähnt Viotti seinen engen Freund Edme-François Miel; demnach war er es, der ihm die Todesnachricht von André überbrachte.

30 « Je me porte mieux, beaucoup mieux. Mais quoiqu'en état déjà de courir par le jardin, dans les grainiers et les cours, je ne crois pas que je doive quitter ces lieux si vite. » GBV an WBC, 7. Dezember 1822, zitiert nach Yim, 2004, S. 253, FN 14. Original PHM 94/143/1 – 14/42.

31 Siehe Yim, 2004, S. 253.

32 Viottis Testament befindet sich im Royal College of Music, London (RCM). Zitiert nach Yim, 2004, S. 253, FN 15: « Non seulement je meurs sans fortune mais de plus je meurs avec une dette qui me déchire l'Ame [...]. Cette dette sacrée fait le malheur de ma vie et troublera le repos de mes ombres, si je suis assez infortuné pour ne pouvoir l'acquitter. »

33 « [...] un peu de terre suffira pour un miserable comme moi. » Siehe Yim, 2004, S. 253, FN 15 und 16.

dass sie eine kleine Entschädigung für den Geldwert von 24.000 Francs darstellen – das ist die Höhe der Geldsumme, die er Margaret schuldet, und er bittet sie um die Rückzahlung einer Summe von 800 Francs an seinen Halbbruder André, die er wiederum ihm schuldig geblieben ist. Merkwürdigerweise taucht diese Summe in Viottis Testament auf – dabei ist André seit über einem Monat tot. Lister vermutet, dass Viotti sein Testament bereits vor dem Todestag seines Halbbruders (30. Oktober 1822) skizziert hat und dieser Punkt in der offiziellen Abschrift nicht getilgt wurde.[34]

> Man wird in meinem Musikaliennachlass zwei Konzertmanuskripte finden; weiterhin wird man zwei Violinen finden, von denen eine bereits Madame Chinnery gehört, nämlich die von Clotz [Klotz], aber die andere von Stradivarius ist meine. Sie ist ausgezeichnet, und man wird aus ihrem Verkauf eine beträchtliche Summe ziehen können. Ich besitze außerdem zwei oder drei goldene Tabakdosen und eine Uhr, die ebenfalls aus Gold ist. All das soll der genannten Dame gehören, und ich erwarte von meinen guten Freunden, dass sie meine Wünsche erfüllen.[35]

In seinem Testament verleiht Viotti noch einmal seiner Verehrung für Margaret Chinnery Ausdruck. Sollte Gott seine Gebete nicht erhören und ihm nicht genügend Zeit lassen, seine Verpflichtungen auf Erden zu erfüllen, so werde ihm Margaret verzeihen:

> [...] meine Freundin, dieses vollkommene Wesen, von der ich weiß, wie gerecht sie ist, wird mir vergeben. Sie weiß gut, dass es nicht mein Fehler ist, dass ich in ärmlichen Verhältnissen sterbe und dass ich mich in einer Situation befinde, die es unmöglich macht, die Summe zu vervollständigen, die ich ihr schulde. Ich weiß ebenso, dass sie bittere Tränen weinen wird im Gedenken an mich und dass sie nicht aufhören wird, zum Höchsten Wesen zu beten, dass meine Seele Ruhe finden möge.[36]

Die Selbstanklage, die Viotti in seinem Testament anstimmt, ist erschütternd. Für ihn, der das Wohl seiner Freunde immer an die erste Stelle gesetzt hatte, musste es eine niederschmetternde Bilanz sein, am Ende seines Lebens zu erkennen, dass er

34 Siehe Lister, 2009, S. 355 und FN 38 auf S. 483.

35 Viottis Testament, Viotti Papers, RCM. Zitiert nach Giazotto, S. 235: « On trouvera parmi ma musique deux concerts manuscripts; on trouvera deux violons dont un appartienne déjà à Mad. Chinnery celui de Clotz, mais l'autre de Stradivarius est à moi, il est excellent et on pourra en tirer un petite somme [sic!]. J'ai aussi deux ou trois tabatières d'or, une montre en or aussi, tout cela doit appartenir à la d. Dame et je m'attends à ce que mes bons amis remplissent mes veux. »

36 Viottis Testament, Viotti Papers, RCM. Zitiert nach Giazotto, S. 235: « [...] mon amie, cette créature parfaite à qui je sait bien rendre justice, me perdonnera. Elle sait bien que ce n'est pas de ma faute si je meurs miserable, et si me trouve dans l'impossibilité de completer tout à ce que je lui dois. Je sais de même qu'elle donnera des larmes amères à ma mémoire et qu'elle ne cessera de prier l'Etre Suprème pour le repos de mon âme. »

nicht schuldlos, d. h. nicht ohne Schulden, sterben wird. Er sah sich als Versager – und darin liegt die Tragik. Um mit möglichst wenig Schulden aus seinem Leben zu gehen, versucht er weiterhin, an der Börse Gewinne zu erzielen. Doch das Gegenteil ist der Fall. Die Briefe, die er mit William Chinnery wechselt, haben fast ausschließlich die finanziellen Sorgen zum Thema.

> Ich bin komplett vernichtet von den Schlägen, die ich an dieser höllischen Börse einstekken musste."[37]

Mit diesen Worten kommentiert Viotti am 22. Januar 1823 seinen erneuten Misserfolg an der Börse. Die Verluste lagen nicht nur an seiner mangelnden Erfahrung, sondern auch an der instabilen politischen Situation. Zu Beginn des Jahres 1823 bereitete Frankreich eine Invasion Spaniens vor, um die Herrschaft König Ferdinands VII. wiederherzustellen. Der Beschluss für den Angriff war kurz zuvor auf dem Veroneser Kongress gefasst worden.[38] Die Invasion begann am 7. April 1823; Ende September 1823 war Spaniens König Ferdinand VII. wieder an der Macht. Diese Zeit brachte eine große Unruhe für Frankreichs Wirtschaft und Handel.

Was den erneuten Versuch an der Börse in ein besonders tragisches Licht setzt, ist die Tatsache, dass William Viotti dafür Geld lieh, obwohl auch er in finanziellen Schwierigkeiten steckte. Seine Geschäfte in Le Havre liefen seit mehreren Monaten nicht gut. Nun ist es wiederum Viotti, der versucht, William zu beruhigen. Am 13. Februar 1823 schreibt er ihm:

> Niemand in Paris zeigt eine derartige Unruhe, wie jene, von der Sie gerade besetzt zu sein scheinen. Ich kann nicht sagen, was passieren muss oder sollte – dafür müsste man ein Wahrsager sein. Aber während wir warten, dass das Schicksal seinen Lauf nimmt, bleiben wir ruhig und sehen die Dinge nicht allzu schwarz. Beruhigen auch Sie Ihren Geist, mein guter Freund, Ihr Urteil wird dann klarer sein.[39]

---

37 « Je suis tout froissez [sic] par les hurtons [heurts] qu'on m'a donné à cette infernale bourse. » GBV an WBC am 22. Januar 1823, zitiert nach Yim, 2004, S. 254, FN 19. Original PHM 94/143/1 – 14/45.

38 Der Veroneser Kongress fand vom 20. Oktober bis 14. Dezember 1822 in Verona statt. Es nahmen Österreich, Preußen, England, Frankreich und Neapel-Sizilien teil. Es war die vierte und letzte Zusammenkunft der sogenannten Monarchenkongresse, die im Anschluss an der Wiener Kongress 1815 stattfanden.

39 « Personne dans Paris ne témoigne l'inquiétude qui parroit [sic] vous obseder. Je ne dis pas ce qui doit, ou peut arriver, il faudroit être plus que sorcier pour cela, mais en attendant les évolutions du sort, nous nous tenons tranquilles et nous ne prévoyons rien de très noir. Tranquillisez votre ésprit aussi mon bon Ami, votre jugement sera plus parfait. » GBV an WBC am 13. Februar 1823, zitiert nach Yim, 2004, S. 254, FN 21. Original PHM 94/143/1 – 14/51.

Doch es sind nicht nur die politischen Entwicklungen, die William Sorgen bereiten. Sein Geschäftspartner Joseph Cary ist unzuverlässig. Einige Monate später stellt sich heraus, dass er sich am Geschäftsvermögen für seine eigenen privaten Zwecke bedient hat und zwar in einem Maße, das zum Bankrott und damit zu Williams finanziellem Ruin führt. Viotti muss das zweifach, wenn nicht dreifach getroffen haben – erinnerte es ihn doch an die eigenen Erfahrungen mit seinem Kompagnon Charles Smith. Und er ist selber sehr enttäuscht, weil er Cary zunächst zwei Violinkonzerte widmen wollte, wahrscheinlich, um bei ihm eine Geldschuld zu begleichen.

> Ich schreibe mit dieser Post zwei Worte an Cary, lediglich, um ihm anzukündigen, dass ich die zwei neuen Konzerte schicken werde und mit ihm über meine Schulden sprechen möchte. Bitte sprechen Sie in Ihrer Antwort nicht über dies alles, denn wie Sie wissen, weiß Amica [d. i. Margaret Chinnery] nichts davon, auch nicht von den armen Konzerten.[40]

Viotti hatte zu Cary kein so enges und freundschaftliches Verhältnis, das eine Zueignung nahegelegt hätte. Daher spricht also einiges dafür, dass er ihm diese Konzerte widmen wollte anstelle einer Rückzahlung der Schulden: so auch die Tatsache, dass Viotti die Konzerte als „pauvres concertos" bezeichnet, und die Bitte, Margaret nichts von den Schulden zu sagen. Um welche Konzerte kann es sich gehandelt haben? Da es unwahrscheinlich ist, dass Violinkonzerte von Viotti unveröffentlicht geblieben sind, meinte er wahrscheinlich seine letzten beiden, nämlich Nr. 28 und Nr. 29. Er hatte sie deutlich eher komponiert, jedoch um 1822 einige Überarbeitungen vorgenommen.[41] Eventuell sind es dieselben Kompositionen, die er Margaret gegenüber als „Bagatellen" und „musikalische Kritzeleien" bezeichnet hatte. Letztendlich widmete er diese Konzerte anderen: Marquis de Lauriston, der ihm bei der Klärung seiner Pensionsangelegenheiten sehr geholfen hatte, ist Widmungsträger des Konzerts Nr. 28, und George Chinnery widmete er das Konzert Nr. 29. George schreibt am 22. April 1823 an seine Mutter:

> Amicos Widmung ist in der Tat […] ein Ehrentitel für mich. Danke ihm bitte tausendmal für dieses Zeichen der Zuneigung und dafür, dass er mich verewigt hat.[42]

---

40 « J'écris deux mots à Cary par ce courier, rien que pour lui annoncer que je lui enverrai deux concertos nouveaux, et lui parler de ma dête. Mais en répondant à celle ci ne parlez de rien de tout celà. Vous savez que l'Amica n'en doit rien savoir. Pas meme des pauvres concertos. » GBV an WBC am 25. Februar 1823, zitiert nach Yim, 2004, S. 255, FN 25. Original PHM 94/143/1 – 14/53.

41 White, 1973, S. 124.

42 "Amico's titre is indeed […] a titre de gloire for me, of which I feel unworthy – thank him a thousand times for this token of affection, & for having immortalised me." GRC an MC am 22. April 1823, zitiert nach Yim, 2004, S. 256, FN 29. Original PHM 94/143/1 – 12/13.

Im Sommer 1823 spürt Viotti eine deutliche Verschlechterung seiner Gesundheit.[43] Er weilt mit Margaret auf dem geliebten Landsitz Châtillon, trotzdem geht es ihm körperlich und seelisch nicht gut. Wer könnte ihm Trost und Unterstützung geben, wenn nicht Margaret? Doch sie leidet ebenfalls unter ihrem labilen Gesundheitszustand. Viotti nimmt daher Rücksicht und verschweigt ihr den eigenen Kummer, um sie zu schonen. Die wichtigste Stütze außerhalb der Familie ist der langjährige Freund und ehemalige Schüler Baillot, der in Paris am Conservatoire Violine lehrt. Zu ihm hat er die engste persönliche und musikalische Beziehung, er ist ein Seelenverwandter. Viotti schreibt ihm am 29. Juli 1823 einen sehnsüchtigen Brief:

> Mein teurer, guter Baillot,
> ich habe ein großes Bedürfnis, mit Ihnen ein Duo zu spielen und ein noch größeres Bedürfnis, Sie zu umarmen. Wären Sie in der Lage, uns einen Ihrer Sonntage zu opfern? Und am *kommenden Sonntag* mit uns zu Abend zu speisen? Das wäre bezaubernd, und die gute Madame de Chinnery, die beginnt – Gott sei Dank – sich besser zu fühlen, wäre entzückt, Sie endlich wiederzusehen und Ihr interessantes Instrument zu hören. Ich bitte Sie, mir mit einem Wort schnell zu antworten, und adressieren Sie es an das Hôtel des Iles Britanniques, Rue de la Paix 5, wo ich es am Donnerstag Morgen abholen werde. Bringen Sie mich Ihrer liebenswürdigen Familie in Erinnerung, und glauben Sie mir, dass ich immer der Ihnen zugeneigte Amico JB Viotti sein werde.[44]

Es sollte das letzte Treffen sein. Baillot berichtete zwei Jahre später, 1825, in seiner „Notice sur Viotti" darüber. Bei dieser Begegnung erzählte Viotti, so Baillot, dass er an einem Grundlagenwerk über die Violintechnik arbeite.[45] Allerdings dauerte es dann fast zwanzig Jahre, bis François Habeneck das rund fünfseitige Fragment als Faksimile in seiner eigenen Violinschule veröffentlichte.[46]

---

43 Siehe Yim, 2004, S. 256.

44 GBV an Baillot, zitiert nach Boris Schwarz: Beethoven and the French Violin School, in: The Musical Quarterly, Band 44, Nr. 4, 1958, S. 443: « Mon cher bon Baillot, / Je sens un besoin très grand de faire un Duo avec vous, et en plus grand besoin encore de vous embrasser. Seriez vous capable de nous sacrifier un de vos Dimanches ? et venir ce *Dimanche prochain* diner avéc nous ? Cela seroit charmant, et la bonne Mme. de Chinnery [sic!], qui commence grace au Ciel à se sentir mieux, seroit enchantée de vous revoir enfin, et d'entendre encore votre interessant instrument. Repondez moi de suite un petit mot je vous prie, adressez le à l'hôtel des Iles Britanniques, rüe de la Paix no. 5 ou j'irais le chercher jeudi matin. / Rappellez moi au souvenir de votre aimable cercle et croyez moi toujours / Votre aff.né Amico / JB Viotti » Siehe auch Pincherle, S. 103–109.

45 Baillot, 1825, S. 12/13. Baillot drückt seine Hoffnung aus, dass die Testamentsvollstrecker (William und George Chinnery) das unvollendete Manuskript möglichst bald veröffentlichen.

46 François Habeneck: Méthode théorique et practique de violon, Paris 1842.

In jenen Sommertagen 1823 geht es Viotti immerhin gut genug, um zu musizieren und sich angeregt zu unterhalten. Welches Duo mag er mit Baillot gespielt haben? Und um welche Violine könnte es sich handeln, auf die er und Margaret Chinnery neugierig sind, wie er in seinem Brief erwähnt? Vielleicht schwelgten sie in Erinnerungen an Viottis Aufenthalt in Paris 1802 und spielten wie einst das Duo f-Moll. Baillot besaß eine Stradivari, aber auch eine Geige aus der Werkstatt von Jacques Boquay, die sich heute im Museum des Conservatoire in Paris befindet.[47]

Ab Mitte August 1823 hat auch William Chinnery große Sorgen um seine Geschäfte in Le Havre. Seine Briefe sind voller Selbstmitleid, und er beklagt sich, dass er eigentlich gegen seinen Willen in die Handelswelt gegangen sei. Der wahre Grund aber liegt in seiner Geschäftsbeziehung zu Joseph Cary, der ihn seit Monaten betrügt. Dieses Mal aber bekommt er von Viotti nicht nur Trost – im Gegenteil. Viotti weist William in seinem Brief vom 27. Oktober 1823 zurecht:

> Madame liest einen Brief von Ihnen, der ihr Herz erschüttert. Ist es möglich, dass Sie Standpunkte unaufhörlich wiederholen, für die ich Sie schon so oft gescholten habe? In Gottes Namen: Überlegen Sie besser, und nehmen Sie Rücksicht auf ihre Situation!!! P. S.: Ich habe Ihren Brief ergriffen und ihn ins Feuer geworfen. Sie können ein Hühnchen mit Ihrem Amico rupfen, wenn Sie darüber verärgert sind.[48]

London

All diese Aufregungen und die eigenen finanziellen Sorgen greifen die ohnehin schwache Gesundheit von Viotti an. Doch er versucht noch immer, Margaret zu schonen, statt an sich selbst zu denken. Seine Kräfte gehen sehr zurück. Am 17. November 1823 schreibt er an William Chinnery – mit dem er sich offensichtlich versöhnt hat –, dass Margarets Gesundheit stabil sei, aber er selber sich nicht gut fühle:

---

47 « un instrument à gros son, un Boquay de l'école française qui est aujourd'hui au Conservatoire dans une vitrine du musée. » Siehe François-Sappey, S. 176.

48 « Madame lit une lettre de vous qui lui arrache l'ame, est-il possible, que vous vouliez revenir sans cesse sur des éxpressions répétées mille fois, et sur les quelles je vous ai déjà tant blamé ? Au nom de Dieu reflechissez mieux, et occupez vous un peu plus de la situation !!! P. S. Le me suis emparé de votre lettre et je l'ai jetée au feu. Prenez vous en à votre Amico si vous en etes mécontent. » GBV an WBC am 27. Oktober 1823, zitiert nach Yim, 2004, S. 257, FN 34. Original PHM 94/143/1 – 14/62.

> Unglücklicherweise geht es mir nicht so gut, wie ich es gerne hätte. Es ist nicht die Gicht, sondern ein Husten, eine Erkältung, irgendein Rheuma, ein Teufel – was weiß ich –, der mich so träge wie ein altes Ross macht.[49]

Es ist der letzte Brief Viottis. Nun ist es Margaret, die sich liebevoll um Viotti kümmert – so, wie er über Jahrzehnte für sie sorgte, sie beschützte und von unangenehmen Dingen fernhielt. Sie vermietet aus finanziellen Gründen ihr Haus in der Montagu Street, organisiert einen Umzug und wohnt ab Dezember 1823 gemeinsam mit Viotti in einem wiederum gemieteten Haus in der Upper Berkeley Street 5 am Portman Square. Es ist von dort nicht weit zur ehemaligen Adresse, liegt also im vertrauten Umfeld.

Doch Viotti, ihr Amico, erholt sich nicht. Weihnachten und den Jahreswechsel erlebt er mehr schlafend als wachend. Er ist sanft und geduldig mit sich selbst, doch noch immer quälen ihn die nicht zurückgezahlten Schulden und ein ungelöster Konflikt mit Madame de Genlis, der einst engen Freundin von Margaret.

Hintergrund war eine Auseinandersetzung im Zusammenhang mit Madame de Genlis' Adoptivsohn Casimir Baecker. Dieser Konflikt lag mehr als fünfzehn Jahre zurück. Im Jahr 1808 hatten Viotti und Margaret den damals Jugendlichen zu Gast, als er London besuchte. Sie hatten für ihn gesorgt, ihn in die Gesellschaft eingeführt und die Verantwortung für seine Londoner Konzerte übernommen; Baecker war ein talentierter Harfenist. Diese Konzerte fanden dann jedoch nicht statt, verschuldet durch Baecker. Danach war er völlig abrupt aus London abgereist, und Madame de Genlis hatte Margaret für das Verschwinden einiger persönlicher Gegenstände verantwortlich gemacht. Das wiederum verletzte Margaret zutiefst, doch die Angelegenheit war nicht zu klären. In einem Brief an Madame de Genlis, den Viotti noch 1823 schreibt, versucht er, die Ehre Margarets zu verteidigen. Das ist ihm ebenso wichtig wie die Begleichung seiner Schulden. Madame de Genlis hat den Brief nie beantwortet.

Diese Sorgen quälen Viotti und Margaret. Sie spüren, dass ihnen nur noch wenig Zeit bleibt, irdische Dinge zu regeln. Zwischen Anfang Januar und März 1824 schreibt Margaret einen undatierten Brief an William. Es ist ein Dokument ihrer Sorge und ihrer Angst:

> Du wirst verstanden haben, dass ich wenig Hoffnung für Amicos Rettung hege – in der Tat: Er atmet – doch das ist auch alles! Aber er sagt, ihm sei rundum behaglich zumute, und er habe keine Schmerzen. Er schläft sehr viel, in der Tat fast immer, aber seine Kraft

---

49 « Moi, malheureusement je ne suis pas aussi bien que je le voudrois, pointe de goute, mais une toux, un rhume, un diable que sais-je, qui me rend si peu agissant qu'une vieille rosse. » GBV an WBC am 17. November 1823, zitiert nach Yim, 2004, S. 260, FN 42. Original PHM 94/143/1 – 14/64.

verringert sich täglich, und sein Gesichtsausdruck ist schrecklich anzusehen. […] Ich sammle alle Seelenstärke, die ich für diese […] große Prüfung aufbringen kann, und ich fühle, dass ich sie bestehen werde, wenn Gott mir weiterhin die Unterstützung und die innere Kraft gibt, die er mir zurzeit verleiht. Ich gestatte es mir nicht, mich zu beschweren oder zu wehklagen oder an vergangene Tage oder Dinge zu denken, die mich beruhigen würden. *Wir dürfen nur wenig darüber sagen,* da es nicht zu ertragen sein wird, dabei zu verweilen. Deine Gedanken zu den Übeln unseres Daseins *würden mich töten,* wenn ich müsste, würde ich durch sie hindurchgehen, so, als würde man über heiße Asche gehen.[50]

Margaret und Viotti, die seit zweiunddreißig Jahren so viel teilen, müssen voneinander Abschied nehmen. Viotti war bemerkenswert hellsichtig gewesen, als er im April 1794 an Margaret Chinnery schrieb – er kannte sie damals weniger als zwei Jahre:

Adieu, meine Liebe, meine gute Freundin. Alles ist vergänglich, alles geht vorbei im Leben, aber nichts wird die Zuneigung ersetzen, die ich für Sie und Ihre ganze Familie empfinde, und sie wird nur mit meinem Leben vergehen.[51]

Viotti ist über drei Jahrzehnte Familienmitglied, Freund, aber auch Lebensgefährte, und es ist ein Ausdruck der Nähe – und sicher kein Zufall –, dass die beiden in diesen letzten Wochen allein sind. William ist in Le Havre, George befindet sich in Madrid. Margaret aber bleibt an Viottis Seite bis zum letzten Atemzug.

Mein liebster Chinnery,
um deinetwillen und Georges bemühe ich mich aufs Äußerste, die grausame Fügung der Vorsehung zu ertragen: Amico starb gestern Morgen um 7 Uhr, – ich wünschte, ich könnte sagen, dass er leicht starb oder sanft, aber genau das Gegenteil war der Fall. Wie auch immer, es ist jetzt alles vorbei – der tiefe Eindruck, den die schrecklichen Laute hinterlassen haben, kann sich nur nach und nach durch meine Bemühungen und Gebete zum Himmel verlieren. Denke daran, dass ich nun keinen *Gefährten* oder *gegenwärtigen Beistand* außer

50 "You will have understood that I have little hope of saving Amico – in fact he breathes, and that is all! But he says he is perfectly comfortable, has no pain anywhere, sleeps a great deal, indeed almost always, but his strength diminishes daily, & his countenance is dreadful to behold! […] I am collecting all the fortitude I can muster for this […] great trial, and I feel that I shall go through it if God continues the support & inward strength now granted to me. I dare not complain, or bewail, or think of any past days or things that would soften me, – *we must say but little about it,* for it will not bear dwelling upon. Your reflections upon the evils of our lives *would kill me,* were I to do more than hurry through them, as one would walk upon hot cinders!" MC an WBC, undatiert zwischen Januar und März 1824, zitiert nach Yim, 2004, S. 260. Original PHM 94/143/1 – 17/53.

51 « Adieu ma chere, ma bonne amie. Tout se succéde tout passe dans la vie, mais rien ne succedera à l'attachement que j'ai pour vous et toute votre famille, et il ne passera qu'avec ma vie. » GBV an MC, 17. April 1793 [recte 1794], zitiert nach Yim, 2004, S. 11. Original AUS-Sphm 94/143/1–2/1.

> Dir habe. Sei tapfer um meinetwillen und um Georges. Mir ist lange bewusst gewesen, dass dieses traurige Ereignis unvermeidbar oder wenigstens sehr wahrscheinlich war.[52]

Giovanni Battista Viotti starb am 3. März 1824 im Alter von 68 Jahren, neun Monaten und 19 Tagen. Eine Todesanzeige erschien am 8. März 1824 im „Morning Chronicle" und im „Gentleman's Magazine". Der Trauergottesdienst fand am 11. März 1824 in der Pfarrkirche St. Marylebone statt und wurde gehalten von Reverend R. H. Chapman.[53]

Er wurde in der Gruft Nr. 6 auf dem großen Friedhof Paddington Gardens, unweit von St. Marylebone, begraben.[54]

In der Todesanzeige im „Gentleman's Magazine" ist zu lesen:

> 3. März. In London, nach einer kurzen Krankheit, im Alter von 68 Jahren, Mr. Viotti, der gefeierte Künstler auf der Violine. Der Name Viotti, verknüpft mit den musikalischen Annalen unserer Zeit, wird fürderhin einen prominenten Platz besetzen, als Komponist und als Virtuose; und sein Andenken wird lange zärtlich gepflegt werden von seinen Freunden, die das Glück hatten, seine vielen bewundernswerten Qualitäten im Privatleben kennenlernen und schätzen zu dürfen. Er war gebürtig aus dem Piemont.[55]

***

Viottis Todestag, der 3. März, war bereits drei Jahre zuvor ein schicksalhaftes Datum gewesen – damals hatte er in Vorfreude auf Margarets Ankunft in Paris diese erwartungsfrohen, lebensbejahenden Zeilen geschrieben:

---

52 "My dearest Chinnery, / For your sake and for George's I am exerting myself to the utmost to bear up against this afflicting dispensation of Providence: Amico died yesterday morning at 7 o'clock, – I wish I could say he died easily or comfortably, but quite the reverse of that was the case. However it is all over now, – the deep impression the horrid sounds have left, can only wear off by degrees, and by my endeavours & prayers to heaven. Remember that I have now no *companion* nor *present comfort* but yourself, – courage for my sake and for George's. I have long been aware that the sad event was inevitable, or at least very probable." MC an WBC, 4. März 1824, zitiert nach Yim, 2004, S. 260. Original PHM 94/143/1 – 17/54.

53 Siehe Yim, 2004, S. 261.

54 Siehe Yim, 2004, S. 261. Wegen Überfüllung wurde dieses Grundstück 1886 als Friedhof aufgegeben; fast 100.000 Bestattungen hatte es seit der Einsegung 1733 gegeben. Heute ist es ein öffentlicher Park. Siehe dazu Ben Weinreb und Christopher Hibbert (Hrsg.): The London Encyclopædia, London 1983, S. 106.

55 The Gentleman's Magazine April 1824, S. 380. Siehe http://anno.onb.ac.at/cgi-content/anno-plus?aid=gen&datum=1824&size=45&page=442, letzter Zugriff: 11.03.2018.

> Sie kehren zu mir zurück, ich fühle mich wiedergeboren. Oh, Sie werden sehen, ob ich nicht Ihren Kummer mildern, Ihre Mühsal erleichtern kann![56]

Ein Jahr nach Viottis Tod schreibt George an seine Mutter Margaret:

> Welch ein Datum, geliebte Mutter, mit dem ich diesen Brief versehe! Und dennoch möge es ein Trost für Dich sein, wenn Du dieses Blatt Papier entfaltest, zu denken, dass gerade ich in gedanklicher Verbindung mit Dir an diesem traurigen Jahrestag war.[57]

***

George Chinnery stirbt wenige Monate später, im Oktober 1825 in Madrid, unter ungeklärten Umständen im Alter von vierunddreißig Jahren. Margaret ist einundsechzig Jahre alt und verliert mit Georges Tod ihr drittes und letztes Kind.

***

William Chinnery kehrt daraufhin nach Paris zurück und lebt seit 1812 zum ersten Mal wieder mit Margaret als Paar zusammen. Sie wohnen in der Rue du Faubourg-St-Martin 88.[58]

***

Am 3. März 1827, auf den Tag drei Jahre nach seinem treuen Freund Viotti, stirbt William Chinnery in Paris.

***

Margaret bleibt allein zurück. Sie zieht noch einmal um und wohnt bis zu ihrem Tod in der Avenue des Champs-Élysées 78. Dort stirbt sie am 5. November 1840 im Alter von sechsundsiebzig Jahren, allein mit ihren Erinnerungen und der großen Sammlung der Familienkorrespondenz und der Korrespondenz mit Viotti.[59]

---

56 « […] vous arrivez auprès de moi, je me sens renaître. Oh vous verrez si je ne saurai adoucir vos chagrins, alleger vos peines. » GBV an MC, 3. März 1821, zitiert nach Yim, 2004, S. 232, FN 4. Original NYPL JOB 97–52, item 52.

57 "What a date, dearest mother, to have to put to a letter! & yet it may be a comfort to you to think again, when you unfold this sheet of paper, that I was specially in mental communication with you on this sad anniversary." GRC an MC, 3. März 1825, zitiert nach Lister, 2009, S. 362. Original PHM 94/143/1 – 12/53.

58 Siehe Yim, 2004, S. 268.

59 William und Margaret waren zunächst in einer Gruft auf dem Friedhof Père-La-Chaise begraben worden. Im August 2002 wurden ihre sterblichen Überreste nach England überführt und auf dem Gelände von Gilwell/Essex bestattet. Siehe Yim, 2004, S. 8.

Das Vermächtnis

> Obwohl wir für eine allzu lange Zeit den wunderbaren Ton Viottis nicht gehört haben, sind wir davon noch immer so bewegt, dass nichts uns diesen Genuss vergessen lassen kann; die Spur wird nie verwischen, sie wird für immer in der Erinnerung wie im Herzen bleiben.[1]

Pierre Baillot, der Viotti tief verehrte, hat Viotti mit diesen Worten bereits zu Lebzeiten ein Denkmal gesetzt. Sie stehen im Kapitel „De l'expression et de ses moyens" der „Méthode de violon" von 1803, die er gemeinsam mit Pierre Rode und Rodolphe Kreutzer veröffentlichte. Es war das pädagogische Werk für den Violinunterricht am Conservatoire de Paris. Als das Werk veröffentlicht wurde, lagen noch rund zwanzig Jahre Lebenszeit vor Viotti, in denen er zwar nicht als Geiger in der Öffentlichkeit zu hören war, doch trotzdem war er der musikinteressierten Welt als Geiger und Komponist ein Begriff. Das blieb auch so in den ersten Jahrzehnten nach seinem Tod. Mehr als fünfzig Jahre später lobte Johannes Brahms in einem Brief an Clara Schumann das Violinkonzert Nr. 22 in a-Moll:

> Das A moll-Konzert von Viotti ist meine ganz besondere Schwärmerei, und ich glaube, Joachim hat es auch meinetwegen gewählt! Es ist ein Prachtstück, von einer merkwürdigen Freiheit in der Erfindung; als ob er phantasiere, klingt es, und alles ist meisterhaft gedacht und gemacht. [...] Daß die Leute im Allgemeinen die allerbesten Sachen, also Mozartsche Konzerte und obiges Viotti *nicht* verstehen und *nicht* respektieren – davon lebt unsereiner und kommt zu Ruhm. Wenn die Leute eine Ahnung hätten, daß sie von uns tropfenweise dasselbe kriegen, was sie dort nach Herzenslust trinken können![2]

Die Begeisterung für das Konzert Nr. 22 in a-Moll von Viotti teilte Brahms mit dem Geiger Joseph Joachim, der es beim Niederrheinischen Musikfest 1878 aufführte. Das Konzert hinterließ Spuren bei Brahms: Im ersten Satz des Doppelkonzerts für Violine und Violoncello in a-Moll op. 102 finden sich deutliche Anspielungen auf den Kopfsatz des Konzerts von Viotti. Joseph Joachim brachte es mit dem Cellisten Robert Hausmann am 18. Oktober 1887 in Köln zur Uraufführung; Brahms dirigierte das Gürzenich-Orchester.[3]

---

1 Baillot, Rode, Kreutzer, 1803, S. 159: « Quoique depuis trop longtems nous soyons privés d'entendre les sons expressifs de Viotti, nous en avons été tellement émus, que rien ne pourra nous les faire oublier ; la trace ne peut en être fugitive, elle reste à jamais dans la mémoire comme dans le cœur. »

2 Berthold Litzmann: Clara Schumann, Johannes Brahms, Briefe aus den Jahren 1853–1896, Band 2: 1876–1896, Leipzig 1927, S. 143, Nr. 396.

3 Robert Pascall: Doppelkonzert für Violine und Violoncello a-Moll op. 102, in: Brahms-Handbuch, hrsg. von Wolfgang Sandberger, Stuttgart / Weimar 2009, S. 493.

Brahms' Lob ist für lange Zeit die letzte Äußerung eines prominenten Musikers über Viotti. Der einst so umjubelte Geigenstar geriet spätestens am Ende des 19. Jahrhunderts in Vergessenheit. Strenggenommen dauert sie bis heute an. Baillots Prognose, dass Viottis Spur nie verlorengehen werde, hat sich leider nicht erfüllt. Es kam zu einem Abbruch der Rezeptionsgeschichte. Die Gründe dafür sind vielfältig, und es lohnt sich, sie genauer anzuschauen – denn es ist schon verwunderlich, dass ein so begabter, erfolgreicher und international berühmter Geiger und Komponist nicht über seine eigene Wirkungszeit hinausstrahlt.

Ein Grund liegt in der Epoche des Umbruchs, in der Viotti Berühmtheit erlangte. Es waren die späten Jahre des 18. Jahrhunderts, als das System des höfischen Patronats für Musiker brüchig wurde. Viotti hatte in seiner Pariser Zeit viel Energie darauf verwendet, noch in den Genuss der Gönnerschaft des Hofes, namentlich Marie Antoinettes zu kommen – vergeblich. Er hatte seine Auftritte in der Öffentlichkeit stark eingeschränkt, um seine Verbundenheit mit dem Hof zu signalisieren. Insgesamt war er in Paris und London nur rund sieben Jahre als Solist im Konzertleben präsent – das reichte für die Etablierung seines Namens, aber nicht für den Nachruhm.[4]

Ein weiterer Grund, warum Viotti als Solist nur relativ kurz in der Öffentlichkeit stand, liegt in seiner Persönlichkeit. Sowohl in Paris als vor allem auch in London waren ihm menschliche Begegnungen, Freundschaften und ein harmonisches Miteinander wichtiger als Ruhm und Ehre. Mehrfach spricht er in seinen Briefen davon, dass ihm sein Talent im Wege stehe, er lieber Bauer, Gärtner oder Handwerker geworden wäre. Das ist keine Attitüde, sondern eine Konsequenz, die er wohl sehr genau ableiten konnte: Er wusste um die Zwänge des öffentlichen Konzertwesens, das er teilweise ja auch selber managte, und er wusste um seine persönliche Veranlagung und seine Werte, die mit dem Erfolgsdruck des wirtschaftlich orientierten Konzertwesens nicht vereinbar waren.

Giovanni Battista Viotti war kein Geschäftsmann, wenn es auch das Leben von ihm forderte und er mehrfach in Positionen war, die Geschäftstüchtigkeit voraussetzten: als Opern- und Theaterimpresario, als Konzertmanager und als Weinhändler. In allen diesen Tätigkeiten war er nur bedingt erfolgreich – und mit seinem Weinhandel ging er bedauerlicherweise gar in Konkurs. Viottis engste Musikerfreunde wie Cherubini und Clementi hatten den Weg ins Verlagswesen gewählt und konnten sich dort etablieren. Viotti hingegen war auf ganz anderem Gebiet erfolgreich: im persönlichen Umgang mit Menschen. Vielfach wird sein Wesen gelobt, seine Loyalität, sein Engagement für Freunde, seine Bereitschaft, das eigene Wohlergehen hintanzustellen.

4 Vgl. White, 1992, S. 332.

In der schicksalhaften Begegnung mit den Chinnerys lag seine Lebensaufgabe, die er wichtiger empfand als seinen Erfolg als Musiker. Mehr als dreißig Jahre hat er mit ihnen geteilt. Die Lebensform, die aus dieser innigen Freundschaft entstand, sicherte ihm in London das gesellschaftliche Ansehen, das er aus der Zeit in Paris gewohnt war und das ihm zustand, aber mehr Erfüllung lag für ihn in der Nähe zu Margaret, William und zu den Kindern. Ruhm für die Nachwelt erlangt man so eher nicht; ein erfülltes Leben war es dennoch – oder gerade deshalb, weil er seinen ganz eigenen, persönlichen Weg erkannte und gehen konnte.

Glücklicherweise beschrieben bald nach Viottis Tod einige Zeitzeugen, die ihn gekannt hatten, nicht nur den faszinierenden Geiger, sondern auch die beeindruckende Persönlichkeit Viottis: Baillot, Miel, d'Eymar und De Gregori. Auf ihre Texte können wir heute zurückgreifen und bekommen neben Fakten auch ein Gefühl für diesen außergewöhnlichen Menschen und Musiker.

Viottis Karriere als Komponist spiegelt, ebenso wie die des Solisten, ein Nicht-Mehr oder Noch-Nicht. Die Auflösung des Patronats, das im Ancient régime eine Art Lebensversicherung für Musiker der höfischen Kreise gewesen war, forderte nun eine neue Orientierung. Das bürgerliche Musikleben begann ein Wirtschaftsfaktor zu werden – auch für Musiker. Und in diese Zeit fällt der Übergang der späten Periode des klassischen Stils hin zur Frühromantik. Es ist die zunehmende Individualisierung, die sich auch in den Kompositionen niederschlägt.

Sein erstes Violinkonzert komponierte Viotti um 1778, sein letztes Konzert vollendete er um 1818. Zum einordnenden Vergleich: Beethovens Violinkonzert entstand 1806, Schubert hatte sein Forellenquintett im Jahr 1819 komponiert, Webers „Freischütz" wurde 1821 uraufgeführt. Es waren Werke, die als neue Musik ihrer Zeit galten. Auch Viotti ging mit seinen Kompositionen einen sehr eigenständigen Weg, der nicht das Innovative in den Vordergrund stellt, sondern den klassischen Stil voll ausschöpft – mehr als seine Zeitgenossen – und zur Kenntnis nimmt, dass mit Kompositionen von Schubert und Beethoven neue Ausdrucksformen beschritten wurden. Ein besonders eindrucksvolles Beispiel, wie Viotti mit den Strömungen der Zeit umging, ist sein Konzert Nr. 19 in g-Moll. Dieses Werk entstand in Paris um 1791, kurz vor Viottis Flucht nach England. Es wurde 1791 bei Boyer in Paris verlegt. 1818 erschien es erneut, diesmal bei Janet et Cotelle in Paris mit dem Untertitel „Nouvelle edition avec des changemens par l'Auteur", was auf eine Bearbeitung durch Viotti hinweist. Er hatte das Werk beträchtlich gekürzt, ungewöhnliche Tonartenverhältnisse der ersten Fassung aufgehoben und das gesamte Gefüge sowie die Instrumentation dem sinfonischen Stil um 1780 angeglichen.

Interessanterweise sieht der ausgewiesene Viotti-Forscher Chappell White darin keinen Rückschritt, im Gegenteil: Das Violinkonzert Nr. 19 sei, so White, in seiner Urfassung erfolgreich gewesen und habe dem Geist der Zeit entsprochen. Viotti habe aber erkannt, dass diese Zeit vorbei war und formte das Werk in einen deutlich klassischeren Stil um, statt es in einen vermeintlich modernen frühromantischen Stil zu versetzen. Damit rückte das Konzert Nr. 19, das chronologisch zur Werkgruppe der Pariser Konzerte gehört, in die stilistische Nähe von Viottis Londoner Violinkonzerten.[5] Viotti zeigt mit dieser Bearbeitung seine Vorliebe für den klassischen Stil, der zu jenem Zeitpunkt, um 1818, zwar nicht überholt, aber auch nicht fortschrittlich war. Insgesamt zeichnen sich alle Londoner Konzerte Viottis, so Chappell White, durch eine reife klassische Struktur aus.

Eine etwas andere Position nimmt Robin Stowell ein. Er stellt fest, dass Viotti in seinen Londoner Violinkonzerten zunächst eine ganz und gar klassische Erscheinungsform einführt, was Struktur und Stil anbelangt, um dann in seinen späteren Londoner Kompositionen eine vorromantische Haltung einzunehmen. Stowell führt als Belege dafür die lyrischen Qualitäten der Melodien an, vor allem in den beiden letzten Konzerten, in denen sich das romantische Ideal bereits ankündige.[6] Es handelt sich um die Violinkonzerte Nr. 28 in a-Moll und Nr. 29 in e-Moll.

Viottis Musik zählt für die meisten Konzertbesucher unserer Zeit nicht zur „ersten Liga" – vorausgesetzt, sie kennen überhaupt seinen Namen. Die Wahrnehmung seiner Werke beschränkt sich auf wenige Violinkonzerte, insbesondere das Konzert Nr. 22 in a-Moll, hinzu kommen wenige Einspielungen mit dem Konzert Nr. 16 in e-Moll und dem Konzert Nr. 23 in G-Dur. Die Tatsache, dass Viotti insgesamt neunundzwanzig Violinkonzerte komponierte, hat ihm in seiner Rezeption posthum und zunehmend das Image eingebracht, ein Komponist von Violinkonzerten für Studienzwecke zu sein, also Trainingseinheiten für angehende Geiger geliefert zu haben, wie sie auch vermeintlich seine Duos für Violine sind. Dass diese Einstellung einer Würdigung seines Œuvres entgegensteht, liegt auf der Hand. Das eigentlich verdienstvolle Projekt einer Gesamtaufnahme aller Violinkonzerte durch Bruno Mazzena leidet unter mangelnder Qualität und Sorgfalt des Solisten, und auch den Orchestern ist anzumerken, dass sie für den Parforceritt einer Aufnahme von neunundzwanzig Konzerten nicht ausreichend vorbereitet waren.

Weitere Gattungen wie Streichquartette, Kammermusik in gemischten Besetzungen und Vokalwerke, die Viotti schrieb, sind kaum bekannt. Sie sind nur

5 White, 1992, S. 349.

6 Robin Stowell: Viottis „London" Concertos (Nos. 20–29): Progressive or Retrospective?, in: Music in 18th Century Britain, hrsg. von David Wyn Jones, Aldershot 2000, S. 284–286.

sehr vereinzelt verlegt, Einspielungen gibt es kaum und den Weg in den Konzertsaal haben sie bislang nicht geschafft. An dieser Stelle wird klar, dass sich das Problem der Wahrnehmung Viottis als Komponist im Kreis dreht: Behaftet mit dem Klischee, ein Komponist von Studienkonzerten und Schüler-Duos zu sein, schaffen es seine Werke nicht in den Konzertsaal oder auf CD – es sind letztendlich wirtschaftliche Interessen, die dem entgegenstehen. Konzertunternehmen und CD-Labels ist das unternehmerische Risiko zu groß, einen vergessenen Komponisten zu präsentieren.

Doch es gibt inzwischen auch hoffnungsvolle Initiativen: die hervorragenden Aufsätze von Musikwissenschaftlerinnen und -wissenschaftlern, von denen die meisten eine besondere Affinität zur Violine haben und aktive Musikerinnen und Musiker sind. Diese Bewegung wurde durch die verdienstvolle Forschung von Chappell White (1920–2004) angestoßen. Er war der Erste, der 1957 zunächst mit seiner Dissertation und dann mit einer kontinuierlichen Folge von Publikationen das Werk Viottis wieder ins Bewusstsein rückte. Denise Yim und Warwick Lister haben vor allem das Leben Viottis gründlich recherchiert und in Büchern und Aufsätzen dazu veröffentlicht. Die italienischen Wissenschaftlerinnen Romana Raina, Enrica Magnani Bosio, Rosy Moffa und Mariateresa Dellaborra sind in Viottis Heimatland die wichtigsten Autorinnen. Eine Viotti-Forschung hat sich etabliert, ausgehend von Chappell White befindet sie sich mittlerweile in der Enkel-Generation. Was fehlt, ist der Durchbruch von Viottis Musik in der Öffentlichkeit. Pierre Baillot schrieb einst: „Seine [Viottis] Töne werden für immer in der Erinnerung und im Herzen bleiben."[7] Warwick Lister hat es auf den Punkt gebracht: „Eines ist sicher. Wenn Viottis Musik für immer fortleben soll, dann muss sie gespielt werden."[8]

Chappell White hat sich sehr um die Erschließung und Analyse von Viottis Musik, insbesondere auch der neunundzwanzig Violinkonzerte verdient gemacht. Bereits seine Dissertation aus dem Jahr 1957 hatte diese Werke zum Thema,[9] es folgten Aufsätze und weitere Bücher über Viotti. In dem Buch „From Vivaldi to Viotti" beschreibt White die Entwicklung des Violinkonzerts über einen Zeitraum von rund einhundert Jahren. Außerdem erstellte White ein Werkverzeichnis, das in seiner Systematik und Vollständigkeit dem Werkverzeichnis von Remo Giazotto deutlich überlegen ist.

7 Baillot, Rode, Kreutzer, S. 159.

8 Siehe Lister, 2009, S. 373.

9 Chappell White: Giovanni Baptista Viotti and his Violin Concertos, 2 Bände, PhD diss., Princeton University, 1957.

Von den frühen Konzerten, mit denen Viotti zu Beginn der 1780er Jahre seine beispiellose Karriere startete, bis zu den zehn Konzerten, die er in London komponierte, durchschritt er eine bemerkenswerte Entwicklung als Komponist. Bereits in seinen ersten Konzerten hebt er sich deutlich von Kompositionen seiner Zeitgenossen wie Giovanni Mane Giornovichi, den Gebrüdern Carl und Anton Stamitz, Joseph de Saint-Georges oder Luigi Borghi ab. Er beeindruckt nicht durch vordergründige Virtuosität und stereotype Formprinzipien. Wie alle Komponisten mit einer besonderen Begabung ging er stetig voran – sei es in der Entwicklung der Solostimme, in ihrem Verhältnis zum Orchesterpart, in der Behandlung des für Solokonzerte wichtigen Passagenwerks, in der Orchestrierung oder auch zunehmend in der Freiheit der formalen Gestaltung.

Den ersten starken Eindruck hinterließ er in Paris jedoch nicht primär mit seinen Kompositionen, sondern kraft seines Vortrags und der außergewöhnlichen Beherrschung und Behandlung des Instruments. Bereits in diesen ersten Violinkonzerten ist die Qualität des Passagenwerks, mit dem ein jeder Geiger sein Können präsentiert, eindeutig höher als bei seinen Zeitgenossen; ihm geht es nicht um einen möglichst hohen Schwierigkeitsgrad, der an die technische Ausführung gestellt wird, sondern bereits in diesem frühen Stadium um musikalische Aspekte.

Das Passagenwerk verlangt bei Viotti gleichzeitig nach einem gesanglichen Ton und nach einer durchgehenden Linie, selbst im Détaché, dem abgesetzten Strich, bei dem zwischen jeder Note ein Strichwechsel stattfindet.[10] Durch den Tourte-Bogen, den Viotti gemeinsam mit dem Pariser Bogenbauer François Tourte entwickelte, wird eine dichte, nahezu unhörbare Verbindung der Ab- und Aufstriche ermöglicht. Hinzu kommen plötzliche Tonartenwechsel und unerwartete Modulationen; beides sind Komponenten, die bei Viottis direkten Vorgängern nicht anzutreffen sind. Die langsamen Sätze, aber auch die gesanglichen Themen der Kopfsätze künden schon in den frühen Konzerten von Viottis großem lyrischen Potential.

Die mittleren Pariser Konzerte, beginnend mit Konzert Nr. 11 in A-Dur, waren wahrscheinlich zunächst für Viottis Präsentationen am Hof in Versailles vorgesehen. Sie zeigen eine wachsende Individualität, die sich vor allem in der Freiheit der Form ausdrückt. Sinfonische Durcharbeitung des Materials wird wichtiger für die Struktur, langsame Sätze sind stärker variiert in ihrer Form, und dem Orchester wächst eine zunehmend wichtige Rolle zu; es wird mehr Partner als nur Begleiter der Solovioline.

Chappell White hebt besonders das Konzert Nr. 16 in e-Moll hervor. In diesem Konzert werde, so White, eine neue Ära in Viottis kompositorischem Schaffen

10 White, 1992, S. 340.

eingeläutet.[11] Es ist das erste Konzert, in dem Viotti dem Kopfsatz eine langsame Einleitung voranstellt, und auch der zweite Satz hat eine langsame Einleitung, die als Coda sogar noch einmal wiederkehrt. Es bestehen Themenverwandtschaften über die Sätze hinweg, und die Rolle des Orchesters verändert sich dahingehend, dass die plötzlichen Modulationen nun im Dienste einer dramatischen Struktur stehen und nicht mehr nur einen überraschenden Witz erzielen.

Die letzten drei Pariser Konzerte Nr. 17–19 markieren den Höhepunkt des emotionalen Ausdrucks in Viottis Konzerten. Die Rahmenbedingungen, in denen diese Konzerte entstanden, liefern dafür eine Erklärung: Sie waren für Konzerte im Théâtre Feydeau gedacht, wo im Allgemeinen ein Publikum saß, das Opern bevorzugte. Viotti verhält sich, modern gesprochen, sehr zielgruppenorientiert, indem er dem Pariser Publikum Instrumentalkonzerte anbietet, bei denen ein dramatischer Charakter deutlich wahrnehmbar ist. Die zehn Londoner Konzerte sind im Vergleich deutlich lyrischer. Trotz ihrer vorzüglichen handwerklichen Ausführung und weiterer Aspekte, die die Ausdruckskraft erhöhen, haben sie weniger Dramatik und leidenschaftliche Brillanz als ihre unmittelbaren Vorgänger.[12]

Viotti war wohl bewusst – schon durch den engen Kontakt zu der musikalisch hoch gebildeten Margaret Chinnery –, dass die Engländer nicht allzu viel Sinn für virtuoses Feuerwerk haben – so formuliert es augenzwinkernd Chappell White.[13] Es gab also keinen Bedarf für ihn, seine technische Überlegenheit auf der Geige in einem vorrangig virtuos angelegten Violinkonzert zu zeigen. Vielmehr interessierte ihn die Konzentration auf den Orchesterpart. Hier stand kein Geringerer als Joseph Haydn Pate. Er war 1794 zu seiner zweiten Saison nach London gekommen, und Viotti hatte vielfach Gelegenheit, Haydns Werke zu hören: Die Londoner Sinfonien bilden den Höhepunkt in Haydns sinfonischem Schaffen. Ihm stand ein großes Orchester zur Verfügung, und auch Viotti nutzte diese Möglichkeiten für seine Kompositionen. Er vermochte es, seine Londoner Violinkonzerte kontinuierlich zu individuellen ausdrucksstarken Werken zu entwickeln – die Maßstäbe dafür hatte bereits Mozart gesetzt –, die eine ernsthafte Betrachtung wert sind, auch neben Haydns Sinfonien.[14]

Wenn auch alle Violinkonzerte, die Viotti in London schrieb, eine große kompositorische Reife zeigen, waren sie nach seinem Tod zunächst aus dem Konzertsaal verschwunden und wurden zu Übungskonzerten für fortgeschrittene Studenten der Violine deklassiert – bis Joseph Joachim 1878 das Konzert Nr. 22

11 White, 1992, S. 343.
12 White, 1992, S. 344.
13 White, 1992, S. 347.
14 McVeigh, 2006, S. 109.

auf das Konzertpodium brachte, was der Begeisterung Brahms' für dieses Konzert zu verdanken ist. Brahms hatte das a-Moll-Konzert zum ersten Mal im Jahr 1858 in Detmold gehört, der Solist war Carl Louis Bargheer. Bereits damals hatte er seinem Freund Joseph Joachim geschrieben, dass er das Konzert als höchst interessant empfunden habe.[15] Zwanzig Jahre später hielt Brahms es für ein „Prachtstück, von einer merkwürdigen Freiheit in der Erfindung; als ob er phantasiere, klingt es, und alles ist meisterhaft gedacht und gemacht."[16]

Dennoch waren es nicht die Londoner Konzerte, die den stärksten Einfluss auf Viottis Nachfolger ausübten – diese Rolle blieb den Pariser Konzerten vorbehalten.

Die einfachste Erklärung für den mangelnden Einfluss der Londoner Konzerte ist ihre deutlich verspätete Publikation. Sie waren bis in die erste Dekade des 19. Jahrhunderts hinein auf dem Kontinent nicht bekannt, und zu dieser Zeit wurde Viotti zwar verehrt, aber bedingt durch seinen Rückzug vom Konzertpodium waren auch seine Kompositionen im Bewusstsein der musikinteressierten Öffentlichkeit nicht mehr so präsent.

Chappell White kommt aufgrund seiner intensiven Forschungen und detaillierten Kenntnis sämtlicher Violinkonzerte Viottis zu dem Schluss, dass Viotti in einer ganz bestimmten Hinsicht mit Mozart vergleichbar ist. Mit aller Vorsicht formuliert er, dass sowohl Mozart als eben auch Viotti dem klassischen Konzert eine neue Ernsthaftigkeit und mithin eine gesteigerte Qualität des Ausdrucks verleihen, ohne dass essentielle Merkmale der virtuosen Tradition zerstört werden.

Wenn auch Viotti seinem großen Zeitgenossen Mozart nicht ebenbürtig sei, so White, sei es richtig zu sagen, er komme ihm am nächsten – dies ist Lob und Grund genug, das heutige Repertoire von Violinkonzerten anzureichern, indem man Viottis Werke wiederbelebt.[17]

Die große Familie

Als Geiger hat sich Viotti in die Geschichte des Violinspiels eingeschrieben – und sein Kapitel lässt sich bis in unsere Zeit verfolgen. Kein Geiger vor oder nach ihm hat mehr für die Entwicklung der Violintechnik bewirkt als er. Er hat als Lehrer eine Generation von Schülern herangezogen, die ihrerseits zu berühmten Geigern wurden und ihr Können wiederum an begabte Schüler weitergegeben haben und

15 Siehe: Johannes Brahms im Briefwechsel mit Joseph Joachim, hrsg. von Andreas Moser, Band 1, Berlin 1908, S. 220.

16 Litzmann, Band 2, S. 143, Nr. 396.

17 White, 1992, S. 349.

so fort. Dies ist sozusagen ein Echo seines Geigenspiels. Bereits zu seinen Lebzeiten zeichnete sich diese große Tradition ab; die „Allgemeine musikalische Zeitung“ erwähnt Viotti im Januar 1820:

> Er zählt nicht allein die berühmtesten Violinisten Frankreichs, einen Kreutzer, Rode, Baillot u. s. w. zu seinen Schülern; sondern es sind auch alle jetzigen ausgezeichneten Künstler auf diesem Instrumente, seinem eigenen Ausdrucke gemäss, entweder seine Kinder oder Kindeskinder.[18]

Eine anschauliche Darstellung sind Stammbäume von Lehrer-Schüler-Beziehungen. Die meisten haben ihre Wurzeln bei Arcangelo Corelli und Antonio Vivaldi, Guiseppe Tartini und Giovanni Battista Somis; der große Stamm aber, auf dem die stattliche Krone mit ihren inzwischen weit verästelten Zweigen ruht, trägt den Namen Viotti. Seine unmittelbare Nachfolge liegt in der Französischen Schule, begründet von Pierre Rode, Rodolphe Kreutzer, Pierre Baillot und dem Pariser Conservatoire. Von Rode führt eine Abstammungslinie zu Louis Spohr, von diesem wiederum zu Ferdinand David, dem engen Freund und Kollegen Mendelssohn Bartholdys; aus ihrer Zusammenarbeit entstand das berühmte Konzert für Violine in e-Moll op. 64. Mendelssohn, der selbst ein hervorragender Geiger war, hatte Unterricht bei Baillot und Eduard Rietz, einem Schüler Rodes, genossen.

Rodolphe Kreutzer und Pierre Baillot waren die Ahnen von mehreren Geigergenerationen, die bis ins 20. Jahrhundert reichen: So unterrichtete Kreutzer Lambert Joseph Massart, der wiederum Lehrer von Henry Wieniawski und Fritz Kreisler war. Baillots Schüler François Habeneck unterrichtet Delphin Alard und Hubert Léonard. Alard unterrichtete Pablo de Sarasate; Léonards Schüler Martin Marsick wurde der Lehrer von Jacques Thibaud, Georges Enescu und Carl Flesch, dessen Schüler wiederum die Generationen von Geigern des 20. und 21. Jahrhunderts stark geprägt haben – beispielsweise hat Aida Stucki, Lehrerin von Anne-Sophie Mutter, bei Carl Flesch in Luzern ihre wegweisende violintechnische und künstlerische Ausbildung erhalten. So sind Viottis Schülerzweige bis in die Weltspitze der Violinistinnen und Violinisten unserer Zeit erkennbar: Anne-Sophie Mutter ist demnach eine Ur-Ur-Ur-Urenkel-Schülerin Viottis.

Pierre Rode unterrichte Joseph Böhm, der seinerseits 1819 Professor für Violine in Wien wurde. Er war ein sehr engagierter Kammermusiker und Nachfolger des Primarius Ignaz Schuppanzigh in jenem Quartett, das zahlreiche Streichquartette von Beethoven uraufführte. Drei von Böhms begabtesten Schülern waren Joseph Hellmesberger, Joseph Joachim und Jacob Dont, deren Schüler und Enkelschüler wiederum bis zu Geigern des 20. Jahrhunderts reichen. So war Leopold Auer

---

18 Allgemeine musikalische Zeitung, Januar 1820, Sp. 5/6, online unter: http://archive.org/details/bub_gb_Ht4qAAAAYAAJ, letzter Zugriff: 11.03.2018

Schüler von Dont und Joachim und seinerseits der Lehrer von Mischa Elman, Jascha Heifetz, Nathan Milstein sowie weiteren Vertretern der Russischen Schule.

Der Geiger Friedrich Wilhelm Pixis, den Viotti in seiner Zeit im Exil unterrichtete, als dieser noch ein Heranwachsender war, machte ebenfalls Karriere und wurde 1811 Professor für Violine am Konservatorium in Prag, wo einige Generationen später Otakar Ševčík (1852–1934) einer seiner Nachfolger war. Ševčíks systematische Methode reicht bis in unsere heutige Zeit hinein, sie ist noch immer Bestandteil des Violinunterrichts für fortgeschrittene Schüler und Studenten.

Ein weiterer Schüler, den Viotti als sehr jungen Mann unterrichtete, war der Belgier André Robberechts. Er wurde Professor am Brüsseler Konservatorium und Lehrer von Charles de Bériot, der als Begründer der Belgischen Violinschule gilt. Bériot vervollkommnete seine Studien bei Pierre Baillot in Paris und unterrichtete später Henri Vieuxtemps, einen der bedeutendsten Solisten seiner Zeit und Lehrer von Eugène Ysaÿe. In der Mitte des 19. Jahrhunderts kam es zu vielen länderübergreifenden Verbindungen von Lehrern und Schülern, vor allem zwischen Belgien und Frankreich. Aus diesem Kulturaustausch ging die sogenannte Franco-Belgische Schule hervor, die sich durch eine hohe Virtuosität sowohl in der Bogentechnik als auch in der linken Hand auszeichnet.

Ein anderes Ideal verfolgte die Deutsche Schule: Die Technik habe der Musik zu dienen und dürfe kein Selbstzweck sein – davon waren Joseph Joachim und sein Schüler Andreas Moser überzeugt. Ihre Verbindung zu Viotti ist wie bei der Franco-Belgischen Schule eine direkte Linie, die über Pierre Rode, Joseph Böhm zu Ferdinand David, zu Joseph Joachim und Andreas Moser führt.

Brahms' Verehrung für Viotti war gewissermaßen eine doppelte, schätzte er doch neben dem Konzert Nr. 22 in a-Moll auch Joseph Joachim als Geiger sehr.

Einen besonderen Einzelfall stellt Nicolò Paganini dar. Er war weitgehend Autodidakt, hatte keine Schüler und begründete daher auch keine Traditionslinie. Aber vor allem in seiner frühen Zeit hatte er zahlreiche Konzerte von Viotti im Repertoire,[19] und seine eigenen Violinkonzerte tragen deutliche Spuren von Viottis Konzerten. Vor allem das Eröffnungsthema in Paganinis Grande Concerto in e-Moll zeigt Ähnlichkeiten mit dem ersten Satz des Konzerts Nr. 18 von Viotti, der zweite und dritte Satz des Konzerts Nr. 2 in b-Moll sind inspiriert vom zweiten und dritten Satz des Viotti-Konzerts Nr. 24, und der letzte Satz von Paganinis Konzert Nr. 4 in d-Moll hat Anklänge an Viottis Konzert Nr. 25.[20]

19 Siehe dazu Danilo Prefumo: Niccolò Paganini, Palermo 2006, S. 49. Paganini spielte am 16. Juni 1811 in Reggio Emilia ein „Nouvissimo concerto del signor Viotti“ (wahrscheinlich Nr. 25 oder Nr. 26).

20 Prefumo, S. 193–195, S. 204–205, S. 213.

Doch nicht nur bei Paganini haben Viottis Kompositionen Spuren hinterlassen. So hat Brahms' Doppelkonzert, wie bereits erwähnt, eine enge Beziehung zum Violinkonzert Nr. 22 a-Moll, und zwei weitere sehr bekannte Werke der Konzertliteratur, nämlich Mendelssohns Violinkonzert e-Moll op. 64 und Schumanns Klavierkonzert a-Moll op. 54 erinnern in ihren Kopfsätzen an die Eröffnungspassage von Viottis letztem Violinkonzert Nr. 29 in e-Moll.

Beethovens Violinkonzert in D-Dur op. 61 entstand 1806; zu jenem Zeitpunkt hatte Beethoven seine individuelle Sprache als Komponist längst gefunden, und dennoch gibt es in seinem Violinkonzert Bezüge zu einigen Stilmerkmalen bei Viotti: der majestätische Charakter des ersten Satzes, marschartig trotz der lyrischen Stimmung, das Passagenwerk mit seinen ungewöhnlich gesanglichen Elementen, der schlichte langsame Satz mit expressiver Ornamentik, die eine höchst geschmackvolle Ausführung erfordert, sowie der nahtlose Übergang vom zweiten Satz in den Schlusssatz, wie ihn Viotti in den Konzerten Nr. 20 (1795) und Nr. 26 (Erstausgabe 1808) gestaltete.[21]

Der große Ton

Zeit- und Ohrenzeugen Viottis heben immer wieder seinen kraftvollen, strahlenden Ton hervor, der mit einem äußerst gesanglichen Spiel gepaart war. Viotti folgte darin der Maxime von Giuseppe Tartini, der die kantable Spielweise in seinem Lehrwerk „Regole per arrivare a saper ben suonar il violino" besonders hervorhebt.[22]

Vor allem Pierre Baillot berichtet mehrfach von Viottis wunderbarem Geigenton. Er hatte über zwanzig Jahre viele Gelegenheiten, Viotti zu hören oder sogar gemeinsam mit ihm zu musizieren. Was zeichnete diesen Klang auf der Geige aus, was machte ihn so unverwechselbar? In den ersten Jahren seiner Karriere beeindruckte er das Publikum mit einem großen, kraftvollen Ton, dem bisweilen noch die Eleganz fehlte, für die er einige Jahre später gelobt wurde. Seine frühen Violinkonzerte sind voller geigerischer Kühnheiten, die Zeitgenossen als „kochenden Eifer" bezeichneten. In seinen späteren Konzerten verzichtet Viotti auf übermäßige technische Brillanz – sie spiegeln die Natürlichkeit seines gereiften Stils und die Leichtigkeit, mit der er Geige zu spielen vermochte.

21 Robin Stowell: The Viotti School of Violin Playing. Style and Influences, in: Giovanni Battista Viotti – A Composer between the Two Revolutions, Ad Parnassum Studies 2, hrsg. von Massimiliano Sala, Bologna 2006, S. 242 ff.

22 Giuseppe Tartini: Regole per arrivare a saper ben suonar il violino, hrsg. von Erwin Reuben Jacobi, Celle 1961, S. 55.

Eine weitere Besonderheit an Viottis Spiel war sein Vibrato. Er setzte es sparsam und gezielt ein, wenn er einer Note eine besondere Expressivität verleihen wollte. Doch bisweilen wurde er in zeitgenössischen Rezensionen für ein starkes Tremulando kritisiert, wobei nicht deutlich wird, ob sich diese Kritik auf die Geschwindigkeit oder die Weite des Vibratos bezieht.[23] Baillot weist in seinem Unterrichtswerk „L'Art du violon" darauf hin, dass lange gehaltene Töne von Viotti zusätzlich mit einem leichten Schwell-Effekt versehen wurden, kürzeren Tönen verlieh er ein etwas schnelleres Vibrato.[24]

Eine Spezialität von Viottis Vortrag war auch seine Vorliebe für das Spiel auf einer Saite („una corda"), vor allem auf der G-Saite. So erzielte er die verschiedensten Klangfarben, ausdrucksvolle Portamenti und eine Tongebung ohne Saitenwechsel, was einen Rezensenten des „Morning Chronicle" dazu veranlasste zu sagen, er „reite etwas zu viel auf der G-Saite herum" – was so viel bedeutet wie: Er mache zu häufig dasselbe.[25]

Charles Burney hatte Mitte der 1770er Jahre bemerkt, dass die Schüler von Tartini im Ruf standen, ein bisweilen unterschätztes Spiel zu haben[26]; weiterhin berichtete Burney, die Schule Tartinis sei eher für Zartheit, Ausdruck und hohe Vollendung bemerkenswert als für Erfindungsreichtum und Abwechslung.[27] Die genannten Merkmale beziehen sich auf die Tonbildung der Tartini-Schüler, die eher leise war, was auch daraus resultierte, dass Tartini und seine Schüler nur die Mitte des Bogens nutzten.[28] Wenn auch Viotti mit Tartini sozusagen „groß geworden" war, unterschied er sich in der Bogentechnik grundlegend von ihm. Bei seinem Debüt in Paris hatte er mit einer Technik überrascht und überzeugt, die kraftvoll den gesamten Bogen einbezog.[29]

23 So in der „Allgemeinen musikalischen Zeitung" vom 14. August 1799, Sp. 762: „[...] Einige meiner Freunde indessen versichern einmüthig, daß er, sein etwas starkes *tremulando* abgerechnet, wirklich vortreflich spielen, und dabey ein sehr artiger und gefälliger Mann seyn soll." Online unter: https://archive.org/details/bub_gb_odwqAAAAYAAJ, letzter Zugriff: 11.03.2018.

24 Stowell, 2006, S. 228.

25 "He harps a little too much on one string." Morning Chronicle, 19. Februar 1794.

26 Zitiert nach Peter Walls: Mozart and the Violin, in: Early Music 20, Oxford 1992, S. 23. Die Originalquelle ist Charles Burney: The Present State of Music in Germany, the Netherlands, and United Provences, London 1775, Reprint New York 1969, S. 175.

27 Walls, S. 23.: "[...] rather remarkable for delicacy, expression, and high finishing, than for spirit and variety."

28 Zitiert nach Walls, S. 23. Die Originalquelle ist Tartinis Traktat „Regole per arrivare a saper ben suonar il violino"(Tartini, 1961, S. 57).

29 Pierre Louis Ginguené war ein einflussreicher Musikpublizist und Freund von Viotti. In der „Encyclopédie méthodique, Musique", die er gemeinsam mit Nicolas-Etienne Fra-

Viotti führte eine vollständig neue Bogentechnik ein.[30] Sein Grundsatz lautete „Le violon, c'est l'archet"[31]: „Die Violine, das ist der Bogen". Er war einer der ersten Violinisten, der die Technik seiner rechten Hand auf die Möglichkeiten des modernen Tourte-Bogens ausrichtete. Die vier Basismodelle von Geigenbogen waren am Ende des 18. Jahrhunderts – laut Michel Woldemar[32] und später Fétis[33] – der Corelli-Bogen, der Tartini-Bogen, der Cramer-Bogen und der Viotti-Bogen. Die Bögen von Corelli, Tartini und ihren Zeitgenossen hatten eine konvexe Bogenstange, der Cramer-Bogen zeigte hingegen bereits eine Tendenz zur geraden Bogenstange und Viottis Bogen eine leicht konkave Biegung. Auch die Länge der Bogenstange nahm zu. Michel Woldemar führt als Viotti-Bogen das Modell an, das auch als Tourte-Bogen bezeichnet wird. François Xavier Tourte war ein renommierter Bogenmacher in Paris, und als Viotti 1782 nach Paris kam, lernte er ihn kennen. Bei Tourte kauften professionelle Geiger ihre Bogen, und wahrscheinlich gab es einen regen Austausch zwischen den Musikern und Tourte: Es wurden Verbesserungsvorschläge gemacht, Anregungen gegeben und Wünsche geäußert. Auch Viotti war sehr schnell von Tourtes Qualitäten überzeugt und bat ihn, an einem Bogen zu arbeiten, dessen Haare nicht gebündelt in den Frosch übergehen, sondern gleichmäßig breit aufliegen. Tourte löste das Problem durch eine kleine Zwinge, die er am oberen Teil des Frosches ansetzte, dort, wo die Bogenhaare in den Frosch übergehen; diese Zwinge hält das Bogenhaar gleichmäßig flach. Das Prinzip wird bis heute angewendet, wie überhaupt die gesamte Bauweise eines Tourte-Bogens bis in die Gegenwart Gültigkeit hat.

Dieser Bogen ist zudem länger als die Bogen seiner Vorgänger und verfügt über eine größere Balance: Beides sind wichtige Faktoren für ein kantables Spiel

---

mery herausgab, bemerkt er im Artikel „Concerto", dass Viotti seit Kindheitstagen mit Tartinis Grundsätzen vertraut gewesen sei: « [...] sucé dès l'enfance les grands principes de l'école de Tartini ». Zitiert nach Simon P. Keefe: Aesthetic and Stylistic Balance and the Role of the Orchestra in Viotti's Violin Concertos, in: Giovanni Battista Viotti – A Composer between the Two Revolutions, Ad Parnassum Studies 2, hrsg. von Massimiliano Sala, Bologna 2006, S. 301.

30 Viottis Bogentechnik und ihre Wechselwirkung mit Innovationen im Bogenbau wird sehr ausführlich und gründlich beschrieben bei Stowell, 2006, S. 229 ff.

31 Henri Vercheval: Dictionnaire du Violiniste. Suivi d'une liste des violinistes célèbres et des luthiers les plus connus depuis l'origine du violon jusqu'à la fin du XIX siècle, Paris 1923, S. 17.

32 Michel Woldemar: Grande méthode ou étude élémentaire pour le violon, Paris, um 1800.

33 François-Joseph Fétis: Antoine Stradivari, luthier célèbre, connu sous le nom de Stradivarius; précédé de recherches historiques et critiques sur l'origine et les transformations des instruments à archet et suivi d'analyses théoriques sur l'archet et sur François Tourte, auteur de ses derniers perfectionnements, Paris 1856.

mit nahtlosen Übergängen der Bogenstriche ineinander. Die Bauweise des Bogens spielt dabei eine große Rolle. Der Bogen ermöglicht weitere Vorzüge wie beispielsweise schnelle Wechsel zwischen verschiedenen Lautstärken oder lange Crescendi und Diminuendi, die sich über den Druck des Zeigefingers der Bogenhand subtil steuern lassen. Für die Charakteristika von Viottis Geigenspiel war das außerordentlich wichtig. Auch die Vielfalt der Bogenstricharten wurde durch die Möglichkeiten des Tourte-Bogens erweitert und kam Viottis Vorstellungen sehr entgegen: Détaché, Martelé, Staccato und der „Viotti-Strich", eine Strichart, die auf Synkopen beruht und über einen längeren Abschnitt eine unbetonte mit einer betonten Note, meist 1/16-Noten miteinander verbindet. Gerade die letztgenannte Strichart setzt Viotti in seinen Kompositionen sehr häufig ein, vor allem in den Violinkonzerten, und erzielt damit einen dramatischen, erregten Effekt. Dieser Effekt war es, der Zeitgenossen geradezu aufschreckte und Viotti vereinzelt Kritik von einem zu harten und schroffen Spiel einbrachte. Aber es war auch genau diese Bestimmtheit, die das Publikum fesselte, und sie stand in einem Gegensatz zum bis dahin üblichen anmutigen galanten Spiel, wie er stärker kaum sein konnte.

Der größte Violinist in Europa

Im Januar 1820 wird Viotti in der renommierten „Allgemeinen musikalischen Zeitung" als „Europas erster und klassischster Geiger" gelobt; der Artikel, in dem ihm dieses große Lob gesungen wird, befasst sich hauptsächlich mit Viottis Berufung zum Direktor der Oper in Paris. Im Herbst 1819 hatte die schwere Erkrankung des amtierenden Direktors eine schnelle Entscheidung über seine Nachfolge notwendig gemacht. Dabei war ein wichtiges Auswahlkriterium, dass der neue Amtsinhaber kein Opernkomponist sein solle – dennoch aber ein Musiker und Komponist von internationalem Format:

> In dieser Verlegenheit gedachte die oberste Behörde eines Künstlers, der mit dem Rufe des ersten und klassischsten aller Geiger Europa's zu seyn, zugleich den nicht minder allgemeinen Ruhm des vortrefflichsten Tonsetzers für sein Instrument verband. Habe ich nöthig, anzumerken, dass hier von Herrn Viotti die Rede ist?
> Herr Viotti hat der Aufmunterung, die sein Talent in Frankreich, besonders in Paris gefunden, die reifsten Früchte seiner künstlerischen Ausbildung zu verdanken: von dort aus schreibt sich die Meisterschaft, die er sich, nach dem allgemeinen Geständnisse von ganz Europa, als Geiger und als Componist für die Geige erworben hat.[34]

34 Allgemeine musikalische Zeitung, Leipzig, Januar 1820, Sp. 5/6. http://archive.org/details/bub_gb_Ht4qAAAAYAAJ, letzter Zugriff: 11.03.2018.

Die uneingeschränkte Bewunderung, die Viotti in diesem Artikel als Geiger und Komponist für die Violine gezollt wird, teilen weitere Rezensenten der „Allgemeinen musikalischen Zeitung" und der „Berlinischen musikalischen Zeitung". So wurde Viotti par renommée auch im deutschsprachigen Raum bekannt, obwohl er, abgesehen von seiner Grand Tour 1780–1782, in Deutschland nie aufgetreten war.

Am 29. Juni 1793 berichtet der Londoner Korrespondent der „Berliner Musikzeitung" über den „Neuesten Zustand der Conzert- und Theatermusik in London":

> [...] Er [Viotti] hat sich so sehr zu seinem Vortheil verändert, daß ich ihn kaum wieder erkannt hätte. Er ist wahrscheinlich jetzt der größte Violinist in Europa. Ein starker voller Ton, unbeschreibliche Fertigkeit, Reinigkeit, Präcision, Schatten und Licht mit der reizendsten Einfachheit verbunden, machen die Charakteristik seiner Spielart aus, und die Composition seiner Conzerte übertrift alle mir bekannte Violinconzerte. Seine Themata sind prachtvoll und edel, mit Verstand durchgeführt, geschmackvoll mit kleinen und großen Maßen verwebt, und gewähren bey den Wiederholungen jedesmal neues Vergnügen. Seine Harmonie ist reich ohne Ueberladung, der Rhythmus ist richtig und nicht steif, der Satz rein und der Gebrauch der Blasinstrumente von großem Effekt. Mit einem Worte: Viotti's Composition, sowie sein Vortrag sind gleich hinreißend.[35]

Achtzehn Jahre später erscheint in der „Allgemeinen musikalischen Zeitung" im Juli 1811 eine Beschreibung der Charakteristika der Traditionslinie der Pugnani-Viotti-Schule in bemerkenswert ähnlichen Begriffen. Der Autor erwähnt vier Solisten, die kürzlich in Warschau zu hören waren: Eloy, Rode und August Durand sowie der Cellist Jacques-Michel Hurel de Lamarre.

> Von großen Virtuosen hörten wir um jene Zeit: Eloy, Rode, Lamarre und Duranowsky, sonst Durand genannt. Diese sämmtlich, wenn auch nicht eigentliche Schüler Viotti's – wenigstens nicht alle – sind doch, wie man nach der Weise der Maler sagen kann, aus seiner Schule; spielen in seinem Sinn, und behandeln besonders auch ihre Instrumente nach seinen Grundsätzen, wie er selbst dieselben aus der Schule *Pugnani's* aufgenommen und genialisch weiter ausgebildet hatte. Es ist bekannt, dass die vorzüglichsten Eigenheiten dieser Schule aus folgenden Grundsätzen fliessen: großer, starker, voller Ton ist das Erste; Verbindung desselben zu kräftigem, eindringlichem, schön verbundenem Gesang das Zweyte; Mannigfaltigkeit, Reiz, Schatten und Licht, als das Dritte, muss durch die verschiedensten *Strich-Arten* ins Spiel gebracht werden.[36]

Nicht nur seine Art zu spielen, sondern auch einige seiner Londoner Violin-Konzerte und weitere Werke werden in der „Allgemeinen musikalischen Zeitung" ausführlich behandelt.[37] Diese Rezensionen sind kenntnisreich und heben auch

35 Berlinische Musikalische Zeitung, 21. Stück, 29. Juni 1793, S. 81–82. http://archive.org/details/BerlinischeMusikalischeZeitung1793–94, letzter Zugriff: 11. 03. 2018.

36 Allgemeine musikalische Zeitung, Leipzig, Juli 1811, Sp. 452. http://archive.org/stream/bub_gb_ZBVDAAAAcAAJ#page/n255/mode/2up, letzter Zugriff: 11. 03. 2018

37 Lister, 2009, S. 372.

einige Kritikpunkte hervor, durchweg aber sind sie positiv und wollen das Werk Viottis bekannt machen. Von diesen Rezensionen, die häufig in der Rubrik „Neuerscheinungen“ standen, hing unter anderem ab, ob die Noten gekauft wurden.

Zum Konzert Nr. 20 erschien in der „Allgemeinen musikalischen Zeitung“ am 17. Juli 1799 folgende Besprechung:

> Die Viottischen Konzerte, deren dieser geschickte Künstler, der bekanntlich zu den größten Violinspielern gehört, nun schon ganzer zwanzig geschrieben hat, und von denen es unmöglich wäre, wenn sie nicht viel in der Manier zusammentreffen und mitunter Wiederholungen von Lieblingssätzen enthalten sollten, gehören zu den besten und unterhaltendsten. […] Dies angezeigte Konzert verdient nun ebenfalls eine rühmliche Erwähnung, und besonders der letzte schön ausgeführte gefühlvolle Satz, in welchem brillante Stellen sehr schicklich verwebt sind, läßt einen sehr angenehmen Eindruck zurück und gefällt sehr.[38]

Das Konzert Nr. 21 wurde in der „Allgemeinen musikalischen Zeitung“ am 7. September 1803 kritisch gewürdigt:

> Obgleich vorliegendes Konzert nicht unter die besten des Herrn V. gerechnet werden kann, so hat es Rec. [d. i: Rezensent] doch sehr gefallen. Es hat einen feurigen und zugleich zarten Charakter; die Begleitung und Harmonie ist reich und hebt die Hauptstimme ungemein; die Tuttisätze sind kräftig und die Soli glänzend; die Passagen haben, ohngeachtet einer gewissen Einförmigkeit und öftern Wiederholung, viel Bravour – und deshalb wird es mehrern Violinspielern mit Recht empfohlen werden können und willkommen seyn. […][39]

Am 12. Oktober 1808 berichtet die „Allgemeine musikalische Zeitung“ über das Konzert Nr. 26:

> Dieser Grad der Ausbildung eines Tonkünstlers, der sein Instrument so vollkommen in seiner Gewalt hat, wie V., und der sich, so wie Er, fast nur auf Kompositionen für sein Instrument einschränkt, kann hauptsächlich nur aus der lebhaft gefühlten Ueberzeugung von der Wahrheit hervorgehen, dass auch die glücklichste Ueberwindung mechanischer Schwierigkeiten, oder der höchste Grad mechanischer Kunstfertigkeit, niemals Zweck der Kunst, sondern nur ein Mittel seyn könne und solle, den höhern Anforderungen derselben Genüge zu leisten – eine längst bekannte Wahrheit, die aber noch bis jetzt nur allzu oft verkannt wird, und am meisten von den Virtuosen selbst. Je grösser V.s Ruf, Ansehen, Einfluss und Verdienst; je mehr wird hoffentlich sein Beyspiel auch in diesem Betracht würken.[40]

Schließlich noch 1816 attestiert ihm das Blatt am 22. Mai, zehn Tage nach seinem 61. Geburtstag:

---

38 Allgemeine musikalische Zeitung, 17. Juli 1799, Sp. 680. http://archive.org/details/bub_gb_odwqAAAAYAAJ, letzter Zugriff: 11. 03. 2018.

39 Allgemeine musikalische Zeitung, 7. September 1803, Sp. 828/829. http://archive.org/details/bub_gb_oQUVAAAAQAAJ, letzter Zugriff: 11. 03. 2018.

40 Allgemeine musikalische Zeitung, 12. Oktober 1808, Sp. 28. http://archive.org/details/bub_gb_6d4qAAAAYAAJ, letzter Zugriff: 11. 03. 2018.

> Der um das Violinspiel so hochverdiente Veteran fährt frischen Geistes fort, in seiner Weise, wie Jedermann sie kennet, thätig, erfreulich, nützlich zu seyn. Auch dieses, sein neuestes, vor kurzem erst in London producirtes Concert ist Zeuge davon; ja, man findet sich darin durch eine Lebendigkeit des Ausdrucks, selbst durch manche wahrhaft neue Wendungen, mehr als in verschiedenen seiner frühern Concerte überrascht.[41]

Der „hochverdiente Veteran", wie ihn der Rezensent in der „Allgemeinen musikalischen Zeitung" nennt, dessen Weise „Jedermann kennet", ist 200 Jahre später nur einer Handvoll von Spezialisten bekannt. Sein Werk wieder zu beleben, ist eine lohnende Aufgabe für die Bereicherung des Konzertrepertoires. Sein Violinspiel lebt fort in den mehrfachen Urenkel-Generationen. Und sein reiches, bewegtes Leben in Europa ist ein Spiegel der damaligen gesellschaftlichen Umbrüche. Vor allem aber war Giovanni Battista Viotti ein ganz besonderer Mensch. Wenn man die wenigen Bilder, Zeichnungen und Radierungen betrachtet, die es von ihm gibt, dann fällt einem der milde, freundliche Ausdruck auf und das feine Lächeln – sein Leben hätte ihn auch verbittern können. Sein Talent, das er manches Mal beklagte, hat ihm einen gesellschaftlichen Aufstieg erlaubt, der sonst undenkbar gewesen wäre: vom Sohn eines Hufschmieds zum geschätzten Partner, Freund und Ratgeber in den ersten Kreisen der aristokratischen und frühen bürgerlichen Gesellschaft. Über die Konventionen seiner Zeit setzte er sich hinweg, und führte ein Leben, das vor allem auf die Liebe zu seinen Mitmenschen ausgerichtet war – und nicht auf seine Karriere. Noch in unserer Zeit hätte ein Zusammenleben, wie er es mit den Chinnerys pflegte, für Aufsehen und Klatsch gesorgt. Viotti folgte seinem Herzen – und bewahrte sich so seine Milde und Menschenfreundlichkeit; selbst persönliche Enttäuschungen wie durch seinen Geschäftspartner Charles Smith oder die Aufdeckung von William Chinnerys Veruntreuung von Geld oder tiefe Trauer um zwei Kinder der Chinnerys haben seine tiefe Liebe und Treue zu den Menschen nicht erschüttern können. Aus dieser Haltung heraus musizierte und komponierte er und hinterließ uns Musik, die von seinen Charakterzügen und tiefen Empfindungen kündet – und von einer großen Begabung zum Leben und zur Kunst.

In den vergangenen Jahrzehnten hat es in der historischen Aufführungspraxis einen hohen Qualitätszuwachs gegeben, der auch Viottis Musik zugutekommen könnte. Sie ist es wert, wiederentdeckt zu werden, denn sie hat ihren ganz eigenen Klang, der Musiker und Publikum gleichermaßen begeistern wird – wie einst an den Höfen Europas, in Paris und London und bei den unzähligen musikalischen Salons von Margaret Chinnery.

---

41 Allgemeine musikalische Zeitung, 22. Mai 1816, Sp. 359. http://archive.org/details/bub_gb_MtoqAAAAYAAJ, letzter Zugriff: 11. 03. 2018.

Lebenslauf von J. B.Viotti[1]

Seit seinem Eintritt in die Welt bis zum 6. März 1798

Die Vorstellung, verkannt worden zu sein, ungünstig beurteilt worden zu sein, wiegt zu schwer auf meinem Herzen, als dass ich nicht mit allen möglichen Mitteln versuchte, den unheilvollen Eindruck zu zerstören, den ein Verhängnis über meine Handlungen gebreitet hat.

Eines der besten scheint mir zu sein, eine sehr unbefangene, sehr ernsthafte Zusammenfassung meines Lebens, seit meinem Eintritt in die Welt bis zu diesem Tag, zu geben. Ich werde es also nutzen, und ich werde treulich das Gute und das Schlechte meiner Handlungen erzählen; und Gott, der in allen Seelen liest, wird der strenge Zeuge meiner Aufrichtigkeit sein.

Oh Sie, der Sie die Waage der Gerechtigkeit in Ihren Händen halten, Sie, der Sie nur guten Gebrauch daraus machen wollen, Sie, den das Schlechte abstößt, geruhen Sie, ein Auge auf diese Schrift zu werfen, es mit Interesse zu lesen und unparteiisch zu entscheiden, ob ich schuldig bin oder nicht.

In eine ehrenhafte Familie geboren, die mich für einen anderen Stand bestimmte, habe ich trotzdem den Beruf des Musikers erwählt. Ich kam aus der Lombardei, meinem Geburtsort, nach Turin, um zu studieren. Und dort, unter der Protektion des Prinzen de la Cisterna, bei dem ich wohnte, verbrachte ich meine Kindheit zwischen einigen Unbesonnenheiten und endlosen Studien.

Es kam die Zeit, wo ich glaubte, etwas zu vermögen. Ich verließ diese Villa mit der Absicht, zu reisen und mein Talent immer mehr auszubilden. Genf war der erste Ort, an dem ich mich zu Gehör brachte. Das war, scheint mir, 1780, und die Ermutigung, die ich dort empfing, bestärkte mich in meinem Entschluss, meinen Weg fortzusetzen.

Schon eilte mir nach Bern ein kleiner Ruf voraus; ich zögerte wenig, ihm zu folgen. Dort wurde ich mit dem ganzen Wohlwollen empfangen, das ich mir nur wünschen konnte und die Reiselust verstärkte sich immer mehr in mir.

Ich verließ die Schweiz und begab mich nach Dresden. Ich hatte die Ehre, dem Kurfürsten vorgestellt zu werden und er hatte die Güte, meinem Talent Beifall zu spenden.

Ich war danach in Berlin. Graf Fontana, damals Botschafter des Königs von Sardinien am preußischen Hof, hatte die Güte, mich zu empfangen und mich bei

1 Das Original befindet sich in London, Royal College of Music Library, (GB-Lcm), Ms. 4118, Viotti Papers. Transkribiert bei Giazotto, S. 229–231. Übersetzung: Ulrike Parschau.

sich unterzubringen. Mehr brauchte es nicht, um Einlass in die achtbaren Häuser dieser Hauptstadt zu bekommen. Dort war es, wo ich das Glück gehabt habe, Mr. Liston kennen zu lernen, gegenwärtig einer der Minister Seiner Britischen Majestät, der mir seitdem immer ein aufrichtiges Interesse bezeugt hat. Friedrich der Große erwies mir die Ehre, mich anzuhören, und ich hatte dieselbe, mit dem kürzlich verstorbenen König Musik zu machen.

Ich verließ diese Gegend und begab mich, mit Empfehlungsbriefen ausgestattet, nach Warschau, wo ich empfangen wurde, wie ich es in Preußen worden bin. Von dort aus reiste ich nach St. Petersburg; der Prinz Potemkin stellte mich der Zarin vor, sie geruhte, mir zuzuhören, und der jetzige Zar beehrte mich auch mit seinem Beifall.

Ich verließ dies Zarenreich gegen Ende 1781. Ich besuchte erneut einige von diesen Höfen im Norden, denen ich so viel Dank schuldete, und begab mich schließlich nach Paris, in der Absicht, dort zwei oder drei Monate zu bleiben, um mich in einem großen Theater zu Gehör zu bringen. Ich hatte das Glück (vielleicht muss ich sagen das Unglück), dass ich dort gut empfangen wurde und noch jung und recht unerfahren war, ließ ich mich treiben von Monat zu Monat, von Jahr zu Jahr, und ich blieb dort zehn Jahre.

Es war nach zwei Jahren, die ich in dieser Stadt verbrachte, als mich Ihre Majestät, die Königin von Frankreich, zu hören wünschte. Sie beehrte mich mit ihrem Beifall, und seitdem entschloss ich mich, nicht mehr öffentlich aufzutreten und mich ganz dem Dienst dieser Majestät zu widmen, die, um mich zu belohnen, in der Zeit, als Mr. de Calonne Finanzminister war, eine Pension von 150 Pfund Sterling durchsetzte, an der ich mich nicht lange erfreuen sollte.

Von Ihrer Majestät und der ganzen königlichen Familie mit Güte überhäuft, wurde ich überall empfangen, mich selbst dementsprechend verhaltend, führte ich ein Leben, wenn nicht vollkommen glücklich, so doch sehr angenehm, als diese schreckliche Revolution begann und alles durcheinanderbrachte, von Grund auf alles umstürzte.

Ich hatte beinahe mein ganzes Vermögen in ein italienisches Theaterunternehmen gesteckt, von welcher Furcht musste ich nicht getroffen werden, als sich diese schreckliche Plage näherte, von welcher Vorsichtsmaßnahme musste ich nicht Gebrauch machen, um mich aus dem Abgrund zu ziehen, der sich vor mir auftat! Ah, wie leicht ist es, sich dies vorzustellen.

Jedermann kleidete sich wie die Nationalgarde, ich musste mich auch so kleiden. Ich musste es um so mehr, da man mein Theater, das von der Königin begünstigte, den Treffpunkt der Aristokraten nannte. Alle standen Wache, ich wurde dazu gezwungen, Wache zu stehen, wie alle anderen. Jeder versuchte in diesen schrecklichen Wirren, Unterstützung von einigen Mitgliedern der Nationalversammlung zu bekommen: Ich habe es auch versucht, mein Vermögen und mein Leben hingen davon ab, und ich muss zugeben, dass es mir so vorgekommen ist, dabei Ehrliche und Gute gekannt zu haben.

Schließlich begann die Auswanderung. Meine Bekannten, meine Freunde flohen voller Schrecken. Vielleicht wäre ich wie sie geflohen, wenn ich mein Vermögen hätte mitnehmen können, aber dies lag nicht in meiner Macht, und außerdem ist dies eine Handlung, die ich immer verurteilt habe, ein Kleinmut, gegen den ich mich immer bekannt habe. Der Mensch muss auf seinem Posten sterben, und der gesunde Menschenverstand hat mir immer vorgeschrieben, dass, wenn die ehrlichen Leute, die gebildeten Leute, ihre Plätze verlassen, die Bösartigen, Unwissenden unzweifelhaft siegen werden.

Besorgt, gequält, in einem ständigen Schwebezustand lebend, führte ich ein Leben, das wahrhaftig eine Last war. Währenddessen, trotz aller Vorsichtsmaßnahmen an Stelle von Kritik, die meine Lage erforderten, trotz der Furcht um mein Leben und mein Vermögen, die mich unaufhörlich umtrieb, muss ich hier erklären, wie ich es schon erklärt habe, dass ich mich niemals, weder in die Revolution noch in die Politik, direkt oder indirekt eingemischt habe, niemals haben meine Äußerungen verdient, getadelt zu werden, und schließlich habe ich bis zum Augenblick meiner Abreise, zwischen Furcht und Hoffnung treibend, gelebt, ohne etwas Tadelnswertes getan zu haben, um meine Sorgen zu mindern.

1792 nahmen meine Angelegenheiten eine immer schlechtere Wendung, neue Unglücke vorhersehend, neue Schrecken der zweiten Nationalversammlung, die die Erste ersetzte, und von der ich das Glück gehabt habe, nicht ein einziges Mitglied zu kennen; entschloss ich mich dazu, was ich besaß, zu verkaufen, die Schulden meines unglücklichen Theaters zu regeln und ein Land zu verlassen, in dem ein ehrenhafter Mann nicht mehr in Frieden leben konnte, wo ich so vielen Verfolgungen ausgesetzt war, und wo ich fast alles verloren hatte. Tatsächlich verließ ich es vor der leidvollen Verhaftung ihrer Majestäten und begab mich nach England, den 21. oder 22. Juli gleichen Jahres.

Ich wurde engagiert, im Konzert von Mr. Salomon zu spielen, dort hatte ich die Genugtuung, Erfolg zu haben, und von da an reifte in mir die Absicht, bis zum Ende meiner Tage in diesem schönen Land, wo ich alles zu meinen Zwecken passend fand, zu leben. Jedoch musste ich dies Land wieder verlassen. Der Tod meiner Mutter [Anm. UB: Stiefmutter] zwang mich dazu. Ich reiste also am 21. Juli 1793 ab, ich durchquerte Deutschland, Tirol und begab mich über Venedig in mein Vaterland. Ich brachte meine Angelegenheiten in Ordnung, auch diejenigen meiner Brüder, die noch Kinder waren, und machte mich wieder, über die Schweiz, Deutschland, Flandern, jetzt dem Kaiser zugehörig, auf den Weg und fand mich gegen Ende Dezember wieder in London ein, fest entschlossen, mich dort so einzurichten, um nicht mehr wegzugehen. Ach, ich war weit davon entfernt, vorauszusehen, was mir widerfahren würde.

Obwohl es fast immer mein Schicksal gewesen war, in der großen Welt zu leben, habe ich es nie geliebt, und eine kleine Anzahl empfindsamer und guter Freunde ist alles, was mein Herz mit Sehnsucht gewünscht hat. Nachdem ich so viel durch Europa gereist bin, so viel für andere gelebt habe, hat der Himmel endlich meine Wünsche erhört.

Ich machte die Bekanntschaft mit Mr. und Mme Chinnery, zwei Wesen, die bis zum höchsten Grad die schätzenswertesten Qualitäten besitzen. Gut, mitfühlend, treue Freunde, nichts fehlt ihren ausgezeichneten Seelen. Sogleich als ich sie kennengelernt habe, habe ich sie geliebt, und sogleich sie mich kennenlernten, liebten sie mich auch zärtlich. Seit diesem glücklichen Moment habe ich ihnen mein Leben gewidmet. Die Welt, die Gesellschaft, die Vergnügungen, nichts von alledem hatte ohne sie einen Reiz, und ihr Haus, wo ich wie ein Verwandter lebte, wie ein Bruder, ist mein eigenes geworden, dasjenige, wo ich ohne Ende hätte sein wollen, dasjenige, von dem ich niemals hätte weggehen wollen.

Mr. Chinnery, dieser zarte Freund, an den ich nie ohne eine starke Gefühlsregung denken kann, ist mein intimster Vertrauter. Vor ihm habe ich nichts mehr zu verheimlichen gewagt: Ihm habe ich alles anvertraut, alles gesagt. Er hat in den geringsten meiner Gedanken gelesen, er hat meine ganzen Handlungen verstanden, und ich kann sagen, dass meine Seele ihm genauso bekannt ist wie mir selbst. Wenn man ihn befragte, würde er für die Wahrheit bürgen, die ich behaupte.

Während ich so am Busen der Freundschaft lebte, fühlte ich mich indessen gestört durch die Ausübung meines Talentes, und die Verlegenheit, die es mir einflößte, ließ mich den Entschluss fassen, darauf zu verzichten und mich in einen anderen Stand zu begeben. Ich teilte meinem Freund meine Absicht mit, er billigte sie und wir kamen überein, dass ich mein ganzes Vermögen zusammenziehen würde, dass ich es in den Handel einsetzen würde und dass ich mich als Weinhändler einrichten würde.

Auch dies verdanke ich diesem seltenen Freund, diesem guten Mr. Chinnery, dass ich mich mit einem der vollkommensten ehrenhaften Männer, die es in der Welt gibt, mit einem vortrefflichen Charakter, verbunden habe, kurz mit Mr. Charles Smith, mit dem ich alles zusammengelegt habe, was ich besitze, und mit dem ich vierzehn Monate friedlich zusammengelebt habe, die wie ein Tag vergangen sind. Liebe Freunde, die ihr mich so gut kennt, lasst mir Gerechtigkeit widerfahren, hattet ihr euch jemals über mich zu beklagen?

Alles besitzend, was ich in England wünschen konnte, habe ich gar keine Verbindungen zu Frankreich bewahrt. Die Briefe, die ich dorthin schrieb, sind nur vier an der Zahl: Meine Freunde kennen sie, und sie wissen, dass ich nie eine Antwort bekommen habe. Wenn es mir erlaubt sei, hier den Inhalt anzugeben, wird es vielleicht dazu dienen, einige Missverständnisse zu zerstreuen, die wahrscheinlich das schreckliche Unglück verursachen, in welches ich gestürzt bin.

Den ersten habe ich an Mr. Cherubini, den berühmten Komponisten, geschrieben, um ihn um alle Partituren seiner Meisterwerke zu bitten. Dieses mit beigefügten Freundschaftsbezeugungen bildete den Inhalt.

Der zweite ging an einen Privatmann in Dijon, um bei ihm Wein aus dem Burgund und der Champagne zu bestellen. Mr. Smith hat ihn mir diktiert, und er ist nur mit seinem Einverständnis abgegangen. Diese beiden Briefe wurden durch einen gewissen Mr. Goti, einen italienischen Maler, versandt, der nach Frankreich zurückkehrte.

Der dritte wurde geschrieben auf die dringende Bitte von Mr. Borgo, Minister von Genua, um seinen Freund, einen Mr. Ramorino, ein Schiffskapitän, zu empfehlen, der sich zu der Zeit in Paris befand, um einen Prozess anzustrengen, der ihm sein Vermögen zurückerstatten sollte, das ihm ein französischer Pirat auf der Rückfahrt aus Indien gestohlen hatte.

In diesem [Brief] übernahm ich es wärmstens, ihm diesen Gefallen zu tun, denn seine Lage war bemitleidenswert, und ihn, wenn es möglich wäre, den Verantwortlichen zu senden, die ich nicht kannte, die die Macht hätten, diesem Unglücklichen zu helfen.

Der vierte und letzte wurde noch geschrieben, um einer Person, die ich liebe und die ich schätze, einen Gefallen zu tun, Informationen aus Frankreich wünschend, über eine Angelegenheit, die sie persönlich betraf, schrieb sie selbst die Einzelheiten und bat mich, sie abzuschreiben. Ich übertrug diese Einzelheiten und gab ihnen eine Briefform und dies ist alles, was er enthielt. Dieselbe Person ist bereit, die Wahrheit zu bestätigen, sobald sie dazu aufgefordert würde.

Diese letzten beiden gingen mit dem Paket vom oben genannten Minister von Genua ab, dem ich sie persönlich übergeben habe. Dies ist alles, was aus meiner Feder kam, und dies kann ich aus dem tiefsten Grund meiner Seele schwören.

Wenn es dies ist, was mich verdächtig gemacht hat, was die Reinheit meiner Handlungen hat trüben können und mich in Ungnade fallen lassen konnte, bedauere ich, bittere Tränen vergießend, meine Einfältigkeit. Wenn ich ein wenig an die Umstände gedacht hätte, hätte ich diese unglücklichen Briefe unterlassen, aber derart war meine Unschuld, so weit war ich vom Schlechten entfernt, dass ich nicht mal den Gedanken gehabt habe, dass ich eine Unvorsichtigkeit beging.

Oberster Richter, an den ich dieses Schreiben richte, Sie, von dem mein Wohlergehen und meine Glückseligkeit abhängen, geruhen Sie, ich flehe Sie an, die Fakten zu untersuchen; und dass die Redlichkeit, die Sie auszeichnet, Sie dazu bringe, meine Unschuld aufzudecken, durch diesen unheilvollen Schleier hindurch, durch den sie verdeckt wurde.

Ich beende hier diese Zusammenfassung und voller Vertrauen in Ihre Güte, überzeugt von meinem tadellosen Verhalten, werde ich, von Hoffnung genährt, das Ende meiner Unglücke erwarten.

Könnte es bald geschehen, könnte ich bald diese glückliche Insel wiedersehen, wo ich alle meine Neigungen gelassen habe, wo ich mein ganzes Vermögen gelassen habe. Dann werde ich unaufhörlich den Himmel und meine Befreier segnen und unaufhörlich werde ich leben, wie ich immer gelebt habe, als loyaler und treuer Untertan Seiner Britischen Majestät.

Hamburg, den 23. März 1798

J. B. VIOTTI

Brief von Gaetano Pugnani an Viotti[1]

Adressiert: A Monsieur / Monsieur Viotti / Celebre Proffesseur de Musique / A Gant / dans la flandre Autrichienne

Turin, 16. Oktober 1793

Mein lieber Viotti,
endlich sind Sie aufgewacht und haben von sich hören lassen. Vor mehr als zwei Jahren habe ich von Ihnen Nachricht bekommen. Ich hätte einen Liter meines Blutes gegeben, Sie hier zu sehen, aber weil dies nicht möglich ist, beschränke ich mich darauf, Sie nächstes Jahr zu erwarten, oder ich werde Sie sehen, wenn sich die Angelegenheiten regeln. Über ein Jahr habe ich den Kopf nicht mehr frei, um an Musik zu denken. Diese Hunde von Franzosen haben uns stark beunruhigt. Sie wissen, dass wir ihnen Savoyen und Nizza überlassen haben. Wir haben geglaubt, dass sie jeden Moment die Alpen überquert hätten. Aber der für sie günstige Moment ging vorüber, und trotz ihres Willens können sie uns bis jetzt nicht beunruhigen. Aber die Ausgaben, die man machen muss, um große Armeen zu unterhalten, lassen es uns schlecht ergehen.

Geduld noch für dies Jahr, aber wenn die Dinge so weitergehen, weiß ich nicht, wie wir weitermachen sollen. Es mussten noch Truppen nach Toulon geschickt werden, um die Engländer zu unterstützen. Wir hoffen schließlich, dass sich die Dinge drehen, denn in Kürze werden in Toulon 35.000 Garnisonsmänner sein (darunter Engländer, Spanier, Neapolitaner und Piemonteser), und darüber hinaus sind die Prinzen und der König bei der Armee. Dies hat unseren Truppen, die einen unglaublichen Wert bewiesen haben, Mut gegeben.

Kommen wir zu Ihnen, mein Lieber, mit viel Vergnügen habe ich zur Kenntnis genommen, dass Sie sich in London mit Ruhm bedeckt haben. Sie werden sogar dieses Jahr weitermachen, was mich mit Freude erfüllen wird. Ich habe eins Ihrer letzten Konzerte in E-Dur gespielt. Es hat mir sehr gefallen, der Stil ist geglückt, [und] gut geschrieben. Vor vier oder fünf Monaten habe ich Ihnen nach London geschrieben, wo Sie die Post unzweifelhaft bei Ihrer Ankunft vorfinden werden.

1 Der Originalbrief befindet sich in New York, New York Public Library for the Perfoming Arts, Music Division, NYPL JOB 97–52, item 1. Transkribiert bei Yim, 2004, S. 272/273. Übersetzung: Ulrike Parschau.

Kommen wir nun zu meinen eigenen Angelegenheiten. Ich sage Ihnen, nachdem ich ein wenig Geld beiseitegelegt habe und der König mein Gehalt erhöht hat, glaubte ich, den Rest meiner Tage mit allen Annehmlichkeiten des Lebens leben zu können, aber dieser unglückliche Krieg hat alles durcheinandergewirbelt. Erstens hält der König ein Viertel auf alle Gehälter zurück, außerdem ein Achtel und ein Viertel auf die Leibrenten und auf die anderen normalen Renten. Dies (wie Sie gut verstehen werden) macht eine Leere in meiner Börse. Hier ist ein gewisser Salomon vorbeigekommen, der mir seinen Einfluss vergewissert hat, den er auf das Londoner Musikleben hat. Ich habe ihm alle Höflichkeiten, wie ich konnte, zukommen lassen. Er hat mir seine Dienste angeboten. Ich habe sie angenommen und als sich die Gelegenheit angeboten hat, habe ich ihm also geschrieben und ihn um das gebeten, was ich Ihnen beschreiben werde. Sie müssen wissen, dass ich den Werther Roman, den Sie sicher kennen, genommen und in Musik gesetzt habe. Ich habe daraus ein Melodrama gemacht. Ich wollte es mit neuen Sinfonien und einigen Konzerten drucken lassen. Ich habe ihm geschrieben, dass ich ihn daran beteiligen wolle, wenn er sich die Mühe geben wolle, diese Musik zu verkaufen und sie zu korrigieren, wenn sie gedruckt wäre. Welch Witzbold, dieser Herr hat mir nicht mal geantwortet. Wissend, dass er meinen Brief erhalten hat, habe ich mich an Borghi gewandt, Sie wissen, dass er mir aus Dank verpflichtet ist, mir diesen Dienst zu erweisen. Ich habe ihn inständig gebeten, ihm die gleichen Vorschläge gemacht. Wissen Sie, was er mir mit Höflichkeit geantwortet hat, aber ich habe sehr wohl den Sinn seines Briefes verstanden:

dass meine Musik in London nicht mehr geschätzt wird, dass allein Haydn das Ansehen hat und andere neue Autoren, und er sich nicht darum kümmern werde. Dies, mein Lieber, ist die würdige Belohnung, die ich erhalten habe. Wenn man durch Frankreich hätte reisen können, ich wäre sofort losgefahren, um ihnen mit meiner Musik und meinem Talent zu zeigen, dass sie Unrecht haben oder Recht. Aber in diesem Moment muss man rasend werden und schweigen. Ich versichere Ihnen, dass mir dies viel Kummer bereitet hat. Wenn Sie mir diesen Gefallen tun könnten, wäre ich Ihnen sehr verpflichtet. Ich muss Ihnen noch sagen, dass der Werther auch für das Cembalo gesetzt und verkleinert wurde. Sehen Sie ohne Hemmungen, was Sie tun können und schreiben Sie mir sofort, was ich tun soll. Unter uns: Sie würden mir einen großen Gefallen tun. Vergessen Sie nicht, mir Ihre Adresse zu senden, wenn Sie in London sind, sonst, wissen Sie, gelangen die Briefe nicht an ihren Bestimmungsort.

Meine Familie befindet sich wohl, und wir hätten Ihnen ein Bett bereitet und die *gute Soße*[2], aber das wird nächstes Jahr sein.[3] Adieu, lieben Sie mich, vergessen Sie mich nicht und glauben Sie, dass niemand auf der Welt Sie mehr liebt als Ihr Freund Pugnani.

2 Mit der *guten Soße (bonne sausse)* ist wahrscheinlich die „Bagna cauda“ gemeint, übersetzt „warme Soße“, ein typisch norditalienisches Gericht, das aus dem Piemont stammt. Die Bagna cauda ist eine Art Fondue, bei dem rohes Gemüse in eine warme Soße aus Olivenöl, Sardellen und Knoblauch eingetaucht wird.

3 Es war Pugnani nicht vergönnt, seinen Lieblingsschüler Viotti noch einmal wiederzusehen. Pugnani starb am 15. Juli 1798.

Literaturverzeichnis

Primärquellen

Deutschland

Landesarchiv Schleswig-Holstein

SHLA Abt. 112, Nr. 1026.

SHLA Abt. 112, Nr. 1054.

SHLA Abt. 112 Nr. 1659.

SHLA Abt. 402 A 3 Nr. 454 (Lageplan Schenefeld mit Gut Friedrichshulde).

SHLA Abt. 412 Nr. 297, S. 203/204.

Sächsisches Hauptstaatsarchiv Dresden

Sächsisches Hauptstaatsarchiv Dresden, 10006 Oberhofmarschallamt, O IV, Nr. 177.

Staatsarchiv Hamburg

Staatsarchiv Hamburg, 621–1/159 George Smith.

Staats- und Universitätsbibliothek Hamburg

Hamburger Kaufmannsalmanach auf das Jahr 1784, 1785, 1786, 1787, 1788, 1789, 1790, 1791, online unter: http://agora.sub.uni-hamburg.de, letzter Zugriff: 09.03.2018.

Frankreich

Archives nationales (F-Pan)

AJ 13 111; 113/II; 130; 130/I.

O1 613–118; 613–120; 613–125; 613–137; 2910; 3061.

O3 1650; 1650/II/41; 1651/IV/17; 1652/III; 1653/I; 1653/II; 1654/I, 2; 1654/IV; 1655/III; 1656/I; 1656/II; 1658/I.

Viotti, Giovanni Battista: Mémoire au Roi concernant l'Exploitation du privilège de l'Opéra, demandé par le sieur Viotti, Paris 1789. Archives nationales, Paris: F-Pan O1 613–137.

Bibliothèque de l'Opéra (F-Po)

AD 34, 92–93; 100–101; 103–104.

AD 37, 127–128; 154; 244.

AD 39, 20; 46–47.

Bibliothèque nationale de France (BnF)

Lettres autographes Spohr, Louis, item 69.

Musique, Ms. 1425.

Notizzettel Viottis, Sign: W 8, 134.

Italien

Archivio di Stato di Biella

Famiglia Dal Pozzo della Cisterna

II. Storia della Famiglia Dal Pozzo (1508–1876)

XXX. Beni e feudi, Beni diversi, mazzo 27: Conti di tutela del Principe della Cisterna

Archivio di Stato di Torino, Prima sezione
Lettere Ministri, Prussia, Mazzo 4
Lettere Ministri, Prussia, Mazzo 5
Lettere Ministri, Prussia, Mazzo 6
Materie politiche per rapporto all'Interno, Cerimoniali, Cariche di Corte, Mazzo 5
Materie politiche per rapporto all'Interno, Provvedimenti sovrani, Cariche, vol. 11
Materie politiche per rapporto all'Interno, Provvedimenti sovrani, Cariche, vol. 12
Materie politiche per rapporto all'Interno, Provvedimenti sovrani, Cariche, vol. 14
Archivio di Stato di Torino, Sezioni Riunite
Azienda Real Casa, Registri Recapiti, 1786
Terzo Conto Camerale del 1776 – Tesoreria Reale Case, Vol. No. 225 bis Terzo Conto Camerale del 1786 – Tesoreria Reale Case, Vol. No. 235
Archivio Parrocchiale San Martino, Fontanetto Po
Taufregister 1748, 1751, 1752, 1753, 1755, 1782.
Sterberegister 1763.

Sekundärliteratur

Ackroyd, Peter: London – Die Biographie, München 2002.
Arasse, Daniel: Der Künstler, in: Michel Vovelle (Hrsg.): Der Mensch der Aufklärung, Frankfurt 1996, S. 210–245.
Asprey, Robert B.: The Rise and Fall of Napoleon Bonaparte, Band 2, London 2001.
Baillot, Pierre; Rode, Pierre; Kreutzer, Rodolphe: Méthode de violon, Paris 1803.
Baillot, Pierre: Notice sur J.-B. Viotti, Paris 1825.
Baillot, Pierre: L'art du violon. Nouvelle méthode, Paris 1835.
Barbier, Patrick: À l'opéra au temps de Rossini et de Balzac. Paris 1800–1850, Paris 1987.
Bartha, Dénes (Hrsg.): Joseph Haydn. Gesammelte Briefe und Aufzeichnungen, Kassel 1965.
Bartha, Dénes (Hrsg.): Das Haydn-Jahrbuch, Jahrgang 7, Eisenstadt 1968.
Basso: Alberto: Storia del teatro regio di Torino, Band 2. Turin 1976.
Basso, Alberto: L'Invenzione della gioia: musica e massoneria nell'età dei Lumi Mailand 1994.
Berlioz, Hector: Memoiren mit der Beschreibung seiner Reisen in Italien, Deutschland, Russland und England 1803–1865, Leipzig 1980.
Bosio, Enrica Magnani: Io sono Giovanni Battista Viotti, Vercelli 2005.
Bouquet, Marie-Thérèse: Musique et musicians à Turin de 1648 à 1775, Turin 1968.
Black, Jeremy: The British Abroad. The Grand Tour in the Eighteenth Century, Stroud 2011.
Braccini, Roberto: Praktisches Wörterbuch der Musik, Mainz 2000.
Brown, Clive: Louis Spohr. Eine kritische Biographie. Kassel 2009.
Burney, Charles: Music, Men and Manners in France and Italy 1770, hrsg. von E. H. Poole, London, 1974.
Burney, Charles: The Present State of Music in France and Italy, London 1771.
Burney, Charles: Tagebuch einer musikalischen Reise 1772–1773, dritter Band, Hamburg 1773, Reprint Kassel 1959.

Burney, Charles: The Present State of Music in Germany, the Netherlands, and United Provences, London 1775, Reprint New York 1969.
Burrows, Donald; Dunhill, Rosemary: Music and Theatre in Handel's World. The Family Papers of John Harris 1732–1780, Oxford 2002.
Cagli, Bruno; Ragni, Sergio: Lettere e Documenti / Gioachino Rossini, Band 1, Pesaro 1992.
Cain, Georges: À travers Paris, Paris um 1906, https://archive.org/stream/traversparis00cainuoft#page/336/mode/2up, letzter Zugriff: 09.05.2018.
Charlton, David: Artikel "Paris", in: The New Grove Dictionary of Opera, hrsg. von Stanley Sadie, London 1992, Band 3, S. 870.
Choron, Alexandre Etienne; François Joseph Marie Fayolle: Dictionnaire historique des musiciens, Band 2, Paris 1811.
Clarke, A. Mason: A Biographical Dictionary of Fiddlers, London 1895.
Da Ponte, Lorenzo: Mein abenteuerliches Leben. Die Memoiren des Mozart-Librettisten, hrsg. von Walter Klefisch, Reinbek bei Hamburg 1960.
Darlow, Mark: Staging the French Revolution, Cultural Politics and the Paris Opéra 1789–1794, New York 2012.
Daßdorf, Carl Wilhelm: Beschreibung der vorzüglichsten Merkwürdigkeiten der Churfürstlichen Residenzstadt Dresden und einiger umliegenden Gegenden, Dresden 1782.
De Gregori, Gaspare: Istoria della vercellese letteratura ed arti, Torino 1819–1824, S. 408–413.
Dellaborra, Mariateresa: Giovanni Battista Viotti, Palermo 2006.
Descartes, René: Abhandlung über die Methode (Discours de la méthode, Leiden 1637), hrsg. von Artur Buchenau, 4. Auflage, Hamburg 1957.
Di Profio, Alessandro: La révolution des Buffons. L'opéra italien au Théâtre de Monsieur 1789–1792, Paris 2003.
Dowden, Wilfred S. (Hrsg.): The Journal of Thomas Moore, Band 1, Newark 1983.
Engelmann, Wilhelm: Bibliotheca geographica. Verzeichnis seit der Mitte des 18. Jahrhunderts bis zu Ende des Jahres 1856 in Deutschland erschienenen Werke über Geographie und Reisen mit Einschluss der Landkarten, Pläne und Ansichten. Hrsg. von Wilhelm Engelmann. Band 1, Amsterdam 1965.
Eymar, Ange Marie d': Anecdotes sur Viotti précédés de quelques réflexions sur l'expression en musique, Genf 1801.
Fend, Michael: Artikel „Cherubini", in: The New Grove, Dictionary of Music and Musicians, hrsg. von Stanley Sadie, London 2001, Band 5.
Fétis, François-Joseph: Antoine Stradivari, luthier célèbre, connu sous le nom de Stradivarius; précédé de recherches historiques et critiques sur l'origine et les transformations des instruments à archet et suivi d'analyses théoriques sur l'archet et sur François Tourte, auteur de ses derniers perfectionnements, Paris 1856.
Fétis, François-Joseph: Biographie universelle des musiciens et bibliographie génerale de la musique, 2. Auflage, Paris 1867, Band 7 und 8.
François-Sappey, Brigitte: Pierre Marie François de Sales Baillot (1771–1842) par lui-même, in: Recherches sur la musique française classique, Band 18 (1978), S. 127–211.
Geiger, Carl Ignaz: Reise eines Engelländers durch einen Theil von Schwaben und einige der unbekanntesten Gegenden der Schweiz. Herausgegeben von seinem teutschen Freunde L. A. F. von B., Drei Bände, Amsterdam 1789.

Giazotto, Remo: Giovanni Battista Viotti, Mailand 1956.
Gossett, Philip: Artikel „Rossini", in: The New Grove Dictionary of Music and Musicians, hrsg. von Stanley Sadie, Oxford 2001, Band 21, S. 734–768.
Govion Broglio Solari, Catherine Hyde, Marquise: Mémoires relatifs à la famille royale de France, pendant la Révolution. Publiés pour la première fois d'après le journal, les lettres et les entretiens de la Princesse de Lamballe, par une dame de qualité, attachée au service confidentiel de cette infortunée Princesse. Paris 1826, Band 1.
Gray, Dennis: Spencer Perceval – The Evangelical Prime Minister, Oxford 1963.
Griesinger, Georg August: Biographische Notizen über Joseph Haydn, Leipzig 1810.
Grimm, Johann Friedrich Carl: Die englische Postkutsche, in: Bemerkungen eines Reisenden durch Deutschland, Frankreich, England und Holland in Briefen an seine Freunde, 3. Theil, Altenburg 1775.
Habeneck, François: Méthode théorique et practique de violon, Paris 1842.
Hasche, Johann Christian: Umständliche Beschreibung Dresdens mit allen seinen äußern und innern Merkwürdigkeiten, Band 1, Leipzig 1781.
Hasche, Johann Christian: Umständliche Beschreibung Dresdens mit allen seinen äußern und innern Merkwürdigkeiten, Band 2, Leipzig 1783.
Highfill, Philip H. (Jr.); Burnim, Kalman A.; Langhans, Edward A. (Hrsg.): Biographical Dictionary of Actors, Actresses, Dancers, Managers and Other Stage Personnel in London 1660–1800, Band 1, Carbondale 1973.
Hinde, Wendy: George Canning, Oxford 1989.
Hitzigrath, Heinrich: Die Kompagnie der Merchants Adventurers und die englische Kirchengemeinde in Hamburg 1611–1835, Hamburg 1904.
Hoven, Lena van der: Musikalische Repräsentationspolitik in Preußen (1688–1797): Hofmusik als Inszenierungsinstrument von Herrschaft, Kassel 2015.
Jacobs, Arthur: Music and Letters, Oxford 1950, Band 31, No. 4, Spohr and the Baton, S. 307–317.
Keefe, Simon P.: Aesthetic and Stylistic Balance and the Role of the Orchestra in Viotti's Violin Concertos, in: Giovanni Battista Viotti – A Composer between the Two Revolutions, Ad Parnassum Studies 2, hrsg. von Massimiliano Sala, Bologna 2006, S. 297–315.
Kläbe, Johann Gottlieb August: Neuestes gelehrtes Dresden oder Nachrichten von jetzt lebenden Dresdner Gelehrten, Schriftstellern, Künstlern, Bibliotheken- und Kunstsammlern, Leipzig 1796.
Krebel, Gottlob Friedrich: Die vornehmsten Europäischen Reisen, dritter Theil, welcher die Reisen durch Frankreich und Italien enthält. Hamburg 1796.
La Laurencie, Lionel de: Les débuts de Viotti comme directeur de l'Opéra, in: Revue de Musicologie, Nr. 5, 1924, S. 110–122.
Landon, Howard Chandler Robbins (Hrsg.): Haydn in England. In: Haydn. Chronicle and Works, Band 3, London 1976.
Langley, Leanne: A Place for Music. John Nash, Regent Street and the Philharmonic Society of London, in: Electronic British Library Journal, 2013, Artikel 12, http://www.bl.uk/eblj/2013articles/article12.html, letzter Zugriff: 10. 03. 2018.
Lavater, Johann Caspar: Physiognomische Fragmente, zur Beförderung der Menschenkenntniß und Menschenliebe, Dritter Versuch, Leipzig und Winterthur 1777.

Le Brun, Jean Baptiste Pierre: Précis historique de la vie de la Citoyenne Le Brun, peintre, Paris 1793.

Lesure, François: Deux contrats d'édition de Viotti (1796–1802), in: Festschrift für Albi Rosenthal, hrsg. von Rudolf Elvers, Tutzing 1984, S. 221–226.

Lewis, Jan: Sex and the Married Man. Benjamin Franklin's Families, in: Tise, Larry E.: Benjamin Franklin and Women, University Park, Pa, 2000, S. 67–82.

Lister, Warwick: New Light on the Early Career of G. B. Viotti, in: Music and Letters, 83/3 (August 2002), S. 419–425.

Lister, Warwick: 'Suonatore del Principe': new light on Viotti's Turin years, Early Music 31/2 (Mai 2003), S. 232–246.

Lister, Warwick: Notes on Viotti in Paris, 1782–1792, in: Giovanni Battista Viotti – A Composer between the Two Revolutions, Ad Parnassum Studies 2, hrsg. von Massimiliano Sala, Bologna 2006, S. 29–57.

Lister, Warwick: Amico – The Life of Giovanni Battista Viotti, Oxford/New York 2009.

Lister, Warwick: „Mon cher et illustre ami. Viotti and the Mathematicians", in: Ad Parnassum, Band 13, Nr. 25 Bologna 2015, S. v–viii.

Litzmann, Berthold: Clara Schumann, Johannes Brahms, Briefe aus den Jahren 1853–1896, Band 2: 1876–1896, Leipzig 1927.

Lonsdale, Roger: Dr. Charles Burney – A Literary Biography, Oxford 1965.

Mansel, Philip: Paris between Empires 1814–1852, London 2001.

Marpurg, Friedrich Wilhelm: Des critischen Musicus an der Spree erster Band, Berlin 1750, Reprint Hildesheim 1970.

Marx, Hans-Joachim: Händel und seine Zeitgenossen. Eine biographische Enzyklopädie. Laaber 2008.

McFarlane, Meredith und McVeigh, Simon: The String Quartet in London Concert Life, 1769–1799. In: Concert Life in Eighteenth-Century Britain, hrsg. von Wollenberg, Susan und McVeigh, Simon, Aldershot 2004, S. 161–196.

McVeigh, Simon: Concert Life in London from Mozart to Haydn, Cambridge 1993.

McVeigh, Simon und Hirshberg, Jehoash: The Italian Solo Concerto, Rhetorical Strategies and Style History, The Boydell Press, Woodbridge/Suffolk 2004.

McVeigh, Simon: Viotti and the London Violinists during the 1790s, in: Giovanni Battista Viotti – A Composer between the Two Revolutions, Ad Parnassum Studies 2, hrsg. von Massimiliano Sala, Bologna 2006, S. 87–119.

Meier, Brigitte: Friedrich Wilhelm II., König von Preußen – Ein Leben zwischen Rokoko und Revolution, Regensburg 2007.

Meyers Konversations-Lexikon, siehe Artikel „Louvel", in: Meyer online, 4. Auflage, 1885, Band 10, S. 933 online unter: https://archive.org/stream/bub_gb_wpAGAQAAIAAJ-#page/n991/mode/2up, letzter Zugriff: 21.05.2018.

Miel, Edme-François: Artikel Viotti, in: Biographie universelle ancienne et moderne, hrsg. von Michaud, Joseph- François, Paris 1827, Band 49.

Milligan, Thomas B.: The Concerto and London's Musical Culture in the Late Eighteenth Century, Michigan 1983.

Moffa, Rosy: Vo triste tacito – Le peregrinazioni di Giovanni Battista Viotti. Le Chevalier Errant, Studi sulla musica degli Antichi Stati Sabaudi e del Piemonte, Band 4, Lucca 2005.

Morand, Olivier: Vie et mort d'une redevance. Le droit de l'Opéra (1811–1831), in: Revue de Musicologie, Band 93, Paris 2007, S. 99–121.

Morellet, André: Mémoires de l'abbé Morellet de l'Académie francaise sur le dix-huitième siècle et sur la Révolution, Paris 1822, Reprint Paris 1988.

Moritz, Karl Philipp: Fahrt mit der englischen Postkutsche, in: Reisen eines Deutschen in England im Jahre 1782, Berlin 1783.

Möring, Maria (Hrsg.): Hamburgische und Englische Kaufleute. Forschungen und Berichte aus dem hanseatischen Lebensraum, Hamburg 1975.

Moscheles, Charlotte (Hrsg.): Aus Moscheles' Leben. Nach Briefen und Tagebüchern, Erster Band, Leipzig 1872.

Moser, Andreas (Hrsg.): Johannes Brahms im Briefwechsel mit Joseph Joachim, Band 1, Berlin 1908.

Necker, Jacques: Compte rendu au Roi, 1781, in: Œuvre complètes de M. Necker, Band 2, Paris 1820.

Negri, Giovanni Battista: Biografia anonima di G. B. Viotti, in Remo Giazotte: Giovanni Battista Viotti, Mailand 1956, S. 232–234.

Nicolai, Friedrich: Beschreibung der Königlichen Residenzstädte Berlin und Potsdam und aller daselbst befindlicher Merkwürdigkeiten, zwei Bände, Berlin 1779.

Papendiek, Charlotte Louise Henrietta: Court and Private Life in the Time of Queen Charlotte, zwei Bände, hrsg. von Vernon Delvis Broughton, London 1887.

Pascall, Robert: Artikel „Doppelkonzert für Violine und Violoncello a-Moll op. 102", in: Brahms-Handbuch, hrsg. von Wolfgang Sandberger, Stuttgart / Weimar 2009, S. 492–496.

Petrick, Romy: Dresdens bürgerliches Musik- und Theaterleben im 18. Jahrhundert, Marburg 2011.

Pierer's Universal-Lexikon, Band 9, Altenburg 1860.

Pincherle, Marc: Quelques lettres de Viotti à Baillot, in: Revue de musicologie, Nr. 5, 1924, S. 103–109.

Poppe, Gerhard: Artikel „Friedrich August III.", in: Die Musik in Geschichte und Gegenwart, hrsg. von Ludwig Finscher, Kassel 2002, Band 7, Spalte 144–146.

Pougin, Arthur: Viotti et l'école moderne de Violon, Paris 1888.

Prefumo, Danilo: Niccolò Paganini, Palermo 2006.

Price, Curtis: Italian Opera and Arson in the Late Eighteenth-Century London, in: The Journal of the American Musicological Society 42, Oakland 1989, S. 55–107.

Raina, Romana: G: B. Viotti: Vita e Opere. Tesi di Laurea, Università degli Studi di Torino, 1985.

Raina, Romana: Nuovi documenti biografici su Giovan Battista Viotti, in: Nuova rivista musicale italiana, Jahrgang 28, Heft 2, 1994, S. 251–256.

Reichardt, Johann Friedrich: Briefe eines aufmerksam Reisenden die Musik betreffend, Band II., Frankfurt und Leipzig 1774, Frankfurt und Breslau 1776, Reprint Hildesheim 1977.

Reichardt, Johann Friedrich: Musikalisches Kunstmagazin, Band 2, Berlin 1791.

Reichardt, Johann Friedrich: Vertraute Briefe aus Paris geschrieben in den Jahren 1802 und 1803. Erster Theil, Hamburg 1804.

Robel, Gert: Reisen und Kulturbeziehungen im Zeitalter der Aufklärung, in: Reisen und Reisebeschreibungen im 18. und 19. Jahrhundert als Quellen der Kulturbeziehungsforschung, Kongressbericht Salzburg 1978, hrsg. von Boris I. Krasnobaev, Gert Robel und Herbert Zeman, Berlin 1980, S. 9–37.
Rogers, James Edwin Thorold: A History of Agriculture and Prices in England, Band 7 (1703–1793), Oxford 1902, Reprint Vaduz 1963.
Roullet, Nicolas-Pierre: Récit historique des événements qui sont passés dans l'administration de l'Opéra la nuit du 13 février 1820, Paris 1865, S. 6. http://gallica.bnf.fr/ark:/12148/bpt6k6465737t/f83.item, letzter Zugriff: 18.04.2018.
Rüder, Friedrich August: Georg Canning. Sein Leben, seine Politik und Europa's Erwartungen von ihm, Ilmenau 1827.
Rufer, Alfred: Novate – Eine Episode aus dem Revolutionsjahr 1793, Zürich 1941.
Sala, Massimiliano (Hrsg.): Giovanni Battista Viotti – A Composer between the Two Revolutions. Ad Parnassum Studies 2, Bologna 2006.
Schröder, Johannes von; Biernatzki, Herm: Topographie der Herzogthümer Holstein und Lauenburg, des Fürstenthums Lübeck und des Gebiets der freien und Hansestädte Hamburg und Lübeck, Oldenburg in Holstein, zweiter Band, 1856.
Schütt, Ernst Christian: Die Chronik Hamburgs, Dortmund 1991.
Schwarz, Boris: Great Masters of the Violin, London 1984.
Schwarz, Boris: Beethoven and the French Violin School, in: The Musical Quarterly, Band 44, Nr. 4, 1958, S. 341–347 und S. 443.
Scorgie, Michael E.: The Rise and Fall of William Bassett Chinnery, in: Abacus, Band 43, Nr. 1, Sydney 2007, S. 76–93.
Soubies, Albert: Le Théâtre italien de 1801 à 1913, Paris 1913.
Spohr, Louis: Violinschule, mit erläuternden Kupfertafeln, Wien 1832.
Spohr, Louis: Selbstbiographie, Band 1, Kassel und Göttingen 1860.
Spohr, Louis: Aus der Selbstbiographie, Braunschweig 1959.
Spohr, Louis: Lebenserinnerungen, hrsg. von Folker Göthel, Tutzing 1968.
Stargardt, J. A. : Autographensammlung Berlin, Katalog Nr. 641, Los 1084 der Auktion vom 9. und 10. März 1988.
Storch, Heinrich: Skizzen, Szenen und Bemerkungen auf einer Reise durch Frankreich gesammelt, Heidelberg 1787.
Stowell, Robin: Viottis „London" Concertos (Nos. 20–29): Progressive or Retrospective?, in: Music in 18th Century Britain, hrsg. von David Wyn Jones, Aldershot 2000, S. 282–298.
Stowell, Robin: The Viotti School of Violin Playing. Style and Influences, in: Giovanni Battista Viotti. A Composer between the Two Revolutions, Ad Parnassum Studies 2, hrsg. von Massimiliano Sala, Bologna 2006, S. 219–249.
Stuck, Gottlieb Heinrich: Verzeichnis von aeltern und neuern Reisebeschreibungen. Ein Versuch eines Hauptstücks der geographischen Reiselitteratur mit einem vollständigen Realregister. Halle 1784.
Szymanski, Hans: Der Ever der Niederelbe: ein Beitrag zur Geschichte der deutschen Schiffahrt und zur Volkskunde Niedersachsens, Lübeck 1932, Reprint Hamburg 1985.
Tartini, Giuseppe: Regole per arrivare a saper ben suonar il violino, hrsg. von Erwin Reuben Jacobi, Celle 1961.

Vercheval, Henri: Dictionnaire du Violiniste. Suivi d'une liste des violinistes célèbres et des luthiers les plus connus depuis l'origine du violon jusqu'à la fin du XIX siècle, Paris 1923.

Vigée Le Brun, Élisabeth: Souvenirs, hrsg. von Geneviève Haroche-Bouzinac, Paris 2008.

Vigée Le Brun, Élisabeth: Souvenirs, Band 1–3 , Paris 1835–1837.

Volkmann, Johann Jacob: Historisch-kritische Nachrichten von Italien, welche eine Beschreibung dieses Landes der Sitten, Regierungsform, Handlung, des Zustandes der Wissenschaften und insonderheit der Werke der Kunst enthalten. Band 1, 2. Auflage, Leipzig 1777.

Vovelle, Michel: Die Französische Revolution – Soziale Bewegung und Umbruch der Mentalitäten, München 1982. Band 7 der Reihe: Ancien Régime. Aufklärung und Revolution, hrsg. von Rolf Reichardt und Eberhard Schmitt.

Vovelle, Michel (Hrsg.): Der Mensch der Aufklärung, Frankfurt 1996.

Wagner, Michael: England und die französische Gegenrevolution 1789–1802. Band 27 der Reihe Ancien Régime. Aufklärung und Revolution, hrsg. von Rolf Reichardt und Hans-Ulrich Thamer, München 1994.

Walls, Peter: Mozart and the Violin, in: Early Music 20, Oxford 1992, S. 7–29.

Weinreb, Ben; Hibbert, Christopher (Hrsg.): The London Encyclopædia, London 1983.

White, Chappell: Giovanni Baptista Viotti and his Violin Concertos, 2 Bände, PhD diss., Princeton University, 1957.

White, Chappell: Giovanni Battista Viotti. Four Violin Concertos, Band 1, Madison/Wisconsin 1976.

White, Chappell: Giovanni Battista Viotti (1755–1824), A Thematic Catalogue of his Works, New York 1985.

White, Chappell: Toward a more accurate chronology of Viotti's Concertos, in: Fontes Artis Musicae, Jg. 20, 1973.

White, Chappell: From Vivaldi to Viotti. A History of the Early Classical Violin Concerto, New York 1992.

White, Chappell: Artikel „Viotti" in: New Grove Dictionary of Music and Musicians, hrsg. von Stanley Sadie, London 2001, Band 26, S. 766–771.

Woldemar, Michel: Grande méthode ou étude élémentaire pour le violon, Paris, um 1800.

Wünsche-Werdehausen, Elisabeth: Turin 1713–1730 Die Kunstpolitik König Vittorio Amedeos II., Petersberg 2009.

Yim, Denise: Madame de Genlis's *Adèle et Théodore:* its Influence on an English Family's Education, in: Australian Journal of French Studies, Band 38, Nr. 1, Melbourne 2001, S. 141–157.

Yim, Denise: The Unpublished Correspondance of Mme de Genlis and Margaret Chinnery and related documents in the Chinnery Family Papers, in: Studies on Voltaire and the Eighteenth Century, Band 2, Oxford 2003.

Yim, Denise: Viotti and the Chinnerys: A Relationship Charted Through Letters, Aldershot 2004.

Yim, Denise: Selected Letters from G. B. Viotti to Mrs Margaret Chinnery, 1793–1798, in: Massimilliano Sala (Hrsg.): Giovanni Battista Viotti – A Composer between the Two Revolutions, Ad Parnassum Studies 2, Bologna 2006, S. 395–423.

Yim, Denis: Dangerous Liaisons. New light on the reasons for the expulsion of the violinist G. B. Viotti from Britain in 1798, Nineteenth-Century Music Review, Cambridge 2016.

Yorke-Long, Alan: Music at Court, London 1954.
Zurich, Comte Pierre de: Une Femme heureuse. Madame de La Briche 1755–1844, sa famille, son salon, le château de marais, d'après ses memoires, sa correspondance et d'autres documents inédits, Paris 1934.
Zweig, Stefan: Marie Antoinette. Bildnis eines mittleren Charakters, Frankfurt 1951.

Periodika und Zeitschriften
Allgemeine musikalische Zeitung 1799, 1803, 1805, 1808, 1811, 1816, 1820.
Almanach générals de tous les spectacles 1791.
Anti-Jacobin, or Weekly Examiner, 1798.
Diary or Woodfall's Register 1792, 1793.
Gentleman's Magazine, 1824.
Harmonicon 1826.
Journal de Paris 1782, 1783, 1789.
Mercure de France 1782, 1783, 1791.
Miroir des spectacles, des lettres, des mœurs et des arts 1821.
Morning Chronicle 1793–1798, 1820, 1824.
Morning Herald 1795, 1798.
Morning Post 1793–1794.
Oracle 1793–1795, 1800.
Quarterly Musical Magazine and Review 1820.
The Sun 1793–1795.
Times 1788, 1798.
True Briton 1798.

Erwähnte Tonaufnahmen
Viotti – Complete Violin Concertos, Franco Mezzena (Violine und Leitung), Symphonia Perusina, Viotti Chamber Orchestra, Orchestra da Camera Milano Classica, Dynamic 2005.

Erwähnte Radiosendung
Morin, Antonia: Feature „Mein Nachbar Giovanni Battista Viotti", 11. März 2016 auf BR-Klassik.

Abkürzungsverzeichnis

AF	Adolphus Frederick, Prinz Adolph Friedrich von Großbritannien, Irland und Hannover, 1. Duke of Cambridge
CC	Caroline Chinnery
GBV	Giovanni Battista Viotti
GRC	George Robert Chinnery
MC	Margaret Chinnery
WBC	William Bassett Chinnery
WRS	William Robert Spencer
AUS-Sphm	Powerhouse Museum, Sydney (Abkürzung bei Lister, 2009)
BnF	Bibliothèque nationale de France
Ch.Ch.	Christ Church Library, Oxford, (Abkürzung bei Yim, 2004)
Fisher	Fisher Library, University of Sydney
F-Pan	Archives nationales (Paris)
F-Po	Bibliothèque de l'Opéra Paris
GB-Lcm	Royal College of Music Library
GB-Och	Christ Church Library, Oxford (Abkürzung bei Lister, 2009)
NYPL	New York Public Library of the Performing Arts, Music Division
Osborn	Osborn Collection, Beinecke Rare Book and Manuscript Library, Yale University
PHM	Powerhouse Museum, Sydney (Abkürzung bei Denise Yim, 2004)
RCM	Royal College of Music
SHLA	Landesarchiv Schleswig-Holstein

Informationen zur CD

Die drei Streichquartette „Tre quartetti concertanti“ (wII:13–15) entstanden in London, wahrscheinlich im Jahr 1812. Viotti hatte bis dahin bereits 12 Streichquartette geschrieben, sie jedoch ausdrücklich nicht für öffentliche Aufführungen erlaubt. Bei diesen drei Quartetten verhält es sich anders. Inzwischen hatte Viotti in London Bekanntschaft mit Joseph Haydn gemacht, teilweise war er mit ihm in denselben Konzerten aufgetreten, und mit Sicherheit hatte er auch einige von Haydns Quartetten gehört. Ludwig van Beethoven hatte einen großen Teil seiner Quartette, nämlich op. 18, 59, 74 und 95, bereits komponiert.

In London hatte Viotti hervorragende Musiker an seiner Seite, mit denen er oft musizierte, so mit seinen Landsleuten Francesco Vaccari (Violine) und Paolo Spagnoletti (Viola) und mit dem Cellisten Frederick William Crouch. Mit ihnen brachte er die drei konzertanten Quartette zur Uraufführung, eines gar im großen Konzert der Philharmonic Society am 17. Mai 1813. Bemerkenswert ist, dass im selben Konzert ein Streichquartett von Beethoven erklang. Da Viotti für die Programmgestaltung der Philharmonischen Konzerte zuständig war, kann man davon ausgehen, dass er – anders als zu früheren Zeiten – vom künstlerischen Wert dieser Streichquartette überzeugt war.

Alle drei Quartette haben vier Sätze und orientieren sich damit an Haydns Quartetten. Zwei der drei Quartette haben, ebenfalls orientiert an Haydn, eine langsame Einleitung. Anders als in früheren Streichquartetten ist bei diesen eine annähernde gleiche Gewichtung aller Stimmen erwähnenswert.

Viotti widmete die drei Quartette seinem Halbbruder André, der in Paris im Garderegiment diente und 1813 in die Ehrenlegion aufgenommen wurde. Viotti hatte ihn in seiner Jugend nicht kennengelernt, da André ein Sohn aus zweiter Ehe war. In Andrés Geburtsjahr 1777 war Viotti bereits 22 Jahre alt und in der Turiner Hofkapelle angestellt. Die Nähe zwischen beiden entstand erst im fortgeschrittenen Erwachsenenalter, als beide zumindest teilweise in Paris lebten. André starb 1822 in Paris im Alter von nur 45 Jahren unter ungeklärten Umständen.

Die drei Quartette erschienen erstmals 1817 im Druck bei Jante et Cotelle in Paris.

Das erste und das zweite Quartett der „Tre quartetti concertanti“ sind auf der CD zu hören, die diesem Buch beigefügt ist. Es musizieren das Amelior Quartett aus Hannover und das Quartetto Indaco aus Mailand; diese CD ist in Zusammenarbeit mit der Kammermusik-Meisterklasse von Professor Oliver Wille an der Hochschule für Musik, Theater und Medien Hannover entstanden, gefördert durch die Stiftung Niedersachsen.

Register der erwähnten Kompositionen von Giovanni Battista Viotti

Personenregister